續群書類從

補遺一

滿濟准后日記（下）

東京
續群書類從完成會

續群書類從

補遺一

滿濟准后日記（下）

東京
續群書類從完成會

續群書類從補遺一目次

雜部

續群書類從補遺一目次 終

續群書類從卷第八百七十下

總撿挍塙保己一集

雜部二十

滿濟准后日記

正長二己酉年

正大 二小 三大 四小 五大 六大
七小 八大 九小 十大 十一小 十二大

正月

一日。晴。後夜鐘之後洗面手口等。作法如常。次着淨衣袈裟。次後夜念誦如每曉。殊如法修之了。於火燒所當年沙汰之。次駄都供養一座修之。次歡喜天供後夜開白。日中相續修之。當年供物於密嚴院調之。承仕寬善。次欲修愛染護摩處。巳晨朝鐘突之間。暫閣之。粥先沙汰之。妙法院僧正參。任佳例酒盃賜之了。次拜殿出仕。着香衣。當年初用手輿了。妙法院僧正大納言僧都以下供奉。自北妻戶入。御簾僧正役之。兼宗濟僧都可勤仕旨仰付處。依遲參也。諸人動座。理趣三昧聲聲如常。供養法弘甚法印。調聲快圓。拜殿理趣三昧了灌頂院理趣三昧行之。供養法無之。次金剛輪院理趣三昧同前。次愛染護摩金院護摩堂。三座相續。自晦夕始行之了。次毘沙門講行之。講衆皆參。頭役政所沙汰也。廳務奉行之。講了僧膳如常。寺僧等陪膳。中童子直垂。沙汰之。御前衆僧正兒等計也。予齋食相兼也。陪膳梅賀。手長經舜寺主。　次各退出。但面々出仕往反依有其煩節供令相續了。御膳陪膳如去年。豪意法橋着大文指貫。手長定永上座。予座大文一帖儲之。自餘悉小文。僧正以下陪膳房官侍相交沙汰之了。理性院僧正舊冬廿九日轉大。去年室町殿五壇法勸賞。　次恒例讀經幷仁王經一部秘鍵一卷讀加之。　每年恒式也。　仁王經ハ八幡。稻荷。春日。天神。淸瀧等法施。秘鍵ハ祇薗社法施也。一天萬民疾疫難爲除之殊致懇祈者也。先年疾疫流布諸民病死不知其數キ。予見聞。彼愁歎之心尤甚。仍其以來正月初七ヶ日之間讀誦之。幷一卷書寫供養者也。此願及當年已廿餘年了。　次入堂。用手輿了。　隆濟法眼供奉。尻切經舜寺主役之。自餘供奉人如理趣三昧出仕。　於長尾拜殿念誦之間已酉貝鳴了。仍直ニ灌頂院例時行之。調聲光俊阿闍梨。次拜殿例時ニ參了。及秉燭歸金院。次不動供地藏供幷舍利講等行之。　此舍利三ヶ日之間擬修正行之者也。〔式ハ上人。一身行之。悉於時所行之也。〕次書初如常沙汰了。　先々今日聲明始。聖敎見始等雖令沙汰。餘窮屈之間略之了。　今日社頭御神樂御供等爲恒式自寺務進之者也。　大師尊師御精進供。今日尤可令備進條可宜處。先々此條不思寄〔キ〕。當年幸存出之間舊冬加下知了。仍今朝供之了。金剛輪院鎭守五社明神五所御供事同加下知了。此兩條當年始沙汰了。長尾御供事依令忘却不申付。　越度至極也。　元日　節會每事無爲。內辨久我右大將云々。攝政殿自家門直參云々。先々每度自陣下被出仕キ。當年攝政之初之間如此被沙汰云々。　扈從公卿幷殿上人等供奉員數名字等不分明間不及注付。　武家垸飯管領出仕。嚴重無爲云々。殊御代之始天氣快晴。無風雨難。併一天太平可及萬代祥瑞也。珍重々々。經祐法眼慶圓法眼政所等參。恒例御劒持參。各賜御盃。扇一本同賜之。佳儀也。六條八幡宮年始神事無爲云々。珍重珍重。寶池院若宮社參如常。當年車修理未出來間。靑蓮院門跡車借渡了。以經祐法眼狀申遣伊與法橋廳務也。

二日。晴。後夜念誦歡喜天供二座相續。次愛染護摩一座。後夜。次拜殿出仕每事如昨日。灌頂院理趣三昧依嚴寒無術略之了。金院同前。今日番匠事始於灌頂院沙汰之。奉行執行法橋永秀。酒肴自廳務方下行之。自餘勤行讀經埦飯等每事如昨日。 今日任佳例召出在之。出世房官侍等悉於御前賜御酒。各扇一本同賜之。兒僧正以下御前着座人數扇拜領同前。扇上ニ橘一ッ、置之。佳例也。 今日聲明始并聖敎見始等沙汰之了。經藏今日開始也。聲明始樣先馱都讃一反誦之。次一傳讃一反。次乞戒始中終悉沙汰之。次大阿闍梨聲明悉沙汰之。 今日室町殿樣渡御始也。被任佳例出御管領亭。御車云々。還御之後御臺大方殿等入御云々。 今日拜殿例時參等每事如昨日。但灌頂院例時不共奉也。拜殿例時之間小雷鳴。少雨灑。但非雷鳴雪起之由多分申也。鳴樣實如然歟。電光雖在之雪起鳴動ニモ電光在之。仍今夕降雪。 拜殿例時以後直罷向妙法院坊。近年佳儀也。且任祖師例了。少一獻在之。兒兩三人宗濟僧都等供奉。京門跡富樫介來云々。寶池院御對面。太刀被遣之云々。

三日。晴。雪。歡喜天供愛染護摩拜殿出仕讀經。自餘供養法等全如昨日。 今日佳例引合在之。 三ヶ日舍利講今日結願。時所壇供等今夕撤之了。寬善令承仕了。

四日。晴。後夜勤行等每事如昨日。拜殿出仕略之了。入堂如昨日。總寺風呂在之。近年八今日也。先々五日歟。自如意寺准后賀札到來。如近年佳儀祝言珍重。靜雲院佛事如常。自今日酉刻拜殿修正上首七人請之。卅二相等誦之如常歟。

五日。晴。後夜勤行等每事如昨日。自攝政殿賀札到來。祝言文章珍重。元日出仕自家門任舊儀出仕之由被申。尤珍重々々。予內々舊冬此儀獻意見了。自室町殿御質物等被借遣之儀內々申沙汰了。但此質物以前攝政被借申了。舊冬可被返進〔之〕分ヲ重被申請了。

六日。晴。後夜勤行等每事如昨日。拜殿修正結願。長尾修正今日一日。修之。今日任近例進賀札於聖護院方了。畠山修理大夫（京門跡）來云々。寺住之間不及對面。

七日。晴。後夜勤行如昨日。歡喜天供幷愛染護摩結願。入堂等了齋食以後出京。供奉人宗濟僧都。（重衣。）房官三人。（俊榮。經長。經舜。）此等ハ乘馬。予輿白。力者單直垂。大童子一人直垂。於京都少一獻在之。寶池院御沙汰也。每年儀祝着祝着。〔引物香袈裟一帖引合等自寶池院沙汰也。祝着々々。〕白馬節會無爲。內辨大炊御門大納言云々。自伊勢北畠中將持康方書狀到來了。非殊事。御感御內書御劒等拜領祝着之由申。

八日。晴。後夜行法等早々沙汰之了。巳末刻參室町殿。護持僧十人大略出仕。聖護院准后未被參。予香染（鈍色。表袴。）着之。公卿座南一座予着座。次定助僧正。隨心院。竹內也。如意寺准后。實相院僧正中門ニ徘徊。聖護院參時爲降逢歟。聖護院准后參。如意寺准后。實相院僧正於庭上在其禮云々。蹲踞否不及見之。聖護院准后北一座着座。予對之也。其次如意寺准后。實相院。淨土寺。寶池院。地藏院着座。聖護院祝言等被申。予獻返答祝詞了。内々申次勸修寺中納言經成卿。外樣申次永豊朝臣。於御會所御對面之由經成卿來公卿座前申。聖護院以下各立座。次第參御前。御加持在之。各得其意早々可申入御加持之由兼内々定了。次予參先獻申祝言了。其後御加持如常。早々。以五古加持之。次如意寺准后。次定助僧正。次隨心院僧正。次實相院僧正。次淨土寺僧正。次寶池院僧正。次地藏院僧正。次竹内僧正也。以上十人去年以來新加三人。如意寺。隨心院。寶池院也。以上各御加持申之。次參御臺。被出御撫物。御加持同時ニ申之。聖護院。如意寺。予三人也。自餘進退不知之。次參大方殿。自東向上土門。參入。仍自西唐門御臺御座前。乘車了。其路次御所北築垣外也。不懸牛手引了。扈從僧綱其間歩義也。自餘悉沙汰之云々。此儀面々兼談合。聖護院准后自今日壇所參住也。先例每度如此。　護持僧今日行粧事大略一同歟。但聖護院准后輿。袖。四方。裝束平絹。裘袋ニ入黑裏香色也。宿老之後着之歟。黑色如法深キ也。扈從僧綱一人乘車。房官二人乘車。以上二兩車輿之後遣ッヽクル云々。如意寺准后乘車。扈從僧綱一人乘車尻。房官二人乘車歟。定助僧正以下大略同前。但隨心院地藏院等以外無行粧云々。隨心院ハ扈從僧綱無之。從僧一人云々。地藏院扈從出世者也。一人計云々。寶池院乘車。力者十二人。牛飼三人。遣手着狩。二重。自餘直垂如常。車下簾懸之。扈從僧綱一人隆濟法眼。着車尻。房官二人親秀。經乘。定置處臨期指合子細之間俄經長寺主一人令供奉了。自室町殿參仙洞。予先歸門跡。齋食等沙汰之。其後令院參了。四辻宰相中將季保卿内々申入。於當年可有出御。早々可參云々。予院參之後不幾出御。於公卿座御對面。聖護院不被參申間。予先參御前。祝言申入之。欲罷出處。御加持事被仰出之間申入了。其後種々事共被仰出了。祝着。次如意寺准后參。御加持無之云々。次定助僧正等也。次第如前。但地藏院僧正不參。申次四辻宰相中將季保卿。次參內。以勾當內侍申入退出了。自室町殿以伊勢二郎衞門御小袖五重盆一枚挂丼。香合一送賜之了。不存寄祝着々々千萬也。故鹿苑院殿御時每年如此。複舊儀條旁以祝着也。寶池院方へ三重賜之了。眉目祝着此事也。　大方殿參次自內々可參申入之由。於西向御對面云々。送テ御出時。於廣緣直承間。重又自東向參御前了。仙洞へ可被進御賀札事等被仰談キ。　自室町殿御使之時分院參之間不及御使見參。仍以經祐法眼大舘方へ祝着之子細種々申遣了。伊勢二郎衞門方へ一重太刀遣了。　細川右京兆來臨云々。院參之間不及對面也。以長甚法橋其禮申遣之。一重太刀一振獻之了。山名右衞門佐禪門來臨。對面了。馬太刀一振以使者遣之了。　萬里少路大納言來臨。對謁。任佳例馬太刀可遣由申付了。勸修寺中納言來臨。對謁。太刀一振獻之了。山名上總守來。太刀獻之。　二階堂山城來。太刀獻之。　上杉中務少輔來。太刀獻之。武田中務大輔入道來。練貫一重。香合一。杉原等持參也。院參之間不及對謁也。自室町殿仙洞へ可被進御賀札案文可書進之由被仰之間。萬里少路勸修寺等ニ相談。可書進之由申入了。　次可被進賀札日次事同可相尋在方卿被仰之間申付了。仍來十一日。十六日。廿一日。以上三ヶ日注進之。　御賀札案事。申遣萬大方了。相談勸中萬大持參之間令對謁案文加一見了。文章無相違之由申留置了。來十

日室町殿ヘ可進由申了。　彼御書案。萬里少路
大納言草進也。
鳳曆千歳之元始。鶯唇三陽之氣候。邦家布
德澤。黎庶扇仁風。珍重々々參賀之間且言
上候。以此旨可令洩申入給。
正月、、
日野新中納言殿
自二條右府賀札到來。返報則獻之了。大乘院
僧正參洛云々。賀札到來。榼等被送之。後
七日法當寺務隨心院僧正勤仕。宿坊一條右
府。亭云々。太元法事任例理性院僧正勤仕。
道場事依爲假内裏種々室禮。舊冬以來沙汰
在之。仍攝政直廬ヲ室禮。於彼在所修行。以
外左道云々。　假内裏事去年御讓位以來以三
條前右府亭土御門高倉。被點置了。震殿一宇亭也。
其外具屋無之。軒廊殿上陣等悉假室禮也。攝
政直廬ト者則車宿ヲ如形室禮也。仍道場狹
少左道以外也。修法開白時節如常歟。三座
相續之。伴僧口數等又如常。調伏護摩宗濟僧
都當年初勤仕云々。去年入壇年齡廿三也。可
謂早速歟。　京門跡幷醍醐門跡仁王講如常。
松木宰相來臨。太刀獻之。　堯孝來。太刀賜
之了。　伊勢祭主大輔來。太刀賜之了。
九日。晴。
十日。晴。一昨日重寶拜領爲御禮。將又明日仙洞
ヘ御賀札可被進案文日次等事爲申入也。寶
池院同道。令同車了。自東向參申入。則御對
面。　今日僧俗群參。悉御對面云々。内裏仙
洞同參申入云々。御室平絹香袈裟。妙法院宮
平絹袈裟ニ入墨云々。各乘車。御室ハ後車一
兩云々。則房官兩人乘車供奉也。扈從僧綱一
人乘車尻供奉云々。牛飼以下美麗行粧云々。
妙法院宮扈從同前。房官乘輿之體云々。攝
政殿來臨。申次賢光僧正。少一獻。如形三獻。

練貫二重。引合十帖進之。供奉人基尹朝臣。經康兩人。各衣冠也。太刀一腰遣之了。攝政殿直衣也。　大乘院僧正來臨。千疋隨身。二重十帖遣之了。

十一日。快晴。今朝以使者經祐法眼。申遣大館入道方。早々可有渡御之由可申沙汰云々。御評定初末之後事終。申初歟渡御。御車。御劔廣橋新中納言役之。則參御車也。御車如去年被寄中門。予又進退如去年。入御之後參御前。御盃梅賀持參。長絹直垂着之。御相伴人數。管領。武衛。細河右京兆。山名。畠山修理大夫。以上五人。廣橋新中納言同着座。彼卿前略衝重用平折敷了。方々此儀之由大館入道指南之間如此令沙汰由妙法院僧正追申キ。寶池院御着座。勸盃之樣。初獻第二第三公方樣被聞食了。四獻度予初之。第六獻寶池院被初之。第十獻又予初之了。還御酉末刻也。御引物御屛風一雙。繪萬歳樂。地久。御練貫十重。盃二重。堆紅。一枚。香合。剔紅。文竹觀音。小高檀紙一束。自寶池院五重。小高檀紙一束以上。管領二重。太刀。武衛。京兆。山名同前。畠山修理大夫一重。太刀。大館一重。太刀。一色兵部少輔二重。太刀。自餘近習各太刀。廣橋中納言太刀云々。今度渡御之儀。經祐法眼。慶圓法眼。兩人每事奉行了。於仙洞觀世三郎致藝能。南都佛地院僧正來。昨日御所ヘ參處。種々御重寶盆香合三重拜領。祝着過分餘身由畏申也。一重。太刀遣之了。奈良紙百束持參。

十二日。陰小雨。昨日爲御禮今日可參申處。依爲大赤口。明日十三日。可參之由大館意見也。仍今日略了。　今日武衛方ヘ渡御事依爲年々御佳例。雖爲大赤口不被略渡御云々。御力者又如常召進了。當年御車御出。一日十一日兩度也云々。　冷泉大內來。太刀賜之。靑蓮院廳務伊與法眼來。太刀賜之。六角來。千疋隨身。馬一疋。太刀遣之了。今日於京坊風呂有之。

十三日。陰。巳半計參御所。一昨日渡御祝着之子細申入了。今日赤松左京大夫松はやしお令沙汰。御所へ參申云々。仍可令見物之由一昨日被仰間。不及歸坊直ニ震殿中門廊ノ棧敷へ參了。攝政。聖護院准后。幷如意寺准后。寶池院僧正。青蓮院。予也。此面々事兼內々自是申遣了。但青門事自公方樣直ニ被仰云々。當年八歲也。半尻着用之。攝政殿息也。執事安居院僧都幷廳務伊與法眼等供奉。松はやし午半計歟御所へ參申也。種々見物驚目了。希有事共珍事々々。此松はやし事鹿苑院殿御幼少六歲時云々。播州へ御下向時。爲慰申內者共寄合令風流云々。其以來今日十三日。爲佳例。赤松亭ニシテ年々松はやし令沙汰來也。當年御所へ被召事鹿苑院殿御佳例ニ依テ被仰出之。松はやし悉皆十鼻也。以外大儀歟。此門跡見幷理性院。妙法院。禪那院等僧正。淳基法印。宗濟僧都。隆濟僧都等召具令見物了。此儀且依時宜也。門弟隨所望可見物由以大館被仰也。御所西向四足門山名警固也。二條萬里少路管領警固。雜人更不入之也。於此棧敷少一獻。爲公方被仰付也。大館奉行。彼禪門來始中終奉行也。松はやし以後御所御月次始也。予於公卿座時刻待申了。題當年八日雅世卿持參キ。松久友。今日御會申未被始之。讀師雅世卿。講師雅永朝臣。御會御人數事如去年。但雅親初參。當座被略之。御會之後一獻在之。公方樣御頭也。仍御會之始珍重之由申入。予少折紙千疋。進之。右京大夫。赤松。畠山阿波守。飛鳥井宰相以下御太刀進之了。一獻。七獻之後予退出。巳及秉燭了。戌初刻入寺。依爲佳儀令入寺者也。寳池院松はやし以後入寺。於金院少祝着之儀如年々。寳池院へ少引物白小袖。一。引合十帖進之了。　自仙洞被下勅書。慶賀被仰下了。祝着云々。萬里少路大納言時房卿勅書持來也。請文終日指合之間。今日不申入也。明日可申入旨萬大方へ申了。

十四日。雨。後七日太元無爲結願云々。　總寺風呂如常。

十五日。晴。恒例不動護摩開白。承仕明隨。　明日又於御所一色修理大夫松はやし申入也。仍爲見物可罷出。一昨日十三日。被仰間。今夕爲出京護摩開白早々令沙汰了。入堂同前。今日松はやし在之。大略門跡祇候者共歟。船笠等造物在之。以内太刀代遣之了。　今日尊勝タラニ如常。　及晩出京。明日一色松はやし爲見物也。

十六日。朝。雪。巳後雨。今日一色修理大夫松はやし如先日十三日。御所へ可參經營之處。依雨延引了。無念々々。可爲來十九日云々。一色兵部少輔來。二重。太刀遣之了。　大炊御門大納言來臨。少折紙隨身。引物追可遣之由申付了。　今日方々參詣進代官。快辨法橋也。於祇園御神樂在之。五靈太刀獻之。平野北野。六條八幡宮等也。　自今夕恒例炎魔天供如常。於金剛輪院修之。　在京之間用手代了。房助法印勤之。承仕明隨。　八幡前社務融清法印來。恒例一重太刀遣之了。但追可遣旨申付也。　不動護摩手代光慶法印勤之。

十七日。晴。今日御所御的無爲云々。珍重々々。自御所島折一合拜領。御詠一首被副之。

春やかて君かいのりのしるしとや八島の外も浪そおさまる

殊更進和答兩首。

あつさ弓八島の外もおしなへておさまる御代は君のまに〳〵

おこたらすいのるしるしもわか君のすなほなる代にあらはれそせん

小高檀紙二枚ニ書之。卷加書狀進之了。御使用阿云々。　一乘院僧正來臨。　今朝上洛云云。明日御所樣へ可參申歟云々。御德日之間可有如何哉由令意見候了。　實相院僧正來臨。

十八日。晴。赤松入道來。馬太刀遣之了。　今日御所樣渡御鹿苑院云々。當年御寺へ渡御始也。前々每度如此。　今日於勝定院大施餓鬼在之。故御所御佛事云々。　遊佐河內守管領內者。爲大和內郡對治。去十日下向了。凡天下重事之間。別而仰付門弟等。大勝金剛供令修了。卷數今日下遣之了。大藏卿法眼奉行之。

十九日。朝雪。自巳初天晴。御所樣渡御相國寺方丈。還御之後松はやし可在之云々。予還御以前參御所也。乘車。寶池院同車。梅賀丸。禰禰。千代賀。喜久壽參御車了。自餘兒僧正以下乘車二兩令供奉了。此門弟等悉可見物之由內々依時宜也。棧敷如先度。中門廊被構之。攝政。聖護院准后。予。如意寺准后。靑蓮院。童形。實相院大僧正。寶池院大僧正。大御堂僧正。廣橋儀同。萬里少路大納言。勸修寺中納言。廣橋中納言等一棧敷ニ參會。但棧敷以屛風經切之。一方北寄。攝政。准后。幷大僧正等。儀同見物之。一方南。積善院大僧正。良讃。聖護院門弟。理性院前大僧正。宗觀。大慈院僧正。成基。若王子僧正。忠意。聖護院門弟。住心院僧正。實意。聖、院門弟。禪那院僧正。賢光。妙法院僧正。賢長。中性院法印。成淳。盛林院法印。淳基。大納言僧都。宗濟。大納言僧都。通濟。大納言法眼。隆濟。梅賀丸。禰々丸。千代賀丸。愛賀丸。喜久壽丸。愛德丸。玉壽丸。慶玉丸。尊藤丸。以上此門跡兒也。自餘兒不參也。此外南都佛地院僧正。教俊。八幡前社務融淸法印。萬里少路大納言。勸修寺中納言。廣橋中納言。靑蓮院供奉人安居院僧都。幷房官二人。大御堂僧正召具出世一人房官一人。聖護院房官。此門跡房官等數輩祗候了。凡此座敷様不交他人歟。傍若無人之體也。　風流驚目了。其後自公方御一獻賜之。於聖護院壇所賞翫之。大館入道始中終奉行。旁眉目至過分御沙汰也。公方様風流以後渡御高橋殿云々。今日恒例六條八幡宮社參。依指合進代官了。慶圓法眼參詣。御神樂如常進之了。御神樂料自宮内卿法橋方下行之。自今日於室町殿御所聖護院准后不動大法勤修。護摩一壇。良讃大僧正。十二天壇。以上三壇也。伴僧十六口。供料萬疋云々。脂燭開白衣冠云々。奉行經成卿。當年御祈初度也。當月月次壇所聖護院准后也。依便宜勤修宜旨獻意見了。

廿日。晴。昨日見物活計爲畏申入今朝參申了。實池院同道。則御對面。今日入寺。

廿一日。晴。

廿二日。終日陰。今朝自細河右京大夫方。以書狀告示云。公方様自去十九日聊御風氣御座候キ。雖然廿日赤松亭へ渡御無相違。但早々還御。其以後聊煩敷様御座。仍今日山名亭へ渡御延引了。明日私亭へ入御モ可有御延引云云。爲得御意得申入云々。驚入之由令返事了。其後自大館方以經長寺主委細申送。趣同篇之儀也。　淸瀧宮へ御神馬一疋被引之。月モ。大館奉行之。仰宮執行令啓白了。　爲承御風氣今日可令出京處。重日之間旁加斟酌。明日可參承旨。且以經祐法眼大館幷一色兵部少輔方え申遣了。細河右京兆幷山名方へも申遣也。雖爲重日御祈事護持僧中へ内々相觸了。非公方仰内々申遣儀也。以盛林院法印奉書方々觸遣了。　予愛染護摩令始修了。承

仕隨心。支具自理性院下行了。自今夕相觸
門弟各々一壇令勤修之。理性院僧正藥師供。
不動供妙法院僧正。

廿三日。大雨。今朝出京。自午初天晴。則參御所。
以一色兵部少輔申入了。御返事以畠山治部
少輔被仰。尤雖可有御對面。未御養性最中
也。仍御斟酌。早々御減御祝着云々。次今日
攝政殿月次也。御發句事兼日被申請了。仍可
被遣旨承則被出之。

かつさきて梅か香うすき嵐哉と云々。

以御自筆被進之。珍重々々。今日則令歸寺
了。　自廣橋中納言方以書狀觸申云。自來廿
五日。室町殿御祈別而可(方イ)申付醍醐寺輩云々。
自勸修寺中納言・又以書狀申云。自來廿五
日室町殿御祈別而可致懇禱云々。禮紙云。結
願可爲來月一日。將又寶池院一壇御勤仕事
可被傳申云々。　返報以直狀申遣了。　自來

廿五日室町殿御祈事。修愛染王護摩可抽丹
誠之由。得其意可令披露給哉。謹言。

正月廿三日　　名字

先々如此請文等。時或名字。或判不同也。廣
橋請文今日未遣之。

禮紙云。

結願事可爲來月一日之由承了。將又寶池
院一壇勤仕事。修藥師護摩可致懇祈之由
候。同可令得其意給哉。

今日多武峰幷興福寺學侶方衆等中へ重御敎
書被成之。舊冬十二月廿六日日付也。當年御
沙汰未始故也。今日卽付遣了。

廿四日。晴。

廿五日。晴。今日恒例歌始連歌始等延引了。題
昨夕自飛鳥井宰相方送賜也。　社頭祝君。

廿六日。陰。自去十九日於室町殿被修不動大法
今曉結願。非晴義云々。修中御風氣修中又御

減。尤珍重々々。今日大納言僧都以下茶張行。當年初也。總撿挍參申祝言等申入也。自大乘院申賜樣。今日門徒坊人等爲佐波秋山對治令發向了。一乘院門徒未應御下知之條不罷立歟云々。多武峰同可令發向之由雖申入。今日ハ不罷立云々。

廿七日。雨。理性院。妙法院。水本法眼等茶張行。

廿八日。朝少雨。

廿九日。晴。今日恒例〔法樂〕歌始。幷連歌始。先先廿五日令沙汰了。當年依指合遲引了。出題飛鳥井宰相。社頭祝君。於醍醐沙汰之。

今日長南周防守乘馬秘術盡之了。帶甲胄幷七物。其外太刀五振。或拔或鞘ナカラ身ニ取着之。其外長刀弓太刀等。或自身持之。或持下人於馬場令乘。予於棧敷見物之。上下群集成市了。驚目也。自御陵保松はやし參申也。太刀一振賜之了。風呂以後參申也。　歌連歌等是以後也。

晦日。晴。御臺御產御祈。自今日重御持僧中各一壇別而可被勤修旨相觸了。供料各千疋可被下行云々。大館入道內々申入旨在之。予自分准胝護摩六字護摩令勤修了。道場金院六間。准胝護摩承仕明隨。六字承仕常從法橋。支具自宮內卿法橋方可下行旨加下知了。

寶池院藥師護摩始行云々。於京門跡被修之也。自大乘院今日兩度注進。令進發宇多郡坊人等。昨今兩度合戰。敵御方手負少々在之由注進也。仍以使者經祐法眼光忠寺主兩人申遣大館方了。自大乘院被下兩使於南都未罷立。衆徒國民等事嚴密ニ可被仰付條可宜旨被申入也。其旨等早々可令披露旨大館返答了。

二月

一日。晴。恒例愛染護摩開白。早旦。入堂以下如常。齋食之後出京。申終參壇所。先內々可參申入旨以大館被仰之間。直參東向處。女中ニ御座云々。仍退出壇所了。其後又依仰參御前了。　佐波秋山御對治事ニ付テ。去廿六日大乘院坊人既令發向了。廿九晦日兩日合戰云云。神妙之由御感御書於被遣大乘院也。次兩使事松田對馬守飯尾四郎兵衞御定云々。自大乘院使者上洛。淡路上座云々。侍歟。重事之間令對面了。付佐波秋山退(對イ)治事條々被申之子細在之。

一坊人等雖令發向以外無勢也。甲四五百計云々。仍難成功。早々一乘院坊人以下國民等可罷出旨。以兩使嚴密ニ可被仰付事。

一佐波秋山內々可降參申入旨歟申入也。非執申入分。上意可爲何樣哉事。

一已如此雖差遣坊人。始終退治事如今者難義也。大和國民等作法。甲斐々々敷可責平條無心元云々。

一以御方便河內幷當國勢共爲合力可令發向旨。先可被觸置條可宜事。

一多武峰勢乍申御請未罷立。早々可令進發旨重可被仰付事。

以上條々今日則令披露了。此使者今朝來醍醐也。仍京ヘ召具了。

自管領兩使遊佐河內守。齋藤因幡守。來壇所。予對謁。三ケ條被申旨在之。

一伊勢國司跡二郡事。長野幷雲林院兩人ニ可被下條尤可宜存也。今度忠節ト申。爲始終旁可然云々。

一關御對治事。急速ニ御沙汰尤可目出也。美濃守護來五日可罷出云々。仍美濃勢幷伊勢守護兩人トシテ對治定雖不可有子細。萬一猶延引候者重又一勢可被遣歟。其仁體兼可被定仰條可宜云々。

一兩佐々木事。爲闕御退治可罷立之條尤可宜旨。先度以大館申入處。於兩佐々木事者暫可有御思案。於土岐者先可罷立之由。可加下知旨被仰出候キ。兩佐々木可被立條尤宜存處。如此仰如何云々。

此三ヶ條則令披露了。兩郡長野ニ可被下事。誠今度忠節神妙尤可有御計也。但此二郡事。以前守護ニ被仰之間。所詮於一郡者長野ニ可被下歟云々。兩佐々木事ハ。猶可有御思案云々。今度可罷立仁體事重可被仰談云云。自管領又使者來。木澤入道。大和へ可被下兩奉行之由被仰出云々。就之兩使可罷下旨松田對馬守。飯尾四郎衞門令存知也。於大和ハ今度不罷立衆徒國民等相催。罷立ヲ見テ可注進條可宜歟。宇多へ罷通合戰有無可見知樣被仰出條。殊難儀之由奉行等歎申入歟。尤候。可爲何樣候哉云々。奉行兩人則同道松田對馬守。飯尾加賀守。也。返答云。爲公方被仰出分。先南都マテ罷下。無沙汰之輩令催促早々令進發可注進申旨也。仍合戰見知事マテハ只今不被仰出云々。然者珍重之由申各罷歸了。

壇所勤行不動護摩北斗等各開白了。妙法院僧正。盛林院法印祗候。其外房官侍等令結番了。於清瀧宮今夜法花讀誦。能讀一人祇陀林法師歟。召寄奉行弘豪法印布施百疋如常。

二日。雨。自大乘院注進到來。宇多事及難儀。坊人小勢之間切腹計也。早々可副御勢云々。仍以大館此注進備上覽了。自多武峰注進到來。峰寺勢晦日罷立了。可致一忠旨申入也。自一乘院注進。坊人等今日巳長谷寺邊マテ罷立了。次學侶方衆等來五日同長谷寺邊へ可罷立之由。以狀申旨被申入也。　南都へ兩奉行松田對馬守。飯尾四郎衞門尉兩人今日罷下了。雖爲例日急事上昨日門出云々。　御所樣へ折二合進之。

三日。晴。大舘來。

四日。晴。右京大夫來。自御所樣以大舘入道被仰。北山殿(當寺號鹿苑寺)。御庭石。故勝定院殿御時震殿二階等被壞時徒ニ被積也。此石事只今此御所(三條殿)。御庭被沙汰直間。被召渡度也。雖然北山石木事不可被召渡之由。先度予意見申キ。尤被思食。然トモ此石ハ不立御庭徒ニ被積置計也。又管領意見之分モ。此石計事ハ可被召條可有何苦候哉之由申入。可爲何樣哉云々。予申入云。凡父祖御執心之所ハ。木石以下不可被荒之條古人申傳事也。雖然如仰徒ニ被積置御石。別而不可有苦之由存也云々。

五日。晴。參御加持了。同御臺へモ參了。丹波國土一揆以外蜂起之間。守護明日可遣人。仍寺社權門領等之領內ニ專此一揆在之。嚴密ニ可致其沙汰處。自方々被歎申時被閣者不可有正體也。此由可得上意。次如播磨國諸權門領等可致其沙汰旨。可被下御敎書旨同申入了。條々不可有相違旨御返事在之。仍此等子細以書狀申遣京兆方了。爲禮トテ京兆來壇所。自大乘院注進。於長谷寺彼坊人等四日自申時計終日合戰。宗トノ坊人等八人手負了。惣而手負百餘人云々。敵於當座四人打取了。手負不知數云々。雖爾一乘院坊人一向不及合力。未三輪邊ニ逗留。早々可有御下知云々。此等子細以大館達上聞了。及夜陰降雨。今日大納言局(前伯二位資忠入道息女)。着帶也。帶加持又聖護院准后沙汰之。毎事如御臺時云々。自御所千松茸拜領。自今日於北野社室町殿樣御夢想御發句ニテ「千句在之。三ケ日」千句ヲ滿スヘシト云々。御發句。

春風になひく野山の草木哉ト云々。

六日。晴。自管領使遊佐。齋藤。來申趣。今度伊勢國司跡二郡事。可被下長野雲林院兩人之由申入處。以前ニ内々守護ニ御約束之子細在之。雖爾一郡ヲハ可被下長野之由被仰〔出イ〕旨上意尤候。爾ハ兩郡之内一志郡ヲ可被下長野條可宜云々。何樣可令披露之由申入了。自一乘院注進到來了。條々被申旨在之。但無殊事。自大乘院注進到來了。宇多土一揆大將ハイ原ノトネト云者兄弟。去四日打之了。仍敵方以外計會之體也。則引退了。且珍重々々。則以大舘令披露處。明旦可申入云々。

七日。晴。廣橋中納言來。八幡御論義事。來十三日吉日之由在方卿注進申入也。可令披露歟云々。可然由返答了。　大舘入道來。昨夕注進披露處。御感無極。可被御書於大乘院歟如何。可計申入云々。　次官ヘ楊本小林兩人高名云云。御感御教書可被成遣歟云々。　御返事申云。御内書事ハ先度已被遣了。今度ハ自此門跡仰旨具可申遣條宜也。楊本小林兩人方へハ大舘奉書ニテ可被感仰條可然歟之由申入了。又仰此儀可然云々。仍兩人方へ大舘奉書遣之了。　先伯二位入道來。今度得度以來初出仕申也。公方へ可參申可仰付奏者之旨所望之間。以宗辨奏者申入了。御對面云々。　上杉四郎來。萬里小路大納言來申云。改元事於勘者ハ内々已被定了。　宣下等事。以吉日今明可有御沙汰也。但只今年號。去年四月廿七日被定了。然ハ今度改元事。　當年四月ヨリ内事。先例ヲ仙洞内々被勘御覽處。壽永。嘉祿。延應以下一廻ノ月ノ内ノ改元。其例不快也。可被如何哉。五六兩月ノ改元事。先例又不快。然者七月ニ可被改元歟。申談攝政。其後任被御意見。室町殿樣へ可申入旨被仰下。女房奉書勧筆。加一見キ。如仰先可被申談攝政旨返答了。金剛乘院僧正來。自八幡今日罷出云々。一七日爲御祈參籠也。自駿河守護方音信。鳥目三千疋能羅箱〔御經イ〕到來了。段子赤。一端。盆挂漿。一枚遣之了。返報直ニ遣之了。於三條八幡仁王經讀誦。導師盛林院僧都。經衆四人也。布施如形。

八日。晴。

九日。晴。南都傳奏事可爲萬里小路大納言之由。今日被仰之間。且申遣彼卿了。自一乘院注進到來。昨日彼坊人於長谷口致合戰云々。則以大館令披露了。伊賀國守護去四日合戰ニ膝口ヲ被射。其手ニテ死去之由注進云々。以大館條々被仰出之内。一ヶ條伊賀守護事在之。

十日。晴。公方樣御元服事。今日自管領申入之間。日次等事今月來月之間可定申入云々。每事如鹿苑院殿御例可有御沙汰云々。松田丹後守所ニ。故鹿苑院殿御元服日記委細在之之由。自管領申賜也。珍重々々。伊賀守護方へ御内書被遣之由被仰談管領處。可被遣條可宜由申入也。御内書案文可書進之由。以大館被仰間則書進之了。御臺御加持如意寺准后參。御持僧中一巡番也。山座主梶井宣命今日行之云々。可爲去年處ニ依計會遲引云々。日野烏丸入道去月以來腫物以外云々。仍遣使者訪了。

十一日。晴。大乘院上洛。公方樣渡御聖護院。御相伴參申了。大名四人。管領。武衞。京兆。畠山大夫。自一乘院注進到來。於長谷寺彼坊人等致合戰云々。則以大館令披露了。今日御月次御歌延引。御臺御產御祈事。別而又於本坊聖護院可被勤仕條可宜歟旨。内々令意見大館了。仍今日渡御之次。大館入道此子細申聖門云々。千手准大法可修旨返答。供料可爲五千疋云々。日次退(追イ)可申入旨大舘申歟。　御臺御加持。定助僧正參。
十二日。晴。　自今日時正中五種行於八講堂被修之。御導師房能僧正。僧衆靑蓮院出世五人。寶相院出世四人。加導師以上十人也。御布施人別三百疋也。其外每日時粥以下茶湯等悉自等持寺沙汰之。道場方事御承仕唯善各別ニ沙汰之。用脚悉自糺方下行。　今日大乘院被參申。御對面アルヘキ處ニ。依爲御德日明日可被參之旨被仰了。　少雷鳴夕立。　細川淡路來。　梶井僧正來臨。去十日宣命無爲之由爲申入參御所云々。
十三日。　公方樣御元服事。今日吉日之間。條條爲管領披露定云々。日次事今月廿八日。乙巳。來月九日。乙卯。兩日之間。三月九日。乙卯。鹿苑院殿御元服。應安元年四月十五日。乙卯。也。支干相當間尤可爲御佳例。仍可被用九日之由御治定歟。加冠事。管領依爲法體。子息尾張守可參云々。其外役人三人事。各可爲彼一家云云。故鹿苑院殿御時ハ。細河武藏守于時管領加冠ニ參候。役者悉細河名字也。今度之儀可任此例云々。御狩衣色事。應安時白(ナイ)也。御指貫紫(コキ)也。此時ハ鹿苑院殿十一歲ニ令成給間。當代ハ御年卅六歲也。御狩衣色若可相替歟。冷泉永藤入道不審申入也。可爲何樣哉由。自管領以使者遊佐河內守。相尋間。則尋申攝政處。白ヲハ老若通用色也。其上御元服時ハ每事以白色被爲本事間。旁可宜云々。次御指貫ノ色事ハ。十五以前ハコキ紫。文カメノコウ。十五以後ハ此色不可叶歟間。紫ノ中色ハ可宜云々。中色ハ聊可薄云々。指貫ノ文ハトリタスキニテ可在云々。此趣則申遣管領了。早々可申付云々。　公方樣今日渡御大館亭。　大乘院僧正參申入。　御對面。種々御引物被遣之。御馬一疋。黒鹿毛。三間御馬屋御馬云々。御劍一腰。盆香合。又盆ニ段子三端。練貫十重也。此引物事今度佐波秋山御對治事。被仰出南都兩門跡處。大乘院入道坊人(意イ)等ヲモ最前ニ令發向。合戰及度々間。旁御感ノ色ヲ表セラル、儀也云々。　今日御臺御祈(加持イ)實相院僧正參。　就臨川寺寺領事。鹿苑院院主幷臨川寺長老來臨。　自今夕北斗法始行。伴僧六口如常。供料二千疋。恒式也。伴僧淳基法印。壇行事。圓辨僧都神供。宗濟僧都。俊仲律師。俊增律師。仙忠阿闍梨。承仕常金法橋。常蓮。

十四日。晴。自一乘院音信。兼曉僧都奉書。仍妙法院僧正返報書遣之了。

十五日。降雨雷鳴大。駿河守護方へ返報。今日遣之了。盆一枚挂槳。文尾長鳥。段子赤。一端遣之也。關東へ御使長老大安和尚方へ遣書狀。使者南禪寺僧藝書記云々。　御所樣渡御相國寺。今日御臺御祈御加持淨土寺僧正參申了。公方樣年々涅槃會如先々千本法師參ニテ行之。等持寺殿以來御佳例也。予參御聽聞所。蓬萊島折一合進御前。被驚御目之由承了。今日御捧物予分如常練貫一重杉原十帖進之了。　此門跡ノ涅槃會事於金剛輪院如常始行之。所作人式等内々計遣了。

十六日。晴。今曉依陰雲不現。珍重々々。御祈何者勤仕哉(追イ)退可記置也。　自御前折五合悉繪也拜領之。殊勝之間仙洞へ進之了。御賞翫之由種々被仰下也。　御所樣渡御赤松亭。予爲風呂白地罷出法身院。　伊勢國人(賀イ)ツケ三方ヘキ。北ムラ。福チ。也。就關御退治可被成御教書之由可申管領旨被仰出了。仍召遊佐申付也。次南都宇多郡へ令發向國民等勢多爲見知可被下奉行歟如何。次多武峰勢雖罷立。一寺悉不一味。少々罷立之間。爲御催促同可被下兩使條如何。此兩條同申遣管領處。自管領御返事。伊賀御敎書事。早々可成遣候。次宇多郡へ罷立勢可被見知事。幷多武峰へ兩使事。可被仰談大名之條可宜歟云々。

十七日。晴。今日御前御沙汰始。每事無爲珍重。公方樣御沙汰始以後渡御一色亭。內裏樣御讀書始。宗業眞(ナリ)人參申沙汰云々。奉行萬里少路大納言時房卿。爲御臺御產御祈。自今日於本坊聖護院。准后千手准大法勤修云云。供料五千疋。大館奉行之。

十八日。晴。聖護院來臨壇所。物語云。自昨夕准大法始行之間。爲御加持參御臺御方了。次御持僧一巡御加持事。可被重反歟如何之由被申間。先可被閣歟之旨申了。日野烏丸入道死去。腫物也。去月以來出現云々。春秋五十二歲云々。戌剋以後降雨。眞乘院房敎僧正去十二日入滅之由。今日觸耳了。不便不便。於長尾社法花經讀誦。能讀又祇陀幷(林イ)法師。奉行弘豪法印。布施百疋如常。

十九日。降雨。今日御歌御會。依烏丸事延引也。南都下向兩使。松田對馬守。飯尾四郎右衞門尉。今夕戌末剋歸參。明後日廿一日。可披露旨大館申入云々。自御室賜書狀了。使者一條威儀師也。今對面條々令申了。

御室狀。

無事之次候之間未進愚狀候。向後如何樣書意(常イ)可申候。御同心候者本望候。抑雖不思懸篇目(候イ)。以使者申談事候。令尋聞給無相違之樣御計候者悅入候。事々又期後信候也。恐々謹言。

二月十九日　　　　　　　　　　　　永助

三寶院御坊

返報。

委細之仰殊以恐悅候。向後何樣細々可申

入候。
抑一ヶ條仰之題目愚存之趣委令申御使候
也。恐惶謹言。
二月十九日　満濟
加禮紙了。彼消息又同前。
三ヶ條承事在之。一ヶ條泉州門跡領新家庄
事。守護與管領被官人岸令相論。去年以來自
兩方地下於相支間。定可及喧嘩歟。然者可爲
珍事間。爲門跡直可入代官條尤可宜存也。但
可任意見云々。次法勝寺執行職事。去年以來
未補。仍大乘會以下勤行及珍事。可令新補
也。自此門跡去年內々公方樣へ被申入仁體
在之云々。然者彼仁體於可補歟。將又自餘於
可補置歟。可隨御計云々。次來廿八日公方樣
御元服御吉事云々。參賀之次第密々示給可
爲本意云々。已上三ヶ條也。　自大乘院注進
到來。學侶六方衆。來廿三日可責入宇多之由
評議必定。珍重々々。仍以大館披露處。神妙
之由被仰云々。
廿日。降雨。少雷鳴。自仙洞御折三合幷御盃代等被
送下了。祝着眉目此事々々。
廿一日。晴。細川右京兆來。自奧佐々河書狀等
數通持來也。則備上覽了。伊達。葦名。白河。
海道五郡者共請文也。　自御所樣。甲斐前守
護武田中務大輔入道ニ萬疋被下之。在京計
會御訪云々。　六條三條八幡宮神馬一疋被
引獻之。御臺御產御祈云々。奉行大館上總入
道。　公方樣渡御一色兵部少輔亭。　自御室
町被申入新家庄事。今日令披露處。先內々可
仰談管領旨承了。　於淸瀧長尾兩社。御神樂
獻之。神樂料百疋。自宮內卿法橋方下行之。
長範奉行之。
廿二日。晴。御室門跡領新家事。管領內者遊佐河
內守。齋藤因幡守兩人於召寄處。遊佐違例云

云不參。齋藤因幡一人參申入間。時宜之趣具仰聞了。　自伊勢守方申趣。鹿苑院殿御誕生。延文三年八月廿二日子刻云々。其時御加持三ヽヽ僧正光濟之由記置候。被任御佳例可有御參候哉云々。返答云。今度事御帶加持以下。悉皆聖護院准后沙汰也。然者彼准后可被參申之條尤宜候。乍去御佳例之由被仰者。强辭退申入之條又其恐候歟。其間事可然樣可得其意候之旨申遣了。　御室門跡領和泉國新家事。自管領御返事。所詮此在所事。自御室御代官事。去年以來雖被仰付岸キシ。地下代官人忩々可召上由被申了。使齋藤因幡守也。公方樣細河右京兆宿所へ渡御。　正月入御延引分也。

廿三日。晴。庚子神吉金剛峯也。　今朝自御所以攝津幷齋藤加賀守。松田八郎左衞門尉三人被仰。御元服當日御加持任御佳例予可參申云々。次御祈事被任應安之例。可被仰地藏院歟。宜可計申入云々。御返事云。當日御加持事可令存知候。次御祈事御佳例之上ハ地藏院尤可宜旨申入了。　上杉十郎方へ御教書事伺申入處。早々可成遣候旨被仰出間。其由以遊佐勘解由左衞門參之次申遣管領了。　此御教書事長尾上野入道申請云々。於國可致忠節由事也。　自伊賀柘植三方ヘキ。北村。福地。等方注進旨。去十九日寅刻計不思議者罷通間打留處ニ。自關方小倉宮幷北畠等方へ書狀等數通十一通。在之。仍執進云々。今日渡御畠山播磨亭。還御之後被召間令參處。此書狀等可令一見之旨承了。　此等書狀悉伊勢守護方へ遣可見由被仰也。今夜可及深更間。明旦召代官可遣旨則申付了。

飯尾肥前守來申。公方樣御元服之後。御參內幷御院參事。次八幡日吉御參詣事。自管領可伺申入旨被仰間。只今伺申入處。可爲此儀旨被仰出候。就其御參內以下事。鹿苑院殿御例候者。每事可爲武家御義候歟。後ニハ一向公家御沙汰也。此樣可爲如何哉。次御社參事。御臺已御着帶。今月御產月ニテ御座之間。若可有御憚事候歟如何。予返答云(云々イ)。御參內以下事。鹿苑院殿御初度御參內永和。時幷最初八幡御參詣等悉武家之儀也。雖然當代御事。又可相替歟。公家御儀尤可宜旨存也。次八幡御社參事。彼社例着帶以後夫婦共ニ不社參之條勿論也。但法令樣何樣候哉。只今不覺悟也。所詮謂社例謂法令委被相尋兩方追可申入歟云々。其由可然旨申奉行退出了。爲灸治白地罷出法身院了。　新家事自管領御返事趣。今夕申入了。退代官條珍重之由被仰也。　於三條八幡宮仁王講行之。導師如前。少布施又下行之。壇所中祈禱也。

廿四日。晴。今曉卯刻自大乘院注進到來。今日廿三日。衆徒國民等責入宇多處。澤秋山不及一矢。令自燒沒落云々。珍重。則以大館申入了。　自醫師三位方申。大方殿御背ニ癰出現之由疒醫師久阿申入云々。驚入者也。　泉州新家事。幷御堂營作御助成等事。室町殿御返事兩條共以嚴密之子細。以妙法院僧正令申御室也。宮對謁彼僧正。種々御悅喜之由被申云々。　自御所樣以大館入道被仰趣。今度御元服三ヶ日御祝之時。以息治部大輔可出仕申旨武衞申入。可爲何樣哉云々。御返事。此事可有何子細候哉云々。乍去管領ニ一端可被仰談之條可宜旨申入了。　就澤秋山沒落事。條々被仰談管領事。　一學侶六方衆ノ中ヘ御感御教書可被成遣歟。　一爲宇多見知奉行人可被下歟事。　自管領御返事。御感御教書尤可然候。早々可成遣候。見知奉行事無益之由存云々。此由則申入了。
廿五日。晴。南都兩門跡大乘院一乘院方へ。就澤秋山御對治事被遣御内書了。案文書進之了。御禮節敬白云々。奥ニハ御名字幷御判。御表書ハ一乘院僧正殿御名字計也。大乘院同前。於御書禮者不及書進キ。一向時宜歟。但以御使大館刑部大輔。御書禮ハ謹言ト可被遊歟ト御尋之間。(ノイ)草々恐々謹言歟。敬白謹言之間可爲時宜旨申入了。敬白ト被遊タル之由追承了。　一乘院大乘院來廿七日。可有上洛之旨可申下之由被仰間。則申遣了。佛地院教俊僧正。幷筒井伯父方衆云々。成身院ト申者。同可參洛之由被仰出間。各以奉書申遣了。　勸修寺僧正轉大事。今日勅許宣下到來了。則遣之御執奏也。不經正直任大僧正也。當年五十四云々。　﨟卅九﨟也。　南都傳奏事。萬里少路大納言尤宜候。可被仰付歟事。次賀茂社傳奏事。勸修寺中納言宜候。同可被仰付歟事。以廣橋中納言可申入仙洞之旨被仰出間。則以使者光意法印申遣彼卿方了。不幾彼卿則來。申云。兩條仙洞へ參申入候處。目出被思食候。早々可被仰付云々。畠山尾張守任從四位下了。同以彼卿御執奏。來九日御元服之時隨加冠之役故也。内々予此意見申入了。細川武藏守故鹿苑院殿御元服時參加冠了。其時從四位下也キ。可被任其例歟之由申入了。　天神堂舞樂如常云々。　自酉初降雨。醍醐邊花旣盛云々。御所樣當年方々花不可被御覽之由被仰間。不及用意也。妙法院僧正今日入寺。　自御室使者一條威儀師來。令對謁了。昨日兩條尙々祝着之由承了。妙法院僧正方へ一重香合十帖被送之了。　昨日初御使爲祝着之由承也。眉目至歟。彼僧正入寺之間光意法印請取之云々。　予代僧正祝着之由

返事申入了。飯尾肥前守來。御參內御院
參之樣。攝政殿御意見之樣。如何之趣尋申入
間。公家御儀尤可宜旨被申由且申了。
廿六日。少雨。
廿七日。晴。一乘院僧正。大乘院僧正參洛。各明
日可被參申之旨申遣了。但大乘院强來臨壇
所。仍就宇多郡事。尙重御談合題目兩條。一
ニハ宇多郡兼兩門跡ヘ可被遣旨御約束間。
可爲其分候。就其彼在所ニ被置代官澤秋山
不歸入樣可被相計。但就之ハ若尙御難治之
儀候者。宇多土民等國中ヘ罷出扶身命云々。
然者方々ロヲ指塞。土民ヲツメラれハ。定彼
等可令退屈歟。其時澤秋山於不可歸入之旨
可被申付歟。以上兩條也。大乘院被申旨可置
人條尙難儀也。口々可指塞事ハ料簡可在樣
存也。明日尙可申入云々。自一乘院以使者
慈恩院僧都被申趣。今日酉半參洛仕候了。則
可參申處。自路次風氣仕間。養性最中云々。
明日可參申入歟云々。仍以前兩條且申聞了。
佛地院敎俊僧正出京同前。御歌御會今日
在之。三首御懷紙如常。出題飛鳥井宰相雅世
卿。梅薰袖。春夕月。名所鶴。讀師雅世卿。講
師雅永朝臣。當座廿首。出題同前。予分一首
也。御懷紙之重樣僧俗各別也。先僧中被講
之。次俗中也。僧中以上三人。予外赤松入道。
堯孝僧都也。頭役畠山阿波守。一獻之砌着座
人數事。予。細川右京大夫持元。畠山阿波守。
赤松左京大夫入道性具也。飛鳥井宰相不及
着座。召出時於御前酒於賜計也。今度御元
服之後御出仕御參內御院參事。攝政御意見之趣。公
家武家之儀被取合可有御沙汰條。尤可爲珍
重。其御行粧之次第ハ。鹿苑院殿永和元年初
度御參內ノ時ハ。御沓役御劒役以下悉武家
之輩也。委細之記常宗入道所持歟。次永和四

年御參內。此時御官大納言歟。第二度御參內也。此時同武家御儀也。諸大名一騎ウチニ供奉。各騎馬濟々召具云々。其後年號只今不覺悟。鹿苑院殿大將御拜賀之時。於京門跡故二條攝政御參會有テ。御出仕以下被申談。以來ハ一向御出仕等。每事被移攝家之儀御沙汰也。其以後。故勝定院殿御出仕等。又以同前也。然者今度御參內等之儀。雖被任鹿苑院殿御初度御參內之儀。立歸又當御代一向武家御出仕之儀。聊不甘心樣存申也。仍御劍役幷御沓等。幷御榻諸大夫等ニ至マテ。乃至御番頭被召具事等ハ一向故鹿苑院殿大將以來ノ御佳儀ニ任セラレ。又今度御初度ノ御參內ニ就テ。一騎打ノ諸大名直垂。令供奉候者。則武家ノ儀タルヘク候歟。此外御帶太刀十五番。永和元年御例之間。勿論可被召具也。此分ハ旁可爲珍重之旨存云々。此子細內々今朝令披露處。尤宜由被仰也。仍此御意之旨申遣攝政殿也。同飯尾肥前守御書奉行。方ヘモ申送了。使者大藏卿法眼。予存分與攝政意見符合了。珍重々々。次御名字可被改歟事。舊冬御有增ニ付テ。御字兼テ可被撰置之旨申談攝政也。仍少々撰給了。今日日次大赤口。不宜間。明日此等兩條尙可申定旨。攝政殿幷奉行等方ヘ申遣了。

廿八日。晴。南都兩門今日被參申了。御對面。先一乘院御對面。最前ニ參申故也。次大乘院也。申次南都傳奏萬里少路大納言。一乘院ニ御馬御太刀被下之。御使大館上總入道。佛地院敎俊僧正御對面。御太刀一腰被下之了。大乘院ハ先度被下之間。今度御略也。　自御臺御本尊不動。大師御筆。可令供養之由被仰賜了。　自攝政被申入旨。爲仙洞被仰下候。室町殿樣御元服候者。件日モ則三ヶ條征夷將軍。參議。

左中將。同日可被宣下。可得時宜之旨。以萬里少路大納言被申入候了云々。彼卿爲御使來壇所。申云。自御所樣被仰候。如此爲仙洞被仰出候。日次事。則可被撰歟云々。御返事申云。尤珍重候。早々可被撰吉日之旨申入了。只今青門ヘ渡御云々。於彼此御返事可申入歟之旨。彼卿申間。可宜旨申了。彼卿爲御相伴參申入云々。 今日御臺ヘ參御加持了。一乘院方ヘ扇二裹。銚子提。(打物在之)引合十帖遣之。使者經祐法眼。敎俊僧正方ヘ扇十本。引合十帖。太刀一腰遣之了。 飯尾肥前守來。御參內初幷御院參等事。可被申談攝政之旨。可申管領之旨。內々時宜之趣申付了。細河上總入道下國御假事。重申入云々。仍不可叶(之ィ)旨被仰出。 子細可申大館旨被仰之間。具子細申了。次加太赤堀降參事。自管領執申入也。御返事之趣可有何子細哉。但猶可有思案歟之旨被仰旨等在之。同可申大館旨被仰之間具申了。 御元服御祈。於本坊地藏院僧正勤仕。愛染王法。伴僧六口。供料三千疋。奉行攝津掃部。御撫物今日渡之了。委細自此門跡申付了。 今日室町殿樣御元服延引。來九日必定了。

廿九日。晴。月次壇所御祈。北斗護摩不動護摩。幷北斗供。不動供。愛染供等各結願了。但於北斗結願作法不用之。長日御祈故也。不動護摩雖爲同前。近代不動壇所護持僧只今現在分此門跡。淨土寺。(寶曼院分)(杉坊)良讃僧正。(若王子)忠意僧正等也。仍闕意月在之間。先每度令結願了。今朝(卯末)。自壇所直入寺。爲夜中間板輿也。増圓一人供奉。 及夜陰小雨。 今日公方樣渡御京極亭云々。當年初也。明日例日之間。如意寺准后自今夕參住壇所。其子細昨日內々達上聞了。 今日菩提寺風呂也。其次寺中花巡見了。於妙院一盞張行之。

三月

一日。晴。自今日恒例愛染護摩始行。承仕明隨。支具。入堂如常。大乘院來臨。今日歸寺云々。直綴之體也。異體之由被申禮了。寺中花一見所望云々。仍大納言僧都宗濟令先達了。

二日。晴。公方樣渡御德大寺亭云々。自萬里少路大納言方以書狀申。室町殿樣御昇進三ケ條征夷將軍。參議。左中將。宣下事。來十五日ニ被治定了。珍重。自伊勢守護方注進到來。一昨日廿九日。關在所三町許ノ所ヘ指寄陣取了。次加太降參事申間。先令免許了。爲得御意注進申入云々。酉終重注進。關入道昨日一日。令沒落了。東口一方土岐美濃守罷向處。令由斷歟。自其口沒落云々。守護勢簡要之在所ニ陣取故不及自燒。以外物忩ノ體ニテ。夜ニマギレ沒落了。不取頸條無念候也。落者在所承定可加治罰云々。此注進今日大赤口。日次惡故。明旦以大館可披露之旨仰付慶圓法眼了。今日妙法院坊ヘ召請。爲花賞翫也。正月申入分期花令延引了。近年如此。連歌百韻在之。發句予。脇寶池院。理性院僧正。禪那院僧正。金剛王院僧正。坊主僧正。兒三人。梅賀。千代賀。愛賀。自餘連歌無沙汰・(之イ)間不着座。候御陪膳了。地下遁世者三人萬阿。玄阿。祖阿。被召之。執筆修理大夫經康也。二條殿諸大夫。此外ハ悉出世房官侍等也。總テ連歌人數廿三人歟。落花之時節其興繁多キ。一獻以下丁寧。中院宰相入道參。南都六方衆成身院光專參洛了。予對面。南都國民十市來。於妙法院令對面了。自大乘院吹擧也。內々爲奉公之儀云々。三千疋榼廿持參了。馬一疋。河毛。太刀遣之。

三日。晴。於此門跡和漢聯句張行。執筆如昨日經康。發句寶池院。脇句予。先僊韻也。禪僧一人周賢。祇候了。
四日。晴。富樫介來。二千疋持參。自大館方申。明日關東へ御使長老大和尙上洛之間。可有御對面。可令出京云々。
五日。晴。早旦出京。參御所處。只今寶志庵比丘尼。へ渡御。早々可有還御可待申云々。不幾還御。則御對面。自關東申入旨大安和尙相語分且申入了。其後大安和尙被召御前。大安和尙於御前無殊申旨。關東之儀每事無爲。珍重珍重。委細事ハ申入門跡旨申退出了。 御諱宣字可被改之由。內々自舊冬御沙汰之間。治定可被改歟之由尋申入處。可爲其分旨被仰。則可申談攝政之旨被仰間。以書狀申遣了。以萬里少路大納言時房卿可進由被仰旨同申遣了。 自攝政以時房卿三種被撰進了。義繁(シゲ)。義敎(ノリ)。尊國也。自御所御返事。予出京之時可被仰談云々。 次御參內始御院參等。奉行事廣橋中納言親光卿可奉行旨被仰間。以使者光意法印申遣儀同三司入道方了。畏入旨申也。 今日申初入寺。 今日午半地震。金翅鳥動云々。占文不快。有盛卿有富朝臣等申入也。
六日。晴。自伊勢守護方注進到來。關入道城昨日五日。之内三ヶ所羽黑。白木(シラキ)。いしか峯。等悉燒拂了。於關入道者今月一日山下ヲ沒落之後。行方不知罷成云々。 猶モ國中尋聞。在所聞出事候者。可加對治云々。關山口入道狀同前也。兩通以大館令披露了。 南都筒井伯父成身院上洛。參申入旨。箸尾與片岡弓矢事ニ付テ。自管領箸尾ヲ令合力。河內勢當國ニ亂入。片岡カ城へ寄來間。筒井越智以下國民。片岡ヲ令合力馳向。及合戰之間。寄手於當座廿卅人被打了。其內管領ヨリノ合力勢。河內ノ國府ト云者被打了。定管領猶意趣ヲ殘シ。重テ勢

ヲモ可被向歟。然者可爲國ノ亂。箸尾片岡弓矢事ハ。依被成御敎書。軍勢共悉令退散了。於今ハ何怖畏ニ依テ自管領被合力哉。早々可被仰付旨。自寺務一乘院以慈恩院兼曉僧都奉書。申遣妙法院僧正方者也。此狀則成身院光專持參了。予返事云。何樣先可申遣管領。其後可達上聞也。但傳奏幷南都兩奉行在之上ハ。彼方ヘモ可有注進之條可宜旨申遣了。

七日。風雨。寶池院出京。

八日。晴。今日愛染護摩結願。以後出京。

九日。快晴。今朝可參申之由。以大館承間參申了。條々被仰。一上杉七郎重以告文御免事。歎申入也。可爲何樣哉。且可仰談管領事。一伊勢關入道沒落ニ付テ落着在所猶相尋可退治之由。重可仰付守護事。一來廿三日御參內初供奉人。衞府幷御太刀帶等人數今日可被定。則近習五番衆名字ノ內被出御點了。條々申定令歸坊了。次今夜御元服之後。管領一人ニ可被下御劍之條。可宜歟之由御尋間。尤可然旨申入了。自御所以攝津掃部助。齋藤加賀守。飯尾八郎左衞門尉三人被尋仰事。今夜御元服之後內裡ヘ沙金百兩。御馬一疋。被置御鞍總鞦。御劍銀。一腰。可被進之也。應安元年鹿苑院殿御元服之時。此色々以西園寺被進內裡也。然者今度之儀可爲如此歟如何。次沙金御劍等ヲ應安ニハ內裡ヘ被進了。今度仙洞御座之間可爲何樣哉。此兩條可計申入云々。予御返事。今度之御進物以西園寺可被進歟事。應安比マテハ西園寺未武家執奏也。仍執進歟。近年西園寺非武家執奏之儀。當御代已傳奏三人萬里少路大納言。勸修寺中納言。廣橋中納言。被定置上ハ。以彼三人之內可被進之條尤可宜候歟。次兩御所何ヲ本ニ可被進事。愚意之趣御治世ノ院ニテ御座之間。尤仙洞ヘ可被進歟。但内裡ヘモ御劔。平鞘。御馬一疋。被置鞍。総鞦。可被進條可宜歟。其間事且可爲時宜之旨申入了。攝津掃部申云。管領ヘモ此等子細意見之趣可被申入旨被仰出云々。仍管領意見何様候哉之由相尋處。先此御門跡御意見之分承。追可申入之由被申云々。今夜亥刻。室町殿様御元服。加冠管領。但法體之間爲代官尾張守参申了。尾張守持國。四品事。内々依申意見。去五日被宣下了。鹿苑院殿御元服之時。細河武藏守于時従四位下也。任彼御佳例也。理髪同阿波守。御元服當日御加持事。任應安元年御例可參之由。兼日以攝津掃部助被仰之間。及其刻限戌終。參申了。予着裘袋了。御元服ニハ毎事以白色爲吉之間。旁令相應歟之由思給故也。扈従一人大納言僧都宗濟。着鈍色裳袈裟。乗車尻供奉。車八葉。下簾。力者十八人。牛飼七人。此内遣手一人着狩衣。自餘直垂也。大童子一人。無單已。従僧二人。後榮上座。宗辨寺主。鈍色裳袈裟。兩人同車。在後中間等員數不同。各直垂。先於西向四足門前下車。房官下﨟立榻。上﨟役鼻廣。自西中門沓脱登。經西ノ縁着公卿座了。尤可入中門處。加冠以下役者令着中門廊之間。依爲無骨也。公卿座前ニハ侍雜司歟。女着裳。着座シテ挑正灯等事令沙汰也。公卿座ノ北ノ頬ケ程ニ(ノ中イ)。御烏帽子向南奉居之。其ノ東ニ御鬢手椋等置之。委細別記之。亥ノ初歟。可參御加持之由大館中務少輔浅黄直垂。參申之間。經寢殿南大床參御會所。御装束御着用所也。御所白御直垂。同白御小袖令着給也。予奉相對申御加持。作法等別在之。五古ヲ以テ奉加持也。予退出之後有富朝臣御身固申入歟(記イ)。次御元服之儀。於寢殿東在此儀。委細別在之。今夜御元服之後。自内裏仙洞兩御所御元服珍重之由被賀。仰勅使萬里少路大納言時房卿。自内裡御劒銀。一腰被進之。自仙洞御馬一疋御劒一腰被進之。勅使同時房卿。自室町殿以攝津掃部助滿親沙金百兩。御馬一疋。被置鞍。總鞦。〔御劒銀。一腰。可取進仙洞之由被仰遣萬里少路大納言時房卿方云云。以上仙洞へ御進物。御馬一疋。被置鞍。總鞦。〕御劒平鞘。一腰。以同御使被遣同卿方。可取進内裡之由被仰云々。以上内裡へ御進物。今夜公家之輩參賀無之。可爲來十一日之旨。以萬里少路大納言被觸仰也。　今夜御元服御祝着之儀管領沙汰之云々。御元服了。被下御劒於尾張守。役人大館刑部大輔。白直垂云々。　御前陪膳畠山治部大輔。　同阿波守。　同左馬助云云。手長伊勢守等也。爰手長事伊勢守聊難澁之體在之云々。仍於當座管領切諫以外次第云々。　御元服御裝束事。兼有其沙汰。自二條攝政家被計申了。白襖御狩衣。御文。コキ紫ノ御指貫御文。下括。加冠以下役人悉白直垂布。也。役人之外ハ悉淺黄等直垂裏打也。今夜御元服以前。禁色宣下。　大外記師世持參。衣冠歟束帶歟不分明。永豐朝臣申次。於殿上請取藍莒ヲ。參常御所也。今夜大外記祿物練貫一重云云。兼有其沙汰也。

十日。晴。今日御祝御元服三ケ日。細川右京大夫。御臺御產氣分出來。夜中ニ御出御產所大館亭。云云。自今夜聖護院准后參仕御產所。門弟五六人召具。不斷慈救咒。時々御加持等云々。

十一日。晴。僧俗群參。但僧中護持僧之外ハ。明日十二日。可被參賀之由。以萬里少路大納言被相觸了。仍御持僧之外諸門無參賀也。予乘車。裘袋ヲ着。寶池院僧正香染。同車。扈從僧綱兩人。宗濟僧都。隆濟法眼。兩僧綱同車在後。力者衣直垂等濟々召具之。從僧三人。俊榮上座。宗辨寺主。經長寺主。同車。扈從ノ車次ニ供奉。以上三兩列轅兩人扈從從僧令同車也。自餘御持大略車歟。聖護院准后袖輿。袖文牡丹立枝也。平絹裘袋。薄墨。扈從僧綱一人。從僧兩人云々。僧俗着公卿座也。北頰南面東上聖護院准后着。其次予。次如意寺准后。實相院僧正。淨土寺僧正。寶池院僧正。地藏院僧正。次第着座。花頂僧正。隨心院僧正。竹內僧正。以上三人不着座。中門廊ニ停(佇)立。公卿座南頰東上北面ニ二條攝政。一條右大臣。近衞內大臣以上三人着座。九條前關白。三條前右大臣。久我大將以下殿上ノ造合ニ徘徊。九條前關白ハ中門廊ニ停立也。當時位次攝政ノ上首也。尤可着公卿座處。攝政早參シテ被坐上間。九條前關白着座無之歟。凡攝政與位次ノ上首。前關白ト座ノ次第事。可任位次上首云々。但當關白前關白ノ下座ニ着スル事。父子或ハ大閤宣ノ外無其例云々。仍自他如此歟。次申次永豐朝臣狩衣。來蹲踞殿上前。可有御參之由申入了。爰聖護院准后被申樣。今日之儀先俗中最前ニ可被參條可宜歟。但攝政前關白參之後。僧中ハ准后三人計。先相交テ可參條可宜歟。其後大臣參。次御持僧僧正等悉參。其後大將大納言等可參條可然歟之由存之間。其子細奉行萬里少路大納言ニ內々令入魂云々。予申云。此儀不宜歟。准后ト關白ト前後事。元來准后ハ爲上首者也。雖爾今日御元服參賀之間。俗中ヲ被賞。先攝政等參事其理在樣覺候。爰准后相交俗中ニ可參條。一向准后ハ關白ノ次座ニ成候ヘキ歟。不甘心存者也。所詮一向ニ俗中悉了テ後。僧中參尤可然歟之由獻意見了。此儀誠宜旨被同心了。仍予招寄萬里少路大納言此由申含了。今日御對面之儀先俗中官外記等マテ參了。次准后以下ノ僧中悉參申。先一座聖護院准后。御對面。御加持了退出。次予參御加持早々。次如意寺准后參御加持同前。以上三人令逶給テ緣ヘ御出。次定助僧正。隨心院。實相院。以下次第ニ參御加持同前。予退出之時以萬里少路大納言可被仰子細候。暫可祗候云々。仍公卿座ニシテ奉待也。面々退出之後。德大寺少童八才云々。參御前。其後以畠山治部大輔可參申由承間參御前了。條々被仰旨等在之。其後退出。參大方珍重子細等申入了。自其歸坊。今日御元服三ヶ日。御祝武衞沙汰之云々。今日參賀御持僧各少折紙進之了。聖護院ト予ハ二千疋。其餘如意寺以下千疋也。攝政ハ御馬御太刀云々。其外不分明。御產所ト室町殿御所ト御一所也。仍被通也。然間御產所參仕聖護院無憚今日參賀也。

十二日。降雨。今日御室以下諸門跡南都兩門跡等悉參集云々。奉行申次等如昨日云々。今夜丑初歟御產無爲。姬君降誕云々。自醫師三位方內々告申了。爲御產無爲御禮參申室町殿也。重衣輿昇房官一兩計召具了。千疋折紙殊更進之了。歸路ニ御產所ヘ參申也。御臺幷姬君ヘ各千疋折紙進之了。諸大名以下如此云々。仍致其沙汰了。於門跡ハ定予一身歟。不混自餘之由自方々依意見如此令沙汰了。去九日御元服御加持參ノ祝着トテ馬一疋河原毛。置鞍引給。御使攝津掃部助滿親也。令對面太刀一腰獻之了。一乘院僧正來臨。

十三日。晴。大乘院僧正參洛。明日室町殿ヘ可參申入云々。先此門跡京。來臨。

十四日。晴。室町殿御改名事。今日被治定了。敏トシ字也。萬里少路大納言御字持參。自攝政被注進也。於萬里少路亭。勸修寺中納言廣橋中納言等加評議內々申入也。且時宜歟。

十五日。天晴。今日辰刻。征夷大將軍。宰相。左中將。以上三ヶ條宣下。但時刻聊遲々及午未(末イ)了。今朝自室町殿以御書承。去夜被定御名字敏ノ字事。能々被加御思案處。猶敎字勝タル樣被思食也。若震筆未被申出者可爲此字旨。早早ニ攝政方へ可申云々。仍以使者經祐法眼攝政へ申遣了。旣被院參間仙洞祗候所へ申遣了。未申出云々。珍重々々。將軍宣下。於室町殿攝津掃部助請取之云々。參議左中將宣下。永豐朝臣申次也云々。祿物共以沙金一裹云々。今日申刻於御所御祝在之。畠山尾張守爲管領代官一人御前ニ着座云々。御所樣御狩衣也。陪膳政光。尾張守直垂云々。今日僧俗參賀無之。今夜以兩奉行飯尾肥前守。飯尾彌六兵衞被仰。來廿三日御參內始。諸大名供奉人數事。先日十二日。內々御談合ノ如ク。畠山尾張。武衞。細河右京大夫。山名。一色。小侍所。畠山左馬助。此等可宜歟。然者今日吉日也。各可被觸仰。所詮任門跡意見。重不可及伺申入也。今夜兩人肥前。彌六兵衞。爲御使。此面々方へ可觸遣云々。御返事。此面々供奉事。可有何子細哉。但管領意見如何可有御尋歟。去十二日以大館入道此人數供奉事被仰談管領キ。其御返事如何之由。兩奉行ニ相尋處。只今管領へ參申處。曾不存知由被申云々。予申云。サテハ大館失念歟。返々不審也。管領意見無子細者。今夜早々可相觸歟之由令申了。今日午刻。石淸水八幡宮中御前外殿大床ノ上ニテ。神人仕丁云々。二人切腹了。雖然於社中不終命。則出築垣之外云々。今度自害閉籠ノ嗷訴。對社務宋淸法印事也。非對公方訴訟也。宋淸法印沙汰之次第。旁以不可說也。自害神人出門外事。自南樓出四脚云々。〔等イ〕神行御路也。以外非儀之由。自田中融淸法印・方注進申也。此事御慶賀之時分之間。不及披露

之由。自管領内々示申也。　自今夕不動護摩
開白。不入寺之間用手代了。光慶法印勤之。
十六日。晴。　爲將軍等宣下御禮。僧俗群參。但僧
中御持計也。如去十一日參賀。自餘門跡可爲
明日。十七日。云々。奉行時房卿。直垂。　申次。永豐朝臣。狩衣。　攝政
以下小直衣。三條前右府。久我大將等ソハッ
ツキ着之。自餘悉狩衣或直垂也。　僧中御禮
物事。兼令談合聖准后了。彼准后予千疋折紙
進之。如意寺准后以下太刀一腰進之。於殿上
邊申次請取之。兼置御前也。俗中進物事不同
歟。攝政御馬御太刀。其外九條前關白以下各
御太刀一腰云々。　懸御目次第。今日モ先俗
中。　次僧中也。　准后以前關白參事雖不可在
之。參賀儀可被賞俗中故如此計談合了。不可
爲方例歟。　予出仕行粧事。重衣小指貫有文
香袈裟也。寶池院僧正同車。裝束同前。但不
着小指貫。普通袴也。扈從僧綱松橋僧都賢紹

一人。乘車尻供奉。重衣。紗歟。白色也。五帖袈裟白。
房官二人宗辨。經長。各着重衣。乘輿供奉。大童子藤
王。一人供。繪直垂如常。力者衣。十二人。小
頸六人也。聖護院准后如先度袖輿重衣轂。生
袴等如常。扈從一人。重衣。房官兩人歟。單衣。
大童子無之。力者悉單直垂也。如意寺自壇所
出仕之間。大略同前歟。　予退出之後。重又
内々參申事在之。以御使承旨在之故也。來廿
三日御參内始之時。諸大名御共五人也。此馬
打次第事。旁可爲難儀歟之由。自管領以修理
大夫入道申談之間。予又元來此儀也。所詮武
衞。右京大夫。山名。一色。此四人一向被略。
管領息尾張守。左馬守。二人計可參條尤可爲珍重。其
外侍所赤松。事。可被召具條。不可有其煩歟之
由。今日參次申入了。　時宜又御同心之間。自
御所歸路ニ管領亭ヘ予罷向。此等子細具申
談了。仍今日以兩奉行御共略之由。此面々方

へ觸了。其後入寺。　今日自御所様御扇十裏百本。被遣大乘院僧正方。予方へ五裏五十本。拜領了。驚目々々。祝着々々。

十七日。降雨。　十八日。晴。　十九日。晴。

廿日。晴。宗海僧正明日影供執事勤仕之由申入之間。千疋令助成了。

廿一日。晴。東寺灌頂院影供々養法寺務僧正如常云々。　今夕出京了。明旦可參之由承間。自今夕罷出了。　自管領以使者明後日廿三日。御太刀帶番事。京極六郎ト同孫九郎ト佐渡守。番事。今度六郎爲下﨟條不便事。同子黑田ト同兵部少輔ト番事。黑田可爲上﨟等事。以機嫌可申入旨被申了。　今夜子終地震。天王動。吉動云々。

廿二日。少雨。早旦參室町殿處。石淸水八幡宮去十五日於社頭神人自害事。以外御仰天。仍社頭可爲造替歟事。次外殿神體早々可被渡内殿歟事。次自害人自樓門出四脚了。兩門既神行御路也。可被造替歟事。此等三ヶ條前社務融淸法印申入旨内々申入處。此條々又此外何事ニテモ可宜事等可仰談管領云々。仍召遊佐。條條申遣管領了。次明日廿三日。御參内始。太刀帶番事ニ付テ。京極弟六郎ト。同佐渡守息孫九郎ト番事。於六郎已爲總領弟。尤可爲上首處。今度可爲下﨟之由被仰出云々。何樣子細哉不便候。次黑田事。於京極庶子者隨分者候。仍代々被執思食キ。今度同兵部少輔カ下﨟ヲ可仕之由被仰出云々。兩條以外不便候歟。所詮黑田ハ六郎カ下ヲハ可仕之由申入候上者。如此可被定仰條可宜歟之由。自管領申入旨申處。此番事以根本之儀。御沙汰之條非新儀也。若支證等在之者。重可被申歟云云。條々被仰子細。又申入旨在之。不及注置。此旨申遣管領處。無餘日間先重不可申入之由申了。
廿三日。風雨。自午初雨脚止。今日室町殿御參內始。并御院參。時刻戌。御裝束衣冠下絬給。御車。八葉。殿上人三人。三條中將實雅朝臣。冷泉永豐。伯資益。以上束帶。御簾役實雅朝臣。御劍役永豐。御沓役資益。諸大夫二人。近衞康任。二條經康。以上二人前駈騎馬束帶。衞府二人。太刀帶十五番。卅人。大名一騎打三人。一番管領。尾張守爲代官參。次小侍所同左馬助。次侍所赤松左京大夫入道。爲法體間。舍弟伊與守代官。管領後騎五番。十騎各直垂。小侍所三番。六騎。侍所三番。六騎。也。主從同直垂。大帷重之。行列次第在之。最前ニ前駈二人。騎馬。次太刀帶十五番。次番頭六人歟。取松明。次御牛飼十餘人。各直垂也。縫物遣手一人狩衣。御雜色白直垂。立烏帽子。三人歟。供奉御車最前ニ御馬被引之。御舍人着直垂折烏帽子。引之。前駈以前也。次御車。八葉。御車之後上下着スル非色ノ近習數輩供奉。各步義也。自身太刀ヲ持スル歟。次衞府二騎。次殿上人車三兩。烈轅供奉。次畠山尾張守。直垂。大帷重。乘馬。馬ノ前ニ力（々イ）者三番。白直垂大口。次中間五番。取松明。六人歟。次馬後雜之者數輩在之。次後騎。後騎一人別松明一丁燒之。仍後騎十人ニ十丁也。此事兼及種々沙汰了。自管領萬里少路大納言ニ談合之間。萬里少路又攝政以下ニ申談返答云云。主人ハ松明六丁計歟。後騎一人別各一丁可宜歟云々。今度後車ノ殿上人。各松明一丁燒之了。三條中將實雅朝臣一人垂車ノ簾。永豐。資益兩人上簾了。次小侍所力者以下行粧同前。松明四丁歟。後騎三番。松明等同前。次侍所赤松伊與力者以下行粧同前。松明又四丁歟。後騎不取松明。中間行燈ヲ捧持馬前也。　今夜自內裡仙洞御馬御太刀被進之。勅使廣橋新中納言親光卿。兩御所同御使云々。

自室町殿御持參無之。先例如此云々。
廿四日。晴。今日僧俗參賀。但僧中護持僧計也。俗中悉參也。予自東向內々參了。寶池院僧正同道。兩人太刀持參之。大館入道申次了。淨土寺僧正。地藏院僧正同自東向被參申了。自餘護持自西向參。聖護院准后以下。今度各太刀進之也。兼令談合了。　予今日入寺。八幡宮今度神人自害ノ事ニ付テ。可有造替歟事等。具申談管領。兼奉行飯尾肥前守ニ可仰付之由被仰之間。則兩人方ヘ申遣了。　自今夕縣召除目被始行。於攝政殿直廬在之。執筆中山參議定親。　今日御對面申沙汰。奉行廣橋中納言。申次永豐也。
廿五日。晴。
廿六日。晴。　自飛鳥井宰相方。室町殿御月次題送賜。池水久澄云々。今度初御位署可被遊之間。一首題云々。　除目入眼今日延引。可爲來廿九日云々。
廿七日。降雨。御室以下諸門跡今日室町殿ヘ參賀云々。奉行廣橋中納言。申次永豐。如廿四日也。
廿八日。朝雨。午初晴。　自萬里少路大納言音信。條々申旨在之。
廿九日。晴。　自管領申旨間令出京了。　除目今夜入眼云々。室町殿樣大納言御轉任。三品同宣下云々。珍重々々。　今日戌初予院參。堅固內々儀也。着裘袋乘袖輿。扈從僧綱松橋僧都賢紹。重衣。房官一人民部卿寺主宗辨。各乘輿體歟。供奉宗辨役尻切也。申次萬里少路大納言時房卿。着直衣。兼內々令約束了。少一獻持參。御折五合。御榼廿。御盃代三千疋。出御之間暫候公卿座。四辻宰相中將季保卿蠟燭持參之。此間攝政被院參。於公卿座暫雜談。攝政申次四辻宰相中將。狩衣。　參攝政御前。攝政被申入樣。小折紙爲申出云々。宰相中將立歸勅答。小折紙事。已被遣奉行左大辨房長朝臣。除書明日室町殿へ外記持參。不遲遲樣今夜入眼早々可有申御沙汰云々。攝政不及被參御前退出。予中門邊マテ奉送之。其次萬大來。可參御前由申。季保卿持蠟燭前行。於泉殿上御對面。其御座敷南北三間。東西二間也。西頰三間押板在之。四幅御繪被懸之。前御花瓶等在之。南頰中ニ大文御座一枚敷之。餘三方悉小文也。中間悉指莚也。上皇大文御座ニ着御。予北頰ノ小文ニ着。奉對上皇也。六間ノ東十五間敷。一向板也。疊不被敷之。圓座少々在之。此所ニ三條大納言。布衣。萬里少路大納言。直衣。柳原中納言。布衣。中山宰相中將。束帶。除目執筆也。四辻宰相中將等着座。上皇御服狩御衣歟。先夜室町殿御院參珍重之由被仰下。其後三條大納言御盃持參。役送殿上人雅永朝臣等也。陪膳三條大納言公保卿。予前殿上人役之。三獻度予御酌申入。三條大納言御銚子渡之。供御之後天盃。天酌ニテ被下之。則盃ヲ持テ退出了。四辻宰相如前持蠟燭前行。萬里少路大納言以下悉相送出中門了。

晦日。晴。昨日御昇晋大納言珍重御禮事。今日僧俗參申入。但僧中御持僧計也。此外南都兩門跡參申也。今日奉行萬里少路大納言。申次永豐也。布衣。御禮物事俗中悉大刀云々。僧中又同前。但予。聖護院准后。折紙。千疋。進之。自餘悉御太刀也。如意寺准后同前。攝政以下三公一條右府。近衞內府。ソハツ、キ也。自餘大略狩衣。三條前右府。久我大將等ソハツ、キ歟。御對面以後。予暫可候之由承間。於殿上待申了。面々御對面終。重可參申旨。以萬里少路大納言承間參申了。條々被仰談旨在之。來二日マテ可令在京旨被仰也。自仙洞勅書被下之。昨夕參事被仰下了。結句御食籠水瓶茶。以下拜領。眉目至此事々。祝着〔候〕也。請文則進之了。於八幡宮神殿中御前。大床。去十五日仕丁二人自害〔事〕ニ付テ。可被造替否事。以兩奉行飯尾肥前守。松田對馬守被尋仰子細條々在之。自管領同遊佐河內守相副來條々一。

四月

一日。晴。在京之間。自今日愛染護摩用手代了。弘忠法印勤仕之。山名禪門來。數刻閑談。勢州御勢於今者可被引歟事。管領上表申共。暫可被押置條。可宜事等申也。

二日。晴。御室以下諸門跡。爲亞相轉任御禮被參室町殿云々。諸大名昨日每朔。參。依惡日今日參申云々。予今日參申了。八幡造替歟事等。面々ニ可令談合旨被仰之間。傳奏廣橋新中納言。幷奉行飯尾肥前守等方ヘ申遣了。大和十市參洛之間。以大館內々申入處。御所樣今日已細川右京大夫亭ヘ渡御之間。明旦可懸御目旨返答也。

三日。晴。大乘院來臨。今日可下向云々。隨心院僧正來臨。小折紙隨身也。今日齋食以後入寺。

四日。晴。自御所樣以大館被尋仰御判事。於今者早々御沙汰尤可宜。仍判形事可被免下條可畏入旨。以奉行治部越前管領申入也。可爲何樣哉云々。予申入云。尤可爲珍重。早々可有御沙汰歟之由令申了。入寺間大館以經祐法眼申也。

五日。雨。房能僧正來。今度一切經會御導師勤仕。眉目之由畏申也。今夜愛賀。愛德得度。共予戒和尙。愛賀時役（深イ）人。唄妙法院僧正。敎導弘豪法印。剃手超源僧都。自餘役凡僧等也。唄師僧正事尤雖斟酌。彼僧正所望ニ依テ也。愛德時。唄師山務法印弘忠。教導實有僧都。但臨期故障之間超源(深イ)勤之了。剃手賢信律師。自餘凡僧大略同前也。　自仙洞御月次御短冊勅題三首。遠尋花。草花露。曉更鷄。可詠進之由以飛鳥井宰相被仰下了。勅題之間不及辭申。先領掌申入也。

六日。晴。　七日。晴。

八日。晴。　愛染護摩今曉結願。恒例。　灌佛之義如近年。式弘豪法印。伽陀超慶阿闍梨。唄定盛法印。如來唄。　散花實有僧都。顯。　讃同。　灌佛伽陀同超慶。　經譽重賀受戒。山。　賴全以下若輩四五人令同道了。於坂本一獻等事。門跡祇候出世者寄合一向令沙汰了。　仙洞御短冊三首今日詠進了。付本路付遺雅世卿方也。遠尋花。草花露。曉更鷄。　雲關坊主恭監寺入滅。八十二歲。

九日。陰。　自廣橋中納言方以書狀條々申。　八幡宮神人自害事ニ付テ。可被造替歟事。被經御沙汰。可宜樣可被計下之由。自室町殿以此中納言御奏聞之處。重事之間。先規等被引勘追可被申之由。勅答之趣如此。内々爲意得令申云々。　次日吉祭上卿辨事。諸人故障。仍錯亂之間。爲室町殿嚴密及御沙汰了。(云々イ)　臨川寺長老來臨。物語云。去五日天龍寺都聞寮ヘ管領召請。爲陪膳寺中喝食五人令召請處。悉故障。剩喝食共悉閇籠佛殿。止鐘鼓了。仍長老以下及請文無爲云々。開山以來於都聞寮。如官家召請之時ハ。行者令陪膳條規式也。今度以新儀過分之儀都聞相計故云々。　管領此事傳聞。又以外腹立云々。

十日。雨。　前伯二位入道來。就賀茂祭近衞使出立等事。條々歎申事等在之。仍大館方ヘ遣書狀了。　南都衆徒筒井。今日參洛。可參申入否之由。慶圓法眼令同道。成身院光専筒井伯父。來申入也。　自公方樣以大館入道御祈事被仰。

於殿中今月中修法一壇可勤仕云々。八幡神人自害以下地動等。旁懸御意子細等在之云々。御返事何樣參勤事可令存知候。但來十七八兩日當寺鎭守祭禮候。座主不出仕先例不快之由申傳候。且公方御祈候歟。其以後可參住申入候。於尊法者愛染准大法尤可相應歟。但可任時宜之由。可申入旨申遣了。大館可來申處。御產所時分也。不得隙間。召寄大藏卿法眼內々申賜也。

十一日。晴。筒井覺順今日懸御目云々。御具足腹卷。御太刀三千疋進上候。御太刀一腰被下之云々。

十二日。雨。大僧正定海。年忌如常。筒井覺順來。今日下向云々。仍令對面了。千疋持參。馬太刀遣之。成身院光專同道。

十三日。晴。自公方樣折八合拜領。驚目了。御祈愛染准大法事。自來廿二日可令始行旨必定。仍伴僧以下事。仰談妙法院僧正。內々請定等遣之。於大行事光意法印了。壇行事盛林院法印可令沙汰旨同申遣了。供料五千疋。同可請取旨加下知云々。自御所奉行兩人。飯尾肥前守。松田對馬守御使トシテ來。八幡宮今度神人自害事。於流血穢計。社頭造替先例無之之由。自仙洞勅定也。幷攝政。一條右府意見同前也。仍可爲此定歟云々。御返事申云。尤珍重可爲御沙汰歟云々。

十四日。晴。勸修寺僧正方へ。爲明日入壇助成。被物一重獻之。代千疋也。以書狀遣之。使者執行永秀法橋也。

十五日。晴。今日將軍御判初云々。珍重々々。可爲萬歲佳模歟。大名以下御太刀進上云々。勸修寺宮僧正今日入壇。大阿闍梨慈尊院大僧正弘繼。予密々丁聞。大阿闍梨年戒。受者年戒。職衆十口之內。讃衆二人。一臈宗海僧正。唄。咒願。護摩云々。教授珪光院法印定能。年戒。十弟(子脱カ)二人。六種道具悉持之歟。大阿闍梨扈從報恩院。受者扈從一人。定能法印。威儀僧一人。居箱香呂箱草座三種持之。良家輩不着衆會所也。此則一義也。仁和寺等又此儀歟。醍醐先例未分明。多分良家輩着衆會所歟。諷誦文於衆會所承仕渡之。堂達請取之令懷中也。大阿闍梨裝束如常。五古左手ニ持之。念珠ニ取具也。右手檜扇持之。五古左。仁和寺樣也。散花机正面間ノ大床ニ立之。誦經机道場正面ノ南端大床ニ立之。上ハ絹也。中ハ四方小箱樣ナル物也。道場東向也。受者裝束如常。香袍裳夏。平袈(裟脱カ)香。菊文。左腕ニ懸三衣。右手持香呂。大阿闍梨裝束如常。色衆夏冬袍相交也。誦經導師彼寺々僧。一臈號宮內卿法印云々。聲明ハ無相違歟。堂童子布施取無之。

十六日。雨。

十七日。朝雨。自午初天快晴。今日清瀧御遷宮。每年恒例佳儀如常。供養法賢光僧正。鈍色。香。同裳。着小袈裟。近年甲袈裟草鞋着之キ。此儀非本儀歟。伊與法印賴淳供養法勤仕之時。初甲袈裟。草鞋等用之云々。仍任(觀イ)本儀着小袈裟歟。去年理性院僧正宗親勤仕時同小袈裟也。兼有其沙汰故也。予着香衣小指貫。自金剛輪院乘手輿。於橋邊下輿。廻廊南也。扈從一人宗濟僧都重衣。如常。從僧一人。經舜寺主等身衣指貫。尻切役勤之。大童子三人。此內一人無單巳。二人直垂也。兒幷出世房官。侍。中童子直垂。等供奉。入北窓時扈從役御簾也。僧正以下動座。着座以後各復本座了。傳供手長法親王時良家役之キ。凡准后以後尤[雖]可爲如此。依自然無沙汰不及其儀也。花莒役又同前也。當年傳供伽陀長譽勤之。百種相殘分不覺悟歟。

無左右出廻向伽陀了。仍廻向後ハ無言ニテ傳供在之キ。伽陀師未練此事々々也。向後可得其意。　此會以後申終ヨリ又降雨。今夜申樂カイナサシ許ニテ略之了。　今夜連歌張行。

十八日。晴。　申樂如常。觀世大夫也。七番施藝能了。諸人驚目云々。　祿物事恒例分三千疋。（加地下定）自門跡別而二千疋大夫ニ被下之了。去年以來如此。其外少々申樂ニ賜之事在之。一色見物。密々ニ南ノ經所ニ置之了。

十九日。晴。　今日又申樂在之。兩御神事恒式也。予出京子細在之間。不及見物。　寶池院見物也。明日公方樣京門跡ヘ令成給營々ノ爲出京也。　今日參室町殿也。御判初珍重事。幷明日渡御事等申入了。　自御室以懷緣威儀師給消息了。　自九州大友方使者僧來。令對面了。自今河上總守（駿河國守護）方。音信事在之。

廿日。快晴。　室町殿渡御京門跡。御車御狩衣也。廣橋中納言親光卿（狩衣）。參御車。御劒役之了。今度渡御事。御元服以後被任御佳例令成給也。仍御狩衣御着用ニテ他所ヘ出御始也。尤門跡眉目此事也。三獻之後。御直垂（長絹）。被着替了。御相伴大名。管領。武衞。細河右京兆。山名。畠山修理大夫等。以上五人。三獻以後參御前了。　寶池院自最前着座。三獻度御酌申入之了。每度佳例也。御引物練貫十重。盆。香合。盆。綾一端。以上五種。於當座進之了。自寶池院五重。幷引合十帖追被進之了。　渡御時僧正兩人（理性院。妙法院。）庭上ニ蹲踞了。　予幷寶池院不及參向。酉終還御。御引物慶圓法眼持參。渡大館云々。管領以下各太刀一腰計也。但管領計二重相副了。　石清水八幡宮。去月十五日神人自害以後。今日清祓義在之云々。清祓以前四月一日。（更衣神事脱カ）。同四月三日神事。

同灌佛神事。三ヶ條神事已行之歟。一向社務私計沙汰分也。如何。

廿一日。少雨。賀茂祭無爲云々。爲昨日光儀御禮今日參申了。管領職事以修理大夫入道上表之由被仰キ。不可叶旨御返事云々。此門跡へも申候之由申。如何之由被仰。未無其儀旨申入了。故勝定院殿御遺物唐物等。今日以萬里少路大納言被進仙洞了。今夜子刻東山太子堂炎上了。付火云々。長老西大寺住留守云々。風呂許相殘。返々不便々々。本尊等悉成灰燼歟。驚入物也。

廿二日。少雨。今日室町殿御所御月次。一首題池水久澄。出題飛鳥井宰相雅世卿。日比御月次兼日三首也。雖爾御位署等可被書載。初度御會之間一首云々。仍毎事嚴重。御所樣御狩衣。予重衣。飛鳥井兄弟雅世卿。雅永朝臣。冷泉中將爲之朝臣等同狩衣。武家輩悉直垂也。堯孝重衣。袈裟。織色青。讀師雅世卿。講師雅永朝臣。披講了御一獻在之。公方御沙汰云々。予少折紙進之。右京大夫以下大名太刀進之。其後渡御赤松伊豆亭云々。力者召進也。自今夕於室町殿。准大法愛染。勤修。伴僧十一口。加(少イ)護摩師。供料五千疋。脂燭兩人。益長。資益。布衣也。護摩權僧正賢長。壇行事淳基法印。大幔役賢紹僧都。兼神供。扈從宗濟僧都。淨衣。赤色。予着平袈裟。持五古。但平袈裟開白許也。三衣箱略之。閼伽棚一脚。長櫃一合也。前々准大法時。長櫃二合事在之。可依時宜。閼伽棚二脚又先例在之。予佛眼准大法時二脚用之了。大幔五幅三方ニ引廻之也。承仕三人。壇所公卿座。僧正以下壇所殿上。自餘伴僧休所三條禰宜屋也。道場阿闍梨疊。大文。半帖。同。自餘悉小文勿論也。　今度依神人自害事。石清水修造樣爲見知。兩奉行飯尾肥前守。松田對馬守下向云々。

廿三日。晴。少雨。後夜日中相續如常。兩時共以切聲用發願等全如常小法。後夜時偈唱之。將軍渡御壇所。數刻御雜談。廣橋中納言親光卿來云。於石淸水社頭。去月十五日神人自害事。可被行軒廊御占歟之由。右府等雖意見候。仙洞叡慮可被略歟。時宜之間。不及其沙汰也。內々被召占文可有祈謝候歟旨勅定云云。仍陰陽頭有富朝臣占文隨身。令一見處。依穢氣不淨不信此災出來云々。次火事愼見之。此火事不限社頭愼云々。次自離巽(ミナミタツミ)方口舌兵革愼等云々。吉田神主注進占文大略同前。但病事愼在之。口舌兵革無之歟。花頂僧正定助。來。當月月次壇所當番也。東室光海僧正來。東南院重書持參加一見了。此內尊師御筆跡兩通在之。珍重々々。拜見之了。初夜時如昨日。但脂燭一人加增。雅永朝臣參申了。予用小袈裟了。今夜脂燭三人也。

廿四日。晴。後夜日中用手代賢長僧正勤仕之。護摩淳基法印修了。今日於朱雀。西七條地下人等。細川右京兆。被官人打之云々。仍自京兆發向西七條。家少々燒拂之。地下人等打之云々。初夜時如常。脂燭一人益長參申了。

廿五日。陰。少雨。後夜日中相續如常。將軍渡御壇所。御雜談等在之。昨日細河京兆內者發向西七條事。楚忽至不可然。其由內々爲門跡可仰遣旨被仰了。仍以久世入道委細申遣了。初夜時同前。脂燭兩人結番云々。

廿六日。雨。奥佐々川御方へ故勝定院殿御遺物五種盆。香合。金襴三段。御刀。御太刀。被遣之。其外伊達。葦名。白川。鹽松四人方へ御太刀各一腰被遣之。御使嚴栖院僧也。每事細川右京兆傳達也。葉室新中納言今日參賀搆見參了。萬里少路大納言申次也。裝束。衣冠也。今夕仙洞へ參申了。被召御前云々。萬大同申次之也。後夜日中如常。初夜同前。管領上表事。以兩使遊佐河内守。齋藤因幡守。申入間。其旨令披露了。五月節中事。先可被堪忍之由被仰出了。先此分ニテ閣也。

廿七日。少雨。將軍渡御壇所。御雜談。聖護院准后來臨。後夜日中初夜等如昨日。

廿八日。晴。後夜日中用手代。初夜如昨日。室町殿様渡御仁和寺門跡。自彼門跡近所御車云々。被着御狩衣。廣橋中納言參御車。狩衣。役御劒云々。諸大夫康任一人。布衣。布衣侍一人云々。其外ハ悉非色近習計云々。〔御相伴萬里少路大納言。藤宰相入道等云々。〕役送殿上人少々參申云々。今日。御室へ以光意法印進書狀。折三合。盃挂槃。一枚。花瓶白瓷。一進之了。將軍渡御以前也。被對謁光意法印。一重十帖賜之云々。此色々進事。去廿日將軍此門跡へ渡御。仍十九日自御室二千疋折紙送賜了。爲彼還禮也。左道々々。返報慇懃種々被悦喜〔候〕了。此御祈修中御加持未申入。仍今日御出御室。以前申入〔候〕了。其後六條八幡宮東寺等參詣。當年未參詣故也。宗濟僧都乘車尻。着重衣。房官親秀上座單衣。供奉。於東寺宗海僧正堯清法印以下門弟稱號寺僧五六輩令參候了。實相院附弟近衞禪閤息内々契約子細令披露了。不可有子細旨被仰。

廿九日。晴。愛染准大法今曉結願。毎事無爲。自愛。剩此間聊御心神不快。兩三日御減云々。醫師三位申入旨昨日御加持次御物語。珍重珍重。御撫物卷數奉行黃門不出仕之間。引付大館入道了。仍付遣彼方也。今日將軍渡御妙法院門跡云々。御行粧可爲如昨日云々。今晩入寺。

五月

一日。雨。愛染護摩開白。如常。入堂同前。

二日。雨。今日於室町殿。御所申樂依雨延引云云。晩頭出京。依大水四條橋へ廻了。

三日。晴。自今日愛染護摩用手代。於室町殿御所笠懸馬場。觀世大夫兩座一手。寳生大夫十二五々一手ニテ出合申樂在之。如多武峰藝能致其沙汰了。乘馬甲冑等悉用實馬實甲冑了。驚耳目了。二條攝政。聖護院准后。如意寺准后。實相院。寳池院。青蓮院。德大寺。少生等。於同棧敷見物。一獻等爲公方被仰付也。終日活計。申樂十五番仕候了。自此棧敷中寄合萬疋進之了。

四日。晴。今日公方樣渡御坂本。明日小五月御見物料。依爲例日自今日御下向云々。先金輪院坊。次杉生坊。次乘蓮坊へ渡御。乘蓮坊ニ今夜御座云々。於彼坊近江申樂三座施藝能云々。自申終天陰既欲降雨計也。而自夜中天快晴。奇特珍重々々。宗海僧正參住蘇悉地經談義始之。經下卷。疏六卷也。

五日。晴。自坂本直賀茂競馬御見物。酉半御所へ還御云々。

六日。陰。少雨。寅初雷鳴大雨。

七日。自公方樣以大館被仰樣。自明後日九日。於御所中大法可被修。可令參勤申條尤可爲御本意。但故障事在之也（者イ）可被仰聖護院准后歟。宜自此門跡相計可申遣云々。仍予事去月准大法既勤修之。其上聊歡樂事候。可蒙御免條本望候。則依無日數不及申入。以經祐法眼直ニ聖護院准后方へ。自明後日可被參住之由申遣了。則領掌。金剛童子法可勤修云云。珍重。次今月中ハ旁可有御謹愼歟之間。御持僧中御祈事各一壇別而可被致其沙汰旨相觸[候]了。以淳基法印奉書方々へ申遣也。

以妙法院僧正奉書。勸修寺中納言方へ申遣。自明後日九日。聖護院准后於室町殿大法被勤仕也。脂燭殿上人以下事。任例可被相觸由也。請文則到來了。去年以來依爲御祈奉行申遣了。

八日。晴。愛染護摩結願。

九日。雨。自今日於室町殿。聖護院准后金剛童子大法勤修。伴僧十六口。護摩壇理覺院僧正尊順。十二天壇行海法印云々。以上三壇大法歟。供料萬疋云々。　自去廿九日於御臺御方。良讃僧正令勤仕護摩。今日結願。二ヶ日延引云々。護摩供料二千疋。依參住也。

十日。雨。　十一日。雨。入夜大雨。

十二日。陰。雨脚止。於仙洞申樂事。雖何時可被召進之由。以大館狀被仰間。則彼狀申遣中御門宰相方了。

十三日。晴。自聖護院被申。金剛童子大法來十八日可爲日中結願之由被仰出。御祈奉行事。勸修寺中納言依所勞不出仕之間。被仰付萬里少路大納言云々。　自西大寺。御祈今月今日結願。不動供卷數進之間。以大館進上之了。　就仙洞申樂事。觀世十郞。幷世阿兩人不可被召之由。可申仙洞旨被仰間。一往不便次第申入〔候〕了。

十四日。雨。但陰晴不定。

十五日。晴。自申終降雨。不動護摩恒例。始行。入堂同前。

十六日。雨。恒例炎魔天供始行。

十七日。晴。今日灸治。背腹五ヶ所也。

十八日。晴。痢病無子細者。明日可出京之由以〔大館承了。〕

十九日。雨。於室町殿自去九日金剛童子大法今日結願日中。云々。着座六人。御馬被引之。以後降雨云々。　自今日於室町殿御所同道場。

花頂定助僧正不動小法勤仕。伴僧。今日出京。參御所。來月八幡神社參事被仰了。室町殿臨時御祈愛染護摩自今日以供延修了。護持僧中同前歟。

廿日。晴。今朝歸寺。今日於御室結緣灌頂在之。庭儀色衆十六口。阿闍梨眞光院僧正禪信。故崇賢門院御第三廻云々。今日天快晴樣奇特也。廣橋中納言來入。來月八幡御社參事。可令奉行旨被仰出。可令存知候(云々イ)。次供奉以下事等爲談合云々。融清法印來。

廿一日。降雨。入堂結願了。下旬一七日分。

廿二日。降雨。不動護摩結願。炎魔天供同前。自南都學侶申進使節兩人。南戒壇院。東轉經院云々。棰廿。蚊帳二持參了。予對面了。寺門事別而可仰扶持云々。上杉中務少輔來。

廿三日。雨。

廿四日。陰。少雨。光慶法印入滅。

廿五日。晴。小雷鳴。自室町殿爲廣橋中納言親光卿御使。就來月八幡宮御參詣事條々被尋仰事在之。一鹿苑院殿初度御參詣。一向武家御儀也。仍所役人悉武家輩。此時公家輩一人モ不供奉也。第二度御參詣。一向公家輩計供奉。扈從公卿四人。殿上人六人。諸大夫二人。其外布衣等云々。一勝定院殿初度御參詣。公家輩供奉。扈從公卿一人。殿上人十人。諸大夫六人。衞府侍等云々。所詮此等內今度御參詣。何樣可有御沙汰哉。宜被任意見云云。愚〔御〕返答云。故鹿苑院殿兩度御參詣之內。第二度御例珍重存也。初度ハ一向武家御沙汰也。其時御樣每事以武家被爲本故歟。第二度ハ又被專朝儀。又每事公家御振舞也。仍御社參之儀又爾也。然者當御代御振舞。鹿苑院殿以來。公家御儀於以御參內以下御沙汰〔之〕上者。內外相應御儀可爲珍重之由申入〔候〕了。但大名兩三輩以御佳例之儀。可被召具歟。可爲時宜云々。　於室町殿山科申樂施藝能云々。
廿六日。晴。
廿七日。晴。自午終降雨。少雷鳴。　廣橋中納言爲室町殿御使來。先度就八幡御參詣事。意見之趣尤被思食候。仍公卿殿上人以下已被出御點〔候〕了。就其武家大名。兩三供奉事又可然被思食候。所詮誰々ト可被定條ハ猶可被期出京云々。御返事樣彼御參社之樣被治定條先以珍重候。諸大名供奉事。誠人體御思慮珍重存候。追而(尙ィ)可蒙仰。又可申入之由申入了。
廿八日。晴。　自申終降雨。　少雷鳴。　布薩風呂今日引上了。以外自由儀也。向後不可爲例歟。
廿九日。雨。雷。
晦日。晴。少雨。室町殿御月次今日云々。予不參。懷紙計進之了。　自細川右京大夫方。以使者自奥篠河殿。就那須事御注進在之。今日先可令披露候。定可被申談歟。早々可有御出京云云。得其意旨返答了。　重以書狀自細川右京大夫方申賜樣。就篠河御注進。可有御談合子細候。明日可有御出京云々。　予返事云。明日出京事聊持病更發事候。　二三日間可出京云々。　理性院出世者賢信律師。今日布薩出仕處。於地藏院前被殺害了。敵人妙法院力者云々。遺恨何事哉之由不審處。諸人申旨。去年九月當所地下人等德政沙汰時。彼力者カシウトノ男爲賢信等下知令誅罰云々。其宿意歟云々。其外無推量分。　此事ハ連々無念之由。此力者法師申ケルト云々。希代重事也。覺洞院僧正時。　於八足門前乘遍法印被殺害了。其以來寺僧如此橫死未無之哉。　珍事珍事。此力者方々追手故(於カ)雖差遣未尋出。爰自理性院坊人等爲散無念發向妙法院云々。　彼坊人等已灌頂院前マテ罷出之由其沙汰之間。大溪法橋。大藏卿法眼以下於遣加制禁了。又理性院僧正自身罷出加制止之間。屬無爲令退散了。一寺珍事已可出來處。無爲珍重珍重。仍自妙法院僧正方。爲下手人超源(深イ)僧都出之。定盛法印召具罷出云々。旁無爲神妙神妙。自大館入道方。以大藏卿法眼申入事在之。攝州多田內。滿願寺ト號スル寺ヘ。當御代御祈願所御教書被成之云々。然彼寺僧等以御祈願寺號領主京極佐渡方ヘ公事等悉停止了。仍自領主方以伊勢守此由歎申入間。爾者所被成下御教書可返上之由被仰付云々。仍彼御教書(管領奉書云々)。近上了。伊勢守申入樣。此教書ヒキサキ火ニ入候ヘキ歟ト申入。其時御所樣。兎モ角モ仕先例可相計云々。仍如爾令沙汰了。其後自管領以大館申入樣。此御祈願寺御教書事無正體。在所ニ成遣御教書事候者。被返下墨ヲ引ヘシト云々。雖爾已如此火ニ入間。御返事趣。伊勢守如此申入間被召返。御教書ヲハ火ニ入ラル丶事ト御意得候キ。楚忽御沙汰被驚思食云々。伊勢守申沙汰次第管領以外腹立候。御出京時可然樣可有御料簡云々。

六月

一日。晴。自午終降雨。愛染護摩開白。入堂如常。於法身院十壇愛染供如常。一日中滿百座。阿闍梨十人各十座勤修之。近年爲室町殿御祈卷數進之也。自細河右京兆以書狀申入樣。就那須事御談合御急事候。明日御出京可目出云々。

二日。雨。自午初天晴。今日出京。細川右京大夫來臨。愛染護摩日中初夜用手代了。自明日三日。止雨御祈可令勤修之旨。自勸修寺中納言經成卿方。以御教書申入。

三日。晴。既晴天之上ハ止雨御祈先可閣之。若降雨ハ雖何時可始行之旨。重又以御教書奉行黃門觸申入了。請文直被遣了。自酉初又降雨。仍愛染供令始行了。寶池院同前。止雨御祈先例不分明。以口傳沙汰也。自管領以兩使職上表事申入〔候〕了。何樣可申沙汰之旨令領掌候了。奥佐々河方へ御內書。幷國人伊達。葦名。以下十三人歟方へ同御內書被遣之。子細ハ自關東就那須事。白河可被對治之由已現行了。爾者爲京都此等面々方へ。被成御內書可合力旨可被仰下云々。仍被成御內書了。御內書伊勢守書出之。御判事大館申入。細川右京大夫方へ。大館此等御內書持參云々。自奥御書等事。右京兆申次故也。此御內書案事。可書進之由雖承。以故實申談管領了。仍自彼方案文進之了。

四日。晴。早旦歸寺了。今日故靜雲院年忌也。如恒例理趣三昧幷一晝夜不斷光明眞言等在之。頓寫於京都沙汰之。圓辨僧都奉行。供養法理性院前大僧正於灌頂院修之了。恒例風呂在之。但今日奉行無沙汰間不及下知。可爲明日旨申付了。

五日。晴。當院金剛輪院。經藏新造。木作始地曳等今日沙汰之了。五社北建立之。

六日。晴。伊勢守護上洛。自路次直來。仍十德體也キ。出京以前條々爲申入云々。今夜將軍懸御目云々。腹卷一兩。御太刀一腰。御腰物等拜領云々。萬疋。御馬。太刀進上之。

七日。晴。祇園會御棧敷如先々御出云々。京極亭ニ。伊勢守護被召御棧敷云々。面目至歟。

八日。晴。恒例愛染護摩結願。

九日。晴。早旦出京。參御所。伊勢守護同參申了。條々被仰談事等在之。今日下國御暇被下之。御劒一腰同被下之但八幡參詣等宿願在之。今四五日可令在京之旨同申入了。伊勢守護來京門跡。神戸小兒。七歲。幷志多見入道高山等召具。令對面了。其後此面々御所へ參申了。御對面。各御太刀被下之云々。神戸高山兩人ハ今度打死息也。尤以不便々々。今夕歸寺。入夜淨華院長老香衣着用事申入處。不可有子細之由御免。南禪寺入院。爲御丁聞御出。御車。御狩衣。廣橋中納言參御車云々。狩衣。殿上人二人。狩衣。供奉布衣一人云々。當御代入院御見物初云々。

十日。晴。止雨御卷數事爲奉行雖催促。於當流卷數進之條先例不分明間。申其儀不及進キ。寶池院同前。

十一日。晴。　十二日。晴。

十三日。晴。淨華院長老今日着香衣參御所云云。祝着之由畏申也。

十四日。晴。祇園會爲御見物渡御。細河右京兆亭云々。御輿云々。恒例不動護摩自今夕始行。明旦爲出京也。入堂。

十五日晴。當季聖天供開白。以後早旦出京。今日公方樣可有渡御聖護院。可參會申入旨被仰也。仍出京了。先可參申御所旨承間參申。大和國民吐田楢原弓矢事先可閣之由。可被遣御使分治定了。此事自管領內々申入云々。就之諸大名意見〔以大館御尋處。面々意見〕分大略同前。吐田楢原共以管領被官人也。然者不可及申公方爲私加下知可屬無爲也。雖然成敗依難叶申入上者。可被立御使歟云々。依之被立御使也。今日聖護院へ御出事。御輿御用意也。雖爾御車尤可宜旨申意見間。俄御車也。公方樣御直垂。香。役送殿上人二人。永藤。益長。參申了。兒只一人在之。故被申請云云。御座敷ニハ聖護院准后師弟。予。廣橋中納言。管領。武衛。畠山匠作。細川右京兆着座也。自聖護院直入寺了。宗海僧正入滅。春秋七十。
十六日。夕立。
十七日。晴。萬里少路大納言來臨。千疋隨身。少一獻在之。
十八日。晴。於淸瀧宮法華經讀經。當道法師來讀之。布施物百疋下行之。奉行廳務法印。今夕出京。伊勢守護申旨在之故也。萬里少路大納言又來臨。自仙洞御使也。室町殿御院參事可申沙汰云々。
十九日。晴。今朝等持寺入院。御所樣渡御云々。還御又渡御仁和寺等持院。於彼院自高麗國使ニ御對面云々。還御時分參御所了。御對面。伊勢守護申。長野恩賞事遲々不可然。早早可有御計條尤可目出之由。內々可申沙汰旨申之由申入〔候〕了。在所何乎之由被仰談間。北畠國司知行二郡之內。一志郡自兼望申入キ。以此郡可有御計歟旨。伊勢守護申入間申入〔候〕了。雖然先可被仰談管領歟旨申候也。則以大館上總入道被仰談管領趣。伊勢守護幷長野恩賞事。可有計御沙汰也。在所等可被計申入云々。管領御返事。早々御計尤珍重存候。於守護者關入道跡幷北畠知行二郡內飯高郡兩所宜候。長野ニハ一志郡可然云々。則以此分兩人ニ被下御判。但伊勢守護今曉可罷立〔候〕處。依長野恩賞事令逗留了。只今御判當身拜領條。上意雖畏存。旁失面目者也。諸人存分ハ一向御判爲拜領。于今不罷立之由可申條勿論也。爾者爲身頗可爲恥辱歟。平ニ此御判事可申留旨申。十德體ニテ京門跡ヘ來。未初刻歟不及御判頂戴罷下了。無力此次第以大館申入。愚身モ又令入寺了。土岐大膳大夫申旨。尤(有脫カ)其謂間。深令同心了。
廿日。晴。自管領被下伊勢守護御判一通。以使者此門跡ヘ進之也。則遣御器所左馬助方了。只今在京故也。則可下遣之由申間。相副書狀下遣之了。

廿一日。晴。五壇法可被修條近代當月御佳例歟。可令申沙汰給歟由。以書狀申遣時房卿方了。則披露處御失念也。早々可被始行。阿闍梨事可計申入旨承間注進了。中壇如意寺准后。降定助僧正。軍隨心院僧正。大威竹內僧正。金良證僧正也。此分御治定云々。外典三萬六千神御祭事先々五壇修中有其沙汰間。內々同申遣奉行萬里少路大納言方處。已去十九日在方卿奉仕云々。

廿二日。晴。

廿三日。晴。寶池院入寺。今度灌頂院ニ御渡也。一七日爲入堂。

廿四日。晴。光經僧正來。一折張行。

廿五日。晴。公方樣渡御安居院良濟僧都坊云云。今朝先入御淸和院云々。

廿六日。晴。

廿七日。少雨。自巳末天晴。相國寺入院。將軍入御。御車云々。南都東南院門主入室。九歲云云。九條前關白猶子儀也。實父ハ僧也。前關白甥也。大乘院附弟兄弟也。子細同前。攝家息等依闕如如此歟。左道々々。御室附弟幷山妙法院宮附弟木寺宮息也。非孫王以外雖爲不足。以仙洞御猶子之儀入室キ。近年如此類繁多也。貴種事闕故歟。珍事々々。東南院新門主今日可來京門跡之由雖被申。指而別行子細寺住之間。其由申遣東室光海僧正方了。此仁體幷入室事等一向爲室町殿可計申入旨承間。少々獻意見也。室町殿五壇法自今日被始行。壇々阿闍梨以前如注進也。中壇如意寺准后壇所公卿座。降定助僧正。壇所殿上。軍隨心院[僧正]禪那院壇所。大竹內僧正。壇所隨身所。金良證僧正。壇所車宿。脂

燭中壇計云々。奉行時房卿。今日水本法眼
報恩院
坊へ初召請問罷向了。寶池院同道。宗觀僧
正。房仲僧正。賢長僧正等相伴。自將軍以
兩奉行飯尾加賀守。同大和守。尋承事。岩見國人三隅ト益
田ト弓矢事。先度內々自大內入道方。益田周
布福屋三人事申入旨在之。仍被成御內書於
大內方。可停止弓矢之旨可被仰付。隨而岩見
守護山名修理大夫入道方へ。同此弓矢事可
被仰付。何樣可被仰哉可計申云々。御返
事。可被仰付旨。可計申入條雖無才學候。仰
事間愚存分申入也。先被停止弓矢。此等合戰
根源ヲモ追被尋決。可有御沙汰樣ニ可被仰
付歟。何樣岩見守護ニモ。事子細先可被尋仰
歟。

廿八日。晴。　廿九日。陰。　晦日。晴。

七月

一日。晴。自今日恒例愛染護摩始行。自勸修寺
中納言經成卿方。降雨御祈事以奉書申賜。

驕陽及連日甘霖不順時。雖有石牛之祠。未
見土龍之功。宜令以咒術之力助旱謠之辭
給之由。室町殿仰候。得御意可令申入給
候也。恐々謹言。

七月一日　經成

禪那院僧正御房

禮紙。

追申。

此仰旨同可令申入寶池院殿給候也。

請文直書遣之。

自今日令修甘雨普潤之法。可消炎旱涉旬
之災之由承了。早存知候旨可令申入給候
哉。謹言。

七月一日　判

禮紙。

追申。

寶池院僧正此御祈同勤仕事可申付也。
自廣橋中納言親光卿方。又以奉書申賜。此奉書雖爲同御祈當寺之輩可勤修旨。奉行各別也。

御敎書。

先止雨御祈事被仰候〔之〕處。忽施法驗則屬晴天候之條。尤以神妙。且又珍重候。然近日上天不降雲雨之澤。下土既有炎旱之患云々。殊被驚思食者也。早灑甘雨於萬里之外。普生枯苗於百畝之田。五穀彌豐饒。兆民令歡呼之樣。自今日卽凝懇念之至誠。可露修法之効驗之由。可令相觸醍醐寺給之旨被仰下候。可得御意候也。恐々謹言。

七月一日　親光

妙法院僧正御坊

請文案同直遣之了。

降雨御祈事。自今日殊可令凝懇誠候之由。可仰合當寺僧侶之旨。得其意可令披露給也。謹言。

七月一日　判

自今夕於金剛輪院。南六間搆水壇修水天供。傍北壁奉懸水天像。壇上料理如常。壇中心安青瓷鉢。盛滿水。(御池水取之。)中ニ入青黛以下。鉢前ニ青生絲盤ヲ置之。糸ノ頭方ヲ向鉢。糸末方行者ノ方也。二瓶挿桂柳ヲ。幡二流壇上立之。佛供四杯汁菓子等。散杖不除皮用桂枝了。不除皮事口傳也。但可依時歟。閼伽水ニ入青黛等。委細日記在別。

二日。晴。水天供後夜日中相續。愛染護摩三時相續如常。入堂。

三日。晴。勤行每事如昨日。

四日。晴。勤行如昨日。今朝出京。愛染護摩水天供用手代了。申終夕立。今夕歸寺。

夜中降雨數刻。去月十九日播磨國赤松庄

へ旗一流降下云々。御代佳例吉事云々。等持寺殿御代。今白幡城則此時名也。鹿苑院殿御代。大内合戰時降下云々。

五日。晴。水天供任例結願。巻數付遣奉行經成卿方了。惣寺分巻數遣親光卿方也。

六日。晴。水天供猶可延修之由自奉行方申賜間。自今夕重始行。自公方以奉行清和泉守被仰。今度被新造林光院殿御跡小社事。如三條八幡宮。令管領可申付云々。雖可辭退申。先領掌申了。堅義毎事無爲云々。當年竪者弘經阿闍梨俄令沙汰了。去年注記弘典阿闍梨也。暗誦等曾依難叶。俄同朋弘經ニ與奪也。先例雖不可在。可及闕怠。無力如此令沙汰了。

七日。晴。水天供勤行等如昨日。入堂。

八日。晴。愛染護摩結願。自申終雷鳴。大雨。仍水天供巻數進之了。

書狀案。

今日甘雨既令降澍之間。重被仰出御祈任例令結願。御巻數進之候。可令披露給候哉。謹言。

七月八日　判

勸修寺中納言殿

九日。少雨。入夜大雨。

十日。晴。

十一日。晴。早旦出京。參御所處。越後信濃兩國。爲白河合力可致用意旨。可被成御教書之由。被仰管領了。爲管領申入趣。此事已京都鎌倉御中違因緣也。仍以外大儀候歟。以前面面ニ雖被仰談候。猶重可被成御教書。一段諸大名意見於モ御尋有テ。隨其儀可被成御教書候歟之由申入也。爾者可爲此分之由被仰出了。仍遊佐於召寄御所。以大館此仰旨管領ヘ申了。今日室町殿御月次。予歸寺已及黃昏間不參披講。懷紙計進之了。細川右京大夫自去七日夜半風氣。流布風云々。(去タイ)聞初醫師三位達上聞了。今日於御所初此風氣事觸聞也。仍以使者尋遣處。風氣散々式云々。驚入驚入。仍又醫師三位於御所ヘ召寄。予直ニ彼風氣樣輕重之間相尋處。瘴風云々。熱氣以外候。雖爾脉體無子細間。大事等出來ハ不可在之由。如法口輕ニ申間。心安珍重之由申了。就駿河國事山名方ヘ被仰談事等。以經祐法眼密々申遣了。彼禪門對面云々。入夜歸寺。公方樣今日御物語。一兩日以前歟。北野御聖體一面落給云々。次熊野小社內飛鳥社御殿扉開也。先例未無之。仍善惡不存知之由自熊野注進云々。

十二日。晴。

十三日。晴。自細川右京大夫方。飯尾備中入道(悉イ)爲使者。風氣體以外散々體候也。爲公方樣參祈禱事被仰出之間。此御門跡ヘ可申入旨申入也。可然樣可被仰出云々。返答。意得之由申了。元來無等閑事間。面々ニ涯分申付也。自今朝言語不通云々。

十四日。晴。雷鳴。今朝入堂。細川右京大夫今日申終他界。生年卅一歲也。天下重人也。旁周章驚歎。只愁淚千萬行計也。此事酉終經祐法眼參申也。遺跡事舍弟中務少輔相續。存命中案堵御判等拜領云々。秉燭以後出京處。今日依日次不宜。右京大夫事諸人不可申入旨被觸云云。仍斟酌。卽又歸寺了。半夜以後入寺。今朝自右京大夫方。飯尾善左衛門爲使者參申入。祈禱供料五千疋持參。尤可返遣處。定可懸意歟間留置了。申終大事出來處ニ。此使者申樣。醫師如申者邪氣脉聊薄罷成之間珍重云々。不可說々々事也。

十五日。小雨。恒例不動護摩開白。菩提寺墓所

參詣先々雖爲昨夕俄出京之間。今朝令參詣
了。
十六日。晴。
十七日。晴。今朝晨朝以後出京。則參御所。右京
大夫事種々被仰。御周章此事也。次佐々川殿
定此事令聞給。可被落力歟。自中務少輔方。
忩以飛脚不相替京都樣事。可申沙汰旨可申
入條。可宜旨被仰出之間。則以久世入道申遣
了。赤松入道來。右京兆事周章申也。自
筑前國人秋月方。公方樣ヘ御禮申入也。自大
內方以吹擧申入間。使者僧ニ今日令對面了。
公方ヘ[八]明後日十九日可申入旨申付也。以一
色兵部少輔。明後日可申入旨。同申付慶圓法
眼也。今夕歸寺。
十八日。晴。
十九日。晴。自今夕於室町殿。花頂僧正不動小
法勤仕。於仙洞理覺院尊順僧正五大尊合
行法勤修云々。如意寺准后爲手代參仕云々。
今朝自山名禪門方。以書狀申賜樣。昨日御所
ヘ出仕申處。御咳氣トテ不及御對面也。近日
儀無何驚入樣候。早々罷出祈療共以可申沙
汰云々。予返報云。告承條先以本意。但自今
夕於御所。花頂僧正不動小法已可勤仕也。只
今又重可申入條聊思案事候。先於本坊自今
夕愚身一壇可勤仕。一兩日間何樣隨事候樣
罷出。可申沙汰由申遣了。仍自今夕不動供勤
修之了。護摩相置之。
廿日。晴。去十三日伊勢外宮ノ鳥井內。コラノ
子在所幷御供所等ニテ。死人數輩在之。仍社
中已甲ノ穢所ニ成也。外宮社頭ニモ箭多射
立之云々。先代未聞。開闢以來無之由神官等
注進云々。此子細ハ先山田神人ト。地下人ト
德政ノ事ニ付テ。山田地下人等神人方ヘ發
向。大略地下人也。神人ハ纔三百餘人云々。

自他放火之間。山田民屋數百家燒失。神人戰負間社頭ヲ相憑遁籠處。地下人等社頭ヲモ不恐。追懸及合戰間。社中既戰場トナル也。言語道斷淺間敷キ事也。宮中穢スル間神官一人モ不及出入。仍御供以下神事又退轉了云々。珍事々々。每度社家重事ハ十人禰宜以宮中請印令注進者也。而社中穢間請印依難叶。注進ニモ不及。祭主內々申入計也。仍公家ニハ未被知食云々。以外重事驚耳消肝外無他事。 去十二日事云々。仙洞ニ七夕御花立數十瓶。自方々爲恒例規式進之也。其草花ヲ十二日被撤却時。折卓ノ下ニ流血在之。三ト入三盃計モ在之云々。希代事也云々。仍安倍有盛卿ニ被尋仰處。占文三ケ條御愼云々。病事。口舌。自南方。未申方。云々。 火事。以上三ケ條也。此血在所押板ノ上ニ折卓ヲ折テ被置之。其下ノ事也。何ノ血トモ不見。不思儀之由。季保卿語申入也。外宮事ハ翌日十三日也。尙尙不思儀々々。

廿一日。晴。

廿二日。晴。不動護摩結願。

廿三日。晴。安察法眼孝源死去了。遺跡事猶子兩人之內。器用者を(追イ)可相計。先其間ハ後家可相計旨。以令旨加下知了。

廿四日。晴。少雨灑。今朝出京。但齋食以後也。今日攝政亭ヘ室町殿渡御之間。爲御相伴罷出了。先室町殿ヘ可參申入旨被仰間參申了。自奧篠川殿注進狀。自細川中務少輔方。可備上覽之由申間。如先々持參懸御目了。注進題目ハ。自關東白河彈正少弼入道爲對治向大勢間。已合戰及度々了。此全一向關東京都ヘ向申野心ノ故也。白河對治以後ハ篠河ヲモ可被治罸用意勿論也。 篠河ハ偏ニ京方ヲ被申入間。篠河以下奧輩ヲ退治シテ。京都ヘモ可責上結搆云々。爾者身上大事。又京都御大事也。早々可有御合力之由事也。此事以前白河注進了。仍越後信州兩國爲彼合力。可罷立可致其用意旨。今月初御教書ヲ被成遣了。今度彼注進ニ付テハ可有如何哉之由。諸大名各意見ヲ可申入旨。飯尾肥前。同加賀守ヲ以テ。管領以下。武衛。山名。一色。細川讃岐入道。畠山修理大夫入道。　赤松左京大夫入道等ニ被尋仰處。管領ハ是非意見難申入。兎モ角モ可爲上意云々。武衛ハ此御合力事。越州信州幷駿河國等勢。國堺ヘ進發事不可然云々。山名入道意見ハ。篠河殿事去年關東雜説以來。無二被憑思食了。又可致忠節由。度々自篠河モ被申入了。而ニ只今彼大事ヲ無御合力ハ。永代與者共京都ヲ仰憑存事不可在之歟。　然者後々御大事出來勿論。　又諸國諸侍モ上意ヲ無力可存申入間。自彼方如被申請。越後信濃兩國者共ヲハ。上野堺ヘ被出陣。駿河勢ヲハ筥根口ヘ可被指寄條。可有何子細哉云々。細川讃岐入道。一色(修理)左京大夫ハ。先此等三ヶ國御勢進發事ヲハ被延引。以前已雖成御教書。重猶此三ヶ國中ヘ嚴密被成御教書。可令發向用意ヲ能々被致。今一左右ニ隨テ何方ヘモ御勢仕可在歟云々。赤松意見大略同前。但御勢仕事雖只今候可被仰付條。可有何子細候哉云々。畠山修理大夫意見。此御合力事是非共以不可然云々。予内々申入樣。所詮篠河御注進趣。聊不得其意事共。少々見候歟。第一ハ京都樣御動座候者。我モ出陣仕ヘキ由被申入事。逆ナル被申樣候歟。先篠河殿出陣有テ合戰及度々。及難儀時コソ。京都樣御動座候ヘトモ。可被申候ヘ。是一。次ニハ時節可然間。早々可有御合力云々。此申詞又不審千萬候。時節可然トハ。自此方關東ヲ對治ノ時コソ。時節ノ可然沙汰ハ可在候ヘ。是ハ自關東白河ヲ被對治。已合戰度々ニ及由上ハ。時節沙汰ハ不可在候歟。就此申詞廻思慮處。篠川元來關東望候間。偏其心中候ト覺候也。爾者此條又楚忽申樣ト覺候也。次ニハ去月白河方ヨリ注進ニハ。篠川殿已御出陣云々。只今又未出陣云々。何樣相違不審等多候ヘハ。自彼方使節ニ別而被副御使。奧事共ヲモ能々被聞定。就其御勢仕ヲモ重可有御談合歟。此意見分時宜御同心ニテモ候者。管領以下ニモ內々可仰合申處。尤可宜之由被仰間。管領。山名等ニ申談處。此儀尤珍重候。早々可被治定之由申入也。　今日攝政亭ヘ渡御樣。御車。御狩衣。廣橋中納言狩衣。參御車。番頭御牛飼等布衣。御侍一人也。諸大夫參歟不見之。亭主攝政降逢庭上奉入之也。予不及參向。時房卿。經成卿。親光卿。永藤入道。以上四人御前ニ祇候。各狩衣。永藤入道衣袴也。役送殿上人實雅朝臣。雅兼朝臣。永豐朝臣。以上三人也。各狩衣。爰實雅朝臣內々申子細在之云々。役送事自仙洞不可沙汰由。先度被仰下了。雖然其洞中事歟。但室町殿。攝政。准后等御前事ハ不可能餘儀。其外御前祇候大中納言等陪膳事一向不可仕云々。仍今日其定キ。此事ハ室町殿不被知食。堅固私所存云々。　御盃次第如先度。　東大寺大佛御燈。去廿一日廿二日兩日十燈悉消滅之由注進云々。　去年四月消滅。　其七月稱光院殿崩御也。　凡可謂不快歟。今度ハ香爐火不消間。不及取天王寺ノ火ヲ云々。　山名禪門來臨。今度所勞以後初來也。

廿五日。晴。今朝參御所。管領上表。來月猶必定分能々可申定旨。以彼書狀之趣申入了。大略令治定也。　依諸社怪異事。室町殿御祈自今日可令始行之由。可相觸醍醐寺等旨。親光卿申賜〔候〕了。不及御教書也。　仙洞御祈五大尊合行法令運時令曉結願云々。伴僧八口云々。
廿六日。晴。今朝參室町殿。奧輩并篠河殿へ御內書被遣之。今度奉行飯尾大和守書之。先々伊勢守也。御書案文奉行大和守及曉天持參之間。加一見少々相違事令意見了。書改之明旦可持參之由申也。　自關東白河入道對治御合力事也。　今夕又參御所也。駿州勢莒根口へ發向事。先不可有楚忽之儀旨。可被仰歟之旨申談管領。其子細爲申入參申也。
廿七日。晴。今朝飯尾大和守奧へ御內書案持參之間。加一見處。文章無相違之間宜由申了。明旦可令披露由申付了。　今日巳半入寺。
廿八日。晴。自細川中務少輔方。以久世入道并有岡等。篠川殿へ自私細川。御返事案可令一見由。申賜之間一見了。無相違間其旨申遣了。穢所者之間於門外以奏者問答了。今日風呂次間於久世入道者於門外令對面了。　自鷹司中納言中將方申旨在之。　彼御祈廿五日巳夜中也。廿六日御得日。廿七日例日間。自今日令始行了。　予分愛染護摩。寶池院佛眼護摩。惣寺御祈。寺僧上首十八愛染供。下臈十八人不動供。山上衆一向兩本地供。可令勤修旨申付了。　後々御祈每度可爲如此由申定了。　自亥終降雨。
廿九日。陰。奧篠河へ御內書。以前御案文猶不叶時宜歟。今朝又自奉行飯尾大和守方。爲一見送賜了。　愚意之趣具令申了。以經祐法眼申遣也。飯尾大和守爲御使來。篠河殿へ御內書案。以前愚存旨申入處。猶仰旨在之。雖爾此內書ニ。於那須舘合戰云々。此文言可被除條宜存旨重申入了。

八月

一日。陰。日蝕復（復）末辰上刻也。不現珍重。御祈事御即位以前之間。不及沙汰也。自未刻降雨。自公方篠河方へ御書事ニ付テ。奉行兩人。飯尾加賀守。飯尾大和守。來。愚意之趣申入了。仍御內書案於此認之。內裏仙洞御憑如常以狀進之了。內裏ハ勾當內侍方へ遣狀了。仙洞ハ別當局へ申遣了。各直狀也。室町殿へ御憑。御屛風一雙。扇一裹。高檀紙。慶圓法眼持參。恒例也。御返五重盃香合也。二日分御牛明日例日間。今夕進之了。

二日。雨。今夕出京。愛染護摩恒例分。手代申付弘忠法印。入堂代官快助。

三日。雨。室町殿へ今日分御憑。以慶圓法眼盃一枚。金香合一。茶椀。花瓶ユリキ耳。一進之了。今日御德日間。諸大名大略晦日一日兩日ニ三ヶ日分進之云々。自晩頭大雨。

四日。大雨。今日巳時就室町殿幕下御昇進。任至德例被行任大臣節會。上卿。□陣儀未初刻了。大外記師世宣下持參。於室町殿家司永豐朝臣束帶。請取之。外記恩祿任佳例。金一裹拜領之了。依將軍御休息。師世數刻待申也。酉初勅宣下御拜見云々。今日僧俗參賀事。萬里少路大納言昨日內々伺時宜處。如先度今日ハ先僧中御持僧計宜云々。於俗中者攝政以下悉可被參云々。仍自午終大略參集歟。予陣儀了後出門也。寶池院同車。兩人香染着之。扈從宗濟僧都一人鈍色如常。俄之間車難叶。乘輿體ニテ內々參候。兼於室町殿四脚可待申由仰付了。從僧兩人。俊榮。經長。鈍色指貫裳袈裟也。進退與扈從同前。御對面遲々之間。於淨土寺月次壇所。可休息由談合。攝政。如意寺准后。予。實相院。寶池院等同道。雜談已盡間一折張行。攝政發句。百草は千秋の花の初哉。予脇。紅葉も梅は色そ久しき。第三

如意寺准后。待出て月にはならぬ雨暮。既御對面有へキ由奉行申間閣之了。執筆實相院前大僧正。近比嚴重一折其興不少キ。

五日。晴。今朝入寺。

六日。晴。今日御室妙法院宮以下。御持僧外諸門跡。南都兩門跡幷諸院家等群集(参イ)云々。申次永豐朝臣着狩衣云々。　自御室馬一疋被引進云々。此事一昨日以寺家內々御談合事在之。其子細ハ此間每度何樣御禮時。任當時風儀太刀進之了。雖然於身不相應無極。可爲何樣[候]哉云々。予返答云。如仰諸門跡御太刀持參事。以外不相應事候也。一向故勝定院殿御代末方ヨリ事候歟。但南都僧綱ハ多年此法式候キ。何樣其門跡樣御沙汰ハ御馬牛等之間尤宜候哉。自今以後事此邊モ其旨存定云々。仍今日自御室御馬被引獻歟。　六角來。上杉中務大輔來。

七日。晴。六角來。梅賀丸得度。十七歲。戒場金剛輪院南向六間也。受者座北頰。小文。唄師座南ノ東寄。小文。敎導座北ノ東。唄妙法院僧正。重衣。敎導大納言僧都宗濟。重衣。受者長絹直垂。諸役人以折紙兼催之。奉行實有僧都。賴全阿闍梨。恒例面々少一獻申沙汰了。假名實名等書與之。今夜事終。入堂等如常。　自去月廿五日御祈。自分愛染護摩。寶池院佛眼護摩。惣寺上首十人愛染供。下﨟十人不動供。山上鎭守本地供等。各今日可結願由。奉行廣橋中納言申給間。各卷數遣之。予書狀ヲ以テ遣了。惣寺分愛染一枝。不動一枝。山上一枝。惣合三枝也。此外理性院僧正以下卷數各遣之歟。此御祈今度外宮觸穢事。幷東大寺御燈消滅。北野御聖體令落給事等。怪異重疊間。依之武家御祈也。

八日。晴。愛染護摩結願。恒例。

九日。雨。尊勝院僧正來。　顯濟大法師理趣經傳受。

十日。雨。今日室町殿へ二條攝政御召請。爲相伴聖護院准后予參申入了。攝政小直衣。乘車。殿上人基尹朝臣。諸大夫經康持御劍。各狩衣。此外公卿一人賴繼卿參會申供奉。聖護院准后重衣乘車。扈從僧綱一人乘車尻。重衣。房官一人參會。予袖輿。房官一人召具之。單衣。萬里少路大納言時房卿。織狩衣。勸修寺中納言經成卿。同。廣橋中納言親光卿。同。御前ニ着座。藤宰相入道衣袴同着座。獻盃次第。初獻室町殿。第二獻攝政。次々不同。今日御座敷樣凡可謂邂逅歟。攝政次座〔ニ〕聖護院准后着座。疊ヲ一疊計相隔彼准后着座。聊所存在歟。其向座ニ予着座。東ノ次間ニ西上北面。時房卿以下次第着座。役送殿上人伯雅兼王。永豐。益長。以上三人各織狩衣。第六獻歟攝政供奉人。聖護院准后供奉人。予房官等被召出。眉目至也。月輪三位尹賢卿此六七年歟二條家門義絶令沈淪了而山名右衛門佐入道加扶持于今存命云々。仍連々執申入了。又尹賢卿息女。舊冬以來室町殿ニ被召置。旁御扶持歟。今日依時宜。予籌策御前へ被召出了。攝政和睦分也キ。攝政以下供奉人召出次第。賴繼卿。聖准后扈従弘尊僧都。基尹朝臣。聖准后房官光澄上座。攝政諸大夫經康。次予房官經長寺主也。此次第若藤宰相入道相計歟不審。三獻度酌ニ攝政被參了。兼評定。七獻度酌室町殿被召之。五獻度聖護院准后。七獻了攝政以下退出。　御一獻申半歟始。戌半計歟終。自申末天晴。　攝政三千疋。聖准后五千疋。予五千疋持參了。　來十七日八幡御社參。無風雨障樣可致懇祈之由。廣橋中納言奉書到來了。愛染護摩始行。但今日出京。於途中書狀一見。

寶池院同御祈。同護摩勤修。兩人用手代了。
十一日。晴。管領來。畠山伊與入道息兩人御免事畏申入也。以大館入道自御所樣昨日御引物三種。盆。香合。練貫五重拜領。祝着眉目此事々々。二重太刀一振則獻之了。爲御禮則參申。御對面。攝政同參。今日入寺。
十二日。雨。自午初晴。山徒乘蓮江州草津ヘ發向云々。去七日於彼在所同宿相光被打了。爲散其遺恨内々伺時宜云々。
十三日。晴。少雨。顯濟大法師今日當院例時初參。
十四日。雨。
十五日。降晴不定。自今日恒例不動護摩始行。入堂同前。八幡放生會無爲云々。自曉天々晴。申終少雨。
十六日。朝雨。巳晴。六條八幡宮放生會無爲云々。今日室町殿御會所御棟上云々。仍御馬代(可既カ)・遣奉行方之由加下知了。予沒後用意事今日沙汰初之。菩提寺ヘ内々用脚等遣置之事在之。菩提寺ニテ奉行。長老。印乘。尊聖。以上三人。於門跡奉行。宗濟僧都。豪意法橋。當寺未來爲修理料物。今日先最少分遣置之事在之。奉行定盛法印。爲灌頂院未來修理料物。今日遣置事在之。奉行弘豪法印。弘忠法印。賴全阿闍梨也。是則多求廣施支度也。子細同前。
十七日。雨。自巳初晴。今日室町殿樣八幡御參詣。御輿四方。被用鹿苑院殿御古輿了。此御輿先年八幡御幸時。院御所ヘ被進了。今度又被申請也。御裝束ソバツヽキ也。鹿苑院殿御佳例云々。供奉公卿三人。萬里少路大納言時房卿。廣橋中納言親光卿。山科宰相家豊卿。殿上人六人。實豊朝臣。永豊朝臣。嗣光。政光。畠山尾張守持國管領代。供奉直垂。裏松歟。後騎十騎。直垂。小侍所同。侍所赤松右京大夫入道。依法體伊與守爲代。供奉。直垂。後騎六騎。此面々ハ公卿三人輿後ニ參申也。萬里少路大納言一人ハ。諸大夫侍二騎召具之。其外ハ侍一騎也。於六條八幡宮之儀每事如先々。社務樓門外東邊ニテ奉待。入御時蹲踞云々。公方樣於四脚門前御下輿。御沓役。直ニ横殿疊ニ着御。御幣廣橋中納言親光卿取進之云々。先々神主直進之了。此御手長當御代始歟。御拜之樣兩段再拜云々。其後御幣ヲ神主賜テ。於神前瑞籬之內祝言申之。其後公方樣西廊御座ニ着御。御神樂一番了還御云々。於六條八幡宮一獻事勝定院長得院兩御代在之。鹿苑院殿御社參始。至德時在之歟事方々相尋處不分明。社家門跡ニモ不記置間不審。長得院殿御例旁不思間每事改之了。仍今度略之也。此條兼日可伺申處。依忩劇無其儀。越度至歟。御神寶物如例。金二裹。廿兩。銀劍五腰。神馬一疋。御神樂料二千疋〔也〕。奉行淸和泉守。自六條八幡宮直御所ヘ還御。北野御社參無之。寶池院爲御禮被參申了。御馬一疋。鹿毛。御劍一腰。蒔繪平鞘。進之了。至德例如此歟。慶圓法眼持參之。大館入道請取之披露云々。諸大名等今日參申。公家門跡等御禮明日云々。

十八日。雨。攝政以下幷御持僧中計。先今日參賀如例。各太刀持參之云々。僧中大略衣體云云。俗中之儀不知之。予自東內々參賀了。重衣。扈從通濟僧都一人。俊榮上座一人召具之。御太刀一腰進之了。大館申次之。御對面。便宜聊雖憚覺。自奥佐々河右兵衛佐注進事申出了。今日可被御覽之由被仰間令披露也。非殊儀。白河彈正少弼氏朝爲那須合力。則那須館黑羽城ニ罷籠云々。仍此時節自京都御合力可畏入云々。此事先々及數度注進之了。其子細ハ自關東白河可被退治之由已事治定了。爲京都無御扶持者。可及生涯之由。自佐佐河モ又白川モ注進申間。越後信濃駿河邊事。可致其用意之旨被仰付。已及兩度被成御敎書了。今度ハ聊篇目相替歟。白川已爲合力楯籠那須城云々。然者非我大事。人ノ大事ヲ請取テ。京都御合力事申入條如何。雖然又嚴密ニ此三ヶ國事越後。信州。駿河。可致合力旨。被成御敎書之由被仰出了。則管領方ヘ申遣也。

十九日。

廿日。雨。秉燭以後武衞來。管領事昨夕內々先被召甲斐。以大館入道被仰出之間。此事於身生涯也。平ニ今度事ハ先被仰餘人樣。加芳言可畏入云々。雖爲例日。已明後日廿二日。可被仰出云々。仍明旦令出京申沙汰。生前可爲厚恩云々。何樣明日令出京可申試旨返答了。藤西堂。俊西堂兩長老同道。夜中甚雨。長途遙々來之條。一大事ト存子細在之歟。亥終退出也。

廿一日。晴。今日ハ時正中日也。恒例舍利講自十八日勤修了。今日供養法。式台藏。妙法院僧正。唄理性院僧正。最前ニ法華經一卷讀誦。四卷也。每事如恒例。舍利講僧衆悉召集。齋食之義在之。舍利講以後出京。則參御所。夜前武衞雨中遙々來申條々悉申入了。所詮此職事重職也。猥ニ不可被仰付事候間。辭退不可叶旨再三被仰也。時宜尤之間。且同心申了。此子細申遣武衞方處。猶種々ニ歎申也。武衞內者甲斐ヲ御所ヘ被召以大館入道嚴密ニ被仰付。予同申旨可相聞被仰間。相共問答了。雖然是非不可隨仰旨再三再往申入了。簡要辭退申狀ハ。武衞此職ヲ持候者。天下重事可出來條覺悟前也。爾者私無正體政道ヲ仕。天下御大事可出來條。公方ノ御爲不可然事也。蹤雖及生涯可辭申入云々。乍去此仰旨罷歸武衞ニ可申云々。則退出了。此由大館申入了。予申入云。明日大名兩三人被召。管領職事可被仰談歟旨意見申了。誠可然云々。則山名。細川讃岐入道。赤松入道可被召之由。被仰付大館了。

廿二日。晴。今朝可參申入旨以大館被仰。凡昨夕直ニモ參申。面々ニ此等子細具可仰聞旨承了。仍早參了。山名。細川讃岐入道。赤松入道等兼參申了。大館爲御使予同相副了。三人ニ被仰談樣。管領職事。於畠山ハ多年令粉骨上。病體老體之由今春以來申間。上表已被納了。仍內々武衞事今日可被仰出旨。甲斐ニ大館入道相語間。就其種々歎申入也。爾者可有如何哉。但武衞歎申入詞ニ。暫西山東山邊ニモ候テ可歎申入云々。此條以外申狀也。一向就非器歎申間。以其通雖被閣。外聞ハ定西山東山隱居之由申入間。依是被閣之由沙汰有ラン歟。此條不可然間。武衞事猶可被責伏之旨被思食。可爲何樣哉云々。三人御返事云。畠山此職上表モ。武衞再三辭退モ。共以身思也。畠山ハ已上表御領掌上ハ。重嚴密ニ武衞ニ可被仰條可宜云々。仍以大館入道伊勢守兩人。被仰武衞處ニ。畏入候。追可申入之由御返事申云々。武衞來。折紙隨身。甲斐召具之。同折紙持參。對面處。武衞申云。以兩使被仰出之間。先畏入之由申入。追心中可申上旨申入〔候〕了。所詮平ニ辭退無相違樣。可申沙汰之由頻申間。明旦可申入旨先令領掌了。

廿三日。晴。今朝參御所。去夜武衞來申入條々申入了。所詮明旦猶可被仰子細在之。可參申入云々。

廿四日。晴。今朝武衞內者三人。甲斐。織田。朝倉被召御所。以大館入道幷伊勢守。被仰出子細在之。今度管領職事被仰出處。武衞再三故障申也。所詮此兩三人ニ可被懸仰。速領掌申入樣可令諷諫云々。甲斐申入云。上意ハ雖忝候。武衞管領職事非器無申限事之〔候〕間。公方樣奉爲ヲ存間。領掌之樣ニ諷諫仕事。是非不可叶之由申切退出。兩人又同心云々。其後此職事已御事闕也。其上此重職被仰出。彼方此方ト御沙汰先例未無之哉。仍雖何度可被仰遣。所詮令成武衞亭給。可被仰歟之由被仰間。予意見云。先可被遣御書於武衞方候。予罷向其御書下ニテ內々可加問答。隨其樣可令成給之由申了。仍被遣御書。御書文章事。

管領職事。以別儀領掌候者爲悅〔候〕。尙々不可有辭退之儀候也。

八月廿四日　　御判

左兵衞佐殿

凡彼亭ヘ予罷向條。以外比興事也。雖爾旣及天下重事。就之種々子細在之。萬一武衞西山東山邊ニ令隱居。若又在國事等出（一イ）來者可爲珍事。甲斐以下內者共全已以此儀可定也。內內觸耳子細等在之〔間〕。申請罷向了。武衞幷內者〕甲斐二宮越中入道以下數輩召出。種々ニ令問答了。自巳初及申刻問答盡篇了。仍領掌也。領掌子細ハ來年正月十一日以後。上表事可有申御沙汰者可領掌申云々。予云。來年上表事何樣可申入。先領掌可爲珍重之由申了。則歸參。此由申入了。今日吉日之間早々先管領可參申入旨。自御所申遣之間。則參申了。御太刀持參之。自御所又御太刀被下之也。今日管領參體上下體也。先々裡打直垂云々。若俄之間不覺悟歟。無爲旁珍〔々〕重〔々キ〕。予作法今更不可說。口惜式共難盡筆端也。定自他門嘲在之歟。覺悟之前也。當時儀無力無力。不便々々。新管領爲禮來。對面。珍重之由申了。白太刀一腰。以宮內卿法橋長甚送遣也。
廿五日。辰初小雨。今日於院御所舞御覽在之。室町殿御院參ノ爲也。自仙洞每事執御沙汰。予爲御相伴可參申入旨。以萬里少路大納言時房卿。再三被仰出。及數度故障申入了。剩室町殿へ被申入也。辭退申入條不可然旨承間參申了。未初刻予先參申也。乘車。力者牛飼等如常。予着香染。鈍色事也。表袴小袈裟。宗濟僧都鈍色小袈裟如常。乘車尻。從僧一人俊榮。鈍色指貫裳袈裟。大童子一人藤王。布單巳。次攝政被參申。乘車。番頭六人。牛飼兩三。殿上人一人。基尹朝臣。布衣。乘車尻歟。攝政殿烏帽子直衣也。諸大夫一人經康。布衣供奉。於公卿座暫閑談了。予申云。室町殿御參時可降逢申入歟如何。攝政被申云。此儀不可在事歟。但可爲何樣哉。予申云。其事也。時房卿內々相語云。今朝室町殿へ參申入處。准后若下逢ハ御禮可爲何樣候哉之由御尋之間。大概愚存旨申入キ云々。此御尋之間不下逢者不可然歟。於予者何樣可下逢申入旨申了。攝政被申云。准后被下逢申攝政不下殿條無禮至也。所詮可下逢申云々。次室町殿御參。御車番頭六人歟。御ソハツヽキ着之給。其色香。御文桐唐草也。廣橋中納言親光卿參御車。狩衣。殿上人兩三供奉歟。永豊朝臣御劍持之。則御前へ御參。時房卿申次了。其後攝政予同參御前。疊搆樣事兼有其沙汰云々。母屋日隱間透。繧繝御座二帖。東西ニ相並被敷之。其北ニ大文御座一帖。南北ニ被敷之。與繧繝御座相並也。則院御座也。其前庇ニ迫南ヲ大文一枚被敷之。其御座上御琴一張被置之。御所作時爲着御云々。次南第二間第三間小文二枚迫南長押被敷之。室町殿御座云々。次西妻戶前南北行小文一枚被敷之。次ニ金手ニ東西行小文一枚被敷之。此兩座准后攝政座云々。室町殿震殿西向。自遣戸入御件座ニ着給。攝政自同戸入。妻戸前南北行座ニ東面着。予自同戸入。東西行疊ニ南面ニ着座。院御座予左方也。其間纔一間計也。仍聊御座方ヘネチ向テ着。與室町殿御座奉相對了。役送事仙洞室町殿ハ女中也。上臈。三條相國息。廊御方。女院御妹也。大納言局。以上三人也。於大納言局ハ室町殿御前計也。上臈。廊御方時々室町殿御前兼之沙汰也。攝政幷予前事殿上人三四人實雅朝臣以下沙汰之了。此外御前着公卿一人モ無之。但時房卿自中程。依召着御前了。獻盃次第不同也。　舞五番。拔頭ノ衣事洞院前内大臣取之懸也。拔頭右肩ニ懸之。常ニハ左歟如何。龍王衣萬里少路大納言時房卿取之。　龍王左肩ニ懸之。納蘇梨衣花山院大納言取之。兩納蘇利一人ツ參給之。各懸右肩也。此條又如何。左右何爲本哉。所詮常ニ懸祿事ハ定左肩也。若限舞右ニ懸事在之歟。可尋〔決〕。次舞了一獻在之。其御盃ヲ乍被持室町殿御退出。攝政以下退出了。如先度殿上小庭ヘ降テ自妻戸出テ聊申御禮了。室町殿被立歸御禮又在之。攝政予同止了。　洞院前内府參向申了。同又奉送歟。不分明。自餘公卿悉出門外了。入御時又同前歟。室町殿萬疋御折紙御持參。予三千疋持參。共萬里少路大納言披露之了。每事嚴重嚴儀難及言詞者也。　自仙洞以萬里少路大納言御引物被進室町殿也。御馬。御太刀。平鞘。鬼神大夫云々。御盃一枚。七寶瑠璃水瓶。御盃一枚。四幅繪。皇帝筆。胡銅水瓶。以上七色云々。悉以重寶云々。

廿六日。晴。遊佐令同道飯尾加賀守參申了。昨日條々大名方ヘ被仰談。御返事之趣爲意得爲申入云々。　一小倉宮事。　一自關東使者僧上洛御返事等也。

廿七日。晴。參室町殿。一昨日御院參之儀嚴重。又應召參申入眉目至之由申了。就其自御所樣被仰樣。一昨日之儀御眉目至。又種々御重寳拜領祝着畏入次第。以言詞難申述。御心中召季保卿具先可令奏聞之旨可申含。何樣廿九日被召直事。子細可被申入云々。仍召彼卿委細申入了。自仙洞勅答又在之。自仙洞以季保卿重寳被送下了。七寳瑠璃御香合一。銀盆一枚。段子一端。盆一枚。堆紅。引合十帖也。祝着千萬。叡慮至忝面目萬々也。此重寳共以大館入道申入室町殿處。香合御所望也。則進了。今日入寺。

廿八日。晴。室町殿今日御鎧着初給。亥刻〔云云〕。御鎧毛代々着初定云々。秘事也。卯花云々。御加持在之哉未觸耳。今日管領出仕初。同評定始也。仍兩度出仕云々。

廿九日。晴。自高倉假內裡。土御門舊內裡へ遷幸。步儀云々。攝政供奉。今度黑戶新造。其外少御修理等在之歟。御移徙以前於舊內裡御祈尤可在之由其沙汰處。大禮以前三壇御修法始未無之。三壇御祈以前諸事。御祈不被行之事也。可有如何哉之由內々有其沙汰。自攝政不審給。三壇御修法始以前自餘御祈停止條勿論也。黑戶一向新造之間。於鎮宅御祈者。三壇御修法始以前被行之。先例在之哉。可勘承云々。仍先例少々引勘處。於此儀者未先例無之歟。頗管見至之由返答了。仍今度御祈一向被略之了。外典御祈計被行之。

晦日。晴。於室町殿御會在之。每事被任康曆鹿苑院殿右幕下時御例云々。題月契秋久。出題〔飛鳥井宰相雅〕世卿。此題同康曆題也云々。大將御小直衣着之給云々。雅世卿以下狩衣。武家輩裏打云々。予不參。懷紙計進之了。

九月

一日。陰。恒例愛染護摩開白。　入堂同前。

二日。晴。辰初石橋左衞門佐入道爲御使來云云。對面處。自奥注進一昨夕及秉燭令持參披露處。事次第先御祝着之由被仰出候。次此御注進狀等。此門跡へ令持參。早々可入見參之由被仰出間。自曉天罷出云々。次今日早々可有御出京由。可申入旨被仰出云[々]。誠此御注進之趣旁以珍重候。忩々可參申入旨申了。巳初出京。則參御所御對謁。一昨日自細川中務少輔方進之。自佐々川御注進。幷奥國人伊達。葦名。白川。以下十餘人請文等持參之。入見參了。　此注進ハ去六月歟自細川故右京大夫方。依仰岩栖院僧ヲ下遣了。彼僧數日奥鹽松治部大輔處ニ逗留。一昨日晦日上洛了。仍悉請文也。同日又自佐々川以山臥御注進。八月十日歟日付注進。一昨日晦日。京着了。今朝石橋左衞門佐入道持來書狀ハ此注進也。細川中務少輔方ヘモ同注進到來了。今日同備上覽。次以飯尾肥前守同加賀守。自佐々川被申入兩條。何樣ニ可被仰遣候哉之由。管領以下諸大名ニ被仰談也。一ニハ關東政務御內書事。故勝定院殿御代。以大慶和尙拜領了。當御代此御書重可拜領事。一ニハ關東大名結城入道。千葉介。小山等。佐々川方ヘ內通申子細在之。武藏上野兩一揆同前也。此等方ヘ就關東對治。屬佐々川手可致忠節之由。御內書可拜領云々。　管領。畠山。山名。畠山修理大夫。細川讃岐。一色。赤松等方ヘ罷向。具可申之由。兩奉行ヲ殿中ヘ召寄。予此子細仰含兩奉行了。於面々御返事者。直ニ可披露由申付了。　兩奉行秉燭以後。此門跡ヘ法身院。來申入樣。赤松罷出間不及御返事也。此子細畠山方ヘ參申入處。面々意見取調可披露條可宜歟。

午去門跡へ參。此子細申入。可任御意見旨被申云々。予返事云。取調披露尤可宜云々。

三日。晴。早旦以大藏卿法眼。申遣兩奉行方樣。今日ハ公方樣御德日也。披露可爲何樣哉。先內々得時宜。披露可宜之旨令入魂了。今日御德日不存寄畏入云々。　兩奉行來。今日面々意見之旨。雖爲御德日。可令披露由被仰出間申入了。此意見之樣可參申入之由。被仰出之間參申云々。次可有御參由。可申入旨被仰云云。則又參申。御對面。就意見被仰旨在之。管領意見ハ關東政務御書并千葉結城以下御內書共以大儀候歟。猶可有御思案云々。先管領意見兩條共。以不可然存云々。同修理大夫同前。山名意見。關東政務御內書并千葉以下御書事。自佐々川委細被申入趣其謂歟。可被進條可宜云々。赤松入道同前。一色修理大夫申樣。於政務御內書ハ旁可有御思案歟。方々御敎書事ハ可被成遣之條。可有何子細〔候〕哉云々。細川讃岐入道意見。於政務御內書ハ不可然歟。方々御敎書事ハ。除關東退治文言。可被成遣歟云々。上意之趣所詮此意見共內。山名赤松申狀御同心也。但管領并先管領意見簡要處。兩人不可然由申條可爲何樣哉。猶此子細爲門跡兩人方へ心中可尋決云々。仍管領方へ以慶圓法眼申遣了。重仰趣可令存知云々。畠山御返事。政務御內書御敎書兩條猶不可然由存。能々可有御思案云々。此由申入了。　今朝自關東以僧梵倉藏主申入旨在之。其子細ハ當御代爲御禮可進使節處。大儀之間于今不事行。年中先雖長老達早々可進也。京都御料所去年以來無沙汰事等。其時同前可申付云々。　就此使者事御返事樣又方方御談合處。畠山意見樣。此書狀愚身方へ狀候也。已當職辭申上ハ難披露者也。就當職可被申入歟之由返事可宜云々。少々又同此儀云々。予申云。此意見尤候。此分ニテ彼使者早々可被下遣歟旨申了。此分ニテ關東使者僧倉藏主罷下云々。

四日。雨。自室町殿以萬里少路大納言時房卿被仰旨。明日改元定也。面々勘進之內寶曆(リヤク)。永享(キヤウ)。元喜此等三被撰出也。仙洞叡慮寶曆可宜歟云々。但可被任武家御意見云々。仍寶曆事年號面旁雖爲珍重。若例世俗難ニ謀略雜說モヤト。無覺束被思食也。攝政幷予ニ可申談之由時宜云々。予申入云。寶曆尤雖可然。如仰謀略野說。如先々定可及其沙汰歟。但謀略一向非惡而已歟。可通善惡哉。乍去於此年號ハ既此御不審在之。永享幸ニ後漢書文永享(ウク)ニ无窮之祚ト等珍重候上ハ。就無難可被用歟。但尙可爲叡慮之旨。可被申入歟之趣申入[候]了。攝政意見何樣被申哉之由。相尋時房卿處。如此門跡申狀。同前ニ可令披露之旨蒙仰云々。

五日。晴。今日改元定也。永享云々。於室町殿如先々御祝等在之云々。室町殿渡御村融法印(聖護院房官)。坊。爲御相伴可參申云々。仍參申了。聖護院。予。其外管領以下大名七人着座御前。予自彼坊直入寺。及半更了。

六日。七日。

八日。雨。今朝出京。佐々河御方ヘ御書。幷結城。千葉。小山。三人方ヘ被遣御內書了。其子細ハ自佐々川。此三人事ハ別而可仰京都御成敗之由申入。既佐々川方ヘ及請文了。仍可被遣御內書之由。自彼方依被申請也。此事管領幷畠山以下ニ被仰談之處。管領幷畠山意見ハ無益之由申入了。雖然就余意見被成遣了。今夜及半夜入寺。於寶池院壇所。直綴等着改之。歸寺了。

九日。晴。長尾神事如常。當年一(物イ)初梅津法印所役也。於童者公方者渡遣之了。　田樂頭中性院法印成淳勤之。

十日。晴。自今日日吉御社參無爲。　御祈愛染護摩勤修。奉行廣橋中納言親光卿。

十一日。晴。　十二日。雨。

十三日。　十四日。

十五日。晴。自今〔日〕恒例不動護摩早々開白。晩頭出京。　入堂等同前。　入夜雨下。

十六日。　自曉天々晴。今日室町殿樣日吉　御參詣。御加持ニ參了。　着香衣小指貫。扈從僧綱宗濟僧都。乘車尻。重衣。房官一人參會。重衣。力者。衣。　牛飼。直垂。大童子二人。繪直垂。　自四脚門參入。　着公卿座。　供奉卿相雲客悉參集。歷歷無申計。　公卿四人。　時房卿。萬大　經成卿。勸中　秀光日野中納言卿。山科宰相　家豐卿。殿上人實豐朝臣。　永豐。　嗣光。　資益。明豐。政光。以下各織狩衣。諸大夫二人。康任。陽明。經康。二條。布衣十八人。御力者十八人。山三門跡ヨリ進之。御四方輿。新調。御加持時刻。萬里少路大納言時房卿蹲踞予前。可有御參之由申了。仍早々參於御會所。御加持在之。御狩衣唐織物。御着用以後御加持也。　御加持作法如常。以五古奉加持了。　印明等又如常。早々退出。於中御門富少路立車。御路次見物申了。御行粧殊勝々々。外典御身固有富參入了。着衣冠歟。　今日御逗留明日還御云云。於坂本ハ大宮彼岸所ヲ以爲御所云々。

十七日。晴。　自坂本申初還御。大名以下參御禮。御太刀進之云々。予遲參。御窮屈之間既御休息之由申次間。明日可參由申退出了。自酉初降雨。御社參無障碍。天氣奇特。珍重々々。日野(吉カ)御參詣御祈結願。　卷數以萬里少路大納言進之了。　自今夕春日御社參御祈始行。　尊法同前。

十八日。晴。日吉御參詣為御禮參御所。御太刀獻之。御方同道。御太刀同前。今度自山門進物金參百兩。居銀盆。三千貫。其外御劒數十腰。御宿直物以下悉御寄進山門也。珍重々々。

十九日。雨。南都下向出立。闕如之子細出來之間。公方樣御質物二萬疋分申出了。萬里少路大納言方へ萬疋御質同申沙汰遣了。

廿日。晴。南都下向之間。自今夕寶池院月次壇所被退出了。內々得時宜也。禪那院僧正為手代參住。

廿一日。晴。今朝入寺。寶池院同前。於金剛輪院齋食沙汰。其以後南都下向。予四方輿。力者廿人歟。前行六人着衣。其外參輿力者悉單直垂也。大童子二人繪直垂。單。退紅一人持唐笠。房官四人。經長。光忠。宗辨。光賀。侍一人。增圓。各フクサ淨衣。大口。中間各六七人。小者兩人計歟。單物ニテ召具之了。笠袋不持之。舍人各一人召具之。以上五騎。寶池院袖輿。單衣。力者悉單直垂。房官二人。直垂。侍一人供奉。宗濟僧都。隆濟僧都。顯濟等板輿體御後參了。兒兩人千代賀。喜久壽。同參。直垂體。通濟僧都同參申。宿坊興福寺東御門前法雲院也。為大乘院門跡點賜了。則彼門弟云々。敷設翠簾以下幷少修理等落着。(被)一獻以下悉皆為大乘院被申付。於事嚴重彼沙汰。丁寧無申限。門役事彼門跡坊人衆徒。號小泉。大門內構番屋引廻幕。自身參候。若黨中間數十人召具之。頗令過分者也。酉終下着。佛地院僧正。東北院僧都等為禮參申了。各千疋隨身。一重太刀各獻之了。及夜陰大乘院來臨。重衣。予同重衣。對面。不及一獻沙汰。數刻雜談。三重盆一枚。香合一。堆紅。以長甚法橋送遣之了。一乘院僧正又來臨。每事同前。金襴(欄)一段。盆一枚。馬一疋。以快辨法橋送遣之了。宿坊へ來臨之間殊更獻之了。自京都如此物悉用意之。宿坊奉行越中法橋有盛。三河法橋忠圓。前日廿日。下向了。御膳奉行相兼之。仍承仕等淨勝法橋。常全法橋。常善召具之。當日廿一日。參申人數事。梅津法印光意。大藏卿法眼經祐。宮內卿法橋長甚。若狹法眼慶圓。治部上座胤盛。上總上座。相撲寺主。備後寺主圓藏。越前上座重祐。信濃都維那幸順。越前都維那澄榮。遁世者三人。乘阿。智阿。祿阿。中童子一人。梅喜久丸。直垂。此外出世兩人。左衞門督經譽。右衞門督重賀。爲自然召具之。寶池院千日護摩第二度。中也。仍承仕兩人常蓮。常辨。參申了。宗濟隆濟兩僧都同千日護摩初度。中也。各私承仕一人召具之。於道場者一所ニ構兩壇了。支具等事自東大寺尊勝院僧正方悉申付用意之進了。珍重々々。壇二面。佛具四面分二面。護摩器以下。悉自彼僧正方進之了。兼日約束申也。

廿二日。天快晴。申終室町殿御下向。御行粧珍重珍重。最前番頭八人。次御隨身八人。次布衣侍十人。次御輿云々。御隨身武俊持御劍。平鞘。御輿ノ右脇ニ走云々。次殿上人騎馬十人歟。次公卿四人。各四方輿。布衣侍騎馬。一人召具之。但萬里少路大納言諸大夫一人侍一人乘馬。召具之。其外侍一人計也。其後若近習卅騎計並轡供奉。折花各出立云々。其後管領以下大名。主人塗輿騎馬濟々供奉。自般若寺坂見物輩不殘尺地群居云々。室町殿御宿坊被任先例一乘院也。御下着時一乘院僧正降庭上蹲踞云々。先々每度如此云々。室町殿於門前被止御輿御下輿。勸修寺中納言經成卿奉御沓云々。實雅朝臣持御劍供奉云々。於御宿坊御落着一獻在之云々。其後大乘院以下南都僧綱悉參禮。於公卿座御對面。各鈍色着之也。但重衣輩少々相雜歟。予同參禮。南都僧綱御對面之間。於便宜所暫待申了。其後萬里少路大納言申次參了。御對面。今夜延年可見物由被仰了。攝政幷聖護院准后。實池院等可同道之由被仰了。則歸宿坊了。予參御宿坊體用袖輿了。力者單直垂。中童一人。直垂。大口。大童子二人。繪直垂。房官二人衣。召具之了。僧綱一人宗濟。直垂。召具之。戌半刻計爲延年見物參一乘院御宿坊了。攝政幷聖護院今日下向也。攝政ハ任先例自京都直落着舟渡ニ給了。明旦自此在所爲社參云々。雖爲神事中爲見物被參了。小直衣體也。自舟渡四方輿云々。殿上人諸大夫等被召具之。聖護院宿坊東大寺律院新禪院。自彼在所被參申。行粧體大略與予同前也。但大童子一人モ無之。走童一人。直垂。中童子一人。直垂。大口。房官兩三召具之計也。聖護院幷予召具者共於公卿座前落板敷。可見物之由被仰付大館入道云々。仍於彼所見物云々。今夜延年道遊僧沙汰云々。崑崙山造物在之。自彼山中兒兩人出。各水干着之。亂拍子舞之。驚目了。

廿三日。晴。今日辰刻春日社御參詣。御行粧等大都如昨日。御隨身以下折花裝束。公卿四人時房卿。經成卿。秀光卿。家豐卿。各手輿。布衣侍各步行。公方樣御手輿也。殿上人各乘馬。予以香袈裟裹頭。兒兩人各黑衣ニ重衣ヲ召具之。其外裹頭衆廿餘人也。路次間用手輿了。每事申談大乘院幷佛地院孝俊僧正了。自大乘院爲案內者。法雲院僧都實伊其外房官學侶等兩三人召給了。一鳥井脇下松邊立了。大乘院同所也。中童子一人直垂大口ニテ召具之。裹頭時香袈裟ニテ。必中童子召具之。南都諸院通法云々。尻切等必中童子役之。兩門跡則如此云々。裹頭輩尻切等進之事努々無之。於法師ハ房官侍以下悉裹頭也。仍一向中童子許。其外大童子力者等也。抑予香袈裟ニテ令裹頭相交大衆條尤非無斟酌。雖然故鹿苑院殿准后以後。御法體時以香袈裟令裹頭。維摩會延年御見物云々。故九條大閤法體以後以香袈裟令裹頭相交大衆。故鹿苑院殿春日御社參見物云々。以此等先例今度如此令進退了。且心中併以敬神志與南都衆徒相交。半存交衆之儀也。此心中相語孝俊僧正處。彼僧正令落涙了。見物以後歸路ニハ乘輿邊マテ孝俊僧正供奉了。彼僧正懇志難有者也。公方樣自春日社直東大寺鎭守八幡御參詣也。公方樣自東大寺還御以後。兩門跡ヘ令成給。先一乘院ヘ渡御也。彼坊（藥師院云々）。學侶坊云々。一乘院僧正借住彼坊之間。則此坊ヘ渡御。予爲御相伴可參之由承間參了。着香衣了。獻盃。初獻公方樣。次予。次一乘院也。三獻了則令立給。次大乘院ヘ渡御。予同又參申了。獻盃次第與一乘院同前。三獻以後又還御。次松林院貞兼僧都坊ヘ渡御。予又依仰參會了。今日三ヶ所ヘ渡御也。自一乘院公方ヘ御引物腹卷一兩。二萬疋也。自大乘院公方ヘ御引物腹卷二兩。練貫十重。盆。香合。太刀一振。御馬一疋。一萬疋。又太刀一振。以上九色也。自一乘院予方ヘ一萬疋。自大乘院一萬疋。盆繪二幅也。今夜學侶延年也。以外結構云々。如昨夜攝政。聖護院准后。予。寶池院僧正等參會申了。諸大名幷禪僧長老達。中門ヲ棧敷ニ室禮見物如去夜也。舞童在之。太平樂。狗拍。馬頭。納蘇利等也。其外白拍子。亂拍子。造物花枝。兒廿人。仕丁兒十人等也。惣臨延年砌兒及四五十人歟。驚目了。一獻又如昨日。每度自一乘院沙汰之云々。惣御座之間事悉以自一乘院沙汰之也。以外大儀云々。此延年。今夜延引。可爲明日（廿四日）。由被仰了。

廿四日。晴。今日兩寺（興福。東大）。御巡禮。御行粧如昨日御手輿也。御先達孝俊僧正。着香染前行。諸堂御巡禮。先金堂。次東金堂。次法花堂。次西金堂。次南面(圓)堂也。南面堂ニテ壇下ニ搆御座了。藤氏外ハ不登壇上也。但故鹿苑院殿去應永六年此金堂供養時令登壇。於壇上御拜在之。御法體故歟如何。　次東大寺御巡禮。御先達任例當寺々務西室房惠僧正幷戒壇院長老普一房也。自大佛殿諸堂。至二月堂悉御巡禮。次戒壇院ヘ渡御。於彼御受戒。戒和尚則長老也。攝政同令受戒給。壇上南端疊二枚東西ヘ並敷。西室町殿。東攝政也。各令北面給。長老ハ北ニ向南座奉授戒。聲明高聲キ。予密々丁聞了。　聖護院ハ東大寺廻廊ニ留給了。　次西室ヘ渡御。於彼所寶藏。靈寶等御拜見。攝政以下同參。希代物共在之。此内龍日干(ヒボシ)ト云物在之。小龍形也。依之寶藏被開時。毎度降雨云々。今日及其時刻又小雨灑。希代々々。至德時モ降雨之由。故後普光園攝政記(事イ)在之。珍重々々。靈寶内御碁石黑二。赤一。以上三被召之。沈二切。二寸許歟。同被召之了。至德時モ如此歟。　何樣被任先規了。　於西室一獻在之。攝政以下御相伴。房惠僧正被召出着座御前。希代面目歟。五獻以後還御。　今日又尊勝院坊ヘ渡御。自西室還御以後被改御裝束。御直垂ニテ更入御。爲御相伴予參會申了。管領幷畠山參申了。各着御前。光經僧正同着御前。渡御戌初計歟。先婆羅門僧正御衣幷彼硯等御拜見。　三獻以後還御。獻盃樣初獻公方樣。二獻予。三獻公方樣也。此時房主御酌ニ參了。御引物追進之也。練貫十重。盆。香合。盆繪二幅。小盆。大カタツキ。壺。萬疋。高檀紙也。以上九色歟。　學侶延年今夜在之。昨夕可在之處。依御窮屈延引也。攝政以下參如上注。今夜天晴。延年毎事無爲。珍重々々。

廿五日。晴。今日雖爲例日猿樂在之。四座出合也。大衆等如延年。攝政以下又如昨夜。一獻同前。

廿六日。晴。今日四ヶ所ヘ渡御云々。法華寺。梨原。一乘院房官。佛地院。東北院也。予今日藥師寺僧正坊ヘ罷向。懇切ニ屈請之間罷向了。二千疋隨身。一位禪師召具之。其外房官兩三也。於門前下輿。僧正降逢庭上了。慇懃ニ致其禮了。七獻以後起座了。引物三重。唐綾。北絹青練貫。馬一疋。紙百束也。今夜又延年在之。無殊事。學侶中沙汰云々。今日田樂無御見物。於頭人坊如先々沙汰云々。

廿七日。晴。今日春日祭禮也。御棧敷黑木面七間奥三間也。嚴麗無申計。御座所九間一長押上之。奥大文二帖敷之。自餘悉小文也。明德二年鹿苑院殿御見物時ハ。九間分ハ悉大文敷之云々。今度儀兼有談合。二帖可宜旨且就談合獻意見了。學侶一臈長仙參申。如此事等尋申也。自大乘院吹擧也。御棧敷ヘ渡午終〔歟〕計也。御行粧如一昨日。但今日ハ殊被刷之了。御隨身悉付花供奉。公相雲客大略唐織物等也。今度ハ以今日一晴トセラル丶也。殊勝殊勝。公方御棧敷西ニ女中御棧敷在之。自一乘院用意之。於一獻ハ大乘院ヘ被仰了。今度新儀也。予先自閑道參。用手輿了。房官二人。等身衣。指貫。大口。侍一人同前。中間悉繪直垂單。也。笠袋等略之了。尤可在之歟。無沙汰至也。中童子一人直垂大口。大童子二人繪重直垂也。力者十八人衣。退紅一人持笠袋也。御棧敷南ヨリ入テ兼參了。其後攝政殿御渡。先以基尹朝臣予方ヘ被相尋云。此邊ニ立輿予事也公方樣入御ヲ待申也。但先內々已御棧敷ヘ御入上ハ。可參條如何云々。予答云。於御棧敷可被待申入御條尤宜哉。仍愚身モ如此令沙汰云々。仍攝政來臨。其後聖護院准后入來。爰聖護院依無案內。自一鳥井欲被參。衆徒前ヲハ不可通申由以赤仕丁無骨申。自其追返云云。其儀以外見苦キト後日ニ及沙汰了。誠無故實至歟。次公方樣渡御。自西妻戸入御。被寄御輿。御簾其時分兼褰儲之也。此儀萬里少路大納言意見之由棧敷祇候承仕申了。承仕則上御簾歟。其時分攝政以下次間ヘ立退了。御座定後各參申了。種々見物渡物不遑記之。於事驚目了。御供奉備樣等殊勝々々。種々舞在之。國民等隨兵具足以下結構之了。兒ノヤフサメ又其興多之キ。　於御棧敷一獻美麗無申計。每事惣寺沙汰云々。御具足五兩。西頰(御棧敷也)。東向置之。御引物儀云々。諸大名依召參御棧敷。公卿棧敷次間ニ候了。管領以下被召出御前賜酒了。以上大名七人也。管領。畠山。山名右京大夫。畠山大夫。細川讃岐。一色大夫也。及秉燭還御。各取松明也。拔頭時分還御。神幸以前ニ可有還御之由。兼爲寺家申入故也。神幸無御拜見事也云々。

廿八日。雨。今日四座申樂可在之處。依甚雨可被略歟之由。內々有其沙汰處。爲惣寺御棧敷以下一獻等悉以用意處。若無入御者可爲無念之由頻申入間。俄御棧敷ヘ入御。巳及秉燭了。御行粧如昨日全不相替。御棧敷廣狹如黑木。今日御棧敷ハ以外結構。薄檜皮ニテ葺之。天井ハ杉正也。其外ハ悉檜木也。御引物ト覺テ東ノ南頰ニ立白木棚一脚。其上ニ以金橘ノ實ヲ打ツ。枝ハ銀也。同銀折敷ニ居之。以金御盃ヲ造テ銀ノ折敷ニ置之。瓶子(茶椀)。一双同置之。明德二年時如此云々。以之爲御引物云々。雖爲雨中舞臺四方燒篝。舞臺上ニ俄ニ假屋ヲ用意也。御棧敷ハ東頰ニ向。西南ニハ左右(東西)假屋在之。東假屋ニハ孝俊

僧正。光圓法印。貞兼僧都。諸院主裏頭ニテ着座。西北假屋ニハ學侶衆徒等云々。式三番後藝能二番被御覽還御。大雨無申計。雖然每事無爲珍重々々。西北寄女中御棧敷在之。黑木也。自一乘院沙汰之。於一獻大乘院沙汰也。

廿九日。晴。公方樣辰終還御云々。供奉公卿殿上人如御下向云々。大乘院以下爲御禮參御宿坊。御對面以後還御云々。於宇治御一獻。畠山申沙汰如先度。還御自宇治御舟云々。自伏見又御輿也。予卯終上洛。四方輿。供奉房官侍如先度。但快圓法橋參候間召具之。仍今度ハ六騎也。各淨衣。フクサ。於多賀谷休息事妙法院僧正申沙汰也。直醍醐へ歸了。酉初。每事無爲珍重々々。

十月

一日。晴。恒例御祈。愛染護摩開白。入堂同前。

二日。晴。今日出京。愛染護摩自明日手代事弘忠法印ニ仰付了。入堂代官快助沙汰之。今日南都御下向無爲之由。僧俗參賀申入云々。今御室妙法院宮以下。例式太刀被進之云々。

三日。晴。今朝參室町殿。南都御下向。每事嚴重無爲之條珍重之由申入之。例式御太刀持參了。寶池院僧正同道同前。大內入道去月廿九日下着兵庫。以吉日可出仕之由。申入旨申入了。今夕歸寺之由申入處。明日可歸寺之由承間罷留了。

四日。晴。參御所。大內來八日京着。九日可出仕之由申入旨申了。今夕則歸寺。

五日。晴。自今日爲女中御祈。理覺院僧正於室町殿御所臺屋。大威德護摩勤修。壇所殿上西端云々。爲聖護院准后手代參住云々。北野一萬部經自今日任例被始之了。力者等又如例召進之。

六日。晴。
七日。晴。大内左京大夫入道今夜自兵庫密々京着云々。明日日次不宜故云々。
八日。晴。今朝以慶圓法眼。爲參洛祝着。馬一疋。太刀。銀。遣大内方了。今夕出京。愛染護摩結願。　戌初地動。天王動。吉動云々。珍重々々。
九日。晴。大内入道今朝出仕。直垂。申次一色兵部少輔也。折紙千貫御太刀進上之。三御盃ニテ給酒。同御劔直ニ被下之云々。　歸路大内入道來門跡。萬疋太刀隨身也。不及獻盃。追小袖五重。盃。香合遣之了。　今日參御所。大内出仕。御劔直ニ被下之。忝畏入之由申入旨申入了。　自御所以御書大内入道參洛。神妙之由種々被感仰。件御書則遣大内方候處。面目至忝之由畏申了。　自今日地藏院僧正月次北斗法開白云々。
十日。晴。
十一日。晴。大内入道早旦來。一昨日御書忝之由申也。御所樣ヘ參申入。内々畏申入條可宜旨令指南了。仍明日十二日。例日之間。明後日十三日。可參申之由申了。　今日參御所。及晚頭歸寺。
十二日。晴。
十三日。晴。今日 聖護院 准后ヘ以書狀申送事。來廿日實相院ヘ渡御也。可有御參會由。内々可傳申由室町殿仰旨云々。　返事。以他筆被申了。風氣雖少減。痰興盛以外也。何樣相談醫師三位重可申左右云々。
十四日。晴。北野御經結願。
十五日。晴。今朝積善院僧正良讃來云。　聖護院自去夜戌終程。俄大事以外御體候也。隨而任平生ノ約束。(預イ)已夜前奉入如意寺了。御遺跡事毎事無爲樣可領申沙汰。　次ニ八如意寺准后進退事。故法輪院准后良瑜入滅時。聖護院清淨分ニテ不被觸穢御渡候キ。任先規如意寺又不觸穢。坊人住房內點淨處。五十日之間可被籠居。次聖護院門跡事不可穢。御祈禱於彼門跡以手代可令勤仕。理覺院尊順僧正則可爲手代云々。次坊人之內若王子僧正忠意并村融法印可爲清淨云々。次已御入滅候者。以誰人可申入室町殿哉云々。次當如意寺准后案堵事可申入云々。予返答。條々承了。先此危急次第仰天無申計。就其只今條目悉可得其意也。被申入室町殿事大館入道可然歟由申了。御命中今一度入見參度間可罷向由申處。眞實御息通計〔候〕也。中々無正體御式候。可有御略條宜候。重可申是非左右云々。仍無力斟酌了。以理性院僧正先事次第驚歎旨等申遣如意寺准后方了。未終自如意寺以書狀既入滅之由申賜了。只哀淚千行計也。天下重人。一家尊老也。周章旁多端。春秋七十六。每事窮盡仁也。天下靜謐門中無事時分。於時節宜哉。凡可謂果報。理性院僧正歸參。如意寺返答等具申了。自今夕恒例不動護摩開白。公方御祈。仍不及出京。內々申遣大館方。事子細申遣計也。理覺院僧正爲聖護院手代御祈ニ參住。修中也如何。

十六日。晴。

十七日。晴。公方樣當管領亭ヘ初渡御。大內入道爲御相伴參申云々。自來廿一日於室町殿可修普賢延命法之由。勸修寺中納言奉書到來。則遣請文了。地藏院北斗法結願。理覺院僧正大威德護摩延行今曉云々。不依彼重事遂無爲參住了。

十八日。晴。　十九日。晴。

廿日。雨。今朝出京。公方樣渡御實相院。予令參會申了。公方樣御張輿。御力者如常召進之了。於門前御下輿。門主參向蹲踞。予不及參向。御相伴門主予兩人計也。五獻以後還御。直渡御花頂。紅葉御覽云々。一色修理大夫申沙汰之。一獻等每事一色用意。此坊借用之儀故勝定院殿以來年々佳儀歟。大名等大略參申云々。

廿一日。晴。公方樣今朝渡御常在光院。還御以後參申了。自佐々河文藏主歸洛。彼請文幷條目等具令披露了。次自大乘院被執進故柏木持正入道重代太刀幷自方々書狀等五通備上覽了。自今夕普賢延命法勤修。伴僧十六口。淨衣。黄色。護摩妙法院僧正。十二天壇淳基法印。聖天壇隆增僧都。神供宗濟僧都。行事僧光意法印。大壇承事兩人後戸。良能。寛善。今度略指貫着狩袴了。護摩壇以下承仕中間。裝束如常。供料萬疋。奉行勸修寺中納言經成卿。脂燭殿上人三人衣冠。隆遠朝臣。益長。資益。伴僧悉平袈裟。壇行事淳基法印。

廿二日。晴。後夜日中相續了。於日中者如常。各別ニ日中ニ雖可修之。御所中白晝伴僧出入旁依有其憚。近代如此沙汰來也。仍任近例了。初夜時如常。脂燭殿上人兩人。自今夕布衣也。隆遠朝臣。行尚(ヒサ)依仰參御前了。依爲御德日御加持不申之。自御前密柑折一合。絲引百拜領。又折一合。柿二籠拜領。自御室折三合〔賜之。御狀在之。使者寺家大法珍重之由賀賜了。〕

廿三日。晴。寒嵐以外。今朝氷初結。雪花散亂。後夜時寒勝臘月天。每事如昨日。脂燭伴僧中賴全阿闍梨勤之了。公方樣渡御大內左京大夫入道亭。參洛後初申入云々。渡御時被下御劒於大內入道云々。萬里少路大納言來臨。相語云。今度御卽位事。十二月廿七日被治定。就其裏帳典侍事。任代々御佳例被仰日野一位入道處。依窮困難沙汰立。先御代御時五萬疋御訪於被下。其上ニ二三萬疋以私力令沙汰了。其外コセ侍等事ハ松波以下恩給侍等。涯分令出立罷出了。於今者上下牢籠之間失活術之由歎申入處。二萬疋令加增。七萬疋可被下行之由。只今爲室町殿被仰下云々。

自靑蓮院門跡大石共此御所へ被引渡也。今日大石細川黨引之。人數三千人云々。壇所時節之間令見物了。　初夜時如昨日。阿闍梨一人每時平袈裟。自餘悉小袈裟如常。脂燭結番云々。雅永朝臣。公知朝臣。（清水谷トモ）益長。

廿四日。晴。　後夜日中相續如昨日。　初夜同前。神供在之。脂燭行尙一人參申了。

廿五日。晴。後夜日中相續如昨日。　參御前。自管領以使者申旨。關東使節西堂御對面事此間種々雖申。無御承引上者（旁イ）無力可下遣。就其條條申子細候哉。此門跡へ可令同道。委細直令尋聞食。御披露可畏入云々。如此及兩度雖申候。予對面事旁無益間令故障了。可爲何樣哉之由申處。不可有殊申事歟。爾者對面無益之由被仰了。　自宇都宮藤鶴方注進狀。幷御內書御敎書。申入方々名字一紙注進。同備上覽了。旁被成御敎書之由被仰了。　大內入道下國御暇事申入處。不可有子細之由被仰。　筑前國御料國事。可仰談管領幷畠山等旨被仰。去廿二日太白與鎭星變異在之。　兵革病事等占文也。太白ハ金。鎭星ハ土也。仍相成變也。非相剋變間輕變由申旨被仰。　自仙洞被仰下召次幸眞佐申入慈雲院領江州六名代官職契約狀等事。就文章相論于今遲引條不便被思食。早々可被仰付旨申入候了。則以勸修寺中納言經成卿被仰付慈雲院了。　初夜時如昨日。脂燭雅永朝臣。公知朝臣。隆遠朝臣。自此初夜時御加持發願年月日時。　次ニ天變怗異理運非常二句加之了。自去廿二日星合在之故也。修中就變異加此句事。祖師定濟僧正後七日修中如此用之了。且門流佳摸歟。

廿六日。晴。後夜日中用手代。妙法院僧正勤之。護摩淳基法印。　公方樣渡御壇所。一ヶ條重職。事被仰旨在之。且眉目祝着[々々]。初夜時同前。脂燭殿上兩人。益長。行尙。細川右京大夫來壇所。

廿七日。陰。後夜日中相續如昨日。管領來壇所。關東使節僧可令對面之由猶頻申之也。初夜時同前。脂燭殿上人兩人參申了。雅永朝臣。公知朝臣。

廿八日。晴。後夜日中相續如昨日。自公方樣以大舘入道。就伊勢事條々被仰旨在之。守護土岐大膳大夫。兼テハ十月比雲津川ヲ越シ。國司ヲモ可令退治之由申處。于今遲々條不被得御意事也。仍內々被仰談先管領處。彼意見分モ于今不越川條不審千萬候。早々越河可加退治之旨可被仰付歟云々。此儀尤ト被思食候也。次ニハ奉公者共所領半濟事。先度被仰處未及其沙汰。已年貢爲守護責取歟之由被思食也。爾者黑土計面々可請取條無其詮歟。先於此御沙汰者可被閣。所詮ハ早々越河可令退治國司之由可申遣云々。予御返事。委細承了。此旨何樣先可仰遣候。但守護大膳大夫申入趣ハ。可越河條不可及異儀候。乍去近年牢籠散々體ニ罷成處。去年此國事被返下候キ。其以來涯分致料簡。內者共於召集。甲四五百計於モタシナミ候テ。不及申御勢。去年十二月國司滿雅カ頸ヲ取候キ。其時三ケ日之間合戰。內者共多損。手負共モ少々ハ于今不立用體ニ候。次十月ニモ成候者。早々可越河處。只今守護居住在所ヨリ河邊マテハ六七里之間。守護知行在所一所無之候。去年以來初國入部仕候ヘトモ。未及一所務式候間。內者共散々計會失爲方體候。仍如形相計候。在所等ノ所務ヲモ仕。聊付力可罷立心中候。仍于今遲引所存之外候。次方々半濟事。去年十二月御敎書拜領之間。此所々內者共ニ如形令支配了。然ニ只今悉可去渡由被仰出之間。內者共悉可退散仕歟。計會此事候。乍去奉公面々知行在所押領。且非本意候間。所詮旁可返渡候。爾者雖一身候可越河候。可成功事ハ曾不可叶候。一身打死仕マテト存候。所詮內々大膳大夫申趣。國司御對治事ハ。他國御勢ナトハ。一年半年事コソ堪忍モ可仕候ヘ。其以後事ハ難叶候歟。此御退治事ハ雖何ヶ年候連々ニ御退治候者。始終ハ又可輙樣存候。但守護如今無勢無力ニテハ。又此手立モ不可有正體候歟。如此申上候ヘハ。一向私ヲ本ト仕候樣ニ相□候間難申入候。門跡樣可得御意計之由申入候。サ候間此御退治事〔ハ〕。可被打任守護條先可宜〔候〕歟。此旨內々可被披露之由申了。大舘重來申樣。只今御申具令披露處。爾者雖何樣儀候。始終御退治簡要ト被思食候ヘハ。能々可令料簡之由。可申遣旨被仰云々。則此由守護使志多見入道。山田入道兩人ニ仰聞了。公方樣渡御壇所。天王寺別當事被治定之由蒙仰了。初夜時如昨日。神供在之。脂燭兩人。隆遠朝臣。行尙。

廿九日。晴。後夜用手代。自半更持病心痛更發。雖然後夜時分屬減了。仍結願日中時無爲勤仕之了。結願作法全不遺（違イ）常途。卷數前日用意之。經部數內々仰伴僧兼令讀之了。此外每日仁王經讀誦等爲變異御祈也。結願後夜也。凡此法先例每度日中結願也。雖然近代略儀行來間任近例了。但如先規上下番等ヲ分內外執。則大法ニ行之者。日中結願可爲勿論也。結願時卯終也。乘車歸坊了。妙法院僧正等少少乘車尻供奉。　今朝巳終參申室町殿。修中依無日次御加持不申之故也。重衣持五古。宗濟僧都召具之。重衣。　今日渡御淨花院云々。還御之間待申了。不幾還御。參御前。御加持申之。欲罷出處。今日天王寺別當事可執奏申入也。仍以一色兵部少輔其子細申了。未參申哉云々。御返事云。先此仰祝着無極候。且時宜趣忝存候也。兵部少輔未來候由申了。今日御入寺候者。此左右暫可相待之由被仰了。退出之後一色兵部少輔持御書來。

四天王寺別當職事令執奏。可有御存知候也。誠恐敬白。

十月廿九日

三寶院、、

不及御返報。則參申少折紙萬疋。持參之。以一色兵部少輔申入了。則御對面。重又直賜御書了。口宣案執進候(之イ)由也。早速之儀。眞實(之イ)云々。冥助希代朝奬也。其後參仙洞此畏申入。四辻宰相中將季保卿申次也。則出御。於公卿座構見參了。門流再興。殊執奏之儀御本意無極之由種々被仰下了。眉目々々。自仙洞退出之後。官長者周枝(チカ)官符持參之。中次經祐法眼。衣體也。　周枝直垂云々。　藍箱蓋ニ入官符進之。則其蓋ニ打袴一領入之遣之了。先例也。但臨期無用意之間內々以代物遣之。　經祐法眼奉行之。三百疋云々。本ノママ、乏々以外歟。但方々此定歟。聖護院初任時ハ打袴云々。再任時ハ不及沙汰キ云々。今夕入寺。於金院如形祝着儀在之。　官符宣下等以理性院僧正進淸瀧宮令啓白。　御神樂同奉之。　其官符等於金剛輪院披之。面々拜見(之イ)云々。祝着了。　惣目代職事先今夜內々仰付妙法院僧正也。　自餘之儀不及沙汰也。
晦日。晴。今曉自无動寺客人神輿奉入中堂。嗷訴題目未申入云々。

十一月

一日。晴。自今日淸瀧宮恒例談義在之。讀師自當年金剛王院僧正房仲勤仕之。讀文尺論六卷云々。　大內左京大夫入道來。少一獻在之。妙法院僧正相伴。五千疋隨身。內者五人各二千疋折紙進之。　引物五重。盆。金襴遣之。內者各二重太刀一腰也。　自今夕恒例愛染護摩始行之。入堂同前。　尊勝千反タラニ百座。愛染供等七日中滿之。始行。タラニ。三ケ日滿之。　大炊御門左大將來臨。太刀隨身之。天王寺禮云云。　自今夕去月廿二日變異御祈愛染護摩勤修之。寶池院佛眼護摩。理性院。妙法院以下各〔々〕修之。總寺同前。　自攝政賀札。使者賴繼卿。

二日。晴。禪信僧正參賀。自御室賀札同持參之了。
三日。晴。細川右京大夫來。二千疋持參。天王寺禮云々。如形少一獻在之。妙法院僧正相伴。引物三重。盆。香爐古。遣之。內者太刀一腰遣之了。　東北院僧都光圓參賀。
四日。晴。佛地院僧正孝俊參賀。寶劒持參之了。隨分靈驗在之云々。
五日。晴。
六日。晴。今日可出京處。心痛氣俄出來令略了。
七日。晴。變異御祈結願。卷數付遣勸修寺中納言經成卿了。　大乘院〔來臨。〕天王寺事珍重之間態參洛云々。直下向。懇志至殊難謝。今日モ欲出京處。又心痛氣出來略了。恒例愛染護摩令運時結願了。今日爲出京キ。　今日天王寺ヘ御恪勤竹石法師。下遣之。官符案持下之。少目代奉書遣之也。於彼恪勤着淨衣云々。　於粟田口馬借。

八日。晴。今朝出京參室町殿。大内下向御暇事重申入了。來十三日可罷下旨申定了。伊勢守護申入本領事同申入〔之〕間。只今知行仁體可相尋旨承。佐々河へ御使僧彭藏主。明旦可下向之旨申入了。重可被遣御内書之由被仰。御書案文事依仰書進之也。御自筆御書也。今夜在京。

九日。晴。今朝參御所。佐々河へ條々申詞等承旨。咋夕使者僧周彭藏主ニ具仰含候之由申了。條々。一。以前御注進之趣。委細被聞食披候了。仍御悅喜候事。一。關東爲御退治。雖可被成治罰候。就以前被仰出儀先無其儀候事。一。佐竹刑部大輔入道事。御扶持御悅喜候。彌被加御扶持候者。可有御悅喜事。一。自關東萬一重而使節被進之時。可有御對面候哉否事。一。石川駿州方へ以前被成下御内書候事。爲京都御計無。此儀ハ每度自佐佐川就御注進名字。被成御内書之間。此事以外御不審候。所詮自今以後尙々可被得御意事。以上。此等條々申付旨令披露了。自右京大夫方使者有岡相副申付了。大内入道來。御暇無爲尙々祝着畏入之由申。太刀一腰。盆一枚。堆紅。段子一端。花。繻子二端持參了。

十日。晴。早旦入寺。

十一日。晴。

十二日。晴。大内方へ黑御腹(皮イ)卷肩取。金物牡丹。一兩。太刀一腰遣之。使者經祐法眼。此具足今度於南都大乘院。進公方具足。爲造營御寄進興福寺三面僧坊了。代物八千五百疋遣之召寄了。隨分具足云々。今夕公方樣御弓始。圓物云々。大名以下御太刀進之。門跡斟酌了。

十三日。晴。公方樣新造御會所御移徙也。管領以下三四ヶ國大名各三千疋。一國守護千疋進之云々。自餘御太刀云々。晝ハ山名亭へ渡御云々。大内今夜御暇申入云々。一色兵部少輔申次云々。
十四日。雨。公方樣今日大内亭へ渡御。今夕下向之間爲餞送俄光儀云々。萬疋被持。打(時イ)刀等被下。眉目々々。無申限々々。今夜還御之後令御共參御所。其以後大内入道下向云々。
十五日。晴。今朝大内入道以使者。內藤彈正忠申送樣。昨日公方樣渡御。祝着面目無□身之所置。畏入子細可然樣可預御披露云々。今日予出京。新造御會所御移徙珍重之由申入了。二千疋持參。重衣也。寶池院同道。千疋持參。重衣。御會所被引導悉被見之。言語難及。只驚目外無他云々。今夕則歸寺。就關彌四郎事申談先管領旨在之。以齋藤因幡申了。今日公方樣渡御北野殿女中。亭。三獻之後亭主老尼事ヲ損以外。凡此間數日老病少減之間令成申云々。公方樣還御云々。北野殿大略難儀體云々。息通計也云々。希代事也。自今夕不動護摩開白。恒例。
十六日。晴。自常住院僧正方。以使者顯源法印被申。熊野三山檢校職任理運可望申入。便宜事可仰扶持云々。返答云。如意寺准后相續案堵事已申入了云々。
十七日。雨。今夕西終鳴動。非常地震歟。電(雪イ)光在之。若雷鳴歟。或光物在之。入雲云々。或雷起云々。種々說不同。
十八日。晴。　十九日。晴。
廿日。雨。京極加賀入道來。
廿一日。晴。公方樣自今日御參籠石淸水社頭。御宿坊如先々。眺房云々。管領。畠山。細川等供奉云々。　今日金剛輪院常御所會所相兼。立柱上棟。大工束帶。頭領十人狩衣。自餘直垂或上下。番匠百餘人云々。馬黑。引之。其外廿疋賜之。代也。一頭領三疋。二頭領二疋。餘頭領各一疋。賜之了。檜皮大工束帶。頭領四五人歟狩衣。餘上下。馬五疋代。賜之了。當座太刀二腰賜之。一腰時所分。壁大工束帶。馬三疋代。賜之。當太刀二腰賜之了。此外諸職人出仕。各馬一疋賜之了。馬惣員數四十六疋。現馬一疋。太刀四腰也。自方々馬四十餘疋出現了。現馬二疋也。　自管領以使者飯尾美作守云々。申樣。關東使節僧西堂可罷下由被仰下間。其旨仰含處。一途無御左右者難罷下。所詮此樣可令注進間。平ニ左京事御免可畏入申入也。可爲何樣哉。次管領書狀於關東阿房守方へ此使節所望申事候。可遣候哉云々。　予返答云。此使節强在京事ハ無力次第歟。此由於可被達上聞歟。次御狀事可被遣關東房州條。　若猶可有思案事歟由申了。　萬里少路大納言來。少一獻隨身。妙法院僧正相伴。　恒例不動護摩運時。今曉結願了。明日公方御德日故也。

廿二日。晴。　後淨覺寺佛事年忌。如常。供養法盛林院法印。

廿三日。晴。　自右京大夫方申賜。　明日八幡御參籠所へ參〔候〕(者イ)其　早旦ニ可參申御時。　於八幡令聞召樣可有御參由仰云々。

廿四日。晴。　早旦參申了。晨〔朝〕鐘以前出門。寶池院同道。各重衣。乘輿袖白。　宗濟僧都一人召具之。房官兩人乘馬。直綴體也。寶池院房官兩人供奉。辰終八幡へ參着。直參御宿坊眺房。了。御對面。一獻。千疋折五合持參之。折〔ニ〕繪ヲ令書也。寶池院千疋持參之。大和國民等今度去廿一日弓矢事以外之由被仰。當御代弓矢取出者ヲハ可有御罪科之由被仰了。殊越智等事被成御敎書處。不事問筒井十郎(市イ)ニ對令合戰了。越智。箸尾。萬歲。澤。秋山以下一方ニテ大勢之間。筒井合戰ニ打負。管領所々及數ヶ所被燒拂了。一族一兩人同被打了。以上本城計ニテ。已可切腹之由令注進[候]了。仍上意違背國民等。爲御退治細川右京大夫。赤松左京大夫。兩人ニ可罷向由。以大館被仰付了。前管領畠山。勢同可罷出條。可宜可申付旨被仰間。御參籠所へ召寄遊佐仰付了。前管領御返事畏被仰下。何樣自身可罷立候。但近日山訴以下方々難儀時節也。明春御退治可宜歟。然者先可停止弓矢由。以遊佐可申下條可宜。可爲何樣哉云々。此由申入處。誠先此儀可宜。今日中可罷立由可仰付(云々イ)候。自八幡直大和國へ可下向由申入了。但先今日ハ河內へ罷下。明日自彼可罷向云々。上下體ニテ可罷向由申了。細川右馬助爲大將可罷下旨被仰付間。今日御暇ヲ申入。自八幡出京。御時於御前可有御相伴由被仰間。不及罷出。御時以後五智輪院坊へ罷向。前社務融淸法印頻召請故也。少一獻在之。二千疋隨身了。今日於神前御法樂舞在之。被任應永七年御例。大曲在之。笛景房。笙久秋。征鼓。舞正葛。今日畠山宿坊へ渡御云々。

廿五日。晴。今日管領宿坊へ渡御云々。

廿六日。今日右京大夫宿坊へ渡御云々。

廿七日。晴。今日自八幡御出。直御參詣六條八幡宮。御直垂。御板輿云々。寶池院參向。重衣。御神寶等如年始金廿兩。白太刀五振。御神樂料二千疋進獻之云々。自寶池院御馬一疋。月毛。御太刀一腰被進之。六條御社參御禮也。予今日出京同參申了。太刀進之。今日ハ可逗留由被仰了。大和國御退治事先只今被延引了。珍重々々。

廿八日。晴。　廿九日。晴。今朝入寺。

十二月

一日。晴。愛染護摩開白。恒例御祈。公方入堂同前。尊勝千反タラ尼幷百座愛染供等如近年。月々勤修之。門跡祈禱也。
二日。晴。今曉護摩一座修之。出京。參御所御對面。大和國事可有御沙汰條勿論云々。就其兩人細川。赤松。年內可罷立之由可被仰付歟云々。予申云。年內可被立御勢事旁不可然覺候。大禮近々。已天下重事候。山訴又未落居。何樣事共御道遣明春可有嚴密御沙汰條。尤珍重之由申入了。時宜御同心也。何樣大名ニ可被仰談條宣旨申キ。仍以大館可被仰談之由被仰了。大館依召參御前。爲御使可罷向管領事。大和國々民違背上意上者。可被向御勢條。年內事可爲何樣〔候〕哉由。召集諸大名可相談云々。爰大館入道申云。被仰談面々候者。年內可被向御勢之由。意見申方一人モ不可在之由存。中々御談合無益云々。予重申云。雖然先可被仰談。其故ハ已大名兩三人罷立程大儀候。一向不及御談合條不可然也云々。追可被仰云々。何樣先可被延引明春之由被仰定了。珍重。就其此子細以御書予方へ可被仰。此御書於筒井ニ令拜見申。雖何樣體可堪忍(必イ)。內々可有加御扶持之由。召寄門跡今夜大館相共可仰付旨被仰了。筒井此兩三日在京云々。如此被仰故ハ。今度弓矢事。一方ハ豐田中坊ト號衆徒也。一方ハ井戸ト號同衆徒也。井戸ハ筒井一族云々。仍筒井十市以下加扶持也。豐田ハ箸尾扶助之。去八月比爲公方被下兩使飯尾彌六兵衞。長澤。可止弓矢之由被仰付處。於井戸隨上裁止弓矢了。於豐田ハ不及御請文。以外凌怠振舞間。追可被加治罰之由被仰定了。雖然南都御下向大儀間被延引了。爰自南都還御以後。越智。箸尾等引立。豐田可及合戰由。南都御座之間及風聞。筒井此子細內々歎申入處。楚忽弓矢取出方ヲハ。嚴密ニ可有御沙汰由被成御敎書於越智以下了。而存知仕之由乍捧請文。越智。箸尾令同心豊田ヲ令扶持。筒井十市等在所へ發向及合戰了。仍去廿四日自八幡御參籠所被仰畠山。大和國へ被下遣遊佐。先弓矢事可停止之由被仰付了。此儀爲公方非被仰出分。畠山意見也。先年內ハ如此御沙汰候テ。明春可被向御勢條。尤可宜旨申入間。先御隨彼意見分也。遊佐罷下於合戰ハ令停止了。雖然筒井十市領內。悉爲越智。箸尾被燒了。本城計ニテ如形堪忍式間。公方へ歎申入間。就上裁違背可有御退治由御沙汰也。　如此間明春マテ可堪忍旨被仰付了。召寄筒井幷成身院光專兩人。於門跡上意趣具仰含處。難治子細種々ニ歎申了。雖爾此御書頂戴仕忝上ハ。雖何樣體可堪忍仕歟。罷歸猶追可申入旨申了。兩人退出。大館入道同前。已及曉天寅半。了。　今曉仙洞西一條邊燒失。四辻宰相中將季保卿小屋燒失。

三日。晴。　早旦參御所。　夜前召寄筒井仰含次第具申了。　爰公方樣御物語云。今朝東大寺西室召仕大夫坊ト云法師。御所へ參申入云。年中不被立御勢ハ筒井乍可及生涯。可如何仕哉由申入間。堅御切諫之由被仰キ。　今日入寺。　自今夕於室町殿。不動小法寳池院勤仕。去年御例云々。伴僧八口。供料三千疋。壇所公卿座相兼殿上半也。　自今夕二星合御祈愛染護摩始行。　御室以下諸門跡各於本坊護摩勤修。奉行勸修寺中納言。奉書在之。

四日。晴。　五日。晴。

六日。晴。　七日。晴。

八日。晴。　愛染護摩結願。　尊勝院僧正來。

九日。晴。　十日。晴。　十一日。晴。

十二日。晴。　室町殿不動法結願。延行二ヶ日也。

御卷數御撫物付奉行經成卿進之云々。修中每事無爲。珍重々々。自去三日星合御祈同今曉結願。卷數以勸修寺中納言進之了。諸方同前。

自今日爲勝定院殿御佛事。於金剛輪院每日理趣三昧勤修。初段延供養法幷經衆結願。少布施。光明眞言護摩始行。自修之。

十三日。晴。今夕叙位。室町殿從一位御加級。珍重珍重。故鹿苑院殿御例。自然相叶了。珍重珍重。執筆尹賢卿。

十四日。晴。恒例不動護摩自今日始行。今夕同出京。自今日於等持寺八講堂御八講在之。故勝定院殿御佛事也。一座證義光曉僧正。

十五日。晴。爲御一級御禮參御所了。今日ハ諸門跡御持僧計也。俗中攝政以下悉被參申了。御對面。次第。先俗中如此間。常住院僧正尊經今朝准后宣下。仍御持僧一﨟也。各御太刀進之了。予暫可候由以時房卿被仰間。不及退出暫待申了。面々御對面後重參御前。條々蒙仰旨在之。條々又申了。畠山申入十七ヶ所橘御園等由緒事。右京大夫申讚岐國南條山幷攝州南鄉等事。及數刻了。諸大名以下。同今日御劍進之也。理性院。妙法院。水本今日參申。御劍進之了。予今日歸寺。

十六日。晴。

十七日。晴。今日出京。參申勝定院了。勤行丁聞。自御丁聞所參御座所。條々仰旨在之。

十八日。晴。今朝又參勝定院。於倫西堂寮點心。實相院相伴申了。諷經以前參御座所。故勝定院殿御第三廻被引上了。一字三禮法華經一部御自書云々。御題號計御書寫歟。每事禪家御佛事計也。今日御持佛堂御移住云々。大名等折紙進[候]了。予此時節參申間。千疋折紙進之。御對面。種々事共承了。及亥半歸房。

今日勝定院殿御佛事。於灌頂院修之。供養法妙法院僧正佛經供養在之。阿彌陀新圖。法華經頓寫摺寫經同一部。一寺皆請各時衣也。僧衆布施一人別厚紙代五十疋。供養法馬一疋。代三百疋。諷誦物。衣代二百疋。以上五百疋。 自今曉聖天供開白。隆圓法印爲手代勤仕之也。

十九日。晴。今朝參室町殿。條々被仰旨在之。自無動寺注進トテ賜之。一見處。

本堂內陣戌亥之方隅當大威德後少水始而涌出候。去月廿四日雖令檢知之候。出水之實否依難計候。不能楚忽之啓達候。雖然新水爲體。送數日或時流或時湛。于今未旱候間。希代之次第候。殊山訴之刻一谷安否時分。如此瑞相吉凶如何存。而致精誠之懇祈奉驚注進候。 急以憲法之使者預御見知可被達上聞候哉之趣。可有御披露候。恐々謹言。

十二月五日　法印權大僧都承秀

謹上　伊與法眼殿(御房イ)

仰云。此涌出水事吉凶誠無覺束候也。在方卿。有盛卿。有富。三人ニ可勘進之由爲門跡可仰付云々。歸房之後以光意法印尋仰在方卿處。時刻不付之間難勘進云々。仍時刻可注進之旨。青蓮院廳務伊與法眼方へ仰遣了。

廿日。晴。今日初雪御賞翫ノ爲。渡御管領云々。

廿一日。晴。恒例不動護摩結願。

廿二日。晴。聖天供二日運時結願。 明日明後日日次不宜故也。

廿三日。晴。自無動寺彼少水涌出時刻事注進之間。予以書狀進之了。光意法印持參。以一色兵部少輔進之云々。今日御德日間。明日可有御返事云々。自無動寺注進。

本堂內陣少水事。十一月廿四日酉刻。承仕

見出候。以此趣可有御披露候。恐々謹言。
十二月廿日　　權大僧都承秀
謹上　伊與法眼殿（御房イ）
以此時付在方卿以下三人勘文進之。相副予狀進之了。　在方卿勘文。
廿四日。晴。　廿五日。晴。
廿六日。晴。今日出京。爲歳末御禮參室町殿。寳池院同前。　今夜官司行幸子初刻云々。攝政乘車。行幸以前被參官司。先被祗候內裏。自內裏官司へ被參。前駈隨身行粧云々。予見物用意處。以外窮屈子細間。不能其儀キ。　爲雪御賞翫室町殿渡御畠山亭云々。直ニ又渡御右京大夫亭。恒例入御云々。其後渡御富樫亭。
廿七日。晴。今日御卽位之儀及夜陰云々。兼被相觸時刻。午時以前云々。仍諸人用意處。室町殿御參依遲々也〔云々。〕酉初歟御參。自一色亭被着御裝束。御衣冠云々。未拜賀間不被着御束帶歟。御祗候官司申御沙汰之儀云々。永德御例云々。鹿苑院殿。　今朝尾張國衙內此間女中高橋殿。知行分御敎書令拜領間。爲御禮參室町殿。少折紙持參申了。四ヶ所。有安散在。馬場散在。鹽津散在。讃岐局。以上四ヶ所也。土貢三百餘云々。今夕就急用入寺。官司儀不及見物也。
廿八日。晴。
廿九日。晴。京極來。二千疋持參云々。馬一疋。太刀遣之。
晦日。晴。今夕室町殿御參內幷御院參云々。自里亭御行粧。御乘車御參云々。還御ニ京門跡へ渡御。相國寺へ可有入御間。爲被改御裝束云々。少一獻。三獻在之云々。寳池院被對謁申。御引物金襴（欄）一端。高檀紙一束云々。爲御禮則寳池院被參。及半更云々。珍重々々。
自今夕明年御祈愛染護摩始行如去年。承仕

明隨。支具自納所下行。奉行賴全阿闍梨。明年御重厄(卅七)。御祈自今日可始行之旨。昨日自廣橋相觸了。(一脫カ)惣寺向御祈事也。自分御持僧方。自勸修寺中納言方去廿七日觸申也。仍自今夕爲彼御祈同愛染護摩始行。兩座令相續了。今夕入堂等如先々。自明旦聖天供恒年儀也。仍自今夕可令沐浴〔之由仰付了。弘忠法印爲手代〕可沙汰旨加下知也。

山門訴訟未落居。

永享二年(庚戌)

正月

一日。晴。自夜前晦。移住灌頂院。後夜鐘以後洗手面。作法(向西)。如常。次後夜念誦。先向西方親如常。次向辰巳方〔一山方〕。念誦如常。次向同方。內外兩宮法施。秘印同明理趣經偈心經等。次當寺鎭守以下如入堂悉沙汰之。次向未申方。男山法施秘印明仁王經偈心經法華經。今此三界文至能爲救護誦之。得道來託宣文歸命本覺文等三所外ヤコ。(本地毘沙門)。武內。(本地阿ミタ)。若宮。(本地十一面)。以上三所。本地印明心經等誦之。法施。天長地久武運長久殊致懇祈也。次向南方(東寺方)。東寺大師法施。秘印等。次不動印明結誦。慈救咒千反誦之早々。次寳藏御舍利念誦印明。次六條八幡宮法施。秘印仁王偈法華文懺悔文等。次向北方。多門天法施。印明等。次入道場。修駄都供養法一座。(地藏前壇)。次服粥。妙法院僧正來。任佳例賜盃了。金剛王院僧正西南院等同參。各賜盃也。次惣寺晨朝突之間。自灌頂院拜殿へ出仕。用手輿了。僧正以下供奉。御簾等役大納言僧都宗濟。尻切役房官宰相上座光忠。兒不及召具也。中童子三人。(直垂)。大童子二人。(直垂)。力者(直垂)。也。自拜殿北妻戶入。宗濟僧都褰御簾。諸僧動座。予着座之後暫シテ定盛法印。錫杖誦之。諸衆同音せイせイ。錫杖了定盛法印起座。進寄禮盤前。取香呂三禮。次登禮盤。以下如常。聲明せイせイ。三力金後調聲起座。覺深阿闍梨禮盤左邊ニシテ歸命等誦之。以下如常。理趣經一向せイ〳〵也。非初段延等。理趣經了尊勝タラニ七反歟。タラニ了予起座。諸衆又動座。次灌頂院理趣三昧。理性院僧正。金剛王院僧正。妙法院僧正。宗濟僧都。顯濟禪師等着座。理趣三昧了於北八間獻盃之儀在之。如形恒例之儀也。次歸金剛輪院。又理趣三昧行之。僧衆同前。次愛染護摩。後夜日中初夜三時相續修之了。聖天供欲開白處。自京都佛供以下供物調進遲々間先閣之了。次毘沙門講如常。予出座也。式供養法也。理性院僧正勤之。講了饗膳如常。僧正以下着御前。兒不及出仕也。予陪膳可爲顯濟(官イ)禪師處。遲參之間。水本僧都隆濟役。手長房印凡僧也。僧正以下陪膳房官侍相交了。饗膳了各退出。經祐法眼。慶圓法眼等參申了。御劔持參之。近年佳例也。各賜盃了。次於時所供養法兩座修之。地藏不動兩供也。次節供。予座大文。僧正以下小文也。各重衣。兒直垂。御前着座人數前大僧正宗觀。權僧正房仲。同賢長。權大(少イ)僧都宗濟。同隆濟。禪師顯濟等也。此外兒五人。禰々丸以下也。予陪膳房官豪意法橋役之。等身衣指貫。大文。手長日向上座定永也。僧正以下陪膳房官侍如前。各重衣也。次入堂。用手輿了。顯濟禪師。此外出世兩三人。房官三人。中童子大童子等奉供。長尾入堂時分惣寺晚鐘突之間。直出仕。拜殿例時行之。僧正以下供僧同出仕。例時了歸金剛輪院。已及秉燭了。次讀經仁王經一部。諸神。伊勢。八幡。春日。稻荷。北野。淸瀧。祇園等法施也。次大佛頂タラニ一卷如常。次金剛般若經一卷。諸神法施。次梵網經十重。次秘鍵一卷。祇

園法施也。一天萬民除疾疫等災安穩快樂之
由令懇祈也。次法華經讀誦。多少隨時。多分
一品誦之也。次於時所舍利講一座修之。式乂上
人作。此舍利講擬修正行之也。夜半計歟自京都
聖天供物到來之由申間。以後夜開白儀可令
始行之由仰付賴全阿闍梨了。承仕寬善度衆也。賴
全相共道場料理云々。已道場周備之由賴全參
申間。予着淨衣入道場了。然壇上供物全分不
及辨備。以外無沙汰體也。相尋處。沐浴未行
之云々。此事兼以弘忠法印可令沙汰之由仰含
處。何樣子細哉之由。兩人ニ相尋處。忘却云
云。仍先沐浴行之。次壇上供物大略自身辨備
之了。後夜時開白。修之了。爰火鉢灰乏々無申
計。仍火氣興盛故歟板敷灭氣無申計間。先閣
日中時。火鉢ヲ庭ヘ令取出。俄清淨砂ヲ入
テ。其上ニ炭ヲ置了。然間及半更也。次日中
行之。次書始如先々沙汰之。聲明始事先々

每度雖爲今日。餘窮屈之間閣之了。自今日歡
喜天供始行。已及卅年也。開白遲引當年始
也。向後供物用意於醍醐可有用意條旁不可
有不法之儀歟。今日御供奉備所々事。長尾
社。當年始。金剛輪院鎭守五社。去年以來也。本寺大師尊師。
去年以來。此等用脚悉自廳務方下行之了。於大
師尊師御精進供者。御影堂預請取之歟。以上
調料山科年貢内ヲ以テ去年以來定置了。於
清瀧宮年々朔日爲寺務方。下行之條不及其
沙汰也。但二日可供之條尤宜歟。元日節
會。依攝政參遲々。翌日二日。午初事終云々。每
事無爲云々。珍重々々。内辨西園寺大納言公
名卿云々。外辨上首勸修寺中納言經成卿云
云。洞中之儀每事又無爲。御藥以下早速云
云。珍重々々。寶池院六條八幡御社參之儀
如恒年云々。通濟僧都參御車云々。京門跡節
供陪膳經乘上座云々。手長侍不知之。五社

入堂夜中沙汰之。重賀召具之。秘鍵等誦之。法施也。

二日。晴。後夜念誦等如常。次粥。其次(後イ)天供修之。後夜日中相續。當年嚴寒超過例年。昨日終日勤行。凡自舊冬窮屈未散上。聊風氣之間。今曉拜殿出仕乍存略之了。次愛染護摩三時相續。次時所勤行駄都不動兩座相續之。次齋食沙汰之。次節供。每事如昨日。但今日出世々間大略召出之。於御前賜酒。各扇一本賜之也。申半節供畢。次入堂如昨日。宗濟僧都等供奉。入堂之間晚鐘鳴之間如昨日直拜殿之例時ニ出仕。調聲光俊阿闍梨僧正等供僧大略參申也。灌頂院例時不參了。及日沒歸金院。次地藏供一座舍利講一座修之。次仁王經以下讀經全不違昨日。今日開經藏。聲明箱取出之。聲明始沙汰之。最前ニ寶菩薩讃一反。次一傳讃一反。次乞戒禮佛頌以下悉沙汰之。但佛名敎化除之。次阿闍梨聲明兩界悉唱之也。向辰巳方沙汰之。殊擬鎭守法施了。次於火燒所念誦。千反。火界呪。此念誦事去年八月以來每日一千反誦之也。感魔障夢事在之。爲除其障別而誦之了。及子半休息。凡終日之間眞俗事相續之間。不及片時暇也。漸老氣故歟。當年ハ以外窮屈。仍後夜時每度遲引了。不法々々。今曉卯初。夢中見樣。予參社頭前。此社何處トモ不知也。タトヘ南向樣也非大社。拜殿樣ナル所在之。寶池院兼此拜殿ニ被座。予欲座其傍處。老巫女樣ナル惡女立向予。事體以外瞋忿氣色也。予怖畏千萬。予心中ニ思樣。寶池院已被座了。於予何厭之哉。先神法施ヲ可獻ト存。袖中ニシテ秘印明結誦之時。此惡女隱便ノ體ニ罷成。社頭方ヘ退出了。爰又前ニ尼一人(墨)對予座。次予左ノ方ヲ顧時。小尼一人着薄黑染直綴。常尼衆體也。

走來。予心中ニ不審處。自最前對予尼申云。只今走參尼衆ハ年來此御所ヘ參付尼云々。不幾此尼予カ前ニ來テ前ノ尼ト相並テ對予座。如法歡喜親近體也。雖然不及雜談。次予社頭右方ヲ見レハ大木梅歟ト覺。戌亥ヨリ辰巳ヘスチカヘテ社頭ノ上ヘ顚倒シカヽル也。雖然社頭ハ無恙見タリ。爰予カ傍ニ在人陰陽師心地スル也。曰。此顚倒ノ木故ニコソ甲子トハ占申候ヘト云也。此甲子ノ様夢中ニ不快儀ト意得也。去年十一月廿四日無動寺内陣大威德ノ後ニ俄ニ小水涌出事在之。就之自室町殿。被仰在方卿有盛卿有富朝臣三人。可占申由被仰付處。在方卿占文ニハ口舌兵革御愼在之。雖然異朝我朝ニ水涌出ハ吉例也。殊大威德ハ西方ヲ掌也。金水和合相成之間。尤珍重云云。有盛卿。有富朝臣兩人占文ハ自東辰巳方口舌兵革ノ事ヲ可被聞食歟ト云々。夢中ニ此事ヲ思出シテ是ヲサテハ申ケル歟。在方卿吉事由雖申入彼顚倒木ノ故ニコソ甲子トハ申候ヘト不快ノ儀ニ申様ニ覺テ夢覺了。雖妄想事次第分明ニ覺悟之間記之了。此夢中之儀併天供開白遲引不法故ト覺也。寶池院兼テ神前ニ着座無爲之由見ハ同此天供自朔曉開白無不法故歟。依印明結誦德。惡女改瞋怒形柔和ノ姿ヲ現條。印明德殊勝。卽調和義歟。於眞言道事ハ雖爲白地事不可凌爾者也。明王天等ノ知見ハ曾無踈略義者也。可謹可謹。壇奉行出世者賴全阿闍梨幷承仕寛善等不法又勿論歟。室町殿管領亭ヘ渡御始。御車云々。當年ハ遲々。御出及秉燭云々。慶千代來。加賀守護弟。太刀賜之了。今夜子末地震。傍通龍神動也。不快歟。現圖分如何。但天陰之間。陰陽家定以傍通申入歟。

三日。晴。後夜念誦幷歡喜天供以下每事如昨日。拜殿理趣三昧又不參了。今日節供引合在之。門跡數代嘉例也。予ハ禰々丸ト引合了。僧正以下同兒童ト引合。其外ハ出世房官侍中童子等令混合引合也。盃ハ十度七度兩器也。三ケ日祝着之儀每事無爲。珍重々々。入堂ヨリ拜殿ノ例時ニ參了。妙法院僧正不參。引合沈醉云々。時所舍利講今日結願了。修正三ケ日儀故也。

四日。晴。後夜作法幷天供愛染護摩以下如昨日。拜殿出仕略之。入堂如昨日。重衣。但供奉出世之間單衣也。中童子大童子直垂勿論也。伯參賀賜盃了。太刀一腰獻之。惣寺風呂在之。靜雲院佛事如常。自今日申半。拜殿修正。寺僧上首十八參仕也。松木宰相來。太刀獻之。自寶池院賀札宗辨持參。返報獻之了。光意法印等來。各賜扇也。今夜又灌頂院ニ一宿節分方違也。也。當年後七日妙法院僧正可令勤仕。請書舊冬到來云々。仍彼次第定超法印筆。持參。重挍合了。珍重々々。於灌頂院臺屋沙汰之也。少一獻在之。廳務法印沙汰之。

五日。晴。後夜作法幷天供愛染護摩以下每事如昨日。入堂同前。讀經又同前。室町殿樣今日渡御畠山亭。御輿云々。御力者以下任例召進了。武田刑部少輔入道來。太刀馬獻之了。昨日四日。御所へ參由相語也。今日叙位延引云々。室町殿樣今日御德日。丑未。御祝着儀トテ諸大名御太刀等持參之云々。今曉於廣橋中納言亭靑侍喧嘩事在之。一方於當座死去云々。一方歸宿所自害云々。

六日。晴。後夜作法歡喜天供幷愛染護摩以下如（午イ）昨日全無相違。入堂今日ハ早々也。手貝御影供。中貝拜殿修正幷長尾修正相續之間及日沒。寺中法事在之。鹿苑院殿御佛事如常。愛染護摩明日後夜時一座今日修之了。明日可指合故也。
七日。晴。後夜作法等如常。歡喜天供同前。但今日結願了。沐浴等如常。於本尊如元奉納厨子了。愛染護摩同結願。次時所行法等齋食以前悉相續了。今日開經藏。聖教一覽始了。草紙秘抄報恩院自筆馱都卷也。每年佳儀也。此聖敎見始先々朔日或二日也。雖然當年八勤行連續窮屈之間。令延引今日了。妙法院四面道具。有子細去季(年イ)以來雖召置。今日返遣了。召超慶阿闍梨渡遣由。藏司賴全申也。時所本尊幷小野僧正兩界等納經藏了。齋食以後入堂。其後出京。袖白輿。力者單直垂。大童子一人。藤王。直垂繪。召具之。宗濟僧都板輿體供奉。重衣。房官光忠。經舜二人供奉。乘馬體也。行粧雖左道。長途之間任每年佳儀了。於京都少一獻在之。寶池院御沙汰歟。扇一本。引合等被引出了。祝着。上杉中務大輔號八條。來。太刀馬千疋持參之。本領一方ノ不知行此間歎申入了。舊冬內々執申入處。御判被下之。祝着云々。御判持參同加一見了。馬太刀則又遣之了。上杉中務少輔同四郞來。太刀獻之。定光來。太刀賜之。子息同道。同前。理性院僧正。妙法院僧正出京。一獻ニ着座。
今日室町殿樣御參內。幷御院參始也。御行粧聊被刷之云々。御裝束衣冠。御車八葉。番頭御牛飼美麗。諸大夫二人經康。康任。騎馬供奉。殿上三人實雅朝臣。永豐朝臣。資益。烈轅供奉云々。先御參內。次御院參云々。
八日。晴。今日行法等早々沙汰之了。巳初歟參賀室町殿。御持僧悉參集也。公卿座南常住院准后着座。予北奧。方着座。其次聖護院准后。次淨土寺僧正。寶池院僧正。地藏院僧正着座。以上北。南一座常住院准后。次實相院僧正也。勸修寺宮僧正以下暫不及着座。舊冬晦日實相院僧正一座事被申間。自室町殿御執奏。仍花頂僧正。勸修寺僧正。隨心院僧正。以上三人上首也。雖然可令超越也。若依﨟次無骨不着座歟之由思給處。於中門定助僧正相談隨心院歟。兩人來テ着座。仍實相院ノ次花頂僧正。次隨心院僧正。次岡崎禪師十一歲少僧。着座了。以上南。常住院准后就上首北ノ奥ニ可被着座處。南ニ已着座也。予再三致禮了。御對面午剋歟。次第ニ參申了。申次永豐朝臣。御加持申之。此加持事存知故實早々可申入歟。直垂也。內々申次勸修寺中納言經成卿。各御加持申之。此加持事存知故實早々可申入歟。(儀イ)先々每度此樣也。(就イ)然常住院准后高聲如法之間移剋了。次參御臺。被出御撫物間。同時申加持。先就早參常住院。予。聖護院。實相院。花頂也。予以下御加持了。雖然常住院又遲引之間。予先退出。聖同前。參大方。自東門入。御加持儀與御臺同前。兩度ニ申御加持也。

次參仙洞。予先歸坊。齋食沙汰之。後重令院參了。常住院以下大略參集。聖護院ハ任例自室町殿先攝政亭ヘ被罷向云々。仍遲參之間遣人早々可被院參申之由申遣了。仍不幾被參申。公卿座ニ着座之儀如室町殿。四辻宰相中將季保卿衣冠。來云。可有出御云々。仍面面出公卿座殿上造合ニ停立。仙洞出御。先常住院參御前。次予參。祝言申入退出。次聖護院等也。御加持無之。自仙洞參內裏。申次同季保卿也。主上出御於大盤所上。御對面。常住院不參之間。予最前ニ參御前。疊ニ着祝言申入。後御加持申入退出了。自餘同前歟。自內裏東陣乘車歸坊了。細川右京大夫來云々。仙洞ヘ參之間不及對謁。以經祐法眼馬一疋黑。太刀一腰遣之了。中山宰相中將來。太刀獻之。官長者周技來。同賜太刀了。飯尾加賀守來。賜太刀。三條中將實雅朝臣來。太刀獻之。日野資任來。留守間不及對謁。以長甚法橋太刀一腰送遣之了。　申終參壇所。輿袖白。力者直垂。予重衣。水本僧都板輿體供奉。重衣。房官經乘。一人同召具之。於壇所如形少祝着之儀可在之處。申沙汰者無之。仍無沙汰了。不可然歟。壇所參住人數盛林院法印淳基。水本僧都隆濟。以上公達黨兩人。出世者兩人。賴全。長譽。房官三人。俊榮。經長。親慶。侍二人。増圓。幸順。遁世者二人。作阿。禪阿。承仕一人也。壇所狹少之間略之了。於壇所自晦日請取之。自朔日出世一人。圓辨僧都。承仕一人。恪勤一人置之。壇所長日勤行北斗供不動護摩以下內々勤修之了。自今日八日。參住恒年規式也。仍任先例去年正月壇所聖護院故准后道意參住之儀モ自今日也。代々參住之儀如此云々。但故鹿苑院殿御代末方兩三年歟。聖護院故准后自朔日參住事在之キ。其時節ハ毎事被移門跡。自朔日御儀法以下朝夕御勤行等ニモ御供奉。自餘諸門跡北山祇候輩。自朔日參申入間別儀歟。仍如垸飯御祝以京都故勝定院殿。被爲本也。於今者難爲例歟。自今夜於壇所不動供北斗供等勤修了。大舘駿河入道來。太刀一腰獻之。月輪新宰相尹賢卿來。同前。自今日後七日法如恒例歟。阿闍梨宿坊〔事中御門西洞院成佛寺律院。也。自此〕門跡遣使者令借用了。阿闍梨妙法院僧正賢長自今朝移住彼宿坊。御衣。勅使藏人參之儀盃酌次第等如常。獻盃之後阿闍梨對謁云々。少行事御道具及秉燭渡之歟。開白亥初刻歟云々。毎事無爲。天氣快晴。旁以珍重珍重。此僧正去年廿二歲。蒙加任詔。當年廿三歲。修此法之條。於醍醐寺如此壯年輩修之先例未聞之。予初度勤修卅三歟。其比早速勤修法流嘉模之由。故聖快僧正以下嘆德了。其後寶池院僧正法務拜任初度勤修廿七歲也。旁以門流光華一寺榮興者哉。定爲後代之龜鏡歟。太元法開白同前。理性院前大僧正宗観爲恒式修之。道場禁中記錄所西ヘ假室禮シテ爲道場。凡左道也。阿闍梨壇所小御所歟。每事無爲開白。珍重々々。兩ヶ大法爲門人參勤條。併一門榮昌也。予又當年始武家正月月次壇所ニ參住。複舊儀了。彼是祝着多端々々。自室町殿今日參賀御引物拜領。祝着過分此事此事。練貫五重。盆一枚。香合一。御使伊勢二郎右衛門也。令對謁。祝着畏入由申了。一重太刀賜之了。寶池院ヘ三重被送下了。祝着々々。

九日。晴。大乘院昨夕上洛之由今日音信。榼等送賜之了。例日不及返報明日可遣之由申了。

十日。晴。小雪。今朝以一色兵部少輔可參御前之由被仰間。則參申。着重衣。無殊事。後七日法妙法院僧正勤仕事等被仰。次松ハやしノ事先管領以下大名三人ニ内々被仰旨御物語有キ。其外事少々在之。又以少輔サシタヒ五足拜領了。祝着々々千萬也。今日恒例僧俗參賀。御對面申初歟。自巳半計大略參集也。先俗中御對面。申次永豐朝臣也。御對面次第。九條前關白。二條攝政。一條左府。近衛右府。久我内大臣。大炊御門左大將。三條前右府。洞院前内府。以下大中納言參議乃至官外記等悉參御前也。次僧中。御室。下河原宮。相應院宮。圓滿院。以下僧正法印等也。理性院僧正。妙法院僧正。水本僧都。以下聖護院門下僧正等悉自東向參懸眼路云々。一昨日八日。御引物爲御禮寶池院被參申了。於東向御對面云云。於東向御對面輩ハ如法早々退出了。以廣橋中納言親光卿被尋仰。自仙洞明日可有御院參之由被仰。爲猿樂御見物云々。御參事旁御難治也。乍去可爲何樣哉云々。予申入云。年始御申事候。雖爲片時御參尤可爲珍重候歟。乍去可爲上意旨申了。其後以最阿彌被尋仰。明日御院參時折紙可有御持參歟如何。次幸末佐幷御所侍兩人事。舊冬御院參時。如勝定院殿御沙汰被召出。御盃ヲ被下了。仍兩人又御太刀進之キ。爾者明日御院參時。被擬御還禮。御劍或御腰物事(等イ)兩人ニ可被下條如何云々。次猿樂ハ觀世三郎也。非仙洞御賞翫猿樂。且依仰被召進也。爾間爲此御所別而物ヲ雖不被下。猿樂不可有子細如何云々。以上三ヶ條也。予申入云。御折紙事。强雖不被進候。不可有子細歟。幸末佐御所侍兩人ニ御劍風情可被下事ハ誠宜候哉。仙洞御祝着不可過之之由存候。次猿樂ニ可被下事。是又觀世三郎事候間。强ニ存候云々。又以最阿被尋仰樣。年始之間御劍可有御持參條如何云々。予申云。其ハ尤宜候哉云々。最阿ニ二百疋賜之了。左道々々。進士來。太刀一腰賜之。赤松彌五郎來。太刀獻之。北野法眼來。太刀賜之。攝政殿來臨。少一獻在之。千代賀喜久壽陪膳。寳池院被相伴。法性寺二位。鷹司兵衞督同御前ニ着座。賜一獻了。二重引合進攝政殿如去年。月輪中將經康各太刀一腰給之了。法性寺二位。兵衞督同前。萬里少路大納言。廣橋中納言來。西園寺大納言來。一條左府來臨。參御前間。不及對謁也。大乘院僧正來臨。千疋隨身。木阿爲御使來。豆腐箱拜領也。(木阿二百疋賜之了。)今夕自壇所退出。明日渡御營々爲也。等持寺長老。京極等門跡へ來云々。壇所留守之間不及對面キ。

十一日。快晴。申末計歟渡御。御服御小直衣。御車如常被寄中門。廣橋中納言親光卿參御車。(狩衣。)予着裘袋。入御之後參御前。寳池院同前。重衣。御相伴。管領。畠山。山名。右京大夫。畠山修理大夫。以上五人也。及秉燭還御。

每事無爲。珍重々々。御引物恒例儀也。御屏風一雙(繪馬牧體也。)練貫十重。盃一枚。(堆紅。文菊南雁(鷹イ))鑾絹一端。高檀紙一束。以上。練貫五重。高檀紙一束。自寶池院進物也。管領二重太刀。畠山。山名。右京大夫。畠山大夫同前也。一色兵部少輔同前。大舘一重太刀。自餘近習各太刀一腰也。渡御以前(評定始前。)爲禮管領來。馬太刀遣之了。 室町殿樣自此門跡直御院參也。於院(御所イ)前觀世三郎藝能申之。可有御見物之由。自仙洞頻被申故也。御劍(平鞘。)一腰御持參。三獻之時被進之。室町殿御酌。則又以天酌被進室町殿也。予同可參申入由被仰出之間。參申入。着裘袋。乘袖白輿。隆濟僧都經長寺主召具之。各乘輿。 召次幸末佐御所侍兩人被召出。室町殿御盃被下之。御劍一腰自室町殿兩人ニ被下之。仙洞御寵愛者ノ故也。其後猿樂小者二人同被召出。於御前賜酒。 萬疋被下之。同室町殿御沙汰也。此猿樂小兒兩人非觀世三郎手者也。一兩年被召置仙洞。丹波日吉歟手者云々。予初刻室町殿御退出。予同前。歸壇所也。 昨日山名禪門來云々。不及對面。壇所留守也。今朝爲禮一重太刀遣之。使者宮内卿法橋。畠山修理大夫去六日來云々。爲禮今朝一重太刀遣之。使者同前。自圓明方以使者證明申入。大宮御輿夜前先御歸座。且珍重。客人御輿近日必可有御歸云々。珍重珍重。

十二日。陰。昨日爲御禮今朝參御前。申次大舘入道。 今日後七日丁聞。先阿闍梨妙法院僧正宿坊成福(佛カ)寺ヘ罷向。於彼所時用意。寶池院同道。理性院。金剛王院。禪那院。松橋。水本以下同參了。時以後先眞言院ヘ出。寶池院同前。(乘車。)予輿。(袖白。)不幾阿闍梨出仕。自待賢門下車。乘手輿。力者六人。小頸二人歟。舍利守光俊阿闍梨持居箱。手輿前ニ進行。次阿闍梨手輿。次扈從覺深律師也。於眞言院門前下輿。自其舍利守在阿闍梨後。阿闍梨下輿時分鳴貝（カイ）。次少行事開戶。南向。阿闍梨舍利守自此戶入。扈從以下不入此戶。廻後門也。大幔役別在之歟。增益護摩定盛法印。息（災脫カ）護摩超深僧都。五大尊供弘豪法印。十二天供隆增法印。聖天供聖淸僧都。神供弘喜阿闍梨也。後夜一時丁聞歸了。聲明阿闍梨如法伴僧切聲早々。予千疋隨身。理性院以下少分隨身云々。自西末降雨。爲風呂自眞言院直至法身院。風呂以後歸參壇所也。　自仙洞四辻宰相中將爲御使來。昨夜儀被悅思食由。種々被仰下。眉目至也。梅染一重遣宰相中將了。有富參申。太刀賜之了。　良讃僧正來。太刀賜之了。村融法印來。同前。　大覺寺來臨。大炊御門左大將來。太刀獻之。　自今曉 聖天供於壇所始行。臨時也。　自天王寺太子御供五合到來候了。祝着々々。珍阿來。二百疋賜之。不及對面。自今曉於壇所歡喜天供始行。臨時也。自朔日天供不法事在之間。爲謝重勤修者也。承仕常從法橋。　自今日初夜時三日九時香水加持在之。　佛地院僧正來。紙百束隨身。一重太刀可遣之由申付經祐法眼[了。]　公方樣渡御管領亭。御輿。御力者如例召進之了。

十三日。　自曉天雨脚止。天未屬晴。自辰終天漸晴。今日松ハヤシ赤松沙汰也。如去年可見物申入旨被仰。攝政。聖護院准后。靑蓮院。大乘院僧正。實相院僧正。寶池院僧正也。此外予門下僧正兒以下幷聖護院門下僧正三人。兒一人。房官兩三人也。實相院兒一人幷南松院法印一人等也。　其外公家輩萬里少路大納言。按察大納言。三條大納言。勸修寺中納言。廣橋中納言。飛鳥井宰相父子。　月輪宰相父子也。南都佛地院僧正參申了。風流超過去年驚目了。一番ニ遁世者讃阿號。烏帽子水干。持如意寶珠。一興ヲ申退出。其後福祿壽如去年。惣テ物數卅一色云々。盡善盡美了。希代見物也。風流了於中門棧敷一獻在之。大館入道奉行之。三獻了室町殿樣御出座。攝政以下祝着祝着。此事〔々々〕也。五獻以後還御。面々又退出了。其後月次御歌始。予如先々參申。將軍着御小直衣給。予着裘袋。飛鳥井宰相雅世卿讀師。狩衣。同中將雅永朝臣講師。狩衣。冷泉中將爲之朝臣。雅親等也。各狩衣。武家輩細川右京大夫持之。畠山阿波守。赤松左京大夫入道性具。以下十餘人歟。各裏打着之。題。松契萬春。雅世卿出題也。　自今夕北斗修法開白。道場月次壇所東向六間也。伴僧六口。淳基法印。賢紹僧都。通濟僧都。隆濟僧都。賴全阿闍梨。長譽阿闍梨也。壇行事淳基法印。供料二千疋。恒例儀也。承仕。常蓮。常蓮。　松ハヤシ見物面々攝政。聖門。靑門。大門。實門以下悉此壇所ヘ來臨シテ被待時刻。仍如形少一獻用意。靑蓮院ニ千疋隨身也。門主未童體。當年九歲也。攝政息也。半尻着之。　松ハヤシ終テ又小雨。但始終不降雨也。　二星合變太白與歲星。在之由。昨日十二日。有盛卿申入也。公武御愼云々。兵革文專在之。御祈事如先々可申付由承了。今夜已及深更間。明日御祈奉行勸修(可イ)寺中納言方ヘ罷向。　如先々可被相觸旨有申由仰付經長寺主也。　來十九日又松ハヤシ在之。一色可沙汰云々。如今日面々又可有見物也。其次於新造御會所一折可有御張行。攝政可同道申旨被仰也。　星合事自當年五日云々。　住心院僧正太刀一腰以盛林院奉書遣之了。　富樫介來。直垂。今日初出仕云々。太刀一腰遣之了。

十四日。大雪。後七日結願。每事如先々云々。修中洛中無事。天氣快晴。五穀豐稔嘉瑞。萬國太平先兆哉。珍重々々。太元法結願同前。當年兩ヶ大法門下輩勤修。眞俗繁榮。可謂傍若無人歟。去十一日。將軍御院參時。種々唐物共自仙洞被進之。畏被申入之趣。尙々加詞。召季保卿於壇所。以彼卿可申入仙洞之旨。昨夕承間。今朝召寄彼卿具申入了。勅答在之也。山訴事於大宮御輿〔者去十日雖令歸座。客人神輿〔〕未無其儀。早々可成歸座之旨。內々圓明方へ可仰遣旨被仰出了。以經祐法眼申遣也。神輿御動座如此越年事先例兩度云々。延慶。延文也。葉室中納言長忠卿今夜拜賀申了。內裡。仙洞幷室町殿以上三ヶ所へ申入云々。女院拜賀於仙洞同申入之云々。奏慶後此卿來壇所。冠笏體嚴重キ。盃酌如形在之。妙法院僧正同道。立阿來。二百疋賜之了。自明日十五日。恒例不動護摩於醍醐可令沙汰之由申付了。手代房助法印。仁和寺々家威儀師懷緣參賀。太刀賜之了。

十五日。晴。今日垸飯山名刑部少輔勤仕之。申終出仕。行粧等如常。

十六日。晴。以大舘入道折一合自御前拜領了。祝着々々。綾一重。太刀一腰遣大舘方。使者經祐法眼。以山名刑部少輔可參御前由承間。則參申了。自佐々河書狀共預給了。以遊佐可申畠山之由承了。次ニ來十九日於新造御會所御連歌人數事。山名赤松等可被召之由被仰。尤可宜之旨申了。就其陪膳殿上人事。實（三條中將）雅朝臣。（飛鳥井）雅永朝臣。永豐朝臣。（伯少將）資益。（日野）資任。（日野）嗣光。（飛鳥井）雅親。以上七人可被召云々。以殿上人山名赤松等陪膳事可爲何樣哉由被尋仰間。於御前儀僧無苦之由申了。今夕南御所へ渡御。力者御輿等召進之了。今日恒例物詣。

祇園。北野。平野。五靈等也。爲代官快辨法橋參社了。御神樂幷御劒五靈。等進了。石橋左衞門佐入道太刀獻之了。細川土佐入道來。 太刀獻之。寶池院今日入寺云々。

十七日。晴。自申半天陰。今日御的。自酉初射手出仕被始之。將軍中門妻戶內敷圓座御着座。白御直垂白綾御服着御之。管領以下大名直垂ニテ出仕。屛中門下ニ各敷皮ニテ祗候。御的最中小雨灑。雖然不及取笠。曾無違亂。日沒以後三番了。悉ッ、也。珍重々々。御的了降雨及終夜。奇特天氣併神慮歟。 御的了可參御前由被仰間。先閣初夜時北斗法參申了。 今朝以用阿折五合拜領了。連々恩賜。祝着祝着。用阿ニ二百疋賜之了。 自一乘院音信。今夕上洛可參御壇所條如何云々。予返事。定明日可有御參歟。其次可宜之由申了。

十八日。晴。今日 室町殿御三級打也。 公方樣今日相國寺鹿苑院ヘ御出始也。其次勝定院御燒香云々。 一乘院僧正來臨。紙百束隨身。

十九日。晴。 今日又松はやし也。一色左京大夫沙汰之。五鼻歟在之。風流手ヲ盡ス也。如先度攝政以下見物。南都一乘院僧正見物。內々伺時宜也。見物祝着之由三千疋折紙進之了。四辻宰相中將季保卿依仰見物。 召次幸末佐幷御所侍掃部猿樂兒兩人同見物。 此者共ハ仙洞被懸御目。不斷被召置御前之間。定被見物度叡慮歟之由令推量申給。內々被申入仙洞間。御入興千萬々々也。松はやし終テ季保卿。幸末佐。掃部。猿樂兒等被召室町殿御前。御小袖太刀等被下之。眉目々々。 今日松はやし以後。於室町殿新造御會所連歌在之。御代初度御會也。 參會人々事兼內々被仰定了。攝政。聖護院准后。實相院僧正。予。三

條大納言公保卿。月輪新宰相尹賢卿。武家
輩。山名右衛門督入道常熈。石橋左衛門佐入
道信乘。赤松左京大夫入道性具。一色兵部少
輔持信。同治部少輔入道常源。山名中務大輔
熈貴。大館刑部大輔持房。同駿河入道常安。
赤松伊與守義雅。同滿政。三上近江入道周
通。蜷川周防入道信永。重阿。玄阿。祖阿。以
上廿一人也。室町殿樣御小直衣。攝政同。予
裘袋。聖護院衣小指貫。實相院重衣。三條大
納言。月輪狩衣。武家輩悉直垂。裏打也。陪膳殿上
人。（三條）實雅朝臣。（飛鳥井）雅永朝臣。永豐朝臣。（伯）資益。資
任。雅親等也。各狩衣。武家輩ニハ。山名。石
橋。赤松。以上三人。於御前肴等置之。悉雲客
陪膳スル也。內々被仰談攝政御沙汰在之也。
種々重寶三十色御鬮被出之。攝政以下一ツ
ツ給之。攝政金香合。銀盆。予繪一對。竹鳥。所翁筆。
盆一枚。聖護院軸物一。小盆一枚。實相院印

籠一。小盆一枚。三條大納言花瓶。古。盆一
枚。尹賢卿刀一腰。山名小袖五重。石橋金刀
一腰。赤松紬以下三重。以下不及注。陪膳殿
上人鬮一給之。藤宰相入道鬮時被召出之。嗣
光同前。御一獻等結構。面々折紙持參之。攝
政二千疋。予聖護院各三千疋。實相院二千
疋。山名。赤松各五千匹。太刀一振。石橋二千
疋。太刀一腰。一色兵部少輔以下各千疋。太
刀進之云々。發句。室町殿御沙汰。脇攝政。第
三予。

なれてきけ萬代ちきる百千鳥　室
松あひたゐの梅はいく春　二
久方の空の雲間に（はイ）月さえて　三
こほりとけてそ水も道ある　聖
山もはやのとかになりて吹風に　實

連歌字事。如此一字ツヽ被書之了。被任鹿苑
院殿御例也。於公卿者三條大納言。月輪宰相
ナト被書之。武家ハ一向實名計也。千載一遇

也。希代嚴重御會。以筆舌難演歟。珍重々々。
自今夕二星合(太白歳星)。御祈。予於壇所八字文殊
護摩始行。寳池院佛眼護摩也。自餘方不知
之。
廿日。(自辰初刻降雨。)攝政。聖護院。實相院。爲昨日御禮
被參申了。御對面。申次一色兵部少輔。昨日
參珍重由被仰。盆香合引合給之了。祝着祝
着。御使久阿云々。攝政へハ御馬一疋。御太
刀(平物。)(鞘イ)盆一枚。繻子一端。引合云々。御使永
豐朝臣也。藥師寺僧正隆雅來。　公方樣渡御
赤松亭也。御力者等如常召進之了。　自天王
寺太子御香水到來。小壺入之。以紙裹口也。
三級打居之令祝着了。　飯尾肥前守參申了。
廿一日。晴。
廿二日。晴。　公方樣御出相國寺。　還御之後參御
前。連歌御月次毎月十日。自來月可有御沙汰
由御物語在之。　尊勝院僧正來。千疋隨身。

當年始也。京極〔佐土入〕道來。千疋隨身。
三上近江入道來。千疋持參之。　自女院折二
合。千疋拜領。不存寄々々。祝着々々。　公方
樣渡御山名右衞門督入道亭。　重阿。賀阿。
慶阿參申。各二百疋給之了。　圓明來。折三
合持參了。盃給之。太刀一腰同給之了。
廿三日。雨。　參御前。御使山名刑部少輔。　萬里
少路大納言來臨。爲風呂白地罷出。此由内々
申入了。　公方樣渡御右京大夫亭。御力者如
例召進之。自檀那院僧正方榼折等進之。飯尾
加賀守參。榼折等持參之。　遊佐方へ去十一
日參賀ノ禮トシテ一重太刀遣之了。以經祐
法眼狀遣之也。　大乘院　明日風流爲見物參
洛之由音信。
廿四日。晴。　今日風流(畠山勤仕)。依昨日雨習禮不叶間
延引。可爲明日(廿五日)(平座)云々。今日於仁和寺菩提
院灌頂在之。大阿闍梨　御室。受者菩提院僧

都。色衆十二口。教授眞光院僧正禪信。散花東寺住宗順僧都。

廿五日。晴。於室町殿恒例禪僧長老御召請時點心在之。未初歟畠山風流驚目了。持花枝童形廿人。水干立烏帽子。最前赤仕丁六人。兒。次延年衆數十人在之。大衆舞幷兒亂拍子在之。移南都延年歟。其興殊不少。此一興一鼻分也。如此色々十一鼻歟。盡善盡美也。今日ハ御室御見物。攝政以下同所也。棧敷間自他參會不憚之。聖護院准后。靑蓮院。一乘院。大乘院。實相院。寶池院等也。其外予門弟幷聖門僧綱等也。俗中三條大納言公保卿。萬里少路大納言時房卿。勸修寺中納言經成卿。廣橋中納言親光卿。飛鳥井宰相雅世卿。松木宰相宗繼卿。實雅朝臣。雅永朝臣等也。今日恒例歌連始延引。風流了酉半歟公方樣渡御靑蓮院門跡也。攝政幷大乘院僧正。實相院僧正。一乘院僧正等來臨壇所。一盞張行。頗及數盃了。細川上總入道備中守護。風流之間於私宿所自害云々。凡舊冬以來心神狂亂。仍正月一日以來不及出仕キ。雖爾少減之間。昨日廿四日。初出仕申入無爲退出云々。今日又更發歟。不便々々。但無殊事云々。吉備津宮神罸云々。自關東使者二階堂信濃守來月可京着旨。去廿日歟自管領內々可達上聞由申送也。雖爾楚忽披露斟酌之由令返答旨。內々達上聞也。今夜公方樣御的弓始也。御相手一色兵部少輔持信。御箭取山名刑部少輔云々。各直垂云々。御相手幷御箭取賜御劍云々。今度小笠原備前守賜御劍云々。御弓師由歟如何。御箭取事。可爲大館刑部大輔歟處。聊有子細俄山名刑部少輔勤之云々。此役事御族中沙汰之。今度始云々。參御前。

廿六日。晴。一乘院僧正來臨。今日下向之由被申也。參御前。御使赤松大河內也。就大館入道事。被仰旨在之。　公方樣渡御京極亭。自伊勢守護方音信。道家入道上洛。　畠山治部大輔來。千疋隨身。馬太刀遣之。

廿七日。晴。

廿八日。晴。壇所中御祈少々不動護摩等。今曉結願。明日御德日故也。於北斗供猶修之。來朔日中時マテ可行入條恒式也。是則長日御祈儀也。去廿五日結番變異御祈。自分八字文殊護摩。寶池院佛眼護摩。醍醐寺百座愛染供。卷數等今日遣奉行勸修寺中納言方了。此卷數今日遣之故ハ。年始卷數未無御頂戴處。變異御祈卷數初テ御頂戴條。可有其憚歟之由。奉行中納言申入間。此儀尤之由申了。仍今日北斗修法卷數先御頂戴也。　今日風流細川右京大夫沙汰之了。美麗其興不少。御室師弟。攝政以下見物如先度。但一乘院無見物。聖門同前。　酉初渡御聖護院門跡。年始光儀。當門主代初渡御也。公方樣御車。廣橋中納言參御車也。公方樣御直垂。白。廣橋布直垂。御座敷祇候人數。予。廣橋中納言。管領。畠山。山名。畠山修理大夫。細川右京大夫也。役送殿上人二人。雅永。永豐。資益。各直垂。此外本所兒兩人也。大名廣橋等御所(前イ)近習輩沙汰之。　山名入道來壇所。千疋隨身。　月次壇所御祈卷數幷御撫物等今日進之。明日御德日故也。以一色兵部少輔進入之了。使者經乘上座。則懸御目由返答。珍重々々。　今夕女敘位。執筆宗繼卿。室町殿御臺三品ニ敘シ給也。

廿九日。晴。月次壇所勤行。大略昨夕結願。北斗供猶勤修之。明日一日。日中時マテ修入之了。長日御祈儀也。今曉退出壇所。每事無爲。洛中靜謐一事災難等無之。珍重々々。　今朝卽入寺。

二月

一日。陰。今朝辰初。出京。山名風流見物ノ爲也。午初參御所。直ニ中門棧敷ヘ參了。妙法院宮兼御渡也。着香衣給。予聊會尺雜談。先可參御前之由。以山名刑部少輔被仰之間參申了。早旦出京珍重由被仰了。次大和ヘ可被向御勢。且赤松等ニ可仰云々。次小倉宮出京事可爲近々歟。就之御料所出來之間。可被如何〔候〕哉由。管領。畠山。山名。赤松ニ可仰談旨承了。 山名風流未初歟參申了。驚目也。結構美麗同前也。攝政。聖門。實門。青門等參會。風流了御臺御一級珍重之由參賀。攝政以下御對面。門跡中予。聖門。實門。寶池院也。其外不參。 酉初歸寺。愛染護摩開白。其後入堂等。 風流末ヨリ小雨灑。但不及違亂キ。風流以後降雨。仍車雨皮等用之了。天氣奇特也。 自今日當年中臨時結番御祈當月予以下番也。仍愛染護摩修之。以外窮屈之間用手代了。弘忠法印修之。護摩一時供兩座。今月中可修由申付了。 先日二十八日來臨祝着之由申遣山名方了。三重。太刀一腰遣之了。使者慶圓法眼。當寺金堂修二月自今日始行。

二日。晴。

三日。晴。御室妙法院兩門跡今日室町殿新造御會所ヘ被召請申云々。 大館上總入道來。同駿河入道同道。二千疋隨身。茶會在之。懸物等沙汰之了。 自今日於室町殿聖護院准后御祈始。不動大法勤仕之。護摩壇良讃僧正云云。伴僧十六口歟。壇所公卿座。

四日。晴。少雨灑。今日茶會又在之。理性院。金剛王院。妙法院。水本。西南院等張行之。懸物等在之。

五日。晴。

六日。雨。大館入道來。茶會在之。出世房官侍等寄合沙汰之。
七日。晴。愛染護摩運時結願。早旦出京。今日於室町殿連歌御會在之。今日ハ面々還禮ニ張行申之。懸物各進之了。攝政白太刀一腰。練貫三重。以上二種。聖護院准后盆一枚。香合盆一枚。鍮石。香呂一。同。段子一端。引合。以上三種。實相院僧正小盆一枚。小壺雙一。段子一端。引合。以上二種。予分盆一枚。桂漿盆蓮。香合一。盆一枚。桂漿。茶椀御器。同臺染付大瓶子一。以上三種也。都合十種取合了。此外折十合。聖護院五合。予五合。實相院三合。以上十三合。種々結構之。盃臺三種。三星梅花等也。自攝政被進之。此外各扇十本進之。山名入道。石橋左衞門佐入道。赤松左京大夫入道。一色兵部少輔。京極加賀入道。赤松伊與守。同大河內。一色吉原入道。山名中務大輔。大館駿河入道等。寄合一獻料。幷扇六十本沙汰之了。於懸物ハ山名赤松兩人ハ各五種。其外ハ悉三種二種等也。三上入道同前。三條大納言公保卿。懸物ハ三種持參之。

御發句室町殿　今ふるは空に殘か春雪
脇句山名入道　風さえかへるおとや二月

一座之儀每事。珍重々々。第三攝政沙汰之也。役送殿上人如先度。但資益不參了。御連歌了面々所進懸物悉被出鬮。其外爲室町殿御沙汰重寶五種被副之了。御鬮了攝政以下各一種被進之。自攝政ハ盆一枚。香呂古。也。聖護院盆。金襴。予分盆。金襴。實相院盆。香合云々。山名赤松等三種進之也。其外近習輩不及其沙汰歟。
八日。晴。早旦歸寺。
九日。晴。室町殿大法運時今曉結願。非日中也。
十日。晴。少雪。今朝出京。室町殿御連歌。月次被始之。御發句御沙汰之。御頭同前。御人數如先度。攝政以下參申了。脇句予沙汰之。第三聖護院准后。連歌惣掌承祐。今日初參申了。予今日逗留。

十一日。晴。少雪。今日室町殿歌御月次。頭役予沙汰之了。自當年員數減少五百疋沙汰之。折五合同副進之。御歌三首懷紙也。去月頭役公方樣御沙汰之。今夕歸寺。

十二日。晴。

十三日。晴。室町殿へ捧物如常。一重十帖進之了。慶圓法眼奉行之。

十四日。

十五日。自今夕不動護摩勤修。恒例也。室町殿御祈。涅槃會如常。月行事賴全仙忠奉行之。涅槃式妙法院僧正。舍利講定盛法印。羅漢講弘豪法印。唯跡講淳基法印。初座四ヶ法用以下二ヶ如常。

十六日。晴。

十七日。雪。武家御沙汰始今日云々。珍重々々。於伊勢守宿所御恪勤高橋四郎被打之。同彦左衞門被搦取云々。女事云々。兩人共ニ被召取歟處。四郎無左右打之條。楚忽儀歟。其上於四郎者不可被召取儀也。伊勢守楚忽沙汰云々。不便々々。

十八日。晴。　十九日。晴。

廿日。晴。　廿一日。雨。

廿二日。雨。太子講於灌頂院行之。式菩薩作三段。理性院僧正。唄定盛法印。散花宗濟(譽イ)僧都。梵音隆濟僧都。錫杖超慶阿闍梨。伽陀長參大法師。傳供讃於座沙汰之。超深僧都。同伽陀快助大法師。捧物撿挍御分一重。引十帖。惣目代練貫一。十帖。其外天王寺領拜領輩。任上中下分次第沙汰之了。僧衆各賜之了。當年ハ依惣目代無沙汰。昨日方々觸催之間。捧物今日不周備。追可遣由惣目代申之也。式師布施練貫一重十帖。於當座遣之云々。予出座。實池院同前。僧衆等悉重衣也。於菩提寺太子講在之。三百疋遣之了。惣目代奉行。

廿三日。雨。自今日彼岸勤行如常。四ヶ法用。式供養法理性院。　自攝政以(進イ)經康承。昨日廿二日。京御地十二町以御書被遣候。祝着之由被申送。誠珍重々々。一色兵部少輔屋形敷地替云云。御書禮恐惶謹言被遊之也。此條萬大勸中廣中三卿ニ被仰談云々。鹿苑院殿大臣以後普光苑ヘ誠恐ト被遊云々。　但恐惶相叶其理之由。面々意見云々。

廿四日。雨。　松田對馬守。飯尾加賀守。兩人參申。先日諸大名ヘ内々被仰談就篠河申狀。兩三ヶ國御勢事。近日可令發向關東歟之由事也。此事自管領兩奉行ヲ以テ。畠山。右京大夫。山名。赤松。畠山大夫。細川讃岐入道。一色修理大夫。七人方ヘ各意見被尋聞食處。畠山以下悉同心意見分。只今御勢仕事不可然。京鎌倉無爲之條殊簡要存云々。此分明日可披露歟之由自管領以兩奉行尋給了。予返答。明日可令披露條尤珍重之由申遣。　細川讃岐入道依持病更發。不及申意見云々。

廿五日。雨。安樂院舞樂如常云々。今日可出京處依座下雜熱不叶。其子細内々以右京大夫申了。

廿六日。雨。自右京大夫方材木。土佐柱。百本内且七十本。賜了。

廿二日以來降雨及六ヶ日了。

廿七日。晴。少雨灑。

廿八日。晴。今日出京參御所。内々可罷出之由被仰也。去廿四日兩奉行來申入就篠河被申入事。諸大名意見廿五日披露云々。此事等重爲被仰談云々。所詮諸大名意見。楚忽ニ御勢仕事不可然由一同申入也。仍先只今御下知被閣之了。　今夕入寺。

廿九日。晴。土岐大膳大夫參洛。直ニ醍醐へ來。對謁。少一獻在之。新造會所珍重由申入。萬疋折紙於當座進之了。今日早々令出京可懸〔公方〕御目條可宜旨申了。仍申半計歟大膳大夫出京。　自仙洞爲御使四辻宰相中將來。大聖寺事入院。被仰出了。　彼岸勤行今日結願。卒都婆等如常。式供養法淳基法印。式以前卒都婆供養詞在之。　今月中勤修愛染護摩卅座。同供六十座。今曉結願。卷數二枝遣經成卿方了。室町殿臨時御祈也。

三月

一日。雨。自今日愛染護摩始行如常。　依降雨入堂用代官了。

二日。晴。入堂。自室町殿御書拜領之。御詠兩首在之。御使用阿彌云々。御詠御書奧ニ被遊之了。

おもはるゝ人しなけれは世の行末ひとり心をつくすはかりそ

あつさ弓八幡宮のいかにしておろかなる身をひきもしつらん

御和答。

三日。晴。今日出京參御所。及晚歸寺。

四日。少雨。任庵主今日召給之。新造庭沙汰之。

五日。雨。

六日。晴。自右京大夫方普請人數二三百人召給之了。自阿彌陀院大石三引之。安富筑後守。同越前等奉行。三百餘人云々。及晚小雨降。

七日。雨。

八日。晴。右京大夫來。愛染護摩結願。

九日。晴。今日。室町殿御社參。御淨衣如常。御力者等任例召進之。六條八幡宮御社參。御進宮物如常。金二裹。白太刀五振。神馬一疋。御神樂料二千疋。御加持聖護院准后參。着香染云々。自今日愛染供一七日間百座可修之由申付了。開白理性院僧正。同三ヶ日間千反タラニ滿之。自今日始行。兩條勤修室町殿渡御祈禱也。
十日。晴。今日出京於室町殿月次御連歌在之。頭役攝政殿沙汰之。發句同。
さき滿てのとけき花の心かな　二
脇室町殿。御連歌後歸寺。及曉天了。
十一日。雨。　十二日。晴。
十三日。晴。　十四日。晴。
十五日。晴。自今夕不動護摩開白如常。大名以下宿坊今日悉定了。管領。菩提寺。畠山。阿彌陀院。右京大夫。理性院。山名。淸淨光院。赤松。角坊。一色。西山庵。細川讃岐。覺源坊。畠山大夫。櫻町。等也。別ニ注之。宿奉行執行法橋日向上座等。
十六日。雨。自室町殿會所置物。御繪七幅。小盆三枚。古銅三具足。同香合。文梅。花瓶一對。廿子口古銅。同卓二。唐。草花瓶一。古。同卓。唐木。（架カ）小壺一。食籠一。硯一面。竹節ヲ帶ニス。水入。馬形。筆筎。龍。小刀。筆墨各一。軸物一。繪羅漢。鉢。茶竹節。二。同石二。水瓶一。古。以上色々以立阿彌被送下之了。祝着眉目此事々々。立阿ニ二千疋賜之也。立阿令奉行置物共悉置之。飾之了罷歸也。會繪以下大略今日周備了。　攝政殿入寺。御宿坊報恩院也。
十七日。雨。今日將軍爲花御覽御入寺。雨中長途旁挙手處光儀。且祝着。先於新造會所御三ッ盃在之。綾五重。盆。香合。梅。進之。予一人對合申了。其後予退出。御膳等聊御休息。其後一獻。大名八人御前ニ着座。予實池院兩人同候。大名八人着御前。三獻時予御杓（酌）ニ參。御引物練貫十重。盆。カヘリ花。小壺。盆。堆紅。孔雀。金襴紗。一端進之了。大名各二重太刀賜之。近習各一重太刀也。自公方御折紙萬疋拜領之。諸大名二千疋。近習千疋會所始云々。祝着祝着。五獻了。地藏院花御覽。一獻等自是申付了。兒同自是召渡。三獻了還御。直渡御妙法院。諸大名參申了。御連歌在之。攝政參會被申也。御發句將軍御沙汰。

とをく(をイ)問ふかひある花のさかり哉　三
千代もなれ見ん松と櫻木　二
池水の月もしつかに春すみて

執筆蜷川入道。御連歌人數。山名。赤松。一色。吉原。京極加賀入道。赤松上總介。山名中務大輔。三上近江入道。玄阿。祖阿等也。管領以下餘大名被召出。御盃被下之了。其後各退出宿坊。御連歌終還御金剛輪院。予灌頂院へ歸了。

十八日。晴。今日又於妙法院一獻申沙汰之。諸大名悉祗候。數獻在之。御一折又在之。(後イ)發句御沙汰之。執筆同御沙汰。旁眉目至也。御發句。

うす雪に降なす花の嵐かな　山名
又さかり待つゝしやま吹
永日やくれぬに月のまつ出て　予

懷紙裏の七句マテ在之。酉初歟還御。直清水御參詣。其ヨリ花頂坊へ渡御。其後勝定院へ爲御燒香入御云々。予今日不參申。明日例日間。明後日廿日。可參申入由申了。今夜於妙法院一折在之。攝政殿張行。發句予。

十九日。晴。今日於妙法院連歌在之。昨日一折御懷(紙脫カ)沙汰續之了。內々時宜也。玄阿。祖阿等參申了。

廿日。晴。出京。一昨日御禮申了。御引物今朝進之。經祐法眼持參之。自仙洞拜領島幷折二合相副進之了。今日入寺。於金剛輪院月次連歌在之。御發句自室町殿被出之。遁黨三人。重阿。玄阿。祖阿參申了。御發句。

年をへてさかりそそはん花の屋
藤にそ千代をかくる松か枝

脇予。

第三攝政。

月次始間遁世者等ニ少引物賜之了。重阿千疋。玄阿。祖阿各五百疋也。左道々々。

廿一日。陰。今日北野經會如恒例云々。上卿萬里少路大納言時房卿云々。室町殿渡御御室。予可參會申入旨。自彼門跡頻承間參申了。乘車。宗濟僧都乘車尻召具之。予衣袋。房官兩人各重衣。兼(儲イ)參候尻切役之。先御室御對面。菩提院僧都引道了。小御所歟。九間也。東北寄大文三帖敷之。宮令座之給。西同大文三帖敷之。室町殿御座歟。南ノ西寄大文一枚敷之云々。聊雜談。其構賜休所。於彼奉待室町殿渡御也。自申末降雨。酉初歟室町殿光儀。御車。廣橋中納言親光卿參御車。實雅朝臣歟役御劔。永豐御裏無進之。康任役御笠歟。宮於中門參向。奉入室町殿也。其後予參了。着座様如前。御相伴公卿五人也。萬里少路大納言。勸修寺中納言。廣橋中納言。藤宰相入道。衣袴。飛鳥井宰相。各狩衣也。役送殿上人五人也。獻盃次第。初度宮。第二度室町殿也。以後不同。五獻時新宮出座。大宮次ノ大文ニ着座。首尾九獻歟。室町殿御立。於公卿座又一獻在之。每度佳例云々。東寺御影供執事勸修寺宮僧正勤仕之。

廿二日。晴。早旦歸寺。今日於妙法院連歌在之。院主僧正張行。攝政光臨。發句則攝政被沙汰了。玄阿。祖阿參申。石橋入道參。

廿三日。晴。

廿四日。晴。大乘院參洛。於金剛輪院連歌在之。攝政光儀。發句大乘院沙汰之了。玄阿。祖阿等參申了。大乘院宿坊菩提寺。攝政及曉天還御。大乘院今夜逗留。

廿五日。晴。弘繼僧正來。

廿六日。晴。及晚降雨。勸修寺中納言來。千疋隨身。

廿七日。晴。一乘院僧正來臨。千疋隨身。少一獻在之。
廿八日。雨。廣橋中納言來。千疋隨身。
廿九日。晴。今朝出京。自今夕於室町殿大法仁王經。勤修之。伴僧廿口之内僧正一人。護摩壇寶池院僧正。十二天壇賢長僧正。聖天壇淳基法印。神供隆濟僧都。大行事光意法印。　承仕大壇良能。寛善。裝束如常。淨衣裳狩袴五帖袈裟。　護摩壇常全。常善。　十二天壇。常運。　聖天壇常蓮。　脂燭殿上人二人雅永朝臣。益長。各衣冠。　扈從通濟僧都。久我大將入道猶子。三衣箱役頼全。頼繼卿猶子。　開白時如常。壇所公卿座相兼殿上了。護摩師壇所殿上西端也。護摩師參堂儀。脂燭一人長譽大法師。扈從一人隆濟僧都。　下番催事。大阿闍梨叩板敷時。伴僧一﨟同叩板敷。此時承仕參一﨟前。目之時承仕得其意打大鐃。其數不多。其時下番衆參堂。次能讀出經。卷下ト讀終時一字金打之。仍下番皆參之由。不及出聲也。一﨟始中終不出聲。各勤所役了。予近年新儀也。
晦日。晴。後夜日中相續任近例了。　作法如常後夜偈唱之。下座讃幷發願廻向等如常。　初夜如昨日。脂燭一人爲之朝臣參申了。布衣。
室町殿渡御壇所。

四月

一日。晴。後夜日中如昨日。自酉末降雨。將軍御前へ參申了。　自今日恒例愛染護摩用手代。金剛王院僧正勤仕之。　初夜時如昨日。脂燭一人。　御夢中連歌事御物語。卽以此御句爲法樂。於門跡連歌可張行由被仰了。
二日。晴。　後夜日中如昨日。但用手代。寶池院沙汰之。護摩妙法院僧正勤仕了。　今日條々諸大名ニ御談合事在之。一ニハ小倉宮參洛可爲近日由。頻自彼方懇望也。面々相談。早々參洛尤可宜歟之旨。先別而被仰談畠山也。召遊佐仰付了。一ニハ伊勢國司御免事。去年以來歎申入也。可爲何樣哉。且面々意見可被尋聞食歟如何。一ニハ去年八月十五日畠山當職時。八幡中土藏合錢本主方へ不可遣由。御敎書被成之了。奉行飯尾肥前守也。何樣事哉。尤御不審千萬。委細可申入云々。畠山御返事。小倉宮御入洛事早々尤宜存候。御料所定間ハ諸大名爲國役可致其沙汰由舊冬申入了。如然可被仰付管領歟。御出立用脚萬疋等事。以此支配內可被進也。此等儀公方樣ハ不被知食。管領相計進樣儀尤可宜云々。次八幡土藏合錢不可遣本主由御敎書事。神人一同可及嗷訴由。爲土藏歎申入間。無左右御敎書ヲ成遣了。追不申條越度至云々。此由則披露了處。小倉宮事。此意見旨可申遣管領由被仰也。伊勢國司御免事。自管領面々畠山。右京大夫。山名意見相尋取調可申入旨被仰間。召飯尾美作守申遣管領了。爲一色兵部少輔祈禱。自今日於彼亭理性院僧正大威德護摩勤修。念誦伴僧三人云々。阿闍梨重衣。伴僧單衣宜旨計仰付了。自去月廿四日邪氣興盛。野狐等所爲歟ト云々。日比岩藏法師號常光院參住。護摩等種々祈禱云々。驗者理覺院僧正以下兩三人。每日自聖護院申付被遣之也。

三日。晴。後夜日中相續如昨日。山名禪門來。管領計會式物語也。內々可達上聞條可然云(所)云。初夜時同前。將軍光儀壇所。自御前櫻枝盛。拜領。比叡山上花歟云々。奇特々々。同梅枝拜領。花實同時也。奇特々々。

四日。晴。後夜日中同前。將軍渡御壇所。初夜時同前。

五日。晴。後夜日中相續同前。將軍渡御壇所。初夜時同前。

六日。雨。後夜日中如昨日。將軍光儀壇所。初夜時如昨日。
七日。晴。後夜日中同前。將軍渡御壇所。初夜時同前。　將軍御心氣興盛之由被仰。
八日。晴。後夜日中如昨日。初夜時同前。　將軍渡御壇所。今日御鹽絶之由御物語。殊勝殊勝。初夜時同前。　將軍御虚氣御脉在之歟由。醫師三位申入也。仍虚氣符事。花頂僧正相傳之由被聞食及也。可書進由以三位被仰間。卽申遣了。彼僧正申樣。此符事聊傍傳子細在之。雖然未書此符也。初可書進上條。尤其憚多端之由。再三辭申入也。不及披露只可書進由加問答了。　聖護院准后來臨壇所。將軍又渡御壇所。
九日。晴。後夜日中相續結願了。　伴僧自後夜時着平袈裟。御加持計殘之。卷數於當座調之。部數前日ニ相尋書載之。於當座不取部數作法爲早速也。此儀先年此大法勤仕時。以今案儀如此令沙汰了。其後成賢僧正於水瀨殿。修普賢延命法時。部數前日取之。於當座作法無之。自然ニ相叶舊儀之條。自愛萬々也。各出堂伴僧以下裝束等聊刷之了。巳半歟着座。公卿以下參上。周備之由奉行經成卿申。不可有御丁聞云々。仍阿闍梨先參堂。次護摩師以下伴僧參堂。次六位卷御簾。次公卿三人（時房卿。經成卿。秀光卿。）着座。次四位雲脚（客カ）爲之朝臣正面一間大幔上之。次御加持發願。五大願等了。伴僧一﨟出加持。陀羅尼（慈救咒。）了百反計誦之。次摺念珠祈念。次摺念珠了。伴僧一同誦唵止了。次一座公卿時房卿入大幔之內。蹲踞阿闍梨前申賞之由。阿闍梨聊相向少揖。次同卿立歸テ被物一重持來。次經成卿被物一重持參。次實雅朝臣裏物（絹。）持來之。次秀光卿被物一重持。置護摩師前。次爲之朝臣裏物一同持。置護摩師前。次雲客伴僧一﨟僧正以下裹物置之。廿人悉置了。後自末座退出。大床ハ公卿着座前無骨之間。自西妻戸令退出了。　次護摩師扈從隆濟僧都入大幔內。護摩師被物撤之。長參(嚮イ)大法師同來。撤裹物。次阿闍梨扈從通濟僧都來。撤阿闍梨布施。二重ヲ一度ニ撤之也。次賴全阿闍梨同來。撤裹物。各於切妻渡房官了。但裹物直ニ渡御後侍了。裹物之間御馬被引之。俊榮上座請取之。裝束等如常鈍色指貫下結。着靴沓。御馬雲客引之。次護摩師退出。彼扈從於西妻戸邊奉待供奉大阿闍梨。　扈從入西妻戸正面大幔外ニ蹲踞。賴全同來取居箱。蹲踞幔外。　次阿闍梨出堂。自正面出大床。歷着着(衍カ)座公卿前入公卿座內。　時房卿以下公卿幷雲客至六位悉參謁間。一々對面了。次將軍渡御公卿座。修中無爲之由被賀仰了。次於公卿座御加持申之了。阿闍梨裝束如元金襴平袈裟着之。直退出。乘車。寶池院同車。裝束同前。但平袈裟如常香。扈從兩人列轅供奉。但兩人同車也。從僧三人令同車同供奉。　勸賞事。顯濟直敘法眼。相叶康治例條自愛々々。

十日。雨。今日一色少輔亭罷向。　此間所勞祈禱等事。內々以時宜門下輩ニ仰付了。公方樣又連々渡御之間旁罷向。聖護院准后。實相院僧正等令同道申了。內々加持等沙汰之。少折紙等隨身。聖門同前。予歸路ニ直參室町殿。此由申入間。御悅喜之旨種々被謝仰。　今日歸寺。

十一日。晴。　十二日。

十三日。　十四日。雨。

十五日。晴。自今夕不動護摩始行如常。入堂。

十六日。晴。

十七日。晴。御遷宮如常。供養法弘甚法印。寺僧一﨟勤仕先例也。仍申付了。調聲賴全。初度。

讃賢能僧都。吉慶漢語。秘說申之。予着香衣。小指貫。從僧一人經舜。等身衣指貫。大童子三人。二人繪直垂。一人狩衣。兒公達出世房官侍中童子等供奉如常。近年僧正幷法印黨供奉略之了。先々供奉勿論也。今夜申樂如常。於拜殿前沙汰之。當年觀世三郎勤仕。自室町殿內々依被擧仰也。六番令沙汰。驚目了。申樂終不幾降雨。神事祿物三千疋賜之了。恒例儀。自門跡中二千疋。地下人等千疋進之也。觀世三郎ニ〔二〕千疋別而賜之。自公方沙汰也。

十八日。雨。自午初雨脚止。今日申樂自申半始之。八番沙汰之。篩以後二番在之。

十九日。晴。觀世三郎爲御禮今日參申了。金襴紺地。一端。盆一枚堆紅。賜之。四郎一重太刀賜之。牛太郎同前。今日菩提寺風呂在之。申樂共罷入了。

廿日。晴。今日出京。參室町殿。御對面。明日渡御東寺事等重申定了。今日二條殿月次連歌會。自室町殿御發句被出之。予爲結緣罷向了。頭役攝政殿御沙汰也。

廿一日。小雨。自午初刻天快晴。予先罷向東寺。乘輿。袖。重衣。着小指貫了。僧綱宗濟僧都。重衣。一人。房官經長。單衣。一人召具之。先參詣六條八幡宮。御神樂奉備之。其後東寺西院ヘ參。於御影御前暫念誦。寶淸法印兼參向了。次於長僧坊休息。此所則今日御座敷也。申半室町殿渡御。御車也。實雅朝臣參御車。御劍同役之。御裏無役永豐云々。番頭八人歟。御牛飼以下濟濟云々。於北八足前御下車。寶淸法印。重賢法印宗源僧都三人參向了。於御先達者。寶淸法印一人前行(儀カ)了。今度諸堂無御拜見。不動御影同前。直光御長僧方(坊イ)。予於西院東門奉待。自其引導申了。管領。畠山。山名。右京大夫。一色。畠山大夫。細川讃岐。赤松等八人參。各着座御前了。御陪膳實雅朝臣。永豐兩人也。諸大名前近習共沙汰之。十一獻以後還御也。御引物寶清法印持參。練貫十重。盆香合。盆花瓶茶椀。一對。高檀紙一束也。此茶椀花瓶等持寺殿御具足云々。御座東寺時被寄寺家云云。仍今度殊更進之由寺家老僧申之也。予自東寺直參室町殿。今日光儀祝着由申了。其後入寺。及夜中了。　管領來臨。醍醐新造會所見事云々。五千疋隨身。予未入寺間理性院僧正對謁云々。予入寺時於小野行逢了。以使者申禮了。　今朝室町殿女房達號伊與局。着帶云々。帶加持聖護院准后沙汰之。　恒例不動護摩今曉結願。用手代了。

廿二日。晴。今日管領へ引物遣之。盆。桂漿。一枚。香合。堆紅。白太刀一腰也。以慶圓法眼遣之了。

廿三日。陰。今日爲申樂御見物。室町殿御入寺。午初刻也。舞臺等金剛輪院震殿南庭ニ令用意了。以黑木造之。樂屋西小門內構之了。自樂屋橋幷ヤネ等如常沙汰之。隨分令結構了。先於會所三盞進之。予對謁申入了。五重。盆。香合進之了。其後御膳。其以後御出南向。申樂始之。一獻等如常。申樂十一番仕之。申樂五番ヨリ降雨。六番末ヨリ雨脚止。十一番ヨリ又雨降。天氣凡無障碍。每事無爲祝着。酉半歟還御也。其後觀世三郎於召。五重幷五千疋賜之了。自寶池院二千疋。面々寄合三千疋。以上萬疋賜之了。兒兩人。觀世四郎。三人各二重太刀一腰給之。牛太郎狂言二人各一重賜之。　諸大名ニハ各太刀一腰賜之了。今日大甞會國郡卜定云々。　上卿近衞右大臣云々。今日降雨。相叶永德例云々。珍重々々。

廿四日。晴。今日申樂於清瀧法樂之所望由申間免了。於神前カイナ指在之。其後於金剛輪院南庭勤仕之。十番仕之。祿物三千疋〔賜之〕。自公方二千疋。寳池院五百疋。惣寺五百疋也。

廿五日。晴。今日御歌御會又延引云々。一昨日爲御禮可出京處。公方御德日間。加斟酌由。內々申遣赤松大河內方處。達上聞云々。仰云。一昨日御禮計ニ出京旁無益被思食也。來廿八日御幸時。一度ニ可罷出條尤可宜之由。能々可申入旨。再三仰云々。仍明日出京令略了。

廿六日。晴。廿三日御入寺御禮〔ノ〕爲。寳池院爲代官被參申了。伊勢國司號北畠少將顯雅。御免。御對面。赤松入道同道云々。此事予執申了。依赤松入道申也。三萬疋太刀馬進上云々。檀那院良昭僧正來。猪熊師跡相續仁體同道。經成卿娚云々。當年十二歲云々。小僧也。千疋隨身。

廿七日。晴。伊勢國司顯雅來。五千疋太刀隨身。盆。香合。太刀一腰進(遣イ)之了。

廿八日。陰。早旦出京。午半刻計歟參室町殿。御幸時刻可爲申刻云々。先於月次壇所奉待御幸也。不幾攝政入御同所。兼約諸申了。予行粧事尤可刷處。自閑道參會事間。旁存略了。車入葉。下簾等如常。染香染鈍色。小指貫上結。五帖袈裟。念珠。扇。カウ〔フ〕リ。不持杵。韈等如常。扈從宗濟僧都。鈍色裳袈裟表袴等。乘車尻召具之。房官兩人光忠。經長。鈍色指貫上結。裳加サ。乘車在御後。中間以下數輩召具之。予力者衣。十二人。小頭八人。大童子二人。無單已。牛飼八人。御幸以前先可參申由。以大河內被仰間則參申。御座敷且拜見驚目了。御前ニ御祗候樣御座敷等被仰了。次又還壇所了。其後以藤宰相入道被尋仰條々。御幸時自切妻下殿。御車已入四脚者。中門ノ外ニ出テ可有御蹲踞云々。但於勝定院殿御代。御幸時ハ四脚門外ヘ御出御蹲踞云々。只今御禮若可爲不足歟如何。次切妻ヲ御下時ハ被用御沓歟。御劒同可被持歟。此等條々猶具可申談攝政云々。仍仰旨申攝政處。四脚門外ヘ御出事先例未覺悟也。應安年中後光嚴院殿御幸二條亭。其時ハ後普光園大閤。是心院當關白。後香園院右大將也。三人同於中門外蹲踞了。若(出イ)於四脚門外儀在之者。是心院。後香園院兩人ハ尤出門外。大閤一人ハ宿老事間可候中門外處。三人於中門申御禮了。知ヌ不出門外儀歟。仍今度モ於中門外可被申御禮由申意見了。次御下殿時可被用御沓歟事。自切妻下時不用沓條先定法候歟。但雖門內候聊遠ク御出事候者。可被用御沓。中門外邊マテ御出事候者。不可被用御沓。御ハタ脚勿論云々。次御劒可被持歟事。御所中不幾事候ヘハ御略又常事歟。可被略云々。仍此子細以藤宰相入道申入了。今度御進退如此御沙汰云々。御幸申半計歟。自未末雨降。御車被寄中門。室町殿於中門外御蹲踞。下御之後上切妻蹲踞小緣。上皇自震殿西妻戸入御。着御繧繝御座。被敷御茵也。此條慇懃儀歟。兼有其沙汰。攝政御意見也。先於震殿三獻在之。今度御本等不被進也。內々御劒平鞘。御馬云々。追被進也。　此時攝政以下不參。三獻了御會所ヘ渡御。於其所三獻在之。其後御膳。御陪膳女房。繧繝御座二枚東西行並敷之。其餘悉小文敷滿之。上皇南面ニ御座。室町殿南疊ニ御祇候。其次攝政。次予。其次間ヲ隔テ三條前右府今度御車寄也。着座。獻盃次第。初度天盃。亭主御拜領。第二度攝政。第三時亭主。御銚子持參。天盃ヲ天酌ニテ又亭主ヘ被進了。被對予聊上皇御會尺在之。　次御膳了。新造御會所ヘ令成給。間々莊嚴御置物等一々叡覽。眞實以短詞難演盡。以十二間今日御座敷トセラルル也。中央繧繝二枚被敷之。上皇御座南疊ニ室町殿御座。以下攝政如前着座。獻盃次第又同前。予天盃兩度拜領了。十二獻了還幸。雨脚猶不止。室町殿攝政以下中門ニ蹲踞了。召次幸眞佐。御所侍掃部兩人異體ニテ供奉。上下折烏帽子體也。此體ニテ始終御前簀子ニ祇候。兩度被召出賜御酒了。五獻以後仙洞御寵愛申樂兒兩人被召之。同御前ニ候了。於御前兩度給酒了。御一獻結構前代未聞事也。嶋破子折以下數十合。三月以來繪所兩人ニ被仰付被結搆了。　御引物砂金三裹（三百兩。）盆ニ了山。被居之。香爐（金二百餘兩云々。鴨。）高方盆ニ居之。段子五端盆ニ居之。高食籠一。綾御服廿重。練貫卅重。平鞘御劒二腰。白御劒一腰。御馬一疋。女中三人各三重。練貫。引合十帖。召次幸眞佐。御所侍。各三重太刀一腰也。供奉公卿殿上人各馬一疋。太刀一腰賜之。　攝政御馬一疋。御劒一腰。　予練貫五重。盆。香合。引合十帖也。攝政二千疋。予三千疋令隨身申了。　今日參會祝着由也。以藤宰相入道。此折紙進室町殿也。

廿九日。晴。　昨日御幸無爲之由。先參申室町殿。御對面。攝政。九條前關白。左府。右府以下悉參。僧中同前。先予一人參入搆見參了。　南都兩門（一乘院。大乘院。）同參申了。　面々御會所拜見所望之由被申間。内々申了。御對面以後可被拜見由被仰了。山名刑部少輔案内者ニテ兩方御會所一見云々。　其後仙洞ヘ參申了。攝政以下同前。予先可有御對面由。以藪内宰相中將被仰出。參御前。（泉殿上。）　昨日御活計樣種々被仰出了。　自室町殿被進御重寶可令拜見申由被仰下。悉被見之了。驚目也。寶池院僧正同道。

同前也。自仙洞退出以後。又自室町殿昨日島一合競馬繪。折一合拜領。御使度々間。爲御禮參申了。及晩歸寺了。　室町殿今日御連歌御會延引來月了。御歌御會同前。

五月

一日。晴。自申初少雨。自酉半又天晴。　恒例愛染護摩始行。入堂同前。　自今夕於下御所聖護院准后尊星王大法勤修。伴僧廿口。此內僧正四人云々。奉行經成卿。供料二萬疋。脂燭殿上人衣冠云々。阿闍梨壇所公卿座也。此法事於寺門隨分大法秘法也。以此法勤仕爲法流規摸云々。聖護院今度初度也。　自今日月次壇所花頂僧正定助勤仕。可爲四月處。實相院一座宣下之間超越故也。　自今日恒例タラニ千反。百座愛染供等始行。

二日。晴。　三日。晴。　四日。晴。

五日。晴。　公方樣今日賀茂競馬御見物云々。自今日明日御佛事一晝夜不斷光明眞言時始之。

六日。晴。　今日鹿苑院殿御佛事如常。於灌頂院修之。　供養法淳基法印。　自室町殿御書到來。御使木阿彌也。聖護院勤修大法來九日結願。其以後被相續御祈可有御沙汰。阿闍梨事幷尊法等事可計申。　但定助僧正幸壇所參住間。若可被仰付歟云々。御返事云。定助僧正尤宜候。准大法可然歟。於尊者阿闍梨可計申入旨可被仰付歟云々。　又御書到來。御使立阿彌也。　以前御祈事自此門跡可仰付花頂僧正云々。　次一色兵部少輔邪氣又此一兩日再發。祈禱事爲門跡何方ヘモ可計申付云々。御返事。御祈可爲准大法由。則可仰遣定助僧正方候。次一色少輔祈禱事。同定助僧正門人中宜候。其上此祈禱事。兼結番子細候。　此僧正當番也。則可申付由同申入了。　次公方樣御祈今月中殊可有御謹愼。可然方々へ相計可申付由同承了。御返事。護持僧上﨟五人中へ可申由申入了。定助僧正方へ以淳基法印奉書兩條申遣了。

七日。晴。愛染護摩今日結願了。明日御德日故也。入堂。今日一七日滿了。自赤松方以使者上原入道申。自伊勢國司方曾禰庄去狀事如此申入候。早々可被下人條可畏入云々。返答云。此庄事入意如此被申條。先以祝着候。何樣可下遣代官。且一端可達上聞由申了。室町殿今月中臨時御祈。今日方々へ申遣了。聖護院。勸修寺。實相院。淨土寺。予。以上五人也。花頂參仕上。九日以後准大法等可勤仕間。不及相觸也。　愛染護摩令運時。今日結願了。

八日。晴。

九日。陰。自去一日尊星王大法延行。今日日中結願。着座公卿三人。中納言經成卿。中納言秀光卿。宰相雅世卿。殿上人十人計云々。　自今日爲室町殿御祈愛染護摩始行之。承仕明隨。支具料自納所下行了。盛林院奉行之。　勝定院。勝鬘院令同道來臨。會所見事云々。各千疋隨身。時用意之。各引物遣之。

十日。晴。　今朝出京。於室町殿月次御連歌御會在之。頭役予勤仕。發句同申之了。

枝も葉もさかへてたかし夏木立

脇室町殿樣御沙汰。

しける柳の風そ涼しき

第三攝政。

あけやすき夜に殘ある月を見て

御會御人數如此間。公家輩ハ三條大納言公保卿計也。其外山名。赤松。石橋。京極加賀入道等也。　大御堂僧正關東下向御暇事申沙汰了。今日爲申御暇參上。御對面。盆一枚。香合一。扇百本被遣之。
十一日。晴。早旦歸寺。
十二日。晴。及夜陰大雨終夜。
十三日。雨。自酉初天晴。爲養德院御佛事八名經三昧勤修。供養法理性院僧正。僧衆十餘人。
十四日。晴。爲養德院御佛事理趣三昧行之。初段延。供養法金剛王院僧正。僧衆十餘人。於理性院道場爲同御佛事。曼荼羅供在之。施主寶池院。唱導弘繼(慈尊院)僧正。號慈尊院。色衆十口。六人着衲衣。四人讚衆。此内自導師方兩人召具。一人定能法印。號珪光院。即扈從勤之。十弟子二人。同阿闍梨方也。居箱。香呂箱。座具。草座。如意分持之。隨阿闍梨之後。次扈從集會所公卿座也。定能法印不着衆會所。公達輩不着衆會所事勸修寺法式也云々。申半刻始行之。上烈之儀如常。導師入正面暫停立。此時左右ヨリ入テ各法具於置脇机上。居箱役先箱ヲ置脇机。次座具ヲ敷禮盤。次草座ヲ敷平座退出。香呂箱役如意ヲ置右脇机。同退出。次導師進寄取香呂。三禮。登禮盤。爰无言行道時節。色衆不覺悟歟聊遲引。定能法印若催促歟始之了。當寺〔ニ〕ハ導師五古ヲ置時始之也。而今度無此儀。阿闍梨不持五古。不審。无言行道三匝了。惣禮。導師取香呂置之。次阿闍梨灑水加持以下法則始之了。當時ニハ无言行道間在此法則。次驚覺鈴。次阿闍梨取香呂念珠。此時下座打磬二。次法用唄師一座弘豪法印二句了。散花師覺深律師起座。以下作法如常。散花行道一反。次對揚了復本座。次開眼之詞。新被圖繪供養給ヘリ。金剛界、、、次奉圖繪供養給ヘリ。阿彌陀如來聖容云々。幷台藏界万タラ、、、各青蓮慈悲御眼ヲ開テ。五眼具足セシメ奉ラム。佛眼眞言丁。五智四身等ノ恒例ノ功德成就圓滿ノ爲ニ。大日眞言了。如廣澤樣佛眼眞言ト云字不唱之キ。次表白。神下句密其以後ハ顯ノ讀樣也。次諷誦事。施主正諷誦一通堂達持參之。予諷誦兼置脇机了。振鈴之後色衆念誦等如常。心念。次佛布施供スル事。兩壇佛布施ヲ前供。佛供等供了後供之了。今一裹ハ後供養阿伽之後供之キ。此作法此邊常用ニハ相違歟。前供讃第三番文殊梵語誦之キ。阿闍梨座事今度一枚敷之了。但二疊構之處。阿闍梨內々斟酌之間。臨期撤之了。此事兼有沙汰。凡仁和勸修寺例貫首外ハ不用二疊。傳法結緣同前。雖然當寺儀不同也。先年爲鹿菀院殿御追善。於金剛輪院曼供始行。導師水本隆源僧正二枚敷之了。爲同御佛事於理性院庭儀曼荼羅供勤修。阿闍梨疊二枚用之。近例已如此。今他寺阿闍梨囑請時爭用一枚乎。乍去施主ト申。彼門流ノ法式ト申。一枚尤宜候哉云々。予儀云。於其理者雖爲勿論。門弟勤仕時ハ二枚ヲ用。他寺阿闍梨時ハ一疊ヲ可構條不宜也。道場又非門跡上者。先二枚敷之條宜歟。阿闍梨定可故障歟。其時ハ一枚ヲハ可撤之由申定了。仍今度儀如此。雖向後於門跡中結緣曼供阿闍梨門人等勤仕時ハ一疊尤相叶理歟。可用之。於門弟坊者非制限歟。阿闍梨布施二千疋。諷誦物現馬一疋。予諷誦衣一領代千疋也。扈從僧綱布施三百疋。阿闍梨方色衆二百疋。十弟子各百疋也。其外色衆僧綱百五十疋。凡僧各百疋。秘讃加布施五十疋。自施主方二千匹沙汰之。其外予助成也。道場方千疋計歟。今日本宮大木顚倒云々。內朽損木云々。但本宮岩少々欠損云々。驚入了。

十五日。晴。自今日不動護摩如常。入堂同前。

十六日。晴。

十七日。晴。自晩頭降雨。甘雨。珍重々々。
十八日。雨。十九日。晴。
廿日。晴。當月炎魔天供自今日始行。先々自十六日勤修處。當年自然令無沙汰了。
廿一日。晴。
廿二日。晴。不動護摩今曉結願。早旦出京。今日室町殿連歌御月次。聖護院准后頭役。發句同沙汰之。脇句御沙汰也。御連歌以後歸寺。及夜陰了。
廿三日。晴。
廿四日。晴。今日月次〔歌〕御會。予不參了。花頂僧正勤修尊勝准大法今曉結願云々。
廿五日。晴。
廿六日。晴。天龍寺ノ力者下部等發向臨川寺及合戰了。死人少々在之。手負數十人云々。僧一兩人損死云々。希代事也。確執根源ハ天龍寺力者ヲ自臨川寺令撿斷。依之發向云々。自公方被遣奉行人御沙汰云々。
廿七日。少雨。
廿八日。少雨。今日祈雨奉幣被行之云々。今朝出京。先參室町殿。御對面。畠山申入條々申入了。越後國沙汰事。雖爲何事可被仰付守護代條可然事。次畠山三郎匠作息。遁世事。次當國神木爲乞食者等屋敬田院。被切取之事不可然事等也。次富樫介加賀國案堵事申入處。不可有子細。可仰付奉行〔云々〕。自室町殿直罷向聖護院。月次連歌在之。攝政參會。連歌了歸寺。及夜陰。大乘院來臨。今夜令對謁了。今夜菩提寺一宿。
廿九日。晴。小雨。
晦日。晴。亥初降雨。自去九日室町殿御祈愛染護摩。每日三座分今朝結願。卷數以伊勢備中進之了。當月臨時御祈也。門弟中兩三人同勤仕之了。卷數進之也。　自公方淸瀧宮御神馬白河原毛。一疋被引獻之。伊勢守奉書也。執行法橋永秀獻請文了。書札等如常。則仰宮執行奉神前御神樂進之了。　自仙洞四辻宰相中將爲御使來。

六月

一日。雨。早旦自公方御書拜領之。御夢想御發句二句遊給之了。於門跡内々可致其沙汰云云。於當寺御沙汰由被思食云々。

雲や水雨も落くる花の瀧

脇句御沙汰。

藤浪もよる青柳の糸

花よりもやとこそことにさかりなれ

此脇句予可沙汰由承了。　以吉日兩三日間可令沙汰由申返事了。　恒例愛染護摩始行之。　一日百座愛染供於京門跡沙汰之。阿闍梨十人十壇ニ別十座也。　自午初雨脚止。鎮守以下入堂如常。

二日。晴。夏季聖天供自今日勤修之了。　自曉天大雨降。

三日。雨。終日雨脚不止。炎旱以外。祈雨奉幣等已被行了。而甲斐々々敷不降雨。晦日當宮神馬被引進之。御夢想句雨も落くるとあり。自朔日降雨。旁神慮歟。隨喜々々。併御願成就先兆。天下安泰奇瑞也。

四日。雨。　自昨曉雨脚不止。大雨。　靜雲院年忌如常。自昨朝一晝夜不斷光明眞言。今日於灌頂院理趣三昧等如常。用脚牛舊鄉沒。

五日。雨。

六日。晴。　自二日觀喜天供結願。明日宿不相應。八日衰日也。兩日運時結願了。

七日。晴。　今日祇園會如常。每事無爲〔云々〕。將軍渡御　京極亭。每年儀也。　自酉末又雨降。　依室町殿仰。於一色兵部少輔亭。理性院僧正修愛染護摩。念誦伴僧三人云々。

八日。雨。祇園御旅所へ爲代官宣祐法印參詣。御神樂等如常加下知了。　大乘院。實相院來臨。連歌百韻張行。大乘院榼折等幷千疋被送之也。萬阿。玄阿。祖阿參申。執筆經康。發句大。脇予。第三實。任闔了。

すゝしさをなを松かけの泉（哉脱カ）　大乘院

夕立のこる庭の瀧津せ　予

月に風夏おもしらぬ夜になりて　實相院

戌半大乘院出京。

九日。晴。早旦出京。參室町殿。來月大將御拜賀事。供奉人以下事。早々可被定條宜歟。今日吉日也。可申談二條攝政由承了。則以賢光僧正委細申了。時房卿。經成卿。親光卿被召寄。可被仰談旨申了。以狀同申攝政也。　返答。委細意得申。明後日十一日。面々召寄申談。重可申入云々。　右京大夫妹比丘尼護念寺長老ニ可成之由。可申遣由承了。則以使者申遣之。　相國寺造營事。無盡期樣思食也。畠山。當管領。山名。此兩三人意見可申入〔之〕由。內々爲門跡可仰遣旨承間。以經祐。慶圓兩法眼。三人方へ申遣了。　伊勢國司知行分。壹志。飯高兩郡安堵事。今度降參以後。任申請旨可被成下也。就其去々年壹志郡事。滿雅退治恩賞トシテ被下了。　然者爲替地一所可被計下。且其旨可令存知由。可申付旨長野。可仰遣畠山方由被仰間。其分以兩法眼。申遣了。　相國寺造營事。三人御返事大略同前也。面々申談重可申入云々。山名內々對門跡使節申樣。先度諸大名ニ被仰付。堂々各令造營了。今度モ如然可有御沙汰歟。何樣當年事ハ國反錢以下數多也。可被延明年歟云々。長野壹志郡替地事。畏被仰下。其分可申付云云。　及晚入寺了。

十日。晴。

十一日。晴。今日室町殿御院參。攝政幷予依仰參會申了。奥御會所今度初大將御拜見。仍萬疋幷御劒一腰被持參申了。予三千疋折紙進之。攝政千疋云々。予一兩日痢病氣出來間。再三雖故雖申入。及度々被仰下。自室町殿又可參申入旨頻被仰間。片時參申入可早出仕由申入了。雖早出仕可參申入由。自仙洞重被仰下之間參申了。於奥御座敷五獻在之。初度天盃。大將御拜領。第二度攝政。第三度大將御銚子ニ被參申。此時御劒被進之。仍天酌ニテ天盃ヲ被下大將。次予。次攝政。第四獻天盃。予拜領。次大將。攝政。第五獻天盃又大將拜領。後々同前。次奥御座敷一獻了。次出御震殿。觀世三郎申樂仕之。予二番見物。以後令早出了。及夜中入寺。 室町殿今朝四條道場へ渡御。聖人御發句事所望申入云々。仍被遊之。 さく花のさかり久しき蓮哉。脇聖人云々。相阿又發句申入云々。 夏深き梢も花の都哉〔云々〕。

十二日。晴。自仙洞室町殿へ種々重寶被進之。御劒。久國。盆。了山。御繪。盆。香合。 玉簾以下云々。悉可注之。御使廣橋新中納言〔云々〕。

十三日。晴。 於室町殿五壇法始行之。每年儀。中壇(寺)聖護院准后。脇(寺)定助僧正。軍(寺)良讃僧正。大(醍)賢長僧正。 金(山)良昭僧正。 開白中壇脂燭三人。各衣冠云々。 今朝自仙洞以四辻宰相中將種々重寶被下之。盆。堆紅。香呂。古。 段子一端。花瓶。染付。引合十帖。眉目至萬々也。一重太刀獻宰相中將了。

十四日。雨。 祇園會。 任近年例室町殿可有渡御右京大夫亭處。御頭風間無其儀云々。祭禮降雨之間如形歟。申初雨脚聊止歟。 細雨猶降了。終日雨不斷絕。 自去七日於一色兵部少輔亭。理性院僧正愛染護摩勤修。念誦伴僧三人。内々依室町殿仰也。今曉結願了。今日室町殿渡御右京大夫亭事。依御荒痢被略云云。祭禮依降雨旁如形云々。
十五日。晴。不動護摩始行。室町殿恒例御祈也。入堂同前。
十六日。晴。
十七日。晴。夕立。爲室町殿御使。廣橋中納言來臨。來月大將御拜賀。任御佳例被治定了。日次廿五日勿論也。就〔其諸大名共奉事。就〕門跡意見。管領。畠山。山名。三人方へ被仰談處。管領意見被任康曆御例。面々可被召具條尤可爲珍重。其旨可存知仕云々。畠山意見同前。但康曆御人數可被用捨歟云々。山名意見不及是非。可爲珍重。尤可被任鹿苑院殿御例云々。仍大名用捨等事。且可計申入由仰云云。予御返事。面々意見趣尤珍重。就其大名用捨事。康曆ニハ管領義將。畠山右衞門佐。今川上總守。一色右馬頭。吉見。土岐大膳大夫。赤松兵部少輔。同越後守。富樫介。津左馬助。二階堂。楠木。長井等也。各一騎打。布衣云云。侍所山名民部少輔隨兵百騎召具云々。此内吉見。長井。津。二階堂等ハ先可被略歟由存也。楠木不及申。其外事ハ强何仁體ヲ可被略哉。但可依時宜歟。馬打次第等猶先例ヲ可有御尋候歟。且又人數被治定。重可被仰談大名條尤可然云々。次隨兵員數事。百騎マテ事ハ不思食寄。十騎廿騎間ト被思食云々。此條又愚意分不可然存也。百騎内事ハ多少侍所ノ所存ニ可被任歟由申了。次侍所事被任御佳例。可被仰山名歟。赤松兩條供奉定可計會歟由。内々以相語廣橋中納言趣可申入旨申了。盃一度後中納言退出了。
十八日。夕立終日。　十九日。晴。
廿日。晴。自關東與國寺長老方。書狀到來了。爲使節二階堂信濃守可令參洛。可加扶持云々。返報則遣了。南都學侶中使節南戒壇院來。對謁了。河上五ケ關事申了。

廿一日。晴。出京參室町殿。來月御拜賀事。如康曆大略被治定了。此子細則可申奉行廣橋中納言由被仰間。則於殿中此旨申付了。折節祗候間。直此子細等申之キ。其後廣橋中納言又來門跡。條々申定了。武家方奉行津掃部助也。召寄條々可申付旨。中納言申入退出也。予歸寺及晚也。右京大夫來臨。津掃部助來。五壇法延引。今曉結願非晴儀。極暑時分尤宜歟。興國寺長老明窓和尚狀備上覽了。佐々川ヘ進入關東使節可令參洛云々。然者以無爲之儀。可有御對面條尤宜也。佐々川幷奥白川以下。御扶持御合力不可依此儀由內々可申遣云々。且不可有上意候儀也。堅固自私可申入分由被仰間。其旨堅申遣了。可存知由京兆返事。石橋入道同前之儀也。自予方モ佐々(川脱カ)此次第具令申可下狀〔之〕由承間。內內用意也。今日出京時被仰條々。一女院御所柳原亭可被治定。就其彼替在所等事。一佐河ヘ就關東使節上洛。自右京大夫幷石橋等方可申遣子細事。一御拜賀如康曆御佳例。可有御沙汰由。申付廣橋中納言事。赤松故越後守持貞息小童自今夜參候。內々室町殿時宜也。理性院坊ニ同宿。

廿二日。晴。

廿三日。晴。自赤松方使者上原入道來。伊勢國司安堵事。故滿雅息少生ニ相當可被下條可畏入。當新身可被下之由被仰出條雖畏入。國內者共所存可各別間。始終儀不可有正體由存者也。以別儀可被宛少生條可畏入旨。種々(由イ)新方歎申入云々。何樣此旨以便宜可申入旨令返答了。來廿五日御拜賀侍所供奉事ニ付テ今日以書狀內々申入旨在之。使者光忠。
廿四日。晴。自申初降雨。公方樣渡御右京大夫亭。去十四日祇園會渡御延引云々。自筑前國人大村方。公方ヘ音信申之。萬疋御太刀進上之。大內入道吹擧之間。爲門跡令執達申了。自大村方門跡ヘ三千疋進之。
廿五日。雨。自申終天晴。公方樣渡御赤松亭云云。安樂院天神講如恒例。自御臺御祈事承。夏始ヨリ連々雖承再三固辭了。及數度今日ハ剩供料三千疋被送捨間。無力領掌。自今夕先愛染護摩始行了。自餘尊法兩三日之間。以吉日可令勤修支度也。
廿六日。雨。自管領使節二宮越中入道又來。計會等事申入也。圓明參申。三千疋持參。室町殿御歌御會今日也。予不參了。實相院不參。以外御腹立云々。仍來月題不被遣之云云。
廿七日。夕立。公方樣渡御埴和入道亭。予申入了。
廿八日。晴。
廿九日。夕立。公方樣渡御攝政家。將軍御小直衣。攝政同前。御連歌在之。御發句任鹿苑院殿御例。將軍御沙汰。脇攝政。第三予申之。御連歌字桐字今日初被遊之。攝政藤字也。各被任佳例了。予聖門今日斟酌了。御發句。

夕立に今日まし水の泉哉　桐
池水涼し千代の松風　藤
夏草の庭も花めく時おゑて　予

御人數聖護院准后。三條大納言。武家輩山名右衞門督入道。石橋左衞門佐入道。赤松左京大夫入道。同上總介。三上近江入道承祐。重阿。玄阿。祖阿。蜷川周防入道。執筆蜷川。武(本イ)家輩單物體也。三條大納言以下役送殿上人事所卿相雲客悉狩衣也。御座敷樣。梅香軒南東第二間ニ將軍御座。北第三間攝政。南第三間予。同第四間聖護院准后。執筆後右方三條大納言。後左方山名。石橋。赤松以下祗候了。獻盃次第。初獻將軍。第二攝政。第三予ニ頻ニ御禮之間。予申云。第三獻之間殊更可被始條。攝政定可被祝着申哉由申了。其時攝政御酌ニ可參申歟由向予被氣色間。可宜旨申了。仍酌ニ被立了。則又將軍御酌ニテ攝政盃被召之。同御酌ニテ予幷聖門等也。四獻盃予始之。五獻盃將軍。其時予中將殿御方事可被參之由申了。御盃則中將殿被取上之。其盃予取之。次攝政。〔次〕聖門。第六獻盃聖門被始之了。以下替始之了。百韻了將軍還御。將軍繪三幅中尊布袋梁階(楷)筆云々。脇馬林筆云々。盆一枚堆紅。御隨身。被進攝政也。眉目々々。山名。赤松二千疋折紙進之。京極加賀入道千疋進之也。就關東使節參洛近々事。可有御對面歟由可被申旨。奥ノ佐々河ヘ以狀申了。管領右京大夫同進之。內々時宜也。仍狀案入見參了。

晦日。晴。於室町殿連歌月次在之。頭役實相院僧正。發句則頭役沙汰之。

陰涼し明日の千秋を松の風　實

脇將軍。大乘院僧正自今月初在京。越前坊領坪江河口年貢。此兩三年管領內者共無沙汰間。爲訟訴參洛。嚴重神領間。學侶兩三人同在洛了。此事云以前未進。云向後不可有不法之儀。萬一不法時者可被改所職由。甲斐請文在之者。大乘院可罷下由被申間。嚴重被仰付了。於請文者。雖未到先爲御禮今日被參了。三千疋。御對面也。此請文今日中ニ可召進由被仰付赤松上總介了。則下知甲斐云々。御連歌以後入寺。赤松入道來。今朝伊勢北畠新來。對面了。澤。秋山召具。可令對面由。

自赤松入道方相副使者上原申間。對面了。各千疋持參。

七月

一日。晴。愛染護摩恒例之儀始行。　入堂同前。尊勝千反タラニ幷百座愛染供等始行如常。近年所定置祈禱也。

二日。夕立。雷鳴。　三日。夕立。雷鳴。

四日。夕立。雷鳴。東山護念寺比丘尼。入院。長老右京大夫妹也。公方樣渡御云々。予内々申沙汰了。渡御畠山亭云々。

五日。晴（曉イ）雷鳴。

六日。晴。石橋左衛門佐入道爲御使來。自關東使節二階堂信濃守近日參洛云々。仍御對面事。自奥佐々河不被申者。堅可有御斟酌由。去年以來被仰定了。此事管領以下内々申談。佐々河へ進使者。此御對面事平ニ可被申入旨申之也。此使者僧自右京大夫方。今月一日已下遣了。予狀幷管領狀。以此僧進佐々河了。然自石橋方又可下遣使節也。管領狀自石橋方可下遣處。無左右自右京大夫方下條。何樣子細哉。次管領狀案文被御覽處。文章以外大樣ニ思食也。愚身意見歟。所詮重委細狀。以石橋下向使者可下遣旨。可申遣管領云々。予御返事。此書狀事。以右京大夫下遣僧可進佐々河由。先日申入候歟之由存候キ。次管領書狀文言不及意見候。去晦日自管領使者飯尾美作。持來間。一見條勿論候也。其時不備上覽條。越度至由申了。則以慶圓法眼申遣管領。重書狀〔遣〕石橋左衛門佐入道方了。備上覽云々。

七日。晴。仙洞御花合如例。花瓶一。進之了。實池院同前。　山上如意輪堂供花。自今日始行。件世諦最少分事也。夏衆各出條不便也。仍自當年加下知致其沙汰了。悉皆二百疋云云。乏々。其外茶等少々遣之。
八日。晴。愛染護摩結願如常。九條前關白來
臨。二千疋。隨身。大乘院同道。少一獻在之。各盃
也。酌一人也。仍數反饗在之。先前殿ニ進銚
子了。三獻度前關白酌ニ被立。予取盃也。予
又取銚子獻盃了。
九日。晴。
十日。晴。今日早旦出京。室町殿連歌御月次。山
名右衞門督入道頭役勤仕。同發句申入之了。
今日立秋也。
けふたつは秋も千とせのはしめかな　常熙
脇御沙汰。
萩にはおとのかわる松風　桐
第三攝政。
夕山の軒端にちかき月待て　藤
御連歌以前。山名禪門內々申入旨在之。今度
大名一騎打次第事。一色歎申入旨在之也。平
ニ可申沙汰之由雖申。堅斟酌仕者也。乍去懸
生涯申入事候へハ。一端此樣達上聞度心中
候。可如何仕哉由申間。予申云。一色今朝門
跡へ來。此事申入候キ。所詮披露難儀之由令
返事候了。但被執申事候へハ。何樣內々可物
語申入旨申了。仍此次第具申入處。仰旨所詮
一色申狀。旁不得其意思食也。山名禪門無爲
供奉候樣。可令諷諫云々。御連歌了山名入道
又來門跡間。此仰旨申聞了。上意旨委細可申
聞由返事申入也。今夜歸寺及半更。　御拜
賀御次第。今日以廣橋中納言。自攝政被進
之。次舞踏次第等。一卷假名書ニテ攝政御隨
身。於御連歌砌直ニ被進之了。
十一日。晴。室町殿御歌御會也。予又不參。懷
紙計進之了。　今朝赤松上總介爲御使來。來
廿五日御拜賀大名一騎打次第。任康曆元年
御例。一色最前ニ可打之由。內々歎申入歟。

此事不可叶儀也。康暦ニハ次第不同故。今度以之難被爲例歟。於今度可爲次第儀。然者管領最前歟。畠山尾張守最前歟也。申旨頗不被得御意由等承了。就之密々ニ畠山方ヘ可仰遣旨。被仰子細在之。仍召寄遊佐具申付了。題目隱密之間。不及注置也。遊佐河内守及夜陰參申。重事間令對面仰旨申了。　一色馬打次第事。雖爲何在所。可任上意旨申入之由。今朝自山名方以書狀申之也。則此子細以狀申入室町殿也。但畠山返事未申入間。披露事先令略之由。赤松上總介申也。

十二日。晴。今朝畠山內々以匠作入道。　申入公方旨在之。其子細ハ。今度大名供奉馬打事。一色內々申入旨候〔之〕由承及候。於愚身事ハ。雖何所候不可及異儀。可爲上意之由申入云々。如此申入之條。神妙殊被感思食。且此子細爲門跡も可申遣之由以御書承了。　仍此御書相副愚札。以光忠遣畠山方了。種々畏申入也。此事尙々御感之餘。御劒御腰物被下畠山也。自彼禪門方忝之由。此門跡へも告申了。　山名狀今日備上覽也。　以赤松上總介申。使者經舜。

十三日。晴。

十四日。晴。夕立。　盂蘭盆經書寫。幷問題供養等如常。盆供同前。灯爐自方々任例進之了。

十五日。晴。菩提寺墓所へ參詣。昨日依雨略之了。先入堂。歸路へ參詣。　金剛王院僧正。妙法院僧正以下參。自今夕不動護摩始行。

十六日。晴。早旦出京。　今日將軍御拜賀爲御習禮。渡御法身院門跡。御裝束御小直衣。殿上人兩人狩衣供奉。實雅朝臣。永豐朝臣。廣橋中納言親光卿參會。直垂。攝政烏帽子直衣。殿上人基政朝臣。諸大夫經康。各狩衣供奉。先七獻在之。其後御習禮在之。獻盃次第。初度將軍。第二攝政。第三度予御酌申之。將軍御始。第四度予始之。第五實池院以下。又次第如前。廣橋中納言一人祗候御前。藤宰相入道中間被召。直綴體也。召出酒賜之了。攝政先入御。於閑所被待申也。予其間對面。種々雜談。不幾將軍渡御。如例御車於被寄中門。兼有其沙汰キ。先予出逢申了。其後攝政參謁。御拜次第舞踏故實等少々被申了。予申云。攝政舞踏ヲ御沙汰有テ可被見申。且先例候歟ト云々。仍攝政舞踏御沙汰也。其後一獻在之。七獻後。將軍舞踏御沙汰云々。其時ハ予以下悉罷出了。其後還御。直內裡ヘ入御。御拜在所等爲被御覽置云々。攝政被同道申了。御步行也。予不及參申。御引物今夕進了。御馬一疋月毛。御劒白。御小袖練。十重。盆一枚桂漿。香合一鳥一雙文在之。以上。練貫三重。太刀一腰。自實池院被進之也。今日十六日進之

十七日進之了。以下十七日事。

了。練貫三重。太刀一腰。馬一疋。攝政ヘ進之。使者光意法印。

十七日。雨降。予自室町殿歸路ニ參攝政家門。昨日御習禮無爲珍重。可爲萬代御佳例條。自他祝着之由申了。今夕歸寺。馬一疋。太刀一腰。廣橋中納言方ヘ遣之了。一重太刀藤宰相入道。一重太刀實雅朝臣。同永豐。太刀一腰近習輩各賜之了。予重衣。實池院同前。理性院僧正。禪那院僧正。妙法院僧正。房官以下悉重衣。但若輩單衣也。僧正以下召出。各於御前賜酒了。今度此人數御劒不進之。越度至極歟。今日十七日。雨。於室町殿御拜賀御習禮在之。攝政被參申也。

十八日。晴。

十九日。晴。以赤松上總介被仰旨在之。來廿五日。大名一騎打次第事可爲何樣哉。畠山尾張守ト一色修理大夫ト兩人前後事。可爲尾張

守上首條勿論也。就之猶委細被聞食度之由也。予申入云。先日内々御定分。管領最前。其次一色。最末尾張守云々。於此次第ハ已一色領掌申入間。無子細候歟。但管領ハ後騎可召具之條。最前儀曾不可叶之由。津以下奉行申旨。内々承及候。管領今朝又此子細被申也。然者如何。尾張守最前ニテ。一色其次無子細者。旁可宜候歟。若又一色最前ニ可參候者。尾張守事如管領後騎ヲ召具。管領前後ニ可參條。爲彼一段御賞翫之儀候歟。此三ヶ條樣得其意。可令申入給趣申入了。　今日又於室町殿御習禮云々。攝政被參申也。種々御引物攝政ヘ被進云々。任康曆例。繪四幅。盆一枚。食籠一。虎皮一枚云々。以上四種也。

廿日。晴。早旦出京。　來廿五日將軍御拜賀供奉ニ付テ。一色修理大夫馬打事。所存ヲ申入旨在之。康曆元年七月廿五日。鹿苑院殿大將御拜賀時。諸大名一騎打ニ供奉。件時ハ次第不同云々。一色最前ニ供奉。今度ハ次第ニ可供奉由被定了。仍畠山尾張守最前。其次ニ一色可供奉分也。就此次第一色所存ヲ申也。康曆ニ祖父最前ニ供奉。其次畠山也。於被任康曆(之イ)云々御例者。一色最前ニ可參申處。次座ニ罷成條不便儀也。且可爲家恥辱云々。此申狀無其謂由。數反再往以山名右衞門督入道。此間御問答事盡了。　今日重又以山名再三被仰處。所詮可罷隨上意之由。御返事申入之由山名來申。但一トカト有樣ニ可被計下條。乍罷隨上意。又可爲面目由頻ニ申入也。一カトハ今度以別儀罷隨仰條。尤以神妙之由被下御書歟。不爾ハ被召御前。此等次第直ニ被仰含歟。兩條之内被任申請旨者。一向當身可畏入由。山名入道申入也。仍此子細載書狀可申入旨予申間。以狀申了。以件狀令申處。兩條共以御難儀由被仰出了。此旨申遣山名方了。今夜歸寺。
廿一日。晴。
廿二日。晴。於攝政家。大將御拜賀御習禮在之。康曆御例云々。 御引物御馬一疋。太刀一腰。三重云々。
廿三日。晴。於室町殿。晴御習禮云々。攝政被參申也。今日俄出京。御習禮以後。山名令同道參室町殿。一色供奉馬打事。重々猶申入所存趣申了。仰旨種々也。雖然所勞更發之間。供奉難叶由申上者。不被及力。後日儀ニテコソアラメト被仰キ。仍予退出。山名同前。及曉天歸寺了。
廿四日。晴。
廿五日。晴。早旦出京。自去十六日御拜賀御祈愛染護摩今曉結願了。但卷數今日不進之。來廿八日可進由申付了。奉行等計會故也。予可參御加持由。先日親光卿内々申間。申初刻參室町殿。香染。着指貫。有文香袈裟五帖。五古念珠。檜扇等如常。諸卿以下供奉人未初刻ヨリ參集云々。仍四足門ノ前ニハ。太刀帶等群集歷々間。自唐門西。參了。昇中門沓脱。自殿上前脇戸入。自中門第二妻戸北。着公卿座。諸卿悉中門廊參集了。仍不歷中門内。中門西緣ヨリ入。歷脇戸通路了。萬里少路大納言時房卿。勸修寺中納言經成卿。別當秀光卿。飛鳥井宰相雅世卿等來。不幾攝政被參申。被着公卿座。對合予雜談。酉半歟先攝政御對面。次予參。申次共廣橋中納言。御加持在之。將軍御束帶御帶劔。紫段平着高藤公云々。葉室宰相長宗卿進鹿苑院殿云々。 鹿苑院殿大將御拜賀。則令用之云々。仍又今度御用也。攝政御意見云々。 御加持作法如常。以五古奉加持了。早々沙汰之故實也。此間御祈愛染護摩也。殊彼尊咒三種。幷不動兩眞言等也。御加持了退出。直於棧敷路次見物之。最前隨兵卅騎。次小侍所畠山左馬助。織襖狩衣立烏帽子。後騎十騎。直垂裏打。悉以奇麗驚目了。其次殿上前駈卅四人。次地下前駈十八人。次太刀帶十五番。次番頭。次御車。以下次第如常。衞府十人。官人三人。中條。二階堂。小原。次扈從公卿。次大名一騎打。最前畠山尾張守。次佐々木。京極。次富樫。次土岐。最末管領。騎馬五番召具之。餘大名若黨三人歟。直垂。悉步儀也。自二條烏丸邊取松明了。先內裏。次仙洞〔云々。於仙洞〕三獻在之云々。

廿六日。晴。今日將軍御德日之間。諸人參賀無之。明日例日也。可爲廿八日之由。奉行廣橋新中納言申沙汰也。　今日歸寺。

廿七日。晴。

廿八日。晴。爲御拜賀無爲御禮。僧俗參賀。但僧中護持僧計也。俗攝政以下悉參集了。攝政烏帽子直衣着之給。左府內府小直衣。自餘或衣冠直垂狩衣等不同也。僧中悉鈍色。予鈍色指貫着之。寶池院同車。裝束同前。但表袴也。宗濟僧都乘車尻共奉。鈍色裳ケサ如常。從僧二人。鈍色指貫裳ケサ。大童子兩三。寶池院又一人被召具之。宗濟僧都同前。予聊遲參。攝政以下已參集。面々中門ニ停立。南都兩門一乘院。大乘院。同參。重衣也。予中門面々ニ聊少禮。入公卿座內。着北疊。常住院准后。兼着座。其次予。次聖護院准后。以上三人着座。餘ハ悉中門ニ徘徊。南座第一攝政。次一條左府。次內府。次鷹司大納言着座之。三條前右府。洞院前內府以下。殿上造合ニ停立了。御對面未半計歟。先俗中。次僧中也。御加持無之。予持五古。寶池院獨古。隨心院僧正獨古持之。花頂僧正五古持之。常住院。聖護院以下不持杵。

攝政白太刀馬一匹被進之。餘ハ悉太刀一腰持參。大臣持參太刀ハ。申次殿上人永豐請取之。持參御前。大納言以下自持參御前也。但鷹司如丞相。次僧中進物大略俗中同前。予白太刀馬鹿毛。一疋進之。聖護院太刀金幅輪。馬一匹。常住院以下太刀一腰計也。南都兩門馬太刀云々。今夕歸寺。申半歟。自勸修寺邊夕立大雨降。公方樣渡御東山岩栖院云々。

廿九日。雨。

八月

一日。雨。今日蝕不現。雖爲大禮已後。三壇御修法始未被行。仍蝕御祈勤仕輩無之歟。追可尋決也。八朔恒例之儀如常申入了。內裏糯子一端。御銚子。打。引合卅重。仙洞五重。三十帖。室町殿屛風一雙。扇一裹。已上一日分也。二日分御牛一頭。今日同牽進之了。自方々如形之儀如年々。自今夕愛染護摩始行。入堂等如常。今月臨時御祈當番也。仍愛染護摩又一壇勤修。每日護摩一座供二座修之。去二月如此。自餘方勤修時ハ一七日護摩。其外一月中一向供也。予以慇懃之儀如此修之了。

二日。晴。

三日。晴。三日分御憑今日又進室町殿。盆堆紅。茶鋺。水瓶在臺。食籠等也。

四日。雨。善乘院僧正年忌如常。於金剛輪院沙汰之。供養法淳基法印。惣寺風呂在之。

五日。晴。相國寺長老藤西堂御敎書今日拜領云云。

六日。晴。八朔御返。幷藤西堂相國寺事等。爲悅申入出京處。自右京大夫方。內々又可罷出由。可申旨被仰云々。自白河方注進事ニ付テ。可被仰談云々。旁早々可馳參了(マヽ)。於實池院壇所伺機嫌。參御所(前イ)。兩條畏申了。次自白河方注進趣被仰。一色宮内大輔爲大將。重可罷向那須城由有風聞。定可爲大勢歟。於此時者。自京都無御合力之儀者。可及生涯由注進也。仍三ヶ國越後。信濃。駿河可合力旨重被仰付了。越後。信濃兩國事。畠山方ヘ申了。駿河國事。幷信州大文字一揆事。山名方ヘ申了。各可申下由申了。次一色今度一騎打不參事。可有御切諫歟之由。畠山。山名兩人ニ以密々儀被仰談了。山名事ハ自此門跡上意趣申遣了。畠山方ヘハ以同修理大夫被仰出了。山名意見趣。暫被止出仕。追所領一二ヶ所モ(可カ)□被借召歟〔云々〕以此由則申了。畠山意見。御切諫事ハ雖尤候。可被閣是非條。於身可畏入云々。雖然一年モ二年モ上意クツロカサル御體。殊可然存之由内々申入候(也イ)歟。且遊佐ヲ以。自畠山方此趣等申賜云々。今夜京門跡ニ一宿。

七日。晴。昨日山名意見趣等。今日令參申入了。次被仰出樣。畠山意見ハ事始也。每事以無爲儀可被閣條。可然由頻申入也。此儀可爲何樣哉。簡要公方樣御爲無後難樣。可申入意見由。重可仰遣山名云々。次畠山ニモ此由可仰遣云々。可被閣是非由申入ハ。只一向無爲儀計ニテ申入分歟。今度振舞違背上意任雅意條。無御切諫ハ。關東鎭西ヘ聞モ不可然由。被思食如何。次ニハ雖被閣是非。公方御爲御難モ無ク。又御威勢モ不可失事歟。委細可申入云々。今日御返事可申入旨承了。仍兩人方ヘ爲申遣。召遊佐山口處。今日東山十住心院毗沙門講ニ。公方樣令成賜間。殊畠山申沙汰也。自今朝罷出云々。山名同前。但山口自東山馳參間。山名方ヘ申遣了。遊佐ハ巳公方樣渡御。還御以後可參云々。及戌半還御云々。遊佐來間。仰旨申遣畠山方了。爰自室町殿以赤松上總介被仰樣。今夜以外御窮屈也。明日ハ例日。九日ハ御德日候。來十日御連歌可在候。件日御出京候テ。兩人御返事可申入云云。仍遊佐歸參申樣。一色今度違背上意條。以外事候間。可有御切諫之由。被仰出條ハ尤候。先度如申入。面々依執申入。可被閣是非條。且不可有後難。御威モ又不可失云々。仍今夜及半更歸寺了。

八日。晴。愛染護摩結願。

九日。晴。

十日。晴。早旦出京。於寶池院壇所。暫伺機嫌了。以赤松上總介申入。不幾參御前。先日兩人畠山。山名。意見之趣具令申了。就之重又被仰子細在之。今度一色御切諫有ヘキ雜說ニ付テ。一色振舞以外過分心中。タトヘハ資財ヲ他所ヘ白晝ニ運遣。及夜陰ハ甲冑ヲ帶シ。被下打手ヲ一箭仕。可切腹由其沙汰。仍去七日八日兩夜。諸方騷動無申限。此條狼藉第一也。面面執申入事ハ雖去事。可有御免條定口遊有ラン歟。爾者御免事難儀思食云々。此旨又兩人ニ申處。畠山申入樣。於其身振舞者。曾不可成御難。其身ノ未練ニテコソ候ヘ。所詮面面依執申入御免旁可然可畏入云々。仍內々自畠山方。管領。右京大夫。山名。細川讚岐。赤松等申談。一同ニ明日猶可歎申入旨申也。山名大都同前。自畠山方就申入。御免簡要ト存。曾不可有御難由申入也。兩人所存趣明日可申入。各載狀可進由申間。兩人以狀此子細申也。今日御連歌。酉終事了旁。今夜不及歸寺。今朝相國寺入院長老藤西堂。公方樣渡御。御車。御小直衣。供奉殿上人三人各狩衣云々。管領一人直垂。自餘單物體云々。

十一日。晴。今日又參。昨日兩人申狀幷書狀等。備上覽具申了。仍一色事。先可被閣諸事由被仰出。珍重々々。予申入分ハ内儀也。以畠山修理大夫申入落居云々。今日及兩度參。亥初刻自寶池院壇所直歸寺了。

十二日。晴。　十三日。　十四日。雨。

十五日。晴。今夜蝕亥半刻云々。終夜不蝕。若勘謬歟。三壇御修法始以前之間。於御祈無之云云。自今夕恒例不動護摩始行。入堂同前。石清水放生會神人訴訟以外云々。神幸及酉終云々。雖然無爲云々。

十六日。小雨。六條放生會。每事無雨不及違亂。太平樂〔計〕於櫻(樓イ)門下在之云々。公方樣渡御相國寺。當長老初申入云々。自今日御產御祈。聖護院准后於本坊。護摩勤修。供料千疋下行。伊勢守奉行。外典御祈有富朝臣。供料員數不知之。

十七日。雨。

十八日。大雨大風以外。方々破損云々。當寺諸院不及吹損。山上山下無爲。珍重々々。大風午半歟止了。五靈祭禮無爲云々。公方樣御見物云々。六條八幡宮御油神人清水寺參詣。歸路於五條橋上逢大風。自橋被吹落。主從二人沒了。不便々々。其外如此類所所在之云々。官廳門二顚倒云々。相國寺邊ハ以外吹損云々。細川右京大夫亭祇園會御棧敷一二町他所ヘ吹落云々。十間計歟云々。

十九日。晴。今日未半刻歟。以伊勢因幡入道宿所。爲御產所。伊與局御產。姬君。自胎內御死去云々。帶加持以下一向聖護院准后被沙汰之了。今度初度云々。旁不運至歟。但無力次第也。御產所過(兼イ)ハ可爲富樫介宿所由治定了。已去月御渡物(初イ)等在之。然伊勢巫女今月初歟參室町殿。俄ニ令狂亂。此產所事。加賀國守護家ヘハ白山影向間。如此不淨等不可然事。連(速イ)被改由申云々。雖爾諸人不及信用。不達上聞云々。今月十日比歟。自大方殿此子細被申間。此巫女ヲ被召寄御所。事子細御尋處。白山御タヽリ勿論也。可被改也。次可被出生ハ若君ニテ可有御座由申入云々。仍三條京極歟白山御(小イ)社御座。於彼御社前被取御鬮處。可被改御產所云々。俄伊勢因幡入道宿所被點了。

廿日。晴。十八日大風。大和近江國等ニハ不吹云々。

廿一日。晴。

廿二日。大雨。不動護摩結願。公方様渡御管領亭云々。今度御拜賀以後御禮云々。

廿三日。雨。顯濟法眼青侍號常陸。於二石邊被打了。依惡行企露顯也。

廿四日。晴。

廿五日。御陵木去十八日大風ニ少々顚倒之間。清瀧拜殿南大床材木ニ相應由番匠申間。可加下知處。御廟木也。猶神慮無覺束間。於神前令取御鬮處。不可然御鬮也。仍令略了。次清瀧森ニ顚倒木。長尾社用木ニ可召仕由奉行僧申間。於清瀧同令取御鬮處。不可云云。同令略了。神道事。凡慮尤難測事歟。後々猶可謹慎。爲無廢忘記置了。

廿六日。雨。筒井來。去年以來在京。今日罷下。自公方御馬太刀被下。畏入云々。河上關事同拜領云々。

廿七日。晴。

廿八日。晴。相國寺長老來臨。伊勢守護雜掌道家入道。就清住院領事可罷下由。先日被召仰御所處。不罷下云々。狼藉至極也。速可改雜掌由。可申遣守護方由。以大河內承分經祐法眼參申也。十市參申。罷下云々。御室門跡領。幷藥師寺領事。御敎書拜領云々。十九日御產姬君母儀昨日死去云々。自勸修寺中納言方。遣書狀於妙法院僧正方申。自來月十日秋季大法事。於室町殿可勤仕旨。被仰付花頂僧正也。爲得門跡御意申入云々。　自明日彼岸舍利講。任近年例。於此門跡可令始行旨申付了。仍所作人事。爲稽古式以下申付若輩了。當季供養法台藏也。

廿九日。雨。拜殿理趣三昧不參了。於此門跡舍利講如常。式新衆〔俄〕故障間。定盛法印沙汰之了。錫杖顯濟法眼。初度所作也。　室町殿御歌御會今日也。公方樣七條道場へ渡御云云。　今日御時。政所沙汰也。

晦日。晴。今月中（將軍御祈）愛染護摩結願。卷數二枝。一枝ハ護摩分。一枝供分也。每度如此進之。奉行勸修寺中納言也。以妙法院僧正奉書遣了。今日式超深僧都。伽陀定與。散花長老。讚源意律師。　今日三條八幡宮放生會在之。　今朝自實相院賜狀。八講堂彼岸五種行。導師房能僧正不參。仍導師闕如云々。

九月

一日。晴。恒例愛染護摩始行。入堂等如常。今日式弘豪法印。伽陀。　唄。　散花。讚。

二日。晴。秋季聖天供始行。道場御時所。承仕常從法橋。供料下行如常。納所沙汰也。　今日時正中日。舍利講如昨日。式供養法台。　宗濟僧都。初度。凡無違失歟。伽陀光俊。唄。散花。　讚。　法花經讀誦最中。申初歟。大風俄吹。道場正面障子吹落間。壇上灯臺顚倒。諸人止經馳走了。半時計間風止了。大湯屋築地覆吹落。小在家少々吹破云々。希代災也。　拜殿例時ニ出仕了。着香衣。宗濟。隆濟。顯濟等供奉。房官中童子。大童子等參。乘手輿。調聲經譽。　自室町殿及秉燭御書到來。伊勢守護寺社領押領。度々御成敗處。不渡條存外次第也。爲門跡嚴密ニ相尋所存可申云々。以外御腹立御文章也。早速可申下旨。御返事申了。　一色左京大夫昨日朔。　自身切髮也。狂亂興盛故云々。四月以來狂病更不得減。珍事々々。　去月十二日以來聊減氣間。連々出仕云々。　今日舍利講。　御時廳務法印同法橋光忠三人沙汰之了。

三日。晴。　伊勢長野來。日永庄御判。去月晦日拜領。只今罷下云々。二千疋太刀持參。馬一疋黑。太刀遣之了。　埴和右京亮來。知行分惣案御判昨日拜領。畏入由爲申入云々。　自大友音信。二千疋虎皮一枚到來。自長得院傳進了。院主則持參。彼使者僧云々。　今日式過(兼イ)所定俄故障間。定盛法印勤之。伽陀。　唄。散花。　讃。　今日長尾彼岸云々。

昨日自室町殿御書。今日相副書狀。以日光坊下遣了。日光ハ伊勢守護爲使者。去月初以來在京了。重事間則罷下云々。

四日。晴。今日舍利講。式供養法隆濟僧都勤之。初度也。無違失儀。伽陀仙忠。唄金剛王院。散花源意。讃超慶。吉慶梵語第二第三。秘讃。十六尊。梵語。　今日經二卷重讀之。六七兩卷也。　去七月歟。自右京大夫方。下遣佐々川方使者僧參洛。京兆使有岡同道來。自佐々川此門跡へ返報。幷右京大夫方へ返事等悉持來了。此使者下遣事ハ。自關東使者參洛時。可有御對面歟事。佐々河へ內々管領以下面々申談旨在之。此返事到來也。御對面事不可然也。乍去諸大名可有御對面由。意見申入上ハ。蹤(縱カ)御對面アリトモ。此次ニ關東事堅可有御沙汰條尤可目出。不然ハ御後悔事可在之條勿論由。載誓言被申也。　予來九日神事前。京中御產穢時分間。不可出京也。自京兆方可披露申入條。可宜旨申了。予方へ返報。　同可備上覽由申遣京兆方也。僧ニ對面。彼返事樣等具尋聞了。非殊事。書狀ト同篇也。

五日。晴。舍利講今日結願。式盛林院法印。唄定盛法印。散花光俊。梵音賴全。錫杖快助。伽陀長參。讃宗濟僧都。南方讃四ハラ密秘讃最勝。錫杖後金一打。先卒都婆供養在之。自身造立分八十四基。其外ハ人々任所意造立。員數不同。開眼詞。　法會了雜紙幷蠟燭等。人別賜之了。式師二分取之。　今日御時中居三四人寄合沙汰了。　自晩頭降雨。

六日。雨。自右京大夫方使者有岡參申。先日自佐々川御返報等。昨日五日。懸御目處。委細被御覽。就其懸田事可有御治罰歟由。佐々川へ御教書於被成遣。伊達。葦名。白川以下奥大名方へ。悉可被成御教書。就其ハ自右京大夫方。懸田御對治事。先如此御教書ヲハ雖成遣〔候〕。懸田若御對治無左右難叶樣候者。先可被閣候歟。兩篇重可被申入旨可申下由。內々被仰下候。所詮此等子細。可爲何樣〔候〕哉。可尋申門跡意見由被仰出云々。予御返答。於懸田御對治一段者。善惡之儀更不存知候。就中治罰御教書於ハ乍被成遣候。自右京大夫方。對治難事行候者。先被閣重可被申由可被申下條ハ。可有如何候歟。若得上意內々如此被申下候樣ニ。佐々川以下輩推量候者。只今御教書淩爾ニ可成歟。於御條ハ若猶可有御思案歟由申了。次內々右京大夫方へ申遣分。懸田只今御治罰事ハ。旁卒爾覺候。奥事おハ每事被任申佐々川。依彼御注進樣。御成敗ハ尤可宜事歟。關東ノ大敵ヲ置ナカラ。御敵之內ニテ不慮弓矢出來ハ。萬一關東ノ得理ニモヤト覺候。此條ハ努力々々不可及披露由申遣了。

七日。雨。

八日。晴。愛染護摩。歡喜天供各結願。御臺御祈愛染護摩運時同結願了。自室町殿爲御使。飯尾肥前守來。伊勢北畠一族阿野侍從令庭中。本知行地國司知行群(郡カ)內ニ在之。可被成御敎書條。可爲何樣[候]哉。可申意見云々。予申樣。北畠無左右不可渡付之由存候。定可歎申入歟。近日儀先可被相延條若可宜歟。但可爲上意云々。自花頂僧正方使者ヲ以尊朝法印云々。自來十日大法脂燭事。祖師淨雅僧正二間參時。一家殿上人五六輩取脂燭事記六如此。以此例今度可申入由存。併任御意見云々。予返事。可有何子細哉。尤可被申由申了。

九日。雨。今日祭禮。終日降雨之間。任延應例可相延歟。但彼度任御孔子翌日十日。在之。今度モ可任御孔子由評定了。仍酉終取孔子處。不可延引云々。仍雖爲雨中神幸。取松明。神輿雨皮等自先年粉(紛カ)失。其後令無沙汰了。仍俄ニ荒薦相尋處無之間。淨席ヲ尋出。神輿上ニ奉覆之也。於八足前如常神輿ヲ西向ニ奉成。惣導師弘豪法印。袍裳衲袈裟。六三昧僧鈍色香ケサ。已上南方ノ縄ニ懸手ヲ。執行法橋永秀袍裳平ケサ。公文所司裝束。一物王一丸當年大藏卿法眼經祐沙汰之。師子田樂如形。於神輿前惣導師仁王講行之等如常。八足左右ニ立松明。寺務棧敷前力者五六人持松明捧之。田樂不及藝能。卽還幸。今日神事以外左道如形。雨儀祭禮事。兼可令用意條勿論處。自然無沙汰也。

十日。晴。今日止雨。奉幣被行之云々。自將軍申御沙汰云々。於室町殿月次御連歌在之。發句赤松入道。脇句如例將軍御沙汰也。聖護院准后不參。痢病云々。內々ハ今度御產事雖不苦事。無面目樣也。可斟酌歟由。先日以良讚僧正談合。誠其謂之由令返答了。將軍御尋間。痢病不參由予申也。攝政。實相院僧正。予。其外武家輩計也。自申初連歌始。及戌半事終。御連歌以後。山名禪門來。對謁。六角來。同前。自管領使者來。二宮越中入道云々。　職上表事暫ハ可堪忍仕。就其計會過法。或以便宜可得御意云々。可相談山名禪門之由令返答了。　今日連歌以前。先予一人參。奧佐々河方ヘ重下使節。自關東使者參着〔ハ〕。可有御對面歟事。先度被尋遣處。佐々川御返事趣。於御對面。旁於奧幷京都方御扶持者。雖難治至極。京都大名頻可有御對面之由意見申入云々。然者可有御對面歟。但於此次關東事。嚴密ニ可被仰付條可宜云々。就此返事。關東使者御對面事。佐々川心中未分明間。所詮サハサハト御對面有無被申樣。管領。右京大夫。幷予狀等可下遣由承了。　仍以慶圓法眼申遣管領幷右京大夫方也。可令存知旨共申入了。及半更歸寺。　御連歌面時分。小動兩度。傍通分不快歟。　自今日於室町殿。花頂定助僧正金剛童子大法勤修。伴僧口數廿口。護摩房宗僧正。十二天聖天兩壇在之。於十二天壇。十二天万タラ懸之。　今日於長尾仁王講十一口。行之。導師弘豪法印。幷御供御神樂奉備之。下行物等悉自納所沙汰了。　昨日神事雨儀臨期不法間。爲祈謝也。　自今日於一色左京大夫亭。大慈院僧正不動護摩勤修。自此門跡申付了。

十一日。陰。小雨。今日室町殿御歌御會云々。　自右京大夫方使者有岡來。佐々河方ヘ可進狀案文賜之。爲御一見云々。少々相違之處可直之由。意見候〔申〕了。　今日於長尾尊勝陀羅尼十一口。如昨日。法樂子細同前。

十二日。晴。自門跡佐々河ヘ狀案認。　可備上覽由申遣右京大夫方了。返狀ニ云。明後日十四日。可備上覽云々。報恩院ヘ召請。時以後松尾ヘ登。爲賞翫松茸也。四五本取之了。歸路ニ又於報恩院一獻在之。千疋隨身。今日於長尾八講行之。八ロ。子細同前。以上三ヶ日法樂今日結願也。

十三日。陰。

十四日。晴。自右京大夫方使者有岡來。佐々河ヘ御狀案自此門跡。備上覽候處。少々被加入事候。白河。佐竹。那須兩三人。殊可有御扶持由。可被入此御案文云々。其外無殊事。珍重由被仰出云々。仍加此詞。案文重可備上覽由。右京大夫申間。書遣了。自赤松方使者上原入道參。申入篠村材木持人夫事。於國中事ハ可加下知。只今材木取立所ハ因幡國也。他國事ハ旁難儀也。可被仰付因幡守護歟云云。返答尤候。何樣此由可伺申入云々。十一日御歌御會又延引。今日在之云々。雅永朝臣申沙汰云々。雅世卿御突鼻故也。

十五日。雨。自今日恒例不動護摩開白。入堂同前。尊勝千反タラニ如常。

十六日。晴。恒例炎魔天供開白。地藏院月次壇所北斗法今日結願云々。凶會日也。如何。自去十日始行。運時歟。自御室使者禪信僧正來。去十八日大風ニ。仁和寺本寺金堂上過半吹破間。修理一段失術計處。大勸進僧申旨。本寺廻雜木大略自然生歟。六本杉等名木ヲ除テ。其外ハ用木ニナサレ(耳イ)。以彼代可被修理由申。尤聞寄候。但可爲何樣哉。可任御意見云々。予返答。此條先宜候歟。可有何子細哉。但以廣橋中納言等。內々可被入室町殿御耳歟由申了。

十七日。晴。室町殿大法金剛童子法今曉結願。非日中云々。自花頂僧正方。以使者此由申入也。以宗濟僧都委細相尋處。先日脂燭事。就仰奉行勸修寺中納言ニ內々申談處。截書狀賜者可致披露云々。事煩敷間今度事一向存略仕候。供料萬疋云々。次自今夜不動小法可相續勤仕旨被仰出間。老屈計會。乍去可參住仕由申入云々。　金剛童子大法此門跡(流イ)勤修今度初度云々。惣而大法勤修彼師跡今度若初歟之由。聖護院准后被相語キ。如何。於彼門流者。淨雅僧正隨分者也。大法定勤仕歟無覺束。追可尋注。去八日彼二間參記一見了。行粧等如法歷々キ。今度以彼度例脂燭事。可申入旨申條凡不得其意キ。雖然大臣息翟修法始時賜脂燭條。先例連續也。勝寶院道意僧正非修法始脂燭賜之歟。仍可有何子細哉之由令返答了。　勸修寺中納言截書狀可被申由返答。若存故實儀歟。　花頂僧正今曉大法結願以後退出。及晚頭更又參入壇。尤神妙沙汰也。大法無爲結願之儀。殊存故實歟。

十八日。晴。今夜於淸瀧宮法華經能讀ニ仰テ令法樂了。布施如常百疋賜之。弘豪法印奉行之。　大慈院僧正成基來。一色左京大夫亭ニテ勤修護摩一日延引(行イ)。今曉結願。彼狂心大略本復。珍重由相語了。不動護摩念誦二人云云。念誦ハ振鈴以後定令誦歟之由相尋處。三力金後出之云々。此條如何。若謬歟。於當流ハ。振鈴以後誦之勿論儀也。先年花頂僧正對謁。雜談次此事相尋處。彼流ニモ振鈴以後誦本尊咒由申キ。自他同前法式歟。次成基僧正尋申云。傳法灌頂結願作法微音云々。此微音ノ程。聊外陣ヘモ聞ユル程ニ可在歟。又其マテモ候マシキ歟。次如廣澤。高聲ニ仕事ハ。一切醍醐方不可在候事歟。如何云々。予答云。野澤差異也。於醍醐方ハ高聲儀無之。微音勿論也。就微音重々事宜在所意歟。但外陣へ聞ユル程ハ聊高候ヤト覺候也。大略心念常事也。如予每度以外微音。大略如心念令沙汰由申了。次僧正云。同不同葉事以何可爲正候哉云々。予答云。以同葉可爲正歟。但同不同共以深意在之歟由申了。僧正云。成基覺悟分。以不同葉爲規摸由存者也。不空幷天台藏ヲ研窮スル義。請來錄文分明候云々。予重云。研窮活嚢言共不空幷天ヲ嘆計歟。別而不可成不同證歟之由申了。凡同不同事。古來異儀宗大事也。能々可覺悟哉。〔金剛王院房仲僧正同參候間承了。〕凌爾不審歟。予僧正ニ尋云。三摩耶戒天蓋幡ハ。四流八流何ヲ用哉。僧正答云。四流ヲ用云々。予又問云。四流ハ因果何乎。僧正返答不分明。四天種子書タル幡ヲ用候ト云々。此條以外不審。所詮此幡事。返答體不分明歟。如何。

十九日。雨。　廿日。晴。

廿一日。晴。自公方以兩使伊勢備中守。飯尾肥前守。被仰伊勢守護子細。當國寺社本所領等。悉可被渡由可申遣云々。

廿二日。晴。不動護摩焰摩天供等結願。伊勢守護方へ今日仰旨申遣了。昨日御德日故也。

廿三日。晴。

廿四日。雨。花頂僧正勤修不動小法今曉結願云云。

廿五日。晴。　廿六日。　廿七日。晴。

廿八日。晴。細川讃岐入道死去云々。

廿九日。晴。

晦日。晴。勢州寺社本所領事。如被仰出悉可渡付由申入上者。方々代官可罷下由可被仰付歟由。以兩使經祐法眼。光忠上座。伊勢備中守。飯尾肥前守兩人方へ申遣了。明旦可披露云々。及夜陰間不得機嫌云々。　淸瀧宮。長尾兩社御供神樂。幷仁王講。各請僧五人。布施如形。　當院五社御供幷仁王講僧衆五人同前。可爲每年儀也。

十月

朔。晴。　恒例毘沙門講如常。尊勝千反タラニ同前。但三ヶ日間千反滿之也。幷百座愛染供自今日始行。限七ヶ日滿百座也。此等每月恒例規式也。一向門跡中祈禱而已。　自今夕愛染護(摩脱カ)自身勤修。將軍御祈每月恒儀也。支具料安食庄役。自理性院下行之。　入堂又同前。自室町殿御使兩人(伊勢備中守。飯尾肥前守。)。仰云。伊勢守護押領寺社本所領事。昨日爲門跡被申入趣。守護悉可遵行由申間。　方々代官罷下樣可被仰付歟云々。此條猶御不審候。萬一諸代官下向處。守護於國及難澁之儀事候者。爲守護奉爲公方不可然(候)歟。所詮被仰出所々一定悉可渡申歟。又不可叶歟。兩樣サハ〳〵ト可申切由重可仰遣云々。次守護職辭退。心中樣々申入候し。如今者辭退モ一途ト被思食由被仰出云々。予御返答。此仰旨早々可申遣候。元來不難澁申入事間。定不可及異儀候歟。次國上表可申入歟事。於此事者曾非大膳大夫申狀。愚身堅固內々申入分候キ。楚忽事申入候ける越度至。何樣ニ申入候し。心中モ此國大事候。國司雖御免事候。闕以下國退散。國人共守護ノヨハメヲ伺事。萬一越度モ出來候テハ。公方ノ奉爲候間。ツヨ〳〵ト候守護ニモ被仰付候者。　上ノ御爲可爲珍重心中計キ。旁仰旨可存知由申之了。　自仙洞被下勅書。江州六名事。召次幸眞佐去年以來愁訴間被仰處。早速達申武家。嚴密沙汰候間。御悅喜云々。　自今日月次壇所山岡崎參住。手代宇治森房僧正長喜云々。但岡崎門主(當年十一歲。)自身參住云々。不可說々々々。

二日。晴。

三日。晴。

四日。晴。今朝出京參室町殿。御對面。勢州事。寺社代官只可被下條宜存候。必々可渡申入由申。此上者不可有御不審候歟由申處。愚身如此申入上者。方々代官可罷下由可被仰付云々。次竹中僧正去年以來被止出頭了。連々歎申入旨申處。不可有子細由被仰。仍護持僧如元。自來月壇所參住。又不可有相違由被仰出間。其由彼門跡へ以經長寺主申遣了。歡喜歡喜云々。今日則歸寺。被仰畠山事兩條在之。一ヶ條大方殿御料所等事。地下土藏別女中方へ被召分一萬千餘貫云々。諸土藏歎此事歟間。此等義委細女中儀被尋究。可被停止由思食云々。今一ヶ條事ハ。十二月一日諸大名參於御前一獻。其次小袖各被下之云々。當年一色事可爲何樣哉由也。召齋藤因幡守。具仰旨申含了。勸修寺門跡相續仁體事。今日伺申處。小倉宮息可宜旨被仰了。

五日。雨。自今日北野御經始行之。鹿苑院殿以來每年御願也。請僧千人自諸國參洛。每日一萬部。十日ニ滿十萬部也。御布施人別三百疋云々。其外每日食物下行之。御經千部兼新寫之。各拜領之。此等用脚尾張國山田庄役。其外御料所在之歟。爲御丁聞渡御云々。力者御輿網代。等每度召進之也。自午初天晴。今曉卯半小雷鳴一度。自伊勢守護方。使節大澤入道參洛。相副經祐法眼。遣伊勢備中。飯尾肥前守方了。則披露處。御返事。昨日直ニ如被仰門跡。所々悉渡申。追可申子細云々。

六日。晴。

七日。晴。今日菩提寺へ召請。時以後風呂在之。大澤入道今朝罷下了。自山名方以書狀申送。管領申入計會次第等。昨朝出仕次申入處。時宜無相違。委細事可被申入御門跡由被仰出。可得御意云々。竹內僧正來臨。五日出仕。御對面祝着云々。

八日。晴。愛染護摩結願。小野淸瀧同藥師御陵等參詣了。自管領使者二宮越中入道來。計會式昨朝山名禪門披露處。委細ハ可被申入其御門跡由被仰出。以前注進卅餘ヶ所在所悉皆土貢二千匹計歟云々。此分平ニ可有申御沙汰云々。返答。被仰出者不可有如在儀也。自此方可申出條旁難治由申了。勸修寺門跡相續仁體。小倉宮御息被治定。可令存知旨。以妙法院僧正奉書申遣慈尊院僧正方了。可存知由返報在之。

九日。晴。

十日。晴。早旦出京。齋食以後參室町殿。攝政。聖門。寶門參會。予先參御前。管領申事被仰了。所詮只今申入所々。悉以由緒故勝定院御時被返付間。今更又御沙汰難有歟由可申遣云々。去七日山名此事申入歟。其御返事也。

非本路條雖不審千萬。依仰申遣管領了。今日御會頭役京極加賀入道發句任例申入了。脇句攝政。第三室町殿。四句予沙汰〔候〕了。三〔ノ〕懷紙裏〔ノ〕末ニテ。室町殿內ヘ令成給。其後以赤松上總介。御蟲腹氣間御早出御自由至由。攝政幷予ニ被仰了。連歌終面々退出。今夜歸寺及半更。伊勢關彌四郎（關入道息也。）事。山名執申入書狀トテ被見之了。於御免一段者不可叶。若時宜歟。但不分明。予（最イ）是非不申之也。御連歌以前事也。出京以前右京大夫來臨。 自畠山以使者齋藤因幡守申入。先度被仰出兩條畏被仰下。一ヶ條大方殿樣年中被召仕用脚及八千由事。誠京中諸土藏周章歟。其外女中御方悉皆一萬千餘爲土藏。別進上尤不便候。可被省略條可爲御善政由。山名。右京大夫兩人同心申入云々。 次十二月一日。一色ニ直可被下御小袖事。殊可宜由申入也。今日未申入之也。同使者申高野事。去月九月。廿五日遊佐ツメ寄候。七口塞候事ハ。去月初ヨリ致其沙汰了。行人等少々懇望子細候。定可屬無爲歟。諸堂等事。是ヲ一大事ニ令沙汰〔候〕間。御心安可被思食(候イ)云々。七月以來。高野衆徒行人確執。衆徒悉離山。長日勤行以下悉退轉。高野ニハ行人念佛衆計止住云々。言語道斷事也。行人等以外過分下剋上シテ。已衆徒ノ首ヲ切云々。行人ハ悉衆徒等召仕下法師也。主人ノ首ヲ切程ニ過分ニ罷成候。仍山中事。今時分嚴密沙汰無之者。高野已可及滅亡云々。珍事々々。一宗周章此事歟。先度自御室以禪守僧正。此等事歎承了。且其趣連々仰遣畠山方了。仍只今又如此爲守護申賜也。筥根別當去月死去由御物語。關東以外周章云々。寶清法印參申。去八月十八日大風。東寺南大門扉ヲ一枚吹放テ。中門ニ吹懸候キ。其外ハ寺家無殊事。希代事云々。

十一日。晴。

十二日。晴。篠村大工職事。付根本可申付爲國由。以飯尾肥前。松田八郎左衞門督被仰了。

十三日。雨。慈尊院僧正來。就小倉宮御息入室。條々申入旨。一室町殿御猶子可然由。自小倉宮被申入事。一入室夜可有得度歟事。一此間門主ハ〔以〕先門主儀。不可有師主儀事。狂心未本復故也。仍門跡中臺屋ニ可奉置歟事。一得度戒和尚仁體等事。一入室時童體裝束可爲何歟事。一室町殿護持猶申入度事。一坊務事一向可爲新門主計事。返答條々奥ニ注之了。

十四日。晴。北野御經十萬部今日滿結願云々。但各々願主經明日明後日可相續云々。貢馬被引上今日御沙汰也。被任至德例了。

十五日。晴。恒例尊勝千反タラニ在之如常。不動護摩始行。恒例。入堂同前。弘繼僧正申入條々返答事。一室町殿御猶子事。自彼宮以萬里少路大納言。直可被申條尤可宜歟。何樣歟時ハ爲此門跡モ可申入也。旁此儀珍重。一入室夜得度事。十二歳云々。已成身事歟。旁可宜。一戒和尚事。只今門主狂心儀。若被平愈者。和尚尤叶其理歟。不然者僧正弘繼事。沙汰不能豫儀歟思給也。一當時門主彼入室以後。爲先門主儀。不可有師主儀事。狂心未休間。小倉宮被不受條尤候歟。但於其一段者愚身意見難及。面々寄合加談合。宜樣可相計歟。一坊務事。又同前。一只今門主在所事。如臺屋可有何子細哉。何樣門跡中ハ宜歟。但他所ニ可然在所等候者。尤宜候哉。宜爲計歟。一入室時彼御着用裝束事。常儀ハ直衣等勿論歟。但近日彼宮式以外御計會云々。又爲門跡助成儀不可叶歟。然者略々儀可有何子細候哉。蹤(縱カ)如半尻候共。不可有苦由覺旨申了。以上十三日事。

弘繼僧正雜談次ニ予相尋云。灌頂三摩耶戒壁代內天蓋幡ハ何流哉。僧正云。用四流云々。四佛四菩薩等三形圖之歟。爾者四流ハ因〔ノ〕幡歟。果幡歟云々。僧正答云。不及其沙汰。如唐草書之幡也云々。次予尋云。片供器在之歟。答云。於三摩耶戒者一向不用之。夜時小壇時用片供阿伽等也。其モ一夜作法時。前後供養用之云々。次予尋云。台界供養法時。後度灑水被用之歟。勿論云々。又問主(云カ)。其灑水ハ直灑歟。答直灑〔候也。問云。如初〕施轉儀在之〔哉。答云。直灑間施轉無之〕云云。於此儀者當流歟。僧正云。受法事年來申入キ。免許可畏〔入〕云々。予云。舊好異他。可有何子細候哉。但加思慮追可申云々。

十六日。晴。高野事悉屬無爲之由。自齋藤因幡守方申入了。珍重。仍遊佐近日可罷上云々。
十七日。晴。室町殿一品宣下。僧俗為御禮參集。僧中如先々護持僧計也。予重衣。寶池院同前。同車。宗濟僧都重衣。乘車尻供奉。房官二人參會。單衣也。攝政以下三公小直衣。朝衣輩少少相交了。面々御太刀事可略由被仰了。仍不及進也。大内記為清朝臣宣下持參。入藍莒。束帶々劍。於中門永豐朝臣請取之。狩衣。藍莒ニ金一裹入之。立歸渡之。為清朝臣又請取之。祿物儀也。其後面々御對面。今日則歸寺了。
十八日。晴。
十九日。晴。御室以下諸門跡南都兩門等。今日為叙品御禮參賀云々。妙法院僧正。水本僧都等今日參賀。御太刀奉獻之云々。
廿日。晴。一乘院來入。昨日參室町殿。御對面之由被申。少一獻在之。兼曉僧都召出之。自室町殿兩使飯尾肥前守。同大和守來。伊勢守護國中所々悉可渡申由申間。諸代官罷下處。未遵行在所如此七八ヶ所歟注給了。以外次第也。重嚴密可申遣由承了。御返事。何樣此仰旨。京都雜掌大澤入道召寄堅可申含候。以前嚴重（密イ）申遣守護。又嚴重領掌申處。如此間退屈。乍去上意間嚴密可申由申了。則以經祐法眼仰旨申付大澤入道了。國へ申下可申御返事云々。
廿一日。降雨終日。
廿二日。晴。辰終歟。不動護摩結願。中山宰相中將。松木宰相。伯。菅少納言基長等來。
自嗣光方以御教書申賜。
來廿五日可有室町殿御拜賀。并來月御參宮以下（可脱カ）。無風雨障碍。令遂給候〔之〕樣。自來廿三日令致懇祈給由被仰下候。以此旨可令申入給也。恐惶謹言。

十月廿日　　　　嗣　光
禪那院僧正御坊
禮紙〔二〕。
追申。
結願日事可被仰彼者也。
請文案。
來廿五日御拜賀幷來月御參宮。無風雨之障
令遂給候樣。可致懇祈之旨承了。自明日（廿三日）。
修愛染王法可抽丹誠之由。可令披露給也。謹
言。
十月廿二日　　判
禮紙。
追申。
結願日次事。重可承由令存知也。
又一通在之。文章大略同前。可相觸當寺云
云。以理性院僧正奉書獻請文了。寶池院同
御祈不動供可勤修之由請文云々。寺家御祈。

廿三日。晴。今朝（卯剋）。將軍他所へ御馬初。三條
八幡宮へ御參詣。自鳥井御下馬云々。御直
垂。於神前御奉幣如常。御進宮物。金二裹。白
太刀五振。神馬一疋。御神樂料二千疋。慶圓
法眼自夜中參。每事奉行之了。爲御禮今朝
出京。則參申了。重衣着之。爲御祝着御馬一
疋。（月毛。）盆一枚。（堆紅。文牡丹。）香合一。（桂漿。文同。）以慶圓
法眼進之。赤松上總介請取披露云々。其後予
參御前。珍重由申入了。今日則歸寺。自
今夕御拜賀以下御祈愛染供始行。叙品御拜
賀可爲來廿五日云々。鹿苑院殿御例云々。來
月廿七日御參宮以下御祈也。大乘院京門
跡へ來臨。
廿四日。晴。自夜陰風吹。自曉天雨降。
廿五日。（自辰終晴。少雨尙降。）今日將軍一品御拜賀。扈
從公卿大炊御門左大將。廣橋中納言。中山宰
相。殿上人五人。太刀帶以下如常云々。官

司行幸。室町殿御供奉。御乘馬。太刀帶布衣等如常云々。

廿六日。晴。早旦出京。御禊行幸戌初刻。室町殿御供奉。攝政御後ニ供奉。車。唐庇。ウテ舍人被召具。攝政差異歟。予二條萬里少路ニ立車見物之。寶池院同車。兒兩人喜久壽。辰壽。召具。子終刻歟大地震。在方卿申。水神動。五十日內兵革。天下飢疾等云々。不快歟。有盛卿申。金翅鳥動。占文不快。御大儀前間。不及注進云云。

廿七日。晴。

廿八日。晴。御禊無爲之儀。先參賀室町殿。予車。着香染。寶池院同車。裝束同前。宗濟僧都扈從。乘車尻供奉。鈍色。從僧兩人。宗辨。經長。鈍色指貫裳袈裟如常。大童子力者衣直垂。今日參賀僧中護持僧計云々。但南都兩門一乘院。大乘院參。兩人重衣袖輿云々。大覺寺僧正御參賀。重衣。護持僧中大略鈍色。但實相院。淨土寺。地藏院。常住院准后重衣。聖護院着重衣被參了。予着香染參間。俄召寄裝束。於岡崎月次壇所着改了。 俗中攝政。九條前關白冠直衣。一條左府。近衞右府小直衣。三條前右府。洞院前內府冠直衣。久我內府小直衣。其外大中納言等不同。大略朝衣也。先俗中御對面。次僧中。其後參內院參。但僧中參內略之。御禊以後別而御神事。僧尼不參故也。仍直參仙洞了。以四辻宰相申入了。御小瘡御興盛。仍此間以外御窮屈處。今日室町殿可有御院參由御申間。爲御對面御養性。得其意可申旨云々。攝政予同前ニ被仰下退出了。 今日歸寺。

廿九日。雨。室町殿院上﨟局ヘ入御云々。御室以下僧中今日參賀云々。

十一月

一日。晴。自今日恒例愛染護摩始行。入堂等同前。

二日。晴。自今曉冬季歡喜天供始行。承仕常從法橋如常。

三日。晴。安三位有盛來。大嘗會舞事。付理運可奉行由被仰下。仍天王寺伶人任例可參勤旨。令旨可拜領云々。仍申付妙法院僧正令旨遣之了。令旨任古案書遣之。青蓮院別當時令旨案文歟。有盛卿相語云。去月變異。古文不快。同廿六日地震。金翅鳥動。古文同前〔云々〕。在方卿水神動由注進。如何由尋處。申謬歟。金翅鳥勿論。現圖慥伺試云々。

四日。晴。弘忠法印頓滅。中風歟。春秋六十九。

五日。晴●

六日。晴。廣橋中納言以書狀申。來九日室町殿御直衣始必定也。就其康曆鹿苑院殿御直衣始時。御加持在之歟事。方々相尋處。所見無之由。面々被申了。次先御代勝定院殿。御時儀又如何。隨其等儀可申沙汰云々。予返事云。鹿苑院殿御直衣始。御加持有無所見誠無之候哉。前御代儀又不分明由申遣了。

七日。晴。自九州探題方。使節板倉上總參洛。則參申。仍對面。慶圓法眼引導。室町殿へ八今四五日間可申入云々。山上別當事。仰付隆圓法印也。

八日。雨。愛染護摩結願。歡喜天供同前。爲畠山使節遊佐河內守參申。根來池坊於國惡行以外。今度寺家錯亂。併又此者一身所行候。傳法院交衆儀候者。尤可申案內處。非其儀間。無左右去五日於國令沙汰云々。切腹云々。傳法院三綱參洛。

九日。自巳初天晴。今日室町殿御直衣始。供奉公卿五人。殿上人。

十日。晴。

十一日。晴。晩頭出京。
十二日。晴。室町殿御直衣始。無爲之儀珍重由。僧俗參賀如例。僧中護持僧計。各着重衣。御持外大覺寺。梶井。幷南都大乘院。一乘院參。各重衣。御對謁之儀如前々。先俗。次僧中。(マヽ)御持僧御對面了大覺寺。梶井。南都兩門參謁也。予今日入寺。今日於室町殿御所淸暑堂御神樂拍子合在之。攝政家ニテ可有沙汰處。任永德例。於室町殿可有御沙汰由。攝政被計申云々。仍攝政參會云々。一獻各盃云々。
十三日。晴。今日於山上社頭假殿(准胝堂。)御供奉備之。八講同始行之。御供米以下自廳務方沙汰之。山科年貢云々。於八講用脚他足歟。自今日於室町殿。花頂僧正定助不動大法勤修。伴僧二十口之内。僧正兩人。房宗僧正護摩壇。房能僧正天壇云々。供料萬疋歟。不分明。今度脂燭殿上人事。以彼祖師定雅僧正二間夜居參例。家門家子雲客可召具由。以奉行勸修寺中納言所望申入也。御返答。萬里小路大納言。廣橋中納言等ニ可申意見云々。兩卿意見以定雅僧正例申入云々。優當時護持勞可有御免條。可有何子細哉云々。仍花山大納言家子一兩隨其役云々。自今日仰盛林院法印幷隆圓法印六字護摩兩壇始行。非公方御祈。門跡中祈禱也。供料下行之。
十四日。雨。今日官司行幸。戌半刻歟云々。雨脚止了。珍重々々。攝政家幷室町殿於官司御參會。供奉無之云々。於山上社頭假殿仁王講修之。探題使節板倉以大河内申入。今日懸御目云々。進物萬疋。御鎧一兩。(淺黄絲。)太刀一腰。(國吉。梅花皮造〔云々〕。)五尺餘云々。板倉五千疋。太刀一腰進上云々。
十五日。晴。恒例不動護摩始行。入堂用代官了。自今朝心痛所勞更發故也。晩頭平愈。護摩始行無煩者也。於山上假殿神前。理趣三昧修之。僧衆十一口歟。

十六日。晴。今日丑日。大嘗會被始行之云々。室町殿毎日御直廬へ御參云々。　自今夕毘沙門供始行。

十七日。晴。

十八日。晴。今日廻立殿行幸。標山等參云々。天氣快晴。神膳儀毎事珍重々々〔云々〕。　聖護院准后。實相院。寶池院等密々見物云々。經卷體歟。予依心痛所勞不及見物。無念々々。標山供奉雲客交名追可注之。　水本八千枚助成少分遣之了。

十九日。晴。今日大嘗會儀又無爲云々。

廿日。大雨終日。自戌初天晴。大嘗會儀無爲云々。室町殿不動大法今日日中結願云々。着座公卿三人。廣橋中納言親光。別當中納言秀光。飛鳥井宰相雅世云々。殿上人七人云々。花頂僧正門流大法勤修先例無之歟。　日中結願又勿論。毎事今度儀初度新儀歟。可謂眉目也。自山名以書狀申賜。大嘗會于今無爲珍重。御所樣毎日官司へ御出。面々大名祗候云々。

廿一日。晴。　顯濟法眼。經譽。重賀等十八道正行結願。二百餘日之間毎事無爲神妙。　水本僧都隆濟千日護摩結願。八千枚勤修之初度也。自去十四日齋食洛叉也。　自花頂僧正方。以使者左衞門督僧都云々申入。　大法昨日日中結願。毎事無爲祝着。就其裝束等申渡條。殊畏入云々。以經舜令返答。大法無爲。殊晴御結願。門流御眉目珍重之由申了。　自今朝一晝夜光明眞言。明日淨覺寺年忌如常式。大嘗會之間毎事無爲。還幸及曉天云々。

廿二日。晴。後淨覺寺年忌如常。　理趣三昧初段延。供養法淳基法印。　不動護摩結願。　大嘗會無爲參賀。可爲來廿五日由。自廣橋中納言方申賜〔候〕了。

廿三日。晴。毘沙門供一七日今曉結願了。

廿四日。雨。自午初晴。惣寺風呂之後。及晚頭出京。

廿五日。晴。今朝參賀之儀。如此間(法イ)。僧中護持僧計。俗中攝政以下悉參賀。攝政。九條前關白冠直衣。一條左府衣冠。西園寺前右府。三條前右府冠直衣。洞院前內府同前。近衞內府一人小直衣。以下大中納言大略朝衣不同也。僧中悉鈍色也。常住院。實相院。淨土寺重衣也。召寄香染於月次壇所着改之了。子細不審。先參室町殿。其後內裡。仙洞。各御對面。內裏申次頭右大辨忠長朝臣。仙洞申次四辻宰相中將季保卿。今日則歸寺了。室町殿今日御參內。同御院參云々。自廣橋亭御參云々。

廿六日。晴。今日御室以下諸門跡參賀云々。

廿七日。晴。勸修寺新門主入室。小倉宮息。十二歲。室町殿御猶子。仍今朝先被參室町殿。其後入室云々。每事爲門跡執沙汰。入室行粧。輿袖白。力者單直垂。珪光院法印定能。其外房官兩人供奉云々。今夜卽得度。戒師慈尊院僧正弘繼。唄師定能法印。敎導報恩院僧都云云。已上三人着座云々。剃手敎導相兼沙汰云云。彼門跡樣剃手必公達所役云々。左右相分各別。剃手仍兩人云々。今一人右剃手定能法印弟云々。實名等不知之。此等次第昨日廿六日。弘繼僧正來申談キ。彼僧正申云。唄師剃手相兼條如何。予云。唄師可相兼條不宜歟。敎導相兼便宜可然歟云々。彼同心。實名敎尊云云。室町殿御字拜領也。弘繼僧正就出家作法。條々不審又相尋事。

一戒師受者座敷樣事。可爲何樣哉云々。予返答云。門主受者之間。戒師聊可存故實歟。灌頂等儀不可相替歟。受者座ヨリ聊引下相對可被搆歟云々。

一唄師剃手可相兼條如何。予云。唄師可兼剃手條如何。敎導若可宜歟云々。僧正同心。

一俗服戒師剃手間何仁取事候哉。勸修寺邊儀。近來剃手取來云々。予於俗服者戒師取之歟。但可被任門跡流例歟。僧正云。如仰戒師取之條。先例勿論候云々。

以上弘繼僧正問也。

予因問云。戒場壇以下用意如何。僧正答云。小壇一面。瓶一。火舍一。灑水塗香器許置之。六種供物無之云々。此邊沙汰同前由予申了。又問云。或佛前。或奉懸大師御影等時。備香花等事。其門流ニハ無之歟如何。僧正云。不存知云々。予又問云。戒體ハ何哉。實範作歟如何。僧正答云。不分明云云。予又問云。戒體讀聲如何。僧正云。三摩耶戒式讀聲ニテ候。讀切〔々々〕微音ニ讀云々。

弘忠法印遺跡事。可令管領之由。今日以書狀申遣禪那院僧正方也。

廿八日。晴。勸修寺新門主。自今日慈尊院僧正坊ニ同宿云々。內々室町殿時宜於伺申入云云。八幡田中法印融淸末子淸松丸。於予前今夜得度。十三云々。五智輪院仲快法印孫弟義云云。仍兄快惠僧都同道之。戒場金剛輪院。南六間黑漆壇一面立之。壇上具如常。瓶一。火舍一。灑水塗香器。戒體。花枝等置之。打鳴置之。受者座北頰ニ小文一枚敷之。唄師妙法院僧正。敎導盛林院法印。兩人座南頰小文二枚敷之。各着座。予座別ニ不搆之。直寄壇前。取花枝一禮。次着座。次金二丁。三禮。如來唄。次戒體等法則如常。剃手超深僧都。方髮役快圓律師。覺深律師。脇足湯惟等役重賀。水瓶仙忠。脂燭四人。替脂燭役兩三人祇候。各重衣。先三獻在之。得度後又三獻。法名今日不治定。戒布施二千疋持參了。白太刀一腰。馬一疋賜新發意。　管領上表事。及兩度雖被申披露。不可叶由令返答了。以便宜此由可達上聞旨。申遣大河內方了。可令披露由返事。使者經祐慶圓兩法眼也。

廿九日。晴。

晦日。晴。　室町殿渡御伯亭云々。　勸修寺新門主今日參室町殿。御對面〔云々〕。申次萬里少路大納言。弘繼僧正同參。懸御目云々。大師御筆訶利帝母經持參進上云々。

閏十一月

一日。晴。　恒例愛染護摩始行。　自今日清瀧宮談義釋論七卷。在。讀師金剛王院僧正房仲。

二日。晴。　入堂歸路ニ見及所。夕日〔光〕事外朱砂色キ。頗驚目了。

三日。晴。　拜殿談義丁聞。　自山名方書狀在之。非殊儀。自管領使者二宮越中入道來。澁河使者同道云々。以光忠問答了。題目自九州探題方。使者板倉參洛。就其備後所領事。內々歎申入旨承及。澁河事加扶持事候。可被懸御意云云。返答。自探題被申條々引付大河內(其イ)了。其後儀曾不存知。何樣申旨〔者〕可得御意云々。

四日。晴。　八幡田中法印融清來。　清松丸得度祝着云々。其次去八月放生會儀相尋處。融清法印申云。其事候。凡神事無爲候歟。但神訴條條。依之寄神殿候御輿地上へ引落申入。數刻相支。酉末歟神幸。次於宿院御輿ヲ寄。第一〔ノ〕御輿ノ御神體ヲ爲奉渡。俗別當御輿ノ內へ身ヲ半指入。暫候テ罷出。執行ヲ招寄。聊仰天〔ノ〕體ニテ。何事候哉申キ。執行社務方へ俗別當申狀申送歟。使者馳歸候テ。又俗別當如前神輿內へ身ヲ入。暫候テ又罷出。如前執行ニソヽメキ物ヲ申候。又執行社務方ヘ申遣歟。使者歸候テ後。又俗別當御輿ノ内ヘ入。數刻候テ又罷出。以外仰天體ニテ。執行ニ何事哉らん申候キ。執行又馳使者社務方申旨候歟。サ候程ニ。神輿ノ御前ヲハ宿院ノ大床ヘ指寄。御後ヲハ駕輿丁共肩ニ載セ申候。彼駕輿丁等以外腹立仕。何故ニ如此時刻哉物怪候哉トテ。口々ニ俗別當ヲ叮(呵カ)嘖仕候。サ候間。今度第四度。ハ社務カ左右ヲ不及相待。俗別當又御輿内ヘ身ヲ入。數刻候テ。今度ハ無爲ニ神體ヲ奉渡了。希代事候。諸人驚目候。御殿司共御體爲奉頂戴祗候モ消肝之由。後日ニ相語申候〔し〕。所詮俗別當四度マテ御輿内ヘ入候。尋申候ケルハ。御劒イカニ求申候ヘ共。無御座候ける。狭少ノ御輿ノ内ニテ。何方ヘ御隱候ヘキ。神慮奇特希代事候歟。御茵下(シトネノ)ヨリ求出シ申由。俗別當人ニ相語候ケル由傳承候。此事早々可注進申處。每事社務宋清法印申入事カ本ニ成行樣候間。奉爲公方ヲ存。無私注進申入候者。定又宋清法印カ非據ヲ爲訴申入。搆虛言候ナト可及御沙汰間。諸祠官各閇口。于今不及口外仕。只今就御尋委細申入了。俗別當四度マテ神輿内ヘ參事ハ。上下諸人見及事候。其時祗候御殿司共。悉又委細存知候歟。雖爾恐宋清法印權威。俗別當モ不申是非由。内々承及云々。誠此事尤可有御祈謝事歟。被示恠異事ハ御運長久瑞兆也。不及注進ハ至極〔ノ〕私歟由申了。融清法印同心了。

五日。晴。

六日。晴。自山名方以書狀申。御所樣此兩三日聊御風氣候キ。雖然已御減。御痢下故以外御無力。仍面々雖參候不及御對面候。以御狀内内大河内等方ヘ可被申條宜存云々。此入魂悦喜芳恩由申遣了。卽以書狀申遣赤松上總介了。
七日。晴。自赤松上總介方申。昨晩御書今朝披露處。御風氣ハ已御減候。御心安可思食候。委細御申御悅喜云々。
八日。晴。愛染護摩結願。　妙法院僧正自今日聖天供幷淸瀧本地護摩始行。一七日云々。
九日。晴。室町殿御風氣御減珍重之由爲申出京了。以赤松上總介申處。御風氣ハ悉御減。雖然以外御無力。暫可有御養性由醫師申入間。誰々ニモ無御對面。御參殊御悅喜之由。得其意可申入旨。以上總介承了。竹内壇所ニテ待申御左右了。卽退出。於京門跡時食以後。申初歸寺。　竹内僧正閏月相續。仍六十日參住也。自尊勝院僧正方申。十月朔日夜東大寺常灯消滅。以外不快事云々。
十日。晴。夜雨灑。　十一日。晴。
十二日。晴。室町殿今日參輩ニ御對面云々。御風氣後初也。
十三日。晴。夜雨。
十四日。雪。自曉天降雪。
十五日。晴。恒例不動護摩開白。　自今月毘沙門供每日一座相副修之。佛法興隆祈誓爲也。昨日布薩風呂今日在之。大湯屋修理故也。
十六日。晴。自御室使者繁恵僧都來。宮消息持參。以宗濟僧都問答了。冷泉中將繁右申。山科西庄三分一事可闕由口入也。此事及三四ヶ度了。今日ハ一向以門跡御恩儀可被返付條芳恩云々。予返事。於理非者先日以使者委細申了。只今儀ハ以門跡新恩儀可閣云々。何樣老僧等ニ仰談。重可申入由申了。　房能僧正參申。圓滿院室町殿御持僧競望事內々談合。何樣以便宜可申入旨返答了。不及對面。以宗濟僧都問答了。

十七日。晴。
十八日。晴。今日入堂。於長尾神前仰能讀法花經讀誦之。
十九日。晴。　廿日。雨。
廿一日。晴。毘沙門供結願。自室町殿御使兩奉行飯尾肥前守。松田對馬守。來。勢州寺社領渡殘如此。爲門跡早々仰付可渡云々。早々仰遣重可申入旨御返答申了。
廿二日。晴。勢州守護雜掌大澤入道召寄。昨日仰旨具申付了。則又以書狀申遣之也。
廿三日。晴。
廿四日。晴。卯刻以後地振。傍通房宿也。若吉動歟。今朝參室町殿。今度御風氣御減未參間。令參禮者也。御對面。自佐々河返報進之了。以前右京大夫幷管領兩所返報文章同。定此狀モ同前歟。仍不及被御覽云々。則返賜〔候〕了。次護持僧今一人闕。圓滿院所望可爲何樣候哉。然者來月月次壇所可被參勤歟由申入處。圓滿院護持事不可有子細。來月壇所又可爲勿論歟由被仰。此仰旨以經祐法眼。申遣房能僧正方了。今一ヶ條。一色事內々被仰畠山方旨在之。彼禪門申狀則披露處。猶御不審。重可申遣云々。則以經祐法眼申遣了。及晚歸寺。自去六日爲室町殿御風氣。御祈所修愛染不動兩壇供結願。卷數二枝以赤松大河內進〔之〕了。使者經祐法眼。房能僧正參申。圓滿院御持事祝着。早速御披露恐悅云々。來妙法院坊此由申云々。
廿五日。晴。自畠山方內々申旨在之。御所中ニ恠異連々在之。一度ハ松ハヤシヲシテ虛空ヲ過スル樣ニ(如イ)聞了。一度ハ又光物自御所中出現。一度ハ女人魂光物又出現云々。及三ヶ度了。無勿體存間。御祈禱可宜旨。以赤松大河內。內々可申入由存。御祈事間。爲門跡御

申可然存。爾者其由以大河內先內々可達上聞云々。予返答。悅承了。此恠異事先驚存者也。御祈事愚身可申入旨。以大河內可被申條ハ。旁斟酌多端也。一向可被略此申狀由申了。　今日寺僧列參。單衣云々。旁不得其意間。於門跡者不聞入可罷寺務代(理性院)坊由仰含了。其後理性院僧正參。寺僧列參次第申。所詮去年以來申入夏衆對寺僧若輩不脫足駄條狼藉以外也。且寺僧失面目歟。存定生涯一同ニ歎申入者也。若無御許容之儀者。定衆中可令浮沈歟。嚴密ニ可被仰付云々。　返答。此事去年以來雖申入。于今無御下知子細者。寺僧成嗷々衆會及神水金打由被聞食之間。　寺僧ト申モ大略ハ不斷祗候御門弟等也。　如此訴訟在ラハ以隱便體內々可申入條。　外聞實儀御本意又事儀可宜處。衆會評定及數度。剩生涯ヲ存定。　一寺滅亡ヲ何トモ不存申條以外次第也。仍于今被閣了。只今又雖爲同篇。嗷訴於今ハ一向被閣。　情量御所存嚴密ニ可被仰付也。　嗷訴次第非御本意儀ハ追可被仰云々。　召寄夏衆於寺務代坊仰含次第。此事如此寺僧一同訴訟申入者也。　凡上下差別又可在之條。寺例不限此一寺(事カ)歟。所詮於自今以後者。雖爲何樣若輩寺僧脫足駄可致慇懃禮。不可有緩怠之儀由仰付了。　勢州棚橋へ通濟僧都下向以後無音。無心元間遣使者了。

去廿四日地動事。　尋有盛卿處。　金翅鳥動云云。(月在亢宿云々。)　天子凶。大臣受殃。天文錄云。地動臣下謀上。又云。地動民不安。又云。閏十一月地動。不過百日有兵。天鏡經云。地動有聲。國有陰謀。　在方卿以傍通注進。房宿天王動。但百日內有兵。飢疾起民死云々。國主人愼等云々。

廿六日。晴。

廿七日。晴。今朝出京。參室町殿。御對面。圓滿
院御持被畏申旨等申了。次明年壇所事同申
定了。及晩頭退出。入寺及夜陰了。
廿八日。晴。　廿九日。晴。

十二月

一日。晴。愛染護摩始行。入堂同前。千反タラ
ニ等幷愛染百座供等如常。自今日月次壇
所圓滿院參住。但房能僧正手代參住云々。其
身已灌頂事也。如何。
二日。晴。自勸修寺中納言方。以奉書申入寶池
院。自來十三日於室町殿。歲末御祈如去年可
令修給之由。申送禪那院僧正也。御領掌云
云。成基僧正來。東寺寺務事申入間。以書
狀擧申了。付大河內申也。
三日。晴。良讃僧正來。室町殿御加持一七日。今
月一日結願。日々參無爲祝着云々。相國寺
長老來臨。久世入道來。去月廿五日參洛云
云。篠村八幡宮御遷宮可爲明年由申也。
四日。晴。
五日。晴。祖母是中禪尼年忌佛事理趣三昧如形
修之了。供養法理性院僧正。
六日。晴。鶯始發聲了。先々雖爲年內。立春以後
也。當年以外早速。自廣橋中納言方申。葉
室大納言亞相辭退事令披露。無相違云々。
七日。晴。禪那院僧正移住大智院。
八日。晴。愛染護摩結願。自伊勢守護方渡殘
所々御返事今日申了。大澤入道ニ相副大藏
卿法眼。申遣飯尾肥前守方了。自國注進之
趣。大澤入道委細載狀申。則彼狀可遣奉行方
由仰含了。
九日。雨。自申初天晴。室町殿自山名亭直御院
參云々。御粥中御沙汰爲云々。御劍御持參云
云。
十日。自曉天降雨。　十一日。晴。

十二日。晴。東寺々務事大慈院僧正理運間。内
内執申入處。無相違云々。昨日宣下事已被仰
付。同懸御目祝着由。自彼僧正方申送了。
室町殿御所種々恠異尚不斷絶云々。何日事
哉らん。常御座所前御庭ニテ帶ヲ商賣(之イ)ス。女
聲也〔云々〕。忩被出人被見處不見候。希代事
也。又西向御臺御座所御庭軒トヒトシキ大
女出現云々。
十三日。晴。自今日於室町殿爲歳末修法不動修
法。寶池院勤修。伴僧八口。淳基法印。圓辨僧
都。隆脅僧都。賢紹僧都。(扈從壇行事)。隆春僧都。覺
深律師。源瑜阿闍梨。頼全阿闍梨。脂燭殿上
人兩三輩云々。奉行經成卿。(勸修寺中納言)。供料三千疋。壇
所殿上。去年去々年大略同前。寶池院歳末御
祈勤修已及三ヶ年也。御佳例歟。珍重々々。
十四日。晴。自大内入道方。筑前國御年貢二十
萬疋今日進之。以慶圓法眼遣大河内方了。

自今日勝定院殿御佛事御八講開白。
十五日。晴。成基僧正東寺々務爲長入(申イ)今日參申
了。寶池院御加持之後御對面。明年月次壇所
次第。如根本者莵次相違時。正月外ハ十二月
ヲ勤仕來也。於正月者等持寺殿以來不守莵
次。此門跡參仕來也。明年又可爲如當年者。
常住院准后ハ予上首也。爾者任例十二月壇
所參仕若可宜歟。但可爲時宜由申處。此儀尤
可然由被仰出了。今日入寺。恒例不動護
摩幷毘沙門供等始行。入堂歸路ニ爲方違罷
向妙法院坊。近年佳儀也。禪那院僧正。宗濟
僧都。顯濟法眼參候。其外略之了。坊主僧正
十種香張行。懸物少々在之。不及一宿歸了。
今夜月蝕也。御祈事方々辭退云々。昨日御衣
於打捨地藏院坊奉行職事右少辨政光使者罷
歸云々。仍自地藏院以使者御衣於(度イ)返渡了。現
病之由稱之云々。今夜御祈誰人哉。自戌半許

南風頻吹。一天雲充滿。月體分明不現。珍重珍重。亥末ヨリ一向月體不見。蝕儀不及現。珍重々々。但自昨日俄御祈。雖誰人不心惡。若一向御無沙汰歟。追可尋注。自曉天大雨降。

十六日。雨。

十七日。晴。大内入道方へ。兩通書狀遣之了。一通ハ爲代官息内早々可參洛事。去年ハ當年中可令參候由申處。于今無其儀。不可然。早早可罷上事。一通〔ハ〕筑前國御年貢到來。珍重事等也。

十八日。晴。等持寺御八講結願。勝定院殿御佛事。京極中納言已令着座處。以廣橋中納言被追立云々。違時宜子細。裏辻一位息爲猶子故云々。裏辻一位此兩三年違時宜籠居。然以彼息爲猶子條。存外由仰云々。行香〔公卿〕今一人不足間。被申談攝政。被召加藏人。爲八人被行之云々。赤松内順阿彌被召取云々。子細者御料所河内國十七ヶ所此間畠山奉行。此在所被望申方在之由於方々申間。依之御罪科云云。

十九日。晴。自寶池院壇所島蓬萊。折送賜。自御前被進之云々。美麗莊翫驚目了。

廿日。晴。室町殿今朝渡御大光明寺。自其伏見殿へ御參云々。室町殿歲末不動法今曉結願。雖爲九坎日。被宥用無相違由。在方卿計申入。乍廿三日三ヶ日延行分兩日注進。以奉行中納言經成卿披露處。廿日可結願由被仰出云々。每事無爲結願。珍重々々。歲暮ハ火事難第一六惜(借カ)數事也。無聊災。珍重々々。

廿一日。晴。毘沙門供結願。自右京大夫方。以使者有岡。申。土佐國屬無爲間。守護代横尾近日可罷上。祝着云々。

廿二日。晴。不動護摩結願。

廿三日。晴。
廿四日。晴。細河右京兆來臨。歳末禮云々。少一獻在之。理性院僧正相伴。
廿五日。晴。尊勝院來。菩提院僧都同來。歳末禮云々。昨日遙々來臨爲悅由。以書狀申遣京兆方。使者快辨法橋。
廿六日。晴。今日出京。參室町殿。歳末御禮申入了。去年如此。寶池院同道。自西向參申了。歸坊之後。山名禪門來臨。種々雜談。折紙隨身。自未終小雨。晚頭雪。
廿七日。晴。僧俗爲歳末御禮。參室町殿。恒例儀也。門下輩少々參禮。大慈院。理性院。妙法院。水本等也。其外斟酌。今日禪那院僧正初召請。寶池院入寺同前。大智院坊也。今日貢馬被引上間無之。室町殿御參內。御院參云々。
廿八日。晴。樂人久秋。重秋等來。
廿九日。晴。檀那院僧正來。富樫介來。浴湯時分間不及對面。絹二十疋送賜〔候〕了。上杉中務少輔。同四郎來。武田刑部大輔入道來。土佐守護代横尾入道來。下國後初也。二千疋隨身。和尙横繪二幅。太刀賜之了。山名方へ先日來臨禮白太刀一腰。香合。文花鳥。引合送遣之。使者宮內卿法橋。室町殿年中御祈。卷數御撫物鳥頭和布以下。以一色左京大夫進之了。三條上﨟局卷數幷鳥頭和布等。以松木宰相。明日可遣之由令傳達了。當年初也。卷數札ニ載名字了。聖護院梶井等同前云云。新大納言局伯二位息女。卷數鳥頭和布今日遣之了。內裏仙洞卷數幷鳥頭和布今日進之。以光意法印內々申入了。自仙洞以勅筆御祝着之由被仰下了。
晦日。晴。自仙洞御綿十箇被送下。不存寄〔目カ〕祝着祝着。女房奉書勅筆委細被仰下了。面白至畏入了。御使御牛飼也。絹二疋扇一本賜〔候〕了。自今夕愛染護摩始行。聖天供沐浴今夕沙汰之。入堂如常。諸大名方へ卷數鳥頭和布今日悉遣了。昨日不出來故也。管領。畠山。山名。右京大夫。一色。赤松。富樫介。以書狀遣了。大内雜掌吉田入道來。唐筵二枚。千匹持參了。馬一疋遣之。

永享三年辛亥

正月

一日。晴。後夜念誦等如常。次䭾都供養法一座修之。次歡喜天供開白。此間晨朝鳴間閣日中。出仕拜殿。妙法院僧正來。任例先賜盃了。拜殿出仕儀如常。御簾役宗濟僧都。尻切役經舜寺主。顯濟法眼以下。出世房官少々供奉。理趣三昧如常せィ〳〵。供養法弘甚法印。調聲超慶。讃宗珍。次灌頂院理趣三昧供奉。次金剛輪院理趣三昧同前。次歡喜天供日中時勤修之。次愛染護摩三座相續。次毘沙門講同出座。次時食。理性院妙法院以下着座。次時所供養法二座。次舍利講一座。次節供。陪膳豪意法橋。等身衣指貫。大文。手長定永上座。御前着座。兒禰々丸。尊藤。喜久壽。玉壽。理性院僧正。妙法院僧正。宗濟僧都。水本隆濟僧都。西南院顯濟法眼等也。僧正公卿衙重。自餘殿上也。次入堂。次灌頂院例時出座。次拜殿例時。次金剛輪院例時各出座。次聲明始。寶菩提讃。一傳讃。乞戒大阿聲明等也。恒年規式也。次讀經。仁王經一部。秘鍵一部。年始七ヶ日相副長日讀經誦之者也。次大佛頂法花經以下如常。

二日。晴。後夜行法并拜殿出仕。灌頂院理趣三昧等每事如昨日。入堂例時出座。以下又同前。今日出世房官侍以下召出。扇一本各賜〔之〕了。恒式也。經祐法橋。慶圓法眼來。恒例扇賜之。於室町殿猿樂。觀世松ハやし申入。猿樂六番仕之云々。右京大夫。赤松兩人計參云々。

三日。晴。後夜行法拜殿出仕以下悉以如昨日。入堂例時拜殿出仕以下又如昨日。引合在之。妙法院兒春喜久丸。召之。着座。依酒堪能也。舍利講今日結願。三ヶ日修正義也。於時所自身行之。每年規式也。　今夜戌終歟彌々丸自妙法院歸路ニ。於此門跡小門中。不慮中髪(本ノマヽ)頭ヲ被切了。言語道斷次第。不便周章難盡筆。當年十一歲也。妙法院僧正附弟同舍弟也。其器用頗勝人。併魔障所致。只押萬行愁淚計也。右頭耳上也。疵口三寸許歟。血流事如寫水。雖然一切不驚動。侍法師祐尊抱之。先置部屋傍。予仰天馳向一見處。更ニ目モ不被當。只惘然迷惑也。此少兒予ヲ見付。歡喜ノ體ニテ申云。死セムカナウト云々。予押淚。其儀不可在由返答。俄事ト云。夜中間此邊疵醫師無之。觀音堂住僧ヲ召寄加療養了。少童聊モ不窮屈。言語慥ニ諸事ヲ申了。希代事也。自八歲晝夜不離身邊。如影隨形。此體此式何年可忘乎。萬々悲淚頗流血了。只(不脫カ)予運至極也。歎而有餘々々。何者沙汰哉由相尋處。小童答曰。幸順寺主中間男云々。方々追手ヲ雖懸不尋出。侍法師三四人雖相隨。每事依無正體如此事出來〔了〕。

四日。晴。後夜行法如昨日。夜前彌々丸疵血不淨歟間。更用沐浴入道場。歡喜天供以下修之了。　拜殿以下出座略之。入堂用代官。宗濟僧都也。彌々體只同篇。不便々々。　今曉卯末彌々丸移住妙法院。　入堂用手代了。宗濟僧都參勤。　山科宰相家豐卿逝去云々。

五日。晴。辰半彌々丸歸寂。生年十一歲也。葉室大納言長忠卿息。　入堂代官如昨日。　自今日千反タラニ如常。三ヶ日。禰々丸法名事。自妙法院申間書遣之了。聖蓮禪師云々。出家受戒儀在之云々。於菩提寺五旬儀。可執沙汰由申付了。三千疋遣之。返々モ禰々丸事。雖經久遠劫。此哀慟可休乎。溺萬行涙。斷千回腹(腸カ)計也。

六日。晴。五社參詣。重衣。出世者召具之。西南院法眼同供奉。秘鍵轉讀了。愛染護摩運時今日結願了。明日室町殿御德日也。次歡喜天供同運時結願。明日又予德日也。俄存出晩頭結願了。入堂。代官如昨日。禰々丸今日申初於菩提寺成灰了。年始間誦經鐘不鳴之。

七日。晴。自卯終大雪。時食以後出京。輿。袖白。喜久壽丸。宗濟僧都供奉。輿。房官兩人。光忠。經舜。騎馬。於法身院少一獻在之。寶池院御沙汰歟。祝着々々。山名上總守因幡守護。來。筵廿枚隨身。佳例歟。一重太刀遣之。松木宰相來臨。太刀獻之。堯孝僧都來。太刀賜之了。自飛鳥井新中納言方。室町殿樣御會題送賜之。池上鶴云々。武田刑部少輔來。太刀遣之。四辻宰相中將來。梅染一重獻之。入堂代官如昨日。

八日。晴。早旦武家護持僧十二人悉參賀。每年儀也。裝束各鈍色也。予。聖護院准后着指貫。其外ハ悉表袴也。一﨟常住院准后。二﨟予。三、聖護院准后。四、實相院僧正。去年以來一座宣。仍兩三人超越。五、花頂僧正定助。六、隨心院僧正祐嚴。七、淨土寺僧正持辨。八、寶池院僧正義丨(賢)。九、地藏院僧正持圓。十、竹內僧正良什。十一、圓滿院僧都。未灌頂。去年新補。當年十六歲。十二、山岡崎。未灌頂。去年以來相續。年十二歲。御對面巳半。申次永豐朝臣。奉行勸修寺中納言經成卿。當年於新造御會所御對面。先以經成卿被仰趣。先々御對面在所本御會所。御出。聊被愼風間。乍御自由於奧御會所。可有御對面云々。其後面々參。各御加持申之。儀如常。常住院。予。聖護院マテ令送之給。自餘不然。圓滿院。岡崎未灌頂間不及御加持。次面々申談子細在之。仍無左右不退出。其子細ハ前々自御前退出。各參御臺也。雖然於當年御臺聊不快事在之歟。二日管領ヘ渡御始ニモ。御臺不令出給。大方殿計云云。如此處無左右參申條時宜難計。所詮雖何篇先三條今上薦局撫物申出。各可申加持由。可申旨兩三人相談了。仍予。聖護院兩人召寄廣橋中納言親光卿。密々令申談間。此儀尤宜旨申了。則申次勸修寺中納言ニ令傳達了。勸中此由披露處。彼局狹少也。無在所可被如何云々。重予申樣。此公卿座ニテモ候ヘ。可被出撫物條旁珍重由申處。重仰。雖恐惶思食候。如計申可被出撫物云々。則女房一人撫物ヲ硯蓋歟居之公卿座奥妻戸ヨリ出之。經成

卿請取之。公卿座北東置之。常住院以下同時加持之。次可參御臺處。御所樣御座無骨間。任去年例先參大方殿。自彼御臺ヘモ參賀由。幷可被出御撫物由申了。於御撫物不被出之。面々參御祝着之由御返答。各退出。次院參。參內。但予先歸門跡。時食以後院參。面々ハ自室町殿直被參申了。申次四辻宰相中將季保卿。申入處。可有御對面處。御小瘡御興盛。元日御藥計ニ出御御式間。不能其儀。得其意可申入云々。各退出。次參內。申次中院中納言通□(淳カ)卿。於議定所御對面。各御加持申入了。常住院准后一人自室町殿直參內。無御對面退出了。仍予最前ニ參御前。御加持申入了。資任祗候了。萬里少路大納言時房卿同祗候御番云々。自內裡東陣退出了。予實池院同車。扈從松橋僧都賢紹。從僧二人。經乘上座。俊榮上座。宗辨寺主。三人同車。　自室町殿

引物五重。盆。香合拜領。御使伊勢二郎衞門。令對面祝着子細申了。一重太刀賜之。寶池院ヘ三重十帖被送遣之。旁祝着々々。寶池院同對面。太刀一腰賜之云々。　酉初歟參住壇所。輿。袖白。　水本僧都隆濟一人供奉。輿。重衣。予重衣也。經長寺主役尻切。先於壇所不動護摩一座修之。同供於小壇修之。次北斗供。參住人數三番ニ令結番了。自今日參住人數盛林院法印。水本僧都。出世者三人。俊增僧都。覺深律師。弘喜律師。房官三人。經長寺(主脱カ)。經舜寺主。親慶。但經舜臨期不參。侍一人增圓。遁世者一人智阿。爲茶涌等奉行。侍又一人。上野法橋。雜々事奉行爲也。承仕一人常蓮。以上。　上杉中務大輔來。太刀一腰獻之了。山名使者山口參申。練貫一重賜之。醫師三位來。太刀一腰給之。自寶池院種々一獻賜之。胤盛奉行之。祝着萬々也キ。自戌初降雨。　自今日於金剛輪院仁王講修之。導師弘豪法印。三ヶ日可行之由申付了。　後七日法務僧正成基勤修之。宿坊律院大光明寺云々。太元法理性院僧正宗觀勤修如恒年。

九日。雨。自大乘院書狀在之。當年始。　谷地藏院燒失云々。

十日。晴。一昨日重寶拜領爲御禮參御前。聖護院准后同道。子細同前。　今日僧俗群參。御對面之儀。當年ハ先俗中。次御室以下僧中云云。　寶池院今日參禮。一昨日御引物御禮。自東向被參。實相院同道云々。　明日爲經營晚頭自壇所退出。　一乘院僧正來臨。大乘院入來。今朝事也。千疋隨身。　二重十帖可進由申付了。　攝政入御。　左大將來臨。　以上壇所ニテ令對謁了。一乘院ハ於門跡令見參了。　自久我內府方。以使者祝言等申。　追可參禮云云。　山名禪門來壇所。千疋隨身。二重太刀遣之了。

十一日。晴。今日申初歟於室町殿御所申樂。觀世松ハやし仕之。藝能三番在之云々。先々聲聞松ハやし仕之處被停止。彼間爲御佳例申樂仕之云々。申終酉初評定初。管領以下出仕。酉終門跡ヘ渡御。御車御小直衣令着之給。實雅朝臣參御車。御劔役之。御車如例被寄中門。予入御之後參申了。重衣小指貫着之。去年ハ袈裟着之キ。御相伴管領。畠山。右京大夫。山名。畠山大夫。以上五人也。此外ハ予。寳池院許也。實雅朝臣不及着座。勸盃次第。初獻聞食了。第二獻。再往御禮。予申云。三獻ハ先爲祝着可被聞食申了。仍聞食了。三獻時予取銚子。則將軍御酌ニテ又賜之。四獻盃予始之了。五獻將軍。六獻寳池院被始之。七獻予又始之。御引物三獻度進之。例式御屏風一雙。練貫十重。盃。桂漿。文花鳥。金襴一端。黄地。高檀紙十帖。以上五色。自寳池院練貫五重。十帖高檀紙。大名等悉二重太刀。實雅朝臣同前也。還御亥初也。直御院參。予可令院參申由被仰間令供奉了。裝束重衣小指貫。乘輿。袖白。隆濟僧都召具之。房官一人經長。役尻切〔了〕。予參時天盃將軍御拜領。次獻天盃。予賜之。次獻又將軍。次獻予又賜之了。申樂觀世仕之。兩三年御佳例歟。次獻天盃。將軍聞食之。其後御退出。予又同前。　室町殿萬疋御隨身被召置。仙洞申樂小兒小男兩人被召出之。於御前賜酒時。此萬疋被下之了。去年如此歟。予三千疋折紙進之。則賜申樂也。自仙洞直歸壇所。自今夜北斗法開白。伴僧六口。淳基法印。賢紹僧都。隆濟僧都。俊増僧都。覺深律師。弘喜律師。承仕常蓮。常慶。　淸瀧宮。長尾兩社ニテ仁王講修之。經衆各三人。今日祈禱也。於法身院五社天神堂。仁王講修之。經衆子細同前。

十二日。雨。 公方樣渡御管領亭。酉初。 昨日渡御參禮今朝申了。 勸修寺中納言來入。太刀一腰獻之。飛鳥井中納言同前。 三條中將實雅朝臣來。昨日禮云々。小袖一重織物。太刀一腰遣之了。

十三日。晴。 寶池院入寺初。 御歌御會始。題池上鶴。 題者飛鳥井中納言雅世卿。讀師雅世卿。講師雅永朝臣。 將軍御小直衣。予重衣如常。御人數。 實相院前大僧正義運。飛鳥井中納言雅世卿。同中將雅永朝臣。同少將雅□。冷泉中將爲之。山名右衞門督入道常凞。細川右京大夫持之。赤松左京大夫入道性具。畠山阿波守。斯波左衞門佐。 一色左京大夫持信。細河下野守持春。同右馬助持賢。同陸奧守滿□。赤松上總介滿政。同伊與守義雅。 權少僧都堯孝。 披講了御一獻在之。五獻公方御頭也。一獻以前各太刀進之。年始初度御會御祝着儀也。予千疋折紙進之。兩三年佳儀也。面面裝束事。 飛鳥井中納言以下公家輩狩衣。織。 武家直垂。裏打。 入道カチン直垂也。 御會了飛鳥井中納言。同中將。同少將來。 赤松入道來。一重太刀遣之了。 自御前折二合拜領。御使立阿。初夜時之間不及對謁。 二百疋賜之了。

十四日。晴。 今日無事。 實雅朝臣來。局撫物事十六日可進云々。 後七日太元兩ヶ大法無爲結願。各阿闍梨壇所ヘ參申了。後七日阿闍梨今朝參申搆見參由申。 自昨日內々獻意見了。宣下拜領以後未參禮。當年未懸眼路間旁申付了。 安三位有盛卿來。太刀賜之。相語云。御參宮來月九日御治定。其以前先八幡御社參可在之。吉日可勘申入旨被仰出間。來月四日勘申云々。 壇所番二番衆參候。出世房官侍以下三番結番了。
十五日。雨。自今日恒例不動護摩用手代了。金剛王院僧正勤仕之。 自根來景範法印方注進。 去十日夜傳法院下僧等。押寄景範法印坊。同宿數輩於當座打之。景範師弟一方打破無爲落之由申了。 守護勢十二日寺家近邊ヘ陣取云々。 今日仰壇所祇候出世等。尊勝千反タラニ令誦之。 今日垸飯。酉半歟山名刑部少輔出仕。行粧等如常。雨脚聊止。
十六日。晴。 自昨日毘沙門供例日間。自今日於壇所始行。 今日方々參詣用代官。五靈。平野。北野俊仲。祇園社圓辨僧都。小神樂在之如常。五靈獻太刀儀等如常。 田中法印融清來。 八幡神事無爲云々。樂人中ニ服者一人百ヶ日内隨其役了。先規無之。希代事云々。百日以後限廻廊棟外方。 隨役事ハ先規勿論也。百日内曾無先例云々。 在方卿來。太刀賜之了。 今朝辰初刻非地震。聊鳴動事在之。相尋處。承候き。不審存。若雷聲地中ニ聊發聲體ニ候歟。今日驚歎節候也。但又如何云々。尤不審由在方卿申也。 三條上﨟局撫物。今日自實雅朝臣方。送賜壇所了。 則愛染供開白。此撫物事内々以彼朝臣申入也。仍可進由時宜云々。 理性院僧正。水本僧都兩人方ヘ各撫物被出之了。 自今日恒例炎摩天供於金剛輪院修之。手代房助法印。
十七日。晴。 山名禪門來。 相國寺僧二百餘人可令退出由。自舊冬長老方ヘ被仰出了。舊冬廿六日先九十餘人退出了。 其子細山名禪門於六角亭入御砌達上聞云々。其後廿九日以淸和泉守。年内ハ先以此分被閣。明春可有御沙汰旨。山名申入處。爾者任申請旨先可被閣云云。就之又當年以機嫌猶可申宥由物語了。珍重珍重。 自午終降雨。 藥師僧正來。紙五十束随身。太刀杉原可遣由申付了。北畠中將來。太刀一腰同前。今日御的酉終始之。雨脚聊止。但各取笠。自二度弓取松明。當年又皆中也。珍重々々。戌終事了。御所樣今日惣的以後御弓始在之云々。但今夜無其儀云々。　北斗法運時今曉結願了。卷數今日不進之。來廿九日惣卷數一具ニ爲進也。每度如此沙汰來也。

十八日。雨。自未初天晴。御所樣渡御鹿苑院。當年始也。　今日室町殿御三級打被燒之。戌初刻地動。金翅鳥動。小動之間不及注進由有盛卿申入也。　北野會所連歌頭役今日室町殿御沙汰云々。三千疋被遣之。御發句同被出云々。　自傳法院修正牛玉寶印等。每年今日京着進之處。於今春者寺家錯亂故歟不及進之。　自天王寺太子御香水幷牛玉卷數到來。祝着。香水入小壺。上ハ白。下ハ紅梅ノ紙ニテ裹ロヲ。居三級打也。香水殊服之。其後寶池院方へ進了。

十九日。晴。六條八幡宮恒例御神樂奉備之。社參代官慶圓法眼勤之。年々今日參詣恒式也。今日室町殿御連歌月次初。頭役同御沙汰。御發句同前。

梅ヨリモ松ニ春シル雪間哉　　桐
たかき柳ソ枝モサカフル　　藤二條殿
浪花サク比水モノトカニテ　　予
山モ霞ノハルヽ川風　　聖護院准后
おほろ夜ヲクモルニナサヌ月ノ陰　　實相院

執筆蜷川入道信永。　御人數。　攝政。予。聖護院。實相院。三條大納言公保。山名。赤松。石橋。京極加賀。一色左京大夫。赤松上總介。同伊與守。山名中務大輔。三上近江入道。蜷川周防入道。禪僧。承祐。重阿。玄阿。祖阿。裝束事。室町殿。攝政御小直衣。予。聖。實重衣或小指貫。　三條大納言狩衣。　武家輩悉直垂。役送殿上人。實雅朝臣。雅永朝臣。永豐。資任。資益。雅親。以上各狩衣。一座嚴重無申計。珍重々々。　大名以下御連歌人數。年始間御太刀進之由。山名禪門以使者申賜了。（太刀賜之。）攝政以下不及其沙汰也。　今朝相國寺方丈へ室町殿成申也。當年初度。

廿日。晴。圓滿院來臨。千疋隨身。三重十帖可遣由申付長甚法橋了。　右京大夫來。太刀一腰遣之。　申初於西向。（女中御座方。）觀世申樂仕之。可令見物由。以一色左京大夫被仰間參申了。大名少々在之。畠山。管領。山名。右京大夫。畠山大夫也。大名悉西ノ御縁ニ祗候。予一人內ニ候。予初參見物間。二千疋賜申樂了。內々此由申遣　一色左京大夫方了。　申樂三四番歟之後。渡御赤松亭。酉初剋也。　自山名方使者書狀持來。カキヤ肥前守ニ太刀賜之了。於赤松亭御連歌面八句在之由。自山名方申賜了。　御發句。

十かへりの花いく春そ松の雪　　赤松入道
千代のかさしのふかき梅か香　　山名入道
すみのほる月のかけまてのとかにて

今朝折三合（繪）。進之。以立阿申入云々。此三合事山守入道ニ內々申付令用意了。　口八寸許折也。

廿一日。晴。法務僧正來。折柳等隨身。後七日法無爲畏云々。其次予尋云。瑜祇三重習事。金剛王院流在之哉。答曰。强非三重儀云々。傳法大事金流ニハ二重マテ也。此上無之云々。但實賢以來如御流三重習來之云々。

廿二日。（風雨。）今日太子講。鷺嶋庄役。　山名亭へ渡御。酉初歟。還御亥初也。　今夜御弓始可在之由風聞。但依雨御延引歟。　毗沙門供一七日今日結願。　壇所祗候自今日　三番衆參。出世房官侍以下相替也。　南都普門院法印來。紙百束隨身。太刀獻之。同尊勝院來。折榼等隨身。太刀一重遣之。今朝勝定院へ渡御。還御以後參御加持了。壇所參住以後御加持初也。自今日於金剛輪院。不動不斷護摩始行之。支具方自理性院沙汰之。結番次第十二人。自壇所計遣了。惣別祈禱也。

廿三日。晴。今朝渡御東山德雲院云々。春日若宮神主來。太刀賜之了。爲風呂白地罷出了。內々以一色左京大夫申了。今日細川右京大夫亭へ渡御。申終。還御亥半歟。今夜御弓始在之云々。

廿四日。晴。公方樣渡御 等持寺。自今夜於室町殿。聖護院准后不動大法勤修。伴僧十六口。護摩壇前大僧正良讃。天壇法印行海云云。脂燭殿上人二人。衣冠歟。益長。資益。不動息災法也。雖然如調伏能陀羅尼在之。彼門流沙汰樣云々。供料萬疋云々。酉終公方樣渡御通玄寺。八幡宋清法印申入儀也云々。觀世三郎參申。一重太刀賜之了。聖護院壇所へ折等送之了。圓明折三合柳等進之。使者ニ賜太刀了。去年以來佳儀也。

廿五日。晴。今日恒例歌始。連歌始延引了。歌題寄松祝言。飛鳥井中納言雅世卿題者也。懷紙今日任佳例先取重了。經長奉行之。今日禪僧長老七人。室町殿御所へ御召請。時點心在之。引物等丁寧云々。鹿苑院殿以來御佳儀歟。室町殿渡御青蓮院。酉初。御力者任例召進了。御輿網代。御力者上下體如常。今日二條攝政於青蓮院御參會。富樫介來。太刀一腰給之。圓明來。一重太刀賜之。

廿六日。雨。自申終雨脚止。酉終公方樣渡御京極亭。還御畠山播磨入道亭へ入御云々。自右京大夫方。折以下柳等賜之。使者安富筑後守。自聖護院壇所。折以下送賜之了。土岐大膳大夫使者大澤入道參洛。年始爲御禮云々。兼來月九日御參宮必定事等ニ付テ。條條爲申入云々。

廿七日。晴。　聖護院此壇所ヘ入來。少一獻在之。

廿八日。晴。自勸修寺中納言方以書狀申。來月九日御參宮御祈。自來四日至還御日。無風雨障可令致懇祈給云々。請文直ニ遣之了。自來四日修愛染王護摩可致懇誠旨申遣了。寶池院幷宗觀僧正。賢光僧正。賢長僧正。隆濟僧都以下同此御祈可勤仕之由申賜了。寶池院不動護摩云々。

廿九日。晴。月次壇所勤行。北斗護摩。不動護摩。每日各一座。北斗供。不動供。各百座一月中。等悉結願。卷數付伊勢備中守進之了。武家方御祈奉行也。御臺。大方殿。姫君御兩所。卷數御撫物昨夕進之了。　室町殿渡御聖護院。酉初歟。御車。御直垂。實雅朝臣參御車。同直垂。於門前御下車。僧正三人良讃僧正。忠意僧正。實意僧正等於門外蹲踞。此儀當年初也。去年マテハ於門內蹲踞。聖護院准后參向庭上。不及蹲踞歟。予爲御相伴參會。不及降逢申。於內奉待了。大名四人參。管領。畠山。同大夫。右京大夫也。山名依耳所勞不參。今日於仙洞申樂在之。酉終自聖護院直御院參云々。予自聖護院直入寺。光忠。胤盛等爲迎參向了。經乘。宗辨兩人ハ自聖護院可罷歸由仰付了。　不動不斷護摩今日結願如常。

二月

一日。晴。自今日恒例愛染護摩開白幷百座供同始行之。尊勝千反タラニ等如常。　入堂。室町殿臨時御祈如去年。結番次第當月可勤仕旨。去月廿八日自勸修寺中納言方申賜了。仍如去年自今日愛染護摩每日一座。供兩座修之。　自聖護院准后。昨日參會禮トテ。使者村秀ヲ以テ。二重香合引送賜了。
二日。陰。酉終少雨。一昨夜廿九日。赤松亭近所燒失云々。　自廣橋中納言方書狀到來。來九日御參宮御祈相觸當寺可令致精祈由云々。此狀今日ハ例日之間到來不審。於日付ハ一日云云。昨日狀歟。請文昨日一日。日付遣之了。
三日。陰。自昨日陰雲以外。如日沒天。　室町殿御所不動大法今曉結願云々。二日延引(行イ)歟。非日中結願。　自申初降雨。　二條攝政今日自室町殿御屈請云々。　爲去月禮。今日圓滿院へ二重。十帖。牛一頭黑。引遣之了。使者光意法印。於花頂對面云々。　今日攝政室町殿へ御喎請事非殊事。　御參宮時御拜樣爲御稽古云々。
四日。晴。　今日八幡御社參延引。明日云々。　自今夕御參宮御祈愛染護摩開白。承仕明隨。　支具自納所下行。盛林院奉行。
五日。晴。　今朝室町殿八幡御參社。御輿。四方。御力者等任例召進之。　六條八幡御社參如常云云。寶池院參向云々。六條八幡宮御進宮物金二裹。白太刀五振。　御神馬一疋。神樂用脚等如常云々。畠山兄弟依觸穢事不共奉云々。人[ノ]頭ヲ中門ニ犬食置事在之云々。五體不具穢云々。　及戌初又降雨。　諸大名各今日御禮ニ參云々。　寶池院今日被參申。御馬一疋。太刀被進之[云々]。　自今日彼岸舍利講如常。先法花經一卷同音讀誦之。次伽陀四ヶ法用。式盛林院法印。伽陀宗我。唄定盛法印。散花快圓。梵音快明。錫杖西南院法眼。　爲禰禰丸追修。自今日光明眞言護摩勤修之。道場日來彼小童居住在所。　金剛輪院西向九間三間相兼之。　月忌於菩提寺同沙汰之。於此院家又自今日一七日理趣三昧 每日一座行之。僧衆五人令結番了。同彼追修也。

六日。晴。昨日御社參無爲御禮今日少々參申云云。予自昨夕聊風氣事在之。仍斟酌了。

七日。晴。八幡御社參無爲。又明後日伊勢御進發。旁爲申入出京。參室町殿。御對面。天氣奇特由申間。御自愛御體也キ。眞實々々。天氣樣神慮歟。奇特珍重々々。赤松故越後息小童名。今日被染御筆賜了。慶松丸云々。小童折節寺住間。爲代官兄彌五郎爲畏申入參御所。御太刀持參云々。伏見殿今日室町殿ヘ被召請申。攝政可有御參會由被申云々。申樂可在之云々。自今夕室町殿御參宮。御精進屋伊勢守亭云々。於京門跡自今日愛染不斷護摩始行之。惣別祈禱也。時衆六人晝夜二時沙汰之。

八日。晴。今日舍利講。式隆脩僧都。讃源意。吉慶梵語初二。駄都讃誦之。愛染護摩結願。時食世間者寄合沙汰之。

九日。晴。室町殿伊勢御進發。諸大名大略共奉云々。力者一人召進。長刀可被持御用云々。今日舍利講。式水本僧都。讃實有僧都。吉慶漢奥二段。阿彌陀讃。拜殿例時出仕。

十日。雨。舍利講。式金剛王院僧正。讃隆脩僧都。西方四ハラ密佛讃。禰々丸三十五日頓寫經以下遣菩提寺。諷誦副之了。凡五旬之間追修用脚等兼遣了。今日儀別申付了。菩提寺風呂同下知了。

十一日。雨。自巳末天晴。今日舍利講巳半行之。式盛林院法印。卒都婆供養作法在之。式以前金二丁。新造立供養云々等如常。次式。次神分。次五悔等。三力金後寶篋印タラニ。反數不定。依供養法長短也。讃定盛法印。四智心略漢語一傳讃誦之。此秘讃此十餘年不誦歟。此法印當時聲明師也。七十有餘老僧。雖爲不便讃事仰了。此秘讃音曲。予カ相傳節ニハ少少相違事在之。尤不審。於此秘讃者玄慶印禪兩流音曲聊モ無相違。旁如何。秘讃布施白小袖一賜之了。左道々々。如去年僧衆廿餘人紙風情圖賜之。式師ハ一巡外ニ更圖二賜之了。秘讃各圖一加增也。此彼岸勤行予始之。及十餘年歟。專逆修且當時若輩聲明稽古ノ爲也。仍春季ハ供養法金界。秋季ハ台界也。讃ハ以前人ノ誦タル讃不誦之。每日相替也。是併爲專稽古也。供養法式以初心輩爲本令讀之也。禰々丸追修光明眞言護摩。昨日運時。今朝結願了。　今日彼岸結日時食爲公方用意之了。先々諸院主沙汰之也。今度不及此儀如何。相國寺長老來臨。盆桂漿。段子一端青。隨身。不存寄。　惣寺風呂在之。番々鳴鐘如常。禰禰丸爲追修也。以舍利講便場卒都婆。副供養了。同追修也。　申終雷鳴。當年初也。

十二日。晴。今日室町殿御參宮日也。　天氣快晴尤珍重。今日別而爲彼御祈禱。千反タラニ令修之。　自津赤松播磨守大河内事也。以狀申入。當所花可被御覽歟由。內々以私義尋申入處。可被御覽由被仰候。爲得御意申入云々。昨朝自阿野津罷立云々。使者力者守護內者云々。自伊勢守護方又脚力到來。柏(楠イ)原阿野津以下。每事無爲。申沙汰祝着。今朝巳半許。　自津山田へ御立云々。

十三日。晴。　十四日。晴。

十五日。晴。涅槃會之儀如常。月行事快圓律師。仙忠阿闍梨奉行之。涅槃講式水本。舍利講實有僧都。羅漢講式超深僧都。遺跡講式覺深律師。式栂尾上人作用之。　但舍利講解脫上人也。初座四ヶ法用。殘三座二ヶ法用也。　悉用顯法用了。但舍利講密法用也。失念歟。捧物等如例年。　室町殿自伊勢還御。申半計歟云云。每事無爲珍重。自去四日御參宮間。御祈

愛染護摩今曉結願。毎日三座。巻數一枝。幷十二日千反タラニ巻數一枝。以上二枝。以書狀遣勸修寺中納言方了。千反タラニ巻數書樣如常。奥ニハタラ尼ノ衆最末名字書之。札ニハ名字不書之。次惣寺巻數一枝遣奉行廣橋中納言方了。同以直狀遣也。　自今夕不動護摩始行。毗沙〔門〕供同前。

十六日。晴。御參宮無爲御禮ノ爲。今朝出京參申了。僧俗群參如常。先俗中御對面。九條前關白。(二條)攝政。一條左府。近衞右府等悉參。裴〔束脫カ〕・小直衣。次僧中。常住院准后。予。聖護院准后。以下護持僧十一人。地藏院不參也。此外大覺寺。梶井。(南都)大乘院。一乘院以上四人參也。自餘門跡御室以下。明日可被參申云々。公家諸門跡太刀進事雖被停止。今度初度御參宮。旁表御祝着之儀可進由。內々可披露旨申廣橋中納言了。仍各進之了。　今日卽歸寺。

當寺花御遊覽可爲來廿一日由承〔候〕了。於禁中御臺所女官產生。去十二日事云々。仍內裏穢了。希代事也。於禁中產事先規無之歟如何。　室町殿樣今日渡御赤松亭。

十七日。晴。公方樣今日渡御一色亭云々。御力者召進了。　伊勢守護參洛。今日懸御目了。卽下國御暇事申入處。無子細云々。仍今夜來臨。當所ニ一宿。二千疋隨身。仍盃一枚。桂漿文蓮。香一裹。太刀一腰遣之了。使者執行法橋。來廿一日室町殿御入寺祈禱不動供。愛染供。各三座自今夕始行之。

十八日。晴。

十九日。晴。公方樣渡御靑蓮院。攝政御參會〔云云〕。申樂在之云々。　大乘院來臨。千疋隨身。明後日渡御珍重々々。少一獻在之。引物追可遣。

廿日。晴。不動護摩。毗沙門供等今朝運時結願。

明日室町殿渡御不〔可〕得隙故也。於清瀧宮長尾兩社仁王講始行之。明日無事爲祈禱也。各三口請之。於此門跡同仁王講在之。五社法樂口數以下同前。

廿一日。晴。兩社仁王講如昨日。佛供灯明布施等下行。自納所沙汰之。理性院奉行。　室町殿御入寺巳終。御板輿。御馬被引之。先於此門跡金院。御盃三進之。此時綾御服五重。盆堆朱。花鳥。香合。桂漿。地紅。進之。其後予退出之後。常居所北向幷時所等御一見云々。妙法院僧正案內者申云々。其後御膳御一身御沙汰。其後千阿彌被召御前云々。此間一時計歟。其後一獻在之。予幷寶池院參。諸大名管領。畠山。山名。細川右京大夫。畠山修理大夫。一色修理大夫。赤松左京大夫以上大名七人御前ニ着座。獻盃次第。初獻室町殿聞召了。二獻予ニ頻ニ御禮在之。三獻ハ爲祝着可被聞召申了。仍聞食之。三獻度予取銚子。此時又御引物進之。盆堆朱。花鳥。文　金襴赤地。一端。段子一段青。段子一端赤。以上三端。練貫五重也。室町殿御酌ニテ則賜予。其後寶池院等。諸大名ニハ各二重太刀一腰賜之了。近習ニハ太刀一腰。其內一色左京大夫二重太刀。赤松播磨守一重太刀。藤宰相入道一重太刀遣之。細川下野守追白太刀遣之了。諸大名宿坊如去年。當年モ折二合榼二荷各遣之了。七獻以後妙法院ヘ渡御。予御サキニ罷向了。申樂舞臺花下ニ兼儲之了。渡御以後申樂始之。脇能時分ヨリ降雨。狂言間〔ニ〕又雨脚止了。仍舞臺ヲ拭テ一番又仕之。此間又雨脚降。仍三番度ヨリ內ニテ沙汰之。東向八間疊ヲ撤テ爲舞臺。南廣緣ヲ以テ爲樂屋。公卿座幷中間ヲ搆テ爲御棧敷。大名等同所ニ祗候了。於此所七番在之。首尾九番也。於雨每度御吉例神感瑞也。珍重珍重。去年兩度御入寺降雨了。九番以後還御酉半也。每事無爲祝着。自寶池院練貫五重。太刀被進之。妙法院僧正三重太刀進上之。理性院僧正。禪那院僧正。金剛王院僧正以下九人歟。各太刀進上之了。地藏院依仰見物。千疋折紙被進之了。

廿二日。晴。今日五ヶ所へ渡御云々。西芳寺。香嚴院。御室。德大寺。カウクホ等也。仍昨日參禮略了。今日太子講如去年。於灌頂院廊沙汰之。式定盛法印。予捧物一重十帖如去年。自餘捧物同前。　菩提寺風呂當年始。

廿三日。雨。今日爲御禮出京。參室町殿了。御對面。寶池院同道。妙法院僧正同參懸御目了。今日申初歸寺。公方樣渡御若王寺云々。自探題方注進到來。大內與大友弓矢事。去年以來出來以外云々。此注進無左右披露難儀由。探題雜掌板倉上總介ニ申了。　菩提寺五種行自是始行。

廿四日。晴。公方樣渡御一色左京大夫亭云々。於菩提寺彌々丸中陰今日結願了。　羅漢供理趣三昧等在之。頓寫經同在之。

廿五日。晴。歌始連歌始。　今日於金剛輪院沙汰之。外樣者一人モ無之。一向門跡中計也。題寄松神祇。題者飛鳥井中納言雅世卿。　京都法身院天神講舞樂如常云々。雖爲御留守。松橋僧都兒以下如御座時。可見物由仰含了。寶池院爲御入堂。自去廿三日寺住。

廿六日。晴。

廿七日。晴。室町殿月次御連歌。頭役攝政御勤仕。千疋。島折一合被進之。發句同御沙汰也。

いつ見てかかゝる年ある花さか□(りカ)

脇室町殿。ともに千とせを松の藤か枝

御人數攝政。聖護院准后。實相院。三條大納言公保卿。山名右衞門督入道。石橋左衞門佐入道。赤松左京大夫入道。一色左京大夫。赤松伊與守。赤松播磨守。三上近江入道。僧瑞禪。承祐。重阿。玄阿。祖阿。予。今日御連歌一身先參申了。自大内方注進等事被仰了。如彼申請可有御下知云々。就筑前國事。大友少貳菊池以下悉同心。與大内致合戰。仍被下上使。大内大友和睦事。可有御成敗旨也。次方方御教書等事也。上使二人。有雲和尚。裔西堂由同被仰下了。自大内方注進狀。今日慶圓法眼持參。一見了。

廿八日陰。室町殿月次三首和歌。懷紙。依風知梅。雨後春月。嶺松歲久。題者飛鳥井中納言雅世卿。讀師雅世卿。講師雅永朝臣。御會人數。予。實相院。山名。畠山阿波守。赤松。一色左京大夫。斯波左衞門佐。赤松伊與守。赤松播磨守。堯孝僧都。雅永朝臣。爲之朝臣。僧俗懷紙各別被重之如先例。御會以後少一獻在之。三獻。今日予頭役。五百疋。

廿九日。雨。大乘院來臨。今日下向云々。時食相伴。少一獻在之。少茶會在之。大乘院歸寺後。九州へ上使長老二人今日進發云々。越後國紙屋庄實相院門跡領。事。可被進佐々河。於實相院者近所ニ替地可有御計之由被仰出。此旨則申彼門跡了。畏入由御返事。每月晦日摩訶迦羅天供如常。今月中臨時御祈愛染護摩每日一座。同供二座今曉結願。卷數二枝以奉行經成卿進之了。寶池院分佛眼護摩同前。大内方へ今日遣狀了。吉田入道請取之。十種茶張行當年初也。

三月

一日。雨風。愛染護摩始行如常。申初雷鳴。少。大雨降及終日。毗沙門講如常。千反タラニ同前。愛染百座供始行等每事如恒例。自今日土用。菩提寺五種行結願云々。
二日。雨。大友使等洪西堂參洛。今日勝鬘院坊主令同道來臨。仍先對面了。
三日。晴。玄阿彌。祖阿彌來。仍一折張行了。
四日。晴。靜雲院佛事如常。十種茶面々申沙汰在之。
五日。晴。自大友方參洛西堂等洪。事。今日一色左京大夫披露云々。仍明日六日。於等持寺。以奉行可被聞食云々。此參洛事幷此門跡へ。自大友方注進狀等。一色左京大夫方へ遣了。備上覽云々。
六日。晴。北畠侍從伊勢國司。此兩三日參洛云々。今日來。太刀千疋隨身。令對面了。今度御參宮儀。每事無爲之由等相語了。大友使節洪西堂申詞等。於等持寺以兩奉行飯尾加賀守。松田對馬守。被尋聞食云々。
七日。
八日。雨。愛染護摩結願。自山名方音信。公方樣自今曉聊御咳氣。仍今朝參上處。不及御對面云々。自酉初天晴。關東使節二階堂信濃守。去月廿六日見付マテ上着由。自駿河守護方注進到來。先珍重。此子細今朝以一色左京大夫披露由。自山名金吾方申賜〔候〕了。北畠侍從方へ馬太刀今日送遣了。使者長甚法橋。
九日。晴。明日室町殿御連歌治定云々。仍頭役千疋遣置雜掌奉行古井方由。自經祐法眼方申賜〔候〕了。自右京大夫方。以使者有問申。去六日自天王寺發向新開庄。堂塔在家一宇不殘之悉放火了。兩使爲制禁自去三日雖下置。如此間失面目了。追何樣可一沙汰云云。次多田庄爲退治。丹波攝州勢可罷立由被仰出間。以外大儀周章無極。便宜時ハ可然樣可申入云々。赤松勢自播州口同發向云々。兩條以外由返事了。

十日。晴。早旦出京。午終參申了。今朝先發句二句書之。內々可備上覽旨申遣赤松播磨守了。於實相院壇所時刻待申入。播磨守來申。御發句被御覽。共以殊勝。雖何可被任御意旨內々可申入時宜云々。予重申入兩句內可被計下。隨而御添削候樣可申沙汰旨申了。播磨守又申。然者初。藤ハ花松はみどりに千代の春。此御發句可宜歟由仰云々。仍令治定了。次今日御會可有御出座處。自去八日聊御風氣無子細被思食處。未御無力御脉未本複(復カ)由。醫師三位申入間。可有御斟酌。於御連歌者先可被始云々。仍攝政。聖護院。實相院以下參。武家大名山名。赤松以下同前。自申初興行。脇句內々可被遊歟由申。懷紙於播磨守持參御前。別紙ニ被遊被出了。　又遲櫻さかり一比云々。第三攝政御沙汰。戌初一座終面々退出。予內々申談播磨守。如此御風氣雖非殊御事。護持僧中上首五六人計。於本坊別一壇可(被イ)致祈念條。尤宜存者也。不可及伺上意。自來十二日可令勤修。便宜時者又可得其意歟云々。大河內尤可宜由申間。則聖護院。實相院兩門ニ且此旨申了。　常住院准后。定助僧正等方へ以使者可申遣旨加下知了。但今夜事々敷樣也。明日可罷向旨仰含。以上五人也。但寶池院一壇勤修之。藥師護摩可宜旨申了。　大乘院來臨。少一獻及半更了。　其後遊佐參申。條々申事在之。非殊儀。及曉天退出。終日御連歌窮屈處。及曉天對客以外損事了。

十一日。雨。今日又參室町殿。以宗辨內々御風氣樣無心元存。仍參申(ニイ)了。以機嫌可申入歟旨。奏者伊勢七郎衞門云々申候處。卽時披露。參申條御悅喜無極。尤雖可有御對面。未風ヲ御愼。旁御養性最中無其儀。得其意可申由被仰出云々。其後於實相院壇所數刻雜談。酉初歸寺。

十二日。雨風。爲室町殿御祈。自今日愛染護摩始行。支具自納所下行之。　寶池院於京門跡藥師護摩始行云々。關東使節二階堂信乃守。今日可京着由風聞。　水本故隆寛僧正第三年明日也。仍今日頓寫蓮經一部。被物一領代。遣之了。

十三日。晴。故隆寛僧正第三回作善如形沙汰云云。理趣三昧山中常住悉屈請。唱導理性院僧正〔云々〕。

十四日。晴。關東使節今日申初京着云々。

十五日。雨。不動護摩幷毗沙門供等始行。　入堂同前。　自管領使者飯尾二郎左衞門ニ申云。關東使節二階堂信乃守昨日京着。未無申旨候。申事候者重可申入云々。

十六日。雨。竹子栗等折下御所樣へ進〔候〕了。栗此間御尋云々。仍進之了。竹子同前。御悅喜由被仰了。水モト連歌張行。人數五人也。

十七日。晴。自管領使者飯尾美作守參申。關東使節未及對面候。自阿房守方書狀等。昨日以赤松播磨守備上覽候處。來廿日以此門跡委細可被仰。其以後管領彼使節ニ可有對面由被仰出候。所詮早々公方樣モ御對面候樣ニ可申入云々。予返答。東使參洛先以珍重。就其被仰出旨候者。何樣得御意可申入云々。來廿日可出京〔之〕由。以赤松播磨守被仰了。

十八日。晴。　金剛輪院五社講如常。　式通海僧正作。　自關東興國寺長老明宗和尙方狀到來。使者琳首座云々。申狀。今度關東使節參洛。最前ニ門跡へ可被申案內候。每事可預御扶持者可畏入。年來檀那間執申入云々。返答。使節參洛先以珍重。相應御用事ハ何樣不可有等閑之儀。於公儀者難叶。內々事ハ可承由申。使者僧可令對面處。持病間無其儀申了。

廿日。晴。今朝巳半參申室町殿御所。先於實相院壇所月次。伺機嫌了。以赤松播磨守申入也。午初歟御對面。仰趣今度關東使節二階堂信濃守參洛事ニ付テ。管領へ可被仰事。爲門跡内々可召仰云々。其子細。取詮。就東使參洛御對面事。去年及三ヶ度。被申談奥ノ佐々河方旨在之。彼意見趣。當御代關東不儀以外候哉。已御料所足利庄お爲始。京都御知行所々不殘一所悉押領。次御代初最前可被進使節處。于今無其儀。次那須。佐竹。白河以下。京都御扶持者共。可加對治旨加下知。已合戰及度々了。雖然此方堅固故ニ于今無爲。是併又京都御扶持ノ儀ニ依テ。奥者共悉致無二忠節也。仍關東挿野心。京都へ可罷上結構雖在之。奥者共不及同心。剰及合戰間自然遲引了。然東使近日參洛事ハ。京都於出拔申さむ爲の料簡也。若不事問東使ニ御對面事在ハ。於奥者共者悉退屈仕可失力。此條若僞申入ハトテ。種々及告文狀了。自佐々河狀雖如此。猶京都諸大名定東使ニ御對面事可被申歟。天下無爲儀お事被思食處。東使御對面儀無之ハ。天下無爲儀不可在間。御政道相違也。御對面ニハ不可依事間。可爲何樣哉由。去年九月十四日以細川右京兆狀。重佐々河へ被申談處。自佐々河返狀趣。先度東使御對面難儀。題目載告文言雖申入。重被仰出上ハ。兎モ角モ可爲時宜。乍去無一廉(篇イ)目御對面事。餘々京都御爲奥以下諸侍存(候はんするイ)申交番處無勿體候へハ。向後那須。佐竹。白河以下京都御扶持者共。無左右爲關東計不可退治由。關東ヨリ罰狀お被召置。其お一面ニせラレ御對面可宜由被申入〔候〕了。仍聞十一月廿七日。以石橋左衛門佐入道狀并使節。佐々河へ重被仰出趣。則被載御自筆御書了。其御書趣如佐々河仍被申白河。佐竹。那須。宇都宮藤鶴事等三ヶ條。自關東以罰狀被申者。使節ニ可有御對面由已仰定了。 如此乍卒爾被一決上ハ。自關東罰狀無之ハ。使節御對面事不可在由。爲管領可召仰ニ階堂云々。自佐々河狀二通。永享二閏十一月八日。同三正月廿九日石橋方へ狀。賜之了。 管領以下畠山左衞門督入道。山名右衞門督入道。細川右京大夫。赤松左京大夫入道等。此仰旨幷佐々河狀可見云々。此等子細自管領此四人大名方へハ。 可申遣由被仰出了。仍管領內者甲斐。二宮越中入道兩人〔召寄〕。此仰趣申了。 及晩頭自管領以甲斐。二宮。飯尾美作三人申入趣。被仰出趣委細被仰下候。今度關東使節。偏以無爲〔廉〕御祝着御使候。然ニ罰狀等事可被仰條旁不可然。御對面以後。何樣題目可被仰條宜存候。隨而內々關東時宜趣。使節內者於兩人召寄。於管領事子細相尋處。那須御退治事。先京都へ聞へ候分大ニ相違候。 那須五郎於惣領ニ可被成儀ニテ。御沙汰分曾ナキ事〔候〕。那須五郎庶子分澤村ト申知行分於惣領太郎押領間。自鎌倉殿及度々御成敗處。 太郎不應御下知間。彼在所ヲ五郎ニ爲被沙汰居被仰付了。雖然猶不事行間。可被治罰處。那須事爲京都內內御扶持事候間。 不可然由上杉阿(安カ)房守一向支申間。于今無其儀候。已京都御無音時サヘ如此。關東ハ京都於被憚申斟酌事候。今ハ已都鄙無爲ノ儀ヲ深思食。被進使節事候間。不可限此一事。向後ハ可爲京都御成敗〔候〕哉。此那須事ナト可被仰出事。更不存寄候間。於關東不及伺時宜候。 仍是非ヲ不辨候由申入候。如此申間只今被仰出趣雖申付〔候〕。無爲御返事申候ヘシトモ不存候。 然者只今可被仰出事尤無益ニ存。以此趣可披露申條畏存云々。愚答云。委細承趣尤可令披露候處。爲公方被仰出旨ハ以外嚴密。又種々御思案候歟。然ヲ事淺ク可被申入條。時宜難計存候。所詮面々諸大名方へ能々被加御談合。明日ハ公方樣御德日候。明後日廿二日。可被申入旨申間。三人此儀尤宜存旨申退出了。自山名方以山口遠江守申。關東使節參洛事ニ付テ。自管領被申旨候間。意見申樣ハ。先爲管領。私儀今度御使節ハ何廉(篇イ)ニテ候哉。御代〔ノ〕御禮ニハ以外遲々候。委細可承由被申候テ。就彼使節申狀被仰出事ナトヲモ。可被仰付歟之由申候了。内々爲得御意申云々。

廿一日。晴。大慈院成基僧正。東寺々務拜堂無爲遂其節云々。行粧又如常歟。前駈二人侍。威儀僧二人。御後侍一人。中童子一人。大童子四人。内女木二人。フタコ二人。力者九人。恪勤三人云々。扈從成淳法印。號中性院。從僧一人。大童子一人。力者少々云々。自增長院坊出立云々。則凡僧別當也。堂々拜樣如常歟。於鎭守ハ取幣二拜。聊法施又二拜。幣役威儀僧云々。鼻廣草鞋柳箱一ニ居テ。恪勤一人持之云々。此儀尤異行也。今日大乘院來臨。不慮。一折張行。玄阿。祖阿等參申了。高祖大師影供日也。以外不可說事。自今以後努力々々。件日如此興遊不可及張行事也。返々可存知〔候〕哉。

發句予沙汰之　散らハさき花にて暮らす春もかな
脇句大乘院僧正　つゝしもましる藤の一比
第三寶池院　かすむなと岩根の水に月すみて

執筆經康朝臣。自管領以飯尾美作一人申樣。以昨日趣明旦令披露。何トモ〳〵上意無相違早々御對面樣御計可畏入云々。愚答云。昨日くれ〳〵如申。以此分申入事ハ旁難儀候。乍去諸大名一同儀ニテ。只以此趣披露候へノ儀ニテ候者。重慥承可披露由申了。
廿二日。雨。自管領使者甲斐。二宮。飯尾美作三人參申云。就關東使節御對面事。面々方ヘ內內爲私意見お尋申處。畠山被申樣。今度御使以外遲引事等。管領內々被申。彼使節。御所樣ハ早々御對面可然云々。山名意見旨ハ。今度使節參洛ハ先何篇何事候哉由。自管領被相尋。隨使節返答樣。追被仰出趣ヲモ可被仰歟由被申候。右京大夫ハ加思案。追可申入由候。赤松ハ可爲如畠山意見由候。畠山匠作ハ關東不儀ヲハ被閣。萬事先早々御對面可目出候。鹿苑院殿御代。小目ニテ見及申候シモ。關東事ヲハ萬事ヲ被閣樣候シ。只今モ可爲同前歟云々。面々意見大略一同候。以此趣御對面候樣ニ。早々可致披露云々。愚答云。尤可披露處。一昨日被仰出上意趣。未達候樣ニ覺候。簡要ハ關東罸狀事。可被仰彼使節事不可然者。其子細おシカ〳〵ト可被申〔入〕條可宜候。只凡儀計ニテハ。一向上意ヲ不申達樣可被思食間。披露難治候。其上面々意見モ不同候歟。今一度重被加談合。今夕明旦間可被申入由申了。
廿三日。晴。自管領使節三人如昨日參。申趣。東使御對面事ニ付テ。被仰出旨重面々ニ申談處。左衞門督意見分。今度被仰出趣已被仰定佐々河殿候間。誠上意尤候。雖然此一段事ハ。面々以連署事子細具可申佐々河殿候。定可有何異儀哉。所詮於關東御使ハ。先以無爲儀早々御對面珍重由被申候。此儀尤同心仕候。以此旨可有御披露候者。重面々意見ヲモ取調重可申入云々。愚答云。此間儀ハ更々無一途候間。此儀ハ先被仰出趣。聊被分別申樣間。何樣先可披露申。乍去面々意見一同儀候哉。重可承候。次ニハ關東罸狀事不被申付東使。難儀何事候哉由定可有御尋候。此條何樣可申入候哉。此間承分都鄙無爲御使ニ參洛處。關東罰狀等事。無左右可申出條難儀。且京都御爲旁不可然由事雖尤候。上意趣ハ此條モ御覺悟事〔候〕。已ニ東使御對面有度事ハ。天下無爲ヲ被思食間。御心中無是非事由。以八幡大菩薩被仰出間。於此廉者何度雖被申。不可入御耳由覺候。此外ニ何ト申タル儀候テ不可然廉候哉。左樣一カトヲモ重可被申入候。次ニハ縱雖以前旨趣候。諸大名一（篇イ）同ニ被申入儀候者先可令披露。兩廉重被申談具可承由申了。仍使者退出〔了〕。及晩陰三人使者參。申趣。面々御意見尋申處。山名殿佐々河とのへ面々被申入事。尤可然可同心申由被申。右京大夫殿儀ハ。佐々河殿へ被仰出事。毎度取ツキ申入候。又自佐々河被申入事モ同前候間。此間儀委細乍存知。此御意見ニ可同心申條。旁難儀至極候。東使早々ニ御對面事ハ旁珍重存候。畠山大夫殿被申樣。與左衞門督同前候。赤松同前候。大略一同御申由云々。愚答云。此條ハ落居意得了。關東罰狀事。可被仰東使事ハ。何樣ニ面々被申哉。此一ヶ條簡要題目〔候〕。如何由尋仰處。甲斐。二宮等申云。於此儀者面々御方ヘ未被尋申候。其故ハ面々御意見。若一同ニ被仰付東使候ヘトノ儀ニテ候トモ。管領儀ハ難被申付心中候。仍先以此分可有御披露候哉云云。又愚答云。今度被仰出題目ハ。詮要此一ケ條候。然ヲ不及是非申狀者。定可違上意候歟。且又愚身不申達樣可被思食候。其時ハ定以別人。面々方ヘ御尋時ニ此條ハ未承間。不及申是非由被申入候者。一向又管領無沙汰ニ可成候哉。旁不可然樣候。所詮此條早々ニ被申談面々。一同意見趣可承由申間。明旦面

面ニモ申談。重可申入由申各退出了。　細河
右京兆來臨。
廿四日。晴。山名禪門來臨。意見申入旨具申了。
所詮今度被仰出關東訴狀事ハ。先可被仰付
東使條尤宜存。隨彼申狀〔重又意見ヲモ可申
入歟。次佐々河〈面々以〉連署可申入事ハ。
一向可任時宜云々。　自管領使者三人。甲
斐。二宮。飯尾美作。申入樣。就關東御罰狀
事。可被仰出二階堂信濃守歟事。面々左衞門
督以下御意見。　一同ニ先可被仰出東使由被
申入候。雖然管領所存。此事猶難仰付東使
候。其子細先度連々申候了。可然樣御披露珍
重云々。愚答。左衞門督以下大名五人意見。
如上意先可被仰付東使條。無子細事云々。隨
而又御所存尚難申盡云々。　此條此間數度上
意意趣(舊イ)申含了。大名五人ハ已被同心申了。御
一身猶被申事。一途於被申入者無子細事候。

以前同篇儀ハ遮而被仰出旨趣之間。愚身不
申達樣可被思食間。披露以外難治。且ハ上意
淩爾樣ニ可成〔候〕哉。所詮今一往此子細可
被申歟云々。仍尤由申。使者退出了。　仙洞
御得度。御年五十五歲。御戒師仁和寺宮。唄
師禪信僧正。敎導菩提院僧都。御剃手寅助法
印。着座公卿八人云々。一座久我內大臣(大納言イ)。仙
洞御裝束。御衣冠ニ被引裾。ホウコ裝束ト申
也。先例云々。御得度後御袈裟云々。戒師裝
束。法眼平袈裟。唄師同前。敎導剃手法眼紫
甲云々。御布施。戒師被物一重。裹物御裝束。
皆具。狩御衣以上。唄師被物一重。裹物一。敎
導同前。御剃手無布施儀云々。如何。
廿五日。晴。
廿六日。晴。自管領以飯尾美作申樣。今日ハ大
赤口也。被仰出東使題目御返事可申入條。有
其憚。如何由云々。愚答云。大赤口御用否依

事歟。所詮公事重事披露無相違條不覺悟。內内可被伺時宜歟由返答了。使者罷歸後。今日儀如何由尋遣管領處。今日ハ可斟酌仕。且其由以大河內達上聞云々。仍明日ハ御德日也。明後日廿八日。可申御返事云々。　今日內々以大河內申入樣。就關東使節事。自管領申入題目以口狀披露。旁難治至極也。所詮召給飯尾肥前守。自管領申詞注サセ。以彼明後日可披露由存可爲如何哉。可伺申入由。以光意法印申遣了。　大河內返事。仰趣則令披露處。此儀可然由被仰出候。只今飯尾肥前祗候間。明後日可參申入由申付云々。　一昨日儀爲申入院參。乘車。衣小指貫。賢紹僧都一人召具。重衣。房官一人同前。　申次四辻宰相中將季保卿。御出座。於公卿座御對面。御重衣香袈裟令着給。多年叡願令遂其節給。彌寶算長久儀珍重由申入了。

廿七日。雨。祖阿爲天神堂法樂一折張行了。

廿八日。雨。自管領使者三人。甲斐。二宮。飯尾美作參申。管領申詞。關東罸狀事可被仰付東使歟由。大名意見一同雖無子細。此條猶不可然存間。心中趣一端御披露可畏入云々。公方奉行。飯尾肥前守自早旦參申。　自管領使者ヲ於此門跡待申間。則召寄管領申詞一紙。畠山山名以下申詞一紙。已上二紙注之。以件申詞則令披露了。　重仰趣。管領雖爲申入事。被仰談佐佐河已事必定間。今更難被改間。難儀被思食云々。只仰旨忩々可仰含東使云々。則此仰旨召寄甲斐以下三人仰付了。　重自管領以甲斐申樣。仰旨畏承了。尙々加思案兩三日間可申入御返事〔云々〕。罸狀事仰付東使事猶難儀云々。如何。　自未末天晴。　自管領重御返事。今兩三日ハ可遲(々イ)候歟。先今夕可入寺。來月二三日間可罷出由以大河內申了。　今夕及晩陰間令略了。今朝室町殿樣御物語。去廿四日仙洞御得度夜。北野御靈東へ御飛由。自北野御師方注進申入云々。又來五月御佛事結緣灌頂曼荼羅可被始行由被仰。結緣灌頂事ハ可被仰愚身。曼供可被仰聖護院云云。共庭儀云々。

廿九日。晴。今朝入寺。故隆深僧正第七回佛事如形致其沙汰了。自去廿四日五日十座理趣三昧結番修之了。自廿一日光明眞言護摩一七日自行。但用手代了。在京間依不叶也。今日一寺啒請之。於灌頂院廊行之。佛經供養等在之。導師理性院僧正。

卅日。晴。今曉(寅初歟)自廣橋以書狀申旨在之。故道將入道(勸解由少路)。絹直綴着用事ハ何樣儀哉。次石橋入道絹直綴事所望申。可爲何樣哉云々。愚答。故道將入道絹直綴着用事。自嵯峨被召出之時被下御服。其以來着來樣見及由計申了。辰末又自廣橋申賜。石橋入道今度所望絹直綴事。以前不承。何樣候哉。此條無後難樣。可有御意見旨被仰出云々。愚答。石橋入道絹直綴事。當時直綴御免無子細事哉。然者彼面々絹着用强可有何儀云々。乍去鹿苑院殿御代不同〔候し〕。所詮此間儀不覺悟樣候。得其意可令申給云々。

四月

一日。晴。自今日恒例愛染護(摩脱カ)開白。千反タラニ等如常。

二日。晴。自管領以飯尾美作申樣。關東御罰狀事。可仰付二階堂條雖加思案。猶旁難治至極〔候〕。雖同篇候以此趣可有御披露條可畏入云々。愚答。同篇儀於披露者尤難儀候。乍去同篇御返事披露難儀由。令返答由ヲハ何樣可申入旨申了。

三日。晴。及晩頭出京。遣使者ヲ管領申樣。今夕出京候。御返事今夕可承哉。又明日候哉。所詮御所へ參申以前可承由申了。使者經祐法眼。管領返事明日可申入云々。

四日。晴。自早旦管領返事相待處。遲引間。又遣人令催促處。ヤカテ可申入云々。中半自管領大藏卿寺主ヲ召申樣。御返事猶思案シヲフセス候間不申入。恐歎入候。今兩三日間可申入云々。仍先參室町殿。於花頂僧正月次壇所待機嫌了。其間定助僧正雜談。予尋云。慶祚大阿闍梨渡唐。爲拜龍智ヲ令渡天處。於迦毘羅山有一老翁乞者。向大阿闍梨乞食ヲ。大阿闍梨所持柑子ヲ一與之。又乞之。然而五マテ與之。今一柑子ヲハ爲旅粮惜テ不與之。其時翁云。我ハ是龍智也。憐汝志ヲ是マテ來也。但汝慳貪ナリトテ上空西ヲ指テ飛行。于時大阿闍梨一〔ノ〕柑子ヲ空ニ投テ悲泣テ自其歸朝云々。此事彼傳記ニ所載候哉。不審如何。定助僧正答云。此事彼傳ニ不見及。渡唐事不承及云々。予又尋云。石藏成尋(セイシン)阿闍梨渡唐時。宋朝御門成尋ヲ歸敬。于時帝問云。汝ニ勝タ僧日本ニ在之哉。尋答曰。在之。帝不信之。其時尋申云。我堅守妄語戒。實在之云云。帝問其名字。尋答云。東寺成尊。天台長宴。三井賴豪。南都。就仰付關東使節題目。大名六人意見趣。自管領被申次第。召飯尾肥前守面々申詞一紙注之。則以參上申入候了。面々意見第三度儀。如被仰出可被申付關東使節云々。雖然管領所存又注一紙。其子細ハ關東御罰狀事。可被仰付東使條。尙以不可然。何樣先御對面有テ。追此題目可被仰付云云。兩樣被御覽後仰樣。只關東罰狀事。早々可被(仰イ)申付云々。此罰狀不到來者。是非不可有御對面由。重被仰出了。此仰旨。召寄甲斐二宮飯尾美作。仰遣管領了。管領返事。以甲斐申。先申入旨御披露畏入候。何樣仰趣申付。重可申入云々。

五日。晴。早旦入寺。自管領以飯尾美作申趣。關東無御野心趣等。使節先以罸狀可申入由可申付。以此趣御對面無爲樣申御沙汰可爲何樣哉云々。愚答云。此條以外不可然由存也。於披露者不可叶旨申了。

六日。晴。

七日。晴。埦和右京亮來。自畠山方齋藤因幡守來。自管領使者飯尾肥前參申。一昨日東使告文事申入候云々。若何樣儀ニテモ御披露事ヤトテ申入了。所詮被仰出關東御罸狀事。申付使節處。可申下條雖歎存〔候〕。已不可有御對面由被仰出候上者。何樣可申下候。同者先懸御目以後。不廻時日申下度由歎申入。且申狀尤樣候。以此趣先御披露可畏入云云。愚答。此事ハ此間篇盡タル題目候。中中可被申入條如何。但大名宿老等猶被加談合。一途候樣可被申入候哉旨申了。仍使者罷歸了。自晩頭大雨下。

八日。雨。愛染護摩結願。佛生會儀如常。式弘豪法印。灌佛讃覺深律師。自管領使者大田式部云々。今日早々可有御出京條可畏入云々。題目不申之。返答。持病氣出來間難叶云云。

九日。雨。

十日。晴。早旦出京。今日室町殿月次御連歌。頭役發句聖護院准后。自管領使者飯尾美作來。被仰出旨可仰付東使候。但畠山。山名等就御對面事。分烈參可申入趣談合仕事候。可有御披露ニテ候者。被仰出旨早々可仰付使節候。定又自畠山山名兩所。委細被申入歟云云。愚答。自畠山山名兩人方。被申候者。隨其愚意追可申由申了。自畠山使者遊佐河內。

齋藤因幡兩人。山名使者カキ屋一人參申樣。自管領被申談樣ハ關東御罸狀事。可仰付使節條旁不可然間。于今無其儀候。乍去上意嚴密間。此上ハ可仰付東使候。但面々一同ニ參御所御對面。東使事平ニト可申入。被同心者仰趣ヲモ早々可仰付東使云々。此條只今聊早ク存樣候。先被仰出旨被仰付東使。其後儀ト存候。但落居面々一二三度モ以參上可歎申入由存候。且御意樣承度云々。愚答。只今自管領使節申狀大都同前。所詮於此御返事ハ爲門跡難申候。且迷惑候。管領被申樣前後候樣ニ覺候由申處。遊佐申樣。入道申入趣モ如仰候。先被仰出旨被仰使(付カ)東使以後事ニテコソ候ヘト申入云々。山名使者申狀又同前。愚答。愚存面々御意得樣同前上ハ。只今不及巨細候。管領ヘ自兩所(畠山。山名。)可被申樣。此題目爲門跡ハ難申是非。且ハ迷惑候。其故ハ面々被申入題目ハ可執申入。上意趣ヲハ東使ニ被申付候ヘトハ。更々難申事候旨可被仰歟云云。遊佐以下使節尤由申罷歸了。其後參御連歌。先一身可參御前之由被仰〔間參申了〕。御對面。御窮屈未散間。今日御連歌ニハ不可有御出座云々。次關東罸狀事。管領未申付東使哉。遲引以外無正體由被仰。予申云。此事今日吉日間。可仰付東使旨。今朝以使者管領申入旨申入了。　宇都宮藤鶴事。重嚴密被仰出了。其後御連歌。攝政。聖護院。實相院。山名。赤松等參申了。公方樣無御出。脇句計被出之了。

十一日。晴。自管領使者二宮越中。飯尾美作參申。飯尾肥前守召之。自管領申詞。飯尾肥前注一紙。以之可令披露儀也。其申詞ハ。關東御罸狀事。被仰出候趣。仰付二階堂信乃守處。今度ハ爲都鄙無爲御使參洛仕計候。雖然被仰下事候間。早々可申入關東云々。以此申詞申入候處。以前被仰出那須。佐竹。白川。宇都宮藤鶴等事。雖爲一事罸狀ニ漏ル、事在之ハ。使節御對面是非不可叶旨。重堅ク可仰管領旨被仰了。　退出之後。以赤松播磨守重又此事被仰出。尙々一事モ罸狀ニモル、事在ハ。重又可被仰下條。不可然歟之間。只今嚴密ニ可申付由可仰管領云々。　其後又以御書同篇儀被仰出了。御書御使與阿云々。御返事申入了。　仍召飯尾肥前守。仰條々載一紙。召寄管領使者二宮越中飯尾美作申付了。仰詞條數。一那須。佐竹。白河事。向後可被停止治罸之儀事。一宇都宮藤鶴丸事。如元可被沙汰付事。一佐々河事。別而御扶持上者。可被得其意事。此等條々雖爲一事漏御罸狀ハ。使節御對面不可叶由云々。　自管領以飯尾美作御返事申。條々畏被仰下。則可申付東使云々。已及夜陰。今夜不及披露。　自管領申入御返事。以赤松播磨可披露之由。以經祐法眼申遣了。　重又以經祐法眼。申遣赤松播磨守樣。自管領御返事可令披露給由雖申。今夜已及深更間不能〔入寺〕。所詮明日例日間一日令逗留。明後日十二日。以參上可申入間。不可有披露由申遣了。　倫西堂五山長老居公文事申入間。內々以三條中將申處。無相違可被仰付旨今日被仰出。在所可〔計〕申入旨被仰出間。相談倫西堂圓覺寺事申入了。

十二日。晴。

十三日。晴。早旦參室町殿。一昨日被仰出條々。召寄飯尾肥前。仰詞一紙注之。召管領使者二宮越中入道。飯尾美作兩（人脫カ）仰含之間。畏被仰下。此三ヶ條。一那須。佐竹。白川向後不可有對治儀事。一宇都宮藤鶴丸。如元可被沙汰居事。一佐々川事。京都御扶持異他。可令存知給事。以上三ヶ條載御罰狀。早々可有御申由。可仰付東使二階堂由。以飯尾美作申入旨令披露了。飯尾肥前所書仰詞一紙被召置御前了。就日野一品入道御免事。條々被仰秀光卿趣具申遣了。仍畏申入旨。以西向狀申間。入見參了。倫西堂圓覺寺公文今日拜領。祝着之由來申也。今日入寺。

十四日。晴。自今日爲高野御參詣。御祈愛染供始行之。當寺同勤仕之。自今夕爲靜雲院十三廻追福。光明眞言勤修之。可爲一百日發願也。

十五日。晴。自今日恒例不動護摩勤修之。入堂同前。千反タラニ等如常。

十六日。降雨。室町殿高野御詣。辰初御進發。自鳥羽御船云々。御船幷一獻等事。一向右京大夫沙汰之。御座船外四十艘計用意云々。申終程天快晴。

十七日。晴。御遷宮如常。供養法禪那院僧正。鈍色小袈裟也。近年大略甲袈裟着之。用草鞋了。此儀非先例。賴淳法印供養法勤仕時。初着甲袈裟云々。此儀爲寺僧一﨟供養法勤仕之間。一段刷嚴儀心中云々。故水本隆源僧正此供養法勤仕時。每度小袈裟云々。仍故隆寛僧正勤仕時鈍色小袈裟也。所詮兩樣共以不可有苦歟。調聲光俊。讃源惠。吉慶梵語初二段。秘讃十六尊梵語。誦之。今夜申樂如常。觀世勤之。觀世方へ二千疋別而賜之了。折樻等相副。

十八日。晴。今日神事申樂如常。自京都見物衆濟々在之。

十九日。晴。今日爲長尾法樂可沙汰由觀世申請間。於昨日舞臺沙汰之了。及曉天了。二千疋賜之。

廿日。晴。　廿一日。晴。

廿二日。雨。今日結縁灌頂習禮。於灌頂院可令沙汰由。自一昨日觸仰了。然降雨間思惟處。自未終天晴。自酉末習禮始之。筵道事忘却間。自去夕方々馳走處。不尋出。未明ニ京都ヘ尋遣處。無之由事。(中イ)中終使者罷歸了。仍俄ニ長床ヲ裏カヘシ。日隱透計ニ敷之了。土地之間人々用上金剛了。俄召渡拜殿了。持幡童直垂。色衆各重衣。從僧悉單衣。庭行事執行法橋奉行之。幔門其外幔少々引之。庭幡不立之。庭讃誦之。二反如常。此讃誦事打任ハ習禮無此儀。雖然爲聲明稽古。別而仰含了。爰慈尊院弘繼僧正爲見物參申。一會奉行體也。申云。勸修寺儀必讃以下聲明悉誦之云々。阿闍梨モ出座勿論云々。予云。當流儀聲明强不誦之。只鉢ヲ突。貝ヲ吹計也。阿闍梨不及出座。疊計ハ用意勿論也云々。及夜陰南庭ニ立明。五六ヶ所沙汰之。廳務奉行之。及夜陰雨降。

廿三日。晴。　廿四日。晴。

廿五日。晴。公方樣今日自高野還御。酉半云々。數日御旅天每事無爲。無風雨難。珍重々々。御旅中間愛染供今曉結願。卷數付遣勸修寺中納言方了。今日參禮事斟酌了。明日可參之由存候處。自廣橋中納言方。護持僧中御參禮可爲廿八日由被仰出旨申賜候了。仍存其旨申遣之。諸大名等今日參賀。御太刀進之云云。公家輩少々參云々。

廿六日。晴。早旦出京。來廿九日八幡臨時祭御馬御覽ノ爲。室町殿御參內云々。　東寺々務法務等還補事內々申處。　御執奏。今夕宣下。奉行萬里少路大納言。

廿七日。晴。三ヶ吉事內吉書惣判兩ヶ儀行之。祿物別下行之儀無之。明日御前ニ可參。御訪二千五百疋內ニテ今日之儀參勤了。被物五重用意計也。以五重吉書惣判ニ兼用了。吉書時威儀師三重。從儀師二重。各有職兩人取之。辛櫃役房官兩人。鈍色指貫裳袈サ。硯役房官一人。裝束同前。惣判祿物井儀師二重。從儀師一重。有職取之。儀同吉書。此等祿物暫時借渡儀也。不及賜之。　於法身院造合。小御所西。俄室禮之行了。

廿八日。快晴。早旦辰終。先爲御物詣無爲參賀。參室町殿。乘車。憲濟法眼乘車尻。重衣。予重衣。攝政以下俗群參。護持僧悉參。其外南都兩門跡等也。御對面午終也。自早旦渡御南禪寺德雲院云々。　御對面以後直罷向宿坊林光院。了。申初法事始行。自林光院乘手輿。行烈等次第在別。最前所守以白杖前行。東寺職掌二人等。綱掌中綱三綱前駈六人。不着裳袈サ。威儀師從儀師手輿。鎰取。中童子三人。大童四人。女木二人。烈二人。力者以下。扈從僧綱兩人。松橋僧都。西方院僧都。各乘手輿供奉了。此條威儀師聊雖申所存。以先例問答之間承伏了。於八講堂東門前。自手輿乘移腰輿。其儀不及用鼻廣。腰輿ニ手輿舁並。直乘移了。門內ヲ南ヘ廻テ至幔門外。但今度以威從前行爲指南。駕輿丁腰輿ヲ令舁處。井從幔門ノ內ヘ令引導了。以外越度歟。仍輿ヲ可令舁出幔門外ニ處。以外雜人經卷衆等群集。猥雜無申計間。無力令略了。今度越度隨一也。次色衆烈事惣在廳失念歟。以外遲々了。仍腰輿ヲ地上ニ舁居。數刻待烈ヲ了。色衆悉烈立之後。阿闍梨降腰輿。此時執蓋指覆蓋於大阿闍梨。持幡前行左辰賀。以左手ヲ取幡ノ柄ノ中程。以右手取幡棹ノ本ヲ。步筵道上。裹頭衆各兩三人相隨而令後見了。　烈定後讚衆向立テ出四智讚ヲ。爰衲衆不向逢。越度至以外儀也。次惣在廳下知專道撤幔門了。　次阿サリ下腰輿ヲ下テ立ニ中ノ筵道䄆ノ上ニ。次讃頭發音。次色衆上堂。組登等如常。衆僧前四人。五位二人。六位二人留階下。色衆南簀子。公卿着座之後ニ群立。可爲北大床處。室町殿御着座之間。今度如此令沙汰了。次阿闍梨上堂。正面庇暫立留。十弟(子脫カ)一行ニ成テ。經阿闍梨之後。自左方入堂。法具ヲ置儀如常。次阿闍梨逆行シテ至高座之後。作法等如常。今度兩部拜略之了。無内陣間旁略之了。次登高座。置五古於金剛盤。聊令有聲。此時衲衆下﨟前入道場。始无言行道。先乞戒師着禮盤。置三衣於箱。次色衆兩三輩着座之後。讃頭突返鉢。與鉢於鐃持着座。今度鐃持兩人共不及堂上。於階下請取鉢了。次惣禮威儀師可催之處無其儀。色衆取香呂。雖相待事遲引了。阿闍梨驚覺鈴。次乞戒師。作法以下如常。今度鹵木作法任近例略之了。次阿闍梨下高座。一禮着平座。十弟子二、四﨟參入。取居箱香呂箱置平座。左右各經本路。自正面退出。次此時自餘十弟子不取法具。次乞戒師從僧兩人進入。渡法具於平座。持如意經本路退出。次誦經導師從僧兩人進出。居箱香呂ヲ渡禮盤前机。如意同置之。各經本路退出。此等出入通路悉正面間也。次誦經導師起座。進寄禮盤前。取香呂一禮。次登禮盤。以下如常。今度諷誦文二通。一通禁裏。一通室町殿。兩通惣在廳親覺持之。正面庇ニ蹲踞。堂達快助起座。經後戸出正面間。二通一度ニ請取之。歸本座表白終頭諷誦文二通持參之。渡導師。但今度兩度ニ堂達諷誦文持參。以外室(失カ)禮也。一度ニ渡導師。兩度ニ堂達請取之。作法常儀。今度爲阿闍梨仰含通又其儀也。今度堂達進退於事未練不可說也。誦經導師加布施被物下禮盤以前可置之處。奉行失念歟。平座着之後置之。次導師從僧參進撤之了。但此撤儀以外遲引移刻了。次施主室町殿樣可有御着座云々。仍待中處及數刻御出座。八講堂北御丁聞所自東妻戸出御。御簾役三條大納言公保卿。北一座着御。御直衣。諸卿退座。着御後諸卿複座。色衆不及動座。次廣橋中納言親光卿綾被物一領持參。正面南第二間透簀子ニ持被物蹲踞。此時將軍起御座給。諸卿色衆以下動座。於簀子取被物給。自正面間入御。此時動座聊座ノ北ヘ退了。（疊上也。）置御布施給儀如常。令左廻給了。於疊上拜領御布施。次阿闍梨下座。於板敷致禮了。將軍不及御着座。今度ハ直ニ入御。其後阿闍梨以下複座。次色衆布施。諸卿取之。僧綱綾白。被物一重。裹物一。絹。凡僧練貫被物一重。裹物一。紙。阿闍梨三重裹物。今二重時房卿俊補（輔カ）卿取之。裹物四位雲客置之。諸僧布施於被物公卿置之。裹物ハ雲客取之。但末方被物裹物共。雲客四位五位取之了。次撤布施。自最末撤之。各從僧撤之。次撤法具。次屆從僧綱宗濟僧都起座。撤阿闍梨布施三重。一度撤之了。於階下前駈ニ薦經乘上座請取之。渡御後次第手長如常。次賴全阿闍梨起座。撤裹物了。於階下渡御後了。次十弟子一二薦參進取玉幡。渡持幡童。此間餘十弟子自正面入。各取本所持物。阿闍梨座左邊ニ蹲踞。一二、渡玉幡。立歸テ取戒體居箱等。同所蹲踞。次色衆下薦前起座。還烈儀如常。戌終歟筵道左右松明捧持之。下家司奉行之。布施悉置了。事戌初也。仍六位持掌燈高座。左右各一燈。御丁聞所前一燈置之退出。此間庭幡悉撤之了。還烈以前聊猶可有斟酌歟。但及夜陰時撤之。又常儀歟。撤布施時色衆從僧大童子力者以下。猥雜頗以外也。仍警固衆畠山內者共來テ靜之了。還烈物忩至極。如上烈於三枚筵道頭乘腰輿。於門前乘手輿歸宿坊了。及亥初了。 今日失錯兩條。腰輿舁入幔門內。惣禮無之事等也。其外無殊事歟。但誦經導師廻向句兩度誦之了。錯條勿論歟。 夜時自子半始行之。阿闍梨着平袈裟。居箱香呂箱兼置之。但此儀壇行事沙汰也。兼阿闍梨可隨身由仰含了。仍十弟子內兩人用意了。 室町殿依御窮屈無御登壇儀。女中大方殿以下大略御登壇。委記在別。 廿九日辰半歟受者ヲ留了。

廿九日。晴。 辰終夜時結願了。卷數今度略之了。追修時略之常儀也。或用之兩條可依時歟。辰終爲御禮。自等持寺直ニ參室町殿。御室新宮。相應院宮。妙法院宮等參會。於公卿座雜談。午終御對面。自昨朝移住宿坊。終日終夜儀雖令窮屈。早々令參禮可歸寺心中處。自今日於八講堂結緣灌頂道場。西大寺僧三百人被屈請。五ヶ日之間光明眞言可令誦之。今日開白儀可丁聞旨承聞。先法身院へ歸。時食以後令參了。寶池院同道。申初歟始行。供養法西大寺長老。表白數句在之。神下向以後顯表白ニ讀之。願文諷誦等同讀之。前供養讚。四智心略漢語。東方讚。三力金後誦光明眞言。同音殊勝殊勝。光明眞言誦初方還御。予寶池院猶相殘丁聞之。 今日於法身院。寶池院風呂張行。仍不及歸寺。 今日八幡臨時祭在之。室町殿御參內云々。

五月

一日。晴。 早旦入寺。先入堂。自今夕愛染護摩開白。

二日。雨。 自今日室町殿御座等持寺。可爲一七日云々。

三日。雨自巳末天晴。 寶池院等持寺へ被參申。 御經摺寫蓮經。一部。千疋持參云々。

四日。晴。等持寺ヘ御點心料千疋。折三合進之了。使者慶圓法眼持參。以一色左京大夫進上云々。自今日靜雲院佛事始行之。今日理趣三昧。供養法理性院僧正。經衆五六人歟。毎日令結番了。三々昧ヲ日々ニ次第ニ可修由申付了。讃事四帖双紙分一反可誦終旨。同加下知了。半稽古儀也。

五日。晴。今日阿彌陀三昧修之。供養法弘甚法印。調聲覺順律師。

六日。晴。早旦出京。時食以後參等持寺。御對面。御經摺寫蓮經。一部令結構。以薄樣裏居柳箱。二千疋御佛事料持參。以一色左京大夫申入了。山名刑部少輔事被仰旨在之。今日八名三昧修之。

七日。晴。朝程天陰少雨灑。卽時快晴。但猶陰氣不散。今日於等持寺八講堂。爲勝鬘院卅三回御佛事。被行曼荼羅供。阿闍梨聖護院准后。年四十六。昨日法務宣下云々。今日爲召具綱所云々。不及行三ヶ吉事。任例自綱所方吉書送進云々。予依仰參御丁聞所。二條攝政。實相院僧正。寶池院僧正等同前。予車。寶池院同車。重衣。松橋僧都一人重衣。召具。房官兩三供奉。單衣。大童子直垂體也。午終自林光院宿坊。阿闍梨聖護院。出仕。行粧手輿。最前ニ所守二人持白杖。次綱掌四人着赤袈裟。次房官六人。左右。着裳袈裟。着鼻〔廣〕。力者大童子各一兩。中間各三四人歟。直垂非繪。常ノヒヤウ文トカヤ也。上下着若黨兩三人少々召具之。各手ニ持太刀了。次威儀師一人。從儀師一人。左右ニ烈了。次輿左右鎰取警畢〔蹕カ〕申之。次中童子三人染裝束紫。各付花了。冠者各一人召具之云々。乏少歟。次大童子三人。此內一人女木。二人無單巳云々。次御後侍二人歟。不分明。扈從二人步行供奉。行粧不分明。

経卷衆少々。前後供奉了。於門前自手輿降。鼻廣役扈從僧綱經意僧都〔云々〕。手長次第如常。力者傳大童子。大童子傳中童子。中童子渡御後侍。御後侍渡前駈。前駈傳扈從云々。次門内北樂屋南ニ儲腰輿。於其所乘腰輿。駕輿丁八人各繩ヲ脇懸ニシテ舁之。タトヘハタスキノ樣ニ。スチカヘテ懸之。八人同體也。駕輿時執蓋執綱等役之。此儀阿闍梨兼申請云々。自室町殿攝政以下有御尋云々。執蓋役不及所存。此儀覺忠僧正例云々。凡於東寺方又其例連綿歟。但有子細樂人參向奏一曲前行。次引頭威儀師兩人於三枚筵道邊奉待之。職衆兼立列筵道。頗及數剋了。於幔門前下輿幔門撤之。樂人左右筵道外前行。奏樂聲不斷。讃衆二人。左右。向阿闍梨立突鉢。次誦四智讃一反。次突鉢。又誦讃突鉢。已上讃三反。鉢前後四反也。此讃本儀九反云々。今度略之云々。

次讃衆兩人色衆ノ最前ニ烈立。突鉢上堂。色衆各入堂内行道。先阿闍梨門前灑水。此時十弟（子脱カ）内一人持香象。灑水臺下ニ置之。阿闍梨聊令越之儀ニテ入道場。十弟子又如元持之隨阿闍梨後。堂内籠（仙イ）佛壇等行道三匝。此間誦讃鉢時々突之。三匝了阿闍梨禮盤前ニ立。此時十弟子座具ヲ禮盤ニ敷キ。草座ヲ禮盤前板敷ニ。フサヲ南北ニナシ敷之。居箱ヲ置左脇机上。香呂箱如意ヲ右脇机上ニ置テ。各出正面北ヘ退出了。香象ヲハ右脇机下ニ。頭ヲ東ニナシテ置之。次阿闍梨草座ヨリ一尺餘東ヘノケテ。草鞋ヲ脱テ立草座上ニ。先蹲踞。次横皮ヲ禮盤ニ打懸テ。頭ヲ着禮盤。三度禮拜。五體投地儀歟。次登禮盤以下作法。次承仕二人出正面。持鐃幷鐘木ヲ。一二﨟僧正前ニ各置之。退出。此則僧正金役儀云々。阿闍梨取香呂ヲ時。一﨟僧正忠意。以右手取鐘木

打鐃。二丁。鐃ハ覆セテ板敷ノ上ニ置之。不取手以右手鐘木打之也。次阿闍梨曼荼羅開眼詞。佛眼大日所金一丁如常。諸衆結誦印明歟。其作法見タリ。次表白等。次願文讀之。佛名歟時如意取之。以右手ヲ取之。渡左手持之。蔡形ヲ向佛前持之也。次執綱役勤仕諸大夫奉任。持圓座一枚。阿闍梨左方聊東ヘ寄テ敷之。退出。誦經導師座云々。次淸意法印起座。着圓座。此時從僧自階下持香呂箱計。導師前ニ置之退出。次堂達持諷誦文二通授之。導師取之。堂達複本座。惣在廳可催御誦經鐘處。以外遲引。仍鐘以前讀諷誦了。此條如何。次惣在廳自階下上大床。向未申方御誦經鐘トニ音唱之。次三突之。諷誦讀了發願佛名教化等。此時堂達又來取諷誦。乞咒願。一薦忠意僧正取香呂起座。着草鞋。立向堂達聊氣色。次行之等如常。次惣在廳又如前堂上シテ。唱御誦經鐘。次諷誦行之。作法全如前。一通禁裏御諷誦云々。度者使雅永朝臣。御誦經役（使イ）爲之朝臣。今度雖非勅會儀。依被申請兩條在之云々。着座公卿五人。非勅會間不及帶劒也。次誦經導師複（復カ）本座。圓座香呂箱等各本役人來撤之。次唱禮。唱禮了百八讚。此間振鈴等。百八讚之間供養修合歟。以下作法不分明。次阿闍梨下禮盤。此時十弟子來各取物具。草座ヲ敷平座。居箱香呂箱ヲ。左右疊上ニ置之。自餘持之。十弟子各出正面。次置布施。阿闍梨白色綾被物三重裹物一。臨時自女中被物色々。織物二領出之。各公卿取。就之奉行廣橋中納言來御丁聞所。攝政ヘ尋申入云。自簾中衣二領可被押出。任例阿闍梨自身可令取之歟。如何。將又公卿請取之可置加歟。次公卿取之ハ一座公卿重反〔テ〕可取之歟云々。攝政答云。自簾中被押出雖爲常儀。進退旁大事歟。自內々六位賜之。臨期可渡公卿條可宜云々。次一座公卿再反シテ可取之事ハ。施主御布施ハ已取之了。內々女中被物ナラハ。末ノ未役公卿可取之條相叶理歟云々。此仰殊勝由廣橋中納言甘心申罷出了。可然沙汰候(如イ)了。仍着座公卿五人。五重被物各一反取之了。次扈從僧綱起座。撤阿闍梨布施。加布施。被物三重ト。本被物綾一重ト。以上三重一度ニ撤之。出正面。於東簀子北ニテ高欄越ニ渡前駈。前駈取之渡御後。次第如常云々。扈從僧綱脫草鞋。韈ハタシニ成テ取之。次扈從又起座。殘ニ重被物取之。渡儀等如前。次職衆最末凡僧起座撤裹物。於同在所渡御後云々。職衆廿口內。僧正三人着香袈裟。自餘悉紫甲。最末一人着靑甲。若凡僧一人歟。着座公卿。三條大納言 中御門大納言 廣橋中納言 飛鳥井中納言 中御門宰相 俊輔卿。親光卿。雅世卿。宗繼卿。公保卿。度者使。雅永朝臣。御誦經使爲之朝臣。執綱康任朝臣。周長朝臣。執蓋經康。

八日。雨。自昨夕室町殿御座等持院。仁和寺。今日於彼院禪家御佛事在之。攝政同道申令丁聞了。內々時宜也。實相院。寶池院同前。自曉天出門。寶池院同車。予着香衣。賢紹僧都乘車尻。房官兩人召具之。攝政御小直衣。白。車。基尹朝臣參申車。狩衣。織。經康狩衣。織。持御劍。番頭六人。牛飼三人。陞座拈香等終攝政御歸。予同前。實相院乘輿。袖白。房官兩人。

九日。朝晴。雨。連日御作善無一事障碍。無爲珍重由令參賀室町殿。申次永豐朝臣。攝政。聖護院。寶池院同參賀。自餘輩不參。今日歸寺。來月四日老母十三回少作善等。如形爲致其沙汰暫寺住。不可出京由申了。御意得由被仰候。次於禁裡可被行御修法可有御參勤由。內(候イ)內被仰出云々。定可被申哉。事始候。御參勤可爲珍重由被仰出了。兎も角も可爲時宜。乍去作善等相並御祈申入様間。聊憚存〔候〕。如何之由申處。尤其謂之由御同心。然者定可被仰花頂僧正歟云々。自晩頭又降雨。

十日。雨。　十一日。雨。

十二日。雨。自畠山。山名兩人方。各以兩使申送旨在之。就關東使節未及御對面。數日空在京。進物御馬以下小宿ニ置之條淩爾至。種々歎申入條尤不便。但此條ハ以前申舊事間非簡要。所詮始終天下之様。何様ニ被思食哉。殊可有御遠慮御事第一也。兩人大名内々宿老分トシテ候ナカラ。如此存寄題目心中ニ裏置條。一向私ニ候也。此子細且申談。又ハ可達上聞。爲御作善御寺仕之間。如此申狀猥藉至雖無申計。天下重事不可過之事候ヘハ。平ニ御出京可畏入。爲其先内々申上候云々。予返答云。出京事自面々承事〔候〕。天下重事候上ハ不可及思案。雖何時可出京候。就其被申入様大概何様候哉。使節若且存知推量分〔候〕者。可申入旨仰付了。畠山兩使遊佐河内守。齋藤因幡守。山名兩使カキ屋。田キミ。此等申様。雖不分明候。天下惣別事九州等モ號〔一脫カ〕土揆大内已渡海。大友。菊池。少貳等内々ハ土一揆同心風聞候歟。事六借様候。乍去爲公方兩上使長老下向之間。定不日可落居歟。雖然又關東事。御中違治定候者。國々諸人ノ振舞モ。自然寄土一揆左右無正體振舞モ出來候テハ。旁可爲難儀時節候。無爲様御計可爲珍重由云々。愚答。此被申様天下萬民安穩基。尤以甘心無極候。所詮度々被仰出趣。自管領被申付東使様未分明。御返事不申入候哉。然者此一途上意簡要事候歟。自兩人被尋究管領。彼一左右相並可被申入條。次第儀尤宜存旨申了。仍使者罷歸了。

十三日。朝雨。今日於灌頂院廊南面。爲勝鬘院御佛事理趣三昧始行之。用脚三千疋自室町殿被送下。山上山下衆五十人召請之。供養法理性院僧正。表白等如形歟。諸衆重衣。供養法同前。讃超源僧都。誦秘讃云々。予不及共行。自畠山方使者遊佐河内守參申。昨日申入間事。來月四日以後御出京時分重可申入云々。自山名方以狀申。子細同前。大内左京大夫入道使者周訥西堂來。先度自公方被下遣上使兩長老。去十日參洛。令同道罷上候。今度上使早々被下申畏入候。爲御禮以西堂申入云々。此西堂昨日十二日懸御目云々。此西堂申。國時儀大友和睦事。畏入由ヲハ雖申入。內々儀不然歟。兩上使國ヘ下着ハ三月候。而四月三日大友對面菊池少貳候。大内〔ノ〕少貳菊池ニ對面條。內心ハ非如申入候歟云々。

十四日。雨。

十五日。少雨。自午初雨脚止。自今日恒例不動護摩始行。入堂同前。千反タラニ尊勝。如常。自今日於菩提寺如法經始行。一向律家沙汰。靜雲院追修也。

十六日。雨。自聖護院音信。自來十八日於禁裏御修法事。被仰出間領掌申入云々。御代始御修法也。去夜十五日。管領內者共猥雜以外事云云。石橋ハ吾身上トテ仰天云々。希代天魔所行歟。

十七日。雨。

十八日。雨。大内使者訥西堂今明可下向由。自吉田方申入間。國ヘ返報遣候了。文章非殊儀。訥西堂參洛。國樣委細物語間悅喜。次自此門跡可下遣使者於大内方由申處。此西堂頻申止間令略由。次自大友方罷上使者西堂。自此門跡內々執申入事。偏以和睦國無爲儀申入旨等。委細西堂ニ令申趣等申遣計也。自午初天晴。自今夕於內裏聖護院准后御祈始修小法云々。伴僧□□。自戌初又降雨。亥初又雨脚止。

十九日。大雨。自午初天晴。自管領甲斐。飯尾美作守參申。先度被仰出關東御罰狀條。數重申付東使二階堂處。可申下條難儀由。同篇申入間計會云々。予兩人ニ尋云。先度可申下由東使領掌申入分ハ。向後關東不可有御野心之儀由告文事候哉。其ハ已申下候哉如何。兩人返答。申下候哉事未分明云々。重可相尋云云。

廿日。晴。自未終降雨。自大內入道方狀到來。四月廿九日狀。筑前國立花新城責落。大慶云云。

廿一日。晴。少雨灑。憲濟法眼。經譽。重賀三人金剛界傳受。自今日暗誦始之。三人同受了。

廿二日。晴。少雨朝灑。一昨日到來大內書狀。返報今日書遣了。自赤松播磨守方明後日廿四。就九州事可有御談合事。雖御作善中御出京珍重由云々。可罷出由申了。

廿三日。晴。少雨灑。

廿四日。晴。早旦出京。少雨即天晴。巳初參室町殿。於隨心院壇所待申入了。不幾御對面。九州事被仰出旨在之。自大內方大友治罰御教書申入。雖然猶大友心中能々被尋究。隨其樣可被成御教書。所詮如西堂近日可被下遣云云。次山名刑部少輔事。今度振舞此間儀共以外樣也。雖然山名宿老事也。爲公方無左右御突鼻條。山名心中莬憚思食也。所詮刑部少輔事。如元出仕申サせ候ハムトモ。又遠國ヘ下置候ハムトモ。簡要可被任山名所存。此由可仰遣云々。則召寄山口申遣了。次管領事可申甲斐旨被仰事在之。次關東琳首座ニ可相尋事等也。次石橋入道依雜說。去十五日夜以外猥雜。言語道斷不可說次第御物語。誠以外事也。次大内御合力事。四國勢可罷立用意事。被仰右京大夫處。渡海樣以外大儀。其上在京者共悉四國者也。然者一人在京不可有其詮間。罷下國勢おモ可相催歟。次備後安藝九州へハ。猶便宜可然不被仰哉之由申入也。此申樣不被得御意云々。自御所退出之後。右京大夫來間。時宜之趣内々申了。京兆申樣。備後安藝ト名ヲ指申儀無之。只中國コソ尤便路宜候ヘ。同可被仰付哉之旨申了。達上聞次第相違計會云々。自申初大雨降少雷鳴。申終入寺處。川原水充滿之間。四條橋へ廻了。酉初歸寺了。

廿五日。晴。

廿六日。晴。管領來臨。關東使節二階堂信乃守告文狀。幷被仰出關東罸狀事申下候由狀持參。可備上覽云々。三千疋隨身。自申終降雨。二階堂同道僧璘首座來。聊相尋旨在之。大慈院僧正來。結緣灌頂阿闍梨事領掌了。來二日於理性院道場。爲故靜雲院十三回追修可勤修阿闍梨事也。堂上十六口用意由申了。小阿闍梨中性院法印故障間。申付寶清法印。卽領掌了。自今日於室町殿。花頂僧正尊勝小法勤修云々。臨時御祈歟。

廿七日。晴。自申初降雨。酉初雨脚止。自（關東）二階方以璘首座。昨日事付畏入由等申。内々以書狀申。宛所璘首座名字也。自山名方音信。昨日使者畏悅云々。勝鬘院來臨。

廿八日。雨。於菩提寺十種供養一向律家沙汰。樂人地下。八人參。各布。彌勒堂南大床西上北面着座。笙爲秋。久秋。高秋。篳篥季長。笛景親。景藤。羯鼓葛秋。大鼓重秋。樂盤涉調。先亂聲。衆僧參堂。次惣禮樂。宗明樂。次傳供樂。採桑老。次導師登樂。萬秋樂破。次式。次管絃。蘇合序。次伽陀二。次式。次樂。蘇合三帖。次伽陀二。次式。次樂。蘇合四帖。次伽陀二。次式。次樂。蘇合五帖。次伽陀二。次式。次樂。蘇合五帖。次伽陀二。次式。次樂。蘇合破急。次導師下樂。千秋樂。次奉納伽陀三誦之。次奉納樂竹林樂。予丁聞之。着香衣。僧正以下少々參了。於菩提寺樂人等召出對面了。樂人祿物千疋賜之了。奉行金剛手院法印。

廿九日。大雨。少雷鳴。自未初晴。京都別而非大雨。仍不及洪水云々。此邊以外大水也。勸修寺寒繩手橋ヨリ水越了。

晦日。晴。自聖護院准后。摺寫一品經提婆品。幷千疋。四日佛事料トテ送賜了。　自山名禪門方。佛事料二千疋。以山口送之。不存寄芳志也。自寶池院。佛事料千疋賜[候]了。　於菩提寺。自今日三晝夜間。不斷光明眞言。僧衆自近所嘱請之。及五十人云々。布施僧食以下下行之。奉行金剛手院。　予丁聞如一昨日。諷誦遣之。草仰野僧了。仍左道々々。

六月

一日。雨。恒例愛染護摩始行。室町殿御祈。七ヶ日間百座供同前。出世者結番行之。尊勝千反タラニ一日中。誦之。如每朔。已上二ヶ條門跡祈禱十餘ヶ年間沙汰之了。　於法身院一日中愛染百座供本尊木像。造立十體。阿闍梨十人各滿十座連壇。此勤修又及廿餘年了。阿闍梨布施扇一本。　坊官侍所役也。　本尊造立道場方以下事。以公物沙汰之。政所役。

二日。晴。今日於理性院灌頂堂。　爲靜雲院追修結縁灌頂行之。堂上二行列。大阿闍梨前大僧正成基。前法務。號大慈院。年七十一。　小阿闍梨法印權大僧都賓清。東寺。號寶嚴院按察。　乞戒法印權大僧都弘豪。當寺。號角坊大貳。　誦經導師權大僧都超深。號大輔。妙法院住。　散花權大僧都隆倖。號兵部卿。水本住。　讃大法師光俊。號按察。妙法院住。　尊號權少僧都圓辨。治部卿。京住。　權律師源意。治部。水本住。記(錄)權大僧都賢雄。號大貳。地藏院住。權少僧都聖清。治部卿。東寺。 含香權少僧都俊仲。灑水權少僧都隆俊。教授弘典。定與。仙忠。宗我。 堂莊嚴事如常。道場南面。西阿闍梨座小文一疊敷之。後立山水屛風。東色衆座二行南北行敷之。四帖內紫端一枚爲讃衆座。以北爲上首。正面西第二間散花誦經机立之。東散花西誦經也。 申初剋色衆着集會所。以公卿座爲集會所。以西北爲上首。駒取着座不及催烈。示阿闍梨出仕。粧時色衆下﨟前起座。讃頭光俊最前起座。取鉢進行。自餘色衆同〔進〕烈。大阿闍梨於集會所東大床立烈了。扈從中性院法印成淳於此所加烈了。十弟子二人持法具相從上首。居箱上置戒體箱。 上烈之儀如常。乞戒師左手三衣懸腕。香呂同持之。右手持檜扇。大阿闍梨前立烈。大阿闍梨左手念珠。右手五古持之。大阿入正面立留。此時十弟子正面東脇間ヲ入テ置法具如常。經本路高座東。自東脇間退出。次阿闍梨廻高座東逆繞至高座後。高座加持儀等有之歟。次登高座。爰僧綱最末源意律師。爲无言行道進出正面大床處。無左右不始行道。頻伺阿闍梨氣色體也。若五古不置金剛盤間。依之猶豫歟。不審々々。此條欲相尋忘却了。 然依俊仲僧都催促始行道了。色衆悉着座之後。大阿闍梨護身結界灑水等了。取香呂惣禮由示氣色於色衆了。不及乞戒此儀歟。色衆惣禮三度。次驚覺鈴。振樣如名目異當流所傳。次乞戒金二丁。禮佛頌。頌了金一丁。唄。次散花對揚等如常。加句過去尊靈成等正覺云々。 次金一丁。乞戒表白以下。表白終頭大阿右脇机戒體箱ヲ取渡前机。箱蓋ヲ仰テ戒體端ヲ卷カケテ入之。戒體奥ハ箱ノ內在之。此儀廣澤法則也。但今度戒體箱蓋ウッフセテ 戒體ヲハ机ニアマシ 置之。

次阿闍梨表白高聲全不違常途。次讀戒體。先淨身口意淨三業眞言ト讀之キ。先字事戒體ニハ無之。但此儀一說也。次奉禮五佛文言博士如指聲高聲。次五佛文博士聲明一向廣澤也。七遮文等指聲モ。悉高聲ニシテ不微音。此條不審。如何。金界五佛計禮之。台藏略之了。如何。佛名計唱之。敎化一向略之。切閼伽火舍等入折敷置右脇机如常。一向不渡前机。如本始中終置古脇机了。乞戒師隨喜々々句計ニテ。可唱廻向處用敎化了。若失念歟。將一說歟可相尋。阿闍梨略敎化時。乞戒師モ隨喜之後。敎化略之常儀也。次乞戒師下禮盤。香呂ヲ納前机箱。取三衣計着本座。次十弟子二人經南大床入正面。脇間枝木作法在之。一人上首。持薦。一人持椋手洗。其作法禮盤前ニ向大阿闍梨方相並蹲踞。先上首薦ヲ敷禮盤上。アミメヲ竪ニ南北。ヒロケ置テ。枝木一ヲ薦内ヨリ取出シテ。先枝木頭ヲ阿闍梨方ヘ。次枝木ノ頭ヲ十弟子方ヘ向テ。指之體ニシテ枝木ヲ取令洗下蓐。其後如元退出。持兩種儀同前。次大阿下高座。十弟子又來取法具。置平座退出。每度出入脇間了。次誦經導師起座。進寄禮盤前。以下作法如常。初夜時以戌一點爲集會。色衆座東西敷之。東於爲上首。南北寄阿闍梨座。小文一枚敷之。後立山水屛風。法具兼左右脇机置之。但脇机狹少歟置板敷了。阿闍梨參堂。先着平座。壇行事啓案内。大阿起座。進寄禮盤前。執香呂三禮。登禮盤。先上左足。右方丁聞所故歟。表白如形。散念誦移刻了。不審々々。下座着平座。諸役人各着座。小阿闍梨衲袈裟。臨小壇。一生不犯僧引入。下蓐記六神名讀上。隨唱投花得佛敎授呼之。記六注之。以下作法如常。受者三百五十八人也。

三日。晴。菩提寺光明眞言結願了聞了。後供養洪讃等誦之。下座。結願作法如常。　靜雲院墓所參詣。　申初夕立。　自去月四日三ヶ昧今日結願了。　自攝政殿摺寫一品經。提婆品。被物代五百疋送賜〔候〕了。　室町殿御祈花頂僧正勤仕尊勝法。今朝結願云々。
四日。雨。爲靜雲院追修。於灌頂院廊。理趣三昧修之。忌日佛大日金界。造立。奉入黑漆小厨司。頓寫蓮經三部。摺寫蓮經五部。佛經供養儀在之。　唱導理性院僧正。　唄弘甚法印。　散花賢雄僧都。對揚略之。　讃超慶阿闍梨。　吉慶梵語初段。佛讃天龍八部誦之了。　調聲賴緣阿闍梨。予出座。着香衣。導師以下諸重衣也。　五月四日以來法事悉今日結願。　於菩提寺羅漢供在之。僧衆五十五人云々。　自四月十四日自行光明眞言猶修之。
五日。雨。經譽金界校合了。大概也。及數剋間依窮屈。今日立印先閣之。
六日。晴。早旦出京。洪水之間四條橋ヘ廻了。則參室町殿處。南禪寺ヘ渡御云々。於淨土寺壇所待申了。不幾還御。早々可有御對面。聊御窮屈暫可待申云々。千飯江苽等。以立阿彌拜領。可賞翫云々。仍淨土寺相伴賞翫了。祝着時宜之趣畏入由申入了。　申初御對面。條々被仰出子細等在之。　一九州ヘ重可被下上使長老。來九日召寄彼兩使於門跡仰旨具可仰含云々。予申云。然者公方奉行。幷大内雜掌等。同召合可申聞條可宜歟云々。此旨尤可然云々。然者奉行飯尾肥前同大和宜云々。一九州ヘ上使下向以下事。被仰談諸大名處。旁意見可爲難儀哉由。聊被思食子細間御略也。只今又同前。此子細可仰畠山。山名等云云。　一越後國守護幸龍丸。在京體不可思議也。雜掌一人祗候體不可然由。自畠山方。可仰付旨可申畠山云々。　一上杉兵部大輔所領事。越後守護代長尾入道及異儀。度々被仰出處。不及遵行。殊以不可然。所存又以外也。不日可渡付。此間又自伊達方。　以竹林院坊主伊達歸依僧云々。態申入旨。右京大夫申入也。若猶長尾不去渡者。隨上意可入部云々。然者可及弓箭歟。旁無勿體旨。同可仰付云々。　一當國山城。寺田鄉事。相國寺領也。代官職事畠山乍持之年貢無沙汰〔之〕由。寺家歎申。此庄事爲公方御口入之間。契約畠山由寺家申入也。御口入一段無御覺悟如何候。同可相尋云々。一管領進退事。相違子細召仰甲斐幷織田。嚴密可諷諫旨可申付云々。　一熊野幷小島邊。可然驗者可被召進旨。可申聖護院准后云々。一相國寺今度沙喝騷動以外也。就張本可有御沙汰。內々可相尋長老云々。　此等條々來八日出京時。可申付旨承了。　自畠山。山名。管領等方使者來。悉重事間令對面直問答了。及酉半刻過歸寺了。　自廣橋方以御敎書。自明日止雨御祈。可仰付醍醐東寺兩寺輩云々。自明日七日可始行云々。　早々可申付旨返答獻之了。

七日。朝雨。自巳半天快晴。祇園會任例於京極亭被御覽云々。　戌半又降雨。雨脚卽時止了。於當寺々僧等。陀羅尼誦之也。東寺儀未及注進。　重賀金剛界挍合。凡神妙。同令立印了。經譽同時立印。

八日。晴。愛染護摩結願。　早旦出京。但齋食以後也。　明日九日。九州下向兩長老無爲和尙。騰西堂幷奉行兩人。飯尾肥前守。同大和守。　大內雜掌可參門跡由。可令下知給。內々上意趣以經祐法眼申遣赤松播磨守方了。　自畠山方以遊佐河內守條々申旨在之。一昨日仰條々申了。　山名金吾禪門來。九州へ重上使兩長老被下遣事。內々被仰談旨等在之。其子細今春上使下向事。尤可被仰談處。大內大友和睦事。一日モ早速可被仰遣由。自探題方モ申入。大內又同前之間。不及是非被下遣了。今度又同前儀。雖然重上使下向事。於大內ハ無益不可被下由頻歎申入。子細御尋處。今度筑前國立花城以下。大友知行所々要害悉以追落了。然者定此等要害返賜後。可和睦仕由可申入歟。其時者御沙汰樣。又於身第一難儀也。平ニ可有御略旨申入也。於此一段者。重可爲御成敗歟。以前兩上使未〔盡〕參洛間。旁大內大友兩人心中。又早々可和睦旨被仰下也。可爲何樣哉云々。山名申入樣。重上使下向事。上意尤珍重存。早々可被下遣條。尙々可然御沙汰云云。畠山意見又同前。

九日。夕立。雷鳴。早旦兩使長老九州下向相國寺大智院坊主無爲和尙今度天龍寺昇進。幷頂騰西堂來臨。　大內雜掌安富來。其後巳初飯尾肥前守。同大和守參。先肥前守。大和守兩人召寄對謁。仰詞令書之。執筆肥前守也。則此仰詞以兩奉行肥前。大和。備上覽。無子細者以此趣可仰含兩上使由申入了。午半歟兩奉行歸來。此分無相違早々可被仰付。其後可有御參由申入旨被仰出云々。仍兩長老。兩奉行肥前。大和。大內雜掌等一所ニ召寄。仰旨申聞了。先大內方ヘ仰旨。予悉申之也。重上使下向事。可爲無益由頻雖申入。以前上使沙汰樣。未盡樣被思食也。其上先兩人大內、大友。和睦仕。九州令屬無爲。於兩方訴訟篇者。追可被聞食入。於不令和睦者。是非共御成敗不可叶。以一度上使下向申詞計。一方御成敗時者。一向大內御引級樣ニ諸人可存條。公私不可然由依被思食。爲被盡事旁重上使被下遣。存其旨可專無爲由。能々可仰時宜云々。次大友方ヘ仰樣。以前可和睦由。以兩長老被仰遣處。乍申入嚴重御請。於國儀未同篇由。被聞食條尤不可然。閣是非先大内ト令和睦。於可歎申入題目者追可申入。必可被聞食入也。代々無二忠功只今可成無條。公私可被失御本意也。於不和睦者雖爲何事。不可及御裁許由被仰出旨也。次兩長老和睦一姿無之者。不可有上洛旨被仰出也。其和睦一途者。兩人對面歟。不然者書狀於以互和睦旨申通歟。又ハ内者可然者お以テ兩方申通歟。此等内一途有時可被參洛云々。其後面々退出。畠山。山名。畠山修理大夫三人來臨。天下無爲御政道可爲珍重旨。内々此門跡へ申入旨。可然樣可達上聞云々。　未半參室町殿。御對面。九州事幷一昨日六日被仰出八ヶ條。御返事等申了。此内寺田鄉事。今日未及返事間。不申入趣申了。退出之後及夜陰江州五色廿籠拜領。當年初物驚目旨申入了。但入寺之後也。

寶池院對御使被畏申云々。　自管領方以甲斐。關東管領阿(安カ)房守狀進了。以便宜可被備上覽條可畏入云々。關東使節長老長々在京。未無御對面條。不便由歎申入狀也。　山口内々訴訟申。三河國本領替地以泉州由緒地。可申入旨申入趣申間。不可有相違由被仰出了。

十日。晴。

十一日。晴。　早旦出京。自山名方以山口進書狀。一昨日九日。以參上申入間事不存私曲由。載告文詞了。　自畠山方以齋藤因幡守進狀了。子細文言同前。　兩人狀畠山。山名。御連歌備上覽〔候之〕處。以誓言如此面々申條。眞實懇志至。御悅喜殊御本意無極旨。條々被仰出了。此由則可申聞旨申了。　御連歌申終被始。頭役山名右衞門督入道。發句同申入。脇句公方樣。攝政。聖護院。實相院。予。武家輩山名。赤松。石橋。細河阿波入道以下參了。　御連歌戌半終了。公方樣四折面一末入御。聊御窮屈由。以大河内被仰了。件狀備上覽處。御悅喜次第具令申處。畠山。山名。畠山大夫等同道來畏申了。

十二日。晴。參室町殿。御對面。申次赤松播磨守。夜前畠山。山名等來。昨日仰趣畏申入旨申了。次右京大夫。赤松。一色等狀文言告文等同前。令持參備上覽了。時宜趣同前。日野惣領事。別當家秀可令存知旨。重仰旨在之。法界寺管領事。任先例可致其沙汰旨。同被仰出了。面々大名知行分國政道事。殊入意可致其沙汰旨。能々以上意通申含面々間。各可令存知旨。申入趣令披露了。伊勢守護早早可參洛旨可申下由。以飯尾肥前被仰出也。子細寺社本所領去年以來被仰處。猶以無沙汰儀云々。次入江殿所領年貢無沙汰事等。爲被仰付云々。仍伊勢守護雜掌召寄大澤入道。以經祐法眼申付處。自門跡御狀令拜領度由頻申間書遣了。及晚頭入寺。自關東管領上杉阿波守(安房カ)方狀。可備上覽由管領申入間。今日懸御目了。此狀可預置門跡由被仰間。其儀也。預申寶池院也。止雨御祈結願了。東寺同前。於新造御厩七間。圍碁在之。洛中上手少々被召。大圓北野周防法眼。宗勝(式部)。昌阿。一色。吉原等以上七人云々。懸物盆香合。御劔一腰可爲打勝云々。今日勝負不決云々。

十三日。晴。公方樣渡御甲斐亭云々。每年儀也。憲濟法眼金剛界挍合了。神妙也。窮屈間立印可爲明日由仰了。

十四日。晴。雷鳴。公方樣渡御右京大夫亭。祇園會御見物云々。醫師三位來。妙法院僧正違例樣大事。瘧氣也。療治及一百日。遲引云々。先早早可落。梅尾槇尾ト申所律僧瘧氣落上首(手カ)也。可被召云々。則遣胤盛可來由申付了。今日祇園會酉初云々。夕立最中間笠山以下悉雨ニ逢了。不便體云々。公方樣渡御右京大夫亭遲引故云々。如何。於河原祇園駕輿丁與小舍人雜色喧嘩出來。兩方手負數十人在之云云。仍御輿一社捨置河原間。小舍雜色等下部幷當職內者共三四百人奉舁之。神輿不上御。仍祇園大門マテ奉引云々。

十五日。晴。恒例不動護摩始行。千反タラニ等如常。自東寺寶淸法印。快壽僧都參申。以金剛手院問答。申入子細。夜前子半刻歟。鎭守八幡宮社頭後大松木顚倒。覆御殿上了。雖然於社頭者不及破損。但此松於可取樣不昇御殿上者更以難叶。仍可有御遷宮歟旨。衆儀一同由申云々。返答。顚倒木事先驚被思食也。就中御遷宮事。公方用脚難得時節也。先此倒木於何樣ニモ廻料簡。可取去條可爲何樣哉。次遷宮有之者。用脚等何程可被下行事哉可注進候。次遷宮一段事。以密々儀於神前御鬮於可取條如何。重兩人申入趣。倒木可取去條第一珍重事間。於寺家種々ニ談合評定處。不昇御殿者此木可取去條曾以難叶。仍遷宮事必定了。次御鬮事先例未無之候哉。然者只今儀如何。次遷宮用脚員數多少。以應永十五年八月時儀可注進云々。重仰云。御鬮事先例無之哉。御存內也。寶淸法印一人。以密々儀爲伺神慮可下御鬮由。次倒木可取去事猶明日被遣番匠可被見知。自餘事如申旨云々。自山上以兩年預注進申。此間蟲損山木內少少生綠立直體木共見。雖然過半枯候歟ト見樣候。於祈禱千反タラニ兩度兩本地供各百座等。涯分一山致懇祈心中。此間又閼伽井大杉木ニ。件蟲付可食枯體見云々。殊驚入云云。以前蟲ハ大蝗蟲角樣ナル物二生タル體候キ。今ハ羽ノアル蟲ニテ候。其體ハ分明不見及。杉葉於食音如風吹音云々。猶可致懇祈。自來十七日別又可被致懇念由被仰含了。併鎮守假殿ニ御座及數年故歟。山中零落於事驚歎外無他事。併一身謬無沙汰歟。珍事珍事。心中周章旁添色了。　護持倫(綸カ)旨到來了。御倉持參捧祿事申間。返答云。御衣持參時。祿物賜之條勿論也。御持倫旨持參。祿物事先規在之者可被仰付。何時例哉云々。御倉不及是非陳答退出了。法務宣下四月廿七日也。御持宣下遲々了。乍去五月中聊斟酌了。

十六日。晴。夕立。

十七日。少雨。妙法院僧正所労以外由。告申間馳向了。相續仁體事。西郊葉室前大納言孫當年九歳云々。可入室。成仁之間金剛手院法印賢快。可致扶助旨申談度由申間。其旨領掌了。仍賢快法印於召寄。一流事傳受了。脇机灑水塗香散杖等計。五古置之。妙法院。岳西院。恩智院等大事悉申置旨僧正語申也。予周章餘每事不分明。大概加下知了。午終歸金院了。其後醫師淸阿參申間。妙法院脉樣相尋處。以外窮屈也。乍去今明大事可出來樣ニハ無之由申間聊案堵。申終歟食事等少出來由。淸阿又參申也。次虛氣落僧參申間。內々相尋處。早々可祭落由申了。但五十日遲引也。雖爾涯分不可存如在云々。此律僧栂尾內槇尾ト云所居住。禪淳坊ト號云々。自性上人餘流云云。自今夕先始加持。病者胸ニ是大明王無其所居。但住衆生心想之中文以黑(墨カ)書之。文ノ上ニ[梵字]字左右[梵字]字書之。[梵字]字ハ少喉ニ書懸タル也。以獨古打背加持之云々。此僧加持之後還來。予對謁。問事子細處。彼僧申樣。以二卷靑面金剛儀凡趣相傳來候。此律僧眞言ハ實賢僧正餘流云々。只今祭落之儀相傳ハ。自山門方云々。於行要者。以本流樣可令沙汰由相傳師申間。每事東寺方由申也。次胸ニ書要文事ハ。大師自惠果御相傳文云々。此文ハ疏文也。其ハ大聖明王。只今ハ是大明王ト書之如何。此加持ヲハ白芥子加持云々。以白芥子盛土器。柘榴桃楉等ニテ令作法云々。自今夕於妙法院此律僧護摩始行。不動云云。　憲濟法眼。經譽。重賀。　金界正行自今日始行。　加行今曉結願了。

十八日。小雨。自山口方醫師僧威德菴來。妙法院所勞事相尋處。唯積聚也。曾非傳死骨燒伏連等瘧氣由。以誓言申了。所詮療治以外遲引。せメテ廿日以前ニモ見申候者。輙可療治申入由放言申者也。於積聚者誠勿論歟。　自今日妙法院又淸阿藥服之。止壽阿藥了。　入堂歸路ニ罷向妙法院坊。今日ハ聊氣力出來云云。食事又少分在之。聊案堵了。

十九日。小雨。醫師壽阿來。妙法院脉樣。只同篇由申。以外無力也云々。近日大事可出來歟由相尋處。非其儀云々。　於室町殿五壇法被始行之。中壇聖護院准后。降花頂定助僧正。軍積善院良讃僧正。大檀那院良昭僧正。金住心院實意僧正。道場震殿南向。以東第一間爲中壇。脇壇以下次第建壇。西端金剛藥叉壇云云。供料(員イ)人數等如常。淨衣青黑色。開白中壇以下用平袈裟云々。脂燭殿上人中壇計云々。陀羅尼反數。　自今日於山上藥師堂。一七ヶ日之間燃四十九灯。請七口僧侶。各藥師經三卷讀誦之。仍日別經廿一卷也。　山務法印奉行。妙法院僧正祈禱也。

廿日。小雨。自午初晴。

廿一日。晴。妙法院僧正今日又以外。仍忩馳向。如十七日時。聊又取延。　醫師三位去十四日參時申樣。去年十月比以來付タル瘧氣也。脾臟ヘ伏連ト申蟲(カ)入テ成其煩(ヲ)間。不存知之者ハ。定積聚ト可申歟云々。
廿二日。晴。醫師禪僧桂園來。妙法院所勞大事瘧氣云々。如三位申。但脾臟積聚又勿論云云。速可落條宜旨申了。醫師建藏來。妙法院所勞脾臟積聚〔云々〕。但今ハ瘧氣ヵ面ニテ候。雖然如三位申狀。非大事瘧氣由申也。
廿三日。晴。妙法院僧正轉大事御免。自室町殿御執奏。宣下今日到來了。祝着。僧正歡喜無極。不便々々。醫師帥坊來。妙法院所勞脾臟積聚以外興盛。非瘧氣云々。於療治者一向非可捨申由申歟。
廿四日。晴。
廿五日。晴。未明出京。參室町殿。先於五壇中壇壇所待申了。今日諸壇御加持可在之由被仰出云々。仍壇々阿闍梨着重衣參集。降壇阿闍梨定助僧正一人持五古。其外無此儀。御加持後御膳ノ爲女中ヘ渡御云々。其後御對面。申次同御加持。仍伊勢備中守也。條々仰旨在之。一大方殿向御所ヘ可有御移住由被申。可爲何樣哉。此由可仰談畠山云々。一管領禪院ヘ渡御時。御相伴任鹿苑院殿御例。可略由可仰遣云々。一仙洞女房廊御方ト號御訪事。自故勝定院殿御時。如被定置自十七ヶ所如月月可沙汰進由。同可仰畠山云々。畠山。山名。畠山修理大夫三人同道來。關東使節御對面事可申沙汰旨。條々申旨在之。申終入寺。室町殿樣渡御飛鳥井宰相亭。初入御歟。當座十五首和歌在之。披講了還御云々。大名等少々參云々。堯孝僧都俄參云々。
廿六日。晴。早旦出京。室町殿樣渡御攝政家門爲御相伴也。申半計歟先參室町殿。御對面。大方殿移住向御所事。幷廊局御訪用脚等事。畠山申旨申入了。大方殿御申旨尤候。自最初如此御座可宜旨申入候事候。早々御移住様可被申云々。廊局月捧(俸)以下幷四月七月九月十二月。以上四ヶ月ニ萬疋進事等可申付云々。先予攝政家門ヘ罷向了。申終歟室町殿渡御。御車。御小直衣。三條中將實雅朝臣參御車。番頭以下歷々。廣橋中納言兼郷。藤宰相入道兩人參會。秉燭以後還御。予戌終入寺。

廿七日。晴。自室町殿五色三十籠拜領。今日妙法院僧正虛氣祭落自申初始之。酉半悉落由。槇尾律僧俊光坊申入。祝着云々。自室町殿御車一兩。御小直衣二領被進。攝政昨日所望被申故歟。

廿八日。晴。

廿九日。晴。室町殿渡御如意寺。予為御相伴參申了。先參室町殿。數刻待申入。申終歟御對面。兩條申。大方殿御移住猶可宜旨畠山申事。被下甲斐綸事。何日申管領哉事也。西終入御如意寺。予先於如意寺待申了。重衣。輿。袖白。宗濟僧都。房官二人俊榮。經長。召具之。大名四人。管領。畠山。山名。畠山修理大夫。右京大夫各着座御前。獻盃次第初獻室町殿樣被聞食了。第二獻對予頻被仰。予申云。三獻ハ先可被聞食條房主祝着〔候〕歟由申。仍被聞食了。第三獻房主准后。御酌室町殿。又以御酌賜房主。次予。以下大名同御酌也。此等儀大名御前着座等。故勝定院殿以來事也。鹿苑院殿御代。管領一人等參計也キ。戌半還御。予自如意寺直入寺。於如意寺直綴着改。例式板敷體ニテ歸了。不可說々々々。

七月

一日。晴。恒例愛染護摩開白。千反タラニ等始行。　入堂同前。室町殿月次壇所寳池院御番。自今夕參住。報恩院僧都幷出世者三人。光永法印以下祇候。出世房官侍等。三番被結番了。
二日。晴。自聖護院使者慶弁來。二重十帖送賜了。昨日禮云々。不存寄子細申了。自大内入道方書狀到來了。安樂寺天滿宮神輿可造替旨申也。使者安富。妙法院僧正自申初以外。
三日。晴。
四日。晴。自今日於北野藥師堂。三ヶ夜四十九灯。賢雄僧都。實有僧都。快圓律師日參。藥師經各一卷可讀誦由申付了。於金剛輪院七ヶ日間百座愛染供始行。所々立願事。一山上清瀧宮年内御遷宮事。一〔山下〕拜殿九月中一七ヶ日參籠仁王經護摩勤修事。一九月九日祭禮一物可副進事。一栗栖野藥師七ヶ日夜間四十九灯事。一河崎観音一七日參籠可修観音供事。代官可參籠。 一法勝寺圓堂修理可申沙汰事。 一蓼倉藥師堂四十九灯事。一山上山下造營可入意事。
五日。晴。少夕立雷鳴如形。九州安樂寺神輿造替事。以北野神輿寸法。每事如彼可新造條。殊可爲公方御祈禱。悉以私力可沙汰由。大内入道申入間。彼狀今日以慶圓法眼可達上聞由。申遣一色左京大夫方了。時宜無子細者。自其可被申付奉行旨申遣也。醫師建藏來。妙法院脉樣只同篇云々。但内熱氣散條珍重云々。乍去此御違例ニ就テハ難申減氣云云。
六日。少雨。竪義無爲云々。竪者快助阿闍梨。一獻方事。自當年房官侍中助成致其沙汰了。安樂寺神輿造替事。大内狀今日披露間。被仰付飯尾肥前守。北野神輿寸法等可見知旨云云。蘇合圓事内々申入處濟拜領了。兩條一色左京大夫申沙汰云々。
七日。雨。於泉涌寺山堺西山科鄉民被打了。仍自山科發向泉涌寺。門前在家十餘間放火云云。以外狼藉也。於張本人者。堅可致其沙汰旨仰付給主了。
八日。少雨。愛染護摩結願。齋食以後俄出京。申半參室町殿。先於寶池院壇所待申了。其間奉行五人。津。飯尾肥前。同加賀守。同大和守。松田對馬守來。令對謁處。申趣。洛中米商賣事。近日以外任雅意。商人等致其沙汰間被置御法。古米六升新米八升可賣之由被仰出了。仍辻々ニ立札間。其日一日ハ如御法商賣了。自翌日商人悉止商賣。自口々入洛商米追歸了。狼藉以外間。御糺明ノ爲米商人可召置由。被仰付侍所了。商人等申旨。口々米追歸儀曾不存知云々。仍於亭子院湯起請お被取了。大略ハ手共燒云々。然米商人之首領四人歟候。各其正因ヲ可召置由被仰付處。所司代強以無沙汰了。何樣無沙汰題目及四五ケ條間。嚴密ニ可被仰侍所赤松。先內々下地於爲御意得可申入旨被仰出云々。委細令存知由申了。其後參御前。仰旨米商賣事爲被休諸人歎。隨分御沙汰處。所司代得商人語條々奸曲以前以奉行申了。所詮所司代事堅可致切諌。若向後モ如此蔑如公方申儀候者。一向可被停止御沙汰。此旨嚴密ニ可被仰付赤松云々。仍赤松於召寄壇所仰旨申付處。申入旨。以奉行申狀計。如此被仰出條迷惑至極。乍去仰嚴重上者不可申是非。於所司代者可所嚴科云々。此由又參御前申了。酉半入寺。
九日。少雨。
十日。少雨。早旦出京。午半參室町殿。於壇所待申了。聖護院。攝政。實相院等光臨。予先可參御前由承間參申了。就關東事畠山。山名以下連々。關東使節御對面事具申入了。凡御返事趣無子細樣也。但御對面有無未無治定儀。

今日月次御連歌。頭役石橋左衛門佐入道。發句同申。公方樣無御出座。攝政。聖護院。實相院以下參。脇句山名。第三予。赤松不參。予早出歸坊。次罷向畠山亭。仰趣聊密事仰談子細等在之。　御連歌後山名禪門來。東使御對面事。面々歎申入旨披露畏入云々。及子刻。

十一日。晴。早旦參室町殿。夜前仰畠山子細等具申了。午末入寺。

十二日。晴。自廣橋中納言方。以書狀申賜。自來廿日於室町殿。准大法可令勤仕云々。領掌〔申〕請文獻之了。御敎書案。

自來廿日於室町殿。准大法一壇可有御參勤之由被仰下候。以此旨可令得御意給也。恐々謹言。

七月十二日　　兼鄕

理性院僧正御坊

請文案

自來廿日於室町殿。准大法可令勤仕之由承〔候〕了。早可令存知旨可令披露給也。謹言。

七月十二日　　判

內狀案

自來廿日准大法參勤事。旁故障子細等事〔候〕。雖然先々獻領掌請文候。委細明日以使者可申談候。兼又尊法事可計申哉。且可依御願旨趣。可被伺申歟。委曲追可申也。謹言。

七月十二日　　判

十三日。晴。早旦以宗濟僧都。申遣廣橋中納言方趣。昨日被仰御祈。可有御參勤條勿論。就其故障子細之由被申一段ハ。去五月內裏御修法參勤事被仰出候し。其時も御故障子細被申間。被申入旨尤ニテ被仰聖護院准后キ。其子細ハ御老母十三回六月四日間。自四月十四日一百日之間。別行被始行〔云々〕。自五月四日每日作善勤行始修候。仍內々此子細被申室町殿。暫不可有御出京由被申定。後此御祈事被仰出候間。〔御〕故障候了。只今自室町殿被仰出御祈。其時〔ニ〕ハ雖可相替候。未百日勤修作善別行內候。萬一後日御沙汰〔之〕時者。領掌參勤又可爲楚忽間。可爲何樣哉。旁尤先雖可被辭申候。當時之儀每事難測間。一向可被任奉行指南旨。次ニハ妙法院僧正所勞體及數日。定近日大事可出來歟。此御祈修中門下僧正卒候者。若不吉ニモヤ可被思食候はん。此條モ又非無御思案候。兩條(篇イ)可被計申條。御悅喜。且被憑申云々。廣橋中納言返答。兩條仰旨畏承。百日御別行事ハ。彼御忌日以後。御作善等悉終後事候。只別タル御懇志計御別行間。更不可有苦事候。且如此意見申入趣可有御申候。兼鄉〔モ〕追可申入(候イ)云々。次妙法院僧正事。是又不可及御怖畏事候。旣御領掌由昨日披露間。快然候し。尙々可有御治定云々。次尊法事。可爲御計旨被仰出間。爲阿闍梨御申趣ハ依御願旨趣。尊法可被計申由仰旨申處。非別御願。只御息災安穩御祈云々。但變異出現事。今日陰陽頭注進等。內々可得御意趣可被申沙汰云々。酉終自室町殿以兩奉行(飯尾肥前守 同大和守)。被仰旨。自九州只今注進到來。去月六月。廿八日。於筑前糸郡。大內左京大夫入道腹切了。於合戰者理ニ仕由。自內藤入道方注進也。言語道斷次第。天下安危此事由被思食。雖何篇早々可有御出京。條々可被申談云々。此事驚歎外無他。早早可出京旨申了。力者以下不合期遲引。戌終出門。亥終京着了。仍忩々參室町殿。御對面。此事以外御周章由種々被仰出了。予又申旨在之。先今夜內々畠山一人計ニ可仰談旨承了。仍退出。丑半刻歟召寄遊佐河內守。仰旨具仰聞了。卯初刻大內雜掌安富參申間。內々御尋事共申了。此題目ハ明日十四日。大赤口トテ何樣事ニ不用日也。明後日十五日。例日也。仍此事方々御教書等。一日片時モ早々可被下由申處。兩日如此。仍十六日可被仰付條。可遲引歟云々。安富申入旨。兩三日遲引事不可有子細事。十六日可被仰付條可畏入云々。自左衞門督入道畠山事。御返事以遊佐申入。大内事無申計候。九州事又重事不可過之哉。所詮加思案重可申入。自餘大名ニモ可被仰談條可宜云々。

十四日。晴。早旦參此等旨申了。自明夜出京尤可宜由承了。午末歸寺。就九州事明後日十六日。早旦可進人之由申遣管領。畠山。山名。右京大夫。赤松五人方了。

十五日。晴。自今夕不動護摩始行。恒例。山上山下諸堂幷五社御供以下。盃供儀如年々。當年事大溪法橋秘計難治之由申間。以他足俄御下行。大略以河北年貢。自理性院申付（之イ）候歟。山上分山務法印秘計沙汰也。亥初出京。

十六日。晴。未明自右京大夫横越。安富筑後兩人參申了。申詞。飯尾肥前守。同大和守兼參候注之了。右京大夫其後退出了。畠山使者遊佐河内守。齋藤因幡守參申。申詞如前。兩奉行注之。次管領使者甲斐。飯尾美作守參申。兩奉行注之。義如前。次山名使者カキ屋。大田垣兩人參。兩奉行注儀同前。〔赤松使者以外遲參。及數度遣人了。申初歟上原入道。浦上掃部參。注儀如前〕面々意見調後。兩奉行申詞淸書之持參令披露。予同參申了。於實池院壇所待申了。飯尾肥前守。同大和守壇所へ來申樣。只今面々御意見披露申了。就其可申入旨被仰出候。九州下向兩上使無爲和尙。頂騰西堂。方へ重可被下遣使者。僧事可撰器用由可被仰遣由云々。令存知由申入了。其後參御前。御對面。諸大名意見趣神妙由被仰了。次予申樣。先度畠山。山名申入關東使節御對面事。重如此申入由令申。彼兩人注進狀一卷備上覽申入旨等。猶以言再三申入候處。此上者無力次第也。一向御身上儀ぉハ被打捨。且被任面々可有御對面由被仰出了。珍重々々。　寳池院壇所ヨリ畠山。山名兩人方へ可進人由申間。自畠山方遊佐。自山名方山口來申了。仍此子細申遣處。兩人共以畏申。則可參申云云。此間ニ公方樣渡御壇所。寳池院參御前。不幾還御。大方殿御不例樣等御物語。還御以後先畠山來。種々畏申了。則可參御前。以御使可被申條可畏入云々。仍以宗弁申處。可有御對面云々。次山名來。子細同前。但先參御前以後來壇所也。　自公方樣以久阿彌御書給了。兩通狀可進云々。關東使節ニ階堂信乃守狀也。一通ハ關東告文事。可申下由申入條。一通ハ關東無野心儀由。以告文申狀也。共被召置了。亥半刻自壇所歸法身院了。管領參於等持寺東小路參會。東使御對面事。申御沙汰畏入云々。此大名三人管領。畠山。山名。今夜珍重由申進御太刀也。自餘ハ東使御對面後可進云々。

十七日。晴。早旦畠山。山名兩人來臨。東使御對面御治定。尙々珍重。仍參禮云々。各二千疋隨身。九州下向上使兩長老無爲和尙。頂騰西堂。方へ重被下遣僧。一人ハ大智院僧梵信藏主。〔云云。〕一人ハ雲頂僧眞□藏主云々。今日召寄此門跡。以飯尾肥前守。同大和守。被仰下趣具可申付由。自昨夕承間申遣了。仍兩人僧午終來。兩奉行同參申間相共申了。條目一紙飯尾肥前書與兩人僧了。其趣ハ九州時宜就今度大內入道自害。大友。菊池以下心中振舞等。具被尋聞。早々企參洛可被申入云々。若兩上使已參洛。九州近國ニテ兩人僧行逢事有ラハ。自其重令同道可令下向。國時宜能々爲被相尋也。若兩上使參洛。中國ヲモ過程ナラハ。兩人僧計九州ヘハ罷下。仰旨ヲ以テ國時宜具相尋可申入云々。此等子細等。委細奉行相共仰付了。今日ハ公方雖爲御德日。昨夕且被仰出兩人僧已門出了。今日ハ仰旨申含計也。明旦可下向云々。　何樣事共申付。未終參室町殿。御對面。兩人僧ニ仰含次第等申入了。兩奉行又披露云々。室町殿ヘ參以前。以兩奉行（飯尾肥前。同大和。）被仰樣。大友左京亮。同四郎。菊池。其外安藝。石見兩國々人。各々大內合力御內書可被成下條。可有何子細候哉。乍去今一往自九州注進一左右被聞食合。可被成御敎書條尚可宜云々。此意見ハ畠山。山名兩人計ヘ御尋儀也。重被仰出樣ハ。大友左京亮。當時大友ガ伯父息也。仍與大友度々合戰。當時菊池加扶持肥後國ニ隱置云々。大友四郎ハ今ノ大友ガ舍弟也。不快之間近年山籠云々。仍此兩人方ヘ御內書ハ。大友ヲ可被破御料簡トシテ。大內雜掌安富申請儀也。菊池ニハ筑後國ヲ可被下由。御內書〔事子細同前也。仍此三人事ハ誠楚忽ニハ御內書〕等難被成遣歟。就此儀兩人意見。今一注進ニ依テ可被成御內書歟由申入哉。然者此三人ヲハ被除。其外石州。藝州國人方ヘハ。早々可被成御內書條。大內遺跡無爲簡要御扶持由。彼雜掌頻歎申入旨。重被仰談兩人（畠山。山名。）處。如上意可有何子細候哉由申間。方々御敎書已被成遣也。次菊池事。筑後國事コソ只今ハ楚忽ニ被思食候ヘ。大內合力御敎書計ハ。可有何子細候哉。此一人被殘候ヘハ。還而不可然由被思食。如何。且畠山方ヘ相尋可申入云云。此御使時分自畠山方使者遊佐參申間。此趣且相尋處。遊佐申樣。以此趣計可被成御敎書於菊池條尤可宜旨。左衞門督昨日申入候〔之〕間。重不可及申。此旨於可有御披露哉由申間。兩奉行尤可宜〔候〕由歸參了。就東使御對面事。若先度被仰出關東告文事。不可進由其左右到來歟。又ハ面々以其儀。只今使節御對面事頻申入歟。諸人口遊涯分モヤト被思食也。此儀可爲何樣哉。兩人以書狀可申入旨被仰出間。其由申兩人處。各以書狀申間。只今持參入見參了。兩通卽被召置了。兩人共此沙汰不存知。又不被觸耳云々。山名狀ニハ載告文詞了。大乘院被參洛。妙法院僧正所勞無心元間爲申云々。立歸西初被歸南都了。予又入寺。

十八日。晴。

十九日。晴。關東使節二階堂信濃守盛秀。今日巳初。御對面云々。管領引導云々。自關東馬二疋。一疋置鞍。金太刀。鎧一兩進之云々。二階堂京門跡ヘ來云々。大藏卿法眼對謁。馬一疋。栗毛。二千疋持參云々。自畠山。山名兩人方各以書狀。關東使節御對面珍重由被申了。自室町殿以快阿賜御書了。明日早々可罷出由計被仰出了。

廿日。晴。早旦辰半。關東使節二階堂醍醐ヘ來。單物體。予對面。着香重衣。申次西方院。關東時宜等委細申了。出京午半。參室町殿。昨日東使來旨等申入了。次被仰出旨。諸大名佐々河ヘ書狀。早々可進〔之〕狀案文可被御覽云々。大名可爲八人由被仰出間。其趣各申遣了。管領。畠山。細河。山名。赤松。畠山修理大夫。一色左京大夫。細河讃岐守也。今日土岐亭ヘ渡御。其以前書狀案可被御覽由被仰出間。隨到來先三人畠山。山名。細川。分。以立阿彌備上覽了。凡無子細。重可被仰云々。自西初移住公卿座壇所。戌初刻開白。每事無爲。脂燭五人。雅永朝臣。爲之朝臣。爲清朝臣。益長。資益。各布衣。御祈奉行廣橋中納言兼鄕卿直垂。祇候。每事申沙汰了。伴僧交名申半歟參申間。於寶池院壇所對面。其次遣之了。

廿一日。晴。後夜日中相續如常。五悔等聲明切聲如後夜。初夜時如常。脂燭二人。雅永朝臣。爲清朝臣參了。

廿二日。晴。後夜日中相續如昨日。以一色左京大夫。可參御前由被仰間參申了。佐々河へ諸大名進狀案備上覽了。少々相違事被仰事等在之。今日明日不宜。廿四日可申遣云々。次去十七日熒惑犯心宿變在之。以外重變云云。御祈事重可被仰方々。其旨可仰廣橋中納言旨承了。仍以書狀仰趣申遣彼卿方了。右京大夫。赤松來臨。同時對面（謁イ）了。赤松折紙折二合隨身。初夜時如昨日。脂燭兩人益長。資益。予末歟可參御前由被仰間則參申了。大方殿御不例〔間〕。自今朝猶以外。已異脉可出來御體也。就其御所中ニテ御大事出來事。不可然由畠山。山名申入旨先日申了。只今儀可爲何樣〔候〕哉。可被移申向御所事御傷歎樣也。可被如何哉云々。予申趣。於御所中誠御大事出來事旁不可然。面々申入旨尤其謂〔候〕歟。畠山一昨日內々申樣ハ。以素玉御坊號御庵。可有御出條可宜旨。直可申入大方殿旨申候し。若申談彼方歟可有御尋旨申處。則以醫師三位被召素玉坊了。素玉坊參申間御尋處。自畠山方未無申旨云々。然者以畠山申旨。爲門跡可申入大方殿歟由被仰間。以素玉此由申大方殿處。如此申旨御悅喜。今夜則可有御移由承了。申初雷鳴。七條道場前柳原落云云。

廿三日。晴。後夜日中相續如昨。公方樣渡御壇所。大方殿御大事出來時。可被觸穢歟事。

不可然旨内々面々申入由被聞食了。雖然猶攝政幷畠山。山名等〔二〕意見之趣可相尋由被仰出了。今朝萬里少路大納言。廣橋中納言兩人來。申入趣。御觸穢一段。殊不可然旨申間〔如イ〕可然申入了。攝政御方へ〔ハ〕以賴繼卿申了。畠山方へ召遊佐河内守申。山名方へ以山口遠江守申了。自攝政御意見。大方殿御大事出來時御觸穢事。放生大會前天下可觸穢條。大會可延引條勿論歟。旁不可然存申也。次八朔御禮事。風俗禮儀公私祝着候哉。可被停止條又不宜存云々。畠山。山名意見大略同前。初夜時如昨日。脂燭二人爲之朝臣。賁益。脂燭今夜可爲一人由結番處。賁益兩夜相續參了。若奉行意見歟。

廿四日。晴。後夜日中相續如昨日。山名禪門來臨。右京大夫來臨。丹波守護代可爲内藤備前入道歟。可任時宜由申入也。公方樣渡御壇所。就大方殿事攝政以下意見趣申入了。就其又被仰出樣。内裏仙洞御憑儀不可被觸穢。有無可被進歟。可爲何樣哉事。次大方殿穢以御猶子儀可有穢限歟。委細被尋仰官外記等。可承由重可申攝政云々。仍召經康申遣了。大名八人管領。畠山。右京大夫。山名。畠山匠作。一色修理大夫。細河讃岐守。赤松左京大夫等進佐々河狀。今日早々可調進〔之〕由被仰出間。面々方へ申遣了。於案文者廿二日被御覽了。少々相違事被仰出間。文言書加候了。此面々狀今日申終調進〔候〕了。以立阿進由經長申也。右京大夫申丹波守護代事申入處此間守護代香西政道以外無正體間。可切諫由被仰了。如此嚴密沙汰尤御本意云々。雖然内藤治定篇未被仰出也。酉半歟公方樣渡御壇所。乘阿被召出御前面目至。初夜時同前。脂燭二人雅永朝臣。爲清朝臣。

南御所ニ御座姫君。兩三日御痢病氣以外云
云。御藥更以不令服用給。珍事云々。　聖護
院門弟信勝法印號右衞門督。爲御祈護摩勤修云々。
念誦伴僧一兩召具云々。　大方殿御祈藥師
法。自廿二日夜御移住向御所。雖爲御留守中
修之。今曉結願云々。　自公方樣被遣佐々河
御書。案文可書進之由。被仰出間令書獻〔候〕
了。以經長進候。立阿備上覽云〔々〕。御書案。
關東使節對面事。大名共頻申旨候間。無力
去十九日令對謁候キ。其子細先度且申了。
仍義淳道端入道以下。以書狀申入事候哉。
委曲期返報候也。
七月、、　　　、、
右兵衞佐殿
當年地藏參詣以外乏々云々。　此兩三年追年
如此歟。　申終夕立。少雨灑。
廿五日。晴。　後夜日中如昨日。殘暑以外。　今日
參御加持了。重衣五古持之。申次廣橋中納
言。　右京大夫來臨。丹波守護代事。早々達
上聞畏入云々。　大名八人進佐々河狀案可
進由。昨夕被仰出間。召調八通。今日以立阿
進之了。使者經長。　自今日變異御祈愛染護
摩。以手代金剛王院僧正始行之。御祈參住間
如此仰付了。　於金剛輪院愛染御前修之。寶
池院佛眼護摩云々。　將軍渡御壇所。就室町
殿御所事。畠山去年內々申入旨物語令申處。
御悅喜無極。　次鹿苑院殿以來內外典寺社
等ニテ御祈。　當御代退轉事被尋仰。　每年不
闕。御祈禱事ニ於テハ。如先規。必可有御沙
汰條。尤珍重由申了。仍御同心。尤如此儀宜
思食也。爲廣橋中納言奉行。相尋方々可申入
旨被仰出。　次北野社事。當御代御敬神樣聊
疎存。可被懸上意旨申處御同心。　竹田千阿
被召出御脈被取。隨而御訪可被下御約束。眉

目。初夜時如昨日。脂燭兩人爲之朝臣。益
長。三條上﨟局祈禱事。六字護摩可宜旨申
意見。可宜云々。御祈修中御加持今朝參申
了。着重衣。持五古。廣橋中納言申次也。
廿六日。晴。後夜日中相續如昨日。將軍姫君當
年三歲今曉他界。御腹云々。御祈聖護院門弟
信勝法印參住。護摩念誦伴僧兩三召具云々。
自廿三日參住云々。爲御訪少々參集歟。但門
跡下河原宮。大覺寺。梶井。常住院准后(日イ)。實相
院〔等〕計也。其外僧俗不參申。昨夜被仰出
御祈奉行事。召廣橋中納言申付了。將軍渡
御壇所。大内新介以下。爲御訪可被遣御内書
條。可宜歟旨申入處。尤由被仰出。則飯尾肥
前。同大和守兩人被仰付。御書案文於此壇
所。可書進之由被仰付。仍兩人來間少々愚意
趣申令書之了。大内新介。同刑部少輔。同中
務大輔以上三人也。初夜時同前。脂燭一
人。資益。自門跡大内三人方へ遣狀了。新
介。刑部少輔。中務大輔也。
廿七日。晴。後夜日中相續如昨日。大方殿今
曉卯末歟他界。今日爲御訪諸大名以下參。就
之明日猶御訪日可宜歟。今日丑日可爲如何
哉由在方卿。有盛卿兩人ニ御尋處。明日モ尤
可宜歟。雖然御祈結願日間。可爲何樣哉間。
今日猶面々御訪ニ參日宜旨〔申云々〕。仍可
然由時宜也。則面々御對面。攝政以下幷諸門
跡方樣。自西向參輩。御祈中間一向斟酌。各
以使者申入云々。自九州大内若黨内藤肥
後入道注進到來。雜掌安富持參。一見了。無
殊事。大内無二御方名字等注申。次豐前國無
爲用害重兩三ヶ所用意事。菊池。大友依筑後
國事不快等事也。
廿八日。晴。八字文殊准大法今曉結願了。作法
如常。後供養阿伽後金一丁。止一字咒。卷數

案讀之。次金一丁。此金事或打。或不打之。　結願詞。次金一丁。神分以下。次後鈴等以下如先々。廻向方便了金一丁。下禮盤。於下座御加持。發願如初夜時。護摩師作法又無殊事。世天段了供佛布施。次破壇作法。次置三古。下禮盤以下如常。　御卷數御撫物以經乘上座。渡奉行廣中納言方。承仕相副。三條上﨟局へ愛染王供卷數撫物以宗弁上座遣之了。　曉天歸法身院門跡了。早旦山名禪門來。上御所室町殿。事。早々被仰付御移住可爲珍重旨申。隨而御造作事。面々可執沙汰云々。　山名自門跡直御所へ參上。直ニモ申入云々。自畠山方上御所御移住御返事。以遊佐申入趣。上御所御移住事尤以珍重。去年以來於私モ內々申事き。旁目出畏入。所詮委細相談山名等。重可申入云々。寶池院今日被參御前。明後日自壇所退出子細等被申入云々。　上御所御移住事。畠山。山名等申入事旁御本意。仍內々其御有增也。此子細管領〔へ〕可申遣由。上意趣召甲斐申了。次此御移住事ハ諸大名面々寄合。可沙汰進分也。可有御意得由同申了。　管領御返事。御移住御有增事。兩人申入趣尤可然畏存。面々申沙汰事等可存知仕云々。此御返事今日不達上聞。申終入寺。　大內新介以下。三人方へ御訪御內書御使僧兩人今朝罷立了。　今夜青蓮院門主得度。十歲。尊道親王例云々。戒和尙竹內良什僧正。剃手忠宴法印。着座公卿二人。廣橋中納言。　鷹司三位賴繼卿。脂燭殿上人三人。雅永朝臣。益長。

廿九日。晴。　大方殿追號慈受院云々。　御茶毘於等持院。來月四日可有其沙汰云々。予昨日內內申入。來四日北野祭禮也。不可有苦事歟。官以下者共云先例。云傍例。可有御尋歟由申了。尤由御同心。此儀一昨日廿七日。申入了。今日

モ重又申也。其故ハ社家ヘ御尋處。不可有子細旨申云々。社家ハ社例ヲコソ可存知仕候ヘ。何樣傍例等故實曾不可在旨申間。尤由時宜也。

晦日。晴。來月中臨時結番。御祈當番由。自勸修寺中納言方申賜了。　伊勢守護參洛。今夜ハ當所ニ可一宿。明旦可出京云々。今日大赤口之間出仕斟酌云々。

八月

一日。晴。恒例愛染護摩始行。　臨時御祈同護摩始行。每日一座供。二座用手代了。八朔御禮如先々申了。內裏。仙洞。室町殿。已上三ヶ所也。其外一向略之。數十年佳儀也。　自室町殿牛鞦唐糸。一具。以伊勢二郎衞門。爲御返拜領了。重寶祝着云々。　晩頭少雨。　入堂取笠了。　二日室町殿ヘ御憑牛一頭。如例今日引進云々。御返同牛云々。　內裡ヘ御憑如年年繻子一端。黑。御銚子提。打物。引合卅帖。御返打枝云々。　仙洞ヘ御練貫五重。引合卅帖。御返牛一頭。

二日。雨。今曉寅終賢長僧正入滅。年卅四。着香袈裟(衣イ)端座正念云々。老後愁歎法流衰微。周章失爲方了。　自今日入堂用代官了。

三日。晴。未明自山名禪門方書狀到來。非殊儀。就室町殿御所御移住事。　去廿八日於管領面面會合談合。用脚一萬計分先支配云々。三ヶ國四ヶ國守護千貫。一ヶ國守護二百貫云々。仍千貫衆七人。二百貫十五人云々。　今日室町殿ヘ御憑盆桂漿。文孔雀。段子一端。淺黃。文水。北絹一端。淺黃。唐綾一端。萠黃。香呂。茶。高檀紙一束也。　經祐法眼持參云々。　御返盆堆紅。輪花。一枚。金襴一端。黃。練貫五重也。

四日。晴。未明出京。小雨。參室町殿。於地藏院壇所待申了。淨土寺僧正參會。語云。今朝靑蓮院門主參禮云々。車後車。二三兩云々。其身鈍色小袈裟云々。扈從僧綱從僧等各鈍色等歷々云々。　予參由內々令申處。則御對面。自畠山方申新造御所用脚支配樣大概申了。嚴重沙汰御祝着云々。次御在所事可爲上御所歟。又當時三條。御所近邊可宜御在所候者。可申入哉由面々申旨申處。雖爲何在所面々可計申條可然云々。則此由畠山。山名等ニ申處。今日又於管領寄合談合云々。自彼寄合在所以山名。畠山大夫兩人。自惣中申賜樣。今日御申次第何樣〔候〕哉。次御在所治定儀等令存知度云々。予申云。今日承旨具申了。就其御在所事。雖何處可被計申云々。兩人此儀可畏入云々。仍在方卿。有盛卿。兩人於召寄管領。吉方等相尋。隨其御地等事可定申云々。以奉行飯尾肥前守被仰出。大和國平田庄一乘院領。去年反錢事。爲惣寺申處。萬歲高田以下四庄官。及異儀于今不致其沙汰也。仍任寺家申請旨。兩度嚴密御敎書於被成遣了。雖然彼等曾以不應御敎書間。寺官令參洛申請樣。所詮如今者御敎書計ニテハ。不可致沙汰條勿論也。速任先例被召下奉行人。相催國中軍勢。可令發向彼在所。若以國中勢計退治不事行者。自京都速可被下御勢由可被仰付云々。此條旁御思案多端也。爲寺家退治不事行者。京都御勢ヲ可被立由申ニ就テ。無左右御領掌非無御遠慮也。簡要ハ寺家訴訟モ達シ。又御下知モ不徒然儀可然也。就之自然以籌策邊無子細事モヤ被思食也。大乘院幸在京事候ヘハ。爲門跡被仰談大乘院。彼御意見分可有御申由被仰出云々。予御返答。此事誠御思慮尤存也。折節大乘院只今此門跡ヘ來入時分〔候〕。仰旨申談重可申入由。可有御披露云々。仍飯尾肥前退出了。此子細則申談大乘院處。彼意見分爲京都可被下兩奉行お可有御沙汰者。落居不可有子細由勿論存也。寺家又存此等儀。已申請候歟。就其萬歲高田以下。萬一存定防戰儀候者。若國中勢計ニテハ不事行儀モヤト無心元存間。事安ニ一篇之儀計お可申入條。後日上意恐怖仕也。其間事可然樣可有計御申云々。次予內々申談樣。若自貴邊以上意趣嚴密萬歲以下御籌策儀何樣候哉云々。彼返答。萬歲伯父慈尊院ト申法師予坊人候。仍時々見來也。召彼法師可申試條。一途申事モヤト存也。但此條於達上聞者。旁斟酌萬端也。只以內々儀可申試由承者。不可有子細云々。此返答趣召寄飯尾肥前申處。此仰尤宜存候。先可致披露。重可申入云々。伊勢守護今日懸御目了。一色左京大夫申次了。　及秉燭又參室町殿。內々時宜也。非殊儀。其次八幡神事重服者。當年正月相隨旨。玉垣內木顚倒事。合殿朽損事等申了。

五日。晴。早旦歸寺。入寺以前廣橋中納言來臨。折紙隨身。御祈奉行事被仰出。祝着(々イ)云々。次先度被仰出寺社御祈。當御代退轉事相尋最中候。早々可披露云々。次八幡宮事。今日若被仰出事ハ。吉重服者百日內隨神事條。往代以來無其例。不可然事。次合殿漏以外。一日御修理有度事。次玉垣內木顚倒事等可申入云々。

六日。　自曉天大雨雷鳴。及巳半計雨脚止。

七日。晴。　關東使節二階堂信乃守盛秀被召御所。御盃以下御劒等被下之云々。管領。畠山兩人計參申云々。　土岐大膳大夫來臨。自御所樣以津掃部。飯尾肥前兩人被仰出。勢州寺社本所領渡殘等悉可渡付云々。畏入之由御返事申旨物語。尤以神妙歟。此內爲關入道跡。去々年爲忠功賞拜領之內。晝生上庄等可渡付高嶋云々。以外之儀歟。雖然不申入是非云々。　土岐大膳大夫妙法院事驚入云々。爲訪來臨云々。　上杉中務大輔同前。自西大寺以僧訪賜。

八日。晴。愛染護摩結願。　故賢長僧正每七作善。於菩提寺可沙汰由申付了。長老五旬之間。光明眞言護摩勤修等事同申付也。今日ハ則初七日如夢。老心愁歎可憐云々(々イ)。門下衰微不可如之々々。良讃僧正。忠意僧正。村融法印等。爲妙法院訪來。

九日。晴。去六月九州へ下向上使兩人。大智院無爲和尙。幷頂騰西堂夜前參洛云々。今日來臨。令對面了。九州事等被申。大內德雄入道打死事。六月廿八日筑前國糸郡萩原(ハギノ)ト云所ニテ。被打條勿論云々。次大內分國豐前國モ。守護代杉伯耆守國ヲ捨。長門國へ引退了。筑前國中大內方者一人モ無之云々。大友少貳以下九州悉一統云々。仍兩上使長老於筑前大內入道已被打由承間。自筥崎同廿九日下着長門赤間關云々。其間兩三日云々。爰自探題被申樣。大友方へ御內書被下歟。雖爲何篇於此御內書者。　先可被遣大內方條尤宜云云。仍任彼意見又自長門令渡海。筑前博多(ハカタ)へ下着。則大友對面。御內書頂戴了。七月十六日請文自身持來。渡兩上使。翌日(十七日)。立博多。下着宗像云々。於長門國大內新介。同刑部少輔ニ對面了。兩人共蒙疵云々。但非殊疵。仍對面云々。大內方勢手負以下以外體云々。大友申入旨。代々不引二張弓身事候間。雖爲何事不可違背上意云々。予兩使參洛事等爲申入。西終忩出京。先以使者自九州上使參洛申入旨。今夜可被聞食歟。又明日歟之由申遣一色左京大夫方處。御返事。今夜被聞食云々。仍兩奉行飯尾肥前。同大和守召給了。於京門跡兩上使申詞兩人具承了。則歸參。予又同參申了。奉行兩人披露次第。於御前予同聞之了。無相違旨申入也。自大內方（内藤入道智得）申入三ヶ條事在之。一御旗可下給事。一河野民部大輔沙汰事被可停止。其故ハ當河野刑部少輔九州ヘ為合力可罷立處。民部大輔訟訴出來事在之ハ。定一國軍勢令怖畏。悉不罷立歟儀也。一大友少貳雜掌可被放京中云々。此條條可為何樣哉由御尋問。予申樣。如以前可被仰談大名云々。仍來十二日畠山。山名兩人方ヘ可仰談云々。及子終歸坊。　自管領以飯尾美作。新造御所御地吉凶等。在方卿。有盛卿勘進送進之了。子細不得其意間。其旨返答了。

十日。晴。早旦山名禪門來。今日於畠山亭。面々會合御地在所等猶談合。就其吉凶等事可占申入旨等。可申付在方卿等云々。　其後以畠山匠作入道。自諸大名中為使節申。新造御所御在所六ヶ所內二ヶ所計申入也。　可任時宜云々。申入處兩所共以不叶時宜由被仰出。重面々相談。　五ヶ所內又二ヶ所。　一所畠山宿所。一所裏松亭西冷泉高倉也。此兩所又以不叶時宜。所詮上御所可宜由被治定了。仍大名以下面々參。珍重由申。御太刀各進之也。自下御所歸路ニ畠山。山名。管領。右京大夫。畠山大夫等來門跡。珍重之由申。幷作事奉行早早可被定等事也。　事始日來廿二日最吉云云。同申入了。　彼岸中舍利講如恒例。今日開白了。法花經每日一卷同音讀誦以下如常。秋季供養法台藏。導師禪那院僧正。

十一日。晴。早旦參申室町殿。御對面。自大內方申三ヶ條被仰談。畠山。山名兩人意見趣。大內雜掌安富ヲ召寄門跡。以兩奉行飯尾肥前（如イ）。同大和於予前具可仰含由被仰出。　仍可然申付了。次平田庄反錢無沙汰事。興福寺學侶六方衆等一同訟訴及數度。仍御教書又及兩度被成遣了。雖然萬歲以下平田庄官不及承引。尙以難澁之間。先日内々被仰大乘院處。萬歲伯父慈尊院於召寄大乘院。種々雖申含不承諾申。萬歲事存定云々。於今者大乘院料簡難及。被仰畠山。以河内山城御勢可被治罸由被仰出間。爲萬歲已生涯歟。早々可隨仰旨。自畠山方於申聞者。不可及異儀歟之由意見ヲ被申也。仍内々此趣以飯尾肥前令申處。此儀尤可宜云々。今日令入寺先可參申入云々。酉初參了。御對面。二ヶ條被仰畠山事在之。一爲大内合力菊池致忠節者。筑後國可申沙汰由。自私以狀可申下云々。就之文章若又一廉ニ致忠節者。筑後國可被下由可申遣歟云云。此儀ハ就菊池大内合事重可申下之由。以飯尾肥前被仰畠山處御返事也。就之只今御不審ハ菊池致忠節者。筑後國可被下由書狀事ハ。一向爲上意被仰下文章也。然者聊楚忽儀ニテモヤト被思食也。但如何由可相尋。次關東へ可被遣色々御劍一腰。御鎧一兩。盆。香合。食籠。以上五種可然歟由畠山計申了。可爲此分歟。又此外今一兩種可被相副條可宜歟。兩様不殘所存可申云々。仍自御所召寄遊佐於地藏院壇所申處。遊佐申入旨。此事不可及申入道。委細存知仕間申入也。筑後國事致忠節者。可被下菊池之由。以私狀可申下歟由。伺上意段爲後日計也。全不可有被仰出〔儀〕哉。雖然文章猶以相涉儀候者。可申沙汰由文章尤宜存云々。次關東へ被遣物員數事。今一兩種可被副條ハ猶可宜。以前申入候五種。更以不可有御不足儀由云々。此儀先存知分申上候。但罷歸猶可相尋畠山歟云々。先可披露由申處。此分御意得云々。仍不及尋畠山也。及日沒歸寺。於法勝寺西。伊勢守護土岐大膳大夫參會。下馬蹲踞間予モ立輿了。大夫輿前ヘ來。只今參御門跡云々。於路次一兩條申了。予輿ノ供奉人以外無人歟。大膳大夫若黨二三十人進候間召具了。

十二日。自仙洞勅書被下。自瑠玖國到來沈香一二俵御用可申沙汰云々。次御料所御年貢以外無沙汰。珍事之由同被仰下了。　舍利講供養法。式西方院僧都。伽陀仙忠。讃。

十三日。晴。　拜殿理趣三昧出仕。供養法宗濟僧都。初度也。彼岸供養法近年良家方不及其沙汰間。當年興行了。新調聲仙忠。無稽古歟散散。經地又以外。一兩所已斷絶體。不可說不可說。灯明幽〔之〕間大略如諳誦。仍如此歟。但諸人無沙汰故也。當年彼岸出仕如法無人。地藏院月次壇所番。自十日北斗法始行云々。少少爲伴僧出京。理性院僧正自十日爲三條上﨟祈禱參住三條亭。六字護摩勤修。出世一兩召具歟。妙法院衆一向籠居間不參了。讃覺深律師。吉慶漢語與二段不動誦之。金堂供僧一人モ不出仕。懈怠至以外。公達少々參了。供養法調聲外單衣也。予重衣香。如常。座主金堂供僧等。朝夕出仕單衣先例無之歟。　自仙洞又勅書被下之。仰昨日同篇事也。女房奉書雖爲勅筆。准后以後ハ御表書。御ちこ御中。奥ニハこのよし申され候へく〔候〕と被遊。親王准后攝政等同前御文章歟。請文如常。御表書ニハ左衞門督とのへ御返事申名字不書之。此儀又攝政等同前。准后以前ハ毎度實名書載之了。　今日舍利講。式供養法覺深律師。伽陀弘玄。讃西方院僧都。吉慶梵語初二北方讃。

十四日。晴。

十五日。晴。　八幡放生會無爲云々。　第二御殿神

(功)宮皇后神輿後門ヲ爲前御方奉居之。其御前ニシテ行神事了。希代重事云々。自今日恒例不動護摩勤修之。玄阿。萬阿。春阿來。但雖爲良辰。一折不及張行。舍利講。式供養法隆齊僧都。伽陀經譽。讃覺深律師。吉慶漢語與二段東方讃誦之。今夜名月。近比快晴也。毗沙門供始行如常。

十六日。晴。早旦出京。今日室町殿連歌御月次。頭役赤松入道。發句同詠進。脇句將軍御沙汰。第三聖護院准后。六條八幡放生會。每事無爲珍重。御連歌以前予一人先參申了。室町殿新造惣奉行事今日於管領。畠山談合。內々上意也。兩人意見以使者申賜。山名。畠山修理大夫可宜云々。次作事奉行事。結城以下十一人被定了。兩條今日治定了。

十七日。晴。早旦入寺。彼岸今日八日結願了。式供養法金剛王院僧正。卒都婆供養儀在之。作法如常。卒都婆每日人別六本造立。已上七百餘本云々。

十八日。晴。伊勢守護來。少一獻在之。自御所御書到來。御使用阿彌云々。明旦可出京云々。次佐々木田中江州沒落處。於越前國一黨悉打進之。甲斐沙汰云々。神妙由同被仰了。此事殊珍重之由進請文了。

十九日。晴。早旦出京。則參室町殿。御對面。上御所御移住ニ就テ。大名近習宿所地事各々申間。今日內々御談合被治定了。奉行津掃部助被召御前。御治定樣直被仰付。指圖ニ面々名字書札被押立了(之イ)。佐々木田中誅罸神妙由被感仰。甲斐於被召御前。太刀銘物。御刀可被下之由內々仰在之。尤眉目歟。仙洞御料所御年貢無沙汰之儀。并伊勢北畠侍從。今月ヨリ可在京仕由申入處。于今無其儀。次勢州平尾庄事。可渡北畠中將持康方由。再三被仰處。未及遵行。以外次第也。此兩三ヶ條事。嚴密ニ可仰付赤松由承間。召上原入道仰趣堅申付了。　大乘院興福寺別當再任事。內々執申入處。不可有子細由被仰出。　轉大事同御免。旁眉目。　今日歸寺。上杉中務大輔本領。越後國ウカイ庄內渡殘不知行在所。　去年被下御判了。於地下入部者。追可被仰云々。其事時節可沙汰歟由歎申入旨申了。以奉行松田對馬守。可申入旨被仰出了。

廿日。雨。

廿一日。雨。　早旦出京。恒例不動護摩運時。今曉結願了。　時食以後參室町殿。參〔ノ〕路次へ以木阿彌早々可參云々。　甲斐今日被召御前。御劒御刀等被下云々。　一色左京大夫賜之。下渡甲斐云々。　明旦上御所御事始可爲巳剋。可參由被仰了。　自大友中務大輔方。使者長老貞岩和尙云々參洛。　內々狀勝鬘院方へ在之。此門跡事一向可相憑由申了。雖然無左右此趣披露旁其斟酌。仍畠山。山名兩人方へ相談處。早々披露可宜旨兩人意見也。明日可披露由支度也。

廿二日。晴。　早旦辰終上御所邊へ先參儲〔了〕。輿袖白。　重衣。　宗濟僧都。單衣。　房官宗弁。一人召具了。　大童子二人藥叉王。藤王。　各繪直垂如常。巳末歟將軍渡御。事始儀每事嚴重。但作事奉行以下悉單物體也。直垂輩一人モ無之。越度歟。於奉行人等者可着直垂條勿論也。大名大略參申了。　惣奉行山名右衞門督。　畠山修理大夫。造作奉行十人。結城勘解由左衞門。伊勢二郞衞門以下也。將軍萠黃御直垂。白綾御服着給。近習十餘人供奉。　番匠大工束帶。引頭衣冠。　少々布衣在之。番匠二三百人參了。事始體此邊正月事始儀全同前。　檜皮大工又同前。以檜皮爲笏致拜了。　其興不少。將軍御笑。次壁大工致拜如常。御馬於當座不被引之。事終御池等體被御覽了。北築地猶北へ可被出歟之由。山名。畠山大夫內々申間。其子細申入了。還御以後可被定云々。予自上御所直ニ下御所へ參申了。僧俗悉群參。歷々也。俗中攝政（一條）。左府（近衞）。右府（久我）。右府。以下悉參。御馬御太刀進翟。攝政。近衞計歟。其外御太刀御馬代最少。（二百疋。）恒例儀也。　僧中御室。下河原宮。妙法院宮。相應院宮。檀那院僧正。眞光院僧正。菩提院僧都。以上護持僧外。御室馬太刀被進〔之〕云々。妙法院宮同前。其外太刀計歟。　各從僧房官太刀於持テ申次渡永豐朝臣也。　護持僧大略參了。常住院准后。聖護院准后。實相院僧正。寶池院僧正。地藏院僧正。自餘不參。聖護院。予兩人馬太刀進之了。自餘太刀馬代計也。　梶井僧正被參了。馬太刀被進。（南都）大乘院僧正同前。興福寺別當再任御例（禮カ）今日相兼申入云々。萬疋進之。一色左京大夫申次了。宣下廿四日可宜旨被仰出了。　參御前次第。先俗中。次護持僧。次御室以下諸門也。檀那院僧正以下自身太刀持參之。其體不宜。但近年如此歟。先々此儀不見及キ。予今日御事始儀見物事依時宜也。此儀御佳例故歟。最初此御所新造事。一向此門跡取沙汰了。作事奉行等。門跡房人加賀法眼。民部法眼兩人致其沙汰也。於震殿者御移住兩三年以後。木工頭爲奉行被造之了。於泉殿者。一向爲此門跡私力造進之了。爲御還禮種々重寶唐物拜領云々。御會所御留守事。此門跡承仕淨心法橋。恪勤虎法師兩人晝夜祗候云云。惣奉行兩人。（山名。畠山大夫。）御太刀被下之了。此事內々以立阿彌被仰談旨在之。尤可宜由申入了。　大友使者長老參洛事。今日先一端申入。委細重可申入旨申了。就之畠山。山名兩人ニ御談合之儀。此使節參洛事。九州是非之樣可被聞食入歟。又可爲何樣哉云々。兩人意見。早々九州樣被聞食入。就其可有御成敗歟由。兩人以書狀申入了。其狀被召置御前也。今日入寺者又可參申入由被仰間。酉半歟參申了。及秉燭歸坊。　南都平田庄反錢未進。庄官萬歲以下隨仰可致其沙汰旨。自大乘院種々〔二〕以箸尾籌策間領掌申了。但反錢分トテ可令沙汰條難儀也。雖何篇〔候〕於未進員數者。可致沙汰由申間。珍重旨申了。神妙由被仰出。今夜可入寺處。及深更間略了。上御所御指圖今日吉日間被出之也。今日申初以津掃部御尋。上御所御池震殿前ヘ廻間。御會所常御所聊淺間樣思食也。　今度ハ於震殿上御池者被埋之。只今下御所ノ御庭ノ如ク。可有御沙汰條可爲何樣哉云々。予御返答。於御庭者可被任時宜條可宜存也。强非定儀歟。

誠御會所常御所與震殿間垣等御沙汰可然旨申了。　大友使者長老先今日對謁了。事子細且相尋。又申入旨在之。但非殊儀。一身事一向仰上意。代々忠節異他也。仍彌可致無二奉公心中也。今度儀。大內德雄入道依致無理之儀。如此罷成條。非私造意無力次第也。自今以後事尙々可任上裁云々。　筑前國內大友譜代知行來所々如此間令知行計也。其外事不存知仕云々。　自今日日。廿二又爲變異御祈。兩壇始行之。一字金輪護摩禁裏御祈。手代禪那院僧正。愛染護摩室町殿御祈。手代金剛王院僧正。支具各自納所下行之。

〔廿三日〕

廿四日。晴。　公方樣渡御赤松播磨守亭云々。大乘院興福寺再任幷轉大事。今日同時宣下。內々申沙汰了。　相國寺入院云々。可爲廿二日處。上御所御事始間。依爲無怱延引今日了。此子細内々御談合畠山。山名等。予意見同前。
廿五日。晴。自未終降雨。田中融淸法印來申。今
日參室町殿。去廿二日御事始珍重之儀申入
了。御劒御馬代千疋進之云々。
廿六日。晴。
廿七日。晴。自大乘院音信。去廿四日曉。自筒井
方發向箸尾城燒落了云々。出扱間俄儀如此。
仍自箸尾方率大勢。可令發向筒井城云々。先
筒井同心蓬萊城取卷責之云々。靜謐時節筒
井所行以外歟。自大内新介幷刑部少輔兩
人方書狀到來。使者僧西堂也。仍對面了。雜
掌安富同道。自兩所各二千疋到來。當代初度
音信也。土岐大膳大夫(〻イ)來臨。千疋柳等隨
身。會所一見之祝着云々。大内使者長福寺
住持慈本西堂云々。
廿八日。晴。自將軍御書在之。御使琳阿云々。明
夕明後日間可出京由被仰出了。明後日可罷
出由申了。明日御德日又大赤口也。旁斟酌儀
仍如此申也。其後又以久世入道。晦日早旦可
罷出由重被仰出了。以前御返事未參着以前
云々。久世入道篠村造營反錢御敎書被成
之間。爲催促國へ罷下。御暇今日申入間。不
可有子細由被仰出云々。將軍渡御泉涌寺。
還御以後。渡御十住心院。毗沙門講云々。御
書其以前ニ御返事可參申入由。被仰付旨琳
阿申也。
廿九日。晴。
晦日。雨。曉天出京。巳初參室町殿。大和國合戰
次第御物語。就其今度事筒井手於出箸尾城
へ發向。仍箸尾又筒井城へ押寄。筒井城於取
卷間。筒井已及生涯云々。仍御合力御勢於可
被下由申入之間。筒井振舞旁雖爲存外。此間
御扶持之間。今更非可被捨間。大名五人畠

山。右京大夫。山名。一色。赤松可罷出由被仰付了。以前先被下兩奉行雖被加制禁。筥尾。越智以下與力者共。不可應御下知之由申(様イ)切了。依之御勢事被仰付處。今時節不可然由畠山申入也。此條猶面々於召寄壇所可談合云云。次ニハ伊勢守此間振舞。條々無正體思食處。結句不思儀(議カ)書狀ヲ蜷川越中方ヘ遣了。其狀於自越中方備上覽云(了イ)々。此狀去年九月歟事也。此狀文章以外事共書載。其內ニ當時御政道相違間。面々儀(議カ)定旨在之。仍天下ハ當年計由申了。此狀於畠山。右京大夫。山名ニ可被見也。管領[ハ]所勞トテ不參申也。　大和事幷伊勢守事。何樣ニモ面々可申意見旨可仰談云々。仍此三人召寄壇所仰旨申了。三人意見。大和國ヘ御勢大名五人可罷向事。上御所御造作以下近日旁不可然。　於筥尾一人事(云イ)者雖爲何時可輙事歟。　來春ニ御延引珍重々々。次伊勢守事。狀趣以外不思儀(議カ)於申入候歟。面々ト申條可有御究明歟。於其身者堅御沙汰可然云々。　兩條三人意見分申了。大和事ハ如被申可被延引。　然者來春畠山一人罷立。筥尾可有退治歟由內々被仰也。此儀畏入由領掌申了。　次伊勢守事面々如申堅可有御沙汰事雖爲勿論。　御譜代者事也。　旁不便歟間。簡要可被追失云々。政所以下伊勢跡事。舍弟可仰付備中守旨。　然者今夜召寄壇所三人。此趣可申付云々。仍召寄備中守。仰旨三人申付了。畏入由申也。此子細予又參申了。其後大名三人參御前了。　予歸坊。　自曉天出京。不及時食。亥初刻マテ條々談合間。窮屈以外式。仍不及入寺。京坊一宿了。　今月中臨時御祈當番。　自朔日愛染護摩每日一座供二座修之了。今曉結願卷數二枝。一枝ハ供進之了。付遣廣橋中納言方也。此御祈定樣。各每月一七日護摩。自餘供可宜云々。然予沙汰分每月日別護摩一座供兩座沙汰之。仍卷數二枝進之了。

九月

一日。晴。早旦入寺。恒例愛染護摩修之。入堂同前。

二日。晴。自去廿二日令勤修變異御祈。兩壇今曉結願。卷數二枝付遣奉行廣橋中納言方。一枝一字金輪内裏御祈。愛染護摩將軍御祈也。自今日不動不斷護摩始行。總別祈禱也。

三日。晴。早旦出京。山名禪門來。自大内雜掌内藤入道方狀隨身。此狀申入趣隱密之儀也。大内三人新介。刑部少輔。中務大輔國配分事。故德雄入道存日間申入勝定院殿。周防國ヲハ新介身ニ當御判拜領。長門國ヲハ刑部少輔身ニ當御判拜領了。中務大輔ハ故鹿苑院殿御代。長門國一郡拜領了。只今内藤入道意見申入趣ハ。豐前國幷筑前國ヲハ。刑部少輔ニ被宛行。安藝東西條ヲハ新介ニ被下。石見國二萬郡ヲハ。中務大輔ニ可被下條旁可宜云々。此由内々御披露可畏入云々。仍參室町殿次此事申入了。時宜趣凡可有何子細哉。何樣可被成御判歟。但大内使者西堂ヲ召寄。此事萬一錯亂之儀モヤト。無心元被思食也。可爲何樣哉由。内々可相尋云々。　次大和國弓矢事。内々畠山去晦日重下遣使者筥尾方種々申間。罷隨仰可令退散由申間。然者奉行折紙下給可遣由。今朝申入處。於筥尾者不應上裁。只今ハ畠山内々申ニ依テコソ。可退散由ヲハ申。爾者爲公方重難被仰付云々。此上意以外次第。更非私計略。一向以仰申付間。彼モ又仰上意分也。此旨可然樣可預御披露云々。此分可申入。但愚意趣尙時宜難落居。所詮只今筥尾令退散ハ。明春御退治事可被閣歟。若又明春可有御退治者。只今引退事中々不可申付由。一向可申入歟之由申間。如仰後日ニ自申入。只今可申入條尤宜存。可然御披露可畏入云々。此事如申狀申處。只今勢ヲハ就是非可引退。明春御退治事ハ可被閣云云。此由畠山方ヘ申遣處。然者遣人可引退由可申遣云々。此子細自御門跡御書拜領如何云々。返答云。何樣伺申入可書遣云々。大內使者西堂幷雜掌安富召寄。三人配分國事。時宜旨仰聞處。如被仰出只今御判可被成下事。可爲何樣哉。旁存旨也。罷下猶申談內藤。重可申入云々。其上九月候間定追可申入歟云々。

四日。晴。今朝又參室町殿。大內使節西堂申樣申入了。此儀尤思食云々。次畠山方ヘ狀事可遣云々。今日入寺。

五日。晴。今曉卯刻予夢中。山上准胝堂而誦本尊咒行道處。人來云。此經自本尊賜云々。披而見之處。金泥准胝經云々。二卷也。其後准胝御厨司令開由申間。閣行道奉拜見之。則禮拜處。禮拜第二度歟時。予後ニ御簾懸レリ。此御簾予背ニ懸テ。立アカラントスル處ニ。以外ニ重クシ令平臥了。予呼人問云。背ニ有物乎。人答云。無之。其後立處聊モ無相違。其後ニ佛前左方東。有床。其床南最上ニ有貴僧。時食體在之。其體如禪僧。時食體又同前。此時食以外無菜黑飯也。又佛前右。聊正面ニ寄テ。又僧形樣ナル體一人令座。同時食體粧在之。衣裝白色也。其姿不分明。然而夢覺了。准胝堂佛前左方東。當時鎭守假殿也。旁奇特隨喜。又ハ恐怖萬端也。仍明日六日。於准(胝脫カ)堂觀音經千卷讀經。准胝御佛供。幷假殿御前ニシテ。十人僧ヲ以テ仁王講令行之。御供同可奉備旨可令下知山務法印旨。以顯濟法眼仰遣寺務代理性院了。下行物事可申納所旨同下知之。自室町殿以廣橋中納言被仰旨在之。仙洞御料所去年御年貢。熱田大宮司萬疋未進云々。以外次第也。可被改職。爲門跡不可加扶持云々。

六日。晴。小雨灑。今日山上准胝堂千卷讀經。仁王講御供以下。如昨日下知令沙汰云々。今日妙法院僧正卅五日追修。菩提寺僧皆請云々。頓寫一部。被物代三百疋遣之了。

七日。雨。

八日。雨。愛染護摩結願了。

九日。陰。不動不斷護摩今曉卯時結願了。今日祭禮諸人纒頭之間引上之。先々午時結願歟。長尾神事無爲。神幸未初刻。酉半神事終。當年一物兩人用意。一人立願之間別而沙汰之了。兒少々直垂供奉如恒年。尻切役經長寺主。神事以後細河右京兆來。對謁少一獻在之。就横越入道事。聊被仰出旨在之由申也。自申終天快晴。

十日。晴。早旦出京。山名禪門來。上御所立柱上棟日。幷御移徙日在方卿。有盛卿兩人勘進持參。可披露云々。次上御所謝土公祭以下五ヶ條注進。此用脚萬疋。此注進ハ在方卿一人申入也。仍有盛同相共可沙汰歟。又各五ヶ條ヲ可勸仕歟由申入處。仰旨。兩人各別勤仕難意得。雖令勤仕五ヶ條ヲ。一人ハ三ヶ條。一人ハ二ヶ條相分テ可勤仕歟云々。未初刻參申了。申初御對面。其間於聖護院壇所公卿坐雜談。自今日臨時五壇法始行。中壇聖護院。寺。降寺花頂定助僧正。軍寺積善院良讃僧正。大寺住心院實意僧正。山檀那院金良昭僧正。如六月阿闍梨。申終御連歌始。頭人細河阿波入道。發句同申入。菊ハ花松ハみとりの千秋哉。脇御沙汰。時雨かさねようすき紅葉〔ハ〕。無御出座。脇句計被出之了。御人數如恒例攝政以下也。予早出。自大友方使節長老貞岩和尙云々。於門跡彼申詞相尋以奉行可申入云々。仍奉行兩人松田對馬守。飯尾加賀守召給了。使節長老申詞兩奉行承了。則申詞彼使節長老折紙ニ令注之渡奉行了。非殊子細。每事可仰上意云々。兩奉行請取折紙。今夜可令披露由申退出了。使節長老同退出。　今夜不及入寺。明日御歌御會必可參申入云々。

十一日。晴。早旦山名禪門來。上御所謝土公祭（シャトクウマツリ）以下事。鹿苑院殿康曆元年歟。此御所御草創時。有盛卿父有世卿致其沙汰云々。其時ハ三ヶ條地鎭云々。謝土公祭。放解火災祭。大鎭祭云々。今度在方卿注進分ハ。此上ニ二ヶ條相加。五ヶ條云々。供料萬疋由申入了。有盛卿申分。供料員數無定儀。可隨御下行云々。此由可有御披露歟云々。　時食以後午終參。於中壇々所（聖護院）。待申刻限了。未半歟御歌御會被始。三首題。懷紙。月前風。初紅葉。社頭水。題者雅世卿。讀師同前。僧中懷紙各別被重之。予。實相院。山名。赤松。堯孝僧都也。俗中一向武家輩也。講師雅永朝臣。御會頭實相院勤仕。少一獻在之。調料五百疋遣一獻奉行方云々。　御會以後外典地鎭御祭事。山名申狀令披露了。有世卿勤仕定支證在之歟可相尋云々。則其由申遣山名方處。相尋重可申入云云。　來十四日可罷出。大友申狀等委可被聞食。且爲御談合云々。及夜陰入寺了。　管領上表事連々予方へ雖申。不可披露由申切了。今日山名禪門意見。管領此門跡へ上表事申懸間。賦以下止之。重可歎申入旨內々儀〔定〕云々。此條爲門跡モ不可然存也。自御所以御使暫可堪忍由。可被仰出條尤宜存。可申沙汰云々。予返答云。山名申狀分ニテ可申入者不

可有子細云々。山名申樣何トモ可有御計云
云。仍以其旨今日申入間。以赤松播磨可被仰
遣云々。
十二日。晴。自管領使者飯尾美作參申。對面了。
管領申趣。今朝以赤松播磨守職可上表由。內
內被聞食及也。不可叶暫間ハ可堪忍由被仰
下也。御返事趣難儀至極。雖然御免可畏入由
種々申入了。所詮可然樣猶爲門跡可被加御
扶持條可畏入云々。予返答同前也。可執申入
事不思寄。且重事也。旁難儀由申了。今日
將軍渡御東岩藏。爲松茸御賞翫云々。一獻以
下一色用意云々。自仙洞松茸小長櫃一合。
御折二合被送下了。勅筆女房奉書ヲ以被仰
下了。眉目畏入也。仍今日面々召寄賞翫了。
十三日。晴。
十四日。晴。未明出京。只今出京由以書狀申遣
山名方了。以山口自山名方條々申。上御所
御移以前御所先五出來樣申付也。御寢殿事
ハ先柱取立。上ヲハ假葺體ニテ年內ハ可置
候歟。但可依事樣云々。五ヶ所ハ小御所。常
御所。諸大名等出仕所。九間臺屋。御臺所。以
上五ヶ所云々。此分則披露了。午初刻參申
了。於聖護院壇所待申了。聖門相語云。此
五壇法結願事。兼ハ令運時來十六日可爲結
願由被仰處。今朝又篇替。令延行來廿日可結
願云々。就其延修供料各千疋被副下行由。奉
行廣橋中納言今朝來申云々。丁寧御沙汰祝
着云々。不幾參御前。大友申樣ニ就テ。何
樣御返事可被仰遣候哉。畠山。山名兩人方ヘ
意見可相尋云々。次管領上表事不可叶由。以
赤松播磨守。及兩度被仰出處。同篇御返事申
入也。自門跡猶此上意趣。嚴密可申遣云々。
予申入云。尤雖可申遣。定就之上表歎等可申
入由存候。以前山名意見分ニテ被立御使上

者。自山名方嚴密可申遣由可被仰出歟云々。上意尤由被仰也。予申云。此等子細御返事今日可申入歟由尋申處。强非急事。雖何日可申入云々。歸房後。畠山方ヘハ召寄遊佐勘解由左衞門。上意趣申遣了。山名方ヘハ以山口申遣了。於御返事ハ今四五日間可出京。其時可被申旨申遣了。　次召甲斐仰趣。管領上表就是非不可叶。重申入事在之者。可被懸仰甲斐云々。此由申付處。猶種々歎申入也。雖然先畏入由申退出了。　今朝出京。最前管領來臨。醍醐ヘ欲參申入。南禪寺前マテ罷處。於路次御出京事承參申云々。非殊儀。職上表事懸生涯可申入。平ニ以扶持儀。可然樣可申沙汰云々。予返答同篇。　戌終歸寺了。　寶池院如意輪千日護摩今曉結願云々。凡二千日護摩無爲結願。冥助至珍重々々。

十五日。晴。自今日恒例不動護摩始行。同毗沙門供一七日開白。　一乘院來臨。少一獻在之。榼五荷。松茸一折以前被送之了。　土岐大膳大夫來。就國上表事種々申旨在之。自管領以甲斐。二宮越中入道。飯尾美作三人。申入旨職上表事。爲門跡被執申無爲御免可畏入云々。執申入事不可叶由。以理性院僧正問答了。　弘繼僧正來。勸修寺領賀州郡家庄一所懸命在所也。去年以來百性逃散了。于今不還住。代官二松備前入道不及弁沙汰間。一寺已可牢籠計也。計會云々。誠不便々々。　故妙法院僧正五旬引上今日結願了。　惣寺寺僧皆請了。就此事昨日內々觸穢一段相尋處。寺家宿老弘甚法印。幷定盛法印載書狀申樣。當寺物忌令(服カ)雖不分明。卅五日佛事ヨリ加行ヲ始トシテ。其日一日事出入更不憚之條先例候。但其日入堂早旦ニ仕。其後可罷向法式云々。次重服者入堂事。七十五日以後無相違云々。次中陰籠僧事。五十日以後且不憚之云云。況今度儀四十九日來廿日也。今五ヶ日引上沙汰事間。惣寺可罷向條。不可有其憚云云。就之予條々不審。一卅五日以來穢所へ惣寺皆請無相違。但加行者早朝令入堂。其以來罷向云々。此條加行者早朝入堂以後罷向儀。卅五日以來罷向穢所寺僧等。其日一日拜殿出仕不可叶段勿論歟。不然ハ加行者强入堂前後不可及沙汰哉。以之令思慮。惣寺皆請時其日例時何者可參勤哉。尤不審也。一公家惣忌令（服カ）號法令。卅五日唱導一人自他所出入一日儀不憚之。於同火堅可禁之云々。然ニ當寺儀卅五日以後。穢所出入不憚之トテ。同火等儀以外不可然事歟。此等儀自何時分出來儀哉。分明可申入云々。一重服者七十五日以後。拜殿出仕無子細。於高座役者五ヶ月以後云々。重服者七十五日以後。社參無子細條法例在之歟。六條八幡宮於神人者。七十五日以後社參不憚之。自餘百日以後也。當寺重服者。准彼神人歟。但六條八幡宮回廊ノ棟ヲ限テ。外方マテハ社參無子細。內方へハ一回以後可參條不限神人。緇素此儀也。當寺ハ曾無差異。七十五日以後拜殿出仕也。此條若以寺役爲本故歟。尙以非無不審。但可任寺例歟。一重服事ニ親幷灌頂師匠勿論也。此外一坊一流等。令附屬仁體ハ雖非傳法灌頂師匠。可爲重服條勿論也。且寺例歟。但臨期爲師匠不可有重服儀由至申置者不可有重服儀條。又通滿寺例。當時古今連綿也。予又其儀也。今度賢快法印雖不受灌頂。一流一院家眞俗悉故僧正委附了。於重服者勿論歟。然者重服者旣止住處ニテ。五旬內同火同座不憚之條。又不審第一也。此等子細重申處。不及分明返答。寺例トシテ多年覺悟。又自他見及儀計於注進仕也。以次（時カ）宜樣可被計置云々。次長尾禰宜幷八乙女。惣一等ヲ召寄相尋處。彼等申樣。卅五日以後出入穢所出入輩。先三ヶ日之間寺內出入不可叶由承置云々。仍今度儀旁不審間。於加行者不可罷向。其日例時加行者許可參勤旨相觸了。次同火又不可然間。於僧膳ハ一向令略。以代可下行旨加下知了。

十六日。晴。當季歡喜天供自今曉始行了。焰魔天供自初夜又開白。昨日開白不動護摩。毗沙門供。今日開白兩壇。以上臨時本壇勤行。彼是五六壇一身勤修之。今日罷向報恩院。時食以下終日。

十七日。雨。祇園執行。顯緣初參申了。玉壽丸同道。就祇園神主職事申旨在之。仍一色左京大夫方ヘ遣狀了。賢快法印高野參詣。故妙法院僧正遺骨隨身云々。

十八日。晴。自申初少雨灑。二宮信濃入道來。越中本領事。本所仁和寺菩提院何樣子細哉由。以飯尾肥前守御尋云々。畏入由申了。

十九日。晴。四辻宰相中將來。座下雜熱。安座不合期。不及對謁。以西南院法眼問答了。

廿日。晴。室町殿五壇法今曉結願云々。延行三ヶ日歟。延修供料各千疋加增云々。當年此儀初例歟。近年延行供料不及沙汰キ。今度花頂僧正於壇所。爲三條三藺局祈禱。不動護摩一壇別而修之云々。五壇阿闍梨相兼他祈禱。於壇所護摩修之例何時儀乎。先例大法阿闍梨兼五壇法阿闍梨事。自他門少々在之歟。今度儀聊無覺束。但施主同前間不苦歟。如何。此護摩尊法不分明。或說大威德歟云々。可尋之。脂燭殿上人中壇計勿論也。各布衣云々。五壇內。軍阿闍梨良讃僧正。大阿闍梨實意僧正。兩人共中壇門弟也。當年參勤及兩度。此兩人師跡先例參五壇哉。可相尋。於先規者無之歟。實意僧正(號住心院。)此師匠豪猷僧正。於北山殿故聖護院道意准后一門五壇勤修時參勤。末壇歟。良讃僧正師匠弁譽僧正子細同前歟。但愚見分也。追可尋決。近年五壇儀不及被尋師跡參勤例。以領掌爲本樣也。諸人參勤難澁故歟。方々院領相違無力間。不得搆參。雖非自由儀自然故障。又於貴種者末壇勤仕。當將軍御代被閣之了。雖然隨心院僧正(一條成恩寺關白息。)竹內僧正。(同關白孫。)連々參勤了。此一兩年歟無此儀。尤可然御沙汰也。且爲法流爲公儀不便不便。　自山名禪門以書狀。管領上表事不可叶上意再三雖申遣。曾無承引儀。來廿三日御方違也。其以前有御出京可被申定云々。次上御所造作用脚。諸大名無沙汰。珍事。于今三千餘貫出現。以外事也云々。予返事。管領事誠珍事哉。可然樣可被申沙汰歟。予雜熱雖得少減。安座未快間。出京難治。次諸大名用脚無沙汰殊驚入也。次新造棟數。小御所以下至臺屋五ヶ所。御移以前可出現由。(對)先日被申入候キ。其外當時御所九間臺屋可被渡云々。加是定六ヶ所候歟。能々可令意得給云々。(○)

歡喜天明日(廿一日。)爲結願今日令運時(後夜。日中。)了。來廿二日宿曜不快故也。

廿一日。晴。自酉初降雨。歡喜天供。毗沙門供兩壇結願。　土岐大膳大夫來。對謁了。　上杉中務少輔來。座下雜熱。安座不合期間不及對面。

廿二日。雨。自半更大雨風。自午初雨脚止。於菩提寺灌頂。大阿闍梨長老賴春。受者同住僧聖信。色衆十二口。八口着香。廿五帖。四口ハ着黑。廿五帖歟。十弟子二人。上首持戒體箱。二﨟持居箱。自餘兼置之歟。不分明。天蓋幡四流懸之。辰巳青色。三形等在之歟。分明不見之。未申黄色。文同前。戌亥赤色。文同前。不分明。丑寅黒色也。彌勒堂南向中央釣壁代。禮堂幡如常。花鬘同前。散花机誦經机正面大床東第一間立之。承仕一人着長淨衣。裳袈裟狩袴等。上烈儀申初始之。讃頭最前四智讃一反誦之。鉢三段突之。次四智讃頭計誦之。以下不誦之。鉢四突。色衆正面第二間東。ヨリ東ヘ群立。大阿闍梨着香衣。同色廿五帖着。右手持五古。左手念珠。正面ヲ入テ暫停立。此間十弟入壁代。廻西。置物具。大阿闍梨右廻入壁代。次無言行道。三匝。次色衆着。以奥爲上首。屏風折着座。色衆座東也。大阿闍梨西北第一間小文二疊重敷之。後立山水屏風。次驚覺鈴。次敎授入。受者引入。阿闍梨戒體讀聲一向不聞。佛名聲聊。此時又敎授立座。以下作法如常。暫在テ受者出壁代。正面西第三間着座。次敎授出。次阿闍梨。次十弟子上壁代。取戒體箱。出正面着本座。南東大床。第二﨟取居箱置平座出同所。次誦經導師登禮盤一禮。次金二丁三禮以下如常。諷誦堂達色衆最末勤之。誦經鐘寺鐘突之。導師下禮盤。一禮着本座。香爐箱元來置前机了。對揚句內護持受者成悉地云々。此句計七言不審。自餘句如常八言也。散花次第散花也。如常。色衆起座時各三禮。次起座了。

廿三日。晴。今日將軍御方違富樫介亭。來十二月十一日可有上御所御移徙處。自當時御所三條。相當北方間。冬節以前可有御移御所於相當南方可有御方違由。在方卿。有盛卿申處。上御所ヨリ北方ニ可有御方違在所曾以無之。仍富樫介亭此以前可渡造。去月八月。廿二日被仰了。早速造畢。今日儀無爲。旁以珍重無申計歟。今夜可有御一宿云々。

廿四日。晴。早旦出京。昨日御方違儀珍重由爲賀申也。予聊遲參。攝政以下御對面了。既被出了。聖護院等未被退出。予。寶池院一度懸御目了。　管領上表猶不可叶由。山名嚴密可申遣由被仰了。仍以山口申遣山名方了。畏入由返答。　自大内々者内藤肥後入道方。以僧密々申旨在之。家督事新介。刑部少輔兩人間歟。就其故德雄入道去四月七日武前國小倉(コクラ)ト云所ニ候し時。呼内藤入道。此兩人事申旨候キ。其時樣於新介者。　諸事不可叶由申候了。當時儀又以此儀間。此者家督ニ定候者。每事一家事。不可有正體條勿論候。早々爲公方可被計下云々。以續飯付(封カ)狀申了。　今夕先歸寺。　今日參禮西向衆御太刀被止之了。僧俗同前。　高野御手印緣起可有御拜見云々。仍無量壽院參洛了。

廿五日。晴。　金剛手院法印自高野罷歸云々。

廿六日。晴。　早旦出京。山名金吾入道來臨。管領上表事就是非不可叶上意趣爲御使分罷出種種申處。條々難治子細被申旨雖有之。嚴密申間。内々領掌了。　但猶可申談門跡趣被申事候。非殊事。眞實云々上表不可叶時宜候歟。不被殘御心底可蒙仰云々。　次門跡御意又只今上表不可然被思食哉云々。予返答。兩條共以其儀由以誓文申了。　其後山名甲斐お門跡へ召寄仰付間。管領領掌由立歸申了。仍參申御所。　大友方へ御返事趣幷御劔風情爲御還禮可被遣哉事被仰談畠山。山名兩人處。各以書狀申了。畠山狀趣。今度大内於九州振舞以下能々被尋聞食。簡要無爲御成敗珍重云々。次御劔風情可被下事尤可然云々。山名狀旨。大内爲御料國御代官處。　大友無左右大内ニ切腹條不可然。雖然。悔先非自今以後每事彌不可背上意由既懇望申入上者。　大内分國分領等雖聊在所不可成煩由堅可被仰付條可宜。次御劔風情可被遣事尤目出存。但於御書者可有御略歟云々。此兩人狀入見參了。則被召置之。次御劔等可被下事同申處。御劔御鎧等可被遣云々。御書事山名意見ハ雖爲去事。旣ニ被遣御劔等上者。於御內書可有何儀哉由被思食。此由重可申遣山名方云々。次愚存分御尋。如上意由申了。大友使節長老於召寄醍醐。事次第具可仰付云々。且兩人意見通可申聞云々。管領則參申了。御對面。　富樫介來。及晚頭入寺。　自酉初少雨。　聖護院准后爲先師准后第三年追修。自今日於東山如法經始修云々。

廿七日。晴。

廿八日。雨。　自細川右京大夫方。以安富筑後守申。細川下野守伊與國知行郡內國人兩人不及暇申逃下了。仍爲退治御暇事。以赤松播磨守申處。不可有相違由被仰出云々。仍自愚身方。以舍弟右馬助申入樣。伊與國事ハ不相似近國事候。雖不可有殊儀候。彼等何樣ニか支度仕覽不存知處。下野楚忽下向不可然存候。先讃岐邊者ヲモ申付指遣。可加退治條可有何子細哉。萬一其儀猶不可叶事者。其時ハ下野モ御暇申入。可罷下候歟由申入處。仰旨不罷下者不可事行歟。兩樣可有御尋云々。則以播磨守。下野守ニ御尋處。不罷下者不事行由申入了。此上者可罷下由被仰出云々。所詮始終落居不及思案罷下用意歟。明旦有御出京。此旨具被申入可被下條可畏入云々。予返答。此御暇事尤以楚忽至無申計。乍去旣御暇被下候上者。又上意難計間。明旦令出京可申入事旁斟酌也。先如以前以右馬助令一度此等子細可被申入歟由申遣了。

廿九日。晴。

十月

一日。晴。愛染護摩始行如恒例。千反タラニ等同前。愛染王供一七日百座始行。以上兩ヶ門跡中祈禱。於護摩者將軍家御祈禱。每月規式也。富樫介來。加賀國反錢御教書昨日廿九日。自飯尾肥前守方賜之了。祝着畏入云々。三千疋隨身。

二日。晴。大友使節長老貞巖和尚來。勝鬘院院主并自大友方今春參洛。等洙西堂等同道。於西山庵時食用意之。大友方ヘ條々委細申付事等在之。題目今度九州不慮大亂。於大友者無過失由。以告文狀申上者被聞食披了。自今已後振舞又可爲簡要歟。仍大內此間分國。豐前國筑前國以下事。先可爲無爲條勿論。大友ハ本知行國所領如元可令知行。每事可仰御成敗條。自何簡要次第等具申聞了。次自公方御返事。定近日可出歟。爲意得委細申旨。彼使節兩人ニ仰含了。洙西堂ハ先近日可罷下由申間。可有何子細哉由申了。土岐大膳大夫來。數刻雜談。自赤松彌五郎方申。先日自門跡御書付遣一色左京大夫處。則日披露了。上意趣御懇被仰出條畏入。次本知行所々可注進〔之〕由被仰出云々。

三日。晴。加賀國白山大光坊兒同道初參了。

四日。晴。

五日。陰。自今日北野一萬部法華經讀誦始行之。每日千部千僧各一部讀誦。同音。戌半剋太白星入月中。月雖沒西山星終不出月中。希代事也云々。

六日。晴。大乘院來臨。今日歸寺云々。於此門時食相伴了。顯濟法眼。經譽。重賀等金界正行二百日每事無爲今曉結願了。正行百一ヶ日結願。除七ヶ日正行勤修了。

七日。晴。少雨時々灑。自山名禪門方音信。佐々河ヨリ御返事到來云々。就關東使節御對面事。諸大名去七月下遣狀返報歟。

八日。晴。愛染護摩結願。　天龍寺長老雲居庵坊主都聞等同道來臨。寺領江州建部庄事。爲公方可被付訴人樣御沙汰。寺家計會此事。等持寺殿御置文等嚴重處。如此御沙汰迷惑。此由平可達上聞云々。予返答。何樣事斟酌也。乍去遙々來臨事候。何樣畠山。山名等ニ可申談由申了。

九日。晴。　早旦出京。參室町殿處。去五日太白星入月中事。應永廿七年。同卅三年九月三日。此等義旁不快思食也。次鹿苑院殿御代。北山時分此變異出現樣思食。　少々覺悟申入者等在之。然者旁懸御意也。在方卿。有盛卿兩人申狀。月行變中古以來不及注進。非御愼限云云。雖然旁御祈事可被仰云々。予申入旨。尤可宜。於御祈者彼是可有御沙汰條珍重由申了。御同心。於諸社御祈又宜旨申之了。　自朔日三ヶ日又變異在之云々。熒惑犯陳星云云。重變由在方卿申者也。陳星ハ土曜也。殊將軍御當年星間不快云々。

十日。雨。室町殿連歌月次。頭役京極加賀入道。御祈事。召寄廣橋中納言可仰談旨。御連歌以後承了。

十一日。晴。廣橋中納言早旦來。　諸社諸寺御祈事。可申談由被仰出間。屈請申旨申了。仍諸社諸寺名字持注進等參之。予意見云。諸寺諸社御祈如此間可被觸者。定恒例式意得聊如在儀モヤト覺樣也。所詮諸社ハ伊勢兩宮。八幡。春日。日吉。北野。以上五ヶ社ヘハ別而如神馬被引獻。一段精祈仕樣可被仰付歟。諸寺ハ東寺。東大寺。興福寺。延暦寺。園城寺。此五ヶ寺ヘハ。雖爲如形灯明料被仰付。各致懇祈樣可被仰付歟。次護持僧中事。於此者難被用捨歟。仍上首五六人ハ。可勤仕護摩之由被仰付。以下ハ以供可勤修由可被仰付歟。於護持者强不可及供料御下行歟。自餘諸社諸寺事ハ。如常可被觸仰歟。又可有御略歟。宜爲時宜旨計申了。廣中同心。則歸參。不幾立歸來申。御意見趣申處。尤珍重由御同心。目出。上意頗同前由被仰出云々。今日御歌月次。頭役細河右京大夫。三首懷紙。出題雅世卿。時雨。殘菊。待戀。讀師雅世卿。講師雅永朝臣。

十二日。小雨。

十三日。晴。今日巳時上御所立柱上棟同時。予依時宜拜見。重衣。着小指貫。小雨時々灑。深泥間着鼻廣了。宗濟僧都召具。重衣。房官經長一人。單衣。大童子直垂。繪。輿。袖白。東門南脇木屋ニテ待申入御了。巳半許將軍渡御。御直垂。青色。大名管領。畠山。細川。山名。畠山修理大夫。一色修理大夫。赤松左京大夫。土岐大膳大夫。山名上總介。畠山尾張守等也。京極。六角。土岐美濃守等不參申。各單物。奉行以下同前。立柱上棟義如常。震殿以下棟數十一ヶ所。門六。西二。四足。唐門。東二。上土門。小門。北二。小門二。各上棟。震殿中央幣。四足中央幣計打之。自餘兼各打之了。上棟了。衣五領各青色白色等。納廣蓋賜之。次馬一疋月毛。賜之。番匠各退出。番匠數六七百人歟。次檜皮大工以檜皮笏致拜。馬一疋賜之。月毛。壁塗大工致拜。馬一疋月毛。賜之了。次還御。西四足。予出東門。直參下御所。馬一疋。月毛。太刀一腰進之了。慶圓法眼使者進之了。寶池院馬代。二百疋。太刀進之。攝政以下俗中。常住院准后以下護持僧各群參。進物大略同前。但馬代歟。聖護院准后先師第三廻作善ノ爲。去月廿六日以來。於東山如法經始行。仍不參。自餘悉參。各重衣。護持僧外南都兩門一乘。大乘。大覺寺。梶井參計也。予今日歸寺了。
十四日。晴。
十五日。雨。恒例不動護摩開白。毗沙門供同前。
今日故聖護院准后（號千光院。）第三廻也。爲燒香罷出東山。重衣。（香。）宗濟僧都供奉。房官經長。親慶供奉。路次間乘馬。直綴。於彼所着衣了。單。經一卷。（壽量品。）千疋昨日以光意法印遣之了。攝政參會。如法經日中時丁聞了。僧衆十一人。加准后。大原秀藝調聲。勤仕六根段。舌根段ヨリ切聲。經段律也。少獻在之。時食沙汰之。及晚歸寺。今日作善妙行外曼供可在之云云。導師尊順僧正云々。及晚間不丁聞之。
十六日。晴。以赤松播磨守狀。近日可出京由。內內上意趣。申遣慶圓法眼方了。明日可有出京由返答了。就江州六名事。自仙洞被仰下旨在之。
十七日。晴。早旦出京。參室町殿。御對面。
十八日。晴。
十九日。晴。早旦先參室町殿。渡御常在光院由被仰。予罷向嵯峨勝鬘院之由申了。歸路ニ重可參申入旨承了。直ニ勝鬘院ヘ罷出。輿。（袖白。）力者單直垂。宗濟僧都。俊榮。經長。以上兩人乘馬。於勝鬘院點心時在之。自其罷出西芳寺。紅葉以下地景絕言慮了。勝鬘院々主同道。西芳坊主出對。所々悉一見。乘船等催逸興了。歸路西芳門前於藏拙少點心在之。勝鬘院沙汰之云々。申半自西芳直參室町殿。御對面。大內刑部少輔案堵惣領職御判。今日可申入由雖申。大赤口間被延引了。可爲明日由山名申。雖然明日重日間。可爲何樣哉云々。予申云。重日尤不可然。可被延引歟云々。此由可申遣山名由被仰間。以奉行飯尾大和守。申遣山名方了。今夜猶在京。自管領以飯尾加賀守。同大和守申。小倉宮御月捧（俸カ）每月三千疋事。諸大名寄合可致其沙汰也。十二月御越年分。二萬疋可致其沙汰云々。但當年十二月二萬疋用脚ハ。去年以來諸大名進小倉宮千貫未進也。廣橋中納言來。自來廿三日御祈事。自方々注進尊法等間。明日可披露處。重日之間可爲何樣哉云々。予返答。重日凡雖不可有其憚。變異不快御祈事間。來廿一日披露可然哉云々。仍自此門跡御祈尊法幷東寺醍醐可注給云々。明日可遣由返答了。

廿日。晴。早旦歸寺。

廿一日。晴。自室町殿御書在之。又變異出現。重變由有盛卿申入也。祈禱事還入云々。毗沙門供今朝結願了。　自來廿三日　御祈尊法以下注進。今日備上覽云々。自此門跡注進折紙。厚杉原。　一字金輪護摩勤仕　北斗供前大僧正成基　八字文殊供前大僧正宗観　佛眼供僧正賢珍　愛染供權僧正房仲　以上　醍醐寺分折紙同前。　自來廿三日變異御祈條々　如意輪供一百座　准胝供一百座　仁王講一七ヶ日　以上　醍醐寺　　東寺注進不及一見。於講堂五大尊護摩可勤仕旨申入也。供料千疋被下行了。先ニ五壇護摩供料五千疋也。今度爲公方千疋用脚被下行。　相當御祈可勤仕由被仰出了。雖然今度御祈嚴重仰間。各可勵精祈旨。別而爲門跡仰付間。此勤修注進之由。寶清法印參申了。今度供料五ヶ寺御下行樣。東寺千疋。東大寺同。延暦寺二千疋。興福寺同。園城寺千疋云々。　諸社神馬等事。伊勢兩宮神馬御劒。八幡同前。春日同前。日吉同前。北野同前云々。　以上五ヶ社。自餘略之歟。

廿二日。晴。不動護摩結願了。　昨日御書等御禮。幷變異事等猶爲尋申出京。申初參。御對面。變異事尋申處。去十六日七日八日三ヶ夜出現。熒惑犯太白云々。相剋變兵革以下占文不快。仍御祈事殊可致懇祈云々。今度變異星入月中以下。如法懸御意之由頻被仰間。天不勝德道理間。不殊事歟。彌御祈謝。御〔武〕運長久先瑞由申了。酉末入寺。

廿三日。晴。自今日於八幡宮西廻廊。寶池院僧正愛染小法勤仕。伴僧可爲八口處。俄故障間六口也。宿坊阿彌陀院。每時可有出仕用意云云。〔被〕用手輿歟。供料三千疋。奉行廣橋中納言兼鄕卿。　寶池院路次儀略〔云々〕。輿。袖白。力者單直垂。房官三人乘馬。直綴云々。一字金輪護摩始行。御撫物渡長日了。承仕明隨。支具自廳務方下行之。　大內刑部少輔持世可爲惣領之由御判。幷新介持盛長門國以下案堵御判。悉今日於一色左京大夫宿所召寄大內。雜掌安富渡之云々。

廿四日。晴。

廿五日。晴。早旦出京。今日室町殿渡御御室門跡。御歸可有渡御堯孝僧都坊。可參會申旨一昨日承了。仍令出京。午終剋自京門跡罷向仁和寺常光院坊。乘輿。袖白。着重衣。宗濟僧都供奉。單衣。坊官二人長禪。經長。供奉。乘馬。於彼可着衣由云々。於西京山名參會。大將軍堂內へ入間。以使者仰禮罷過了。於常光院坊門前下輿。堯孝僧都出門前。可舁入由仰力者。予留之了。自中門脇戶入。爰飛鳥井中納言雅世卿。同雅永朝臣參向。細川右京大夫又出向。自早旦來由各申。龍田山紅葉東面庭ニ在之。此紅葉計相殘了。色誠非如常。吉野櫻北向池ヨリ北ノ水際在之。宮城野萩。井手蛙等ニ至マテ所々名物。堯孝高祖父頓阿時ヨリ此在所ニ移置了。于今相殘。希代數寄珍重。仍代代將軍爲御覽此等名物渡御。當御代未無其儀。數日經營。今日光御尤以眉目歟。予內々渡御事勸申了。酉終渡御堯孝坊。一獻了先一座可有御張行由被仰。仍雅世卿可出題申旨被仰付了。當座可爲三十首云々。仍各二首定也。卷頭將軍御詠。殊勝候キ。不分明間不及記置。予梅薰袖。寄神祝。兩首例瓦礫。非道好士。又曾不及稽古。只任口乘興。以字數滿爲本年來讀來。近比被召加公宴。又將軍月次御會等人數一分間。今更日比無稽古雖後悔千萬。不限此一道。我道事敎悉以沙汰外也。及五十餘暮齡。世間出世稽學令如在。以無記事爲鴻業。壯年之昔徒罷過事。千度悔百度悔之。於今者更ニ無其益。只閑窓之下拭愁涙計也。雖然又不趣觀心之道。纔三時行法讀經等勤行了者。以平臥休息爲先。以談話爲業計也。可哀々々。可悲々々。予門下爲(追イ)體以予爲先達體也。不可說々々。魔道ハ近日興盛。仍如形器用輩雖令出來。或早世或進退失度式

也。何日何時興法利生義可出來哉。珍事珍事。於法身院兩社天神堂。五社。仁王經各一部轉讀了。灯明布施以下。自大藏卿方下行了。室町殿御所上。惣門事可爲如元(在脱カ)之由。今日以經祐法眼。申遣山名方了。於常光院山名參會處。此惣門事承。何樣柱ヲ可相尋云々。篠村八幡宮御殿御裝束以下用意。寸法等爲存知。吉田神主兼富朝臣今日下向了。此子細申付久世入道了。

廿六日。晴。自八幡壇所。折三合到來。祝着。

廿七日。晴。顯濟法眼參八幡壇所。南都雜掌桑原參申。平田庄反錢事。可致其沙汰由。庄官等申旨。先度被仰了。仍請文於庄官捧申樣存間。今度御敎書文言ニ。於反錢者可致其沙汰由。庄官捧請文上者云々。然此請文何方候哉。相副請文御敎書於ハ可渡寺門由。奉行飯尾肥前守申。可如何仕哉云々。返答。此請文

事。爲此門跡モ有由ヲハ不被仰事也。以外未盡儀歟ト思食也。自大乘院門跡。內々平田庄反錢無沙汰ニ依テ。已可被立御勢間。近日儀無勿體樣存候。以內々可然樣ニ。庄官等ヲモ被仰誘候へかしト申處。自彼門跡以箸尾。平田庄々官等ニ被仰處。此上者反錢事。可致其沙汰由領掌申入旨。箸尾書狀條ハ勿論也。於庄官等請文者。曾不被知食由申處。興福寺雜掌申樣。此仰尤候。寺門沙汰以外楚忽至極〔候〕。乍去於今者後按無其益候へハ。大乘院門跡へ。以御書此請文事今月七日以前日付ニテ。早々可被召遣寺門由。可被申條可畏入云々。仍任申請旨遣狀於大乘院門跡了。則桑原ニ賜御書也。房能僧正以書狀申。今月圓滿院月次壇所。如去年爲手代房能參仕。隨而來晦日可進御卷數處。件日例日御德日也。然者前日御卷數御撫物可進條如何。且內々相尋伊勢備中守處。結願日御德日等時ハ。前日御撫物請取申事連綿云々。如何〔々々〕。彼書狀遣西方院方也。則彼返報兩樣。或前日進之。或翌日。次月朔等進條近來風儀也。可有何子細哉之由申遣了。　自瑠玖國沈俵一十八斤代千八百疋。自室町殿召給了。代奉行粉入道方へ。自經祐法眼方渡遣了。昨日廿六日。到來處。豪意法橋參八幡壇所。今日申了。　巳初刻小動房宿。吉動歟。但現圖如何。追可尋記也。　自大內兩人刑部少輔。新介。方使者西堂參洛。周訥西堂。安富同道了。　惣領職御判去廿三日拜領。明日廿八日。以安富息可下遣由安富申也。

廿八日。雨。自聖護院宮使者來。室町殿へ宮御出事。來月三日御治定候了。以誰人可申入哉。御隨身之儀。馬太刀三千疋可爲乏少歟云云。使節押少路云々。以西南院法眼問答。申次事內々尋申入重可申。御隨身儀此分可有何子細哉云々。次乘車乘輿之間何可宜哉。若乘車可宜者。門跡御車可申請云々。不可有子細由申了。此宮祖母女院ハ。中院攝政孫也。仍異他申通由也。

廿九日。雨。土岐大膳大夫來。時食相伴了。日野一位入道資家卿。來臨。當時住宅近日可罷立由被仰出。計會以外云々。

晦日。晴。

十一月

一日。晴。愛染護摩開白如常。入堂同前。自去廿三日變異御祈。自分一字金輪護摩今曉結願了。仍卷數一枝以書狀。遣奉行廣橋中納言方。大慈院。理性院。禪那院。金剛王院。幷當寺。東寺五壇護摩等卷數。以上十三枝同付遣之了。寶池院八幡修法每事結願。今曉自八幡直被參室町殿。以廣橋中納言。御撫物卷數被進之。御對面云々。今度神人大訴子細旁怖畏千萬處。無一事障碍條神慮至。且御願成就先兆。珍重々々。

二日。晴。自今日長日毗沙門供一座始之。文上人式同讀之了。明朝爲出京一日行法今日運時。仍終日沙汰之了。但明日護摩二座。日中初夜殘之。可用手代由仰付了。

三日。晴。早旦出京。則參下御所。自昨日御風氣幷御風おろし御出現ナト承及。旁無心元存參候由。以赤松播磨守申處。御對面。御顏等ニモ少々出現〔候〕了。非殊御事由。三位申入旨御物語。次今月一日歟三條上﨟宿衣。幷御所樣御宿衣鼠食之。上﨟ハ以外先例不吉由申。計會也。先年鼠衣裳等食之時。父大納言死去。其身モ又病腦以外キ。御所樣御事ハ。先々儀不及御覺悟。不苦歟之由御覺悟由被仰。予申云。鼠食衣等事。吉兆不同候。剩吉事輩連綿候歟。何樣果報方樣ハ。大略吉事之由存候。不苦旨申了。御同心キ。實意僧正夢等事御物語旨在之。夢非殊事。此僧正夢中付（自イ）上﨟枕邊。鼠走出間自取之。則上﨟怨歎由存搦取之械之由。此四五日以前見之旨。彼局ヘ參申入云々。夢與只今儀符合之間。奇特由御物語在之。　申終入寺。　今日三條中將實雅朝臣宿所。立柱上棟之間。馬引遣之了。但代千疋也。以大藏卿法眼遣之。一色左京大夫同前。使者同前也。　今日清瀧宮。長尾兩社御供御神樂獻之。各以三僧講仁王經了。清瀧宮導師弘永法印。經衆兩人。超深。快助。長尾社導師光祐法印。經衆兩人。弘玄。經譽。御供米以野村年貢沙汰之。　人不受用以前奉備御供了。去々年以來規式也。悉廳務法印奉行。

四日。晴。　土岐大膳大夫來。時食相伴。西方院同祗候。大膳大夫太刀令所望。召出一見了。五尺餘云々。此ヨリ大太刀號蓬（トマ）切。勢州ニ置云々。高野無量壽院參申。御手印緣起。去月廿日於御前要段計讀進申入云々。奉行兩人。飯尾肥前守。同左衞門大夫云々。任先規自四脚門入申緣起云々。此緣起被召上事ハ。就野上庄事與八幡相論事在之。自高野ハ此野上庄御手印。緣起ニハ應神山ト被載之了。高野四至之內也。當時地下ニテ號野上。又云八幡宮山ト云々。則八幡宮社頭此山ニ御座云々。高野住僧蓮生院知行之。　自八幡ハ田中融清法印坊領ト云々。御沙汰未無落居。重御尋守護子細在之。此應神山ハ野上內ニ在之歟。又各別在所歟云々。其左右未到來云々。　自今日於上杉亭。不動不斷護摩始行之由。　弘豪法印申請。仍實有僧都以下六人相語旨同伺申間。不可有子細由仰了。

五日。晴。

六日。雨。　菩提寺ヘ時請用理性院。禪那院。金剛王院。西方院。西南院等相伴。律僧長老以下三人相伴。時以後風呂在之。
七日。雨。
八日。晴。愛染護摩結願。相國寺宗壽院々主來臨。時相伴了。以慶圓法眼一ヶ條光―。申談一色左京大夫旨在之。隨返事可罷向西大寺由仰付了。
九日。晴。
十日。晴。早旦出京。室町殿御連歌在之。頭役一色左京大夫。發句同前。脇句御沙汰之。第三石橋左衞門佐入道。今日無御出座之儀。攝政。聖護院。實相院。三條大納言。山名。赤松。以下人數如常。御連歌以前先參。御對面。自九州面々請文數十通飯尾大和守持參。御前內々仰也。爲被見予云々。大友左京亮狀。大和守讀進之。所詮被下御內書可致忠節云々。御連歌申半被始之。亥半終。自其以後歸寺。及子半了。今日內々被仰條々。常盤井當時在所北小路亭被移小河。彼地ニハ遁世者等可被置之由已被仰了。雖然能々御思案處。當時宮居住在所ヲ追立。如遁世者可被置條。可爲何樣哉由思食云々。予申云。仰雖其謂候。彼宮非累代屋敷。鹿苑院殿御代中御門萬里少路へ被渡了。勝定院殿御代又爲故裏松宿所。只今在所北小路へ被渡候キ。仍如此連々相違間。不可有苦歟由存旨申了。內々御同心也。若此子細可相語左衞門督入道等歟由被仰了。何樣可申旨申了。次上新造御所門役事。可爲何樣哉。先日畠山修理大夫申樣ハ。山名當時御所四脚門役也。山名ヲハ被渡上御所四足。山名一族ヲハ如元下御所四脚ニ可被置之歟。若人數不足ナラハ可被副人歟云々。此條可爲何樣哉云々。予申。此門役事可被仰談面々歟云々。

十一日。雨風。雷鳴。

十二日。晴。故賢長僧正百ヶ日追修。今日理趣三昧。唱導理性院僧正云々。日數無程如夢。亥半歟少動。

十三日。雨。相國寺上棟云々。　自廣橋中納言方以奉書申賜。上御所安鎮法事。御移徙前後何可然哉。次阿闍梨事。可有御存知由云々。請文。安鎮事。御移徙以前尤宜候。阿闍梨事。兼テ申談彼卿旨在之。仍先禮紙ニ其旨申遣了。　畠山宿所立柱上棟云々。仍馬一疋太刀遣之了。　葉室前大納言息爾井丸當年九歳。今日入室妙法院。其後門跡ヘ出仕。賢快法印同道也。文殊像一幅賜小童也。　淸瀧宮談義。自今日始行。新學頭賓淸法印參勤。金剛王院僧正學頭辭退也。　宿坊覺深律師坊點遣之了。讀文尺論七卷歟。

十四日。晴。早旦出京。　室町殿御歌御會。頭役山名右衞門督入道。御人數如常。　三首和歌懷紙。浦傳千鳥。常盤木雪。樵路日暮。　讀師雅世卿。講師堯孝僧都。小一獻在之。酉末歸寺。　院廳去十日被召取云々。子細ハ去三日歟於相國寺東被打土岐中務大輔。大鍬入道息。號大鍬大輔。　當時遁世僧也。一向紙衣體云々。此間ハ屬方々歎申入最中云々。此罪科ハ勝定院殿御代參關東云々。院廳此大輔ト母方遠類云々。仍此間加扶持子細在之歟。依之被召取。於伊勢宿所及究問云云。雖然同心輩不存知間。不及白狀云々。京極加賀入道申沙汰云々。希代題目歟。若又自餘重罪在之歟。不審々々。

十五日。晴。恒例不動護摩開白。毗沙門供同前。自山名方一丈計杉檜卅本計申入度云々。上御所鎭守今度被改御在所。猶被奉遷艮方也。仍彼社邊可植申料云々。返答。相尋可進由申遣了。今日拜殿談義丁聞。晩鐘以後談席了。

仍返報遲引了。入堂又如常。
十六日。晴。以宗濟僧都。就上御所鎭宅事。條々申談奉行廣橋中納言。一道場寢殿御治定歟。然者阿闍梨休所可爲何在所哉。定十一日以前掃除。御造作以下諸方可指合歟。若門外可然在所候者。毎時自宿坊可出仕條又宜哉。如何。一鹿苑院殿御代。上御所初御造作以後鎭宅事。於三ヶ所護摩計被修之云々。一所理性院宗助僧正。一所水本隆源僧正。一所當門跡云々。今度儀可爲修法哉。先勿論存。但如何。一下御所鎭宅事。小御所地藏院聖快僧正勤仕之。應永十六年歟。寢殿愚身勤仕之。應永十七歟。共以修法供料小御所五千疋云々。寢殿鎭法爲施主仰毎物新調。仍進支度キ。此等義又可爲何樣哉云々。廣橋返答。御休所事。寢殿後北。廿坪計候哉。不可有子細由存。但被遣人可被見歟。次修法護法間可伺申入云々。次供料事。同可伺申云々。仍仰慶壽法印。經祐法眼令見知處。搆以下以外大儀。自門前出仕可宜云云。但重可見知由仰付了。
十七日。自申終降雨。
十八日。
十九日。晴。最吉日間。寶池院附弟事。以理性院僧正。申遣實雅朝臣方。相副書狀了。今日此題目可申。可爲何樣之由。去十六日以宗濟僧都。申遣實雅朝臣方處。內々得時宜。御返事可申入云々。昨日自彼朝臣方。以狀申送宗濟僧都方。(々イ)一ヶ條得時宜處。可申沙汰由被仰出。祝着云々。仍今日以僧正申了。卽時披露處。御佳例尤珍重。然者陽明右府若公當年七歲可令治定云々。被任鹿苑院殿御代予入室例。有御同車可被入室旨被仰出云々。祝着祝着。今日吉日間。以宗濟僧都申入陽明也。申次泰任云々。珍重御祝着由返答。宗濟僧都太刀賜之〔云々〕。御產御祈事。自今日可勤仕旨。伊勢守內々被仰出旨。經祐法眼參申了。以外隱密云々。御撫物則被渡之。故裡松一品重光卿息女云々。自今夕愛染供始行。每日以供三座自明日可用手代旨申付了。支具自納所下行。奉行重賀。此御祈護持僧中勤仕云云。〔仍賓池院同前。〕

廿日。晴。

廿一日。晴。早旦出京。參室町殿。寶池院同道。被入室祝着之由申入了。申次赤松播磨守。御對面。次自菊池方返報。畠山內々可備上覽由申間。懸御目了。題目今度九州物忩儀ニ就テ。每事應上意。大內合力事可存知仕由也。薄様狀二通。一通ハ畠山方ヘ返事。一通ハ遊佐河內守方ヘ返事也。上覽之後返賜了。次此請文神妙間。可被下御內書條如何。次九州ヘハ重被下上使長老。國様大友。少貳振舞等具可注進申入。隨其様可有御退治者。重可被治罸由思食。如何。此等兩條管領。畠山。山名三人方ヘ可相尋云々。仍此三人內者召寄申遣之。自管領ハ甲斐。飯尾美作守兩人參申了。自畠山遊佐。齋藤因幡守。自山名方山口一人參了。仰旨具仰含了。次三人方よりモ。各僧一人相副上使可下遣云々。　自管領御返事。九州ヘ被下上使。國様面々振舞被尋究。重可有御成敗條尤可然存。　次自私僧一人可下遣事存知仕云々。　自畠山方御返事。大都同前。今度上使殊簡要ト存云々。次御內書兩三人方ヘ可被下事。凡可有何子細哉。乍去先探題方計ヘ一通御內書於被下。其御內書於大友。少貳以下方ヘ上使令持參。可被見條尤宜存〔候〕。次自私三人方ヘ（大內。大友。少貳。）狀事可書遣候。　次菊池方ヘ自私今度請文神妙由可申遣候。次僧一人可副下上使事。雖無其器用。可存知仕云々。自山名方御返事。大略同前。探題へ御内書於使節長老各方へ持向可被頂戴事ハ。畠山意見計也。　今日上御所御造作樣被御覽。予可參由承間參會申入了。寢殿。常御所。小御所。臺屋三宇。御厨司所。御雜掌所。諸大名出仕在所等。惣棟數十計歟。大略出來珍重。自上御所還御酉終也。予又重下御所へ參申了。面々意見趣等具申了。今夜可歸寺之由申處。中風氣等ノ爲夜中旁無養性。平ニ明旦可歸寺。重明日又可參申由承了。戌終歸坊了。自早旦出京。室町殿へ參。申半歸坊。時食悉沙汰計。則又上御所へ參申。終日寒嵐ニ被侵。窮屈散々體。眞實忘前後了。老體無術失爲方了。不便々々。此間又廣橋中納言來。自來三日鎭宅法事等談合及數刻。方々使者不得寸隙體。併被侵魔境式失本意。心中押哀涙了。　室町殿御物語。去十日十一日兩夜又變異在之。以外重變云々。大白犯哭(コク)星云々。御祈事以廣橋可申云々。此變異應永廿七年後ハ今度初云々。鹿苑院殿御代モ出現云々。

廿二日。晴。陽明禪閤若公入室。祝着之由被參申室町殿云々。　廣橋中納言來。對謁。昨日蒙仰上御所鎭宅事ニ就テ。被任永和御例。於所々可被修鎭法護摩旨御治定了。　本殿寢殿事御修法宜(候イ)云々。次常御所。小御所兩所ハ可爲護摩云々。阿闍梨事昨日如蒙仰。隨心院僧正。　地藏院僧正可然歟由披露處。只如永和時。御門下一向可被仰付由被仰出候。仍寶池院殿(マヽ)。理性院僧正兩人事内々御申趣達上聞間。尤可然由被仰出云々。永和ニハ理性院宗助僧正小御所。水本隆源僧正常御所。如此沙汰了。今度水本僧都。未若年間不召加之也。巳終參室町殿。九州へ御内書可被遣歟。又探題一所歟事。面々意見。探題一所宜由事。幷上使長老器用事。自鹿苑院注進交名等懸御目了。次九州御內書以下事書。如先度飯尾肥前。同大和守召寄。可申付歟由申間。不可有子細云々。未末歸坊。時食以後奉行兩人召寄處。大和守依所勞不參。肥前守一人參申間。上使下向次第等具仰聞了。次在方卿ヲ召寄。上使下向日次。幷御內書可被出日次等事。肥前守前ニテ尋仰處。今月中出行吉日更以無之。來月三日宜云々。御書可被認日事。今月廿八日云々。則飯尾肥前守持參披露處。可爲此分云々。酉初歸寺了。

廿三日。晴。

廿四日。雪。室町殿御雪消今日無之云々。於此門跡面々雪消張行。寶池院以下折紙。祝着祝着。

廿五日。雪。室町殿御雪消今日在之云々。渡御管領亭儀無之云々。九州下向 上使長老兩人。心源和尙。(普明院。)周朝西堂。(續芳院。)入來。仰旨具申付了。於雲關時用意之了。

廿六日。晴。赤松入道來。折紙隨身。　樋口町炎上云々。

廿七日。晴。自大友左京亮方書狀到來。　自安富方(大內雜掌。)傳進之了。

廿八日。晴。早旦出京。　九州ヘ御書(探題一人計。)今日被出之。御案文飯尾肥前守相談書進之了。上使兩長老心源和尙。周朝西堂同來臨。仰旨重委細申聞了。奉行又仰詞用意之。渡遣了。山名金吾來臨。諸五山寺領反錢以下。今度初被仰出守護。守護事不可然。被借召用脚難澁事在之ハ。其寺長老又ハ寺官。御切諫コソ尤ト存候ヘ。於一寺ハ不可有其咎事也。且御祈禱專一歟。可被閣樣可申沙汰云々。次相國寺僧喝食及八十人御追出也。張本人已被流罪上ハ。御免可然云々。兩條具申了。於諸五山事ハ。可相尋奉行云々。僧喝食事追可被仰云々。右京大夫來。讚岐國坂田鄉事。爲水（清水）堂領數年取沙汰了。此庄事。武州入道以來。他知行無之。而今度寺家直務御敎書被成下。可渡付由被仰出間。計會至極。殊讚岐國事ハ。不可有丹波攝州樣事間。一段執心云々。仍此子細具申處。不可有子細由被仰出。珍重也。此旨申遣右京兆處。畏悅千萬之由申。則又來悅也。及晚入寺。

廿九日。晴。

晦日。晴。

十二月

一日。晴。恒例愛染護摩開白。入堂同前。

二日。晴。

三日。晴。早旦出京。自今日於將軍新造御所。號室町殿。一條以北。鎭宅修法始行之。伴僧八口。供料五千疋。浮衣白色。初夜時蠟燭供在之。十二天眞言支配。伴僧如秘抄。脂燭殿上人五人。開白各衣冠。此內二人賓池院於同所常御所。鎭宅（守イ）護摩始行方へ分渡了。念誦伴僧三人。供料二千疋。〔於小御所理性院僧正勤仕之。念誦伴僧二人。供料二千疋。〕出京以後先參下（云イ）御所。內々仰也。御對面。自今日參仕珍重珍重。次諸五山領反錢事重申處。先可被閣由被仰出云々。珍重々々。此由相國寺長老方へ以慶圓法眼申遣了。祝着云々。山名方へモ同申遣了。內々依執申入也。戌初刻參。入壇。行粧如常。乘車。力者十二人。恪勤六人。牛飼遣手狩衣。予重衣。松橋僧都一人乘車尻供奉。房官二人重衣。召具計也。自去廿六日變異大白犯哭星。重變。御祈不動護摩結願。卷數以書狀遣廣橋中納言。返報在之。

四日。晴。後夜日中時相續如常。初夜時同前。脂燭二人。

五日。朝雨。自壇所參下御所。內々依仰也。重衣。隆濟僧都召具之。經長尻切役之。下御所御番衆可爲何樣哉。可相談畠山。山名云々。仍兩人方ヘ申遣處。兩人同前意見也。下御所御番衆事。先以五番衆內。番頭ヲ五人。下御所ニモ可被定條可宜。以其下御番衆可被定歟。上御所新造御所。事ハ可有御座間心安存。下御所御番衆〔一〕大事也〔云々〕。　山名禪門早旦來壇所。御祈始珍重由申。折紙隨身。　畠山大夫同前。

六日。晴。後夜日中相續如前。初夜同前。委細記在別。　將軍爲御燒香。入御鹿苑院。予可參申由以赤松播磨守。被仰出間參申了。　自畠山方遣菊池方狀文章。少々相違事可直遣由被仰間。召寄遊佐申付了。　右京大夫來。

七日。晴。今日將軍新造御所上御所。爲御覽渡御。可參由以赤松播磨被仰間。御庭ヘ參申了。今日大石被立之。御庭任庵主沙汰。大石畠山。赤松自兩人普請者進之。二三人計兩方ニ在之歟。以外大儀也。　自右京大夫方折數合進之。使者安富紀四郎云々。

八日。晴。入夜降雨。初夜時運時四座重之。　理性院僧正東寺々務事。今日宣下到來。御祈中祝着。門下繁昌此事也。

九日。晴。鎭宅修法寅刻結願時行之。作法如常。奉籠筒儀等〔又〕如常。委細別記之。乘車歸法身院門跡。寶池院同車。賢紹。宗濟。隆濟等參車了。夜中之間內々體也。早旦參下御所。寶池院同道。御對面。宗觀僧正。賢快僧正同參申了。　宗觀僧正東寺々務事畏申。且今度一殿鎭宅。面目之由旁參申歟。太刀持參。賢快僧正此修中七日。極官宣下之間。爲畏申參了。仍又太刀持參。各懸御目云々。　時食以後入寺。今日歸忌日也。住京三ヶ日以後間。可歸門跡條不可然由。在方卿。有盛卿同申間。直罷向理性院坊。今夜一宿。菩提寺風呂在之。

十日。降雨。

十一日。雨。今日亥刻將軍御移新造上御所。御車。八葉。御裝束御小直衣。此事兼有其沙汰。可爲御直衣歟云々。兩樣自攝政被計申了。攝家移徙時。小直衣着無其例。每度直衣也。供奉公卿三人。

十二日。雨。早旦自山名禪門書狀到來。夜前御移徙儀每事無爲。殊時宜快然。面々重寶拜領千秋萬歲珍重。定早々聞召度〔候〕（報イ）歟トテ申入云々。悅喜之由返答遣之了。

十三日。晴。少雨。今日攝政以下公家輩悉參賀新造云々。攝政二千疋。白太刀一腰御持參云々。自餘儀不知之。裝束朝衣云々。

十四日。雪。晚頭出京。明旦爲參禮也。

十五日。大雪。早旦參賀新造御所。上御所。御車。八葉。力者十二人。恪勤六人。牛飼七人。予裘袋。寶池院香染着用。同車。扈從西方院僧都。乘車尻。房官三人。經乘。宗弁。經長。各鈍色。指貫。裳袈裟。乘車供奉。但車遲々歟。自法身院門跡步行體ニテ車ノ後參申了。不可說々々。大童子藥叉王以下兩三人供奉。無單已。三千疋。太刀一腰持參。寶池院千疋。太刀。各渡遣廣橋中納言了。自餘護持僧千疋持參歟。但聖護院准后三千疋。太刀持參。實相院僧正二千疋云々。其外ハ悉千疋云々。常住院准后以下悉香染着用。大略新調。少々古物雜歟。御臺御方へ二千疋進之。寶池院千疋。聖護院沙汰與予同前。申次永豐朝臣。御臺申次伊勢守。永豐朝臣着狩衣。巳初御對面。各御加持申之了。其後參御臺。堀川局出逢。被出御衣。各御加持申之了。自將軍以伊勢加賀守。五重十帖拜領了。寶池院へ三重十帖。令對面祝着之由申了。一重太刀賜加賀守了。申終歸寺。自今夕恒例不動護摩開白。毗沙門供同前。其後明後日十七日。灌頂香藥等調始之了。明日例日故也。

十六日。晴。

十七日。快晴。通濟僧都入壇。色衆十二口。此內僧正一人。妙法院。教授別座。寶池院。壇行事圓弁僧都。誦經導師寶淸法印。護摩妙法院僧正。散花超深僧都。讃頭賴全阿闍梨。道場三寶院。今日御室以下諸門跡參賀云々。南都兩門跡等。各香染着用云々。御室袈裟。自餘宮悉香染着用云々。

十八日。雨。後朝儀如常。

十九日。晴。早旦出京。參室町殿。御對面。御小袖拜領。祝着之由申了。御臺御方へモ。以經長御小袖拜領。祝着子細同前申了。申次堀河局云々。攝政參會申。何事御參哉之由予尋申處。自御臺御引物小袖送賜間。爲謝申參云云。久我大納言同參了。子細不知之。將軍御對面。今日於新造御所。御沙汰始在之。幷御的始也。自今日於新造御所御祈始。聖護院准后參勤。不動准大法。護摩壇良讃僧正。伴僧外云々。伴僧十口云々。供料五千疋。壇所寢殿後。及晚入寺。自今日於本坊御祈。新造御所御移住以後吉日間。殊被出御撫物。一壇可勤修云々。護持僧中同前。但於御撫物者。予一人方へ被出云々。廣橋中納言申也。仍不動護摩開白。御臺御撫物同今日申出了。愛染護摩則勤修。自明日可用手代由仰付金剛王院僧正了。

廿日。自室町殿以三條中將被仰出。陽明若公入室事雖被治定。陽明禪閤今度新造御禮ニモ不被參申。當御代及四ヶ年處。當年初禪閤被參申キ。如此公方ヲ被蔑如樣。於事無御面目間。彼若公御猶子儀。一向可有御斟酌。然者一條左府若公當年六歳云々。爲公方每事被沙汰立。來廿九日可被入室。但可爲何樣哉云々。御返事。仰旨殊門跡眉目此事也。可任時宜由申了。今夕已及夜陰。明日廿一日。可參申入由。申三條中將了。中將二千疋隨身。少一獻在之。將軍仰自餘門跡ナラハ。陽明息入室事。不可被仰是非事也。當門跡事。無內外代々異他事間。聊モ被置御意方樣門主儀。可爲御所存外間。不被殘御心底被仰云々。旁眉目眉目。

廿一日。晴。早旦出京。參室町殿。御對面。一條若公御計次第畏入由種々申了。於聖護院壇所雜談。此若公事。內々自聖護院附弟之儀。約定子細在之歟。雖然未將軍不被知食。仍如此被仰出歟之間。爲此門跡モ不申是非。先御計趣祝着畏入由。申子細令物語彼准后了。其事候由被申キ。及晚頭歸寺。寶池院八幡參詣。申初歟被歸了。仍彼若公事爲畏申被參室町殿也。三條中將方ヘ引物早旦以長禪上座遣了。三重。盆。桂漿。香呂。鍮石。恒例不動護摩令運時今朝結願了。

廿二日。晴。　廿三日。晴。　廿四日。晴。

廿五日。晴。將軍自新造御所上。御參內。御院參。御行粧如常。聊被整云々。兩御所ヘ御劒御持參云々。節分方違罷向西南院法眼部屋。近衞禪閤來臨。今度彼若公陽明右府息。入室相違事等周章以外。計會事等被申也。

廿六日。晴。早旦爲歲末御禮出京。參申室町殿。申次伊勢上野守。聖護院准后。常住院准后。實相院僧正。淨土寺僧正。寶池院。以上今日五人參。同御對面。自去十九日准大法今曉結願。無爲祝着之由。聖護院被相語也。常住院自今日月次壇所被渡上御所了。壇所年中不可事行間。不及被渡之。月次壇所寢殿之後此間聖護院參住在所。被定了。自今日常住院件所參住了。御對面後參御臺。申次堀河局。不及御加持各退出了。申終入寺。

廿七日。晴。方々卷數烏頭和布今日悉遣之了。自仙洞御綿十屯拜領了。祝着眉目々々。富樫介加賀絹廿疋進之也。

廿八日。雨。

廿九日。快晴。早旦出京。今日左大臣若公一條六歲。爲寶池院附弟入室。將軍御猶子。任予時例御同車。將軍御小直衣。若公直衣。實雅朝臣參御車。役御劍。實雅朝臣狩衣。申初入御。七獻之後還御。畠山。山名。細河右京大夫。畠山修理大夫等參申了。候一獻砌了。予着裘袋。寶池院香染着之給。理性院。妙法院兩僧正同着香染。入御之時參向門前了。若公陪膳役松橋僧都賢紹。着鈍色。手長經長寺主。同鈍色指貫裳袈裟着。房官宿老兩三。鈍色指貫着之。便宜事申沙汰了。入御以前若公衣服納御衣櫃。以立阿彌被送下了。於事驚目。悉皆將軍被仰付。若公裝束至宿衣被調下了。此內建盞臺盆。若公相應小建盞殊重寶。眞實奇特奇特。太刀平鞘。銘物重寶。了海作云々。棙手洗等。莚以下無所殘。希代眉目。筆端難盡。定爲萬代門跡靈寶歟。祝着萬々。將軍還御之後。若公令引導常御所。於御方御膳在之。陪膳賢紹僧都。鈍色。撤加裟了。手長經長。侍手長增圓寺主云々。不分明。次大師御筆小法花經高檀紙置之。奉若公。理性院法務前大僧正持參之了。次爲御禮參室町殿。申次赤松播磨守。御對面。予裝束幷寶池院同前。令同車了。隆濟僧都着鈍色參車了。酉終入寺。

將軍御引物練貫十重。盆。桂漿。香合。剔紅。又五重。盆。堆紅。段子一端寶池院被進之了。若公入室以前參御臺云々。引物在之。小々袖三重。引合等也。旁眉目珍重々々。年中御祈卷數幷鳥頭和布等。今日進公武也。將軍御所御祈卷數自分五枝。一愛染護摩。長日。一同護摩。每月七日余供。長日。一不動護摩。每月七日余供。長日。一如意輪供。本地供。一准胝供。同前。以上五ヶ條長日愛染護（摩脫カ）。幷長日本地供六口供僧勤之。料所久世卿。予發願也。於京都御祈寳池院卷數被進之。佛眼護摩以下六條八幡宮本地護摩。同自京都進分載目六了。此卷數御撫物鳥頭和布等。以一色左京大夫進之了。

永享四年壬子

正月

一日。晴。寅一點後夜念誦如常。次愛染護摩三座相續。次聞晨朝鐘。鎭守拜殿理趣三昧出仕如常。重衣。香。扈從顯濟法眼役。御簾等路間用手輿。於廻廊未申邊下輿。尻切役房官重衣。長禪上座役之。理趣三昧せイ〳〵如常。供養法弘甚法印。調聲定與大法師。讃宗珍。聲明悉せイ〳〵。理趣經畢尊勝タラニ在之。其後起座。出仕供僧理性院僧正。禪那院僧正。妙法院僧正。次灌頂院理趣三昧。供養法無之。供奉少少參申了。禪侶等二天講幷節供等指合。大略不參。良家輩計參了。次於灌頂院獻盃之儀如形祝着計。僧正以下祗候。悉賜盃了。豪意法橋爲廳務代申沙汰之間。同賜盃了。次金剛輪院理趣三昧供行如常。禪侶少々參了。次歡喜天供開白。日中相續了。次毗沙門講如每朔。但各重衣。次時食。次節供。陪膳豪意法橋。鈍色指貫。大文。略裳袈裟了。僧正以下公達兒等祗候。兒悉着座事近年例也。本儀不爾。依兒少々着座歟。次行法兩三座。駄都。不動。毗沙門供。次開經藏聖教披覽始了。秘抄第一。寳生尊。次灌頂院例時。次入堂。次拜殿例時。及日沒了。次行法兩座。地藏供。舍利講等。次聲明始。寳菩提讃。一傳讃。乞戒。大阿闍梨此等悉沙汰者也。每年儀。且准鎭守法樂者了。次讀經。仁王經秘鍵加之了。終日不得寸隙。及亥半了。次書始又如常。今日自京都參申輩。富樫慶千代丸。太刀賜之。若黨同前。經祐法眼。慶圓法眼。快弁法橋。　大師尊師御精進供調進之。近年別願也。當院鎭守五社御供又同前。金剛輪院事也。清瀧宮御供。元來爲寺務沙汰之勿論也。　元日節會每事無爲云々。內弁久我內大臣。將軍新造御所御祝着之儀等每事無爲。殊珍重々(云イ)々。萬歲。初度之儀珍重々々。

二日。雨。後夜念誦歡喜天供等如昨日。　拜殿理趣三昧出仕同前。供養法弘豪法印。調聲超慶。灌頂院理趣同前。金剛輪院理趣三昧出座略之。　拜殿御供今日不弁備歟。以祐尊上座相尋理性院處。朔日ハ自公方被進之。今日幷明日儀不存知云々。重又申遣。然者今日二日。明日三日。御供事。忩々可被加下知云々。可爲每年之儀由申付了。長尾御供事同前。　當院五社御供三ヶ日弁備事同前。　此等用脚或自理性院。清瀧。或自廳務方下行之。長尾。五社。　今日番匠事始爲恒年之儀處。依番匠不參無之。不可說々々。　拜殿灌頂院例時出座如昨日。今日恒例祝着。扇面々ニ賜之了。　將軍今日御出始。漢御管領亭云々。

三日。晴。後夜念誦幷歡喜天供以下如昨日。　次拜殿理趣三昧出座如昨日。　供養法又弘豪法印。調聲光俊。次灌頂院理趣三昧出座等每事如昨。　今日節供引合如常。　予兩盃先始之了。當年相手略之了。　舍利講三ヶ日今日結願了。以之自行爲修正者也。　拜殿例時幷灌頂院例時。出仕如昨。　五社參詣。

四日。晴。後夜念誦以下如昨。但拜殿理趣三昧。灌頂院理趣三昧出座略之了。　惣寺風呂始。

自聖護院准后賀札到來。每年儀也。　自寶池院賀章親秀持參之。　自今日尊勝千反タラニ始行。三ヶ日滿之也。　今夜少風流在之。太刀一腰賜之了。　自今日拜殿修正始行如常。

五日。晴。將軍渡御畠山亭云々。　御輿力者以下任例進之了。但御車歟可尋之。　自攝政賀札賜之了。　後夜以來勤行如昨。　慶壽法印。經乘。宗弁等參申也。　淸瀧宮幷長尾七日。幷十五日御供。爲每年恒式可令下知之由。以重賀仰付理性院也。　今夜又風流在之。小袖一賜之了。

六日。雨。　後夜勤行以下如昨。　巳初晴。入堂如昨。今日長尾修正。　菩提寺風呂。自寺家申入之也。　節會無事。内弁近衞右府云々。

七日。晴。　愛染護摩日中一時今曉修之。結願了。後夜昨夕運〔時了。　歡喜天供今曉結願。　後夜昨日運〕修之。今日早旦入堂。出京以下計會故也。　自今日山上淸瀧宮御供三ヶ日之間可供。　同仁王講三ヶ日可修由。　仰付山務法印。九日例日之間。閣九日一日。十日可結願旨同申付了。　時食早々沙汰之。出京。輿。袖白。力者單直垂。賀千丸。西南院法眼供奉。乘輿。長禪上座。親慶兩人乘馬供奉。大童子二人各繪直垂召具之。予香重衣着之。於京門跡一獻在之。如常。　若公最前對謁祝着。中御門大納言俊輔卿來。二本松〈畠山修理大夫ト號。〉武田刑部少輔入道。赤松彌五郎以下來。各太刀賜之了。　自舊冬廿九日令始行當年御重厄將軍御祈。自今日以愛染護摩修之。開白勤修之。以後手代金剛王院僧正可勤修由申付了。支具悉自納所下行。愛染護摩兩壇分一度下行云々。一壇若公祈禱。自來十日可始行旨。仰含房助法印了。　實雅朝臣來。

八日。晴。巳初參室町殿。車八葉。力者十二人。恪勤六人。大童子二人。無單已。扈從水本僧都一人。乘車尻。從僧三人。經乘。宗弁。俊慶。乘同車供奉。寶池院同車。予鈍色指貫着之。寶池院香鈍色同前。但表袴着之給。御持(護カ)僧悉參集了。予一人遲參了。不幾御對面。各御加持申之。次參御臺。御加持在之。被出御小袖。唐織物。申次堀川局云々。寶池院同車之間。予次(二)不依﨟次。可申御加持之由。聖護院。寶相院以下頻意見之間。當年如然沙汰之。次參仙洞。御對面。申次季保卿。御加持無之。常住院准后不及入公卿座內。御妻戶前板敷ニ蹲踞シテ被退出(キイ)了。申次季保卿。可被參入內之由雖申。不能其儀。何樣儀哉。准后進退ニハ以外左道。不可說。自餘僧正輩悉參公卿座之內。或疊上。或降板敷祝言申入退出了。予極位以後疊上ニシテ申祝言。始中終不下板敷。此儀不能左右進退也。攝政。關白。法親王等皆以如此。平僧正サヘ貴種尙以疊上ニシテ申入。入御時降板敷條神妙歟。爰聖護院准后。自最初降板敷被懸御目之由。寶池院被申。何樣進退所存哉。不審々々。次參內。自仙洞乘車。廻陣外了。少々自陣中步義ニシテ參輩在之。　面々參之由。以宗弁上座申遣勾當局之處。未御休息時分也。可被待申云々。重又申遣樣。去夜節會及天明事終歟。定御窮屈渡御候歟。先可退出。退可被申入云々。勾當。可有御對面可待申云々。其後不幾出御。常住院以下次第ニ參御前。申御加持。暇アキ次第ニ退出。予於紫宸殿東大床。寶池院退出待之奉同道了。自東陣乘車退出了。　三條大納言公保卿。廣橋中納言兼鄉卿來。各一重太刀可遣之由。申付經長寺主了。　昨日來輩內北畠侍從。伊勢國司。熊谷入道等。　今日太刀各一腰遣之。同申付了。酉初參壇所。乘輿。袖。重衣。報恩院僧都供奉。乘輿體。房官一人宗弁役尻切了。壇所室禮等悉令見知改之了。寢殿北向間障子ヨリ西。東西四間。南北三間也。但此內南東寄二ヶ間號御小袖間。被安置累代御鎧御劍等也。此間北四ヶ間ヲ以テ爲道場。引大幔。東障子上奉懸北斗万タラ一幅。南不動像納袋懸之。北隨身万タラ同納袋。幷舍利袋奉懸副之了。北斗万タラ前建護摩壇。左右脇机幷壇上四面具等如常。次隨身万タラ前建小壇一脚。雜々供此壇ニシ爲修之也。最前北斗護摩一座開白。予修之了。次小壇供養法。駄都。不動。毗沙門供等自身勤修之。次不動護摩開白。終日方々參禮。以外窮屈之間。妙法院僧正令手代了。飛鳥井中納言雅世卿來。自大乘院書狀今日參洛。來十日爲參賀室町殿云々。榼二荷蜜柑二籠送賜之了。 今日仁王講於金剛輪院可修之由申付了。導師弘豪法印歟。布施幷灯明料。自納所下行之。年行事聊指合子細之間。重賀奉行之。用脚等下行了。 壇所參住出世々間。妙法院僧正爲手代。報恩院僧都隆濟。俊增僧都。仙忠阿闍梨。但仙忠未參申。房官三人。俊榮上座。長禪上座。親慶。侍三人。快弁法橋。幸順都維那。長範都維那。祿阿彌爲茶湯。承仕二人。常蓮。常弁。御膳方奉行常勝。 若公今日令同道。可參申入之由雖被仰出。將軍御德日之間。初參懸意之由申處。尤云々。仍來十日可參申入治定了。

九日。晴。後夜不動護摩俊增僧都勤修之了。

十日。晴。朝微雨灑。今日僧俗參賀。先室町殿。次內裏。仙洞云々。僧中御室。下河原宮。妙法院宮。相應院宮。大乘院。其外檀那院僧正以下大略鈍色着。俗中攝政。九條前關白。一條左府。近衞右府以下或直衣。衣冠。小直衣等不同。御對面次第先俗中。次僧中。　御室參體自壇所見物處。令着裘袋給。相應院宮公卿座前妻戸前へ出テ蹲踞。下河原宮公卿座內降板敷蹲踞。御室不及目禮。入公卿座南東。シトミ。北東令着座給。座定後兩宮各着座。妙法院宮不及動座。公卿座南東九條前關白。左大臣。右大臣。三人着座。攝政以下中門ニ徘徊。攝政與前關白座次六惜(借カ)敷故歟。　今日來臨壇所人々。攝政。九條前關白。左大臣。左大將。大乘院。武者小路大納言。廣橋中納言。三條中將等也。其外良讃僧正。良昭(檀那院)僧正。尊順僧正。忠意僧正。實意(金剛乘院)僧正。定意僧正等也。　武家輩細川右京大夫。同下野守。京極治部少輔。上杉中務大輔等。　今日將軍渡御壇所。當年壇所始萬歲。初度渡御祝着々々。來三月中御參宮。其次富士被御覽度之由。內々畠山。山名等意見。可相尋之由被仰出了。　以伊勢一昨日御引物拜領。練貫五重。盆。香合。眉目祝着祝着。一重太刀遣伊勢方了。　今日將軍御參內。御院參。御車。八葉。御直衣。殿上人三人供奉。實雅朝臣。永豐朝臣。資益。各乘車供奉。公卿不參歟。但廣橋中納言供奉體也。云云。　明日將軍渡御門跡。爲見廻白地出門跡。內々以左京大夫此由申了。先々如此雖不及申入。細々御用事間申了。　將軍又渡御壇所。旁祝着云々。富士御下向事。山名意見。今時節尤可然目出候由。以山口申入間。於壇所則披露申了。渡御時分彼使者參申也。

十一日。雨。御評定初申初云々。　今日上御所御造作事始。於寢殿前有其沙汰云々。　早旦將軍渡御壇所。富士御下向事。畠山意見趣。雖何時候可有何子細候哉。尤珍重々々。內々申門跡樣。春ハ富士霞ニ不見候歟。然者自然御逗留被送日數事モヤト存候。又國々用意。

來月中計ニハ定可計會歟。來秋尤可然存云云。此由具申處。可被延引來秋由被仰出也。此趣則畠山。山名兩人方ヘ申遣了。巳半出門跡。雨脚猶不止。違亂以外也。 申終御評定未雖不終。將軍渡御。御車。八葉。御小直衣。實雅朝臣持御劍參御車。狩衣。白尾。予重衣小指貫着之。寶池院若公三人參御前着座。管領。畠山。山名。細河右京大夫等參申了。實雅朝臣同着座御前。三獻御盃將軍被聞食了。第二獻度御盃頻雖蒙仰。三獻ハ一向可被聞食條。祝着之由申了。仍被聞食了。三獻度御酌予勤之。恒例儀也。此時御引物進之。御屏風兼置御座。御小袖十重居廣蓋。喜久壽持參之。盆。堆紅。居段子萠黄。一端。辰壽持參之。高檀紙不及出當座。自寶池院五重高檀紙。自若公白太刀一腰。以上追被進之也。 實雅朝臣幷諸大名各二重太刀。近習輩太刀一腰恒儀也。秉燭之後還御。直御院參。予任例可參申入之由被仰間參了。攝政同參。觀世申樂藝能如近例。予三千疋折紙賜申樂了。如先々。當年巳三ケ年如此。亥終子初歟將軍御退出。攝政以下各退出了。 予先歸門跡。令沐浴。其後參壇所。其謂ハ魚鳥異香旁不淨非一之間。依有其憚。如此令沙汰了。 渡御門跡時分ヨリ天晴。旁祝着。

十二日。晴。今朝將軍渡御壇所。還御後昨日御禮申入爲參御前。寶池院同道。酉初歟渡御管領亭。今日安樂光院風呂。 明日赤松松ハやし致沙汰。可令見物之由被仰出。如去々年攝政以下可被見物由可申遣云々。次一條左府。鷹司同可有見物由。被仰出間申遣了。各祝着之由被申入也。 飛鳥井中納言來。明日御會治定云々。ことし生の松を詠スル。仍一首可令一見之由持參之。

十三日。晴。赤松入道松奏(ハヤシ)仕之。廿六鼻風流在之。驚目了。最前福祿壽。面々依仰見物人々。攝政。一條左府。鷹司大納言。僧中聖護院。青蓮院。梶井。實相院等也。此外俗中三條大納言。中御門大納言。廣橋中納言。伯二位入道。同三位。三條中將實雅朝臣。資益。飛鳥井中納言。同雅永朝臣。同雅親。南都佛地院孝俊僧正。其外ハ此門跡中兒僧正房官等。幷聖護院門下僧正三人等內々依仰也。攝政。左府。鷹司。聖護院。實相院。自是申遣了。其外ハ或所望。或被仰出云々。　松奏以後御歌御會在之。當年初幷新造御所御會始也。題着雅世卿。松樹契久。讀師雅世卿。講師雅永朝臣。御文臺役赤松播磨守滿政。淺黃直衣。裏打。御歌人數。三條大納言公保卿。飛鳥井中納言雅世卿。三條中將實雅朝臣。雅永朝臣。爲之朝臣。雅親。以上狩衣。織。山名右衛門督入道常熙。細川右京大夫持之。畠山阿波守。赤松左京大夫入道性具。一色左京大夫持信。斯波左衛門佐。細河右馬助持賢。同下野守持春。同陸奥守。赤松播磨守滿政。同伊與守義雅。僧中予。實相院兩人。堯孝僧都也。予重衣生袴。實相院同前。武家輩悉裏打着。每事嚴重。懷紙重樣僧俗各別。先僧中懷紙講之。次俗中悉畢。將軍御懷紙御懷中。於當座讀師賜之。更置文臺。此御一首計自餘撤之了。講師重題以下讀上之。先々ハ題不及讀之キ。今度初御儀出來了。准公宴儀歟如何。披講悉一反。御詠計五反歟。先々予幷實相院詠三反誦之キ。去年御會中絕。其後御再與以來悉一反也。御座及數刻故歟。披講了御一獻。五獻在之。將軍御沙汰云々。御前着座人數。予。實相院上壇九間。南將軍御座。令向北給。西予。實相院。向東着。次東四間一段下。三條大納言。山名。細河右京大夫。畠山阿波守。赤松入道。以上北。飛鳥井中納言。三條中將。以上南。御陪膳一向武家輩。五獻了各退出。御會始間千疋折紙進之了。山名二千疋。太刀進之云々。右京大夫。赤松等定此儀歟。御歌御會以後觀世申樂在之。女中以下御見物云々。自今夜北斗法開白。道場寢殿後間。障子ヨリ西四ヶ間ヲ以引大幔。東中央懸北斗万タラ。前壇建之。大幔內傍南長押大文半帖一枚敷之。爲御加持座。道場狹少間用半帖了。西頰大幔外小文二枚敷之。爲伴僧座。閼伽棚北向西寄軒下立之。道場前依無便宜也。亥初開白。終日長座。窮屈散々以外也。雖然不可及手代事也。不堪身結句及沈醉キ。雖然表白以下無違失。伴僧隆濟大僧都。壇行事。俊仲僧都。俊增律師。覺深律師。光俊阿闍梨。快助阿闍梨。承仕。常蓮。常運。供料二千疋。每年儀。自政所沙汰之也。壇所奉行快弁法橋一人壇所祗候。出世世間三番令結番了。出世二人。此外良家一兩輩。房官三人。侍二人。遁世者一人。茶涌(湯カ)料。承仕二人。已上一番人數如此。爲松奏見物壇所來臨人々。攝政。聖護院。左府。鷹司。青蓮院。梶井。實相院。此外寶池院幷若公等濟濟在之。靑蓮院折紙千疋。隨身。來十九日御連歌必定之由被仰出了。次左府可被參御連歌之由。可申遣旨同被仰出也。召寄大藏卿入道。來十九日御連歌可有御出之由。內々仰旨申了。祝着之由被申也。壇所勤行如先々。朝不動護摩一座。初夜北斗護摩一座。中間不動供。北斗供。一月中各滿百座。恒例也。修法之間ハ閣北斗護摩了。自餘如元。本尊懸樣。中央北斗万タラ前。立護摩壇一面。南脇不動。納袋奉懸之。北脇隨心万タラ一幅。納袋懸之。上懸舍利袋。靈寶袋。前立小壇。自行專沙汰之。前小机一脚立之。安歡喜天了。

十四日。雨。雪。自御前折五合拜領。御使立阿息小
遁。二百疋賜之了。大内雜掌安富掃部丞參申。自大内
方注進狀。幷舊冬下向兩上使狀。内藤入道等
狀也。十二月廿七日狀。上使兩長老下着日
也。一見了。以一色左京大夫。披露可宜旨申
了。太子御精進供五合任例到來。任近例進
仙洞了。終日降雨。北斗法後夜時。聊風氣
之間用手代了。妙法院僧正。
十五日。雨。自今日恒例不動護摩。手代金剛王
院僧正。垸飯申半山名彈正少弼勤之。當年初度。
於常御所前三級打奏之。自今日毗沙門供。
手代超深僧都。入堂代官仰付弘玄。重賀等
也。
十六日。小雪。自御前嶋折一合拜領之。御使用阿（立カ）
云々。以飯尾肥前守。同大和守被仰出。自
大内方注進。幷今度上使兩長老。探題。内藤
入道等狀到來。可令一見由被仰出。大内只
今申請事。豐前國規矩郡内ニ大友舍弟掃部
頭。幷一族狹間（ハサマ）ト云。甲二百計ニテ楯籠之
間。舊冬以來近陣ヲ取テ毎日合戰。陣間三町
計云々。仍安藝石見兩國御合力勢。一日モ早
速被仰付樣ニト申也。雖然上意趣爲何樣見
知。舊冬兩長老上使トシテ下向了。一左右之
間ヲ可有御待云々。此仰誠其謂之由存旨。内
内申奉行了。次自菊池方注進事哉。早々可相
尋畠山方之由同被仰出了。山名禪門來臨。
九州大内注進事等被申。就中安藝石見御勢。
早々可被仰付旨。以便宜可達上聞云々。田
中融清法印師弟來。御臺御祈六字護摩今
月分自今日始行。理性院僧正參住。於三條中
將亭。如去年被修之也。供料千疋。此御祈去
年七月以來毎月結番修之了。此門下聖護
院幷花頂僧正各兩人召進之。但當門跡依妙
法院指合。理性院一人也。妙法院闕若王子僧

正被召加了。伏見二品親王今日令參賀室町殿給。自壇所事樣見及處。着重衣小指貫指袴ト號。香袈裟給。田向三位□□卿着紫狩衣供奉。蹲踞公卿座前。宮公卿座內ニ着給。布衣殿上兩人供奉。候庭上。申次實雅朝臣。直垂。御對面以後御臺御方ヘ令出給了。　自安樂光院令出立給。車。八葉。云々。雜色男五六人。實雅朝臣召進之云々。　住心院僧正物語仕也。自伏見安樂光院ヘハ板輿御體云々。左道左道。　祇園。五靈。北野。平野以下參詣。代官長甚法橋。五靈ヘ獻太刀。於祇園少神樂如恒年。　自今日焰魔天供。手代房助法印。節會無事。內弁三條大納言公保卿。

十七日。晴。將軍早旦渡御壇所。　仰趣自大內方今度申請兩國安藝石見。御勢合力事。先度大友。少貳以下九州者共振舞。爲被尋究被遣上使兩長老。了。其一左右ヲモ不被相待。兩國勢可被仰付條。以前御沙汰之儀ニハ可相違歟。雖然大內敵陣之間三町計云々。萬一如故大內次第出來シテハ。御後按可爲無益歟之間。若可被仰付兩國歟事。畠山。山名意見可相尋云々。攝政來臨壇所。將軍渡御同時之間。於壇所御對面。仍攝政令歸給了。今日攝政參事。去十日參賀御引物盆。段子。五重昨日拜領。其御禮爲申入云々。　下河原宮。妙法院宮等。今朝被參申了。　御臺御方ヘ未不被參間爲參禮云々。　陽明右府參。去十日御臺ヘ參申。御引物送賜了。御禮云々。此面々御對面有無不知之。　大內申請兩國御勢事。山名意見趣。舊冬被下上使。大友以下事。猶委細ニ被尋聞食。隨其注進善惡一途可有御沙汰分被治定了。　然者其左右御待尤宜存候。就中兩國事。幸當方分國事候ヘハ。　發向用意先可有其沙汰旨今明可申下歟。　然者大內爲モ可付力之間。旁可然歟云々。今日ハ未申入也。御的如恒例酉初始了。終及酉末了。悉中云々。珍重珍重。御的以後將軍渡御壇所。被召出千阿彌。還御之後御小袖二重藏谷物紬等。以立阿被下千阿之由被仰出。已退出之間忩召返賜之了。眉目々々。其後以立阿折三合拜領了。將軍今夜御的云々。

十八日。雨。今朝將軍渡御鹿苑院云々。還御之後渡御壇所。九州事兩人意見御尋。畠山方へハ未申遣。遊佐所勞トテ不參申間。彼者參ヲ相待由申了。山名入道意見之趣。舊冬上使兩人被下遣了。自兩三人各使者僧副遣。如此嚴重御沙汰處。不及御待一途注進。兩國勢事可被仰付之條。聊卒爾樣存。雖然大内敵陣之間三町計事云々。定御合力一日モ可忩存歟。又推量モ勿論存也。所詮安藝國事如申分國也。石見國事一家分國之間。以内々先可致用意之由可申遣歟云々。此由申處。上意元來此分也。尤可然。次兩國勢内々可申遣事不思食寄キ。誠宜思食。早々可申遣云々。今日モ千阿被召出。種々御雜談。眉目々々。還御之後以立阿。又折二合白壁三合拜領了。連日恩賜面目祝着萬々。今日御連歌。御發句將軍被遊遣。一獻料等如去年被仰付云々。青蓮院へ十三日引物。今日以慶壽法印進之了。盆。削紅。小。香合。堆紅。花鳥。引合也。

十九日。雨。依雨今日一色松奏延引了。月次御連歌在之。御人數如去年。當年新衆左府被參了。御座敷次第。將軍常御座所。非常御所。西向九間也。南頬北面將軍御座。御小直衣。西頬東面攝政。左府。東頬北面予。次聖護院准后西面。次實相院僧正。北頬南面三條大納言。中央執筆蜷河周防入道。直垂。執筆後向。未申山名。赤松。石橋。細河阿波入道。一色左京大夫。京極加賀入道。僧瑞善。赤松伊與。同播磨守。山名中務大輔。一色。吉原入道。三上近江入道。次四間一段下。承獻。重阿。玄阿。祖阿等祗候。御發句將軍。

梅にほゐ花めく春の心哉

はつみとりたつ松はいく千代　攝政

野も山も道ある時は雪間にて　左府

第三事兩三年予申來了。雖然當年左府初參。堪能之間頻申了。仍沙汰也。仍四句又予沙汰了。第五聖護院。第六實相院等也。獻盃様。第一將軍。第二攝政。第三予。第四聖護院。第五左府以下也。第二獻以來又相違。役送殿上人實雅朝臣。雅永朝臣。永豐。資益。資任。各狩衣。御連歌始新造御會始之間。少折紙各千疋進之了。武家同前云々。自御臺折一合送賜了。山名禪門來。上御所御造作用脚。皆濟未進等一卷注進了。千五百貫衆七人。畠山。山名。細河。一色。赤松。京極。管領。以上千五百貫進之。一ヶ國知行衆三百貫也。北斗法運時今曉結願了。卷數今日不進之。來晦日一度ニ進付了。

廿日。大雨。自申半雨脚止。早旦將軍渡御。左府參。今朝馬白太刀拜領了。爲御禮云々。御對面。申次伊勢上野。自九州注進到來。大内雜掌安富掃部持參。一見了。此注進舊冬被下遣自上使兩長老方狀也。大内狀相副了。注進趣舊冬廿七日下着。豐前大内令對面。自其豐後大友方へ欲罷通處。路次以外難儀。剰山賊等ニ被追歸式也。仍今月正月。四日參洛仕云々。以奉行可申入旨。仰付大内雜掌了。奉行則披露歟。以飯尾肥前守。同大和守。大内注進狀以下召給。可加一見云々。其後將軍渡御壇所。此注進次第上使楚忽之由被仰也。此仰尤歟。先令在國。注進子細依仰可罷上處。無左右參洛。

誠未盡無申計々々。酉初渡御赤松亭。折五合進御前。以立阿懸御目云々。御悅喜之由蒙仰了。折各繪幷臺在之。自今曉歡喜天供始行。手代妙法院僧正。十三日御歌始。面々進折紙。用脚二萬疋云々。御寄進新玉津島云々。

廿一日。晴。早旦將軍渡御壇所。九州事上使長老卒爾上洛之由被仰計也。秉燭以後將軍又渡御壇所。御雜(談脫カ)及數刻了。亥半還御。九州事可被仰諸大名之由被仰出了。但今日例日。明日先畠山。山名等方へ可申遣云々。

廿二日。晴。將軍渡御寺云々。今日松奏(ハヤシ)。一色修理大夫申沙汰。午終松奏參申了。一色自身持太刀奉行。子息兵部少輔〔打〕大皷。二男打小皷。一色左京大夫(惣領弟。)息五郎出舞臺舞了。先々ハ悉內若黨共計也。自身大名沙汰當年始也。嚴重無申計々々。旁驚目了。見物衆如先度。攝政。(二條)一條。左府。鷹司大納言。聖護院准后。實相院僧正。寶池院僧正。梶井僧正。靑蓮院。予以下僧正兒。以下聖護院。靑蓮院同前。棧敷中門南三ケ間也。北一間五山長老六七人參申了。間屛風室禮也。攝政。左府。鷹司以下。聖護院。梶井。靑蓮院。實相院等各來臨壇所。面々座烈砌へ將軍渡御。諸人仰天了。還御之時將軍都々若公女中へ御同道。眉目。松奏以後。一色幷兵部少輔五郎以下。各御太刀被下之云々。面目歟。申終渡御山名亭。還御及子刻了。申樂在之云々。今日太子講。鷺嶋庄給主役。二百疋遣菩提寺了。給主定光沙汰之。九州下向上使長老二人來臨。於公卿座上間令對謁。申詞等聞了。且申詞條條載狀了。爲備上覽也。大內御合力事。安藝。石見。伊與勢事可被仰付。可爲何樣哉之由。可相尋管領。畠山。山名之由被仰了。仍畠山使者齋藤因幡。大方入道參申了。具申付了。明日可申御返事。

廿三日。晴。早旦將軍渡御壇所。條々被仰事。一爲大内合力安藝。石見。伊與三ヶ國軍勢不日發向事。於今者可宜歟。但管領。畠山。山名等意見可相尋之由。昨日被仰了。此條猶早々彼意見可相尋云々。　一自畠山方狀於遣菊池方可申遣子細事。先度畠山狀ニ蹤(縱カ)雖出陣候。不致楚忽之儀。可待申入御左右之由申遣了。雖然今度狀ニハ。以前可待申御左右之由雖申遣候。於今ハ大友振舞既現行體也。仍早々可合力大内之由可申遣云々。　一伊與國羽和郡内。青蓮院門跡領。御庄者共并羽和西園寺等。爲大内合力早々可進發由。自管領狀於遣可申之由。青蓮院門跡與利。入道召寄可申付云々。　一御臺御邪氣猶不快。御祈事可然樣可致料簡。内外典相計可申付云々。　以上。九州事畠山意見趣。　九州下向上使　不事問參洛。仍未盡無申計。隨而被任大内申請。大友少貳御退治事。天下重事大儀哉。所詮諸大名意見。可被尋聞食條尤宜存云々。次藝石并與州三ヶ國御勢。爲大内合力可被立事。今度上使不達事罷上間。聊卒爾樣存也。但如被仰下。又上使申入分。大内以外難儀式哉。然者公方御下知分ニテハ候ハテ。守護方ヨリ藝石兩國合力事。可申付條宜存。次與州事ハ。今一左右被聞食。重可被仰付歟云々。次菊池方へ狀認。可遣大内雜掌安富方云々。　今日披露處。先如此意見。藝石兩國事。自守護山名方。可申付之由被仰出了。仍召山口申付也。次安藝武田。小早河事。舊冬非重御成敗者。楚忽ニ不可罷立由被仰付歟。然者自守護方申狀計ニテハ定可難澁歟。　武田方へ赤松播磨守狀ニテ大内合力事。自守護方申旨在之者。不日可罷立之由。可申遣之由。播磨守ヲ召壇所可申付云々。次小早河方へハ。奉行飯尾肥前狀遣歟。同召寄可申付云々。則兩人召寄壇所申付了。今日則可申下云々。狀案文各可備上覽之由。同申付了。　管領意見。九州事大儀勿論歟。今度上使不達事參洛以外楚忽存。畠山意見之趣。愚意同前云々。山名意見。　藝石兩國勢幷與州三ヶ國勢。早早被仰付不日可被下遣。萬一御合力令遲々。大内無正體罷成候テハ。旁可爲珍事云々。此意見分具載狀了。仍今日備上覽了雖。然畠山意見分被仰付。仍與州事先被閣。内々可致用意分被仰付也。

廿四日。晴。細河奥州若黨共。於將軍御所申樂仕之。藝能五番驚目了。於同舞臺觀世大夫藝能一番沙汰之。次觀世入道。號是阿。藝能一番依仰仕之。予見物之。於常御所西向沙汰之也。大名山名。細河。畠山修理大夫。一色修理大夫等祗候御前。其外ハ悉椽ニ祗候。申樂了將軍渡御通玄寺。八幡宋淸法印申入分也。畠山明日松奏下稽古。今日於私宿所沙汰之云々。其習禮終ニ畠山俄中風以外體云々。將軍御仰天。被遣醫師三位處。不可有殊儀之由申云々。且珍重。　就九州事。面々細河右京大夫。赤松。一色修理大夫。畠山修理大夫四人意見。今日重御尋事在之。子細同前。　就大友。少貳等事。重猶可被尋聞食歟。　又於今者不可及其儀。一向可被加御治罸歟。意見具可被申之云々。　細河ニハ安富筑後守ヲ召申遣。赤松ハ上原入道。一色修理大夫ハ延永。畠山大夫ハ三宅筑後守ヲ以テ申遣了。此意見明旦可被申入旨同申付了。

廿五日。晴。松奏依畠山所勞俄令延引了。五山長老少々御召請。恒年儀歟。將軍渡御壇所。　九州事大名意見。各可被注進之由申付了。今日申初悉到來。兩奉行飯尾肥前守。同大和守。參壇所。諸大名申詞請取之。肥前加銘。管領使者兩人。甲斐美濃守。飯尾美作守。畠山使一人。齋藤因幡守。山名使一人。山口遠江守。細河右京兆使二人。安富筑後守。飯尾備前入道。一色使一人。延永土佐守。赤松使一人。上原入道。畠山匠作使一人。三宅筑後守。以上大名七人意見御尋之分。兩奉行自壇所直參御前披露了。兩奉行又參壇所。大名意見申詞悉備上覽了。隨而大友左京亮方へ。御内書事可被遣條。凡可有何子細哉之由多分意見也。仍可被成遣御内書。案文可爲何樣哉。且可計申云々。仍申談奉行書進［候］了。御書案。

九州事致無爲之成敗之處。大内刑部少輔持世。幷新介持盛既及難儀云々。此上者令合力持世。不日致合戰。有戰功者可有抽賞也。

正月廿五日

大友左京亮殿

御書薄樣半切也。自御臺折三合拜領。細河右京兆來臨。同奥州來。昨日申樂施面目御劍拜領。申樂仕手同御劍拜領。眉目餘身云云。自細河右京兆折三合。榼等送賜之。使者安富紀四郎云々。太刀賜之了。上杉四郎來。太刀賜之了。酉初將軍渡御靑蓮院。御輿。網代。御力者上下。自此門跡召進了。歡喜天供運時今曉結願了。將軍自靑蓮院還御。渡御壇所。今日松奏延引事。畠山所勞減氣之後。可有其沙汰由被仰付云々。但及數日者若可有費歟事云々。予申尤可有費事候云々。然者來廿八日。不依畠山出仕可沙汰歟。明旦召寄齋藤因幡可相尋云々。御臺臨時御祈事。以住心院僧正。内外典分定申了。

廿六日。陰。小雨。齋藤因幡守參申。松奏事仰旨申含了。歸參申入旨。松奏如被仰下來廿八日雖何篇候。可參之由可申付候。尤早速可畏入云云。將軍渡御壇所之間。此趣申入了。來廿八日必定之由被仰也。　飯尾肥前守來。御使云云。伊與國西園寺方へ。管領内狀可遣之由。大内合力事。先日被申。既被仰付管領哉。此狀自何方可遣西園寺哉云々。予御返答。管領内狀事則申付了。定書遣候哉云々。　自管領方以飯尾美作守。伊與國靑蓮院房官。號御庄ト方へ。内狀兩通書進候了。一通宰相法眼。號御庄。惣領云云。一通中納言法眼。號竹中。庶子。靑蓮院廳方へ可被遣之由申遣了。　此狀事爲大内合力近日可發向。先内々令用意隨御左右可進發云々。次伊與國羽和郡知行西園寺方へ。　管領内狀子細同前。此狀同自靑蓮院廳方。以御庄下向使者。可下遣之由可申條。可宜旨飯尾肥前ニ申談。遣彼廳方了。　自伊勢守護方音信。年始御禮以一色左京大夫申入云々。　次御參宮來三月中御治定云々。於兩所御雜掌事難叶。

可然樣御料簡可畏入云々。　細河淡路來。太刀獻之了。　將軍今朝渡御崇壽院。晩頭京極亭へ渡御。還御ニ畠山播磨入道亭へ入御。近例云々。

廿七日。晴。自御前久々立折一合拜領。

廿八日。晴。將軍渡御南禪寺。還御ニ五條小庵號法喜坊。律僧也。梅爲御覽令成給。　此渡御事内々畠山。山名等ニ御尋云々。予ニモ御尋問。渡御可有何子細哉之由申了。　早旦參御加持。南禪寺入御以前。申次一色左京兆。其後御臺御加持ニ參申了。申次堀河局。　清雲庵ニ令對謁了。入江殿尼衆。　松奏在之。畠山沙汰。午終剋歟始之。　及申了。驚耳目了。畠山中風減氣。今朝出仕。雖然不及見物早出云々。　攝政以下見物如先々。鷹司依歡樂不參。下河原宮。妙法院宮。相應院宮。自御臺先日來臨。引物被進之。爲御禮今日參云々。松奏時分間。可有見物之由被申了。仍宮三人見物桟敷一所也。車中同前之間。自他不及沙汰。自將軍可隔間(アイ)〔ヲ〕歟由雖蒙仰。不可有苦之由申了。松奏(ハヤシ)之間於壇所一折張行。左府發句御沙汰。

ゑみのまゆ梅にひらくる柳哉　左府
木たかき松の花はいく千代　予

第三攝政御沙汰。　將軍渡御壇所。松奏事等御雜談。今日奏物最結句歌詞(八幡御事。)可書進〔之〕由可仰遣旨承了。仍馳使者申遣。則執進了。　自御臺折五合(繪。)拜領之。驚目云々。自將軍土筆折一合拜領之了。　晩頭將軍又渡御壇所。明日(廿九日。)渡御聖護院之時。御一折御張行可爲何樣哉云々。予申。定可被祝着申歟。然者攝政。左府。實相院可被參會之由可申遣云々。赤松。蜷川。玄阿。祖阿等可被仰付云々。其外山名等元來御相伴人數歟。仍只今不及被仰云々。此由聖門幷攝政以下申遣了。

赤松入道來。千疋隨身。　一色内三方入道來。折紙(三千疋。)隨身。今度弟若狹守御免。祝着事等申爲云々。　不動不斷護摩春季分。自今日始行。道場金剛輪院南向六間。護摩衆十二人如常。支具理性院下行。安食庄役。

廿九日。雨。將軍渡御聖護院。攝政。(二條)左府(一條)以下參會。連歌百韻在之。御發句將軍。

この門ぞ眉をひらける柳哉
千代もとあふく松はいく春　聖護院

連歌人數。攝政。左府。聖護院。實相院。予。山名右衛門督入道。赤松左京大夫入道。蜷川。執筆。玄阿。祖阿。本所僧正兩人被召加了。良讃僧正(積善院)。實意僧正(住心院)。以上十二人歟。　自申半渡御。戌半還御。予直壇所へ歸參了。　明日勤行今日大略沙汰之了。　不動護摩兩座相續今朝結願了。北斗護摩二座相續同結願。隆濟僧都手代勤仕之了。　卷數兩三日以前悉用意。加修法五枝也。　早旦將軍渡御壇所。御物語云。今夜於聖護院御連歌被遊。發句聖護院沙汰由。御夢ニ被御覽〔候〕了。希代事也。件發句ハ。

くし玉の根ニかへるこそ心なれ

と云々。クシ玉とは何の事ソト。其座中人ニ御尋處。實相院祇候シテ被申けるハ。聖護院御發句ヲ鬮ニ取テ沙汰間。其意ニテ候ト申樣ニ思食。御夢覺ヌト云々。眞實不思儀御夢之由申了。今日御連歌。定神感哉之由申了。早々可有渡御。先予可罷向由蒙仰也。仍齋食早々令沙汰午半罷出了。　御座敷樣。　南將軍。其御次予。聖護院。實相院也。北攝政。左府令着給也。獻盃次第等如室町殿時。

晦日。晴。　曉天北斗供一座時。結願修之。其後自壇所退出。乘輿。袖白。房官兩人。俊榮。長禪。召具計也。先歸法身院門跡了。　御卷數五枝北斗修法一枝。同護摩一枝。同百座供一枝。不動護摩一枝。同百座供一枝。以上五枝也。以梅津法印慶壽進之。申次伊勢云々。御撫物以下請取之了云々。御臺御方三十ヶ日每日愛染供三座修之。卷數一枝幷御撫物。以同法印進之。於御末渡佐阿彌云々。返々目出之由承了。折五合。嶋一合。蓬萊體作之。猿鶴等造物在之。千疋楮代。副進之了。以三條中將進之也。自御臺若公方へ御引物。織小袖以下三重引合十帖。去十日參賀。以立阿送賜之了。予出逢祝着子細種々申了。梅染一重賜立阿了。今日歸忌日間。一宿西南院坊。十種香等張行。　菩提寺風呂在之。梅染一重太刀遣遊佐方。先日參禮祝着也。以經長申遣之也。

二月

一日。晴。恒例愛染護摩始行如常。　今月臨時御祈當番。愛染護摩同開白。此御祈御願旨趣等非殊儀。御息災安全天下太平等也。當年已及四ヶ年歟。護持僧以下結番了。仍每日分護摩一座供二座修之也。自聖護院引物二重。香合。引合送賜了。使者按察上座。太刀賜之了。土岐大膳大夫方へ。返報今日遣之。段子一端幷太刀一腰遣之了。今日毗沙門講如常。上杉中務大輔(號八條)來。越後國鵜川庄事。任御教書旨。早々可渡付之由。長尾右京亮狀遣國云々。月次壇所。自今日聖護院准后參住在所。如此間金堂修二月始行。

二日。雨。自申初大雪。

三日。雨。自午終晴。經祐法眼參申。上杉中務大輔申越後鵜飼庄三分一事。同名兵部少輔猶可致訟訴風聞在之。遊佐引級云々。仍自門跡内々可申遣旨申間。以經祐狀可申遣旨仰付了。中御門大納言俊輔卿方へ引物遣之。一重太刀也。去十日參賀禮也。山口遠江守(山名内)方へ。一重太刀今日以經祐出京便風遣之了。

四日。雨。寒嵐以外。自申初雨脚止。自今日於上御所。不動大法始行。(當年御祈始也。)阿闍梨聖護院准后。伴僧□□□。自大友方注進到來。雜掌僧超書記持來。勝鬘院同道。舊冬十二月廿九日注進狀。同今日隨身一見了。今度上使不入見參。參洛無心元事。次菊池號上意。筑後國押領事等歎申也。歌始於京門跡沙汰之。連歌同前。於醍醐一折連歌殊更沙汰之了。人數。理性院。禪那院。金剛王院。妙法院。覺深。經譽。胤盛。長禪等也。執筆禪那院僧正。

五日。晴。寒嵐如昨日。不動不斷護摩今日辰時結願了。護摩人衆召請齋食用意。風呂番々在之。

六日。晴。自申終降雨。眞言院可被修造作事。奉行事禪律之間器用體可計申由。以飯尾肥前守被仰出旨。自經祐法眼方申入了。仍申遣寳清法印方了。

七日。晴。自大友方注進到來了。仍可致披露哉。

旁斟酌之由。以經祐法眼申談畠山方處。雖
爲何ヶ度。御披露尤可然之由。令對面云々。
遊佐申。重事間非御出京次樣。御披露可宜之
由私意見云々。尤也。　入堂。　拜殿四季タ
ラニ今日結願云々。恒例儀。寺家惣別祈禱云
云。
八日。晴。愛染護摩。雖爲例日御德日。恒例之間
令結願了。
九日。晴。今夕出京。　自山名方音信。明日御連
歌必定。早々可有御出京之由。内々可申入由
仰云々。仍今夕出京了。　自大友方注進之
由。可致披露旨。以快弁法橋。申遣一色左京
大夫方處。明旦可披露云々。
十日。晴。今日早參了。　先於聖護院壇所伺機嫌
了。攝政已被參了。予先可參由蒙仰間。參御
前處。九州事其後何樣哉之由御尋之間。大友
注進之趣申處。飯尾肥前守。同大和守兩人ニ
被相副伊勢。可被聞食歟。但此子細可爲何樣
哉由畠山。山名ニ可仰談云々。此御談合事。
奉行ニ可被相副伊勢歟事也。　次九州事重事
也。諸大名意見可被尋聞食云々。所詮此等子
細。先管領幷畠山。山名三人意見。且今日爲
門跡可相尋云々。　申初御連歌始。攝政頭役
御勤仕。嶋折一合千疋被進云々。此兩三年佳
儀歟。發句就頭役攝政御沙汰。　脇室町殿。第
三予。御連歌人數如去月。　左府被參了。酉終
御連歌了。　今夕管領內者甲斐。　畠山ハ遊
佐。山名ハ山口。三人召寄仰旨申了。　大友申
狀可被尋聞食事。兩奉行ニ可被相副伊勢歟
事ハ。畠山計ニ御談合也。仍此御左右今夜以
書狀可申入。就其可被仰付伊勢云々。明日日
次不宜間。今夜爲被尋聞食云々。　自畠山御
返事。兩奉行ニ可被相副伊勢事。尤可然存云
云。次九州事大友如此歎申入條。旁神妙至目

出存〔候〕。所詮大友事。就歎申入被閣萬事御免。自何無爲御成敗ト存云々。次九州事管領以下宿老兩三人意見ヲ先被聞食。自餘追可被尋聞歟云々。此返事及子半刻申入了。仍以書狀且申入了。九州事被尋聞食時。兩奉行ニ可被相副伊勢事可然候。次意見御尋事。先宿老兩三人大名ニ可被仰歟之由。畠山申旨申入了。使者兵部卿上座親秀。以立阿申入云云。卽御返事到來。今夜及深更。明後日十二日。可被尋聞食云々。管領。山名内々意見明日可申入云々。

十一日。雨。今日歌月次在之。頭役予勤仕之。五百疋也。折等不及進之。題三首。懷紙。曉歸鴈。遠尋花。寄舟雜。御人數如去月。毎事同前。御歌以前九州事三人意見分内々先申了。今朝飯尾肥前守。松田對馬守。飯尾加賀守來。肥前申樣。大友注進可尋聞之由被仰出處。先度大友方奉行松田對馬守。飯尾加賀守兩人間。今朝伺申處御失念間。昨日ハ飯尾肥前。同大和守兩人被仰出了。如先度松田幷飯尾加賀守尋聞。可致披露之由被仰出云々。爲得御意令同道由申了。次大友使者申詞。可被尋聞食。在所先度ハ等持寺候キ。洙西堂參洛時事也。今度ハ可爲何處哉云々。予返答。鹿苑院可宜歟。何樣可伺申云々。御會以前參次在所事伺申處。可爲鹿苑院云々。此由以經祐狀。申遣松田方了。室町殿今夜伊勢春日宿所ニ御座。爲御方違云々。

十二日。晴。就九州事畠山。山名。管領三人意見。各申詞注一紙伊勢幷松田。飯尾加賀持來。一見了。及戌初刻也。未備上覽云々。管領意見。大友歎申上者。有御免無爲御成敗可然云々。畠山同前。但大内。大友不拘御成敗。與大友及弓矢者。可爲私義歟之間。不可有御下知之限云々。此義落着於申歟。山名意見。大友去々年以來不應上意。於國振舞任雅意樣也。雖然以大慈大悲。無爲御成敗先珍重。但大友重出身血捧罸狀。向後彌不存緩怠。他人知行分國分領不可相綺之由申入候者。其時御免之儀。可被仰出歟云々。一見之後申詞返遣三人了。今夜可備上覽云々。

十三日。晴。細河右京大夫來臨。御臺樣花御遊覽事。於東山西山間。可申沙汰由存。可有御披露云々。松田對馬守。飯尾加賀守兩人爲御使來。今日九州事。重諸大名細河右京大夫。畠山大夫。一色大夫。赤松大夫。以上四人意見可有御尋。面々意見調候者可有御參。但此意見若遲々事候者。管領。畠山。山名三人以申詞分可被申談事候。酉刻可有御參云々。面々意見其以前調候者。同一具可申入云々。酉初刻伊勢。松田對馬守。飯尾加賀守三人來。大名四人意見申詞各注進之持參了。可加一見之由頻申間一見了。各儀同前。全不相違。大友歎申入上者。每事無爲御成敗可目出云々。予則參申。三人伊勢。兩奉行。先參。各意見披露申歟。次予參御前之處。仰趣面々意見悉無爲御成敗可然云々。無爲之儀何樣可有御成敗哉云々。予申。無爲トハ大友モ大内モ無爲樣。御成敗候ヘト申儀ニテコソ候ラメト申時。重仰。其ハ勿論也。元來上意モ其儀也。但無爲ニナルヘキ樣。大事ニ思食云々。予申。如仰無爲ニナリ候ヘキ樣。以外大事存也。其故ハ大友ハ大内カ父敵ニテ候間。沙汰スヘキ儀候者。何ト御成敗候トモ。弓矢ヲ止候ヘキ事難有候。且大内雜掌安富モ。如然口出候テ申也。大友又始終ヲ大事ニ存候ハンスル間。大内ヲハ事ノツイテニ可沙汰條〔又〕勿論候歟。山名意見ハ。先大友ニ重罸狀

ヲモサセラレ。其後御免モ候ヘキ歟由申入候。若只今ハ先此體ニ可被仰付候歟。但罸狀事ハ爲門跡。內々申遣樣ニ候者可宜歟。爲公方罸狀事。可被仰出條如何カ候ヘキト存云云。仰尤此儀可然。然者畠山ニ今一往此下知次第相尋。彼意見無子細者。自門跡以書狀此等子細幷爲上ハ每事無爲ノ御成敗處。於國振舞非如歎申。大內已及難儀之由度々申入間。不被得御意趣計先可申下。次罸狀事。如申爲門跡內々可申下由被仰出了。　退出以後召遊佐。只今仰旨申遣畠山方處。可爲上意云々。次罸狀事爲門跡內々被仰遣儀候者無子細候。爲公方被仰出儀候者不可然候云々。仍調狀召大友雜掌僧南禪寺住超書記。幷彼使者僧陽仙ヲ召寄。狀ヲ渡遣了。此子細今夜可申入處。已及半更間。不能其儀。其上申定間。重不及達上聞。書狀書遣了。畠山此事申趣載狀賜了。爲後證所望了。

十四日。晴。以經乘內々申入。室町殿樣大友方ヘ事。如被仰出夜前申下了。今日例日之間不參申入候。先可入寺之由。以立阿申云々。御返事不可有子細云々。仍巳初歸寺了。

十五日。晴。恒例不動護摩早旦開白了。次入堂幷時所供養法三座。毗沙門供等悉修之了。次齋食。今日如先々惣時食略之了。次先彼岸舍利講。式・あ上人作。供養法金剛界。春季金界也。式供養法妙法院僧正。唄弘甚法印。顯唄。散花□□。二ヶ法用也。彼岸初日先々四ヶ法用也。雖然涅槃講四座可相續間。用二ヶ了。讃覺深律師。四智梵語。同心略不動也。最前法華經一卷同音讀誦儀等如先例。申終法會了。酉半ヨリ涅槃講始行。初座。涅槃講。式定盛法印。唄如來。理性院僧正。散花超慶。梵音西南院法眼。錫杖定與阿闍梨。伽陀。第二座舍利講。解脫。

式祐盛法印。唄如來。禪那院僧正。散花西方院僧都。第三座羅漢講。式弘豪法印。唄弘永法印。散花快圓。第四座遺跡講。式超深僧都。唄妙法院僧正。散花。捧物等如先々。

十六日。雨。酉初雨脚止。舍利講如昨日。式弘豪法印。唄弘永法印。散花定與阿闍梨。讃快圓律師。四智漢。心略同。佛讃。大内雜掌安富掃部參申。題目今度自大友方歎申ニ付テ。以罰狀申入者可有御免由承及。就此計會次第ハ。國中御所樣如被思食ニハ。曾以無之事候。大内弱目ニ候者。雖爲何時弓矢ヲ可取懸條存内云々。次刑部少輔ト新介ト兩人間事モ。刑部少輔聊モヨハ目候者。兄弟ノ内ヨリ難儀モ可出來事治定樣存。次ニ大友左京亮。菊池兩人ハ中空ニ可罷成間不便。自今以後彌大内合力仁體不可在之條。落居ハ大内滅亡云々。次少貳事。筑前國ヲアケ候テ。大内方ヘ渡候ヘト。何ケ度雖被仰下。不可去渡條又勿論。然者大内ト少貳ハ不斷可及合戰。其時ハ大友隨國時儀。少貳ヲ可合力歟。是又大内可及難儀隨一也〔云々〕。此等子細以兩奉行飯尾肥前。同大和。晩日十五日。申入處。凡申入旨其謂有樣ニ思食也。仍此門跡幷山名方ヘ。此趣具可申入由被仰出云々。仍一紙注進置ヘキ仰付處。條目計注進了。自細河右京大夫方。以安富筑後守談合。御臺樣花御覽時。御引物悉可進哉如何云々。予意見。御所樣。御臺御兩所計可進條可宜歟云々。

十七日。晴。將軍御沙汰始云々。都々若公入寺。輿。袖白。力者單直垂。千代賀。喜久壽。辰賀。輿也。房官二人。親秀。經長乘馬供奉。先於金剛輪院。祝着之儀在之。香合一。引合爲引物進之了。其後御膳。御陪膳千代賀。次御入堂。先於時所令頂戴靈寶。次入堂。理性院僧正供奉。於所々可申指南之由申付了。於拜殿者正面北（貫首座南邊歟。）敷半疊。可奉置由内々入魂。其外非殊儀。於兩社御神樂在之。（用脚廳務下行。）於金剛輪院仁王講行之。導師弘豪法印。（重衣。）經衆五人歟。爲五社法樂。若公御願也。　自入堂直來臨灌頂院。於北八間三獻在之。般若寺御筆壽命經。高檀紙爲引物進之也。壽命第一儀。此經ハ非門跡累代。隆源僧正予入室最初相傳之了。仍表長命福智圓滿之儀進之也。先地藏菩薩御前。次本願權僧正影像前ヘ予奉同道。内々法施了。其後三獻在之。法務僧正以下着座。但不及居膳。只着座計。於盃ハ毎度賜之了。次金剛輪（院脱カ）ヘ歸給。一獻如形。僧正兒以下悉着座御前。　舍利講早旦行之。式超深僧都。唄弘豪法印。讃宗我阿闍梨。吉慶梵語初二。幢菩薩（十六尊梵語。）誦之。

十八日。晴。拜殿理趣三昧出仕。新供養法。（台藏。）超深僧都。調聲快助。讃源永律師。理趣經初段延。　入堂。　金剛輪院彼岸舍利講如昨日。式聖源律師。讃光俊阿闍梨。吉慶漢語一二三誦之。　彼岸時食諸院主幷房官以下世間寄合致其沙汰了。

十九日。晴。金剛輪院彼岸舍利講如昨日。式水本僧都隆濟。讃定與。吉慶漢語第二第三。伽陀重賀。（初度。）

廿日。晴。　金剛輪院彼岸舍利講如昨日。法花經六七兩卷讀誦。式隆奝僧都。讃光俊。吉慶梵語初段。佛讃。南方讃。　例時出仕。　入堂。

廿一日。晴。彼岸舍利講今日結願。式禪那院僧正。伽陀長瑜。（初度。）讃水本僧都。四智心略（漢語。）文殊（清涼山。）誦之。予。定盛法印。超慶等助音。餘輩不及助音。一向如秘讃。不可說々々。理性院坊ヘ召請。寶池院。若公等同道。一獻之後十種茶在之。懸物少々進之。七所其外一二三矢數取之了。入堂。
廿二日。雨。太子講如去年。於灌頂院十八間行之。式定盛法印。唄弘甚法印。散花□□。梵音超深僧都。錫杖定與。捧物寺領隨分限出之了。公方捧物練貫一重十帖也。式師拜領之。最初傳供在之。菓子廿合。一方十合ッヽ。傳供之。傳供讃覺深律師。四智梵。伽陀快助。妙法院坊へ召請。寶池院。若公以下同道。十種茶在之。賢快僧正移住之後今度初也。仍少折紙隨身了。　土岐大膳大夫參洛。直來云々。於妙法院令對謁了。少一獻在之。折紙隨身。瑞禪僧來。盃。茶梡。香呂隨身了。於妙法院對面。立阿吹擧云々。　一條家門へ自將軍所領二ヶ所被進之云々。尾張國得重保半分。此間三條坊門中納言知行在所也。一所攝州大田公文職云々。此間裏松中納言知行云々。
廿三日。晴。北畠侍從伊勢國司。來。御參宮來月十四日御治定云々。仍爲用意暇申入。只今下國云云。旅裝束體狼藉申入計云々。十德體也。自管領以織田筑後入道。大原野御雑掌。幷御座所室禮等談合。少々獻意見了。　若公土筆爲賞翫小野高芝へ被出。西方院。西南院。以下兒共供奉。於高芝少一獻。大溪法橋沙汰之云々。
廿四日。晴。上御所御會所幷御車宿。隨身所。月次壇所等。立柱上棟云々。仍御會所分馬一疋。代。壇所分馬一疋。代。引進之了。　自管領以使者甲斐左京亮申。關東上杉安房守使者羽田參洛仕也。先守山ニ罷着。自其案内ヲ申入也。可參洛仕之由可申歟云々。但可依時宜云々。返答。此子細今日吉日也。早々可被達上聞條可然。參洛日次等事。可被任上意歟云々。　沆西堂等持寺長老事今日被仰出。御敎書拜領之由。以歡首座申賜也。　今日茶會

在之。觀心院。西方院。水本。西南院。仙忠。重賀以下世間者等十二人歟寄合沙汰也。大內雜掌安富掃部參申。今月十日刑部少輔ト。新介ト兄弟不快現行。自新介方。刑部少輔方ヘ夜打ヲ仕了。仍刑部少輔打負。長門國中ツハキト申在所。石見國堺究竟要害在所候間。甲五十許ニテ彼所ヘ引退了。言語道斷次第候。サ候間新介ハ。豐前國ヲハ打開。罷歸周防國之由。雖傳說候慥ナル注進云々。

廿五日。晴。早旦出京。申初參室町殿處。伊勢宿所春日。ヘ渡御。爲御灸治云々。及秉燭還御。其間於聖護院壇所待申了。御對面。花御覽事。大原野寺中車通路難儀。二王堂狹少之間。御車通事難叶。仍脇ヲ壞破。假門體ニ柱二本計立。御車通路可用意云々。次御宿坊阿彌陀坊東向門狹少以外。仍同北向ニ可立假門云々。當月二月。門ニ不懸手由沙汰之間。相尋在方卿處。以御棧敷之儀。可被搆假門條。不可有憚之由注進申也。然者如此可致其沙汰條如何之由。管領申入旨申處。如此用意尤可然云々。次本堂ヘ若可被寄御車者。石橋二丈計在之。可取破歟。不然ハ御車寄事不可叶由申處。此石橋ハ不可壞云々。自近所被下車可爲御步儀云々。次攝政以下面々。當日ニハ先室町殿ヘ參申。御車之後各可參申入之由被申。若不然者。於法勝寺邊。御車御通ヲ見物申入。自其御後ニ可參申入歟。兩樣可任時宜由申處。於法勝寺御通見物。自其御後可參申入儀ハ猶宜思食云々。次攝政以下面々行粧體。御見物有度間。法勝寺西邊ニテ可被立御車。其時面々車御前ヲ可通云々。此儀先被治定了。九州事御尋間。大內兄弟去十日弓矢取出。兄刑部少輔持世打負。長門國石見堺椿ト申切所ヘ。甲五六十計ニテ遁籠由。自安藝邊注進之由。大内雜掌安富掃部昨日廿四日。參申旨申了。以外御仰天也。乍去中々御成敗可輙樣思食云々。誠此仰其謂歟。今夜ハ旁不可歸寺。夜氣不可然由再三蒙仰間。逗留法身院也。　法身院天神講舞樂如常云々。珍重。

廿六日。晴。　早旦山名禪門來。大内兄弟弓矢事。言語道斷不可說次第。種々申也。　廣橋中納言來臨。花御覽事等申。御立車前面々御通。以外御晴々敷事之由申間。門跡行粧不可說之由申處。彼卿申樣。誠騎馬衆一人モ不可有之條不可然歟云々。仍俄仰天。兒騎馬事等内内申談聖護院也。

廿七日。雨。　茶會張行。予沙汰之了。　自伊勢方内々申賜。明日御帶加持事。以鹿苑院殿御例可被申。　内々可得御意之由。　經祐法眼參申也。可存知旨申了。　菩提寺五種行諷誦今日遣之。爲靜雲院也。

廿八日。雨。　自巳半雨脚止。　若公今日出京。帶加持事。巳末伊勢七郎衞門伊勢息。持參之。入藍箱蓋。絹布兩種如常。中次大溪法橋豪意。着重衣。理性院僧正先出對。　事次第等具尋問。時取事昨日ハ巳午云々。　今日ハ申戌云云。何治定儀哉。次時取ハ御加持ノ時剋歟。將又可令着給時刻云々。　七郎衞門申樣。　時取申戌治定儀候。此時剋ハ非御加持時剋候。正ク着御時取候。長途事候間早々參申云々。此由理性院僧正歸參申間。隆濟僧都。重衣。豪意法橋請取帶參申。予着香重衣。於時所佛前加持作法在之。如常。委細別記之。最前ニ以灑水淨帶。其後又以枳軍々眞言廿一反加持。次不動言慈火兩呪。加持之。次以散杖帶ノ中心ニ書易產タラニ一反了。二筋帶同書之了。如元納蓋。先結界。次准胝印言。不動印言。火慈兩呪。秘印秘明等ヲ以テ加持之。　男子降誕。　妊者卽體堅固。壽命長遠由致懇祈。如前賜之。次召七郎衞門對面了。馬一疋賜之由以豪意法橋申了。 鎌倉管領上杉安房守使者羽田壹岐入道參洛。昨日公方樣懸御目云々。今日房州狀等持參。此門跡紬十。馬一疋。栗毛。賜之了。羽田分馬一疋。千疋持參。令對面了。土岐大膳大夫來。少一獻在之。刀一腰遣之了。如法々々。祝着之由申也。 明日可出京由。以一色左京大夫承了。 御產御祈自今日先六壇分申付了。 自分愛染供不動供。 法務僧正准胝供。 禪那院僧正如意輪供。 金剛王院僧正延命供。 妙法院僧正藥師供。報恩院僧都六字供。 以上六壇。

廿九日。晴。 早旦出京。參室町殿。上杉安房守狀備上覽了。此門跡へ狀也。 九州事被仰子細ハ。內藤入道注進昨日到來云々。今朝奉行披露了。大內刑部少輔落留石見國三隅城。 今度兄弟弓矢不慮子細言語道斷次第。次刑部少輔事。何マテモ可被加御扶持歟。此一御左右可被仰下條。可畏入之由申入也。 就此誠刑部少輔事。難御覽捨條勿論也。 雖然又可爲何樣哉。先兩人畠山。山名。意見相尋。今日立歸可申入云々。畠山方へハ召寄遊佐河內守仰旨申遣。 載狀可進之由申了。 山名方へ召山口遠江守同仰次第申。載書狀可申入旨申遣了。兩人意見各載狀申了。 畠山狀取要。大內刑部少輔方へ。只今御返事ニハ被仰談諸大名。 可被仰下旨先被仰遣。其間ニ國時宜能々可被聞食合歟云々。 山名狀取要。自筆委細也。大內刑部少輔事。被加御扶持候へトモ。又御扶持ヲ放シ候へトモ難申入候。 乍去先石見國人等中へ被成御奉書。大內刑部少輔手ニ屬。可致忠節由被仰下。刑部少輔ヲモナクサメラレ候へキカ。御奉書ハ御內書。御敎書ニハ。カハリ

候ヘキ間。後日御沙汰爲モ不可有苦歟ト云云。戌初此二通狀令持參申入了。則被御覽重被仰樣。山名意見ノ如ク。可被成御奉書條。不可有子細歟如何之由。山名狀ヲ畠山ニ見セ候テ可相尋云々。次山名ニハ又畠山狀ヲ見せ候テ。此意見通如此之由可尋仰云々。仍遊佐山口兩人ヲ召寄。仰旨申付了。次仰。上御所御造作奉行共。此間不致奉行。以外無沙汰緩怠之間。連々以一色左京大夫幷結城被仰處。曾不承引申入。緩怠無申計。何樣ニモ雖可有御罪科。十餘人事也。新造御所御移住始間御堪忍也。所詮大名內〔ノ〕者共番々ニ可致奉行由。可申遣山名方云々。自來四日可令奉行云々。此由同以山口申遣山名方了。自管領以甲斐右京亮申。大原野花御覽御出事。可爲來九日哉御伺可畏入云々。可伺申入旨返事了。其次小倉宮月捧。諸大名令結番。每月三千疋。去年以來可致其沙汰旨領掌申處。一向面々無沙汰。已可及餓死哉之由。小倉宮狀ヲ以テ被歎申也。嚴密爲管領面々方ヘ。可申付旨被仰旨申遣管領了。申初ヨリ雷鳴。及酉了。當年雷鳴始也。今月中臨時將軍御祈。愛染護摩同供卷數二枝。以廣橋中納言進之了。狀相副了。

三月

一日。晴。早旦歸寺。愛染護摩始行。次入堂以下如常。

二日。雨。雷鳴。今日出京。

三日。晴。巳末參室町殿。御對面。就九州事畠山。山名兩人意見狀備上覽了。此兩通先可置門跡由蒙仰了。

四日。晴。今日將軍花御遊覽。於花頂畠山左衞門督入道道端御雜掌用意之。一獻美麗盡善盡美云々。午初刻攝政。左府。聖護院准后。

予。先參室町殿。予聊遲參。自京門跡出立。車八葉。力者十二人。各着練大口。牛飼七人。加遣手。各縫物直垂打裏紫。鞦糸。車次中童子二人。梅喜久。愛喜久。各着縫物狩衣。自去月廿六日俄經營之間。織物等不可出來云々。仍練貫一人青。一人紅。縫櫻了。袙同綾。或練貫等也。中間各二人。着繪直垂。小物各一人。タコ內々體。其外冠者一兩召具之歟。次大童子無單袴。重衣了。繪直垂着用。大童子三人。藥叉王。藤王。一王。各郎徒一人召具之。次恪勤八人。重直垂。次退紅三人。一人持唐笠。一人持雨皮。一人持榻。次中童大童子等召具。冠者原群行了。次兒二人。一番喜久壽。水干織物。袙朽葉。乘馬。鞍水干金輻輪。泥(障脫カ)虎皮。馬左右舍人。各一人。次童一人。狩衣染。次中間馬右方中程五人。各繪直垂重大帷。結クハリヲアク。次笠持白帳。一人。青侍少々馬左右ニ相從。次辰壽。水干縫物。袙練貫薄タミ。舍人童中間笠持以下次第如前。青侍同前。次房官二人。先親秀上座。等身衣布。指貫上括。乘馬。鞍水干。泥熊皮。ハタカ足ニテ乘馬。中間繪直垂。五六人召具。此外青侍小者等員數不定。自餘同前。各一騎打也。侍增圓都維那供奉。等身衣等如前。中間當色直垂。非繪。予遲參之間。自廣橋中納言方。度々催促了。仍參以後攝政以下左府。聖護院。實相院。予御對面。次將軍自東向御出。御車。堅固內々御體云々。相國寺惣門內東頬被立御車。攝政以下五人行粧體爲被御覽云々。仍攝政。左府車遣續。於將軍御車前。牛ヲヲトロカスト云々。次二町餘引下。門跡三人車連轅。最前予車。次聖護院准后。次實相院前大僧正。予車將軍御立車前。聊牛ヲハヤメタル計。不及飛車。兒以下坊官乘馬。御立車前ニシテ不及下馬キ。此事兼內々伺時宜了。爲御見物之間不可及下馬旨承了。攝政以下同前也。聖護院行粧大略與予同前也。但兒一人。坊官二人。侍二人。坊官今度着絹鈍色。紗。指貫。非等身衣布。如何。然者可前駈歟之處御後也。不審々々。車後騎馬坊官二人二行。侍二人二行。非一騎打云々。此條又如何。一騎打可爲勿論歟。坊官畝太也。不着總。自他同前。於見者着總了。實相院騎馬供奉人一向略之也。次一條南頰東上北面門跡三人車立之。爲將軍御出見物也。攝政。左府車相國寺惣門内東頰立之。子細同前。法勝寺西御臺以下女中車數輛被立之。御室以下車同此所ニ被立之云々。見物衆自一條大路至法勝寺西相支了。近比見物。歷々儀歟。次花頂儀東南座敷六間。東四ヶ間落間在之。公卿座三〔ケ〕間西頰構棚。破子數十合幷折嶋等並置之。破子著以沈木造之。其上ヲ金薄ニテタム也。一獻用意之儀言詞難覃風情。於事驚目了。六間南頰西上北面將軍御座。其次予。聖護院。實相院。北頰西上南面。攝政。左府中座。執筆蜷河周防入道單物體。其右後方。三條大納言公保卿。左方山名右衞門督入道常熈。次赤松左京大夫入道性具。石橋左衞門佐入道。細河阿波入道。僧瑞禪。承祐。重阿。玄阿。祖阿。赤松播磨守滿政等祗候。東庇廣橋中納言兼郷。畠山左衞門督入道道端。此一身直垂雜掌人故歟。次一色修理大夫。細河讃岐守等候。此等ハ非御連歌人數。三獻以後暫候閑所了。三獻以後御膳在之。其後連歌被始之。連歌以前ハ三條大納言。廣橋中納言。畠山。山名。一色。細河讃岐等東落間祗候了。御連歌始後參入六間。座敷次第如上記。御發句將軍。脇攝政。第三予。

花も今日友まちゐたるさかり哉　將軍
櫻いく木の春そ久しき　攝政
あけほのは霞むを月の氣色にて　予

四句左府。五句聖護院。六句實相院等也。西終御連歌一座終。將軍被改御小直衣。令着御直垂。女中御座所若王寺(子カ)へ渡御。例式御輿體也。攝政以下歸路同前。予中童子略之了。直歸法身院門跡了。於若王寺女中御一獻。細河右京大夫奉行之。美麗結構超過云々。御盞式縫物置物蒔繪。破子著以金懸崎云々。前代未聞結構云々。御引物將軍幷御臺御兩所云云。自餘略之歟。於花頂御引物將軍計也。渡御最前三盞進之。御盃畠山拜領云々。此時御劒一腰。腹卷一兩。馬一疋進之云々。攝政以下引物略之。內々予意見也。 明曉大原野へ可參用意等也。車半更ニ先廻遣大原野了。宿坊奉行治部上座胤盛。自今朝罷向了。予宿坊淨瑠璃坊云々。將軍御宿坊阿彌陀坊北也。

五日。雨。卯初刻出門。罷向大原野。輿(袖白)。力者單直垂。房官三人(親秀上座。長禪上座。經長寺主。)。供奉直綴。乘馬體侍一人(增圓都維那)。供奉同前。辰半落着大原野宿坊了。西南院法眼供奉輿。堅固內々體。力者等單物體也。 自管領折五合榼五送賜了。聖護院。實相院來臨。宿坊今日之儀內々談合了。今日儀雨中深泥也。兒雖可乘車尻。下車以下可爲不合期歟。仍乘輿體ニテ。自閑道本堂邊へ參會。下車之時可參申由申定了。坊官等身衣指貫如昨日。但不及乘馬步行。中間等各四五人召具之了。 爰當寺二王堂前小坂在之。自二王堂本堂へ之路間。又坂以外也。仍車路以外難儀。會又難叶之由。牛飼等歎申間。臨期不及料簡手輿等兼不用意計會也。深泥ヲ踏入二三町路往反。 攝政以下不可在事也。仍予獻意見樣。二王堂內車ノ上(アカ)ラン所マテハ。何樣乘車可然。車路不叶在所ヨリハ。雖爲異體。自京都所乘用張輿。或袖白等ニテ以乘車儀。可參本堂條若可宜歟。然者面々此用意可有御沙汰歟由。今朝以長甚法橋。攝政以下御方ヘ申談處。此儀尤可宜。可致其用意由一同承了。仍予又袖輿申付搆車後了。將軍御乘車在所大原野神主館近所。以小寺爲御座所室禮之云々。京ヨリ直渡御彼所。御膳等先在之云々。其間攝政以下車大門ヨリ三町計東南頰畠中兼用意之。件所ニ五輛車立並了。午初刻歟將軍御出。御行粧如前日。今日ハ御隨身六人。悉縫物狩衣着之。殿上人六人如前。騎馬狩衣各着替之了。衞府侍六人上括各着總了。此條邂逅之儀歟。衞府侍於下括者。馬總懸之條常儀不珍。上括時馬ニ着總條。誠其例不多云々。最前番頭八人。御牛飼直垂輪。十三人歟。次御車下簾。次御隨身五人。番□一人。乘馬。御車前如常。御車御後殿上人。乘馬着總狩衣各着替了。次衞府六人。各一騎打。次三條大納言。廣橋中納言。各車。烈轅供奉。各衞府侍乘馬。一人召具之了。將軍御車本堂石橋際マテ。無相違入御。攝政以下車御宿坊阿彌陀〔院〕坊西坂一町計上了。自其各乘輿體ニテ本堂ヘ參了。雨脚猶不止。但將軍自神主小寺入御時分天晴。不及取笠キ。本堂入御後又降雨歟。攝政以下參時分ハ各取笠了。予笠長禪。鼻廣役辰賀丸。水干。予重衣小指貫着之了。鼻廣手長御後取傳之。先恪勤渡大童子。大童子渡御後。〔御後〕渡兒了。本堂本尊藥師奉納御厨司。十二神佛壇上ニ顯露奉居之。形像殊勝。自本堂渡御阿彌陀坊。今度御會在所。攝政以下乘輿參申了。御座敷樣大略如昨日。南頰西上北面ニ將軍御座。其次予。聖護院。實相院。其次間南上西面管領。畠山。山名。右京大夫。一色。細河讚岐。赤松着座。北頰西上南面攝政。左大臣。次間三條大納言。廣橋中納言着座。今日自初獻御連歌被始之。仍山名以下進中座執筆後邊着座。三條大納言同前。

石橋。細河阿波。赤松。京極加賀等着座儀如
昨日。御發句將軍。
野も山も今は花なる雲路哉
左府
聖護院
四句予。第五句攝政。第六實相院以下也。
酉半御連歌終。將軍又於御休所令着御直垂。
女中御座所へ入御。彼一獻山名申沙汰也。此
間各歸宿坊。改衣裝出京。予戌初刻歟歸坊法身院。了。兩日之儀每事無爲嚴重。千載一遇此
事此事。自未初刻天快晴。
六日。晴。早旦參室町殿。兩日之儀無爲。殊參祝
着畏悅之由申了。就九州事畠山。山名意見
重御尋事在之。仰旨大內刑部少輔事。於今者
難被御覽捨歟。仍可被加御扶持由被思食也。
乍去就之天下大儀モ出來せハ御計次第。又
可爲御短慮儀間。先兩人意見樣被聞食。就其
自餘大名ニモ被仰談可被定事云々。畠山何
樣能々加思案重可申入云々。山名意見。安
藝。石見兩國へ被成奉書。大內刑部少輔合力
事被仰出。隨其樣重可有御料簡歟。依此强天
下大儀ニ成マテ事ハ不覺悟云々。載狀申了。
以長甚法橋內々尋申入樣。畠山ハ重可申入
云々。山名ハ已載狀申入候。兩人意見雖不
調。先山名一人意見。今日參可披露歟之由。
以立阿申入云々。御返事。兩人意見調之後。
重可申云々。仍今夕入寺了。
七日。晴。細河右京兆當寺花遊覽。於焰魔堂一
獻在之云々。入堂。
八日。雨。愛染護摩結願了。
九日。晴。早旦出京。九州事。畠山意見令催促
處遲々了。以赤松播磨令出京ハ早々可參申
入云々。仍山名意見狀計令所持參申處。畠山
意見以遊佐則申了。於室町殿中門聞之。今日

此御所普請云々。仍遊佐異體也。雖然重事之間。召上具問答了。畠山意見。大内刑部少輔可被加御扶持由仰尤候。乍去落居一段不覺悟仕間。只今安藝。石見兩國御勢御合力事。可然トハ難申入存也。但隣國事間。山名定可有才學歟。能々可被仰談。愚意通ハ蹤(縦カ)藝石兩國勢計ニテ。雖有可事行儀。可然大將仁體不罷下者無心元存也。若天下御大事自此事出來候者。尤可有御遠慮事候也云々。次此ハ内内ニ申分也。九州事。以前ハ以外大儀ト存候處。大内兄弟不慮弓矢出來間。長門。周防兩國事落居ハ可輙様存。然者九州此故中々早早無爲篇モヤト存也。其故ハ大友。少貳各分國知行無相違者。新介事强不合力事モヤト存間。然者防長兩國落居可輙歟ト云々。是ハ堅固邪推申狀云々。　兩人意見〔則〕申處。仰旨刑部少輔於御扶持ハ雖爲勿論。萬一大友。少貳一味シテ新介合力事在之。九國一等(統カ)タルヘシ。其時ハ已可及天下大儀由思食。如何。此時ハ可被如何哉云々。次山名意見狀ニ。刑部少輔事。安藝。石見兩國御勢ニテ。内内御合力事ニ天下御大事マテハ候ハシト存也云々。此申狀不被得御意也。大友。少貳一味シテ九國一等時ハ。何トテ天下御大事ニナラテハアルヘキト思食處。如此申狀御不審也。所詮此等一條(端イ)。猶兩人ニ重可相尋云々。若王寺へ直ニ早々可參由承間。自室町殿直罷向若王寺了。攝政。左府等已入御也。不幾將軍渡御。御直垂如常。御板輿云々。御連歌則被始之。御發句將軍。

花さきぬねかひお三山櫻

瀧よりうへは松の藤浪　常凞山名

川音も嵐も春はしつかにて　攝政

酉末一座終。仍九州事。明日兩人申狀可披露哉。但明日大赤口也。如何之由申處。非御忩題目間。雖爲何時可申入云々。仍若王寺ヨリ直ニ歸寺了。於若王寺着單衣。例板輿ニ乘替歸寺了。

十日。晴。大内雜掌吉田。安富兩人參申了。各千疋隨身。　故重光卿息女御產。今月十二月也。今日酉初御產云々。但所生御子無正體云云。珍事々々。母堂御窮屈雖以外。于今先無相違云々。常住院帶加持以下悉沙汰之。御產所畠山三河入道宿所。二條富少路。　自花頂以尊朝僧都。去四日花御覽禮申了。二重。香合。十帖送進了。不存寄。一重太刀賜尊朝僧都了。

十一日。雨。自管領以飯尾美作申。關東京方所領共悉可渡進。早々御代官下向候樣可被仰付。次關東五山長老器用西堂等。雖被擧申度。時宜難計間。先令啓候。此兩條今度參洛仕上杉安房守使節羽田申入候。早々被達上聞者可畏入云々。次當職上表事。去年以來連連申入。被懸御意者可畏入云々。以上三ヶ條也。以宗濟僧都問答了。返答。上杉安房守雜掌申兩條（京方所領悉可渡事。關東五山長老吹擧事。）事。以一色左京大夫。可被申條尤可宜候也。次當職御上表事。去年以來御申難儀之由數度被申了。於今又同前候。此兩三日聊御風氣事〔候〕。近日御出京難叶間。關東兩條事。以一色左京大夫。可被申旨被申云々。　住心院僧正來。御臺御祈重可有御沙汰事。御意見趣申處。御參宮前後何可然〔候〕哉。依御門跡御意見可有御治定云云。仍在方卿日次事相尋處。今月十四日。十七日。廿六日。廿八日。廿九日云々。御參宮廿日之間。御留守中可爲何樣哉云々。　予御返事。於上御所者此御祈始被修御祈候歟。仍御留守中如何。御旅中御祈事ハ。別而已被仰出事間。於此御祈者還御以後廿六廿八日之間。可被始修歟之由。可致披露云々。

十二日。晴。執行永秀法橋猶子小法師初參。俗性(姓カ)山科庶子云々。永秀法橋載誓言申狀在之。仍爲坊官召仕之。假名刑部卿。實名永聰。風氣今四五日令養性可參申由。可得其意旨。申遣一色左京兆方了。紬三賜立阿了。使者長禪。

十三日。陰。大内雜掌安富掃部參申了。夜前自刑部少輔方。注進到來云々。内藤入道注進狀也。令一見處非殊儀。以奉行可披露之由返答了。

十四日。雨。自赤松播磨守。一兩日間可出京之由。内々仰云々。

十五日。晴。恒例不動護摩開白。入堂。毗沙門供等同前。當院千反タラニ又如每朔始行。尊勝タラニ。

十六日。晴。早旦出京。參室町殿。御對面。大内刑部少輔事。就安藝。石見兩國勢内々合力事。若大友。少貳等。大内新介ヲ合力事在之者。安藝。石見兩國勢計ニテ。山名内々合力ヲ致ストモ。始終落居可及天下大儀歟之由思食。如何。就之尙々加思案。可申入意見由。被仰出畠山候キ。此事ハ去九日被仰出了。仍召遊佐河内守。此趣申處。加思案重御返事可申入云々。今日此御返事畠山申入分披露了。其子細ハ大内刑部少輔御扶持一段ハ上意且尤之由存候也。就其安藝。石見兩國勢以山名内々申分。可合力大内刑部少輔事。先日如申入可有何子細哉。山名意見隣國事候間。定可然儀申候ント(歟イ)存也。愚意分ハ兩國合力計ニテハ。猶無心元存候間。始終落居大儀ニモヤ成候ハムスラント存候間。如何ニモ〳〵御遠慮候テ。天下無爲候樣ニ御計尤目出存候。遠國事ヲハ少々事雖不如上意候。ヨキ程ニテ被閣之事ハ非當御代計候。等持寺殿以來代々此御計ニテ候ケル由傳承樣候。尤又殊勝存云々。次大友。少貳。大內新介合力事。若仕候ハテモヤト存候旨ハ堅固邪推分候。如上意大友。少貳合力時ハ。可及天下御大事條。勿論之由存云々。山名御返事。先日載書狀大內刑部少輔。以藝石兩國勢。內々御合力候ヘハトテ。天下御大事ニナルマテハ候ハシト申入候事ハ。大友。少貳等。新介合力仕事ハ曾候ハシト深存間。然者周防。長門兩國事計ハ。以藝石兩國勢。內々御合力候トモ可輙存。其猶々不叶儀萬一候者。備後勢ナト可致合力條。可依上意事也。蹤(縱)大友。少貳等。新介合力事候トモ。御成敗カラニテコソ候ハムスレ。天下ノ御大事マテハト存樣候云々。此兩人意見申處。仰旨。所詮於大內刑部少輔事ハ。是非可有御扶持由思食也。就之大友。少貳等。新介扶持ハ勿論歟。然者可及大儀條又御存內也。就之尙々可被申意見云々。次安藝。石見兩國勢。以山名私儀先大內刑部少輔合力事。早々可申下由可被仰付山名之條。可爲何樣哉之由。畠山ニ相尋。彼意見無子細者。明日十七日。早々可申下之由。可申遣山名方云々。安藝。石見兩國勢。山名內々儀ニテ。大內刑部少輔合力可申下條。可爲何樣哉之由。仰旨召寄遊佐申處。立歸畠山御返事申入分。以前已申入事候。一向山名內々儀ニテ堅固非上意分候者。兩國勢爲大內刑部少輔合力。可罷立條可有何子細哉云々。此事如先度載狀可被申旨再三申處。先々如此意見每度注申入事無事候。不可有御不審云々。此上ハ非不審限間。召寄山名內山口此仰旨申付了。明日早々以飛脚可申遣之由。山名御返事申了。內々儀ニテ可申遣旨。如例載一紙申也。

自廣橋中納言方。御參宮御祈自明日可始行旨以書狀申。寶池院。地藏院并當寺祈念事。同可申付云々。令存知〔之〕由遣請文了。出京路次之間。請文迸遣〔候〕了。　畠山湯山ヘ下向御暇事申間。申處。不可有子細旨。伊勢還御以後可罷下云々。　除目今日入眼云々。執筆中山宰相。

十七日。晴。早旦參室町殿。山名申詞。（藝石兩國大內刑部少輔合力。以私分可申遣由事。）備上覽了。返賜間預置了。仰付經乘納箱了。　畠山意見分。堅固山名內々儀ニテ。藝石兩國合力事。可有何子細哉之由申間。今朝已以飛脚。山名申下趣達上聞了。二階堂山城。松田八郎左衞門兩人參申。御產奉行事。以鹿苑院殿御例。可申沙汰由被仰出間。祝着畏入云々。對面珍重由申了。　將軍渡御九條前關白亭。當御代初入御云々。　畠山湯山御暇事。無子細畏入之由載狀申間。其狀備上覽之處。被召置了。　關東ヨリ今度申。京方御領如元悉可渡申。早々可被下御代官云々。就此事畠山。山名兩人ニ御談合旨。如此申上者可被下御代官歟。就其京都奉行人ヲ被定。安房守雜掌羽田入道折紙ヲ被召下。各可下代官由可被仰歟。如何云々。畠山。山名此趣仰尤珍重云々。此由今日申了。　御參宮御祈。自今夕愛染護摩始行。但在京間先心供開白了。

十八日。晴。參室町殿。御對面。自今日御參宮。御精進屋於此御所御沙汰云々。　今日仰條條。　上杉七郎事。今度自關東上杉安房守頻執申入間。御免事不可有子細旨可被仰遣處。長尾上野入道若猶申所存事在之者。只今安房守方ヘ御返事可相遣間。先內々被仰出也。所詮七郎事可有御免。無異儀可存其旨由。可仰遣長尾上野方云々。　菊池今度於筑後。與少貳合戰云々。仍菊池京都一御左右間トテ。先引退肥後國由被聞食也。振舞先以神妙。大内兄弟間事重可被仰出旨。先自畠山以飛脚可申下云々。大内刑部少輔事。於今ハ一向可被加御扶持也。就其可然樣尙々廻思案。可被申意見云々。以上三ヶ條以大方入道申遣畠山方了。山名方ヘ被仰事。御造作方用脚事。去年諸大名支配分。未進ヲハ令催促。御會所。隨身所。御車宿。御壇所以下用脚ノ有次第ニ可令沙汰也。不足事幷自餘御造作等事ハ。爲公方可有御沙汰間。重諸大名方ヘ支配儀ヲハ可略云々。此趣以書狀幷長甚法橋。申遣山名方處。可存知旨以狀申了。今日入寺。御參宮御祈愛(染脫カ)王護摩自今日修之。三座重勤修了。手代金剛王院僧正。

十九日。晴。

廿日。天快晴。將軍御參宮今曉御進發。

廿一日。晴。法務僧正宗觀。今日東寺拜殿。同灌頂院御影供々養法勤仕等如常云々。法務行粧如常歟。綱所不召具。仍三ヶ吉事不行之。自中御門宰相宗繼卿亭乘車出仕云々。但内内儀歟。車門跡次車申渡間借遣了。於東寺宿坊重賢法印坊。號角坊。出立。自宿坊乘手輿。至慶賀門。東寺一人色掌中綱三綱等前行如常。前駈四人。有職二人。世間二人。威儀僧二人。中童子二人。大童子三人。力者十二人。御後侍一人云々。扈從宗濟僧都。自宿坊步儀。手輿之後ニ相隨供奉云云。先々大略扈從於慶賀門參會。今度存別儀歟。神妙。諸堂拜義等又如常云々。鎭守拜不取幣云々。寺務僧正前日不審事。少々來問之間。覺悟分申了。鎭守拜樣隨一也。御影供執事禪那院僧正賢珍七千餘疋下行云々。門下僧正兩役勤仕。無爲珍重。當院。三寶院。御影供如常。月行事仙忠。今日天氣聊無心元處。

不及降雨。珍重々々。(云イ)　都々若公今日出京。
廿二日。晴。不動護摩結願。
廿三日。晴。快晴。今日將軍御參宮日歟。天殊快晴。神感至珍重々々。御祈又致懇念了。　二階堂山城。松田八郎左衛門兩人參申。小宰相局撫物二箱持參。中ニ單一領。鏡一。帶一筋納之云々。重賀大法師出逢請取之。其後予對面。御產方吉曜今日由撰申間。可持參申由被仰置云々。珍重由申了。　自今日護摩三壇始行。一壇准胝。於灌頂院地藏間。丑寅角立壇修之。此手代妙法院僧正賢快勤之。於金剛輪院護摩堂二壇。愛染。不動。愛染護摩予修之。不動護摩觀心院法印房助手代修之。　支具自納所三壇分下行了。御產御祈方事。惣奉行賢快僧正仰付了。　今日於准胝堂千卷讀經令沙汰之了。於神前仁王講修之。各山務法印奉行之。自妙法院仰付布施物。自納所下行之。　今曉卯。予夢見樣。在所ハ不分明。僧形兩三人予幷寶池院僧正等列座。爰一人僧形申曰。此鬮ヲ可取。此鬮ノ樣ニテ。今度產生兒男女可存知云云。此鬮率都婆經木體物也。寶池院卽進寄テ目ヲ閉。祈念體ニテ鬮ノ木十斗程歟取テ。兩手ヲ合テ此鬮ノ木ヲ押モミテ。一ヲ取テ件僧形ニ渡ス。予ニ此鬮ヲ僧形見セテ申樣。此ヲ可被御覽云々。予見處。鬮ノ札ノ面ニ留守ト云文字ヲ墨黑ニ書付タリ。予手ニハ不取之也。僧形申曰。留守ト候間。今度誕生子ハ可爲男子。其故ハ天下留守ヲハ。女人ハ不可沙汰故也云々。予夢中ニ深同心了。仍心中ニ領解スラク。筑紫筥崎八幡宮ハ。田中法印撿校職管領也。其代官トシテ。筥崎ニ居住ノ者ヲハ。留守ト號スル也。仍此事思出シテ。只今僧形申詞甘心了。其後座中輩猶數多樣ニ見ヘテ。饗膳等儀在之。若公都々丸モ着座給

了。其前ノ膳ヲハ。飛鳥井中將雅永朝臣持來了。如此ニシテ夢覺了。仍今日於准胝堂。先御讀經等且始行了。可謂瑞夢歟。今日二階堂。松田兩人撫物持來事モ。兼不存知間彌祝着了。今日吉日間。小宰相方へ符書遣。女中事旁六惜(借カ)間。內々以中御門宰相宗繼卿傳遣了。此女房三條中將實雅朝臣母堂方ニ被預置云々。此相公不斷出入之間。就心安申遣了。符准。延。不。　三種子書之。加持開眼等。悉致其沙汰遣了。此儀彌非師承。予今案也。凡符事於易產者。師傳勿論也。被定外事ハ練習信仰尊種子等書之事。又師傳也。仍不可守株歟。自今日於京門跡。御產御祈佛眼護摩每日一座。藥師供。呵利帝供各一座始行之。

廿四日。晴。今日又御參宮云々。天快晴珍重珍重。

廿五日。陰。自酉半小雨降。

廿六日。雨。申初將軍自伊勢還御云々。每事珍重珍重。御旅中之間。御祈卷數付遣廣橋中納言方了。使者慶壽法印。則可致披露云々。參禮事同相尋處。明日御德日。廿八日可宜云々。

廿七日。少雨。及晚頭出京。明旦爲參賀也。今朝於山上水本坊。青侍法師喧嘩。兩人共死云云。希代云々。天魔所行歟。

廿八日。晴。早旦辰半。參室町殿。寶池院同車。重衣。九條前開(關カ)白。攝政以下大略被參了。僧中護持僧計也。於實相院壇所待申了。南都兩門大乘院。一乘院同參申也。不幾御對面。申次永豐朝臣。廣橋中納言同祗候。大略此卿相計了。先俗中御對面。其後僧中也。常住院准后不參之間。予最前參申。天氣以下無事。併神感至。御願成就先兆。珍重之由申處。御自愛由被仰了。　如例御送之間重致御禮了。暫可候樣被仰間。於公卿座待申了。攝政以下御臺御方へ御禮爲申入。猶公卿座御渡也。以伊勢又可參之由被仰間。參御前處。今度天氣以下如御意御自愛之由御物語。次伊勢守護若黨數輩也。頗二三ヶ國守護モ是程ハト被思食樣也［云々］。御稱美眉目歟。花頂僧正來月々次壇所當番事。現所勞痔云云。未本復。仍安座更難叶式也。涯分加療養。中旬比ナトニハ可參住仕樣存。其間可進手代房宗僧正。條。若可爲緩怠儀歟。所詮可然樣可計給之由申入候。可爲何樣哉之由伺申處。次番五月。隨心院可參住之由可仰付旨承了。其後參御臺。南都兩門同參。廣橋中納言引導歟。公卿座緣上ニ此卿停立。爰予參ヲ見付。忩下庭上蹲踞之間。予可立之由再三雖申猶蹲踞。仍脫尻切堂上了。於公卿座申次女房堀河局云々。參申次御參宮珍重樣等具申。則罷出處。廣橋中納言又如前蹲踞之間。脫尻切處。以誓文不可在之由申間。如元着了。凡脫沓禮。僧俗共以無之事也。雖然此卿非門跡奉公之儀處。致蹲踞之間。一段又存慇懃以還禮儀脫尻切了。且當世儀也。此卿蹲踞ノ鼻サキヲ。乍著沓ケホウラカスヘキ條。聊又無忽歟。如此儀依事隨時可有沙汰歟。如前寶池院同車歸坊了。坊官兩三召具計也。爲御臺御祈。自今日於室町殿殿上。禪那院僧正愛染護摩始行。念誦伴僧三人召具之。隆奝僧都。快圓律師。賴全阿闍梨。壇行事。供料二千疋。但未無下行云々。壇閼伽棚以下結構了。壇所同殿上布障子ヨリ西構之了。道場布障子東二ヶ間構之。引大幔北壁奉懸本尊。南頬敷伴僧疊了。

廿九日。晴。自酉初降雨。但少雨。將軍家月次連歌御會在之。頭役予勤之。千疋折五合進之了。恒例之儀也。將軍種々重寶圖卅色被出之。御連歌人數之外。畠山。細河。一色。細河讃岐守被召之。御鬮拜領之了。御連歌未終申頭始。發句予申之。

あふき見むかけ幾千代そ松春
藤も櫻も花そ久しき

脇將軍。

御連歌人數如此間。攝政。左府。一條。三條大納言公保卿。山名。石橋。赤松。細河阿波入道。一色吉原。赤松播磨守。僧瑞禪。承祐。重阿。玄阿。祖阿。蜷河周防入道。京極加賀。聖護院准后。實相院前大僧正。予。以上連歌人數十九人。此外六人臨期被召加鬮。畠山。細川。一色。細河讃岐守。一色左京大夫。三條中將實雅朝臣。以上六人。悉皆御鬮人數廿五人也。 御連歌以前先予一人參申。條々申了。去十八日被仰出畠山三ヶ條御返事申入也。

一大内刑部少輔事。堅可被加御扶持云々。此條上意凡至極樣存候。已又兩國周防。長門。入部仕上者。後々儀又可輙哉。何樣尙々涯分加思案可申入云々。 一上杉七郎事。長尾右京亮高野參詣仕候。罷歸候者相尋重可申入云々。菊池方へ狀事。去十七日已申下候云々。此條條申入了。 今日重被仰出畠山事。 一越後國紙屋庄事。去年被進佐々河了。此代官職事上杉安房守關東管領。執心事。今度初被知食了。然者去年實相院計トシテ。改代官申付別人時不申子細哉。仍爲公方モ實相院へ被遣替地。於丹後國。此庄紙屋事。被遣佐々河了。此時節安房守兎角地下ヲ執心之由。越後守護代長尾上野入道去年以來申間。一向以緩怠之儀。上野入道申入由御意得處。今度安房守代官羽田罷上。內々屬遊佐申旨之由。只今被聞食之間。 此間長尾上野入道緩怠儀モ不在之由御不審被散了。次上杉安房守此代官職事。直ニ佐々河方へ申入云々。 此條安房守沙汰トモ不被思食事也。是程此在所執心之儀在之者。ナトヤ幸ニ代官ト〔シ〕テ羽田參洛事也。凡以此者公方ヘモ不申哉。御不審又此事也。就此庄安房守都鄙事。一大事ト存スル者也。就此庄事又都鄙間事。ヨモ無正體樣ニハ存申候ハシト思食處。越後守護代上野入道如申狀者。此庄事故又京鎌倉事如何ト存間。淺猿候ト云々。此條更不被得御意事也。サレハトテ安房守。是程ノ所存ハ候ハシト思食也。所詮安房守已執心之由申條無子細者。先此庄佐々河代官可沙汰居事ヲハ可相延歟。重就安房守申狀。可被加御思案云々。且此等趣召寄羽田遊佐具可申聞云々。　一上杉中務大輔　知行鵜河庄三分一事。　紙屋庄御代官可沙汰居事モ定可及弓矢歟。　此鵜河庄事モ又以弓矢可渡付間。於國兩所弓矢可出來條難儀也。於鵜川事者。可被相延之條可畏入云々。已紙屋庄事先可被延引上者。鵜川事被決理非。被成下御判於上杉中務大輔間。早々可渡付之由可申付云々。　此仰旨以大方入道。申遣畠山方處。條々畏被仰下。此趣嚴密可申付云々。次上意之間召寄羽田委細以遊佐申處。此仰旨殊忝畏入候。如此羽田方ヘ遊佐の狀於ト所望申候。可遣哉云々。予申。不及伺申入事也。以口狀申條々載狀所望處ニ。　不可及故障事歟。定安房守方ヘ下遣。爲令一見歟。殊宜樣覺也云々。　今日同被仰山名事。　駿河守護今河上總守相續仁體事。末子千代秋丸之由内々被聞食及間。　此者事母關東上杉治部少輔姉妹云々。幸ニ嫡子以下兄弟數輩在之。閣此等堅固幼少七八歲者ニ可申付條。　併別心樣ニ可罷成歟。不可然由先度以山名狀。上意趣具申下了。此御返事昨日廿八日。自山名方同今河方申。山名使者山口。今河使者三浦安藝云々。來申旨。同今河罰狀等〈此門跡へ狀〉。持參申趣。嫡子事如仰可申付處。此者事以外無正體。始終奉公且以不可叶條見限了。內者〔共〕又同前儀候。仍去年所勞以外時節。內者共寄合。せメテハ幼少間。未來器用モヤト存間。千代秋ニト申了。已所勞本複仕上者。相續仁體先何トモ不被定下者可畏入云々。且非緩怠別心儀以罰狀申入候也〔云々〕。此旨披露之處。重仰旨。誠於嫡子事者。器用トモ又非器用トモ。爲上ハ難仰出事也。隨逐父非器用之由見限上ハ勿論歟。末子千代秋丸〈七歳云〉云。此器用又御不審也。七八歳小者事。只今ハ器非器難定樣思食也。是モ未來若器用モヤノ分ニテコソ。可申付旨ヲハ申ラメト思食也。然者大事國相續仁體。於不見定者。又難申付歟。然者就母方有緣。關東隣國之間。此者ニ申付儀ト。諸人上下可意得條ハ御案內也。然者今河事此小者母ユヘ歟。關東一體雜說之間。及種種沙汰了。且又山名執申入キ。如此處ニ只今此小生ヲ執別相續ノ仁體ト定條。旁心中非無御不審也。次一色左京大夫子息五郎事。今河上總緣ニ可罷成之由。去年以來申間。不可有子細由被仰出キ。此時ノ申狀モ以前關東所緣事ユヘ及雜說了。雖然委細以聞食披儀于今畏存間。彌無二御心安者ト被思食樣。可致奉公條本意間。一色左京大夫所緣事申入云々。然者已關東有緣小者ニ國事可申付條。又關東へ□無二者ト可申哉。所詮旁今河尙尙不被□御意也。於千代秋丸事者。是非不可叶□自餘兄弟內シカト申付趣ヲ重可申入由。能々山名可申付云々。此仰旨召寄山口申付了。今日及夜陰間。明日可參云々。四月一日早旦ニ此事山口ニ召仰處。上意條々尤候。早々可申下云々。今日入寺了。

四月

一日。晴。早旦歸寺。毗沙門講出座。愛染護摩開白。入堂等如常。

二日。晴。畠山今日湯山へ下向云々。

三日。晴。自畠山方狀到來。昨日二日狀也。湯山御暇事。先二七日之由申請了。隨體今七日可申入云々。

四日。晴。大内雜掌安富掃部參申。自大内刑部少輔方。使者僧王書記云々。同道。一昨日參洛云々。非殊題目。刑部少輔自石見國去月三月。十四日入國。每事無爲下着。山口事以前以書狀雖注進候。猶重以使者申云々。次周防。長門兩國事。於今無爲。雖非殊事。自然不慮子細出來時者。自安藝。石見兩國。不日可致合力旨。兼堅可被仰付條。可畏入旨自國申間。其子細昨日以奉行申入處。以飯尾肥前。同大和。被仰付山名方條殊畏入云々。次此僧參洛事。明日以一色左京大夫可申入。可爲何樣哉云々。予對面了。可有何子細哉之旨申了。次刑部少輔官途事。大内義弘。德雄兩代。左京大夫ニて打死仕間不吉存。修理大夫事申入度。可爲何樣哉。次石見國二萬郡。長門國安藝東西條ハ。大内新介知行分也。新介已沒落上者。此等當刑部少輔方御判拜領仕(身イ)度存。可爲何樣哉。且申御沙汰可畏入云々。予返答。不可有子細云々。今日灸治沙汰之了。千阿來。

五日。晴。自巳半降雨。御臺御祈明日例日之間。今日可爲結願歟之處。暫可延修云々。御臺雖非殊事。以外御窮屈式云々。仍自今日重御祈事。彼御方御祈人數内各被出御撫物。別而可致懇祈之由被仰出云々。禪那院同前歟。此由内々申賜了。供料未到以外計會云々。久我内大臣來臨。小直衣。予着香重衣對謁了。申次宗濟僧都。室町殿渡御事。可申入子細等爲談合云々。　理性院僧正自今夕參籠拜殿。朝夕之儀通弊坊可致其沙汰云々。　於北經所立護摩壇。如意輪護摩修之。准胝供相並可修之云云。今度東寺拜堂天氣以下無爲立願云々。

六日。雨。

七日。晴。　富樫介來。　御臺聊御窮屈子細等云云。仍自一昨日御祈事。理性院。妙法院以下。其外聖護院門下。彼御祈人數方々へ被仰間。旁無御心元之由。　以經祐法眼。　申遣淸雲庵處。卽披露云々。委細承御悅喜。御痢病聊被得減間。御悅喜之由能々可申云々。自御所樣も同前ニ仰云々。御祈事一向憑思食云々。來九日等持寺入院。御所樣〔も〕此間ちと雖有御朦氣事。押而可有御出。自明日八日。定可被出京哉云々。予等持寺入院爲見物。兼可參之由被仰故也。等持寺長老沇西堂。予親類也。

八日。晴。　愛染護摩結願。　灌佛會如常。式弘豪法印。伽陀快助。法用無之。三禮如來唄。式椙尾上人作。讃光俊。灌佛伽陀重賀。　風呂在之。以後酉初出京之處。於勸修寺管領ニ行逢。予異體之間入閑處了。自管領以山内申。只今御門跡へ參申處參逢候。　尤御輿在所へ可參申處。路頭無忽樣間斟酌仕候。京御門跡へ可參申入。御輿ヲ早々入御可畏入云々。予返事。遙々來臨先爲悅。罷歸可入見參處。已及晩京都へ忩候間。乍存重以面此謝可申。次此輿舁無人以外遲間。只先可有入御云々。重以山内早々御出可畏入云々。雖然以誓文不可叶之由申了。　又山内來申。御誓文上者。强可申條其恐之間。　御前罷出必々此御門跡へ可參申入云々。酉末京門跡へ落着處。管領又來臨。對謁了。二千疋隨身。職上表事頻申入也。何樣遙々來臨。子細計ヲハ可申入。職上表事可申入條猶可加思慮云々。　今夕出京子細。以經祐法眼。申遣一色左京大夫方了。
山名右衞門督入道來臨。上御所御造作用脚事。以前ノ支配外ハ。重諸大名用脚支配事。可略由雖被仰出。面向計ヲタニモ不周備可閣申條。外聞實儀不可然間。於今又不幾事歟。重令支配可周備御造作之由談合間。領掌同心了。何樣此由可披露旨申了。次大内刑部少輔方へ。自門跡狀ヲ以テ楚忽ニ不可渡海由堅被仰遣。自愚身(山名)方も。同可申下由被仰出云々。

九日。晴。早旦以立阿豪仰。定出京哉。只今等持寺ヘ入院ニ可令成給。早々等持寺へ可罷出云々。仍先等持寺ヘ罷向了。勝鬘院出逢。於首座寮待申了。辰終將軍入御等持寺也。予於御棧敷邊參會申了。庭上ニシテ申御禮了。入御北御棧敷。予同參申了。新長老惠沆西堂(中院攝政孫也。仍予親類一分也。)自八講堂入院。其儀如常歟。佛事終將軍渡御方丈。御點心在之云々。予於首座寮點心用意。以木具可用意由内々御下知云々。仰旨眉目々々。但今日將軍御歌御會也。此間忩(劇カ)剩之間。歌未詠出。仍點心故障了。午終參室町殿。於隨心院月次壇所待申了。於彼壇所少一獻在之。實相院同入來。申初御會始了。讀師雅世卿。講師雅永朝臣。先僧中歌講之。次俗中。兩種悉講了撤懷紙。將軍御懷紙自御懷中取出之賜飛鳥井中納言。給之開テ置文臺。題不讀之。御詠初一首一反講了。後二首各二反講之了。以上五反。次三獻在之。實相院頭役。將軍御昇進(任槐事。)幷大饗事。來七月中可有御沙汰條。尤珍重之由自攝政幷左府被申間。先御領掌也。但可爲何樣哉云々。尤珍重可然由申入了。次鹿苑院殿廿五年御佛事。來五月中可有御沙汰由思食立云々。　山名昨夕來申條々。今日申入了。

御造作方用脚面々支配事。以前外不可支配由雖被仰出候。面向計事ヲハ。重令支配令造畢樣。可申沙汰由申處。上意尤由御同心也。大内刑部少輔方ヘ自門跡狀ヲ遣。楚忽ニ不可渡海由。堅被仰出旨可申下云々。可爲此儀哉之由申處。可爲其分。早々可下遣候。予申。今日大赤口。明日御德日。明後日十一日。重日也。可爲何樣哉云々。仰〔云〕。尤此等日ハ可有斟酌。來十三日可下遣由被仰出了。御歌了酉半入寺。自來十五日月次壇所移徙也。殊罷移御祈一壇。參勤珍重之由被仰出候。御臺御祈同自件日於此御壇所。可被始行由被仰間。兩條領掌申了。仍如件僧相定條々爲沙汰始歸寺了。則仰西方院伴僧等定了。八口分也。右京大夫來臨。今朝出京時也。

十日。晴。今朝出京了。良讃杉坊僧正。村融岩坊聖護院坊官法印來。

十四日。弊坊ヘ將軍可有渡御。爲御相伴可申入旨。以赤松播磨守被仰出云々。可參之由申了。午終參室町殿。攝政。左府。聖護院已被參了。於隨心院壇所。面々參會待申時刻了。實相院遲參。面々參事內々御尋云々。實相院未無參之由申云々。不幾實相院參申由申入了。未半刻御連歌被始之了。頭役聖護院准后勤仕。發句如恒例。脇句將軍御沙汰。

花ハみな根におさまりぬ夏木立　聖護院

春をわすれぬ風の青梅　將軍

四懷紙裏ニ成テ將軍入御。聊御心氣云々。面面被出時分又御出。御禮等在之。御連歌酉初終也。面々歸給了。自將軍以木阿彌蒙仰。明日御歌懷紙計也。來十四日又可罷出歟之間。所用在之ハ今日可入寺歟之由承了。仍酉末歸寺了。

十一日。雨。將軍月次歌御會。頭役山名右衞門督入道云々。予不參。懷紙進之〔了〕。內々依時宜也。
十二日。雨。自巳初天晴。　智經僧正號海印寺。前尊勝院。來臨。蚊帳隨身。時食相伴了。　大僧正定海。佛事如常。於灌頂院行之。風呂等同前。
十三日。晴。　大内刑部少輔方へ狀今日書遣了。自山名方可傳達云々。内々依仰也。此狀子細見案文。

今度御入國之儀每事無爲。尙々珍重此事。兼又於豐前邊。敵方雖致何樣之儀。被停止渡海。令注進事子細。隨上意可令渡海給。萬一於被違背此等儀者。向後御成敗可爲御難儀之由。能々可申旨被仰出候。條々具猶自山名右金吾方可被申也。謹言。

四月十三日　　判

大内刑部少輔殿

十四日。晴。今日出京。東山村融坊。號岩坊。公方樣申入間。爲御相伴也。自是直罷向彼所。先可有渡御良讃僧正坊。同可參申入云々。共以聖護院門弟坊人也。直可罷向良讃僧正坊用意處。於栗田口赤松播磨守狀到來。可被仰子細候。先可參申入云々。仍參室町殿。御對面。關東此間押領京方知行所々。可渡申之由連々申上者。可被仰付歟。被定奉行。關東奉行飯尾加賀守。以奉行折紙申付上杉安房守雜掌羽田壹岐入道。以羽田折紙。各代官可罷下關東條。可然之由被定云々。珍重由申入了。次大内刑部少輔申入。新介跡國郡以下事。當刑部少輔可被下御判條可畏入云々。次官途事。兩代左京大夫候。雖然例不快存〔候〕。修理大夫事可被仰付條祝着云々。此兩條申入處。已被聞食也。如申入可有御沙汰歟之由被仰出也。　畠山湯治今七日御暇事。隨事樣可申入旨。内々申旨披露了。　自室町殿直罷向良讃僧正坊。聖護院被出對了。申終渡御良讃僧正坊。七獻在之。

予引物當座儀無之。其後入御村融坊。九獻在之。予直歸寺。自明日別行幷入堂等爲也。歸寺及戌末了。

十五日。雨。今朝將軍聖廟御社參。當年初也。御輿網代。御力者單物。自此門跡召進之了。御直垂云々。堅固内々儀歟。自曉天陰氣雖覆普天不及降雨。御社參以後自未末降雨。頗大雨。予昨夜東山自村融坊直歸寺。今朝恒例行法幷不動護摩如常。開白入堂以下致其沙汰了。申初刻出京。風雨以外〔キ〕。酉末參壇所。天晴。車如常。隆濟僧都乘車尻供奉。房官參會役尻切了。於四脚前下車。經隨身所西入壇所了。此壇所自下御所三條。被引渡。雖然大略如新造也。今度ハ雜舍如根本別立之了。内々獻意見了。凡此壇所指圖以下悉予計申了。　戌半先不動護摩開白。將軍御祈也。不及念誦伴僧沙汰。阿闍梨着淨衣。白色。表白以下心念全不違常途。　次御臺御祈不動小法修之。伴僧六口。水本僧都壇行事。隆增法印。圓弁僧都。隆倖僧都。俊增僧都。賴全阿闍梨。　金終登禮盤。表白五悔以下聲明又如常。三力後佛眼咒。一﨟隆增法印出之。振鈴後出慈救咒等如常。今度道場料理異體歟。道場北東向。北向ハ三間蔀鉤之。東二間遣戸也。可謂面歟。仍東ニ奉懸本尊。前立壇爲修法壇。北中間蔀不上之。此間北墻ニ恪〔格カ〕子也。奉懸本尊。不動。大師御筆。不動前立壇。當壇ハ將軍御祈爲奉修之也。　道場六間ノ内東四ケ間ニ引大幔爲内道場。　西二ケ間ヲ爲伴僧座。西北ヘ折疊二枚敷之。隆增法印以下水本伴僧五人着之。南頰半帖一枚敷之。爲隆濟僧都座。今度此座敷樣事。定可有後難歟。但愚存又無相違哉。　隆增法印。　隆倖等水本門弟也。狹少在所膝ヲキシリテ。與院主可座烈條。定無忽ニ可存歟。今度御祈諸人指合時節之間。公達輩トテハ隆濟僧都一人也。旁存故實如此相計也。大法若准大法等。道場如南殿等時者。如此伴僧座用半疊儀。努力々々不可有之事歟。　道場內陣四間。護摩壇立兩壇之間。以外狹少。承仕進退不合期之間。阿闍梨御加持座用半疊大文。了。凡如此之儀隨時依事。能々可有故實料簡歟。以我可計人也。　護摩終程自將軍御使在之。下座之後令對謁承也。自今夜參住。　移徙旁以珍重尤可令成給處。　今日方々入御。　只今巳又時ノ折節歟之間。令略給了。明日十六日。御德日也。明後日十七日。必々可有渡御云々。祝着畏入子細申了。　山名右衞門督入道來臨。千疋隨身。壇所初珍重珍重。　公方御撫物。自伊勢備中方請取之云云。　御臺御撫物。內々以住心院僧正申出了。供料事依有存旨今度不申也。

十六日。晴。　後夜日中相續如常。修法先勤修之。其後修護摩二座相續。一身兩壇相續。今度ハ如法〔々々〕無術也。漸老來故歟。不便々々。初夜時同前。

十七日。晴。　早旦參御前。　參住且無爲祝着等申了。嵯峨三會院ヘ渡御云々。　爲神事入寺之由同申也。　巳半入寺。時食聊引上沙汰之。御遷宮早々可始行之由。申遣理性院了。　一條若公號阿賀御所。爲申樂見物御入寺。都々若公兄也。都々若公御同道。　神事未初始行。　予香衣着之。從僧等身衣指貫如常。兒。　公達。出世房官。侍。小童子。大童子以下供奉如常。御簾役隆濟僧都。僧正以下動座又如常。供僧一﨟法務前大僧正宗觀。二ゝ禪那院僧正賢親。三ゝ金剛王院僧正房仲。四ゝ妙法院僧正賢快。五ゝ觀心院法印房助。不參。六ゝ中性院法印成淳。當年供養也。仍鈍色白色。白裳。着紫甲幷草鞋。出仕着座。　預一人進出申傳供案內。

自末座次第起座。赴拜屋儀等如常。此時服者暫退傍也。賢珍僧正。輕服假内。伯母云々。賢快僧正。重服一廻内。當寺法例師跡相續仁體ハ。雖不及傳法灌頂。必重服儀也。況賢快僧正對故前大僧正賢長。一流大事悉相承了。仍重服勿論々々。公達座ニ藺宗濟僧都。重服。母。一周内。同前。此三人ハ出拜殿東ノ北寄間。北大床邊停立歟。於服出世者ハ傳供間立入預部屋也。此等儀强非定儀。只可立退便宜在所計用也。傳供讃□□。伽陀快助。傳供了各蹲踞。次自上首次第着座如常。次預一人良能。進出。向供養法成淳法印蹲踞示氣色。此時成淳法印起座。着草鞋。進寄禮盤前。於予座左邊蹲踞致禮了。次進寄取香呂三禮。每度以右手押禮盤。〔蹲踞時事也。〕若口傳歟不審。次自右足登禮盤。〔〕以下如常。表白聲明悉廣澤樣也。內外不相應歟。聲明法則以下凡無相違。調聲賴緣。供養法調聲共以初度也。讃源意律師。誦秘讃。理趣三昧了起座。申初歟。於金剛輪院三獻如形。一條若公初來臨候間。殊更御祝着儀計也。三獻了出京。將軍渡御壇所。戌半。自住心院僧正坊還御後。三獻在之。五千疋被持。祝着過分此事々々。御相伴一向略之。予一人也。還御以後御引物如形進之了。御練貫十重。盆。堆紅。輪花。段子紺地。一端。段子萌黄。一端。繻子黑。一端進之了。已御寢之間明後日十九日。可披露云云。自御臺三千疋御折紙拜領。不存寄祝着無申計云々。御使伊勢令對面祝着子細申了。伊勢千疋隨身了。　其後初夜時行之如常。今日御遷宮。長座。折歸往反。渡御俄營々。以下以外窮屈。當年事外又老氣出來。仍五悔以下不出聲。如常護摩行之。已取上鈴時。隆濟僧都入幔內。五悔之由申時。仰天置鈴出五悔式也。珍事々々。護摩用手代了。　今朝山名。細河右京大夫。赤松入道。細河讃岐守等來臨。

各千疋隨身。入寺之間富樫介來。千疋隨身云云。自細河右京兆。折三合柳二荷送賜。使者安富筑後守云々。對面太刀賜之了。
十八日。晴。後夜日中相續如昨日。
十九日。晴。後夜日中相續如昨日。　聖護院准后來臨。一昨日渡御住心院坊以下御禮ノ爲云々。於壇所盃取出之。殊祝着儀表之了。其後被參御前了。　將軍渡御壇所。御雜談及數刻了。　因幡堂緣起繪三卷。一遍上人繪十二卷。自御前可令一見由被仰出了。銘今度被染御筆云々。
廿日。晴。後夜日中相續如昨日。　於室町殿御所御鞠在之。御人數九人。三條大納言公保卿。飛鳥井中納言雅世卿。中御門宰相宗繼卿。中山宰相。三條中將實雅(朝脱カ)臣。飛鳥井中將雅永朝臣。同少將資雅。賀茂秀久。夏久。各着狩衣。南〔ノ〕壁〔ニ〕傍小文二枚敷之。公卿四人着座。東上北面着座。次西赤緣二枚敷之。雅永朝臣。實雅朝臣以(下脱カ)殿上人着座。西〔ノ〕壁傍テ圓座二枚敷之。秀久。里(夏カ)久着之東向。次三條大納言起座。未申懸西ニ立。次飛鳥井中納言起座。扇鼻紙一度ニ取具。座後ニ置之。未申懸南ニ立。次中山宰相起座。戌亥懸西ニ立。次松木宰相起座。戌亥ノ懸北ニ立。
廿一日。晴。後夜日中相續如昨日。護摩同前。賀茂祭將軍御見物。堅固內々儀。御車也。將軍渡御壇所。數刻御雜談。　今朝爲御加持參御前。重衣。持五古如常。次參御臺御方。御加持申之。次先日御折紙祝着之由申入了。盆堆紅。金襴黃地。三千疋隨身申了。　御祝着之由以堀河局承了。　自御臺練貫五重。盆。桂漿。香合堆紅。引送賜。御使立阿。段子一端。花。小袖一重賜之了。　關東管領上杉安房守方ヘ返事遣之。盆堆紅。輪花。金襴赤地。一端。白太刀一腰遣之了。羽田方へ三重太刀遣之。使者慶圓法眼也。
廿二日。雨。後夜日中相續如昨日。　二重太刀遣山名方。使者長禪上座。　自申初天晴。因幡堂繪幷一遍上人繪返上了。立阿ニ渡云云。使者作阿。　明日護摩後夜一座。今夕修之。明曉四座相續難儀故也。　飯尾肥前守來。三百疋持參了。練貫一重。太刀賜之了。
廿三日。晴。不動修法幷護摩今曉結願了。卷數御撫物。公方御分護摩卷數御撫物以廣橋中納言進之了。　御臺御分不動修法御撫物卷數付三條中將進之了。曉天自壇所退出。月次壇所渡隨心院方了。巳半又參室町殿。御祈無事結願。祝着之由申了。　大饗事被仰旨在之。當年以鹿苑院殿御佳例可被行之。　但御造作以下大儀連續之間。可有如何哉之由可仰談畠山。山名兩人云々。次參御臺。以淸雲庵申。御祈無爲珍重。次一昨日重寳拜領。重疊御沙汰眉目至申了。今日御臺樣御正誕生ニ相當。修法結願殊珍重。仍可申御加持之旨申間。目出由承了。　自室町殿直罷向住心院僧正坊。兼約請也。寶池院自醍醐參會。理性院。妙法院。西方院。水本。西南院。經祐法眼。親秀上座等供奉。此面々彼僧正以折紙。可供奉旨申云々。各少折紙隨身云々。時食於此坊沙汰之。聖護院准后參會。宗一。伊一兩人音曲驚耳了。　酉末歸寺了。
廿四日。晴。及夜降雨。
廿五日。晴。自今河上總介方狀到來。一跡相續仁體器用事申入也。兩使三浦安藝守。クシマ。　中次忠圓法橋。相副長禪返答了。何樣得其意可披露云云。
廿六日。晴。　早旦出京。參室町殿。御對面。條々被仰旨在之。一當年御任槐事。内大臣。自攝政頻被申間。大略御治定。其故ハ明年天王御元服也。被任至德御例。理髮事可有御參歟。然者被任同御例。大饗可有御沙汰也。但當年御大儀御造作以下事在之。若諸人歎申事モヤト思食。可爲何樣哉事。一大內新介持盛沒落上者。彼跡長門國幷安藝東西條以下事。大內刑部少輔望申間。可被下由御領掌。已御教書事等被仰付了。乍去又可爲何樣哉事。一菊池方へ自畠山方。以狀可申下樣。大內新介可打〔入周防。長門之由自大內刑部少輔方內々申〕入旨在之。若然者不日可致合力刑部少輔旨可申遣云々。一伊與河野方へ事子細同前菊池。一大內刑部少輔官途事。修理大夫可宜歟旨御計也云々。此等子細畠山ニ具申聞。彼所存分可申云々。於御昇進幷大饗事ハ。山名ニモ所存分可相尋云々。大內事ハ以前已御尋上。大略自彼方半執申入樣間。不及御尋云々。新造御會所今夜可有御移徙之儀。先可拜見申旨被仰。御引導間。御座敷一見申了。美麗難盡短筆。驚目外無他。千秋萬歲珍重由申了。畠山今朝自湯山參洛。則出仕申云々。仍參洛珍重由。以長甚法橋申遣。其次可進人由申遣處。遊佐式部參申了。仍以彼仰條々。申遣畠山方了。山名方へ召寄山口。御任槐事幷大饗事等申遣了。兩人御返事畠山申分條々畏被仰下了。御昇進幷大饗事。被任御佳例御沙汰尤珍重存云々。大內新介跡。可被下刑部少輔事。可宜由存云々。同官途同前。次菊池。河野兩人方へ狀事認案文。以飯尾肥前可備上覽云々。此等返事以遊佐式部申了。山名御返事。御任槐幷大饗事御沙汰。相叶御佳例間。尤珍重云々。於四五千貫事。國煩何事在之哉云々。將軍今日渡御土岐亭。御會所御移徙戌剋云々。諸大名以下折紙御太刀持參云々。將軍今朝御物語。

去比御夢中ニ。山鳩一雙被御覽キ。而昨日渡御妙法院宮處。於彼門跡山鳩一雙被御覽了。御夢符合間御祝着云々。誠希代御靈夢。珍重由申了。　八幡宋淸法印夫婦幷息參申了。此三人八幡御神體由御夢ニ被御覽キ。然其翌朝宋淸參申間不思儀〔議〕云々。　未ヨリ降雨。

廿七日。雨。今朝辰末參〔賀〕室町殿。新造御會所御移徙御禮申了。僧俗群參如例。僧中護持僧外大覺寺。南都一乘院計也。僧俗各千疋折紙進之了。俗中御太刀副之了。　僧中此儀無之。御對面儀先俗中。次僧中也。予車。寶池院同車了。　未終入寺。　自今日御產御祈重修加六字護摩。焰魔天供。已上二壇也。　昨日仰旨條々畠山。山名御返事今朝申了。

廿八日。晴。　自大友方使者西堂參洛。　瑞西堂云云。公方樣移徙上御所御禮云々。　五萬疋進了。以奉行飯尾加賀守。可披露旨申付了。　勝鬘院同道。

廿九日。晴。早旦出京。大友使節西堂參洛。子細奉行松田對馬守。飯尾加賀守披露之處。先可爲不申入儀之由仰云々。兩奉行來申了。　未終參申室町殿。於隨心院壇所待申了。攝政左府以下悉參。　今日面々御鬮物進了。立阿彌奉行之云々。畠山。山名。右京大夫。赤松。一色。以上五人大名各五種。　此外進物各一種。盆繪太刀歟。　或盆建盞太刀等云々。　細河讃岐。同阿波守。京極加賀。一色左京大夫等各二種。進物一種。彼是三種也。其外ハ鬮一種進物一種也。攝政。左府。鬮一種進物一種。以上二種也。攝政進物盆一枚。香合一云々。鬮三重太刀云々。左府進物三重太刀。鬮銀盆。香合。引合云々。聖護院准后鬮二種。盆。香合。一種。段子引合一種也。進物盆香合云々。寶相院二種。（此内進物也。）予進物盆。（堆紅。花鳥。）唐綾紫。一端也。

圖二種。盆食籠高檀紙。一種。盆襦子文。一種。
以上。御連歌申初被始之。御發句將軍。
千代いつれ庭の松か枝夏木立　桐
さか行かけの見ゆる若竹　攝政
しけるかと月の桂の色そひて　予
卅日。雨。
五月
一日。雨。恒例愛染護摩開白。千反タラニ等同前。當月中臨時室町殿御祈不動護摩始行。毎日三座分。此御祈事一昨日廿九日。廣橋中納言兼鄕卿爲奉行申也。護持僧中幷諸寺諸社へ被仰出云々。仍當寺幷東寺地藏院等事依申入傳仰了。東寺事理性院寺務間申付了。寶池院佛眼護摩始行云々。自今日東寺門弟等。爲御產御祈。各一壇可令始行之由。寶清僧正申入也。室町殿自今夕一七日之間。可有御座鹿苑院云々。故鹿苑院殿廿五年御佛事爲被修之云々。
二日。晴。今朝出京。參鹿苑院。御點心料千疋持參了。御對面。相國寺僧去年僧喝食四十餘人被追出了。此事山名幷畠山修理大夫申間。今日申處。無相違御免。面々祝着云々。大外記業忠。治部越前守。御賀法師號師。三人此間御突鼻也。御免事申處無子細。仍三人相副經祐法眼進了。立阿申次懸御目云々。就大友事畠山。山名意見狀事備上覽了。兩通返賜了。兩人意見各別也。仍山名意見通仰畠山可爲何樣哉之由可申云々。則召寄遊佐河內守申了。管領上表事申處。來七月大饗可被行。任永德鹿苑院殿御例。職事可堪忍由仰付管領義淳云々。永德之時管領義淳祖父義將朝臣也。法名道將。晚頭入寺了。自今日御八講如常云々。
三日。晴。自管領使者甲斐美濃守云々。職事任

永德御佳例。可堪忍由被仰出上者。可隨上意
云々。　加賀白山林泉事。內々執申處。不可
有子細之由。以齋藤加賀守被仰出了。　寶池
院。今日被參鹿苑院。御經一部摺寫。裏薄樣。　千疋隨
身云々。聖護院。實相院。淨土寺同參同前〔云
云〕。但經不同云々。予分摺寫經一部裏薄樣。居柳箱。
千疋進之了。使者經祐法眼。渡赤松播磨守云
云。　流罪以下御罪科人。爲今度御佛事御免
珍重由。內々以立阿申處。流罪人ハ誰々哉ト
御尋云々。
四日。晴。　早旦出京。參鹿苑院。　御對面。　加賀白
山林泉事。　御免畏入候（之イ）由申了。　次流罪人少
少御免事。名字可注進由被仰出間。飯尾肥前
守。飯尾大和守以下奉行ニ仰付。　可注進旨
申。注進到來者經祐法眼令持參鹿苑院。以立
阿可備上覽旨申付了。　山法師戒光事。畠山
申間令披露處。委細罪科次第被尋聞食。可有
御免云々。　申終歸寺。
五日。雨。
六日。雨。雷鳴。　自巳末天晴。　鹿苑院殿御佛事恒例
儀。　如形致其沙汰了。　於灌頂院理趣三昧行
之。供養法妙法院僧正。調聲超慶律師。讃源
永律師。予出座。　惣寺皆請了。　公方樣御作
善。於鹿苑院去月廿九日以來。十人僧於被置。
晝夜不斷勤行。每日法花經讀誦。自一卷次第
ニ讀誦之云々。其外日々御作善丁寧也。御八
講以下悉今日結願云々。　今日陞（陛）座　大隅和
尚云々。拈香南禪寺當住海門和尚云々。　今
日御佛事料トテ一萬疋被送下了。　奉行正藏
主云々。及晚未及作善沙汰也。寶池院へ三千
疋云々。　自明日七日。爲室町殿臨時御祈。一
壇別而又可勤修旨。　廣橋中納言參申京門跡
云々。仍自寶池院傳承了。此人數五人云々。
聖護院准后。實相院。寶池院。花頂。予云々。

予勤修尊法可爲愛染護摩由令注進了。寶池院尊勝護摩可修云々。

七日。晴。自今夕又臨時御祈愛染護摩勤修之了。恒例愛染護摩運時今日結願了。聖護院准后於室町殿。金剛童子小法勤仕。伴僧八口。供料三千疋云々。壇所今度殿上道場寢殿母屋五ヶ間也。毎夜脂燭殿上人五人云々。

八日。晴。早旦出京處。於勸修寺北橋邊。自京都使者馳參。早々可令出京云々。又於南禪寺前邊。寶池院書狀到來。早々可參之由重被仰云云。次被副御小袖。御鎧事也。御劒粉(紛)失云々。サ、作御劒事ト意得。仰天無申計々々。巳半京着。卽參室町殿處。御對面。早々此御劒拔丸。粉失事昨日七日。午刻計歟云々。御所侍號新兵衞。見付之了。其樣ハ寢殿北向傍南號御小袖間。一間々半計在所在之。四方以厚板爲垣。北面一方板戸。其脇ハタ板也。戸ク丶ロ錚也。其上又板戸。同ク、ロ也。仍二重戸在之。此二重戸。悉開了。仍新兵衞仰天之餘。自午刻及戌刻聊モ不立去戸前祗候。爰御小袖間番衆及秉燭參間。此子細則令申御番衆。新兵衞罷向一色左京大夫宿所。此子細申云々。一色左京大夫參申事及子刻云々。仍將軍御仰天。令成彼在所給被御覽處。御重代御太刀號サ、作ト。幷御重代御鎧號御小袖。戸入口ニ大文御座二疊並敷之。其上ニ三尺許机白木。立之。四方引木綿。其上安置之。件サ、作無爲間先御祝着。其北奥疊外ニ立机一脚。勢分同。不及引木綿安置拔丸。入錦袋。此御劒粉失了。仍其邊被御覽處。作鑰ヲ二落置了。一ハ竹ヲ折曲テ爲鑰。一ハ木ヲ折曲テ。以紙捻二所ヲカラケタリ。爲鑰也。此鑰ヲ本ノ鑰ニ被御覽合處。一分モ不違云々。仍此鑰二被取出被見了。仰分所詮非尋常盜人所行。併野心者造意ト思食也。然ニ御重太靈劒無恙事偏神慮。彌憑敷思食。仍爲向後此御劒事。何様ニモ廻料簡尋出可進。隨盗人令露顯様面々相談。可廻涯分計略旨。先畠山。當管領。斯波兵衛佐。山名。細河右京大夫。一色修理大夫。赤松左京大夫入道。以上六人ニ能々可仰含云々。此鑰ハ先可有御隱密也。仍畠山計ニ可見云々。仍如仰畠山以下六人ニ仰了。自管領ハ召甲斐申付了。自畠山ハ遊佐河内守。山名ヨリハ山口遠江守。細河右京大夫折節自身來間直ニ申了。自一色方延永參申了。自赤松方上原入道參問。各仰旨具申付了。先洛中土藏幷口々關所等。堅可申付旨申了。御所侍新兵衛早々見付申入條。神妙之由被仰。三千疋御太刀被下之云々。則又參室町殿。申付面々子細申了。爰畠山内々申旨。御所侍事聊不審ニ存也。若以内々儀裏問スル儀可然哉。只今ハ先此外非不審料簡之儀之由申旨申處。御同心也。然者新兵衛ヲ召寄遊佐方。事子細可相尋云々。仍此子細申付間。新兵衛ヲ召寄遊佐方。先以内々相尋處。曾無不審様ニ申也云々。爰酉初自赤松方申慶圓法眼方。紛失御劒自土藏只今尋出之間。珍重無比類。仍先片時モ早々ニト存。令持參申云々。早速出現不能言詞。珍重由申遣了。自將軍又以木阿彌蒙仰。此御劒出現候也。早々可參申云云。仍馳參了。諸大名以下太刀折紙進之云云。猥雜無申計云々。參御前處御悅喜無比類。愚身少折紙進之了。此御劒遣土藏日今月四日也。新兵衛御小袖間ノ戸開事見付ハ。昨日七日午刻計也。仍昨日今朝御尋様。六日ヨリ若開タルヲ今日見付歟。又昨日不開歟云云。御所侍答申様。六日參御所中見廻申處。此御戸不開段勿論也。今日七日。開候云々。然ニ四日土藏ヘ遣間以外相違也。新兵衛事彌御不審。仍能々可相尋由可申畠山云々。退出之後申遣畠山了。遊佐參申了。

九日。晴。參室町殿。御劒仁體何樣ニモ。尙々可究明出之由。能々可仰畠山云々。就大友事諸大名六人（管領。畠山。右京大夫（細河）。山名。一色。赤松。）意見申詞各注之。今朝飯尾肥前。同大和守兩人披露云々。仍重兩奉行被召御前。面々意見趣可申之由被仰間。兩奉行面々意見詞令見予了。次自大内方重注進之次第在之。所詮大内新介持盛事。大友加扶持近日可押渡周防。長門全必定也。周防國人方へ大友狀等取進之上者。非御不審之限。大友使者可追歸歟云々。予申云。若事子細猶可被仰談面々歟云々。仍重又此子細諸大名方へ。以奉行可有御尋云々。先畠山。山名兩人方へ。自予方可相尋云々。此旨申兩人（畠山。山名。）處。兩人意見不同也。畠山申詞。先以無爲之儀大友申入趣。可被聞食入歟。尤宜存云々。山名申詞。大友振舞條々緩怠至極也。今度使者暫不被聞食入。事子細猶可有御尋歟云々。此兩人申詞如此也。所詮就畠山申狀。猶自餘大名意見。重可有御尋云々。仍飯尾肥前。同大和守兩人。管領以下六人方へ罷向相尋處。大友今度御新造御禮以下。先以無爲儀被聞食入。後々儀猶堅可被仰付歟云々。仍此儀治定了。　自今夕爲小宰相局。御產御祈。山上准胝堂ニシテ。修准胝護摩。山務法印隆圓一七日可參籠旨加下知了。御產之間令結番。可參籠旨申付了。自今日先隆圓法印始修之了。供料妙法院僧正奉行遣之了。

十日。晴。早旦參室町殿。九州事畠山申入旨。每事先無爲〔ニ〕御成敗。尙々可爲珍重子細等具申了。時宜又御同心也。次山徒戒光事。爲勝行弟此十年計罷成戒光次弟等。彼申旨委悉申了。一向搆私曲。非勝行弟者ヲ弟ト申入樣。人掠申條老後面目〔ヲ〕失心中也。蹤〔縱〕一度ハ無正體事ヲ雖申入。先被聞食入。追可預切諫條。彌可忝畏入處迷惑仕云々。此次第任彼申狀申處時宜以外也。仰又非無其理事也。罷歸之後仰旨召寄遊佐申處。迷惑之由返答計也。　今夕入寺。

十一日。晴。

十二日。晴。自今日御產小宰相局。御祈。於金剛輪院南六間修之。大幔東西ニ引之。北ニ奉懸准胝像。前立壇。左右脇机等如常。息災行之。舍利袋奉懸。副本尊上。左脇間懸炎魔天像。前立壇。左脇机如常。金剛般若經一卷置之。右脇間北ニ奉懸訶利帝像。本尊ニ以紙奉覆之。前立壇。左脇等如常。灯明一灯向行者方細燃之了。　訶利帝與准胝壇間。南北ニ大幔又引隔了。訶利帝隱祕ニシテ令行故也。此尊顯露ニ行スレハ悉地不與之云々。仍如此行來也。但十壇訶利帝供。　御產御祈ニ連壇修行連綿事歟。至此時者何樣少々顯露儀可在之歟。舊記等追可勘之。　准胝護摩予修之。炎魔天供賢珍僧正手代勤之。　訶利帝供賢快僧正爲手代勤之了。供料等自納所下行之。賴全阿闍梨奉行。　住心院僧正實意勤仕御臺御祈。今日結願云々。延行三ヶ日云々。　自今日於御臺御方。爲彼御祈理覺院僧正護摩勤修之。念誦伴僧等召具之云々。此間女中兩三人病事出來。忩々故云々。

十三日。雨。　十四日。

十五日。雨。自去七日臨時御祈將軍御所。今曉結願。卷數御撫物付廣橋中納言進之了。　寶池院同前。自七日於室町殿。聖護院准后勤仕金剛童子小法今曉結願云々。恒例不動護摩開白。毗沙門供同前。　自今曉歡喜天供始行。夏季分。開白修之了。　八幡五智輪院快惠僧都。房濟兩人自今日十八道加行始行。爲次第傳受參申了。快惠重受間。可爲一七日由申含了。
十六日。晴。恒例炎魔天供始行。自分祈禱正五九十六日ヨリ一七日勤修。已及三十年許了。
十七日。　夜中大雨降。
十八日。晴。自今日限五ヶ日五社講始行之。每日御供奉備之。御產御祈也。
十九日。晴。早旦出京。參室町殿。自小早河方狀被取出。可一見申云々。九州探題可然仁體早早可被定下條。尤當時九州之儀可宜云々。就此事尤之由被思食也。畠山。山名兩人意見可相尋云々。　次大友方ヘ今度御禮御返事可被遣之。就其大內新介持盛事。大友內々加扶持由被聞食及間。以外次第也。速可放扶持旨可被仰下也。然者可被載同御內書歟。又別可被仰遣歟。兩樣之間兩人同可申意見云々。　先日十日。被仰出戒光事ニ付テ。畠山申狀聊過分心中歟之由被仰間。其旨申處。更非過分心中由。載罸文申入間。　其狀今日持參備上覽了。則此狀被召置了。　歸坊之後。山名禪門來臨間。仰兩條直ニ申處(候歟イ)。　大友方ヘ御內書事ハ。雖爲何篇不可然云々。以一色左京大夫奉書。大內新介不可致扶持由。嚴密〔ニ〕被仰遣大友使者。剩召寄奉行所。猶可被仰含條可宜云々。九州探題事ハ只今其仁體無之歟由存候。先可被閣歟云々。畠山方ヘ召寄遊佐仰兩條申處。大友方ヘ御內書事。明日給奉行可申入云々。　只今細河亭ヘ御所樣渡御。已爲御相伴罷出云々。　九州事ハ今度御出京時可申入。其間ニ又可加思案云々。仍明旦畠山方ヘ可罷向由申付飯尾肥前守了。　及夜陰入寺。　伊勢長野息頓死云々。此四五日以前事歟。緣ヘ出其マヽ不入內死了云々。希代々々。
廿日。晴。於室町殿佛眼小法。實池院勤修之。道場公卿座。寢殿天井板敷等御營作時分間。臨期此道場ニ定歟。公卿座狹少之間。伴僧口數俄略之。仍六口也。兼ハ八口用意歟。壇行事賢紹僧都。松橋。壇所殿上云々。供料二千疋歟。但未及下行。脂燭殿上人五人。各布衣云々。今夜於亭子院。北野社僧実名不知之。湯起請取之云云。題目ハ。七月七日御手水事。於北野ハ第一重事也。禪能法印〔外存知相傳者無之。而禪能法印ハ違時宜間。所帶以下大略改動歟。頗如籠居也。仍此手水事第一珍事處。只今湯起請法師一年爲禪能法印〕代官勤此役了。仍相傳覺悟分。北野當御師號香園院云々。實名不知之。法師ニ悉可相傳由。以奉行飯尾肥前被仰付云々。仍相傳了。爰相傳相殘事在之歟之由申入歟。仍御尋處。於覺悟分者不殘一事悉相傳仕云々。然者不殘一事由。可取湯起請之由被仰付云云。仍今夜取之歟。今日酉終歟。北野社僧三人。於北山鹿苑寺喧嘩事在之。一人ハ於當座死去了。一人ハ蒙疵遁去。今一人ハ鹿苑寺ニ召取置之云々。此喧嘩題目ハ。只今社僧三人。北野馬場松原ニ立栖遊處ヲ。鹿苑寺一人其前ヲ過時。彼社僧牛カ罷透由申懸間。此僧正歸及過言云々。仍此社僧三人追懸間。此僧ハ鹿苑院ヘ逃籠閇門了。而此社僧等醉狂餘。門ヲ打破トスル間。老僧爲制禁罷出處。太刀ヲ拔欲傷(刃傷カ)双間。又逃籠寺中。鐘ヲ鳴間。地下者共馳集。如此致其沙汰云々。爲公方兩奉行飯尾肥前守。松田八郎左衞門ヲ以テ御尋處。自寺如此(狀カ)答申云々。醉狂條ハ勿論云々。搦置社僧白淨之儀同前云々。此喧嘩時刻ト。亭子院湯起請時節ト大略同時也。希代〔云々〕。飯尾肥前守爲御使參申。題目ハ。大友方ヘ可被遣御內書案文。於予前可認進云々。次大內新介事。被載此御內書內一端可被下。委細自此門跡可申遣旨可被載御書云々。次自門跡嚴密ニ可申遣云々。仍予狀案文飯尾肥前守ヵ前ニシテ認之遣了。可備上覽旨申付也。
廿一日。晴。快惠僧都爲十八道次第正行。傳受參申了。歡喜天供今曉結願。隆濟僧都手代。夏季分也。
廿二日。晴。飯尾肥前守爲御使參申了。題目ハ豐後國人大友若黨共也。肥田。田原。佐伯等ニ。大內新介立歸長門ヘ渡海事在之ハ。大內修理大夫ヲ可合力旨。可被成御內書歟之由。愚身先日意見申樣被思食。其儀歟ト云々。御返答。此三人方ヘ御內書事曾不申入事也。大友左京亮方ヘハ。重嚴密御文章ヲ被載。可合力大內修理大夫旨。可被仰下歟由申入也。若惡申哉云々。　一色左京大夫自今日參籠日吉云云。山上中堂云々。如何。
廿三日。晴。
廿四日。晴。山名禪門音信。畠山匠作所勞大略難儀體。不便〔云々〕。就其子息治部大輔事。如元被召仕樣。以便宜可申沙汰云々。
廿五日。晴。早旦畠山來臨。三千疋隨身。自湯山參洛之後未不來故云々。　午終參室町殿。連歌御月次在之。實相院頭役勤仕。發句同。沙汰攝政。左府以下人數如常。將軍依御痢病氣無御出座。但脇句計如例御沙汰也。

若竹のことしそはしめ千代陰　實相院
早苗ふし立四方のつくり田　將軍
山水をせくや五月の雨の比　聖護院

御連歌終予一人御對面。先日仰條々御返事申入了。九州探題事。畠山意見。如被仰下九州之儀。近日如亂國候間。探題被下遣候者誠旁可宜哉。乍去只今下向仁體曾思案仕不出樣候。若山名一家中其器用モ候ヘキカ。其モ誰トハ難申入候。所詮誰々雖罷下候。大友。

大内様者於憑候ハてハ。定可為難儀歟云々。山名意見。九州探題事ハ先大友。大内間弓矢落居以後可宜哉云々。此等子細申處。猶可有御思案云々。大略御同心之儀歟。此探題事。自小早河方申入間。就其如此被仰談歟。次畠山尾張守罷通裏松亭由。雑説事御尋儀在之。仍尾張守申状。去年十二月為歳末禮。日野北方へ罷處ニ。自上馬乗來間。尾張ハ歩儀間。裏松小門内へ逃入了。若其事ヲ人申入哉。其馬乗ハ同名三河入道云々。　被仰出三條中將題目御返事申入了。　今夕入寺由申了。已出門處。飯尾肥前。同加賀守來。於經祐法眼坊北小路。乍乗輿對謁了。飯尾肥前ハ大友方へ御書。并大友左京亮方へ御内書。可入見參由被仰出云々。仍加一見。御文章珍重由申了。飯尾加賀守ハ關東地藏院坊領事。押領年紀當御代歟。先御代歟云々。可尋申入云々。予返答。先御代様存〔候〕。但猶相尋地藏院重可申入云々。　今夜丑刻右衛門督局産平安。姫君云々。

廿六日。晴。　將軍渡御畠山亭。新造云々。　地藏院坊領關東所々押領事。當御代應永卅五年云々。但此内伊豆國兩郷勝定院殿御代不知行云云。此由被載書状間。以幸秀法橋遣奉行飯尾加賀守方了。

廿七日。雨。　佛眼法今曉結願。　修中每事無為珍重。　大友使節瑞西堂來臨。自公方御返事昨日拜領仕了。明日先可立飛脚候。御書可拜領云々。仍先大内新介并中務大輔馬場ト號。事。不可致扶持由嚴重仰趣計申遣了。　他事一向不申之也。

廿八日。　一色左京大夫方へ遣使者處。今日自參籠罷出云々。仍使者參會路次云々。

廿九日。晴。小雨。

六月

一日。小雨。陰。御臺御本尊五指量白檀愛染。今日造立。開眼供養進了。五指量寸法等事。去月十二日計申了。今度一指量七分。仍三寸五分歟。但口傳三寸也。除寶瓶定也。自御臺本尊開眼御布施。練貫五重。盆。堆紅。香合堆紅。拜領了。不存寄祝着々々。實意僧正持參。御使云々。仍一重十帖獻之了。日野中納言家□(秀)卿酉終入滅。春秋卅二歲云々。猶子事廣橋中納言息被定了。家□卿大納言事内々申入處。不可有子細云々。則御執奏云々。

二日。晴。房宗僧正理觀院來。花頂門弟。花頂所勞以外云云。附弟花山大納言息當年十一歲云々。去月已得度云々。室町殿御猶子號被免下者可畏入云々。以廣橋中納言狀申。自來十二日可被行五壇法。末壇阿闍梨一人可召進〔之〕由仰云々。仍可召進賢快僧正妙法院。之由申了。自山名方音信。今朝出仕處。門跡何比可有出京哉之由御尋問。明日之由申了。早々御出京珍重。明日御歌御會又〔御治定云々〕。

三日。晴。早旦出京。午終參室町殿。於壇所月次。淨土寺。待申了。實相院來臨。申半歟御歌御會被始之。於新造御會所在之。一獻三獻如例。式頭役山名禪門。新造御會所御歌始被講之間。少折紙千疋進之了。大名以下各太刀千疋進之。大内修理大夫持世弟盛藏主。相國寺僧也。依舍兄申狀被還俗。今日實名敎祐(スケ)。太刀一腰被下遣之了。山名申沙汰之也。唐船事。大略今日治定了。寄合八幡丸號船也。船事。赤松令奉行面面催促之。舟修理以下事可申付云々。此由直ニ被仰付了。祈雨奉幣事。可申沙汰旨。可仰付廣橋中納言旨承了。神泉苑掃除事。可沙汰旨被仰赤松了。御歌酉半終了。去朔日重賓拜領祝着之由。以淸雲庵申入御臺。其後退出了。歸坊〔之〕處。赤松入道兼來相待間。對面了。　唐船奉行事等不審。次侍所上表事。來八月御下向兵庫。其次明石幷播磨書寫山以下。可有御一見云々。旁營々間。京都者共大略可召具之間。御留守中殊一大事也。可被仰付餘人條。可畏入旨歎申入云々。及秉燭入寺了。　爲御臺御祈今月分。花頂僧正手代。房能僧正參住。於室町殿殿上護摩勤仕之。尊法不知之。道場同所。念誦召具之歟。每月儀如此。　室町殿御小袖間別〔ニ〕被立之。今日立柱云々。

四日。晴。　顯濟法眼。經譽。重賀。台藏次第傳受。長濟僧都重受。以上四人於同席傳受了。自今日暗誦始之也。

五日。晴。　今日祈雨奉幣被行之。自申初夕立雷鳴大雨降。夜中又大雨。　自赤松使者上原二郎左衞門云々。唐船御人數武家方事。畠山。〔細河〕右京大夫。一色。細河讚岐。赤松。以上五人候。其外御人數門跡以下事。內々爲此門跡可被仰云々。先只今八幡丸船頭方へ可下行用脚七萬疋候。此御舟御人數御門跡以下悉皆十人候歟。然者七千疋各今明間可有御沙汰云々。

六日。少雨灑。以立阿彌自將軍被仰出。神泉苑門ノ下破損不可然事歟。早々可加修理旨可仰付東寺云々。次築垣少々破損云々。此築地破損ハ洛中衰微之儀由山名申入也。旁可加修理歟云々。　御返事。神泉苑門〔ノ〕下ノ破損修理事。定不可有大儀歟。可申付也。此修理等事强爲東寺非致沙汰儀候。先々大略爲公方御沙汰歟。近比鹿苑院殿北山ニ御座時分。故道將入道管領時歟。被仰付門以下築地(垣イ)等。如法如法嚴重修理キ。依其于今無爲候歟。其時御有增。北南三方ハ築地ヲ可被付由御沙汰候キ。依御無沙汰。無其儀候歟云々。召寄寶清僧正。此由可仰付旨。申付法務僧正了。

七日。晴。大乘院來臨。昨夕出京云々。就南都撿斷事。於管領在所者任先例。爲門跡可致其沙汰由被仰出間。祝着爲御禮今朝參室町殿。御對面云々。時食相伴以下被歸寺了。山名禪門音信。來十二日御連歌。赤松亭へ渡御間。來十七日ニ御延引云々。

八日。晴。恒例愛染護摩結願了。午初刻歟自京極方以使者申。御產氣分已出來。只今小宰相殿御出御產所。早々馳申入也云々。仍理性院。妙法院忩々先可參申御產所旨申付了。予午半歟出京了。未末參御產所。重衣。坊官兩人親秀。經長。召具之。自聖護院驗者兩人賴賀法印。朝融法印已參申。於產所近邊隔几帳。加持高聲ニ申。護身儀如常。最初心經。次千手タラニ。次慈救咒。以此咒責伏加持申也。如此加持及數ケ度了。間ヲ隔テ理性院僧正。妙法院僧正。賓清僧正。其外妙法院出世一人。憲瑜。賓清僧正弟子源清一人召具之。慈救咒出聲。各同音誦之。予同居一所。准胝眞言微音誦之祈念之。陰陽師在方卿。有盛卿祗候。各布衣。醫師大膳亮云々。實名不知之。祗候。折烏帽子單物體也。御產奉行二階堂山城守。松田八郎左衞門同祗候。兩人上下體也。予入門內時降逢庭上了。蹲踞。爰大膳亮申樣。酉初歟既御子歸ヘリ候ト存也。仍御產不可在程之由存處。于今遲引。無心元存云々。「酉半大膳亮申。只今御血下候キ。產則血ノ出事以外凶事候。入夜御產候者至極ノ難儀ト存云々」。在方卿又申。御占樣今朝巳時分ニテハ御難儀勿論。御兩所無爲之儀且不可在云々。兩人已如此申間。迷惑只無申計云々。大膳亮片時之內十度計モ只今已御出生ト候ヘハ又御延引。併御邪氣ト存云々。已及昏黃秉燭間。一心ニ念本尊悲願外無他事。戌初刻計歟。堀河局來申。只今漸御氣分頻候。殊可有御祈念云々。此間兩三人來同樣申間。念誦高聲。酉半ヨリハ一向止慈救咒誦火界咒了。同音高聲也。戌半計歟。已御產無爲平安云々。男女相尋處。不分明由大膳亮申。堀川局又來申。御產無爲珍重。乍去又姫君御座云々。無力次第也。弦打役人等白直垂ニテ勤之了。戌終歸上門跡へ歸了。自其入寺及子半了。二階堂山城守申。御湯加持可爲何樣哉云々。予申。今夜ニテ御座候者可待申。所詮理性院僧正爲手代可參勤由申付了。仍留置御產所也。今夜延引。來十二日云々。理性院僧正歸寺及曉天云々。今度御符進次第。二月廿八日以來。三種子書之進了。今朝臨御產易產符四句偈。進之。次左右手ニ握テ令服符。兩度進之了。理性院僧正牛黄加持符云々。二粒一二。進之了。其後又予符四句偈。廿粒進之。一向是計令服給云々。此符以淨水雖可令服給。產者服冷物事祭忌由大膳亮申間。以湯每度令服之了。　今度御祈以下委記在別。仍具不記置之。　自身沙汰分准胝護摩一壇。每日三時。　焰魔天供一壇。　訶利帝供一壇。以上三壇。金剛輪院南向六間中央ニ立准胝護摩壇。右方行者東。焰魔天壇立之。同左行者西。立訶利帝壇。大幔引之。本尊准胝。壇與訶利帝壇間南北ニ大幔引之。訶利帝壇爲令不顯露也。訶利帝供雖非祕法。如此憚顯露來者也。以上六間一所愛染護摩一壇。不動護摩一壇。以上同院護摩堂長日壇相兼沙汰之了。　此等雖可爲自行分。極暑之時分數壇難儀上。出京往反長日行法以下。凡不得寸隙樣間。准胝護摩三時一向自身行之。其外ハ大略用手代了。　准胝護摩。焰魔天供。以上二壇於灌頂院造合沙汰之。金剛王院僧正手代勤仕之。　五月九日以來令結番。參籠准胝堂。准胝護摩勤仕之。結番衆山務隆圓法印最初一七日參籠。支具料下行之了。次隆增法印。隆瑜僧都。俊增僧都。弘喜律師等各一七日參籠也。勤修次第等每事如初。今月八日相當弘喜參籠也。准胝護摩。焰魔天供。已上二壇理性院僧正爲助念沙汰之。仍支具不及下行。　六字護摩。妙法院僧正。　如意輪護摩。水本僧都。　佛眼供。大慈院僧正。　不動護摩。藥師供。寶嚴院僧正。　千手供。(八幡)仲快法印。

九日。夕立雷鳴。今日神泉苑掃除如先々。自東寺奉行等罷出了。內々加下知也。人夫任先例洛中町人夫。自侍所召進之了。　自去朔日造立愛染王護摩今日結願了。卷數幷御本尊。以經祐法眼進御臺御方了。右京大夫局請取云々。目出之由承了。　小宰相局御產御祈悉今日結願。卷數數枝。撫物數ヶ付奉行二階堂山城守進之了。

十日。少雨。

十一日。大雨。自未初天晴。

十二日。晴。八日誕生姫君御湯始爲加持。理性院僧正參申了。重衣。作法等定如常歟。爲手代參儀也。　自今日於室町殿五壇法始行。中壇。聖護院(寺)准后。　降。良讃(同積善院)僧正。　軍。賢快(醍醐妙法院)僧正。　大。實意(寺住心院)僧正。　金。良昭(山檀那院)僧正。重賀台藏立印了。首尾九ヶ日暗誦也。

十三日。晴。酉初雷鳴夕立。經譽台藏立印了。暗誦首尾十日也。　小宰相局方へ符進之。使者寶清僧正。同御加持可申旨加下知了。　武田刑部少輔入道來。今朝御判拜(領カ)。攝州溝(ミツクイ)株庄ト云々。此間大館上總入道知行云々。祝着之由申入也。

十四日。晴。自管領使者飯尾美作守參申。愚息治部大輔夜前他界仕候了。愁歎過賢察候。就其當職事。來月大饗マテハ可堪忍申由。雖被仰出候。如此儀出來上者。且御祝砌ニ可祇候條尤其憚〔候〕。御免樣申御沙汰〔候〕者可畏入云々。返答。治部大輔事。此間ハ聊減氣樣承間心安存申處。只今始承了。自何驚歎無申計云々。御心中奉察候。職御上表事不可依此哉。乍去承旨何樣可伺機嫌云々。　顯濟法眼台藏立印了。暗誦首尾十一日歟。　自酉終雷鳴。大雨及亥剋了。　就花頂僧正定助所勞危急。附弟事申入旨。以書狀申遣廣橋中納言處。卽披露了。仍附弟御猶子事。不可有子細云々。眉目至祝着之由申賜了。

十五日。晴。　恒例不動護摩開白。毗沙門供同前。爲小宰相局祈禱。愛染護摩。焔魔天供始行。彼仁窮屈之由。內々自大膳亮方申入間。別而令始行了。非彼所望也。　眞言院造立事始沙汰之。　大勸進三條大宮長福寺看坊主律僧沙汰之。內々經時宜了。此用脚去年以來自將軍御約束連々可有御沙汰云々。　且被出之間事始了。珍重云々。一宗大慶不可如之歟。御馬等事不及申入也。酉初雷鳴夕立。　花頂僧正定助入滅。春秋七十歳。不懸本尊。不勸五字明。如睡入滅云々。此儀此僧正兼申置儀云々。殊勝歟。

十六日。小雨灑。　今夜月蝕亥初刻也。曆面所注虧初酉初刻六十二分半。加時戌二刻四十分。複末子四刻十七分半云々。　然蝕時刻二時計歟延引了。日蝕ハ一時アカリ。月蝕ハ一時サカルト。陰陽家故有世卿等申キ。今夜巳二時計下了。蝕御祈勤仕輩尤可有此故實歟。今夜蝕始中終見之了。　當寺初夜鐘以後也。仍亥時歟。但亥半マテハ猶戌刻歟。　微雲雖覆之暫時儀也。仍蝕全體出現以外也。　御祈勝寶院僧正云々。

十七日。晴。　曉天出京。巳初參室町殿。御對面。

條々申了。細河右馬助與畠山匠作入道緣ニ成事。無跡形事由申旨申了。此子細則畠山左衛門督入道申入旨也。治部越前守御免上。御前披露等事如元被仰付者。可畏入由申處。向後不可申奸謀由。出身血可進告文云々。前安居院如元可歸坊事。可爲何樣哉由申處。尤思食也。可仰談廣橋中納言。一條左府內々被申前途事。今度年內中定左府御轉任可在之歟。然者爲前官一日モ可在之事。且爲家計會。仍申談攝政。可然可計略旨被申間。內々愚身申談攝政處。左府被申旨尤候。所詮當職事可與奪仕。明年正月天王御元服加冠事。任至德御佳例。可被仰之由兼仰也。然者如何由被申間。予申趣。年中左府攝政事可被辭申云々。此條又尤祝着由攝政被申也。此條併又可任時宜。可爲何樣哉由申處。此趣返々宜思食云云。此由申左府處祝着云々。攝政方へ以書狀申處。以經康委細返答。此事已被申入哉。本意來十九日ニ當職與奪儀。以廣橋中納言。內內可申入云々。申半歸寺。自今夕新姬君御祈佛眼法。於本坊金剛輪院修行之。伴僧六口。弘永法印。快圓律師。超慶律師。賴全阿闍梨。快助阿闍梨。承仕明隨。常弁。道場南面六間西障子ニ傍懸万タラ。前ニ立壇。南北大幔引之。東伴僧座。供料三千疋。奉行二階堂山城守。新座輿舁二人召置了。

十八日。晴。小宰相局撫物。以慶圓法眼申出了。立阿造作珍重由申。千疋以慶圓法眼遣之了。

十九日。晴。來月廿五日內大臣大饗御治定云云。尊者事可爲一條左府之旨御治定云々。御着陣兼宣旨。來廿四日同日云々。旁珍重珍重。五壇法今曉結願云々。

廿日。晴。業忠來。昨日室町殿家司ニ被召加間眉目。至御佳例間一段可祝着云々。佳例ト者。康暦元年鹿苑院殿大饗被行之。件度業忠高祖父良賢。法名常宗入道。當時現在八十有餘老者也。被召家司云々。此事也。誠相應珍重珍重。

廿一日。晴。（云イ）申終雷鳴。結城七郎來。河内所領拜領祝着々々。二千疋太刀隨身。　寶幢寺長老來。自南都佛地院苽榼等到來了。任例細美三。染付鉢一遣之了。　慶圓法眼今日參室町殿。懸御目云々。太刀國行。千疋進上云々。今日參事ハ先日大ツホ鞍進上處。　殊勝御悅喜由。連々被仰出間。爲畏申入云々。一色左京大夫指南云々。　恒例不動護摩運時今曉結願了。　明日例日故也。　自京極方以三浦四郎。先日引物三種三重小盃小香合送進之了。對謁。使者太刀賜之了。　其次申。　姫君御袋此兩三日聊御風氣云々。御符御守等太切。次御祈事可被仰付云々。

廿二日。晴。　廿三日。晴。

廿四日。晴。　早旦出京。　畠山修理大夫入道使者三宅筑後云々。於勸修寺參逢了。　相尋處。參京御門跡可申入云々。辰半於京門跡。三宅筑後申旨。以俊榮相尋處。所勞事爲御尋。去廿一日御所樣令成私宿所御條。　生前面目畏入候。次治部大輔事。如日比可被召仕旨同被仰出間旁祝着。於今ハ無存置儀間尙々畏入候。便宜時者尙々御芳言可畏入云々。　事子細旁爲相尋令對謁了。先所勞體尋問處。此四五日之間吐氣以外。大略依之難儀可出來歟之處。自昨日晝程吐氣平愈之間。聊取延體云々。此吐氣次第觸耳事在之。仍具相尋處。不思儀ノ藥ヲ令服。其以來如此間。此藥ヲ少々內ノ者共ニ令服處。悉同體ニ候間。言語道斷事也云云。醫師何者哉由尋處。若隱密歟分明ニ不申之也。其後以慶圓法眼。今朝遙々使者爲悅。

次御不例樣又如何。無心元次第等申遣處。彼返事。御使畏悦云々。次醫師三位粉藥ヲ令服處吐氣以外。其以來如此彌窮屈仕云々。其後遊佐參申間。事子細相尋處。三位藥云々。匠作妻以下男女此藥ヲ九人歟令服處。悉以損事。希代事云々。凡不可說事也。珍事々々。

今日戌剋將軍御着陣始。幷大臣兼宣旨兩條同日之儀。先例兼有其沙汰處。度々例宜云云。仍同日也。此等儀攝政幷左府意見云々。扈從公卿七人。殿上人十二人烈轅供奉。御行粧凡驚目了。京坊東大路(萬里少路。)御路之間於門下拜見了。大乘院來臨。其外公家輩少々於一所見物申也。此御祈任康暦例。聖護院准后於本坊金剛童子小法勤修之云々。供料三千疋云々。　惣奉行萬里少路大納言時房卿。康暦此卿父嗣房公奉行。御佳例云々。御出時分少雨灑。不及取笠歟。即時天晴。珍重々々。

姫君御祈佛眼法今曉結願。卷數撫物以奉行二階堂山城守進了。御袋御祈愛染護摩幷炎魔天供。卷數撫物同進之了。使者兵部卿法橋親秀。

廿五日。雨。僧俗如例群參。但僧中護持僧計。南都兩門(大乘院。一乘院。)參計也。各重衣也。予重衣。着小指貫。寳池院同車。賢紹僧都召具。(同重衣。)房官兩人(單衣體也。)參會了。聖護院以下大略袖輿體也。各折紙太刀進之了。予幷聖護院二千疋太刀。自餘悉千疋云々。常住院不及進云々。南都兩門各三千疋太刀云々。攝政以下折紙事千疋歟。不分明也。諸大名萬疋太刀云々。但一ヶ國守護三千疋　太刀云々。　面々御對面以後。又予重可參申入由蒙仰間參申了。今日諸人進上折紙來月大饗方ヘ可被遣由可申畠山。山名兩人旨承了。不足已二千貫。諸大名可進支配處。如今者大略不可有不足歟。珍重由申了。次管領上表旨申入處。來月大饗マテハ可堪忍由被仰。又領掌申入處。何樣子細哉云々。予申。其事候。愚身モ如仰申處。管領申入旨ハ。昨日御大儀已無爲候。此御大儀マテ堪忍仕條以同前ト存候。就中愚息治部大輔罷候間。御吉事ノ（死イ）砌ヘ最前ニ御太刀等持參。公私如何ト存樣候間。就此一事只今重上表事申入云々。時宜其謂有樣ニ思食歟。仍此子細畠山意見可相尋由承間。罷歸後召遊佐申遣了。

廿六日。少雨。御室以下門跡今日又參禮云々。今少路三位中將今朝參申云々。

廿七日。晴。自將軍被仰出畠山修理大夫入道今日中ヲハ不可過云々。仍攝政ヘ渡御事。（東）來晦日御約足也。此邊渡御事ハ。不可及御不審。可被延引歟也。但攝政ヘ事ハ。可爲何樣哉可計申入云々。予御返答。畠山大夫事先驚存〔候〕。就其攝政亭ヘ光儀事。御延引可有何子細哉。七日中定御憚計候歟。然者四五日御延引。彼煩等モ不可有由存也。但可爲時宜云云。此仰赤松播磨守。召經祐法眼申也。其後申終自經祐法眼方申。御返事趣申入處。攝政とのヘ入御延引之由被仰出也。畠山匠作既落居云々。仍畠山左衞門督。幷阿波守以下方ヘ訪遣了。畠山修理大夫滿六十云々。

廿八日。晴。

廿九日。晴。顯濟法眼。經譽。重賀。自今夕台藏正行開白了。長濟僧都薄草子初重阿彌陀佛眼兩尊傳受了。自山名禪門方音信。來月大饗用脚等事申了。駿河守護今河上總介嫡子彥五郎遁世由內々申賜也。

晦日。晴。自廣橋中納言方奉書到來。二星合變異。幷日吉八王子山震動事等御祈。自來四日別而可致懇祈云々。次當寺々僧等各可抽精祈云々。
奉書案。
二星合變異候。加之日吉八王子山震動事。旁以御祈禱事。別而自來月四日可有御祈念之由仰候。御結願可爲同十三日之旨被仰下候。以此趣同可有御下知醍醐寺之由。可令得御意給候也。恐々謹言。
六月卅日　兼鄕
理性院僧正御坊
請文。
就變異幷八王子山震動事。自來四日可致懇祈之由承了。修愛染王護摩可抽丹誠候。當寺々僧等各可凝精祈之旨。同令存知之由可令披露給也。謹言。
六月卅日　判
禮紙。
結願可爲來十三日之由承了。兼又五色五十籠送賜。祝着賞翫此事〔候〕也。

七月

一日。晴。愛染護摩開白。恒例。入堂。同前。尊勝千反タラニ。同前。毗沙門供。同前。百座愛染供。同前。

二日。晴。鷹司大納言來臨。今度大饗以下出仕所望事被申也。自攝政條々承事在之。使者經康。來四日室町殿渡御必定。可令參會申云云。玄阿。祖阿來。一折張行。各帷賜之了。但代也。

三日。晴。

四日。晴。早旦出京。先參室町殿。於寶池院壇所待申。攝政同入御。今日家門渡御事爲申入參云々。此儀先々曾無之。大略以使者被申事也。攝政以參被申事モ今度初歟。如何。予鹿苑院殿以來。及當御代已三代申入處。于今無其儀。自餘公家門跡又同前也。何樣事哉之由申處。御參可然之由赤松播磨指南申故也云云。室町殿渡御嵯峨云々。還御午末刻歟。先攝政御對面。次予參申了。管領上表事。畠山意見旨申處。先暫辭退事不可叶云々。　申初罷向攝政亭。　聖護院准后參會。　於梅香軒雜談。攝政御出。別當(廣橋)參申。向予密々申趣。鷹司大納言今度御拜賀。幷大饗等出仕事。御申由被仰出。時宜快然候キ。珍重候。次武者小路大納言御拜賀供奉事申入處。今度ハ不可叶由。被仰出之旨內々可申入云々。申初刻歟。室町殿渡御。自門前御下車。實雅朝臣參御車。御劒持之。　攝政降逢階下奉入之。　聊御禮在之歟。予聖護院不及參向。於內(梅香軒)奉待之了。入御之後參申御座敷。　如例式。　南頰東ニ將軍御座。北頰東聊引下攝政令着給。　西頰南ニ予。次聖護院。次間北。　西頰南上首三條大納言公保卿。別當中納言兼鄉卿。藤宰相入道永藤着座了。役送雲客實雅朝臣。永豐朝臣。資雅(伯)。雅親(飛鳥井少將)。各布衣。獻盃之儀如常。七獻歟之後於嗽玉亭三獻在之。已及秉燭了。其後還御。予。聖護院相隨攝政御門送ニ參申了。　頻御禮間留了。予於此亭傍着改直綴。直歸寺。及子刻也。自今夕變異幷八王子山震動等御祈愛染護摩開白。但用手代了。賢快僧正。　當寺御祈每日於社頭尊勝タラニ誦之。結番了。　在方卿來申。變異相剋占文旁〔不快云々〕。次八王子山〕鳴動事先規未無之〔云々〕。鳴動去月十八日。十九日。廿日〕三ケ日云々。但此日限不分明云云。占文事社家注進時刻不分明間。不及勘進。又重無御尋儀云々。因在方卿語云。大宮杉木上。黃衣着タル宮仕六人徘徊。自山上下山衆徒兩三人見之。希代々々。今月初比事云々。

五日。晴。　爲若公祈禱兩社御神樂獻之。　小野藥師堂四十九灯。幷弘豪法印。超慶律師。快圓律師ニ仰。於彼堂中藥師經各一卷讀誦了。自一昨日痢結氣出來之間依之也。丹三位行基入道參申。良藥少々進之也。御脉無殊事云々。

六日。晴。尊師御忌日。竪者弘玄阿闍梨。注記經譽。第一問隆僖僧都云々。第二以下問不知之。竪者所作無違失云々。每事助成如年々。若公痢未通。今日爲養性御出也。家門。

七日。晴。自申終降雨。甘雨歟。少雷鳴。一折張行。外人無之。今日仙洞御花如先々進之了。

八日。雨。愛染護摩結願。由中法印融清參申。唐船御人數畏入云々。自一條殿以大藏卿入道。來廿五日大儀出立一物。未無用意之由種々承旨在之。仍代官食籠。進之了。惣寺造營料少分。明日可進〔之〕由申了。今日又於小野藥師。四十九灯奉備之。快助參詣。若公自昨日減氣云々。珍重々々。

九日。雨。自未末晴。於春日東洞院侍所。內者與伊勢〔守〕內者喧嘩出來。兩方手負十人計云云。死人在之云々。明日御社參御路掃除事。侍所內者共奉行之。町人ヲ催時。伊勢內者雖澁之間召取之云々。就之喧嘩出來云々。

十日。晴。將軍八幡御社參。御力者如先々召進了。還御可有六條御社參云々。先規每度事也。實池院參會。自申初夕立。不雷鳴。自八幡還御及子刻云々。六條八幡宮御進宮物如先先云々。

十一日。雨。自未末雨脚止。自山名音信。唐船幷大饗用脚以下事。酉半歟出京及秉燭了。

十二日。晴。早旦參室町殿。僧俗少々參。予於寶池院壇所待申處。以廣橋中納言內々被仰出。只今渡御南禪寺。還御以後可有御對面。於壇所暫可待申入云々。攝政。左府。竹內聖護院准后。一乘院僧正。實相院。座主僧正。淨土寺等來入壇所。巳末歟自南禪寺還御。早々御對面。先俗中。次僧中如常。予別而可被仰旨在之。僧中悉御對面以後可參申入由。以別當中納言被仰間。面々退出之後參申了。於御會所更御對面。無殊事。就管領事內々被仰事等在之。畠山左衛門督息。今朝南禪寺御出御輿前半町計處ニ乘馬。何樣次第哉不被得御意云云。次今度就唐船事島津庶子惣領。自去比島津庶子伊集院ト合戰。島津惣領大略及難儀。仍唐へ可被渡硫黃。去年以來被仰島津十五萬斤用意處。及庶子惣領合戰之間。無覺束被思食間。禪僧號瑞書記ト。此間自九州令參洛也。重令明可被下遣。仍此僧申請旨島津庶子惣領方へ御敎書硫黃令奉行可渡瑞書記云々事。事等申。就其少貳方へ御敎書事簡要之由申間。可被成遣也。仍少貳事可爲何樣哉云々。予御返答。少貳此間非御勘氣之儀。今度御料國筑前國へ。無左右打入條狼藉次第御切諫歟。對馬國等當時モ知行儀候歟。就唐船警固第一簡要方間。尤可被成遣歟云々。御使赤松播磨守也。次島津庶子伊集院方へ御敎書事。惣領庶子共可被遣者無子細候。萬一惣領合戰ニ打負候者。只今御敎書無益トテ。使節僧瑞書記ナト相計。庶子伊集院方計へ付御敎書候者。只今硫黃御用計ニ不及是非御沙汰。以庶子被相定惣領樣ニ。申成候ハムスラント存候。但可爲時宜云々。赤松播磨守尤由同心也。晚頭歸寺。

十三日。晴。自去四日變異。幷八王子山振動等御祈。愛染護摩今曉結願。當寺同前。卷數各付遣廣橋中納言方進之了。自去七日御臺御祈。大威德護摩今曉結願。妙法院僧正退出。卷數持參御臺。少折紙千疋。進之云々。念誦伴僧三人。各淨衣。黑色。供料二千疋云々。月次北斗法今曉結願云々。盂蘭盆經書寫如常。
十四日。晴。就家領直務事。自攝政申入旨。去十二日一端申入了。就其可申催促。可遣書狀於廣橋方旨。自攝政所望間書獻之了。就其表書事。別當中納言ト可書條。無相違事哉由。內內攝政へ不審處。帥中納言等ニハ相替歟。仍散狀ニモ不加中納言也。只別當殿ト計可宜歟云々。仍如然書進之了。 山上山下盆供。菩提寺自恣僧供養物等下行如常。 廳務奉行之。 自將軍唐墨一挺拜領了。聖教書寫料之由仰云々。
十五日。晴。 盆供如常。導師弘豪法印。 恒例不動護摩開白。
十六日。晴。 八幡快惠僧都金剛界傳受。 重受間縮日數。加行正行二七日可修之由仰含了。仍不及暗誦之儀。立印一度沙汰之了。
十七日。晴。 曉天出京。巳末剋參室町殿。御對面。唐墨拜領祝着之由申入了。 晚頭歸寺了。
十八日。晴。 自攝政音信。 賀州井上庄（當時經成卿知行）。半分。任永德例拜領祝着云々。今朝以別當被進御書云々。
十九日。晴。 大饗御習禮。於室町殿在之云々。
廿日。晴。 自今河上總介方。 今度富士御覽ノ爲御下向。於分國（駿河）。御晝ノ休御宿事。任鹿苑院殿御下向例。律院可用意之條如何云々。仍彼寺指圖進之了。 如法〔々々〕。廣轉寺也。佛殿以下寮々數ヶ在之。尤宜由返答了。
廿一日。晴。 申初少雨灑。雷鳴。 今河上總介方へ。去春音信返報遣之了。明日可下遣云々。扇二裹白太刀一腰遣之。 使者三浦安藝守方へ織小袖一重。太刀一腰遣也。
廿二日。晴。 每月太子講於菩提寺沙汰之。如常。供料爲庄役每月分百疋遣之。 依土貢多少支配之也。 自大內修理大夫方狀到來。使者慈本西堂也。雜掌安富掃部同道之。三千疋進之云々。
廿三日。晴。廿四日。晴。
廿五日。晴。曉天出京。等持寺長老召請之間罷向了。時點心在之。崇壽院。勝鬘院相伴。曹溪來臨。惣一撿挍音曲申之。予初罷向間千疋隨身了。去月廿四日以來。大饗大儀無爲御祈今曉結願。卷數付遣奉行萬里少路大納言了。但明日可披露云々。（南都）京門跡唐門ヲ棧敷ニ構之。聖護院准后。大乘院。實相院等來臨。室町殿御出遲々間一折張行之。發句喜久壽丸。脇聖護院。第三大乘院供奉兒也。祖阿祇候了。御拜賀御出酉初。最前松明持仕丁。次笠持白丁二行。次番頭以下如常。太刀帶十番。地下前駈十人也。扈從公卿□□□。殿上人□□□。還御子未刻歟。自丑半計大饗儀被始之。尊者一條左大臣令出給。其儀嚴重。諸卿中門外殿上前邊南面歟列立。尊者向彼揖在之。主人降南階給時。御隨身取松明警蹕申之。次被退之。次尊者入中門。南庭ノ南ノ方北面奉對主人立。次諸卿尊者後ニ東上北面ニ列立。〔末諸卿中門ノ下ニ辟折テ南上東面列立。〕次主人對尊者一揖。次尊者答揖。次烈立諸卿悉蹲踞。此儀今度新儀云々。尊者如元立給也。今度揖讓ノ次第三讓再辭云々。仍階下ニテ尊者ノ答揖無之。傍東欄令堂上給了。主人ハ傍西欄令登給。尊者ノ座奧ノ東聊丑寅ニ寄テ敷之。主人御座南第二間ノ疊號親王座令着此疊。次主人令起座給。於大床西座（號一世源氏座）。取盃。令至尊者前給。爰着座。悉起座。公卿座前邊蹲踞歟。此條又新儀歟。次雅親自東進出南ノ第一間ニ。主人御座（圓座二枚敷重之）。敷之退出。次主人今度ハ令着其座給了。次諸卿還着本座了。次獻盃儀等嚴重。着座公卿以下睡眠以外歟。主人一切御睡眠御體無之。希代。事儀每事嚴重。頻催感淚了。饗儀終穩座儀在之。大床西ニ東上北面令着給。最前左府尊者。令着。次主人御着座。自主人御座。一間許去西左大將信宗卿。和琴。大納言□□□。笛。以下役人着座了。此等座殿上人六位等敷之也。大床東隔階間。攝政一人着座。圓座二枚如常。獻盃儀在之。尊者祿衣主人取之給。別當兼鄉卿手長勤之了。嚴重々々。尊者聊去座請取之給了。中御門大納言俊輔卿進出。尊者前衣撤之了。次馬二疋引立南庭了。於中門下尊者隨身請取之歟。其邊不分明。廿六日辰終巳初歟事畢。諸卿退出。予。聖護院准后。靑蓮院。實相院。寶池院內々伺時宜。頸卷體ニテ始中終令見物申了。邂逅大儀。一事障無之。天快晴無風雨難條。併將軍御威德歟。今度御出仕之前。夕立及兩度了。永德御例如此歟。眞實天感應顯然。珍重々々。內外莊嚴。諸人行粧。筆舌難及云々。萬代規摸何事如之哉。今度御祈任永德御例。聖護院准后於本坊。金剛童子小法勤之。供料三千疋云々。其外自去月七月。廿四日兼宣旨日。護持僧中御祈可勤仕旨被相觸間。予愛染供每日三座及今日勤之了。卷數今日進之了。諸人同前歟。　今夜來臨寶池院壇所輩。俗中二條中納言中將。今少路三位中將以下。少々饗應在之。門跡ニハ聖護院。靑蓮院。實相院以下也。　今夜大饗失禮。尊者祿衣以前ニ先馬引出之。仍奉行忠長朝臣追入之了。尊者退出時ハ韈ハタシニテ降階下給了。主人同前。每度此儀云々。

廿七日。晴。今日予猶在京了。參賀明日云々。大乘院。實相院等召請。昨日一折滿百韻了。

廿八日。晴。早旦參賀。予香鈍色小袈裟。乘車。賢紹僧都乘車尻供奉。鈍色。房官二人經乘。經長。乘車供奉。僧俗悉參集了。御室重衣乘車。扈從僧綱同前。下川原宮。妙法院宮。相應院宮。以上三人乘輿。袖白。重衣體。以外無行粧也。聖護院以下悉香染着之。護持僧中悉同前。南都兩門一乘院。大乘院。各香染着之。乘車。俗中前關白衣冠。左府。右府小直衣也。其外大略衣冠也。但不同。　靑蓮院。勸修寺宮各重衣也。　予折紙三千疋進之。聖護院。大乘院。一乘院。御室等同員數云々。靑蓮院五千疋云々。　其外[八]大略千疋云々。　御室以下宮悉太刀ヲ被副進了。護持僧中無此儀。　今夕歸寺了。

廿九日。雨。

八月

一日。晴。　御憑如常進之了。內裡。仙洞。室町殿。以上三ヶ所也。進物又如常。　恒例愛染護摩始行。　入堂同前。　尊勝千反タラニ。百座愛染供等如常。　自今日臨時室町殿御祈今月中當番也。仍愛染護摩始行之。每日護摩一座。供二座。一月中如此兩三年規式也。　內裡御憑繻子一端。御銚子提。引合卅帖云々。仙洞御練貫五重。引合卅帖。　室町殿御屛風一雙。御扇一裹。高檀紙。　自仙洞御返牛一頭。自室町殿御盆。蓮。　香合。堆紅。花三在之。　五重。十帖也。

二日御憑室町殿ヘ今日進之了。牛一頭。

二日。晴。　東大寺別當西室房俊僧正死去云々。

三日。晴。　室町殿ヘ今日御憑盆一枚。桂漿。水瓶。茶椀。在蓋。食籠剔紅。一。　御返。盆堆紅。一枚。　金襴一端。五重。

四日。晴。　小雨灑。早旦出京。參室町殿。御對面。八朔御返重寶拜領。祝着之由申了。　兵庫御下向十三日。事。攝政幷左府。諸大名。八幡宋淸法印。融淸法印。以下御尋之處。放生大會之間。御留守事別而非御神拜等儀者。可有何子細哉之由申入也。雖然猶御不審間。爲被伺神慮。

被召御闔處。放生會之間御物詣不可然旨御闔之間。被延引。來十七日云々。次御直衣始來廿七日。左大臣御轉任同廿八日御治定之由御物語。珍重由申了。次管領上表事。大饗以後不可有子細之由御堅約之間。其分令存知之由連々申。可爲何樣哉之由申處。今月中ハ種々事共御計會也。〔來月ハ九月之間。十月ニ必々可被仰付別人。〕其間ハ可堪忍之由可仰付云々。仍召甲斐此由仰含了。申初歸寺。

五日。晴。　土岐大膳大夫參洛。大饗御禮云々。今夕及夜陰間。不懸御目云々。

六日。晴。

七日。晴。今曉雷鳴大雨降。　將軍被改御判云云。諸大名御太刀進之云々。公家御判ニ被改也。鹿苑院殿御例歟。珍重々々。　土岐大膳大夫今日懸御目云々。

八日。朝雨。愛染護摩結願了。

九日。雨。

十日。晴。　土岐大膳大夫今日御暇給。　明日可下國云々。仍來臨。今夜ハ當所ニ逗留。　花頂今日參室町殿云々。

十一日。晴。小雨。早旦出京。日野春龍丸(シュンタツ)今日初參室町殿。同道構見參了。萬疋太刀進之。　山名禪門來臨。備後矢野庄事被仰付了。　祝着云云。三千疋隨身。　管領事內々可被仰細河旨。爲門跡今日可申由被仰間。申右京大夫。則來臨。計會由種々周章。　御臺御祈事。　別而被仰談旨在之。　此門弟中幷聖護院門弟各三人。以上六人可修旨注進了。　予門弟名字幷可修尊法次第等。折紙ニ書載之。以住心院僧正進之了。以女中可備上覽云々。　准胝護摩。焰魔天供。理性院僧正。　不動護摩。禪那院僧正。　大威德護摩。毗沙門供。妙法院僧正。酉初歸寺。　聖護院門下此御祈勤仕人數。金剛童子護摩。歡喜天供。若王寺僧正。不動延命護摩。北斗供。行海法印。尊勝護摩。藥師供。淸意法印。各自十六日可始行云々。供料各五百疋可被下行云々。

十二日。晴。

十三日。雨。花頂小僧。來臨。二千疋隨身。十一歲云々。房宗(シウ)僧正同道了。左府攝政宣下云云。珍重々々。

十四日。雨。

十五日。晴。恒例不動護摩始行。毗沙門供同前。尊勝千反タラニ幷愛染百座供七日間。等爲每朔勤行修之了。入堂同前。

十六日。晴。早旦出京。山名禪門來臨。昨日引物送遣禮云々。彼禪門物語。將軍夜前伊勢宿所春日。御方違ニ御座。今朝渡御嵯峨。還御又入御伊勢亭。御風呂云々。今日御小袖御鎧事。奉渡新造御在所。午時云々。仍面々御太刀進之用意也。仍還御時分可有御參歟云々。仍自嵯峨還御之後參申了。御對面。明日御進發珍重由申。次御臺御祈大法日次等事承了。自廿四日被始行度云々。但廿七日御直衣始ニ震殿若可指合歟。然者自廿八日可被始行。結願可爲來月四日歟。可有運時云々。委細可相尋別當中納言廣橋。云々。六條放生會無爲云々。珍重。寶池院聊風氣。仍乘輿體ニテ內々可有出仕。如何之由談合間。不可有苦由申了。晚頭歸寺。住心院〔僧正〕爲御臺御祈。於殿中殿上。護摩勤修參住云々。同御祈於本坊聖護院以下。此門下輩各自今夕始行。尊法等如上注。自分愛染護摩始行了。

十七日。晴。將軍兵庫御下向。天快晴珍重。御旅中御祈愛染供始行了。自廣橋中納言方以折紙申。

攝政殿御返事如此候。此上者來廿七日不

可指合候。寢殿庇御簾とても被垂候はん
する間。くるしかるましく存候。二條殿御
返事。未到〔候〕。蒙仰候者可馳申入候。尙
尙不可有子細候歟之由存候。宜有計御沙
汰候哉。祇候御所仕候間。用一紙候。其恐
且千〔萬脫カ〕候之□。可令得御意給候也。
兼鄕
理性院殿
攝政注進。折紙也。
大臣御直衣始之時。無御馬御覽儀候歟。然
者寢殿强雖不可指合候。件日無何無骨候
歟。御祈於別殿被行候者可然哉。但可爲時
宜也。謹言。
八月十六日　判
十八日。晴。
十九日。晴。彼岸舍利講自今日始行之。自來廿
一日彼岸也。雖然自廿四日於將軍御所。普賢
延命法可勤仕旨内々被仰間。依可指合引上
修之了。供養法當季台藏。式覺乙。妙法院僧正。唄
理性院僧正。散花賴全阿闍梨。梵音西南院法
眼。錫杖快助。讃定與阿闍梨。四智心略。梵語。不動。僧衆時
食爲公方用意之。自來廿四日普賢延命法
事ニ付テ。自廣橋書狀到來。兩家門二條。一條。御意
見狀等副進之了。兩家門御狀趣。自來廿四日
可被行大法。廿七日御直衣始。寢殿强雖不可
指合候。可爲無骨歟。延引可然云々。長濟
僧都普通傳受分了。渡唐船今日申初出兵
庫津云々。
廿日。晴。自申終天陰。今日舍利講。式超深僧
都。唄弘甚法印。密。散花快圓律師。讃快助。
四智心略。漢。佛讃。伽陀重賀。
廿一日。晴。舍利講。式西方院僧都。唄定盛法
印。散花西方院。伽陀憲瑜阿闍梨。讃仙忠阿
闍梨。尊勝院持寶爲十八道次第來。師匠僧

正智經。同道了。禮拜加行日數百日。正行七ヶ
日可宜旨計了。日數以廣澤准據儀如此定也。
其謂ハ彼所望趣。顯宗稽古凡不得寸隙樣也。
雖然密宗結緣事本懷間。日數等雖非本法。可
被計下由師主僧正申間。此儀仰定了。立印一
度ニ授之了。自南都又可來條不便其煩間。於
校合者師主僧正前ニ而。可致其沙汰旨同申
付也。十八道次第表白神分以下借遣也。
廿二日。晴。舍利講。式禪那院僧正。唄弘豪法印。
散花□□。伽陀經譽。讚宗我。吉慶梵語。第一佛讚。愛菩薩讚。秘。
廿三日。晴。舍利講。式隆宥僧都。唄弘永法印。
散花宗珍僧都。伽陀長瑜。讚賴全。吉慶漢語。第一第二馱都讚。御臺へ折五合進之。使者經長。
廿四日。晴。拜殿理趣三昧出仕。重衣。香。手輿
房官以下單衣。中童子。大童子。直垂如常。供
養法弘永法印重衣。調聲快助。單衣。初段延。讚隆宥
僧都。吉慶漢語第四第五佛讚。理性院僧正出仕單衣。也。尤
可爲重衣歟。良家輩內々入堂サヘ重衣云々。
故實濟僧正說也。況拜殿出仕法務僧正單衣
不可說也。此子細內々仰了。以上供僧座一人
也。宗濟僧都。隆濟僧都。顯濟法眼出仕。以上
公達座三人。錫杖超慶律師誦之。今度初歟。
自去十六日御臺御祈愛染護摩今曉結願。卷
數進之。自餘同前云々。舍利講如昨日。式
超深僧都□□。唄□□。讚□□。法花經六七
二卷重讀之了。明日結願爲也。
廿五日。晴。舍利講。式水本僧都。今日結願間。
率都婆供養作法在之。法用二ヶ。了金一丁。
新被造立供養給五輪塔婆百餘基。五輪妙相
內證五眼奉令具足ヵ爲。佛眼眞言。丁。五智
四種四種法身等恒沙功德成就圓滿ノ爲ニ。
大日眞言。丁。次式以下如常。唄金剛王院僧
正。散花□□。伽陀快助。讚超慶律師。吉慶漢語奥二段。
秘讚持國天讚歟。任例少屬出之。面々一種給之。式秘讚

兩種賜之了。將軍自兵庫幷播磨還御申初云々。御旅中御祈愛染供結願。卷數付遣別當中納言方了。
廿六日。雨。
廿七日。曉天出京。辰半參室町殿。僧俗不殘群參。僧中御室。下河原宮。妙法院宮。相應院宮。勸修寺宮。大覺寺。梶井。青蓮院。大乘院(南都)。一乘院等。此外檀那院僧正以下黨數輩。護持僧聖護院准后。實相院。淨土寺。竹內。地藏院。岡崎。常住院准后。予。俗中二條大相國。九條前關白。攝政(一條)。右府(近衞)。三條前右府。左大將(大炊御門)。鷹司大納言。洞院大納言。久我前內府。今少路三位中將。以下官外記醫陰等。不相殘悉參者也。　裝束事。攝家輩小直衣。其外小直衣或衣冠等不同。直垂黨相交了。僧中裝束悉重衣也。御室四方輿(袖輿)。扈從僧綱一人。房官一人。一條威儀師等供奉。各重衣。大童子兩三人。染直垂着之。力者單直垂也。下河原宮袖白。扈從一人。房官一人也。妙法院宮車大略同前。御太刀停止云々。仍不及進之。　今日將軍大臣御直衣始。御車。網代庇。太刀帶十番。布衣十八人。扈從公卿七人。雲客六人。戌初刻歟御出。御路萬里少路也。仍於弊坊門奉見物了。御行粧驚目者也。珍重々々。昨日降雨。今日晴天。希代天氣。奇特々々。今度御旅中無降雨障。還御翌日(廿六日)。降雨尤不思儀(議)。諸人美談歟。
廿八日。晴。　昨日御直衣始無爲。珍重之由參賀儀如昨日。僧俗同前。　自今日普賢延命法始行。伴僧十六口。　護摩。妙法院僧正。　十二天。金剛王院僧正。　聖天。寶嚴院僧正。　神供。宗濟僧都。　壇行事。隆濟僧都。　行事僧。親秀法橋。　少行事。胤盛上座。　大壇承仕。灌頂院後戸。良能(岩見)。寬善(伊豆)。　護摩壇常全。十二天壇常蓮。聖天常運。浄衣。黄色。天蓋輪灯如常。天蓋幡用八色了。懸樣以下如常。御臺御祈也。則御丁聞。供料萬疋。御祈奉行廣橋中納言。脂燭殿上人五人。束帶衣冠相交了。先々大法脂燭開白裝束大略衣冠也。今雅清朝臣。爲清朝臣。二人束帶之間不審處。今夜任大臣節會參間如此云々。御臺御丁聞。行事時間徘徊大床邊。奉行諸事。鈍色指貫大文。裳袈裟如常。

廿九日。晴。後夜日中相續如常。平袈裟阿闍梨計着之。自餘悉小袈裟也。後夜時偈誦之。五悔兩時共切聲。讃下座出之。本尊阿闍梨密々誦之也。脂燭快助阿闍梨。三衣隨身儀等全不違初夜。　左大臣御轉任御例(禮)僧俗群參之儀如昨日。御室以下同前。裝束又同昨日。重衣。俗中又同前也。今日御禮之儀一向略之。諸大名太刀計云々。予先可參申之由被仰之間參申了。就富士御下向事。關東安房守内々申入狀。返事被仰付赤松播磨守。其案文一見了。文言少々申意見了。次僧俗御對面。昨日同前也。予重又參了。　將軍渡御壇所。御雜談。松茸折拜領了。初夜時如昨日。脂燭五人布衣。自明夜可結番由申了。

晦日。雨。後夜日中相續儀如昨日。　將軍渡御壇所。　御雜談。　自關東上杉安房守方重注進。今度富士御下向事ニ就テ。　關東雜說以外。仍鎌倉殿怖畏間。爲身用心萬一雖五騎十騎候。近所者臨期馳參事候者。一向無正體儀可出來歟。後々雜說又不可斷候。當年事ハ平ニ被相延候者。尤以珍重可畏入云々。安房守狀。畠山幷赤松播磨守方兩所ヘ遣也。此狀今夕備上覽云々。　將軍渡御壇所。就嶋津庶子惣領弓矢事。惣領理運樣可被成御教書旨赤松執申云々。就之可爲何樣哉。畠山。山名兩人意見可相尋云々。則兩人方へ尋遣處。可被成御教書條尤可然由。兩人同前申入也。

九月

一日。晴。後夜日中相續如昨日。　將軍渡御壇所。　初夜時如昨。

二日。晴。後夜日中相續如昨。初夜時同前。　今曉相國寺東小家五六間燒失了。　畠山。細河。山名。赤松。細河讃岐等同道來壇所。　富士御下向定日等。可相尋在方卿之由申也。　御亥子來月二日也。可爲御留守中條。可爲何樣哉之由。二條太相國幷一條攝政兩家へ御尋事在之。禁裏御食切被申出故云々。兩家意見。京都ニ御座尤珍重。二條太相國申狀。於禁裏御食切者內々事間。雖不被申出候。可有何苦哉。三ヶ度亥子內一度モ京都ニ御座ハ宜云々。

三日。晴。　後夜日中如昨。　初夜同前。　將軍渡御壇所。御雜談及數剋。　山名來。　備後杉原跡事雖爲闕如。　依知行被閣(之イ)候由被仰出。　畏入云云。土岐大膳大夫爲富士御共參洛。來壇所。今夜將軍富士御下向御門出。渡御畠山亭。一夜御座也。御旅裝束御體云々。供奉者ハ悉上下體如常云々。此事內々御尋事在之キ。

四日。晴。小雨。後夜日中如昨。初夜同前。　御臺御加持在之。將軍渡御壇所。御加持申了。早旦將軍先渡御壇所。昨夜御門出御祝着之由被仰キ。　細河右京大夫來。

五日。晴。　後夜日中相續。今曉普賢延命法結願了。作法如常。結願以後歸坊。乘車。宗濟。隆濟乘車尻。　今日入寺。入堂。　愛染護摩初夜時修之。朔日以來弘豪法印手代勤仕了。

六日。雨。愛染護摩後夜日中初夜相續如常。

七日。雨。愛染護摩運時結願了。　入堂。

八日。晴。　曉天出京。參室町殿。　御對面。明後日御進發珍重之由申了。　禁裏事常ニ可聞申入旨承也。今度御留守中禁裏。仙洞御番。衆三條前右府以下被定置了。　申初歸寺。

九日。雨。祭禮。相待雨脚止令神幸御旅所了。八脚前之儀雨脚聊止不及取笠還幸八脚門下以後又雨降。仍一物等用笠了。師子之間無相違。田樂刀玉計也。自餘一向略之了。其後還幸。雨降雨具無沙汰間。神輿侵雨歟。驚歎萬萬。神慮難測。　晩頭入堂。　日野春龍丸死去。當年八歳。廣橋中納言兼鄕卿息也。爲大納言家秀卿猶子。一家相續仁體也。不便々々。

十日。晴。　自半更天快晴。將軍富士御下向。辰初歟御進發。於篠宮河原見物申也。只將軍御出以後也。供奉人等少々見物了。　於長尾社仁王講行之。　昨日雨儀祭禮神慮旁憚存故致祈謝儀也。下行自納所沙汰之也。　爲將軍御旅中御祈。不動不斷護摩自今始行。阿闍梨十二人也。此内僧正二人。

十一日。晴。爲將軍臨時御祈六字護摩始行。奉行廣橋中納言。奉書在之。供料千疋如常。六字護摩開白以後出金剛輪院東緣法施處。自丑寅方如蠟燭火物飛入天。若流星類歟。自今夜於法身院門跡。不動不斷護摩始行。弘永法印。超深僧都。快助三人爲護摩師出京了。自餘京衆歟。　自今夕聖護院准后爲御臺御祈。於室町殿六字小法始行。今春結番御祈五月分。自四月相懸五月不動法勤仕了。只今彼准后勤仕九月分云々。　今度以別儀無供參勤云々。

十二日。晴。自大乘院書状到來。昨日卯剋。國中土一揆亂入奈良。嗷々以外事共也。依彼土一揆申請旨。寺社諸院年貢等一向免除了。證狀（云イ）依官符衆徒籌策出之。背本意云々。珍事々々。　爲松茸一見登松尾了。　理性院以下僧正四人兒等同道了。　御臺妹喝食腹所勞以外云々。

大略可及難儀歟由申間。以使者內々申御臺也。

十三日。晴。

十四日。晴。今曉卯刻光物天變歟。自丑寅方飛行云云。自吉田神主兼富方。松茸栗折進之。

十五日。晴。恒例不動護摩始行。毗沙門供同前。入堂。尊勝千反タラニ等如常。於報恩院時食。寳池院爲相伴入寺。隆濟僧都頻申間。爲松茸賞翫又登山。松尾。松茸四五本尋出了。於雨堤邊如例少一獻。自巳初天陰。終日雖爲陰氣不及降雨。

十六日。天氣如昨日。後夜歡喜天供開白。日中相續了。卯初刻六字護摩二座後夜日中。相續又如昨曉。不動護摩用手代了。入堂。炎魔天供開白。恒例法命延長祈請也。正五九十六日開白。旣及數十年歟。戌前程ヨリ小雨降。終夜同前。

十七日。少雨。不動不斷護摩未時結願了。巳上座數八十一座歟。自今夕御旅中間。同護摩勤修。三時如常。非不斷。歡喜天供自今曉用手代了。妙法院僧正勤修之。六字護摩如昨曉。御臺へ榼折紙等進之〔了〕。西雲庵へ綿三筒。榼二荷遣了。亥初刻歟計云々。於五靈山北。稻守小者十六歳云々。狼食了。此狼此間於山科多損人。仍山科土民等狩出。仍又當所へ來云々。

十八日。晴。六字護摩三時分。先今曉結願。以一時延行。一言觀音參詣。日野法界寺へ參詣。步儀。法身院不斷護摩今日結願云々。

十九日。晴。

廿日。晴。六字護摩結願。大乘院參洛。來臨。直又下向云々。飯尾肥前守參申入。山上淸瀧宮造營料出雲國反錢被寄。就其反錢公平出來様。可申談門跡之由被仰出云々。榼三荷。松茸一折遣赤松方了。

廿一日。晴。歡喜天供運時結願了。明日曜宿不快故也。用手代。今曉不動護摩後夜一時修之。日中初夜用手代了。早旦出京。於慶圓法眼〔坊〕時食。若公來臨。自其乘車。先六條八幡宮社參。御神樂獻之。禰宜神主參向等如常。若公昨日鳥食云々。仍今日社參不叶。一身社參了。宗濟僧都重衣。供奉。乘車尻了。宗弁寺主重衣。乘輿供奉。力者衣直垂等如常。大童子直垂。次東寺參詣。若公同車。參詣西院影供時節之間。先詣不動堂。暫念誦。聖清僧都參向。如御座用意。不幾影供了。參大師御前。大文一枚東西行御影御前ニ敷之。予若公同疊ニ着。法施等如常。西院北屏新造。願主北野覺藏坊云々。二萬疋計煩(歟カ)云々。次參詣北野。自七條大宮若公乘移輿。入寺。經舜。增圓供奉。各乘馬。予北野南鳥井前ニシテ下車。每度如此。自其步行。參神前。於拜殿社僧座前邊法施。其後參御臺。御加持申之。歸法身院門跡了。申終歸寺了。毗沙門供一七日勤修了。炎魔天供如昨日修之。自今日爲御旅中御祈。尊勝千反タラニ。限三ヶ日誦之。愛染百座供同修之了。自赤松方上原入道使來。留守間申置歸了。聖護院准后自今日於室町殿御留守御所。八字文殊准大法勤仕。伴僧十口。供料五千疋云々。自今日千反タラニ。百座愛染供。限三ヶ日勤修了。御旅中御祈也。

廿二日。晴。於六條八幡宮。尊勝千反タラニ社僧中參勤。布施如例。自廳務方下行慶圓法眼了。

廿三日。晴。仕心院僧正來。折三合等隨身。於六條八幡宮。大般若轉讀。布施同前。於此門跡千反タラニ。百座供等今日三ヶ日結願了。

廿四日。雨。　廿五日。陰。
廿六日。晴。自土岐大膳大夫方音信。去十八日申刻。御下着駿河國。路次每事無爲珍重。關東雜說勿論云々。雖然不可有殊儀條又勿論云云。廿日渡御淸見寺樣其沙汰。兩三日ハ駿河ニ御逗留風聞〔云々〕。若公出京。自大内修理大夫方書狀到來。使者來間(クリマ)入道云々參洛。安富掃部同道了。就渡海事條々申旨在之。自山名方書狀到來。遠江府ヨリ云々。
廿七日。晴。
廿八日。晴。六字護摩今曉結願。不動護摩同前。御旅中御祈六字護摩御撫物卷數御旅中之間。御祈不動不斷護摩卷數。同三時護摩卷數。愛染百座供卷數。尊勝陀羅尼卷數。以上加六字卷數五枝。今曉以書狀遣廣橋中納言方了。早々可執進云々。將軍午初刻還御云々。御路次之間上下每事無爲。天氣快晴珍重之由自方々申賜了。
廿九日。晴。晨朝鐘時分出京。辰末刻計參室町殿。二條太相國。九條前關白。一條攝政。近衞右府。大炊御門内府。三條前右府。久我前内府。洞院入道内府。以下悉參申了。僧中。護持僧外南都兩門一乘院。大乘院等參申了。將軍聊御風氣云々。仍無御對面。其子細以永豐朝臣被仰了。仍面々退出。予幷聖護院准后計可有御對面由被仰。面々被出後以永豐朝臣先聖護院參申。次予參了。實池院同車間令同道。同御對面也。聖護院ハ自去廿一日准大法勤仕。今曉結願。仍可有御對面旨。以永豐朝臣被仰キ。參御前處。富士御雜談在之。去十七日雨ニ依テ。十八日申初刻御着駿河府處。富士雪當年初云々。富士體兼被思食ニハ超過。且奇特無申計云々。富士出現事甲子歲云々。當年又子年也。自然相應御祝着云々。

實不思儀々々。御路間御詠等。何樣被書聚追可被見云々。次大和國々民緩怠事等被仰。自去廿四日越智。箸尾一所ニテ筒井ト合戰。筒井散々ニ罷成遁籠本城云々。右京大夫來。天龍寺事談合。申終歸寺。及夜中住心院僧正來。御臺御妹喝食御祈事。聖護院門下。此門跡門下等可仰付云々。五壇護摩此門跡門下ニ可勤仕由云々。

十月

一日。陰。少雨。愛染護摩開白。入堂。千反タラニ。百座愛染供等如常。土岐大膳大夫來。罷下云々。以外所勞聊少減云々。八幡快惠僧都爲護摩傳受參申。土岐大膳大夫雜談間。及日沒時分了。仍傳受儀如形。

二日。晴。土岐大膳大夫下向。明日可出京由仰旨。赤松播磨守申賜也。

三日。晴。曉天出京。就大和國民等越智。箸尾等一所筒井ト合戰了。筒井散々ニ罷成本城ニ遁籠云々。其後又越智龍田社放火。社頭悉燒失了。就之土一揆蜂起。越智〔ヲ〕取籠間。越智已及生涯之由被聞食及云々。越智事旁存外ニ思食間。可有御沙汰。此由内々可仰畠山。但今日大赤口也。明日可申云々。仍入寺了。御臺御妹喝食八月以來所勞。此祈事被仰出間。自今夕愛染護摩始行。理性院。禪那院。金剛王院。妙法院。報恩院。以上五大尊護摩勤修。爲公方尊法御計。仍供料如形被下行了。壇別三百疋。於愛染護摩者。不及供料沙汰令修也。

四日。晴。曉天又出京。先召寄遊佐。昨日仰旨具申遣畠山方了。御返事以兩使遊佐。譽田。申入。大和國々民等事。兎モ角モ御沙汰可爲上意候。越智。箸尾引級仕樣ニ被思食哉。計會仕云々。次箸尾事。去々年候歟。國中弓矢取出候時。

私弓矢事堅御大法處。如此致緩怠候トテ御切諫間。其由嚴密ニ申付處。此御大法努力努力不存知仕由。出身血捧告文候了。內々備上覽歟。其以來ハ箸尾不致緩怠。然ニ筒井去年冬箸尾城ヘ令發向。館以下悉燒拂了。如此任雅意私弓矢ヲ出取事候。於箸尾者只今無過失歟云々。此等子細達上聞處。無是非御返答。箸尾事ハ不及參禮。去年被下兩使處。緩怠振舞餘自由。兩使奉行等モ一同歎申入間。於事尾籠不可過之歟。就是非可有御沙汰云云。越智事又勿論也。隨而こと〳〵しく大名二頭三頭可罷立條。如何由被思食也。只遊佐一人差遣中々落居モヤト被思食。所詮此等子細被召寄筒井被仰談。重可被仰出云々。筒井參洛時分。可參申入由被仰也。日野家督事。爲故家秀卿跡廣橋中納言兼鄉卿可存知由被仰出也。眉目云々。祝着無比類。天龍寺僧今度惡張行人數。住持幷雲居庵坊主兩人加判形注進。自右京大夫方進之間。今日入見參了。此等人數仰侍所悉可召寄旨被仰出了。此由申遣右京大夫方也。右京大夫管領職事。今一兩年事ハ。先平ニ被免下樣可申入旨。以安富筑後。若槻入道兩使申也。返答。已被定間。於今者難申入旨申遣了。晚頭入寺。

五日。雨。自今日北野一萬部法花經讀誦始行。請僧千僧諸國山寺法師等也。於菩提寺時食風呂在之。當年始召請。相伴僧正以下少少。兒略之。若公入御。賀千丸供奉。聖護院准后來臨。非殊事。當年未無來臨故云々。一千疋隨身。覺爲法印供奉。少折紙持參了。一獻在之。理性院以下僧正四人。覺爲法印祗候御前。若公御着座。晚鐘後被出京也。

六日。雨。

七日。雨。明日可出京之由。以赤松播磨守狀承。

雖然左座下雜熱出現。安座不合期間。其由申遣了。

八日。雨。愛染護摩結願。自山名方音信。九州事等申賜也。愚身ニ申談。可申入之由被仰出云々。

九日。晴。廣橋中納言兼郷卿。今日日野家秀卿跡相續事。御內書被遣云々。御詠一首同被相副云々。御劔拜領由旁眉目歟。

十日。晴。雜熱聊少減間。早旦出京。山名禪門來。九州事條々意見分申也。一御旗事。大內雖申請只今ハ如何と存。可有御思案歟。一大友。少貳等御治罸事同前候。一大友。左京亮手ニ屬テ可致忠節由。ヒタ。田原。サイキ三人方へ可被成御內書之由事。是ハ可被成御內書條可然。一菊池ニ筑後國可被下事。此條又可然。早々可被仰付歟。一安藝。石見。伊與三ヶ國勢。爲大內合力早々可罷立事。去年以來連々被仰付之間。於今者不日可罷立由可被仰計歟。然者石見勢ヲハ山名掃部守ヲ周防堺へ差遣。石州勢ヲハ可催遣。安藝勢事ハ備後守護代犬橋ヲ安藝堺へ遣。藝州勢可相催。但武田。小早河兩人事。不應守護成敗者〔候〕間。定不可罷立歟。於此兩人事ハ爲公方嚴密ニ可被仰付云々。此條々參時達上聞處。山名意見尤被思食也。但畠山所存如何之由可相尋云々。次就大和國仰旨在之。越智。箸尾事緩怠及連々間。可有御退治由。先日被仰出了。就此事筒井ヲ被召上處。參洛仕也。畠山屋形へ可被遣歟。又可被遣遊佐方歟。赤松播磨守。飯尾肥前守可被相副。委細可談合云々。此由爲申畠山方へ可進人由申處。齋藤因幡守參申了。此旨仰付處。立歸申樣。可被召下畠山宿所云々。仍其子細以慶圓法眼申遣赤松播磨守方了。兩人筒井令同道。卽罷向畠山亭云々。　次九州事。畠山ニ仰旨申處。御返事。使者齋藤因幡守。愚意趣ハ先度以狀申入了。只今モ又同前候。乍去山名意見旨。且上意御同心樣被仰下。兎モ角モ可爲上意云々。戌半又參此由申處。重事不可過之哉。已事ヲ被破後ハ御談合モ無詮歟。不殘心底重可申意見由被仰了。仍亥初歟歸坊後。以經祐法眼此旨申遣了。亥半歸寺。子終入寺了。　來十六日高雄紅葉可被御覽。二條相國。一條攝政。聖護院准后等。若爲遊山被出度事在之者。可有御出。　一折同可有御張行。內々此由面々方へ可申遣云々。則以使者申處。悉庶幾可參申云々。此由申處御治定。次來廿一日又小松谷紅葉可被御覽。同可有御參會歟云々。此由則申遣了。返事未到。今朝武衞來。管領上表無爲祝着云々。五千疋隨身。　右京大夫來。管領職已御治定間。尙

尙計會可爲何樣哉。猶再三可申故障之由存。如何云々。予答。不可然也。於今者御領掌不可及餘義。乍去先例被仰出時。不及一義領掌。曾無故實儀歟云々。此條誠其謂歟。何樣內々可達上聞云々。　次今度天龍寺惡張行御沙汰事ニ付テ。師御房ニ被懸仰間。爲其隨一大寧和尙已逐電也。此和尙ハ故道観法眷也。來十六日七回佛事ニ可有御免歟云々。　內々申處。不可有子細由被仰出也。　當日野中納言兼鄕卿來。今度被仰出旨眉目餘身云々。二千疋隨身。

十一日。雨。若公出京。

十二日。雨。　十三日。

十四日。晴。北野御經結願。

十五日。晴。不動護摩開白。毗沙門供同前。　入堂。　早旦出京。　就大和國民越智。箸尾御治罸事。畠山左衞門督。山名右衞門督兩人

勢。可罷立旨可仰由。去十三日以御書被仰間。其由各申了。畏入由領掌申入了。此趣申處。山名事大內合力事。去年以來被仰付了。彼分國安藝。石見。備後勢定可召上歟間。爲九州不可然間。被略山名也。赤松勢其所ニ可罷立。赤松當職侍所。事ハ可被仰付一色。今日十五日。吉日間。侍所事早々可渡遣由。同可申付赤松云々。仍召上原此由申遣處。兩條畏令存知由申了。分國者共召上間。其日數可在之云云。 室町殿御持佛堂棟上也。馬代進之了。

今夜京門跡一宿。

十六日。晴。 曉天卯半。出門。趣栂尾。袖輿。力者單直垂。房官二人親秀法橋。經長寺主。乘馬供奉。大童子二人。繪直垂。召具計也。力者十三人也。於高雄御連歌。先栂尾紅葉御覽。面々參會御人數事。爲此門跡可觸仰旨。以折紙御自筆被仰了。其御人數。二條相國。一條攝政。三條大納言公保卿。聖護院准后。實相院僧正。予。畠山左衞門督。山名右衞門督。赤松左京大夫。蜷河周防入道。赤松播磨守。僧瑞禪。重阿。玄阿。祖阿。以上十五人歟。 二條相國路次間張輿。直垂力者單。番頭單白直垂如常。隨身四五人。上下體。雲客一人。家輔朝臣。直垂乘馬。諸大夫一人經康。直垂乘馬也。相國香小直衣。文紅葉。一條攝政同前。但上下着隨身無之歟。自餘大略同小直衣。黃。文紅葉。 聖護院准后路次儀輿。袖白。力者單直垂十餘人歟。房官二人。內僧綱一人。侍一人。各乘馬。大童子無之。 實相院路次儀不見之。如何。定同前歟。 將軍辰初刻歟渡御栂尾閼伽井坊。於彼所御點心在之。南向座敷北西寄將軍御座。南ニ相國。攝政。將軍御次大文御座ヲ隔テ、東ニ予。聖護院。實相院。南頰ニ三條大納言。其次ニ畠山。山名。赤松。北東西面ニ閼伽井坊主德大寺故相國弟。着座。役送雅永朝臣。永豐朝臣。

資雅。以上三人。直垂。　三條大納言以下陪膳近習輩沙汰之了。各單物體。御點心以後渡御同東坊。於彼御時食在之。座敷次第如前。但閼伽井東坊。三條大納言。次山名上座ニ着了。再三禮ニ及了。御時以後明惠上人御影御拜見。相國以下參。自其入御高雄。面々同前。栂尾紅葉名山勝地風景驚目了。故鹿苑院殿入御時連々參申了。雖然景色超過心中也。所詮殊勝靈地歟。未半計歟渡御高雄尾崎坊云々。御連歌在之。御人數如前注。

御發句將軍　いつれみん川浪の雪おそ紅葉

脇相國　山路冬そ菊も久しき

第三予　夕くれの籬の月の夜るさへて

酉半百韻了還御。面々同前。高雄紅葉。尾崎坊眺望言詞難覃。　戌終歸京。子末刻入寺了。於高雄寺僧兩人尾崎。大智院。被召出御前了。過分眉目歟。　入寺以後子末降雨。

十七日。晴。

十八日。晴。初雪。面々如例榼等進之了。仍如形儀在之。

十九日。晴。

廿日。晴。畠山阿波守來臨。此儀(代イ)始也。二千疋隨身。

廿一日。雨。於小松谷御連歌在之。御人數如高雄。一獻等一向寺家用意。小松谷泉涌寺末寺。當住持故養德院御息也。

御發句將軍　松よりもつれなき冬紅葉哉

脇句方々遲引。仍自何方もと仰時。實相院沙汰之。

第三聖護院准后。　風や時雨を又さそふらん

今日於小松谷被仰條々事。　一奥ノ下國與南部弓矢事ニ付テ。下國弓矢ニ取負。エソカ島ヘ沒落云々。仍和睦事連々申間。先度被仰遣候處。南部不承引申

也。重可被仰遣條可爲何樣哉。各意見可申入旨畠山。山名。赤松ニ可相尋云々。仍三人ニ相尋處。畠山重可申入云々。山名。赤松ハ重可被仰遣條尤宜存云々。一九州事。大內渡海事頻申入也。尤之由被思食也。早々可被仰付歟。但大友。少貳事何樣歎申入哉。且御不審云々。少貳使者施西堂幷雜掌藤宮內等召寄可相尋云々。

廿二日。晴。管領事被仰出右京大夫云々。御使。□□□□。 廳務法印豪仲歸寂了。春秋七十一歲。强非所勞儀。自昨晚持病指出吐氣在之云々。終夜薪養性了。無爲歟之由相存。豪意法橋等由斷云々。今朝儀諸人不知之云々。

廿三日。晴。早旦出京。山名禪門來。大內渡海事以前如申入。可被仰付條尤可然存候。此門跡へ能々可申談旨被仰下。且御意如何云々。予返答。承旨早々可申入云々。就此事先日畠山意見御尋處。愚意ハ先度載狀申了。只今同前。乍去山名意見定國儀令存知候哉。兎モ角モ可爲上意云々。此由令申處。大儀事不殘心底重意見可申入旨被仰間。其由令申處。重被仰出間。不殘心底意見申入候。只今大友。少貳御退治事不可然存。可有御遠慮歟云々。此由先日申入了。如此再往意見御尋候ナカラ。重不及被仰是非。可有御沙汰條如何由。予一端申處。山名同心。所詮此由於可申入云々。山名歸了。 自畠山方以遊佐河內守。齋藤因幡兩使申入。大和向事自身可罷立由再三雖申入。不可叶由被仰出間。尾張守可罷立候。赤松分國勢來月七日八日比可京着歟。其時分可罷立。定日重可申入云々。未初參御所。條々申了。 一九州事。山名申旨令披露處。仰旨此儀尤被思食也。於今者無盡期歟間。三ヶ國御合力以下事可被仰付云々。次畠山重意見御尋事。於今者無益樣歟。若重此子細可被仰遣歟由申處。尤候。其由可仰遣云云。一大友。少貳事。此間ハ內々彼等申事等少々申了。於今者可斟酌旨申了。一大和向事。畠山申入旨申了。一攝政一條來廿六日天王御元服定也。其以前遂拜賀節可辭職。任御佳例可被仰二條相國旨。且兼定也之由仰也。廿六日以前拜賀事。無餘日事間。更不可叶也。爲未拜賀可辭申入條。當時瑕瑾候。所詮來廿六日御元服定日。相國云現任云內覽出仕。旁不可有子細事。其以後ハ攝政强御元服方事。可存知題目無之間。明年正月三日御元服以前。遂拜賀必々可辭職由被申。如何由申處。此等儀內覽等事。分明無御意得樣ニ被仰間。予然者重載一紙。以日野中納言兼鄕卿。可被申入旨申了。一內府拜賀早々申入度。雖然無力散々事間難叶。御助成等候樣可申沙汰旨申由申處。員數可相尋云々。一遊佐四郎御免事申處。遊佐內々申入儀歟。不可有子細云々。栂尾閼伽井。東坊兩人來。先日參禮云々。東坊大師三古持參了。閼伽井坊香合料紙等持參。當管領珍重由申馬太刀遣之了。使者經祐法眼。管領則來云々。參御所間不及對謁也。甲斐遠江布三色。進之了。夕フ等也。入夜歸寺了。大內渡海事。不可有子細由等事。以書狀申遣山名方了。使者宮內卿法橋。畠山方へハ以經祐法橋申遣也。大內雜掌安富參申間。且仰旨申聞了。祝着無申計也。

廿四日。晴。　廿五日。晴。

廿六日。雨。今夜主上御元服定畢。爲被申入將軍御院參云々。一條攝政雖爲未拜賀。任至德御佳例。二條相國還補。則院參云々。拜賀云々。

廿七日。晴。　廿八日。晴。
廿九日。晴。　早旦出京。未初刻參室町殿。月次御歌御會。左府御轉任後初御會也。將軍御小直衣。三條大納言公保卿。同宰相中將實雅朝臣。飛鳥井中納言雅世卿。冷泉中將爲之朝臣。飛鳥井中將雅永朝臣。同少將雅親。以上七人狩衣。管領。細川。山名右衞門督入道常熙。畠山阿波守義□。赤松左京大夫入道性具。斯波左衞門佐。細河右馬助持賢。同下野守持之。同陸奥守滿□。赤松伊與守義雅。同播磨守滿政。堯孝僧都等也。武家悉直垂。裏付。門跡ハ予。實相院前大僧正。以上二人計也。僧俗懷紙各別ニ被講之。每度之儀也。題竹契齡。出題雅世卿。讀師同卿。講師雅永朝臣。御會了三獻在之。今度御會初間殊更獻折紙了。千疋。實相院同前。管領以下同云々。太刀副進之云々。自餘太刀計云々。　日沒以後入寺。　東寺御影堂上葺勸進事。仰付覺藏坊了。御奉加事申間不可有子細云々。　五大堂法勝寺本尊修複用脚。幷愛染堂上葺事等申間。龜色早々可召進云々。　今曉拜殿邊ニシテ。鹿ヲ犬食殺云々。拜殿緣上ニ血付了。於拜殿祈禱事申付也。　禪那院僧正坊中童子。二人戲テ取合處。一人刀鞘走テ腹ニ當云々。但今日ハ無爲存命云々。　大内左京大夫使者來原(クルハラ)入道今日山崎マテ罷下云々。出京處於路次行逢了。仍返狀等今日不及遣之。

晦日。晴。

十一月

一日。晴。　愛染護摩開白。尊勝千反タラニ幷愛染百座供等如常。　入堂同前。　清瀧宮談義如年年。讀文釋論第九卷。讀師實清僧正。　清瀧宮御供奉備之。山科鄉新米ヲ以テ調進之。准新甞會了。近年如此。御神樂同奉獻之。長尾同前。
二日。晴。大炊御門内大臣來臨。拜賀御助成事。内々爲門跡執申了。無相違二萬疋可拜領由被仰出。祝着々々。小直衣。予單衣體ニテ出對了。左道々々。
三日。晴。自將軍屛風三雙返賜了。此屛風去應永十五年鹿苑院殿被借召了。其後不及申出罷過了。先日次時如此子細計お申處。嚴密御下知迷惑。乍去祝着云々。此内中殿御會建保四年。屛風ハ。鹿苑院殿御代應永四年歟不分明。御屛風合時出之勝了。於門跡者尤可爲規摸歟。於今可累代秘藏也。奉行日野中納言兼郷卿云々。以彼筆折紙進之了。自門跡使者經祐法眼也。夜前二日。事云々。今朝經祐法眼申也。明日火燒所取立之。爲方違理性院ニ一宿也。
四日。晴。小火燒所立柱上棟。理性院。妙法院。西南院各馬進之了。自將軍御牛一頭拜領了。
五日。晴。
六日。晴。早旦出京。御屛風返給事。幷御牛拜領祝着〔之〕由申了。晩頭入寺。
七日。晴。大乘院參洛。一夜雜談。大和國式今度越智。箸尾御退治有ヘキ事ニ就テ。來廿七日春日祭禮可延引歟。無勿體。就中一國所務最中也。悉損亡歟。神事法會等乍可及闕怠條。公方奉爲且無勿體云々。此由可歎申入條。可爲何樣哉云々。次此間越智。箸尾與力者共。只今御勢下向ニ付テ雖參御方。可有御退治歟事。尤令存知度云々。　竹田千阿物語云。中條入道去月歟參洛處。於尾張國被打云々。老體至極。春秋八十五歳云々。於道場自害云云。若黨三人同自害。中間一人同前云々。九歳孫同道參洛處。祖父自害ヲ見テ。我モ自害セント申間。祖父入道自害ノ刀ヲ與了。腹ヲ切ラントスル處。又守護代織田。是マテハ非上意之間。不可然由申止之了云々。見者共流淚云々。此老入道被切腹事。當御代不及參洛。子息判官計在京奉公之間。緩怠心中故云云。自餘儀定在之歟。不分明。

八日。晴。愛染護摩結願。大乘院今日歸寺也。

九日。晴。管領沙汰始出仕云々。珍重々々。御陵今曉(朝イ)鳴動及兩三度也。

十日。晴。眞言院立柱上棟。兩奉行飯尾肥前守。松田對馬守云々。自東寺奉行悉罷向云々。賓清僧正等歟。自公方御馬一疋。管領馬一疋。其外ハ一向東寺門流諸門跡僧正輩也。御室同新宮。下河原宮。相應院宮。大覺寺。隨心院僧正。勸修寺宮。寳池院僧正。寺務僧正以下僧正不相殘馬引之了。大略代云々。凡僧別當宗濟僧都。松橋僧都賢紹。報恩院僧都隆濟馬引之了。今日月次御連歌山名頭役。發句同申入了。脇句將軍御沙汰。但無御出座。御窮屈云々。二條攝政。一條前攝政。聖護院准后以下例式御人數參申了。今日寒嵐以外。入夜雪降。及半更歸寺。

十一日。晴。十二日。晴。

十三日。晴。十四日。晴。

十五日。晴。早旦出京。去十日被仰三ヶ條御返事申了。一ヶ條伊賀國事。如今者無正體歟由被仰出。誠如上意歟。但國儀不分明。所詮雖被仰付餘人。他國御勢合力等事不申入仁體可宜云々。次南部方へ下國和睦事。以御內書可被仰出事。若不承引申者。御內書等不可有其曲歟事。遠國事自昔何樣御成敗每度事間。不限當御代事歟。仍御內書可被成遣條。更不可有苦云々。以上畠山意見二〔ヶ條也〕。山名申事。南部方へ御內書事ハ畠山同前也。伊賀國事。誠只今守護式以外無正體由承及候。

乍去實儀ハ不存知。所詮今度大和向事被仰出。彼樣被御覽。隨其可有御沙汰歟云々。今一ヶ條。今河上總守猶子息千代秋丸事。於取立可爲相續仁體之由。以狀又申上由被仰出。以外無正體事。定病狂仕申入歟由存候。先度堅被仰出候間。千代秋相續事可略仕由申了。尙々無正體申狀候由存。早々可申遣云々。及晚歸寺入夜了。　恒例不動護開白。今曉出京以前引上修之了。　入堂。　毗沙門供等用手代了。

十六日。晴。　召寄遊佐條々申了。

十七日。晴。

十八日。晴。　戌刻八幡社頭三ヶ度鳴動云々。來廿日渡御京門跡事。依御心氣可有御延引由被仰了。

十九日。　御心氣。再渡御延引事等爲申入。早旦出京。先內々以經祐法眼出京由。御心氣無心元存由申了。諸大名參申。猶以無御對面云云。仍先令申處。雖爲御蒙氣事。參申者可有御對面云々。仍參申了。今度新造御座所ニテ御對面。御顏色以外御不快體也。但非殊御儀歟。種々事等承了。諸大名役者又未無沙汰。又御造作方用脚。于今無沙汰等事也。於新造御對面間。少折紙千疋進之了。退出之後練貫五重盆段子一端拜領了。祝着迷惑也。御使立阿云々。千疋賜之了。　入寺之後拜領間。經祐法眼持參也。(來イ)祝着之由且申了。

廿日。晴。　御引物拜領。祝着之由申令京了(出脫カ)。參申處又御對面。御顏色同前。但自昨日ハ聊見直申御體也。　入夜歸寺了。　自今日旁御祈始行了。愛染護摩勤修了。門弟中各一壇令支配了。　不動護摩。寶池院。　太元護摩。法務僧正。　佛眼供。禪那院僧正。　八字文殊供。金剛王院僧正。　大威德護摩。妙法院僧正。

六字護摩。報恩院僧都。以上。
廿一日。晴。妙法院僧正灌頂加行。自今夕不動護摩始行。重受間。日數可爲三七日候由(之イ)仰付了。今日和州發向延引。可爲來廿七日云云。 予講臨時始行。
廿二日。晴。恒例不動護摩結願了。 後淨覺寺年忌佛事如常。理趣三昧初段延。供養法理性院僧正重衣。僧衆單衣。調聲快助。讃快圓律師。四智心略漢。西方讃也。 將軍渡御管領亭。當職後初申入也。 予講始行。
廿三日。晴。自大乘院音信。去九日曉聖武天皇御廟以下所々鳴動及兩三度云々。當所延喜御陵鳴動同時同日歟。希代事也。將軍墓同動搖云々。 予講修之。以上三ヶ日修之了。
廿四日。晴。 廿五日。晴。
廿六日。晴。 畠山尾張守方へ明日進發禮馬太刀遣之。使者經祐法眼。遊佐太刀遣之也。
廿七日。晴。 今曉畠山尾張守。赤松伊與守兩人。爲越智。箸尾退治進發也。 將軍月次御歌御會在之。頭役赤松入道云々。三首。懷紙如常。雪中殘鴈(擣衣イ)。月照網代。風破旅夢。出題雅世卿。讀師同前。講師雅永朝臣。 入夜歸寺了。小侍所畠山左馬助連々辭申入由。 就御尋申了。仍一色左京大夫可被補云々。其由以經祐法眼。申遣畠山方也。 御臺又例御邪氣。野狐氣等出來。珍事々々。仍御祈可然樣可相計旨蒙仰了。可相談住心院僧正旨申了。則以親秀法橋。申遣實意僧正方。 大略可爲如以前歟。御所中參住仁體理覺院僧正。積善院僧正間可然歟由申遣了。 自鎌倉管領方上杉安房守。馬一疋紬十到來。使者羽田入道。 戌半歟辰巳方雷鳴降雨。
廿八日。晴。
廿九日。晴。 自大乘院書狀到來。 赤松勢以外大

勢。美麗驚目。昨日南都於罷出。法貴邊ニ罷着云々。隨而廿七日若宮祭禮無爲珍重々々。及晩頭自春日山上雷鳴出。南ヲサシテ鳴行候了。只一シキリニテ候シ。越智在所當南歟。奇特云々。自來二日歡喜天供始行。供料今日下行之了。禪那院僧正加下知云々。

卅日。晴。每月今日子講如常。今日越智城可責云々。

十二月

一日。晴。恒例愛染護摩始行。入堂。千反タラニ等如常。

二日。晴。自今日爲左大臣御拜賀。御祈愛染王護摩始行。當寺同前。奉行左大弁忠長。□(奉)書到來。宗濟僧都請文奉書遣了。

三日。晴。自畠山方書狀到來。和州事去晦日越智自燒沒落仕了。仍其由申入處。落着在所相尋。猶可令治罸由被仰出云々。

四日。晴。

五日。雨。御臺御祈始行。愛染護摩修之了。供同修之。臨時也。各本坊。良讃僧正自今夕參住殿中御祈勤仕云々。火燒所移住。

六日。晴。

七日。晴。歡喜天供運時結願了。

八日。晴。恒例愛染護摩結願了。今日出京參御所。

九日。晴。御拜賀御祈。愛染王護摩今曉結願。卷數付頭弁忠長進之了。宗濟僧都奉書。左大臣御拜賀戌終歟。於京門跡唐門下。如例棧敷用意令見物申了。御行粧驚目了。地下前駈二人。番帳一人。帶刀五番歟。扈從公卿內府。左大將以下十餘人。聖護院入來。於同所見物了。予就所用出御見物以後令入寺了。於日岡邊俄風氣沙汰出。心神以外不快。雖然無爲歸寺了。

十日。晴。風氣猶興盛。
十一日。晴。一昨日御拜賀無爲。珍重之儀僧俗今日參賀〔云々〕。予依風氣不能參。內々其子細以日野中納言申了。御臺御祈結願了。卷數付住心院僧正進之了。　今朝住心院僧正爲公方御使來。就御臺御祈事可申談云々。雖然心神不快平臥式間。召寄彼僧正大概申了。此御祈於御臺御方聊夭恠事在之云々。其子細ハ自五日良讃僧正爲彼御祈參住。九日爲御加持參申處。此僧正參入跡ニ。白色鈍色袈裟着用僧形一人追續。御簾ヲ持上テ參入。其後ハカキ消テ不見云々。申次安房(女イ)宮內卿見之云々。仍御臺モ又例式御蒙々式。旁御祈珍重。且御沙汰有度云々。
十二日。晴。於東寺滿寺千反タラニ以下致祈禱云々。自公方醫師三位召給了。畏入也。例式風氣云々。人參脾毒散可然云々。能々可令養性云々。右ノカイカネ邊。以外傷ヲナシテ出入息不安式也。三位申。在所惡所也。不可由斷云々。今夜丑初刻歟。腫物醫師久阿又召給了。カイカネノ傷所一見了。只今ハ何トモ不見分。兩三日事樣ニ依テ重可被仰下云々。時所長日供養法手代妙法院僧正勤仕之。
十三日。晴。山名禪門來臨。雖平臥式對謁了。二千疋隨身。盆。本尊。觀音。三重遣之了。
十四日。晴。
十五日。晴。自今日恒例不動護摩用手代。禪那院僧正自今日不動不斷護摩始行。不例祈禱云々。
十六日。晴。於惣寺大般若仁王講等始修之。風氣祈禱云々。
十七日。晴。風氣自今日減氣由。醫師三位參申也。自今夜將軍御座勝定院云々。故勝定院御佛事明日也。正月被引上。每年儀也。今夜洛中騷動云々。馬走等云々。非殊儀歟。
十八日。晴。自將軍以立阿彌風氣減。珍重由被仰出。就其後々養性一大事云々。正月壇所令相搆聖護院。能々可養性云々。次夜前京中馬走比與事在之云々。不思儀被思食被仰了。等持寺御八講今日結願。安居院仲承僧正複本官參證義云々。
十九日。晴。自將軍以立阿彌被仰出。風氣尚々減氣。珍重思食云々。次自駿河守護方。今度就御下向諸神影向富士御瑞相注進了。仍其狀可加一見由被仰出了。假名文。慈滿院方へ云々。一色母也。
廿日。晴。自大乘院音信。赤松勢昨日自越智奈良方へ引歸處。於輕部邊土一揆出合。名字有程者六十人(中イ)計被打了。其外手負不知數云々。就承且馳下云々。
廿一日。晴。自將軍赤松方へ御具足。唐絲。御馬。太刀。打刀。刀等五種。各重寶。以御書被下之。今度於和州內者共多損條。神妙御感之儀云々。面目云々。聖護院准后於室町殿。爲歲末御祈不動大法勤修之云々。
廿二日。晴。
廿三日。晴。畠山尾張守。赤松伊與守等。今日自和州參洛云々。
廿四日。晴。
廿五日。晴。遊佐河內守來。和州事等物語申了。
廿六日。晴。自今日於禁中。地藏院僧正于時法務。爲御元服御祈愛染王小法勤仕。伴僧六口。供料五千疋。如至德云々。山門。三井各於本坊修之云々。先例歟。寺門聖護院准后於本坊不動小法修之。山門竹中僧正于時座主。於本坊如意輪法歟可尋之修之云々。地藏院今度法務宣下事。去二日歟理性院僧正法務辭退申了。其故ハ今度眞言院被造立了。仍後七日事。於理性院者太元法勤修之間。可並修條難叶。可與奪末長者後七日法條又自由至也。仍辭申了。其後以日野中納言兼鄕卿。法務器用仁可注進申入旨被仰出寶池院。仍地藏院。眞光院兩人注進申了。就之宣下云々。聖護院准后御元服御祈。自室町殿壇所白地退出。開白後々可用手代云々。　醫師三位法眼來。脉猶減氣。珍重々々。自明日嘉禾散可令服由則持參了。明日沐浴事相尋處。不可有子細云々。クサ木煎物ニ。ウクロモチノ土ヲ少分入加テ可浴云々。　寶池院今日歲末爲御禮。被參室町殿。聖護院。實相院。淨土寺等參云々。

廿七日。雨。終日終夜降雨。室町殿歲末御祈。今曉運時結願云々。此御祈兼ハ結願可爲晦日云々。然俄運時結願ハ。今日御元服御習禮。寢殿可指合故云々。　今日於惣寺風呂沐浴了。無殊事。祝着。少瘡以外之間聊忩了。今日僧俗參賀群參云々。

廿八日。晴。今曉卯刻夢。故雲關坊主中敎監寺。并故弘忠法印。當院小御所東廣緣ニ。敎監寺向東座。弘忠法印ハ敎監寺右脇小緣ニ向北座。山水一見體也。予開東障子お。敎監寺ヲ見付テ。予尋云。予カ今度生處令存知哉。敎監寺答云。可成鬼神主領云々。其故ハ不怖天下。不憚其身カ故云々。重欲尋處夢覺了。弘忠法印ハ予ヲ見テ不及禮。一向不存知者ニ如相逢了。希代々々。雖爲夢想餘ニ事樣不思儀之間注付了。不怖天下。不憚身ト哉ラン此詞不分明キ。大略如此申キ。此言不審々々。了。猶愚推云。不怖天下ト。不憚其身トハ若不律事歟。怖畏不怖天下。不怖天下トハ不怖冥慮神慮。不信之儀歟。不憚身トハ以无解无行身。勤仕大法秘法。勤傳法結緣阿闍梨儀歟。且不斷怖畏此等心中也。深可恐々々。可謹々々。今夕於內裏。御元服御習禮在之云々。御習禮以下至當日被用赤舌日。限天皇御元服先例歟。但非正月二(三イ)日天皇御元服先例在之條又勿論也。

廿九日。晴。赤松入道來。於火燒所對面了。風氣事爲相訪云々。千疋臘燭等隨身。二重太刀送遣之了。使者經祐法眼。京極來。同對面了。

晦日。晴。恒例愛染護摩開白。　自日野中納言方奉書到來。明年中軍將御祈事。可致精誠之由被觸仰醍醐寺之由。可得御意云々。以理性院奉書獻請文了。

日野中納言狀案。

明年中御祈禱事。殊可致祈念由。可有御下知醍醐寺之旨被仰下候。以此旨可得御意□

十二月卅日　　兼鄉

理性院僧正御坊

請文案。

明年中御祈禱事。可致懇念之由。可有御下知當寺之旨。可申由候也。恐惶謹言。

十二月卅日　　宗觀

此御祈事。明後年相當三合歲之間。前三ヶ年御祈禱事先例也。仍被仰出歟。將軍御撫物長日分。□□自郎□□了。(以下虫損)

永享五癸丑年

正月

一日。雨。當年拜殿出仕略之。天明後愛染護摩後夜日中二座相續。次歡喜天供開白。日中同相續。此等行法如例。後夜念誦以後粥食。其後悉行之了。謹風故後夜時非本法時刻。次時食陪膳。西南院法眼。單衣。聊休息。次時所供養法駄都。不動。毗沙門供三座相續了。次節供出座。陪膳長全上座。鈍色指貫。手長圓秀都維那。御前着座衆理性院前大僧正。禪那院僧正。金剛王院僧正。妙法院僧正。宗濟僧都。隆濟僧都。長濟僧都。顯濟法眼。此内妙法院僧正。長濟僧都兩人觸落云々。仍遲參了。不及着座。兒近年無人間。不論大少不謂俗性(姓)。祗候者悉着座了。非先例。賢俊僧正時代マテモ童形及三十餘人云々。節供着座。纔不過五六人云云。當年十人計歟。賀千丸。(葉室大納言息。)婆(ハホ)部。(菅二位長遠卿息。)尊藤丸。(今河下總守息。)慶松丸。(赤松越後守息。)愛如意丸。(廳務法橋息。)以下十一人歟。座敷狹少之間小童大口略之了。此等陪膳房官侍相交勤之。近例也。節供以後欲參詣清瀧宮。甚雨以外。寒嵐旁難治。今日無爲如形房中勤行出座等猶以無養性云々。仍略了。清瀧御供。長尾。御影堂。當院(金剛輪院)。五社等御供如近年致其沙汰候了。以山科御米悉下行之。奉行廳務法橋。但清瀧每年爲寺務沙汰之。公卿役也。仍除之了。開經藏聖教披覽始如常。報恩院自筆草紙秘抄寶生尊也。聲明始同寶菩薩讃。一傳讃。乞戒大阿闍梨等也。書始。次讀經。仁王經一部。天照太神。殊八幡大菩薩。春日。天神。清瀧以下法施。心經七卷。秘鍵祇園社法施。上自一人下至萬民無疾(疫)役患。息災安穩由祈念。次例式。大佛頂タラニ。金剛般若經。法華經。梵網。十住等讀誦之。及半更休息。今日種々勤行以下不用手代。祝着萬々。今日節會儀雨儀云々。内弁右府(近衞)云々。　經祐法眼參申。護持僧管領御書夜前(晦日)。可進由被仰。被召經祐被下云云。此御書事永享元年歟已拜領了。醫師。三位舊冬廿六日歟參申時。正月壇所ハ就護持管領參住來間可爲何樣哉之由申處。重御書到來。祝着迷惑相半也。今曉夢ニ將軍御祝着事重疊スル樣ニ存。因御連歌在之。仍予將軍ノ御句ニ付申心地シテ。又タチソフルヨロコヒノ雲ト申了。慶雲ノ心歟。珍重々々。三條烏丸在家數十間炎上云々。

二日。雨。勤行以下節供出座等毎事如昨日。後夜念誦以後種々勤行沙汰之了。節供次例祝着扇各賜之了。　番匠事始如常。下行以河北月捧内遣之。今日恒例扇各召出賜之了。弘豪法印着御前。　將軍御出始渡御管領如常云々。雨終日終夜不止。

三日。晴。勤行以下如昨日。節供出座引合如常。兩盃始之了。僧正ハ悉於本座引合了。相手兒同前。自餘如常。出中座賜之了。僧正本座儀當年初也。先々儀非如此。　自舊冬廿六日於禁中勤修御元服御祈今曉結願云々。阿闍梨法務僧正持圓今朝歸寺云々。伴僧六口。弘甚法印。弘永法印。賢雄僧都。覺壽僧都(東)。快壽僧都(東)。賴演。承仕二人。長淨衣如常。　供料五千疋。伴僧供料各二百疋下行云々。至德先師聖快僧正此御祈勤仕。自十二月廿七日勤修歟。結願ハ同三日歟。　件時伴僧供料百五十疋云云。勸請金剛愛染大明王。卅七尊。諸薩埵云云。弘永法印説也。御撫物雖被出之。於御加持者略之云々。御元服御祈御加持略之。先例也。　卷數幷御撫物覺壽僧都持參。　於殿上渡藏人云々。覺壽僧都着重衣云々。　不審々々。可爲鈍色歟。但至德儀定如今歟。　今夜天皇御元服。加冠二條攝政。〔大政〕大臣持基。理髮左大臣殿。毎事無爲嚴重云々。卯半事終云云。御元服ニハ天氣簡要事也。一日二日大雨終日終夜不止處。三日晴天。聖運至珍重々々。清瀧宮。長尾五社御供三ヶ日如去年定置供了。廳務奉行之。

四日。雨。　總寺風呂始。　自今日清瀧宮三ヶ日修正。靜雲院月忌如常。　弘繼僧正來。爲予不例祈禱舊冬以來種々勤行沙汰之。何日可結願哉以宗濟僧都申。予已爲入風爐出南面間。於公卿對謁。悦喜由申了。　今明結願宜旨申也。自聖護院准后賀札到來。近年佳例歟。上杉四郎來。對面。太刀賜之了。　御元服後宴節會内辨内府云々。

五日。晴。　寶池院入寺早々儀祝着。　喜久壽。　辰壽。松橋僧都等供奉。一重十帖進之了。　將軍渡御畠山亭云々。　畠山依腰所勞起居不合期。雖然朔日片時出仕今日又如形祗候云々。珍重。　自今日尊勝千反タラニ始行。自朔分延引。近年儀也。今夕心痛氣興盛。

六日。晴。　長尾修正如例年。今日以外窮屈。仍歡喜天供幷愛染護摩以下悉用手代。

七日。晴。　歡喜天供日中。結願一時。愛染護摩日中一時。兩壇結願。自身行之了。自餘勤行無爲勤修了。祝着。　後七日伴僧弘豪法印。弘永法印。弘玄三人事自地藏院被申間借渡了。　白馬節會室町殿御見物云々。内辨内府。大炊御門内辨室町殿御與奪儀云々。

八日。晴。　護持僧參賀如常云々。　予依窮屈不參了。寶池院參如先々。三重十帖自將軍被進。御使伊勢十郎云々。後七日開白無爲云々。木具等自寶池院助成云々。當年於新造道場被修之。爲御願爲宗爲法今度御興隆。年始初度御祈之間旁珍重。歡喜隨喜々々々。　阿闍梨坊無沙汰之間。如近年近所構宿坊律院。　每日出仕支度云々。增益護摩賢雄僧都。息災護摩覺東寺壽。五大尊供弘豪法印。聖天供快東寺壽僧都。神供定與。未灌頂未受法者也。　扈從賢雄僧都云々。舍利守賴演。　今度十二天供舍利守兼之云々。　先例在之歟。如何。太元法道場禁中小御所如近年云々。調伏護摩宗濟僧都。廿八歲。　去年以來勤修歟。息災護摩重東賢法印。　聖天供隆增法印。十二天供隆育僧都云々。

九日。晴。

十日。晴。　寒嵐雪花時々散亂。今日如近年僧俗參賀。歸路ニ内裏。仙洞等ヘ參賀云々。大乘院來臨。雖窮屈散々體。於火燒所奉對謁了。申次禪那院僧正。重衣。予單衣體。乍着帽子入見參了。且内々其禮申了。千疋榼等被隨身。每年佳儀也。醫師三位來。嘉禾散四聖散持參。猶可服之云々。脉樣舊冬ヨリ又猶減氣云云。但無力微々未休云々。梅染一重太刀賜之了。一色阿波入道來。不及對面。追以經長太刀遣之了。

十日。理性院僧正參賀處。予不例食事等樣具以立阿御尋云々。

十一日。快晴。御評定始如常云々。將軍御院參云々。於仙洞申樂在之。爲御見物云々。近年例歟。今日此坊ヘ渡御事數代御佳躅也。依予不例被延引了。自一乘院音信昨日參洛云々。榼白壁等送賜了。

十二日。晴。將軍渡御武衞亭云々。恒例儀也。藥師寺僧正。普門院僧正。尊勝院等參賀。令對謁了。各榼隨身。太刀獻之。左道々々。五社參詣依不例延引。今日參詣了。山上清瀧宮御供仁王講以下三ヶ日自明日可令辨備旨。以水本申付山務法印隆圓了。去年以來可爲恒式之由申付處。隆圓法印令忘却歟。無正體。去年ハ自七日三ヶ日供之了。但九日例日之間十日結願歟。進賀札於攝政。御元服事幷三位中將一級中納言中將。事等賀申了。今夜北小路京極正藏南在家炎上云々。京極加賀入道來。太刀獻之。等持寺長老來臨。一重十帖隨身香合十帖獻之了。

十三日。陰。寶池院若公入寺。每年儀可爲萬代佳儀。祝着云々。於此門跡金剛輪院。如形一獻祝着之儀在之。若公御引物御牛尻皆具引合也。一獻廳務役。年々佳例也。松木中納言。中山宰相中將。菅少納言等參賀。各狩衣各太刀獻之了。二宮信濃入道來。一重太刀賜之。定光參太刀賜之。千疋隨身。松奏推參施藝能了。祿物如去年賜之了。自未初降雨。若公入寺(堂イ)取笠。水本僧都供奉。兒房官以下少々供奉。於兩社御神樂奉備之。自申初雨脚止。仍松奏無子細。酉終又降雨。寶池院今日出京。寶池院物語。昨日後七日道場一見云々。塔不絨之云々。香水机造樣不分明歟云々。將軍月次御會如常。出題雅世卿。庭梅盛久云々。予不參間不及進懷紙。住心院僧正來。太刀獻之。今月壇所事ニ付テ聊申聖護院旨在之。

十四日。晴。後七日太元無爲結願云々。珍重。自今日於京門跡不動不斷護摩始行。禪那院僧正。金剛王院僧正。弘豪法印等參了。富樫介來。

十五日。晴。不動護摩開白恒例。毗沙門供同前。入堂。但不及長尾入堂。定盛法印今曉寅剋入滅。七十四。尊勝タラニ千反如常。山上御供仁王講等三ヶ日今日結願了。

十六日。晴。恒例炎魔天供開白。入堂用代官也。住心院僧正來。御臺御祈今月分可爲護摩歟。又可爲御修法歟之由。以西雲庵伺申處。殿上ニテハ公方御祈始モ未被行。於壇所護摩宜樣被仰出云々。仍住心院尋申入趣ハ。修法護摩間當月可何哉由申處。西雲庵悉モ不披露歟。仍於壇所可行由計被仰出云々。重可致披露旨申處。難儀由被申。可爲何樣哉云々。予返答云。トテモ公方御壇所等相構申上ハ。今月御臺御祈護摩時二月ニ可相構申入條旁宜也。然者於御壇所御門弟中御臺御祈護摩勤修旁便可然由申了。

十七日。晴。自山名方音信。十三日御歌御會無爲珍重。御詠近比殊勝由諸人申云々。申半五條坊門東西四町炎上云々。

十八日。晴。實相院母儀號妙雲院。入滅云々。
十九日。晴。六條八幡宮社參。御神樂如恒例。代官トシテ慶圓法眼參詣了。
廿日。晴。今曉南禪寺塔頭兩所炎上云々。瑞禪來。一重遣之了。今度後七日開白十二天佛供一向無用意。少行事忘却云々。希代珍事也。伴僧罷出弘永法印等參申也。將軍渡御赤松亭云々。
廿一日。晴。御影供如常。今夜一條萬里少路邊少家兩三炎上云々。
廿二日。晴。不動護摩幷炎魔天供等結願。自今夕愛染王不斷護摩始行。當季分。支具料自納所下行了。護摩人數今度京都不斷護摩不動。人數除之。其外十二人令結番了。醫師三位法眼來。脉樣悉本複(復)。今ハ無力計云々。仍今月中參事內々相尋處。末ナト凡可有何子細哉。但來月猶宜存云々。參吉日相尋在方卿處。今月

廿四日。來月三日。九日云々。然者九日可參歟之由仰談處。其ハ尤珍重云々。仍其分令治定了。自酉終降雨。將軍渡御山名亭云々。
廿三日。晴。畠山阿波守來臨。令對謁了。一重太刀追可遣之由仰付經祐法眼了。積善院僧正。若王子僧正來。對謁。積善院僧正附弟號佛乘院大納言寬意。同道。少折紙隨身。未來可仰扶持之由種々申旨在之。八幡田中法印來。恒例折紙持參了。一重太刀可遣由申付了。岩坊村融法印來。太刀賜之。當寺仁王會始行之。自今日兩日行之。恒年儀也。慈尊院僧正弘繼來。對謁。於菩提寺風呂在之。將軍渡御管領亭云々。
廿四日。晴。以經祐法眼來月九日參事幷來月壇所其間若爲手替寶池院可有參住歟。又猶末月三月ナト可令相構歟。宜任時宜旨可伺申入旨仰遣立阿彌方了。此間如此事等以一色左京

大夫令申處。舊冬貢馬事ニ付テ聊申所存事在之。山名貢馬下ニハ不可立由歎申云々。就此事再三雖有御問答曾不承引申間。無力爲公方貢馬被立之云々。此貢馬事ハ中條數代進了。然去年中條入道違上意於尾張國京都參洛時。被切腹了。中條跡三河國高橋庄一色左京大夫拜領了。仍如中條所進可進貢馬由被仰出云々。日比中條貢馬立所ハ最末。第十番云々。今度左京大夫貢馬立所ハ第三番。山名次宜由被仰出處。難儀由及再往云々。依之披露事等聊斟酌由申申間。雖爲淩爾就事安以立阿等可申入旨仰含了。申刻大地震。現圖尾宿。龍神動云々。雖然以傍通曆面斗宿。天王動之由注進云々。但在方卿占文云。

今月廿四日申時大地震。傍通斗宿。天王所動。

占文云。月行斗宿者天王所動。天子吉。大臣受福。萬民安穩。天文錄云。正月地動九十日之內兵起。又云。春地動人主有愼。又云。地動旱魃。

廿五日。雨。將軍御所月次連歌御會云々。晚頭渡御靑蓮院。恒年儀也。自山名禪門方音信。一萬句事。來月十一日大略御治定。發句題幷御人數事御參時被申談可被定。但可遲遲歟由昨日於通玄寺內々被仰候キ。發句題御人數事早々被定樣。御參遲々者可被申入條可宜云々。予返答。誠萬句題御人數一日モ早々可被仰出條諸人可爲案堵歟。以此旨可有申沙汰由申遣了。

廿六日。雨。陰晴不定。大霰散亂。自日野中納言方臨時御祈將軍家。來月當番可令存知云々。自來朔愛染護摩每日一座供二座如去年可勤修旨申付了。臨時千反タラニ一日中。修之了。不斷護摩衆外參勤了。

廿七日。晴。土岐大膳大夫參洛。明日可來云々。

今夜如先々兵庫入道亭ニ一宿。仁王講勤修。經衆六人。此内導師。布施以下如常。納所下行。不斷護摩中兩種勤行殊沙汰之。五社法樂也。

廿八日。晴。土岐大膳大夫來。對謁。今日可申入公方云々。一獻如形。千疋隨身。大膳大夫物語云。去廿四日大地震。伊勢國以外。鈴鹿山大石ユリ拔云々。細河淡路來。對謁。實池院入寺。爲入堂云々。土岐大膳大夫入若公見參。打刀一腰。千疋進之也。引物追可遣由申付了。

廿九日。晴。愛染護摩不斷。今日雖相當結願爲御德日間。酉時以後夜時閣之。明旦辰時可結願由仰付了。若公出京。長全。胤盛供奉。自山名方書狀到來。於北野一萬句御連歌來月十一日御治定。奉行事山名。赤松兩人由被仰出也。御發句題。花。柳。若草。殘雪。永日中可爲御意云々。返報。花可爲自分旨可相意得旨申遣了。

二月

一日。晴。愛染護摩始行如常。自去廿二日不斷愛染護摩。月次壇所爲手代實池院參仕。參候出世公達松橋僧都。禪侶俊仲僧都。源意律師。定瑜阿闍梨。坊官俊榮。經乘。侍遁世等。將軍臨時御祈今月中當番如去年。愛染護摩始行。護摩一座供二座都合三座也。自餘方樣一月中一七日護摩。其餘供也。予此間勤仕來了。

二日。晴。

三日。雨。金堂修正結願。請僧廿四口之内山下常住不足間。山上常住兩人加事。當年初例也。非先例歟。予發句題花治定由山名申賜了。

四日。晴。自今日於室町殿御祈始。聖護院准后勤仕。不動大法伴僧十六口。護摩壇尊順僧正。

五日。晴。　六日。晴。

七日。晴。細河下野守來。千疋持參了。
八日。雨。愛染護摩結願了。
九日。晴。自曉天晴天。將軍八幡御社參。御輿。四方。御力者衣十八人如例召進了。還御ニ六條八幡御參社。次北野御社參。自今日則聖廟御參籠。予今日初出京。於法身院門跡祝着之儀如先々。中半ニ北野參籠所（政所北。）移住了。袖白輿。力者單直垂。大童子繪直垂。僧綱一人。（宗濟僧都。）房官二人（俊榮。經長。）各重衣。予裘袋。參籠所奉行。快辨法橋。胤盛上座。參候人數。宗濟僧都。坊官長全。經長。親慶。出世賴全阿闍梨。仙忠阿闍梨。中居長範。幸順。智阿。承仕常蓮。淨辨。明圓。酉終將軍自六條八幡宮北野ヘ入御。御奉幣。御宮廻等如常云々。戌半予參申了。御對面。當年初參間祝言等申入了。將軍御物語。今日八幡御社參之處。於馬場白羽箭一手御拾。御祝着之由仰間。殊珍重無申計由申了。一萬句發句（自分幷寶池院。）入見參了。殊勝由被仰也。退出後五重盃香合引合以立阿拜領了。祝着祝着。三條宰相中將來臨。（一重。太刀遣了。）山名禪門來臨。御師梅香院參申。一重賜之了。以立阿彌被仰御參籠中御本地供百座計可修云云。令存知旨申了。立阿ニ千疋賜之了。十一面開白了。

十日。晴。昨日重實拜領祝着之由參申了。御對面。明德二年二月十一日鹿苑院殿於聖廟一日一萬句御懷紙御奉納神殿。件懷紙今日被召出御拜見云々。仍拜見由被仰間。於御前令拜見了。赤漆櫃一合ニ被納之了。十題各一手分五百韻。惣裏紙打曇ニ下繪ヲ書了。懷紙繪各不同。鹿苑院殿御懷紙ハ梅松被書之了。（餘脱カ）自或ハ梅計。（二條關白。）或ハ梅松。（九條大閤。）如此也。惣裏紙又不同。或以懷紙同紙裏之。但裏ヲモタミ或ハタマサルモ在之。此內九條大閤。二條關白兩家裏紙白高檀紙也。名字書樣。二條ハ關白ト計也。公卿ハ某中納言ト計。雲客ハ某朝臣ト書之。神前公宴不相替條流例也。仍如然歟。故常住院准后一座名字書樣法務二字計也。准后以前也。〔故聖護院 名字ハ前大僧正三字計也。〕自餘賴昭僧正。某法印僧都等也。此條又如公宴歟。攝家僧正不書實名條公儀又如此。鹿苑院殿御懷紙御名字ハ前左大臣四字計也。初百韻御懷紙一折以御自筆被遊了。殊勝珍重々々。自餘秀長卿一筆淸書。本懷紙執筆五百韻秀長卿一筆令沙汰了。

十一日。晴。當社北野。後夜寅刻。懺法之後方々一萬句可始之由自昨日爲山名奉行被觸了。將軍御一座於御參籠所西僧坊北端。御沙汰。二條御人數任明德御例十人也。委細別記之。攝政休所西僧坊中間。將軍御次也。其次間日野中納言兼鄉卿。其次間三條宰相中將實雅卿。各同時始之。九條前關白政所南向如明德也。一條前攝政法花堂。大乘院透廊西。西ニ以荒檜壇構之了。聖護院准后透廊東北面構之。山名東僧坊北端。赤松會所。細河阿波入道廻廊西。京極加賀入〔道脫カ〕同東。管領津戶ノ經藏。

十二日。晴。將軍渡御山名參籠所。

十三日。晴。法樂御歌百首短冊。題昨夕被賦了。出題雅世卿。將軍七首。予分六首。雅世卿十二首云々。以下不分明。酉初披講。讀師雅世卿。講師雅永朝臣。於御參籠所被講之。文臺被向社頭方了。將軍御小直衣。予裘袋。〔按〕安察大納言公保卿。飛鳥井中納言雅世卿。日野中納言兼鄉卿。三條宰相中將實雅卿。飛鳥井中將雅永朝臣。同雅親。各狩衣。管領。山名。赤松。畠山阿波守。細河下野守。同右馬助。赤松伊與守。同播磨守。堯孝僧都等也。武家裏打直垂。披講了各獻太刀了。退出後。管領來臨。畠山阿波守同前。一昨日一萬句一座。五百韻。草紙ニ可書進之由被仰間書進了。青表紙美濃紙袋草紙也。

十四日。晴。武衞來臨。當年初度。參籠初例日旁不審々々。明日涅槃會式人數等事書遣重賀方也。

十五日。晴。自北野御參籠所將軍御出。御參籠中毎事無爲珍重々々。辰初刻御出。予同退出。先歸法身院門跡。風呂。未初刻參壇所。申終於將軍御所涅槃講被行之。千本法師參申也。等持寺殿以來數代御法式云々。予先參御前。御山水向觀音殿以下被見了。新造綵色未出來。於事驚目了。自御會所檜葺渡廊四十餘間云々。此廊觀音殿ヘ通路也。其後涅槃會了聞。將軍御出。於醍醐門跡金剛輪院。涅槃會如先々。不相替雖爲留守可勤修旨申付了。四座式師仁體注遣月行事方了。自今日不動護摩恒例。用手代。金剛王院僧正參勤。

十六日。雨。御參籠無爲御禮。僧俗群參如常。但門跡輩護持僧計歟。其外南都一乘院僧正計也。聖護院遲參。依御指合無御對面云々。內府同前。各來臨壇所。自申半御臺俄御邪氣興盛。高唉以外。併野狐所爲云々。箕面寺法師兩人加持申也。將軍御仰天無申計。きと可參申由承間。自壇所參了。此事可被如何哉云云。予申。先被仰聖護院御加持可宜。次於彼御方御祈早々可被仰付云々。然者五壇法先可被行。其外可然御祈等可計申云々。何樣相談聖護院重可申入由申了。酉半聖護院准后參。副驗者理覺院僧正。賴賀法印也。自戌半野狐退散歟。聊御本複(復)云々。其後聖護院來臨壇所。今夜一宿壇所。若猶御發事在ハ爲御加持云々。御祈事條々談合。五壇阿闍梨事。去年於此御所被始行時。人數可宜旨計申了。

仍中壇聖護院。降積善院。軍妙法院。大住心院。金檀那院。此外不斷護摩一七日花頂。不斷陀羅尼(尊勝タラニ廿一反了。火界咒誦之。)此門跡出世者十八人。一時別三人。晝夜ニ各一度參勤定也。藥師護摩理覺院僧正。六字法予勤仕。

十七日事

諸寺諸社ニシテ此御祈被修。各自明日十八日可修由。日野中納言奉行也。御沙汰始被行之如常。一色亭渡御。予參御臺御加持了。將軍御出御雜談。今日ハ少御發。于今御無爲云云。聖護院今朝參御加持。即歸坊。御加持手代理覺院僧正。頼賀祇候。大乘院參洛。自一色亭還御時分也。依御窮屈無御對面。自申時不斷陀羅尼。(尊勝タラニ廿一反後火界咒。)一時別三人召進之。弘喜。快圓。頼全參申了。自聖護院參申御加持衆二人一所ニ候云々。此タラニ一七日可進也。六番ニ令結番了。十八人也。自今夕御臺御祈去年以來被定置護摩禪那院僧正當番參住。愛染護摩始行。念誦伴(侍イ)僧三人。弘喜。快圓。頼全。淨衣赤色。

十八日。晴。於將軍御所御臺御方。爲彼御不例野狐氣御祈五壇法被始行之。

中壇(寺)聖護院准后　降(寺)良讃僧正

軍(醍)賢快僧正　大(山)實惠僧正

金(寺)良昭僧正

道場南面六間。東ニ中壇。(向北。)西降壇(向北。)西向六間。(辟折。)南軍壇(向東。)次北大壇。(向西。)其次金壇(向西。)已上。　金剛藥叉壇次(北。)　五間不斷護摩壇建立。金剛童子護摩花頂勤仕之。院主幼少之間。門弟房宗僧正手代勤之。六人晝夜兩度參勤樣令結番之由房宗僧正參申了。念誦伴僧一人。心念々誦云々。毎時如日中可備佛供云々。引大幔立閼伽棚也。仍西向五壇之內軍大金阿伽棚三脚。不斷護摩閼伽棚。已上四脚立之也。六字修法於月次壇所始行之。伴僧六口供料三千疋如常。淨衣靑黑色。閼伽棚不立之。以壇所常住物通用之了。伴僧事前日以折紙觸之了。宗濟僧都奉行之。但人數等無治定儀。

弘豪法印　隆增法印能讀。　宗濟僧都

東寺隆濟僧都壇行事。但隆增悉奉行。　隆倩僧都結線。

聖淸僧都神供。

弓箭太刀自施主御方任例被出之。伊勢守奉行之。請取使者大藏卿。寺主經長。承仕二人。内上首一人着長淨衣。下﨟小淨衣。壇所閑所之間無見聞輩。旁略儀至也。不可爲例歟。聖護院准后來臨。只今參壇所云々。今度五壇中壇以下阿闍梨座依道場狹少悉用半疊云々。先例可尋之。

十九日。晴。來月十七日御參宮。京都御進發治定。同廿日御社參之由可申遣伊勢守護方之由被仰。則雜掌大澤入道方へ申遣了。御臺御方不斷陀羅尼火界咒誦樣相違之由被仰間。東寺門樣以梵字書之進了。

廿日。晴。

廿一日。晴。渡御京門跡。正月十(一イ)七日光儀延引分也。御車。御小直衣。御供永豐朝臣。狩衣。大名四人。管領。畠山。山名。赤松。七獻以後還御。御引物如先々。盆。金襴。御屛風。御小袖十重。高檀紙。以上五重。高檀紙寶池院。白太刀一腰若公。今朝落書御所中ニ在之。御臺御方遁世者拾之備上覽云々。御臺今度御不例事ハ北山小御堂坊主律僧。向公方恨申事在之間。千本長福寺坊主ヲ相語。野狐ヲ付申云々。此事内々御物語子細在之。不足信用由申了。但長福寺坊主先被召寄伊勢宿所云々。就外宮遷宮事。當時神居假殿既及四ヶ年間。及顚倒計也。仍去年扶木ヲ以テ支申也。

廿二日。雨。昨夕被仰出。外宮遷宮役夫工米事。

面々嚴密可致其沙汰旨管領。畠山。山名御返事同前也。仍此子細令披露了。管領來臨。折榼等送賜了。山名來臨。外宮御遷宮年中何樣ニモ可申沙汰云々。就越智事大乘院へ密密申遣旨在之。

廿三日。晴。御臺御祈自去十六日始行。結番御祈。愛染王護摩結願。供料二千疋。毎度被定置儀去年以來事也。當門跡。聖護院門跡。花頂自三方阿闍梨進之也。今月參住禪那院僧正。念誦伴僧三人。淨衣赤色如常。就伊賀國守護職事。被仰出山名旨在之。召寄山口遠江守具仰含了。畏入之由申入也。

廿四日。雨。月次御連歌在之。頭役攝政。發句同前。

遠山花さきつゝく宮こ哉　攝政
さかりは雲を峰の櫻木　將軍
きぬさらき霞の袖のうちはえて　予

御臺御祈金剛童子不斷護摩今日酉時初結願。自戌時聖護院門弟令相續。同尊阿闍梨六人。供料今度減少千疋。不斷陀羅尼酉時終結願。自戌時花頂門弟十五人晝夜各兩度參勤分ニ結願云々。尊勝タラニ廿一反後火界咒誦之也。五壇法。六字法。藥師護摩延行。

廿五日。晴。將軍御會御歌。愚頭也。任例五百疋進之了。披講如常。懷紙三首。京門跡天神講舞樂如常云々。

廿六日。自今日彼岸勤行。留守中令延引了。

廿七日。晴。五壇法結願延行。供料中壇二千疋。脇壇以下千疋。重御下行云々。今曉結願以後中壇聖護院准后來臨壇所。六字法結願。時終也。六字法結願如常。卷數結線進之。日野中納言執進之了。結線ハ入折櫃無蓋有臺。進之。委細別記之。島一合。小折五合。千疋任去年例進御臺。折五合進將軍。今朝參御加持。壇所參住以後初也。三井寺米闕去年以來被停止之也。聖護院連々被申間今朝披露處。御免不可有子細云々。但今度御參宮來月十七日也。其以後御免事可被仰出云々。　御臺御方御加持今朝同申之。　將軍渡御壇所。永圓寺勸進造營ノ爲中樂鹿苑院殿御代於北山牛御堂東在之。彼時棧敷御支配之樣鹿苑院殿以御自筆棧敷繪圖被遊置。古本自永圓寺被召出。可令一見之由被仰出御隨身。此儀今度御棧敷御支配爲云々珍重々々。　御雜談及數刻了。仍北斗初夜時遲引了。

廿八日。晴。　自將軍御前小折五合。大折一合拜領了。　自聖護院准后一裹松茸。送賜候了。被副一首和歌也。

松竹のときはの色に習へとてさける櫻の花をそへつゝ　滿意

和答。

松竹の色をそへたることの葉に花も千とせの春やちきらん　滿濟

廿九日。晴。　北斗法今曉結願。　明日御德日間令運時了。壇所中一月御祈悉今日結願。卷數五枝。北斗法。同供。百座。不動護摩。同供。百座。以宗辨渡遣伊勢守方了。則披露云々。臨時今月中御祈愛染護摩。同供二枝卷數以日野中納言進之了。方々結願同前云々。　管領來臨。壇所今日計無爲珍重云々。　御臺今度御不例ニ付テ在方卿內々御占申處。邪氣又ハ專土公御タヽリ見給云々。　旁彼御祭可宜歟之由申處。尤也。早々仰日野中納言可仰付在方卿之由被仰出也。則仰付了。山名禪門來壇所。將軍渡御壇所。　彼岸舍利講自今日可勤修由申付了。恒例金剛輪院ニシテ行之事也。

卅日。晴。　壇所勤行悉昨日修之了。　仍今曉任例退出。無事祝着。　參內。院參。車。八葉。　力者牛飼等如常。扈從松橋僧都。從僧二人。俊榮。宗辨。兩御所御對面。申初入寺。今日歸忌日間先於理性院坊一宿儀。但如方違鳥ヲ鳴せテ歸門跡了。先菩提寺風呂自理性院直罷向。自菩提寺風呂歸坊了。自今日戌時爲御臺御祈於彼御在所不動不斷護摩修之。阿闍梨六人。理性院僧正。隆圓法印山務。隆瑜僧都。隆仙僧都。隆脩僧都。圓辨僧都。供料自今度減少千疋下行。内々予計申了。大幔壇數等如常。阿伽棚立之。阿闍梨晝夜毎日着衣。承仕二人。小淨衣。常蓮。明圓。自今月十八日至廿四日。花頂門下金剛童子不斷護摩修之。自廿四日至卅日酉時聖護院門下同尊不斷護摩修之了。供料最初二千疋。自次千疋也。不斷陀羅尼同前。供料五百疋也。最初千疋同減了。

三月

一日。晴。恒例愛染護摩始行。彼岸舍利講共行了。

二日。晴。彼岸舍利講共行如昨日。入堂。

三日。晴。舍利講不出座。菩提寺風呂在之。自將軍御書在之。御使用阿云々。來九日於若王子御連歌可有御張行。可參申入旨被仰出也。自酉終降雨。花三分一開發了。

四日。晴。少雨。

五日。晴。夢想連歌張行。自將軍御發句拜領之了。正月一日曉夢也。將軍御句ニ奉付樣キ。仍御發句申出了。

今年猶さか行花の若枝哉　將軍

又たちそふるよろこひの雲　夢想

鶴の子のや千代の春を君に見て　予

人數禪那院僧正。金剛王院僧正。妙法院僧正。慶圓法眼。胤盛。祐圓。玄阿。萬阿。祖阿。春阿。彌若丸。喜久壽丸。執筆祖阿。自今夕六字護摩始行。公方御祈供料千疋。御撫物被出之。奉行日野中納言。結線賴全。此御祈去年以來四季被始行分也。

六日。晴。六字護摩用手代。妙法院僧正勤仕。結線快圓律師。自將軍以飯尾大和守被仰出。大友。少貳御治罰御敎書幷御旗事。大内頻申請上。舊冬豐後國事旣被下大友左京亮。御判被遣之了。筑後國事同被下菊池了。然者於治罰御旗兩條强不可有御斟酌歟之間。昨日旣被遣云々。珍重之由申了。御旗加持聖護院准后沙汰云々。昨日五日加持云々。

七日。晴。

八日。晴。愛染護摩結願了。

九日。晴。早旦出京。將軍渡御若王寺。連歌御會在之。御人數如去年。二條攝政。一條前攝政。三條宰相中將。聖護院准后。予。管領。山名右衞門督入道。赤松大膳大夫入道。蜷川周防入道。赤松播磨守。瑞禪。承祐。重阿。玄阿。此内三條宰相中將。管領兩人ハ御前ニ着座計也。不申御連歌。

御發句將軍　花瀧おちこち人の逢瀨哉

脇攝政。御連歌酉半過終。予今日可歸寺處。夜中往反不可然可逗留由被仰間。京門跡ヘ歸了。今夜一宿。

十日。少雨。今朝參室町殿。御對面。伊賀事山名内々申旨令披露了。就九州事。菊池別而可致忠節旨。畠山方へ被下御内書了。其子細等畠山申旨同披露了。一色左京大夫舊冬貢馬事ニ付テ違上意了。於出仕者無相違歟。去月廿四日渡御事延引了。周章申旨同披露處。此者無正體事等條々被仰出了。午半入寺。月次御連歌延引。

十一日。晴。妙法院坊ニ於テ一折在之。當年初。花大略落花。青葉梢也。萬阿。春阿參申。實池院。若公同道。中御門中納言參會。

十二日。晴。自去六日不斷陀羅尼御臺御方御祈。此門跡分至酉時各退出了。自戌時花頂出世者參勤了。自今日不斷護摩聖護院門下參勤之。
十三日。晴。　十四日。晴。
十五日。陰。風。早旦出京。明後日御參宮。珍重之由等申了。御臺御加持申之。外宮立柱上棟可爲當月中由。管領申入旨披露了。今河總州駿河守護。甥子彥五郎事。器用不便由。今河遠江入道申旨內々達上聞了。仰付大和小河旨。自大乘院被申旨。同申入了。酉初歸寺。不動護摩開白。　御參宮御祈自今日始行。不動護摩修之。自去五日勤修。六字護摩今曉結願了。御撫物卷數付日野中納言進之了。今朝披露云云。　御臺御參宮御祈愛染供同始行。手代觀心院法印。
十六日。雨。風。
十七日。晴。將軍御參宮。御臺同前。　申初剋大地震。以傍通勘之處。氐宿火神動也。條々不快歟。現圖分水神動。占文不快如例式云々。

在方卿注進。
十八日。晴。蓮藏山蕨掌(賞)翫。若公同道。廳務法橋於彼山下御盃進之。芝居體。兒數輩。宗濟僧都。顯濟法眼等供奉。予入堂歸路ニ令遊山了。
十九日。自申終降雨。自地藏院明後日東寺拜堂料手輿。平袈裟。三衣袋等借用之間。借獻〔之〕了。
廿日。　自巳初雨脚止。天快晴。今日兩宮御社參日也。珍重々々。　金剛王院僧正明日東寺御影供執事用脚六千八百疋下行云々。予二千疋助成了。
廿一日。晴。惣寺御影供巳貝定〔也〕。其後灌頂院御影供如常。供養法弘永法印。導師定與阿闍梨。祭文憲瑜阿闍梨。灌頂院東寺供僧行之。東寺々務地藏院僧正拜堂。今日於覺壽僧都坊。三ヶ吉事行之。其儀定如常歟。酉半行之云々。拜堂酉終日沒以後云々。有職前駈二人。共東寺法師也。一人增長院坊法師。一人觀智院宗源同宿法師云々。世間前駈二人。童僕如形云々。扈從僧綱大貳僧都賢能。改名賢雄。寺務坊出世者也。平民扈從先例在之歟如何。御後一人坊人侍號越中云々。中間六人召具云々。中童子一人。自寶池院被借渡熊若丸也。郎等少々召具云々。威儀僧二人。此內一人東寺法師重賢法印同宿法印云々。今一人寺務門弟號賴演也。自西院供奉云々。大童子四人。如木二人。無單己二人歟。不分明。自食堂邊取松明云々。仍堂々拜樣分明。見物輩無之云々。今度扈從事任舊儀良家輩可召具處。其仁體彼門弟一人モ無之。仍去月初比寶池院參會時此門跡祇候良家內觀心院法印申請度如何云々。寶池院返答。先度御修法勤仕地藏院事。時。扈從闕如之間。此門跡門弟中事內々被申處。被經沙汰被略了。今又可爲同篇歟。然者無益云々。

地藏院僧正御修法始。勝定院殿御代於三條坊門御所一字金輪法被修之キ。件時扈從仁體無之間。此門跡門弟中事懇望儀雖有之。門弟良家老若先例無之上者。相渡彼門跡地藏院事。可令扈從之條。曾不可叶。蹤(縱)雖及生涯不可隨仰由數反申了。就中不可求例於外。實相院僧正地藏院兄。灌頂時。扈從仁體依無之。聖護院門弟中以小河殿鹿苑院殿御舍弟。御口入。再三雖被仰。先規無之間。今更難隨仰旨申之間。無力被閣了。其後近衞坂房譽僧正門弟號通宣。改名也。中院宰相中將入道息依有內緣子細。自小河殿以父宰相入道被語仰處。於通詮禪師事者。不可有子細由申入了。仍以彼申狀自小河殿被仰聖護院准后處。彼御返事云。以房譽僧正附弟儀。參候不可叶。所詮彼禪師一身事領掌申入上者。自今以後一向被召置實相院門跡中。可被供奉之條。不可有子細。然者向後不可有房譽僧正附弟云々。仍通宣禪師事。其以來被召置實相院門跡部屋。扈從等勤仕了。雖爲他門事。御連枝之儀不可相替哉之間。於此門跡良家輩相兼他門室無門弟儀。云先例旁堅申所存云々。仍件修法始時大貳法印弘豪此門跡出世者也。依地藏院被借渡。雖爲平民扈從勤之了。此等儀悉達勝定院殿上聞歟。雖然就順儀不及御沙汰キ。今度又可爲同篇條誡勿論也。寶池院返答正路之儀歟。

廿二日。晴。太子講行之。去月延引。式弘豪法印。伽陀憲瑜。傳供讃宗珍僧都。伽陀定與。十二合菓子左右ニ傳供之。捧物如去年。但門跡分練貫一重。杉原十帖。代三百疋遣之了。奉行無沙汰間。練貫不及用意。仍臨期儀也。四ヶ法用也。一條前攝政來臨。一折張行之。二千匹折紙被持了。綾一重。白小袖一重。香合。小高檀紙進之了。殿上人一重太刀賜之了。

廿三日。晴。將軍自伊勢還御。酉半許云々。御旅中天氣以下毎事無爲珍重。廿日御社參日辰刻邊マテハ風雨以外云々。自巳初晴天。奇特天氣之由供奉輩申也。珍重々々。　御旅中御祈不動護摩卷數一枝以日野中納言兼鄕卿進之了。御臺御祈愛染王供卷數以同卿進之了。

廿四日。晴。御參宮無爲御禮今日御德日間略之。明後日廿六日。云々。　山名音信。御參宮無爲珍重云々。　自去十八日於御臺御方御祈不動不斷護摩當番今日酉時結願。理性院僧正以下退出。自戌時花頂門下參勤。不斷陀羅尼又始行。聖護院門下出世者勤仕之。結番也。

廿五日。晴。大乘院昨日參洛云々。今日來臨。自酉終降雨。

廿六日。晴。御參宮御禮僧俗群參如常云々。但僧中護持計云々。　今曉大地震。龍神動。占文不快。兵革旱魃以下也。

廿七日。晴。於室町殿御歌晴御會在之。御人數十八人云々。九條前關白。二條攝政。一條前攝政等今度參云々。

廿八日。少雨。自巳初天晴。巳半地震。小動。昨日御會無爲御禮。今日面々參賀云々。

廿九日。陰。早旦出京。午終〔參〕室町殿。今日蹴鞠御會在之。仁和寺一品親王。二條關白爲見物被參申。予同參。一品宮平絹裘袋。關白唐織物小直衣。予重衣。御室三千疋。關白千疋。予二千疋。折紙以日野中納言兼郷卿進之。數獻在之。初獻盃一品宮。二獻將軍。三獻關白。四獻予始之了。以後大略同前。一品宮未終申初渡御也。車八葉。牛飼五六人歟。力者單直垂。數輩在之。大童子三人。繪直垂也。髮ヲ下テ入本結スル也。僧綱大教院僧都。重衣。乘車尻。房官一人。重衣。練貫袙重之。威儀師懷緣重衣。供奉了。　關白車八葉。番頭以下如常。月輪中將家輔朝臣供奉。布衣。乘車尻。經康布衣。持御劒供奉了。　予輿。紬白。力者單直垂。大童子一人。繪直垂。松橋僧都單衣。乘輿。召具經長一人也。　御鞠人數八人。按察大納言公保卿。飛鳥井中納言雅世卿。中御門中納言宗繼卿。中山宰相中將。雅永朝臣。雅親。賀茂人二人。秀久。夏久。　庭上疊敷樣。先鞠庭西向也。南屏際ニ東西行小文疊二枚赤緣一枚敷之。屏中門南之西屏際赤緣二枚敷之。爲秀久夏久座也。諸大名屏中門北方ニテ見物之。不及疊圓座。　等砂上候也。一獻中間管領。山名以下被召出。於御前賜酒了。關白酌取給了。數獻後重又被召出。今度ハ一品宮酌取給也。最初山名。次管領。次一色。畠山尾張守。細河讃岐守。畠山阿波守。赤松也。希代御遊宴也。諸人活計思出不可過之哉。酉終御室以下令歸給了。　自將軍御引物拜領。練貫五重。盃香合也。眉目々々。除目入眼今夜也。
今少路三位中將昇進中納言事御執奏也。

四月

一日。晴。今朝參室町殿。昨夜引物拜領時可參申入旨承了。自今日愛染護摩始行如常。自酉半降雨終夜。近日爲苗代萬民庶キ甘雨。珍重珍重。

二日。雨。就伊賀守護職事。管領畠山。赤松三人意見御尋在之。各可進人之由昨日申遣了。仍自管領安富筑後守。若槻出雲入道。自畠山方譽田入道。自赤松上原二郎左衞門參申了。仰旨伊賀國當守護仁木國行事每事無正體。仍一向亂國體也。公私無公平之間。去月以來內內被仰談山名處。大略領掌申入心中也。然者可被仰付歟。若又猶可有御思案一途在之者。各不殘心底可申入由被仰出旨。各申含了。於御返事者載書狀可申入旨。三人使者仰付了。伊賀國可被下山名。吉日事內々爲門跡可相尋在方卿之由被仰間。申付在方卿一紙注進。以書狀今日申入了。御返事到來了。自申終天晴。伊賀事。大名三人意見狀。管領。畠山兩人狀到來了。赤松狀戌終到來了。

三日。雨。陰晴不定。管領。畠山。赤松三人狀伊賀事。狀今日以書狀進之了。慥到來之由御返事。拜見了。京極加賀入道來。護聖院宮御不例難儀旣令及鶴林給之由。以惟廣朝臣承了。遺跡事等條々承了。

四日。雨。陰晴不定。如昨天。自日野中納言方以狀令申。自明日地動御祈可令勤修云々。

就度々地震御祈禱事。自明日別可有御祈念候。御結願可爲來十七日候。以此旨同可有御下知醍醐寺之由。被仰下候。可得御意也。恐々謹言。

卯月四日　兼郷

理性院僧正御坊

請文案

爲地天御祈。自明日一壇可令勤修之由。謹承了。修八字文殊護摩可致精祈候。滿寺可抽懇誠旨同令存知也。謹言。

四月四日　判

五日。晴。伊賀國守護職事。今日被仰付山名。御判拜領云々。祝着由音信。　地天御祈八字文殊護摩始行了。

六日。晴。來廿一日河原勸進申樂棧敷御支配次第勸進聖持來之由。自京門跡示給了。例日相觸之條不審々々。自伊勢守護方道家入道參洛。今度棧敷被下處。今月一日被略之了。此事何樣時宜哉之由。爲申入云々。

七日。晴。御臺御祈　不斷陀羅尼尊勝タラニ廿一反以後。火界呪ニテ時ヲ引也。當番自去一日。仍今日酉時結願了。自今夕亥時爲同御祈。於同在所不斷護摩不動。當番也。門下輩同召進之了。金剛王院僧正。隆増法印。隆仙僧都。隆离僧都。圓辨僧都。快圓律師。已上六人。晝夜二時勤之。壇所如此間殿上東寄。　自今夕不斷陀羅尼當番花頂勤之。護摩供料千疋。陀羅尼供料五百疋如元下行云々。　尊藤丸得度。　今河下野守息。十七歲。唄師禪那院僧正。重衣。教導覺深律師。剃手隆春僧都。水瓶手洗仙忠。脇足湯帷快助。脂燭經譽。重賀。長瑜。有紹等也。

八日。晴。愛染護摩結願。恒例。灌佛講如常。式弘豪法印。伽陀快助。法用無之。導師登禮盤。三禮以下如常。式了灌佛讃。四智梵。吉慶漢第一第二憲瑜阿闍梨誦之。讃第二段初予起座。奉灌佛樣モ無ク登禮盤如常。　座定テ先右方杓ヲ取テ酌藥湯。三度奉浴之。次左藥湯作法如右。此間誦眞言等强無之。僧正以下至出世凡僧悉奉浴之也。　此浴湯儀灌佛伽陀時起座也。雖然人數多時伽陀了マテ沙汰之間。依移刻。當年如此令沙汰了。浴湯了後末凡僧一人起座。先釋迦像ヲ取出。傍奉置之。次釋迦奉浴藥湯ヲ取テ。杓ヲ取具先參御前。予出左手受之飮之也。以下同之。大友（九州）少貳治罰事。早々令落居樣。別致懇祈。同可相觸護持僧中之由。以御書被仰出也。御使用阿云々。則方々相觸了。予自分愛染護摩始行之。寶池院佛眼護摩云々。炭山土民等出京處。於石田邊伏見土民出逢。於五人打之了。手負兩三人在之云々。此間與伏見山堺相論事在之。伏見申狀無窮之間。究明最中也。然以此宿意伏見土民等致嗷々儀歟。石田。小栗栖者共出逢。伏見者二人召取了。召取二人自小栗栖治部上座方進之間。遣檢斷所了。爰山下法師等三人自鳥羽罷歸處。於伏見又召籠之云々。此子細令日以經祐法眼內々令申公方了。

九日。晴。

十日。雨。當所地下人等山上者共就炭山事等可令發向伏見由頻雖歎申。堅加制止了。仍以經祐法眼事子細一々令申公方。可有御沙汰旨申了。申次赤松播磨守也。

十一日。晴。御臺御祈不斷護摩不動。今曉卯時結願了。今度日數五ヶ日也。御卷數御撫物進之了。金剛王院僧正以下六人參勤之。當番也。不斷陀羅尼花頂結願同前也。自今夕將軍御參籠清和院。御臺御參籠北野也。

十二日。晴。大僧正定海御佛事如常。理趣三昧供養法。法華八講等如例式。於灌頂院行之。

十三日。晴。今日御德日間。不參清和院御參籠所也。內々時宜也。折五合進御參籠所了。綸ヲカク也。

十四日。晴。早旦出京之處。於河原早々可參申之由使者到來了。仍旁欲早參處。山名禪門來。伊賀守護職事上意趣畏入云々。折紙隨身。次駿河國錯亂事等條々申旨在之。簡要今河上總守二男彌五郎父上總守當時病床及鶴林式之處。父ヲ人質ニ取。任雅意讓與狀ヲサセ。舍弟千代秋丸方者ヲハ大略打之了。言語道斷次第也。仍狩野。富士大宮司兩人方ヘ今度國次第具被尋聞食。可有御成敗條尤可然由申入也。巳半歟參清和院。折紙千疋。隨身了。御參籠珍重由申了。次就駿河國事山名申入旨申處。此事彌五郎申旨自管領申入也。其趣ト只今山名申入旨トハ相違也。彌五郎申入旨ハ千代秋丸方者共父ヲ押ノケ可任雅意所行露顯之間。致其沙汰了。於今者一迹事可申付彌五郎。早々御判可申沙汰旨。以狀令申管領也。次矢部。阿佐。伊奈者共十餘人以告文連署彌五郎事執申入也。然ニ不被任父讓引違御沙汰有テ。萬一國錯亂セハ一向御成敗ノ相違ニ可成歟之間。可爲何樣哉云々。仍先可被仰付彌五郎由思食云々。此旨且可仰談畠山云々。次小早河兄弟相論事在之。兄ニハ勝定院殿御代令讓與。則御判等マテ申與了。然ニ當年親父死去刻。弟ニ又令讓與了。此事被任通法者。後讓ヲ以テ可被爲本歟。雖然一族内者等兄弟之間何ニ相隨哉。就之可有御成敗之條可爲何樣哉。此子細管領。畠山。山名三人意見可申入云々。次於被下使節者可爲奉行人歟。又禪僧等不可有子細歟。同可計申云々。管領意見小早河兄弟相論事ニ就テ。一族内者心中可有御尋之條。誠宜存。於御使者奉行可然歟云々。畠山意見小早河事同前。次駿河國事國樣能々被尋聞食。可有御沙汰歟。次御使器用事。非器用奉行人等ハ中々不可然。細々被召仕奉行事ハ朝夕被召仕間。可御事闕歟。中國方ニ奉公人器用仁體ヲ被尋仰。國事可被尋聞歟云々。　山名意見大略同前也。　駿河事畠山計ニ被尋仰了。管領ハ彌五郎事内々取申。山名ハ千代秋事申間不及御尋歟。　北野御臺御參籠所へ參了。千疋進之了。以西雲庵申也。

十五日。晴。　恒例不動護摩始行。入堂等同前。

十六日。晴。　土岐大膳大夫參洛。

十七日。　自去五日勤修地震御祈八字文殊護摩今曉結願。卷數以日野中納言進之了。　御遷宮如常。供養法隆濟僧都。鈍色小袈裟任舊儀了。調聲快助阿闍梨。讃宗珍僧都。吉慶漢語第一第二。文殊讃清涼。誦之。助音隆奝僧都一人也。覺悟輩ハ尤可助音處。如唯秘讃誦之如何。仍如形誦之。音曲不可説々々。申半理趣三昧了。申樂戌初觀世大夫藝能神妙々々。午終降雨。卽時天晴。出仕不及取笠。觀世大夫祿物外ニ千疋賜之。此儀近年佳儀也。其外今度盃。金襴賜之了。勸進申樂助成儀也。

十八日。晴。陰晴不定。　今日八講恒時以午貝爲定。雖然當年申樂早々被始之樣。可有申沙汰之由。屬寺務代歎申云々。　其故ハ當寺神事終ハ早速可罷出由。自公方被仰下。來廿一日勸進申樂爲稽古。明日十九日。於上御所申樂ノ御爲云々。仍雖不可然八講引上巳半始行了。　未初出仕申樂始之。中間四番度。夕立。土居猥雜。年預未練不及下知。舞臺廻雜人以外式也。上下未練。外見殊見苦式歟。每事嚴重法度尤可然々々。今日藝能五番也。狂言二人。彌六。彌七。牛太郎三人。各五百疋賜之了。當年始也。

十九日。晴。夕立。　小早河二郎左衞門尉來。對面了。自管領吹擧。　房濟爲金剛界傳受自八幡參申了。　顯濟法眼。經譽。重賀普道傳受内一字金輪尊勝二尊傳受了。

廿日。晴。霜降。　自將軍以御書被仰出。大内新介持盛今月八日被打了。御祝着千萬。大友。少貳早早令退治之樣。尙々可致祈念云々。此御祈事今月八日被仰出了。新介被打事八日之間旁仰旨祝着。九州事天下重事此事處。新介早々落居。仍大內修理大夫持世豐前國渡海無爲之間。珍重不可過之哉。　大內中務大輔號馬場。今夜於京都被打了。去月初新介方ヲハ罷出。遁世分ニテ神宮參詣以後。五條邊小家ニ令宿處。大內雜掌安富掃部聞出。山名內者山口遠江守等相語押寄之間。自害云々。

廿一日。晴。早旦出京。參室町殿。九州事珍重之由申入了。夜前馬場被打事等具御物語。　勸進申樂初日御棧敷管領奉行。一獻御精進云云。御下知次第殊勝々々。仍方々棧敷同前云云。　予棧敷聖護院ニ相並了。仍兩方棧敷之間搆通路了。自他心安爲參會也。予午終出棧敷。乘車。牛飼力者以下如常。兒慶松。愛如意。榮千代乘車尻了。棧敷事一向自京門跡御下知。仍一事已上不知之。爲見物出計也。實池院車各別在之。若公其外兒松橋同車也。未初將軍入御御棧敷。御車。御牛飼數輩番頭如常。騎馬廿餘騎歟。御出之儀殊勝見物。上下驚目了。　中樂七番及日沒了。還御令乘板輿給。直渡御管領亭云々。　自棧敷直ニ入寺了。愛如意。榮千代供奉也。　聖護院。大乘院。實相院等入來棧敷。　一月以來御臺御祈愛染王供今曉結願。　卷數以日野中納言進之了。此卿奉行也。

廿二日。晴。恒例不動護摩結願了。　九州大友。少貳御治罰御祈愛染王。自今日又以護摩修之也。　入堂。

廿三日。晴。早旦出京。午半參室町殿。不出棧敷以前先可參申入旨。自昨日蒙仰也。自駿河國注進。於御前一見了。庵原（ユハラノ）狀也。　上總守末子千代秋丸爲關東上杉所緣之間。自彼邊可致合力風聞在之由申入也。此注進不足御信用由被仰之間。同心申入了。　攝州多田院造營反錢用脚。去年越中國被寄了。五萬疋可取沙汰由申處。萬疋沙汰外于今無沙汰由。寺家歎申。早々可致其沙汰旨。可仰付畠山云々。午刻地動。今日兩度地震之由被仰。御對面之間地震了。　御祈事如先々可申付日野中納言可相觸方々云々。　此動樣若天王動歟之由於御前申入了。　御臺不斷陀羅尼自來廿七日可令始行。今度ハ護持僧中悉可沙汰云々。仍支配次第申入了。　二星合連續之由被仰。今月十七日同十九日。十七日ハ金木星合也。占文不快。十九日寅刻熒惑〔犯〕南斗第五星云云。占文不快同前。兵革。白衣會。飢饉等也。天變地夭御祈如先々可被相觸方々由。以宗弁申遣日野中納言了。　午終出棧敷。如先度

予車。兒慶松。馬寶。辰賀召具了。實池院車。若公。喜久壽。松橋僧都供奉歟。次車西方院。水本。西南院等云々。自餘理性院以下僧正各乘輿云々。　未初將軍入御御棧敷。御行粧驚目了。先御臺入御。出車。次御輿。御中間繪直垂卅餘人。前行雜色淺黃直垂大口。最前々行四人歟。　聖護院。大乘院。實相院來臨棧敷。連歌五十韻張行。玄阿。春阿參申了。

廿四日。晴。大乘院來臨。連歌張行了。玄阿。萬阿。春阿等參申了。發句大乘院兒申也。

廿五日。晴。北畠侍從來。（伊勢國司）太刀一振持參了。神三郡土揆蜂起事等語申。去年以來以外式云々。　天變地夭御祈自來廿八日可令始行。當寺々僧等可致祈念云々。就中御臺御祈自同日可令始行云々。結願公方（將軍）御祈來月九日。御臺御祈十日云々。日野中納言奉書到來。請文如常遣之了。非奉書直請文也。凡每度可爲

奉書之條極位以後其理歟。雖然備上覽事間。
每度直請文也。法親王等又直請文常事歟。非
巨難事也。
廿六日。晴。
廿七日。晴。早旦出京。參室町殿。駿河國ヨリ富
士大宮司注進狀幷葛山狀等一見了。國今度
不慮物忩事申入了。隨而富士進退等事可任
上意旨。載罰狀申入也。勸進申樂第三度。
一獻武衞申沙汰也。還御ニ渡御彼亭。如以前
也。申樂九番仕也。予今夜一宿京門跡。明旦爲
參賀也。　御臺御方不斷陀羅尼自今日戌時
又始行。今度ハ護持僧中不殘結番了。出世者
無人方不寄合者難勤仕歟。仍申談聖護院准
后令結番了。各三晝夜也。一番常住院准后。實
相院僧正。圓滿院。二番予。三番聖護院准后。
四番隨心院僧正。寶池院僧正。地藏院僧正。
五番淨土寺僧正。竹內僧正。岡崎。六番花頂。

廿八日。晴。今河上總介一跡事。駿河國。可被仰付嫡
子彥五郎由。大略御治定。其旨爲門跡可申遣
今河遠江入道方之由。今朝被仰之間遣狀了。
今河下野守方ヨリ下遣也。彥五郎使者同相
副罷下云々。二條關白。一條前攝政。聖護
院。予今朝參申。御棧敷祝着。御代初度勸進
申樂三ヶ日無爲。珍重旁參申了。申次日野中
納言。午初歸寺。
廿九日。晴。祈雨奉幣事。可被行之條可然歟。可
申付日野中納言云々。仍以書狀申遣處。可申
沙汰由返答了。　土岐大膳大夫御暇事無子
細間。明旦可下向云々。仍如例當所ニ一宿。
來臨之間雜談。其後來重賀部屋云々。

五月

一日。自未初降雨。今日巳刻祈雨奉幣被行之云々。嚴
重瑞雨珍重々々。官長者周枝宿禰參申。孫
子小童同道。大外記業忠參申。　恒例愛染護

摩始行。入堂。　自日野中納言方以書狀申。自來十二日於本坊六字護摩可令勤修。近年恒例御願云々。夏季分也。四季被修之也。花頂定助僧正先々修之也。定助入滅以來予修之也。

二日。晴。有紹十八道次第傳受之。於勸修寺十八道已沙汰了間。以重受儀加行正行各一七ヶ日分免許了。　高野山修理料所淀關所事。以應長支證可申入由。吹擧奉書遣奉行飯尾肥前守了。高野大勸進律僧去月以來參洛。

三日。晴。理明坊抄借用慈尊院書寫始了。榮然自筆。奧書與然自筆云々。

四日。晴。内府(大炊御門)來臨。對謁。　自今日御座管領。姬君御陀羅尼自高雄進之。但一月中不可叶。半月分歎申也。此御陀羅尼此間護持僧中就壇所進之了。然御臺不斷タラニ去月廿八日以來護持僧中召進間。如此御計也。

五日。晴。深草祭爲御見物將軍渡御九條前關白亭。二條關白參會云々。　鹿苑院殿御年季明日也。自辰時一晝夜時始之。

六日。晴。鹿苑院殿御佛事。理趣三昧(初段延)。供養法金剛王院僧正。調聲宗我。讃快圓律師。御佛事用脚三河國衙役千疋。

七日。晴。園城寺舛米關如元御免之由御書今日到來。祝着畏入。一向申沙汰高恩之由自聖護院准后以書狀被申送。珍重々々。此關停止事。去年三月御參宮時。佐々木大膳大夫路次御一獻申沙汰。還御以後罷上處。於彼關所喧嘩事出來。其子細ハ佐々木息少者於關所鷄お所望處。關守共惜之不出。剩及嗷々儀之間。佐々木内者共馳來。當座之儀無爲云々。事子細歎申間。依狠藉被停廢了。自寺門去年以來雖歎申。于今不事行。而聖護院難去被申間。當年三月御參宮前申入處。還御以後可被仰付云々。仍無相違歟。
八日。晴。愛染護摩結願了。 明日可出京之由以赤松播磨守被仰。
九日。晴。 將軍御祈變異天變。地夭。自去廿八日始行八字文殊護摩。今曉卷數付進日野中納言了。寺家御祈各々尊法以折紙尊法交名等注進之。厚杉原折紙。 一向山上衆七人修之。 早旦出京。參室町殿。自駿河國今度下向。上使妙淳西堂注進以下一見申了。 爲用意內々被下遣。御判依國時宜。楚忽ニ不可渡遣今河二男彌五郞之由被仰付處。 今月三日旣渡遣之由注進之間。以外御腹立也。但國弓矢若火急子細在之歟之處。曾無其儀。自關東彌五郞舍弟千代秋丸扶持之由。雜說分計注進申也。 自今日降雨御祈可修之由。 以日野中納言奉書申也。當寺幷東寺。 山門。三井。東大寺。興福寺也。日野中納言兼鄕卿狀案。

頃月上天無雨露之施。累日下土令水潦澤。依之耕種難成。田圃就荒之由其聞候。所詮陰雲忽起。甘澍早降。萬民皆安稼穡之務。五穀宜誇豐稔之樂候之樣。 自今日特可凝懇念之由。可有御下知醍醐寺之旨被仰下候。可令得御意給候也。恐々謹言。

五月九日　兼鄕

理性院僧正御坊

請文案。

降雨御祈事承了。 自今日可令始行之旨可加下知云々。滿寺定抽懇祈歟。可然樣可令披露給。謹言。

五月九日　判

甘雨普潤御祈事可相觸之由仰遣 寺務代了。日野中納言狀卽遣之了。 自今日 於社頭陀羅尼幷御池而理趣三昧等勤行云々。 諸院上綱等同祈念。 祈雨奉幣重可被行旨。可仰遣日野中納言方可申(衍カ)遣之由。將軍仰間。以使者申遣了。明日可行。今日ヨリ神事在之故。今日ハ難叶云々。申初歸寺了。

十日。陰。自今日於御臺御方不斷護摩又始行。自此門跡仰付了。愛染(本尊)護摩修之。阿闍梨事六人。晝夜(人別)二時可勤修也。寶淸僧正。隆圓(山務)法印。隆增法印。隆瑜僧都。隆仙僧都。深淸(東寺)律師。已上六人。各早參殿上壇所。毎日重衣。承仕小淨衣。供料千疋。　酉初少雨灑。雨脚卽止了。　天猶陰。東風頻吹。陰雲覆普天。　自今日於金剛輪院夏季不斷護摩不動。修之。阿闍梨十二人。未灌頂者共。依令不足召加之了。　自卯末刻降雨。　自去廿八日始行御臺御祈不動護摩今曉結願。卷數以日野中納言進之了。山下寺僧五人同此御祈修之。當寺分也。　尊法幷阿闍梨交名一紙同相副遣之了。各々卷數同在之。

十一日。雨。自未初天晴。已降雨之間。任先例可進卷數處。此御祈被仰諸寺。非一寺自諸寺不進之間。可爲何樣哉之由。奉行日野中納言申間。一七ヶ日可滿之旨申付了。

十二日。晴。六字護摩始行。將軍御祈夏季分也。奉行日野中納言。供料千疋。御撫物今朝被渡之。奉行同前。　神泉園掃除今日沙汰。如先先町人夫罷出。侍所者相副也。自東寺々僧以下少々罷出奉行之。先例也。　淸瀧御池掃除。鄕民等罷出。若衆等罷出奉行。今日自申初陰雲覆普天。　自今夕御臺御方不斷タラニ衆召進了。一時別三人。已上九人。晝夜各四時參勤。晝二時。夜二時也。初ニ尊勝タラニ七反。以後火界咒。　於室町殿御所金剛童子小法聖護院准后勤仕。

十三日。晴。今曉自寅末雷鳴夕立。及卯末天晴。

十四日。晴。

十五日。晴。恒例不動護摩開白。尊勝千反タラ

ニ。毗沙門供別而七ヶ日始行之。三條宰相中將參籠石山。自十二日云々。今日宗濟僧都罷向之間。少折紙付遣之了。於御池理趣經等讀誦。寺僧悉參詣。

十六日。晴。降雨御祈一七日今日結願。卷數進之。寺家分以理性院僧正奉書遣日野中納言方了。猶可令延修之由。日野中納言返報及夜陰到來了。　炎魔天供開白。

十七日。晴。

十八日。少雨。自今日祈雨陀羅尼等始行之。一向今度降雨御祈惣寺々僧其外諸院各勤修計也。予不及修水天供。凡祈念計也。自十二日六字護摩以下將軍御祈重疊故也。於京門跡自今日大威德不斷護摩在之。夏季分云々。

十九日。自雨(酉カ)初大雨降。　六字護摩今曉結願。卷數一枝。御撫物。結線一合。以上三種以書狀遣日野中納言方了。使者兵部卿法橋。　早旦出京。以赤松播磨自昨日出京事蒙仰了。巳半參。雨脚漸欲止也。自駿河國注進狀等。今度上使淳西堂罷上。國人內者等申詞大略載告文詞中入了。彌五郎今河二男。方へ國御判去三日渡之了。此事楚忽之儀云々。但西堂御判隨身上者渡條又存內歟。奉行二人飯尾肥前守。同大和守兩人自駿河書狀告文等於御前讀進之。昨日悉備上覽云々。今日重讀進。令聞予御用云々。今河詠歌三首進之。　一首今度上使御判等祝着事。一首述懷。一首沒後儀歟。不分明。　今河遠江入道可召上之由被仰出間。申付下野守了。　三條宰相中將來臨。申初歸寺。自西半大雨降。終夜不止。

廿日。雨。唐人可被置在所事。可爲鹿苑寺歟如何之由。管領。畠山。山名。武衞。赤松五人方へ意見御尋問。次慶圓法眼面々方へ申遣了。

廿一日。晴。降雨御祈今朝結願。卷數當寺分。以日野中納言進之了。書狀案。
甘澤既消暍。蟄元定及辰歟之間。重被仰出
御祈令結願。卷數進之候。滿寺殊致精祈。
別抽懇誠之由可令披露也。謹言。
五月廿一日　　判
日野中納言殿
寶池院七ヶ日護摩入堂等結願。今日被出京。
廿二日。晴。不動護摩結願。焰魔天供同前。今
曉寅剋地震。奎宿。傍通分龍神動。不快歟。　日野
中納言奉書到來。
今曉地震驚存候。就其御祈禱事任例可申
沙汰仕之由今朝伺申入了。自來廿五日可
有御祈念候。御結願來月三日吉日候。御臺
樣御祈禱自同日至來月五日可有御祈念。
重疊奉察候。旁祈禱尤可然。珍重々々。同
可有御下知滿寺之旨。可令得御意給候也。
恐々謹言。
五月廿二日　　兼鄉
理性院僧正御房
請文案。
就今曉地震事。自來廿五日一壇可奉修之
由承了。修不動護摩可致懇誠。就中御臺樣
御祈同令存知候。修藥師供別可抽丹祈候。
當寺御祈事早可加下知由可令披露給也。
謹言。
五月廿二日　　判
同卿奉書祈雨事。
祈雨事昨日仰旨披露仕候處。猶不足候歟。
延行可然哉由被仰下候。重可有御下知哉
之旨。可令得御意給也。恐々謹言。
五月廿二日　　兼鄉
理性院僧正御房
請文案。
降雨御祈事猶可令延行之由承了。可加下

知由可令披露給也。謹言。
　五月廿二日　　　判
廿三日。晴。自今日於拜殿降雨御祈始行。陀羅尼云々。
廿四日。晴。降雨御祈於拜殿大般若轉讀云々。
廿五日。晴。自今夕爲地震御祈。不動護摩始行。
占文今日到來。
今月廿二日寅時（刻イ）地震有音。（傍通奎宿。龍神所動。）天地瑞祥志云。月行奎宿者龍神所動也。天子凶。大臣受殃。又云。地動國有陰謀。又云。有兵。又云。邑有亂臣。又云。地震疾疫。又云。五月地動廿五日有兵。
　五月廿四日　　刑部卿有盛
自日野中納言方此占文送賜了。御臺御祈藥師供同開白。手代金剛王院僧正。
廿六日。晴。經祐法眼下向越中國。
廿七日。晴。自來三日於室町殿五壇法可被始行之由。日野中納言觸之由。妙法院僧正申入也。
廿八日。晴。自午半降雨。今河遠江入道參洛。
廿九日。晴。巳半天晴。降雨御祈猶延行。
晦日。晴。早旦出京。參室町殿。今河遠江入道申詞（駿河國人等幷總州内者所存事。）於門跡委細可尋聞云々。仍奉行三人（飯尾肥前守。同大和守。松田對馬守。）參申。今河遠江入道同前。條々申詞奉行三人錄之了。雖然猶遠江入道載狀可申入條可宜旨。肥前守頻申入間。遠江入道以自筆狀申入了。條々不分明間不能委記。大概也。一。總州一跡事付嫡子可被仰付彥五郎處。國人内者所存何樣事。此條連々遠江入道先度被仰出以來。相尋國人内者處。國人狩野。富士。興津以下三人ハ。及兩三度旣捧請文。可被仰付彥五郎條畏入之由申上了。内者事矢部。淺井那者共大略ハ同前ニ申入歟。何モ可爲上意由申段ハ勿論也云々。一。今一ヶ條只今忘却間不及注也。

所詮以此申詞。以奉行三人御尋管領。畠山。武衞。山名。赤松五人意見處。管領意見。先父讓與事被仰付。其後國御判可被下條宜存云々。畠山意見。以前旣彌五郎ニ被下御判。不幾又可被仰付彥五郎條可爲何樣哉。乍去國人內者所存無子細之由。然者可被仰付彥五郎事可爲上意云々。武衞。可被仰付彥五郎事可爲上意。國時儀不存知仕云々。山名。可被仰付彥五郎條尤可然存云々。赤松。可被仰付彥五郎條順儀御成敗歟。但彌五郎御判拜領之間。（六月一日事也）國時宜可爲何樣哉云々。大概也。就此意見重又御尋也。使節奉行三人同前也。仰旨先度被成彌五郎御判お事ハ。國物忩又ハ總州所勞危急之由註進申間。不及是非御沙汰。先任總州申請旨。彌五郎ニ國事被仰付了。但其御判楚忽ニ不可渡彌五郎由。上使淳西堂ニ堅被仰付了。猶御不審間。上使下向以後。以管領奉書此御判無左右不可渡之由。被仰遣處。已五月三日御判渡遣間。於此條ハ無力次第。非御本意也。簡要ハ國儀如意見被思食間。狩野以下所存趣御尋處。大略ハ可爲上意由申。剩彥五郎事庶幾心中云々。然者可有何子細哉。彥五郎事去年以來在京。御膝下ニ祗候仕歟申入間。別不便ニ被思食云々。今度ハ管領。畠山。赤松三人ニ御尋歟。今二人ハ無殊儀故也。三人意見。誠此分候者可有何子細哉。可被仰付云々。畠山意見ハ猶同前也。但可爲上意云々。

六月

一日。（晴。）昨夜一宿京門跡。早旦ニ又參室町殿。朔日間着重衣了。昨夕大名意見共被召三人奉行申詞等被見之了。如注上重又今朝御尋三人。（大名。）御返答注上了。畠山方へ自予方猶事子細可相尋由被仰間。召寄齋藤因幡守仰旨先度被下彌五郎御判事ハ。國弓矢事以外注進之間。若此御判遲々せハ千代方者共得利事モヤト思食事。次ニハ上總入道所勞危急之由注進之間。旁先不及是非被下御判於彌五郎了。於今者云國儀。云總州所勞取延。旁任理運可被仰付彥五郎處。御意見分彌五郎ニ被下御判事。御膝下ニ祇候者共先一旦被下御判之由令存知了。遠國者共ハ不可存知仕之間。不幾又可被下彥五郎事可爲何樣哉云々。此儀尤ニ被思食也。乍去不存知者無窮申狀ハ不可限此一事間。不足御承引事歟。簡要ハ面々如此之由意得マテコソト思食也。次國時宜如何之由申事。是又自最前御覺悟事間。此間連々御尋處。國人狩野以下者共ハ既捧請文。雖爲何仁可任上意之由申。殊更彥五郎事剩意寄樣ニ申入也。其外內者共事雖不被御覽分明請文。大略ハ彥五郎同心儀。

簡要ハ可爲上意云々。此上ハ可有何子細哉。乍去猶先上使長老お被下遣。可被仰付彥五郎由。以御書可被仰遣上總入道幷彌五郎。其後一左右被聞食可被仰付彥五郎之由被思食也。就此不殘心底猶可申意見云々。齋藤因幡守。大方入道歸參申。重被仰下旨畏承候。所詮只今如被仰下。先被下上使。事次第具被仰下上總入道。追可被仰付彥五郎條尤宜存云々。此御返事ハ第二度事也。此以前ハ駿河國事關東堺大事國ニテ候。今河遠江入道申狀計ニテ御成敗ハ可有如何哉。且遠江入道駿河國時宜慥ニハ不覺悟申入歟之由存樣候。能々可被聞食合云々。此御返事申入處。如上注重又可被下上使事等被仰談了。依事繁落居儀計注置了。五月晦日。六月一日。先以奉行三人再三御談合歟。恒例愛染護摩開白。金剛王院僧正手代勤仕云々。予入寺亥初歟。自餘行法五座雖令窮屈。自身行之了。護摩開白承仕私ニテ手代事申云々。存外云々。

二日。晴。自明日三日。水天供可令始行由日野中納言奉行相觸云々。　門下ニハ理性院。禪那院。金剛王院。已上三人。若王子僧正（三井）。淸意法印（三井）。自餘追可記之。

三日。晴。　早旦出京。參室町殿。駿河國ヘ御內書兩通。　一通総州方ヘ。御自筆。　一通彌五郎。奉行書之歟。御文章不分明。大略被仰付彥五郎。其旨可令存知之由也。　國人內者以下十三人方ヘ被成遣御敎書。子細同前。兩上使星巖和尙。周洪西堂兩人今日懸御目了。　條々奉行事書遣之也。今日兩使則進發了。路次煩等一向爲公方被仰付云々。　津渡關等事國々守護ニ被仰付云々。奉行飯尾肥前守。同大和守等也。　渡御圓滿院。當御代初申入歟。門跡造作依不周備。令借用花頂坊申入也。自此門跡內々申入了。酉初歸寺了。今河彥五郎今夕懸御目。久國太刀進上之云々。自去一日髮お被裹也。今度國退出時出家云々。　自今日五壇法始行。道場室町殿震殿。阿闍梨中聖護院准后（寺）。降良讚僧正（寺）。軍賢快僧正（醍）。大實意僧正（寺）。金良昭僧正（山）。

四日。雨。自巳初降雨。終日終夜大雨降。珍重々々。　靜雲院佛事如常。供養法理性院僧正。重衣。自餘單衣。初段延理趣三昧頓寫經供養在之。神分以前新寫御經イマス可奉拜首題南無、、、、。次金至心發願等。次金下座讀經。次金一丁。心經以下如常。調聲仙忠。讚宗濟。四智心略漢。佛讚也。風呂在之。

五日。雨。自酉初雨脚止。

六日。晴。　早旦出京。參室町殿。自關東就武田右馬助沒落。駿河事以御狀被申入事在之云々。關東狀一見了。武田右馬助沒落甲斐國。徘徊駿河邊云々。被加誅伐樣被仰付可畏入云々。

上杉安房守狀同前。就此事諸大名意見御尋處。管領以下大略同前申入也。其身誅罰事ハ不可然歟。只駿河國中ニ不被置樣可被仰付云々。予此儀尤宜之由同心申入了。此儀御治定歟。可然關東へ可有御返事云々。先武田右馬助駿河居住不可然由以管領狀可申遣由被仰付歟。罷向聖護院壇所了。於寶池院月次壇所時食。軍荼利阿闍梨祇候此壇所了。大威德阿闍梨降壇阿闍梨ト同宿。殿上。此儀當年新儀歟。各別壇所搆依有其煩也。賢快僧正同前。但此僧正當年二月御臺御祈時。五壇法時。依殿上指合寄宿月次壇所了。第二度歟。自今日軍荼利阿闍梨賢快僧正月次御臺御祈護摩兼勤仕之。大威德護摩念誦。伴僧三人云云。調伏行之。此兼行事五壇阿闍梨。自餘法相並行之事先例雖爲勿論。當時之儀時宜如何之由內々伺申處。可兼行云々。仍始行歟。

七日。晴。水天供結願。方々同前。當寺祈雨卷數水天供一具ニ付遣日野中納言方。理性院奉書。祇園會爲御見物將軍渡御京極亭云々。

八日。晴。愛染護摩結願如常。藥師供讀誦又如每八日。圓滿院來臨。折紙隨身。宗濟僧都令(衍カ)引導師了。予着重衣。北野新御師慶雅號密乘院云々。幷明憲號寶成院云々。兩人參申了。對謁。各折紙隨身。小早河二郎左衞門來。被官者眞田周防入道同道。頻申間令對謁了。祇園御旅所參詣。進代官。快弁法橋也。神樂等如先々。今河右衞門佐入道今夕下向云々。仍來。馬太刀遣之了。

九日。晴。就外宮御遷宮遲々事大名二人方へ嚴密ニ可申遣由。被召慶圓法眼被仰出了。則申遣管領。畠山。山名也。使者慶圓也。自御室使者懷緣號寺家。來。吉備津宮事奉行披露遲々。可致催促之由承了。御狀在之。自御室連々雖

有催促奉行不及承引云々。　於理性院坊侍
法師喧嘩事在之。僧正切諌之間。號越前坊ト
法師僧正ニ懸云々。仍自餘侍共於院中殺害
之了。早速ニ取出門外不成穢云々。一人負手
了。非殊事云々。
十日。晴。
十一日。晴。　五壇法結願云々。非晴儀。　自公方
以兩使松田對馬守。飯尾左衛門大夫被仰出。
上杉中務少輔號八條。所領越後鵜川庄三分一事。
去年嚴密ニ被仰付守護代長尾入道了。而于
今未及沙汰付云々。　去年如長尾上野入道申
狀者。　紙屋庄鵜河庄相並可沙汰付條國大儀
也。所詮兩所内一所先依上意可沙汰付之由
申入間。仰旨。然者先鵜河庄事早々可沙汰付
云々。　既如此乍好申于今無沙汰條且子細何
樣事哉。早々可申入旨可仰付長尾右京亮入道息。
之由。可申畠山云々。對面兩人松田。飯尾。御返事。
此事于今無沙汰。如被仰出何樣子細哉。不審
千萬候。早々可申畠山之由申了。則以兵部卿
法橋。若狹法眼兩人申遣畠山方也。
十二日。雨。　十三日。雨。
十四日。雨。自未初天晴。自酉終又少雨。　故花頂僧正定助一周忌明
日歟。仍一品經幷被物代千疋以長全上座送
遣之了。
十五日。雨。陰晴不定。　不動護摩開白。恒例。藥師三體造
立供養了。藥師供一座修之。去八日造立遲々
間。今日供養了。入堂。次參詣小野藥師堂。
自二條關白以經康承。明後日十七日。室町殿渡御
也。如例年可參會申之由内々室町殿時宜云
云。仍可存知旨申了。　竹黑木等所望間。竹少
少進了。黑木不進之。
十六日。小雨。
十七日。晴。　早旦出京。未初刻參執柄亭。申初刻
室町殿入御。執柄被參向庭上。家僕卿相雲客

蹲踞庭上。於門前御下車。聊有御禮。先於梅香軒八獻歟在之。獻盃樣如常。初獻室町殿。以後執柄。予。聖護院等。初盃儀如先々。三獻執柄御酌。六獻度中納言中將被參。一獻後被退出。次於嗽玉亭三獻在之。入御以後降雨。或降或晴。天氣不定。渡御此亭時每度降雨了。凡希代事歟。此池龍池云々。可然故歟云云。御相伴聖護院准后。予。亭主。以上三人上間着座。次間三條大納言。日野中納言。飛鳥井中納言。藤宰相入道。三條宰相中將也。

十八日。雨。將軍七觀音御參詣。直渡御南禪寺云々。

十九日。晴。

廿日。晴。一折張行。萬阿。春阿參申了。自今日暑氣興盛。此間冷氣超過。頗如暮秋也。

廿一日。晴。歡喜天供開白。御帶加持事蒙仰。御使伊勢七郞衞門云々。伊勢守息。女中號西御方。舊院前內府入道息女云々。辰末刻七郞衞門參申了。廳務法橋豪意着重衣出向申次之。宗濟僧都着重衣御帶請取之。安置時所壇上了。予護摩最中也。日中時了加持之。作法如常。先以去垢印言加持帶。次灑水三度。帶上直灑也。次取散狀易產眞言書之。兩種帶絹一。布一。各書之。次藥師眞言。准胝言。六字不動呪。大威德。訶利帝等眞言ヲ以。百計加持。男子降誕產生安穩由能々祈念。次御帶如元納覽箱蓋返渡之。今度ハ廳務法橋渡之。其後令對謁七郞衞門也。予任去年例着重衣了。自今日御產御祈如去年始行之。奉行妙法院僧正。去年御祈且始行分。自分愛染不動兩供。准胝供理性院僧正。如意輪供禪那院僧正。延命供金剛王院僧正。藥師供妙法院僧正。六字供報恩院僧都。以上自今日始行。去年如此。當年大都此定也。但自分藥師供准胝供猶加之了。自赤松播磨守以使者申。駿河事今河右衛門佐入道注進趣珍重被思食。隨而明後日（廿三日）。可出京云々。今日モ連歌在之。經康參申。執筆眞阿同參了。

廿二日。晴。駿州下向上使星岩和尚。周浩（且イ）西堂。今晩參洛之由自路次音信之間。明日於京都可入見參之由返答了。

廿三日。晴。早旦出京。星岩和尚。浩西堂對謁。今河彌五郎御請幷國人內者以下各載告文詞捧請文了。每事如上意落居。既爲彥五郎（道迎イ）近內者十餘人參洛云々。則召寄飯尾肥前。同大和守。松田對馬守。上使申詞具錄之披露。予先參室町殿。上使申詞大概申入了。今河彥五郎ニ駿河國守護職幷官途民部大輔等事被仰付管領了。御使飯尾肥前守也。相尋吉日早々可令下國之由被仰付了。國御判同以吉日可被下云々。如然事等內々依仰申付飯尾肥前守了。此外就三浦。進藤等事。以管領奉書。狩野介。富士大宮司幷三浦。進藤等ニ。於國私弓矢不可取出之由堅被仰付也。就大和越智事。北畠侍從（伊勢國司）。申旨密々被仰旨在之。尤可然由申入了。申半歸寺了。明日（廿四日）。可有渡御一色左京大夫亭云々。仍折五合。繪。千疋遣之了。使者親秀法橋。

廿四日。晴。　廿五日。晴。

廿六日。晴。南方聖護院宮遺跡當年五歲歟。被賜性（姓）可被立朝用之條始終可然由思食。先內內可尋申旨室町殿仰間。召寄阿野侍從仰含了。何樣罷歸面々ニ加談合重可申入云々。

廿七日。晴。理覺院法印仲順參申。住心院僧正同道。今河彥五郎駿河國守護職幷一家惣領以下御判拜領。任民部大輔云々。旁面目至千萬歟。未重服日數內間不懸御目。今日門出。明後日（廿九日）。可下國云々。御鎧一兩。御馬一疋。御劒一腰同拜領云々。御鎧等事內々兼申入了。今河下野守同御鎧一兩拜領云々。同申入了。珍重々々。　西御方御產所ニ渡御始云云。堺和宿所云々。　御產御祈御撫物鏡一又到來。自壇所傳達ニ階堂持參云々。

廿八日。晴。雷鳴不及降雨。但京邊若雨下歟。如何。自昨日於寺家祈雨ﾀﾗﾆ始行云々。非公方御下知。爲總寺沙汰之。依地下人等歎申云云。炎旱以外歟。

廿九日。晴。　今河民部大輔今日下國云々。今河下野守同道下國之由申來了。　大乘院來臨。今夜此門跡ニ一宿。　御臺御祈不斷陀羅尼尊勝ﾀﾗﾆ七反。以後火界咒。今日酉時ﾏﾃﾆﾃ結願了。總都合日數六十一日歟。　今夕輪義如常。廳務法橋勤仕之。

七月

一日。晴。愛染護摩開白。

二日。晴。

三日。晴。明旦可罷出之由以赤松播磨守蒙仰了。

四日。晴。未明出京。後夜護摩一時其外供三座勤修。其外用手代了。妙法院僧正。賴全等勤仕之。　星岩和尙。周浩西堂來臨。各少折紙隨身。圓明來。鹿苑院領ﾄ山門領ﾄ堺相論事ニ付ﾃ及喧嘩云々。仍自公方預御切諫之由歎申也。山〔門〕香壽院來。　初對面了。遊佐河內守畠山左馬助敷轉法輪萬里少路菊亭地東寄廿丈餘請文持參了。　則以親秀法橋遣立阿方了。可備上覽云々。　巳初刻參室町殿。御對面。申次伊勢加賀守。今河彌五郎參洛了。進退事歎申云々。今度參洛以下振舞旁神妙ニ被思食也。暫可堪忍仕。可被加御扶持旨可申付之由。可仰遣管領由被仰出了。　南方護聖院宮當年五歲。被賜姓。於今者人臣振舞一途ニ思食由先度被仰了。其御返事。阿野侍從參申旨披露了。其御返事樣。故法皇自山中御出以後三種神器等被返入申了。其御忠貞異他也。仍故鹿苑院殿別而又無御等閑儀被扶持申了。而故法皇勝定院殿御代不慮御進退在之。幷御籠居山中。雖然故廣橋儀同三司爲御使被參申。則御出也。當小倉宮當御代始又沒落勢州給了。頗及天下大儀歟。如此彼御方樣ハ及兩度御進退在之。而於護聖院宮者一向奉仰時宜于今聊儀モ無之。自今以後又以同前也。然上者於當御進退(五歲宮。)者就善惡可爲上計。御母儀等ハ聊周章御儀歟。不及申入限也云々。今日一途仰無之。定可爲以前儀歟。大乘院興福寺々務事被仰出旨畏入。但當年中可辭申入心中無之云々。山名申入七郞事申入了。山名申狀尤云々。仍可被在國。自餘輩就器用可令致奉公云々。新造御會所泉殿拜見申了。天井御椽等未出來。一向半作也。其外大略周備歟。間々御室禮驚目了。御同道。未末少雨灑。不及霑地。就外宮役夫工米事自管領以兩使(安富筑後。若槻。)申入。以應永三年分國分奉行等注進處。諸國未進及數千貫云々。於七千餘貫者旣造宮使請取了。今八千餘貫在之者。御遷宮先年中不可有相違云々。予對彼使者問答次第。於未進者早々以奉行可被催促歟。次七千餘貫已造宮使納云々。然者以此用脚山口祭幷立柱儀不可有相違歟之處。于今無其儀條尤不審也。其故ハ。內宮ハ御殿モ外宮ヨリ大ニ。末社モ內宮ハ八十末社。外宮ハ四十末社。番匠員數モ內宮ハ四十三人。外宮ハ三十二人也。如此大小間隔處。山口祭千餘貫計歟。立柱上棟二千餘貫ニテ致其沙汰了。此條定管領使者不審可相殘歟。內造宮使近所事間可召寄仰付了。於予前管領使者內造宮使相對問答了。條々如上注。管領使者尤不審之由罷歸了。　就今河彌五郎參洛事被仰出旨。今度參洛以下進退旁神妙被思食也。簡要ハ一御左右之間。令在京可待申仰。不可有御等閑之由。可申付彌五郎旨。可仰遣管領由被仰出間。以安富筑後申遣處。畏被仰下。此仰旨可申含彌五郎。定可畏申入歟云々。(刻イ)酉初歸寺。

五日。晴。自山名方音信。七郎事申入條畏入云云。　申半少雨灑。不及雨垂。　當年學頭不參。可進代官之由申了。仍明日豎義修行不可有相違歟云々。　今夜鄉民爲雨祈於淸瀧宮神前相撲取之。

六日。晴。申初少雨灑如昨日。　豎義每事無爲云々。豎者經譽。學頭代卿得業盛賢云々。　自公方和州苽三荷拜領了。祝着云々。

七日。晴。　仙洞御花合花一瓶盃進之如例。　房官持參之了。單衣云々。寶池院同前。今河民部大輔方ヘ下遣力者福一。今夕罷上了。尾張那古屋今河下野所領。ニテ追着云々。入國駿河。日次可爲來十一日由在方卿勘文遣之計也。　總寺風呂如例年。

八日。晴。愛染護摩結願。藥師三體造立供養如去月。每月儀去月以來定了。一體奉爲將軍。一體爲若公。一體房中眞俗無爲息災安全祈禱也。藥師供一座修之。酉末少雨。痰病符事一色以隱密之儀內々所望間。諸方停止雖斟酌遣之了。

九日。自辰初降雨至酉。

十日。晴。若公出京。降雨御祈事可令下知當寺之由。日野中納言奉書到來。自今日可始行云云。仍下知滿寺事仰付理性院了。　付傳法院守護用水通路相論事。以兩使慶圓法眼。忠圓法橋。申遣畠山方了。寺家領內用水通路難儀次第。又往古以來無其例云々。高野與粉河用水相論。自高野可令發向粉河由風聞。仍爲制禁遊佐河內守。齋藤因幡守等下遣云々。高野猥雜以外。大略又衆徒行人弓矢儀歟。諸坊數ヶ所燒失云々。併高野衰微因緣周章云々。

十一日。晴。傳法院領與守護領號紀州八ヶ庄。井水相論事ニ付テ重以慶圓法眼申遣畠山方樣。此井水ノ通路事任水便可堀通之由已御下知云云。此上者雖寺家歎申無御承引上者。於今者爲門跡モ先無爲之樣可令成敗寺家歟處。昨日十日。如今申寺家。三綱外宿老二人寶土院。罷上。種々歎申旨。大略寺家生涯ニ相懸哉。然者强ニハ可達上聞事間。只今先事次第具可被達上聞條可宜歟。然者先爲守護可申入歟。又自寺家連署事書可付奉行歟。前後樣且可任御計云々。守護返事。遊佐。齋藤就高野物忩事。昨朝罷下候了。可申談者無之。所詮用水通路事非寺領失墮間。任水便可堀旨加下知了。可達上聞歟事可爲御意候。何樣自是モ可申入云々。仍付飯尾肥前守寺家申狀可致披露旨申付了。使者慶圓法眼。

十二日。晴。自大乘院灯爐二送賜了。內々依所望也。アヤツリ以下驚目了。細工法師被相副之。若灯爐損事在ハ爲直云々。仍アヤツリ等令沙汰見了。小袖織。賜之也。

十三日。晴。盂蘭盆經自書寫供養如年々。山上山下鎭守諸堂盆供幷菩提寺自恣僧供養用三百疋以下。爲曾禰庄役給主廳務法橋沙汰之了。門跡中盆供用爲安食庄役沙汰了。近年儀云々。

十四日。晴。早旦菩提寺墓所參詣。理趣經等如常。觀心院法印。西方院僧都。弘永法印。盛祐法印。弘玄阿闍梨。重賀阿闍梨。有紹等參了。此外悉不參。奉行不相觸云々。星岩和尙。周浩西堂來臨。今河治部少輔入道申事在之。非殊事。就今河民部大輔國時宜以下可致忠節旨。管領奉書等拜領可畏入云々。於門跡金剛輪院。盆供儀如常。無殊儀。今夕理趣三昧行之。供水計也。　灯爐自方々到來。上奉行愛如意丸。下奉行長範。祐存。祐增也。及夜陰自尊勝院灯爐到來。築立障子中布袋唐子等在之。アヤツリ也。十二日ニ令申了。頗作云云。奇特々々。驚目了。　自申半夕立雷鳴雨下。雨垂少落計也。京都ハ自申及酉末大雨下云々。御祈尤可令結願歟之處。未滿七日。雨又不足間。先七ヶ日可勤修旨加下知了。　金堂夏今日結願。

十五日。晴。不動護摩開白如常。　盂蘭盆經早旦講讀之。導師弘豪法印。如年々。　御堂列祖水供事。早旦沙汰之。又如常。作法今年予沙汰分也。先登禮。金二丁。次三禮。如來唄。次金一丁。啓白神分等。次揚經題。盂蘭盆經。次發願四弘以下。次經釋。次讀經一卷。次廻向等。金一丁。次三代聖靈三度。次八大祖師以下列祖三度。次法界衆生三度。已上九度。水お灑蓮葉上了。次下禮盤。列祖盆供等此以後撤却之了。

十六日。晴。　菩提寺前大僧正賢俊。年忌如常。理趣三昧初段延。供養法弘豪法印。菩提寺風呂在之。　住心院僧正戌末。來。就御臺樣御祈事西雲菴意見分密々申。仍明日罷出可申入旨申了。

十七日。晴。　早旦出京。山徒最勝來申。今曉卯刻。客人神輿奉振上根本中堂。山上坂本猥雜以外。凡使節中內々ハ令存知歟風聞云々。巳末刻參室町殿。渡御南禪寺歸雲院云々。不幾還御御對面。申次畠山式部大輔。神輿御動座事被仰出。使節中一向結構樣被思食歟。此間山門怪異連續云々。聖神子御前念佛堂刻橋第三子ヨリ今月五日虹出現。至德年中此儀在之云々。內々御尋在方卿處。占文大略其所恠異也。强非公方御愼歟云々。其外或於社中產事在之。或就十禪師猿悉退散事等種々怪異云々。果シテ今神輿御動座事驚存者也。時宜又同前。次今河治部少輔入道同心駿河守護民部大輔可致忠節之由管領奉書拜領仕度由。以星岩和尙申入間。其由披露處。可仰付飯尾肥前守云々。今河新野申狀又同前。同披露處。不可有子細云々。同申付飯尾肥前了。新野事自星岩和尙以等持寺僧伯藏主被申了。仍令披露也。　次御臺近日御祈可然時節歟。上﨟以下女中又野狐氣以外興盛之由承。已ニ御臺樣ヘモ參カヽルヘキ事等上﨟口走被申云々。早々可被仰付歟之由申處。尤御本意。但近日暑氣以外不便被思食云々。乍去御所中去五日常御座ノ上天井以外鳴動之間。人ヲ上ラレ被見處。髻一房在之計也。是モ狐所行歟之由思食云々。其後又八日九日如此鳴動也。如此時分間旁御祈ハ宜且御本望云云。然者如先度不斷護摩。不斷陀羅尼可始行旨申入了。　山徒上林召寄今度神輿動座事等具尋問處。委細儀ハ不存知。大略ハ使節モ令存知歟云々。　午終飯尾肥前守來。今河方御敎書事。內々可被仰之由。只今御所樣被仰出。何事哉云々。今河治部少輔入道。同新野兩人方ヘ御敎書事歟之由申了。　肥前守語申。只今自山門使節注進。大宮神輿重奉取云云。以外事也。　勝鬘院來臨。九州事傳說トテ物語。少貳。大友勢大內ヲ取籠之由。往來僧相語云々。若左樣ニモ聞食歟。珍事云々。更不觸聞由返答了。酉初歸寺。　今夜京中物忩云々。

十八日。晴。比叡嶽篩今夜焼之云々。土岐大膳大夫可罷上之由。以飯尾肥前守被仰出。今日巳及夜陰。明旦可申下由申付雜掌了。

十九日。晴。自今日爲御臺御祈於御所中不動不斷護摩在之。阿闍梨六人自此門跡召進了。金剛王院僧正。妙法院僧正。寳嚴院僧正。弘永法印。増長院長我律師。賴全阿闍梨。不斷陀羅尼常住院以下護持僧十一人令結番各勤仕之。如先度此門跡事不斷護摩阿闍梨召進間於陀羅尼者見所了。神輿御登山御祈。自明日可令始行云々。雖然自今日兩壇始行。愛染不動各三座修之。明日可出京由。以赤松播磨被仰出也。自今河右衞門佐注進在之。民部大輔去十一日入國無爲。就其三浦。進藤。狩野。興津。富士以下同心及合戰。雖然民部大輔手者打勝云々。右衞門佐内者寺島但馬入道打死云々。將軍來廿四日御笠始習禮。重秋參申入云々。

廿日。晴。神輿御祈自今日方々始行云々。奉行日野中納言觸申也。仍惣寺御祈始行。各々尊自上法印限下律師各一壇仰付了。早旦出京。參室町殿。申次赤松播磨守。山訴事被仰出。事書未進之。又不及御尋。其故ハ今度神輿御動座儀圓明以下使節悉同心。剩張本由慥聞食也。一向別心之儀歟。於神輿入洛者無力次第。且ハ時刻歟。鹿苑院殿御代應安年中山門神輿入洛三ヶ度也。内裏。仙洞以下警固事内々御定云々。自今河民部大輔方注進到來。去十一日入國儀先無爲祝着云々。就三浦。進藤等。狩野。富士。興津令同心寄懸間。岡部。朝比奈。矢部以下者共馳向。終日合戰。寄手數十人打取退散了。其後狩野介寄來。於府中今河右衞門佐入道手者共寄合追散了。右衞門佐内者寺島但馬入道。中田兩人打死。

手負數十人云々。此由內々申入了。自管領申間且被聞食云々。民部大輔內者幷右衞門佐入道內者各今度合戰高名。神妙御感之由。自管領可申下之由。爲門跡可申管領方云々。以親秀法橋則申遣了。遊佐河內守來。去十八日自河內終夜罷上云々。高野事先無爲。遊佐越前守未高野ニ罷留。衆徒等內々抑留之子細在之。行人等ハ悉離山了。高野諸坊過半ハ燒失也。二千坊計ハ燒歟云々。大塔。金堂以下簡要在所無爲事。衆徒幷遊佐越前等守護勢相共警固故云々。今度之儀依用水相論自高野可令發向粉河支度處。雜說出來。衆徒守護方內談シテ行人ヲ可治罸之由。行人等傳聞ニ依テ。俄ニ衆徒行人可及弓矢了。行人弓矢ニ取負。自燒ノ類火ニ依テ諸坊寺院大略燒失云々。天魔所行驚耳。愁歎千萬々々。地藏院長者初度定周章歟。今月月次壇所彼當番也。神輿御動座定計會歟。當年後七日勤仕處。炎旱以外。旁不運歟。去月月次壇所番賓池院勤仕。無爲高運至冥助歟。今河民部大輔幷右衞門佐方ヘ返狀今日悉書與使者了。申終歸寺。

廿一日。晴。

廿二日。晴。不動護摩結願。土岐大膳大夫參洛。巳初來臨。百四五十騎召具云々。就神輿事可參洛之由內々時宜故也。

廿三日。晴自夜中降雨。當寺降雨御祈已及二七日歟。明日結願可然由申付了。丑初刻歟自管領書狀到來。今日晚頭山門事書到來間寫進。明日早々御出京可宜云々。事書條目非殊題目也。獻秀號光壽院云々。奸曲條々。赤松播磨守。飯尾肥前守猛惡無道次第等書載之了。於赤松播磨可被遠流。於飯尾肥前ハ渡賜衆徒手。可被其沙汰由申也。

廿四日。陰。自寶池院書狀到來。辰終。夜前京中物忩以外也。仍以親秀法橋被啓御所樣案內處。非殊事云々。於河原邊時聲ヲ二三ヶ度揚云々。依之洛中猥雜。馬借等所行歟云々。未初出京。管領來。山訴事先無爲御成敗尤可然存。於張本山徒等者追可有御沙汰條殊可輙（タヤスカル）也。神輿入洛旁大儀存。可然樣一向御中お憑存云々。何樣可申旨領掌了。　土岐大膳大夫來。圓明家拜領祝着畏入。昨日卽罷移云云。（山名物語）　山名禪門來。山訴無爲御成敗珍重之由申。次夜前以奉行被仰出馬借等可亂入洛中之由風聞也。河原ニ伏せ野伏ヲ置可沙汰云云。只今夜中（亥初歟）事也。下邊者共可遲々歟。雖爲小勢可遣置由御返事申了。子末刻計歟（丑初）。少少遣人處。於大原辻馬借三百人計罷出處。此方者五六十人歟。金ツメニ行逢了。暫ハ兩方ネマリ逢タル計也。暫アテ自此方何者ソ敵歟御方歟ト尋處ニ。何事ニ御方ニテハ候ヘキトテ矢ヲ同時ニ放間。此方ヨリモ散々射拂間。二三人ハ當座ニ射伏了。其後又後ニ馬借一手寄來間。其モ悉射拂了。此方ニハ手負一人モ無之云々。　申終歟參室町殿。內々依時宜參了。去夜猥雜無心元存旨等申了。就其管領只今來申。山訴事先無爲御成敗尤珍重。於張本人者追堅可有御沙汰條。殊可然存由申入了。仰旨今度事書如此トテ被取出間。一見了。　此條目內少々ハ可有御載（裁カ以下同）許之由御返答。仍此子細申遣管領了。今夜ハ京門跡ニ一宿。河原警固如夜前。山名內者共罷向云々。今日地藏參詣如形云々。　將軍御笙始今日延引。可爲來廿六日云々。　坂本怪異去月以來條々同注進之。或大宮御前竹臺ヘ星二ツクイアイテ落云々。或聖神子御前念佛堂刻橋ノ第三ノ子ヨリ虹立云々。　或宮守女於社

中流產 七社悉穢云々。何樣類五六ヶ條歟。星事先例在之。不快々々。

廿五日。晴。參室町殿。御對面。就山訴事管領內內申入無爲御成敗事。今度條目十二ヶ條內。三ヶ條正長元年神訴時御載許御敎書不幾被召返云々。此條於山門理訴者。雖爲只今重可被加御下知。次愛智庄日神供料所也。而號御料所被仰付守護人事歎入云々。此儀又宜事也。早々可被退守護人也。次山門領無謂被宛行公家武家甲乙人云々。此事誠眞實山門領若如然事在之者不可然歟。在所ヲ注申ハ可有御成敗也。以上三ヶ條事可有御載許。其外事ハ雖何樣儀出來。就是非不可有御許容旨可仰管領云々。 次自明日廿六日。不斷護摩不斷陀羅尼相續事猶御所望也。然者不斷陀羅尼衆事。御室。梶井。勸修寺此三方ヨリ以門下出世者可被引 修由可申云々。 馬總御新調

被見了。千貫計煩云々。驚目了。唐絲也。御陀羅尼事不斷。以梅津法印慶壽奉書申遣仁和寺々家懷緣威儀師方了。凡昨日先內々御沙汰趣以慶壽法印申仁和寺門跡了。仍今日ハ奉書計也。自明日不斷陀羅尼治定。自其御門跡可被仰付旨內々仰儀候云々。結番次第明旦給御使可申云々。 梶井門跡事慶壽法印奉書同前。是モ昨日內々申了。子細同前。勸修寺事以西南院法眼奉書申遣慈尊院僧正方了。 酉終歸寺。 就山訴事南都大乘院以下參洛也。驚入旨爲申入云々。 昨朝懸御目云々。

廿六日。晴。今日御笙始又延引云々。來廿九日歟云々。 今夜自將軍御書在之。就駿河事今河播磨守可被下遣彼國。然當守護今河民部大輔間若不快儀在之歟如何云々。御返事。不快儀於內心者不存知候。蹤雖其儀候。被仰付

事定不可有緩怠歟。可被下遣之條尤可然存云々。遠江。三河兩國勢駿河合力事被仰出條簡要由申入了。此御書自三條宰相中將方傳賜了。花頂へ惡黨亂入。承仕法師等手負了。雖然無殊事引退云々。此一兩日以前事歟。夜中云々。

廿七日。晴。自將軍御書如夜前傳賜了。仰題目。甲斐國跡部。伊豆狩野等令合力富士大宮司ヲ。可發向守護在所風聞在之。然者京鎌倉雜說因緣旁不可然歟。此事內々自管領私可申遣上杉安房守方之條可爲何樣哉云々。御返答。以管領私儀此事能々可申遣上杉阿房守方之條尤宜存旨申入了。

廿八日。晴。駿河へ僧お下遣。其後國時宜每事無心元間。慥爲聞其說也。將軍渡御山名亭。

廿九日。晴。土岐大膳大夫來。將軍御笙始今夜御沙汰。將軍御小直衣着御。御師重秋狩衣。着座中納言宗繼卿直衣。只一人着座。御座敷御會所南向南廣緣ニ疊小文。一枚敷。宗繼卿着之。南簀子圓座一枚敷之。重秋着。萬歲三手仕之。次將軍被遊云々。每事被任鹿苑院殿御例云々。

閏七月

一日。晴。愛染王護摩始行。千反タラニ尊勝。毗沙門講等如常。入堂同前。自將軍以御書被仰。御使飯尾加賀守也。山門金輪院同宿ニ月藏坊ト云者ヲ同坊ニ福生坊ト云者去廿八日夜令殺害了。福生坊ハヤカテ山上ヲ遁出。其夜ハタ、スノ森ノ中ニ隱レテ。夜明テ昨朝廿九日。山名亭へ馳入テ。此子細具申間。山名此者中趣ヲ管領へ談合之間。自管領達上聞也。仍被仰出管領次第ハ。人ノ如此馳入平ニト テ憑候ハム事一向難追出事歟。只今山訴時

節金輪院ヵ同宿ト申ナカラ甥也。其身又三塔隱無意見者。今度神輿動座一方ノ骨張者歟間。公方トシテモ月藏事御沙汰有度處。旁御本意歟之間。可被扶置歟之由思食也云々。其後福生坊又申旨。神輿動座以後。自廿五日公方調伏トテ此月藏坊ハ聖天供ヲ令修了。修中相當中日如此不慮儀出來云々。次東塔東谷正覺坊ト申者ハ。自同日大師秘密供ヲ同祈禱トシテ令沙汰也ト云々。此事ハ今朝山名内々申入也。所詮此時節御祈尙々簡要歟。且先日御祈事自此門跡依令申方々被仰了。併御祈効驗ト思食也。彌可抽懇丹條御本意云々。御返事。仰旨殊以先珍重。月藏不慮橫死併冥慮哉。且不思儀ニ存候。御祈事重可抽丹誠。自餘面々方ヘモ可觸遣旨申入了。御書御返事同進之了。御祈事重可被申付方方旨。以書狀申遣日野中納言方了。返報則到來也。自分藥師供。六字供。大威德。已上三壇別(副イ)供之。自駿河今河右衞門佐入道使者西堂一人參洛。今河民部大輔同前申也。御笙始御禮。今日諸大名幷細々參公家輩御劍進之云々。但公家御劍略之云々。

二日。晴。關白以下諸門跡等悉御笙始御禮參賀云々。予依痢病不參了。寶池院被參申也。鹿苑院御笙始時中御門宗重卿着座。今度其例云々。件時光濟僧正砌ニ參候云々。

三日。晴。今朝辰初馬借等發向北白河放火之間。畠山勢罷向追散云々。雖然北白河數十間燒失云々。北白河者共坊戰。兩方手負在之。北白河者一人死云々。畠山手無恙云々。自管領以使者若槻入道申。就山訴事昨日以兩使被仰出。先度ハ山訴條目内兩三ヶ條可有御載許之由雖被仰出。今度山門惡行超過。先々儀公方ヲ奉調伏事。憖又被聞食了。旁存外至極ニ思食間。雖爲一事不可有御許容也。次江州邊土一揆事可蜂起由頻爲山門興行云々。次方々通路等可相止企等惡行非一事。仍江州守護可被下遣歟之由思食云々。管領御返事。公方調伏申事以外次第也。次江州守護可被下遣事。可被仰談諸大名歟云々。重又被仰出諸大名御談合事。先可有御思案也。江州守護下國事ハ先不可被仰也。內者共ハ悉可下遣旨可仰付云々。爲國警固由云々。委細此門跡出京時猶可被仰出旨被仰下也。早々近日御出京自何可目出云々。　靑蓮院。淨土寺邊警固事。被仰付畠山。一色兩人云々。

四日。晴。夕立。

五日。晴。早旦出京。管領。畠山。武衞。一色。赤松五人來。就山訴事申入子細等。以前內々可有御載許之由三ヶ條先被仰遣山門。隨彼等申樣又可有御料簡歟。簡要先無爲御成敗第一珍重。於張本人者追可有御沙汰之條殊可輙。於有神輿入洛者。天下重事大儀不可如之歟。無勿體存云々。御笙始御禮ニ只今可參申入也。何樣可披露。不可有等閑之儀旨返答了。申初參申了。御笙始珍重之儀申了。次諸大名來申旨山訴事ニ條々申入了。然者面面如申先三ヶ條事可有御載許旨。爲管領可下知山門。隨彼等申樣重可有御料簡云々。次駿河國々人狩野介。富士大宮司。興津。已上三人可召上旨可仰管領云々。此事等內々自駿河守護申子細在之。依之如此被仰出也。次外宮役者工米造宮使旣請取分七千餘貫云云。然者立柱上棟遲引御不審也。於管領造宮使幷津以下奉行等召寄可尋究云々。次造宮傳奏計ハ定武家邊申事可停滯歟。日野中納言相副如此事等祭主以下輩ニ相尋。管領相共可沙汰旨可申付云々。　召寄管領山訴內三ヶ條御載許事。可被申遣山門事。幷外宮役夫工米用脚七千餘貫分造宮使乍請取立柱上棟遲々子細等可被尋究旨申了。日野中納言同前來臨。以面具申了。諸大名此間連夜河原警固。其外東山方々事馬借用心頗退屈仕之由種々周章。於此事者今日不申入也。　赤松又來。且御載許珍重々々。畠山。武衞。一色以使者畏申也。今夜一宿京門跡。

六日。晴。此間暑氣以外如蒸。　如諸人病惱種々也。或疾病風氣。或痢病等也。

七日。晴。

八日。晴。　愛染護摩結願。藥師三體造立。供養法一座開眼等如常。自今日御產御祈藥師。准胝兩壇以護摩始行了。炎摩天。呵利帝兩壇佛供以下本法修之。大幔用五幅了。　自申終雷鳴少雨。及夜陰大雨降及夜半了。　爲御產御祈藥師像七體造立供養。奉安置藥師護摩壇了。

九日。晴。　雷鳴少雨。自管領以安富筑後守申。先日御載許三ヶ條令申山門之處。重如此以事書申入云々。則案寫賜之也。予返答。以重事書先被聞諸大名意見。追可被申入之條可宜歟云々。

十日。晴。申初少雨降。　及夜陰自管領音信。就山訴諸大名意見大略調了。今日御出京可畏入云々。但戌終到來間。明日可出京旨申遣了。　自山名方音信意見狀案文等談合也。

十一日。晴。　出京間准胝護摩手代隆濟僧都勤之。　巳終出京之由申遣管領處。　管領則來臨。諸大名意見申詞各注紙面進之了。面々申詞大略同前。先無爲御成敗。於張本人者追可有御沙汰條尤可宜云々。畠山。赤松兩人ハ山訴人數赤松播磨守。飯尾肥前守。　光聚院山法師。事御罪科次第書載了。自餘ハ不然也。以諸大名申詞予披露之處。光聚院幷播磨守。飯尾肥前守等流罪等事不得其意由再三被仰了。所詮張本人追可有御沙汰條可輙由面々申也。此條猶御不審。山徒使節自今以後參洛不可在之歟。於在坂本者如何輙可有御沙汰哉。神輿動座事ハ可爲每度間。然者每度被優神雖申何樣非據可有御裁許歟。簡要張本人沙汰事。猶沙汰樣具可申入云々。此由重可申管領由申入了。退出後召寄管領。此仰旨申處。面面又載紙面可申入由。何樣令申。明旦可持參云々。今夜在京了。　八朔以下計會間。定光ニ所用事申處。不承引間。可預御口入旨申處。自餘土藏ヘ被仰付三萬疋借給了。飯尾肥前守奉行。時宜至難申盡畏入了。

十二日。晴。管領來。畠山以下申詞各注一紙持來之。此趣大略同前。申詞趣。先早々無爲御載許珍重。張本人御罪科次第追可申入云々。大略此趣歟。少々又不同。則此面々申詞持參申入處。時宜趣大都如昨日。再往雖申只同篇仰無力也。但管領種々猶申旨在之。所詮於張本人者就是非被仰出名字可致嚴密沙汰。一向無爲御載許 當職初度儀ニ 被優下者可畏入云々。此旨數度申處。簡要張本沙汰一段管領以告文等慥申入者可有無爲御載許由被仰也。此旨申管領處。罷歸內者ニ加談合明旦可申入云々。　此告文儀內々爲門跡以入魂儀申了。仍非時宜由管領存知也。

十三日。晴。管領來臨。飜牛玉裏捧告文申入旨在之。隱密題目間不及注置。別紙ニ又條々申入了。仍二通持參申入處。重聊被加入文言在之。仍管領內者安富紀四郎召寄仰含之間。卽時書改持參。則備上覽處。今日重二ケ條獻秀法師流罪事。飯尾肥前守爲種被改山門奉行可被止出仕旨被仰出了。此旨卽申管領間畏申入也。仍兩條載許御敎書今日可成遣山門云々。定猶可申入歟云々。酉終戌初歸寺。自伊勢守護方送者數十人召進了。今夜西坂本ヲ松明數千下山云々。今日神輿入洛儀兼風聞也。諸人爲令仰天歟。
十四日。晴。准胝護摩三時勤修之了。
十五日。晴。不動護摩始行如恒例。入堂同前。毗沙門供等如常。勤行數(間イ)ヶ條准胝護摩又用手代了。隆濟僧都勤仕之。
十六日。晴。明旦可出京之由內々被仰云々。將軍御妹號南御所御尼衆令他界給了。赤痢云々。
十七日。晴。早旦辰初。出京。自伊勢守護方迎兵士數十人召進了。自曉天罷入云々。希代懇志眞實々々難有事也。坊人サヘ如此懇志無之。希代々々。巳終參室町殿。信乃守護小笠原參洛之處。於江州草津邊馬借土一揆者數千人取籠。大略終日相戰云々。小笠原內者一人於當坐被打了。雜人手負死人數十人在之云云。馬借當座ニテ十餘人打取。山法師一人被打。仍罷通事不叶。自其引返森山云々。此事最前御物語。初承旨申入了。次諸大名今度山訴事等申旨等具尋承了。又愚意趣不殘心底申入之由。種々蒙仰了。眉目至此事也。歸坊之後載書狀申入旨在之。管領來臨。兩條御載許御返事定今明可申入歟云々。條々談合事在之。
十八日。晴。自管領以安富筑後守今度御載許兩條事先畏申。猶以事書申入旨在之云々。事書寫賜了。加一見處。獻秀幷爲種事可渡給衆徒手之由申也。
十九日。晴。
廿日。晴。自管領書狀到來。先度御載許事申遣山門處。重又申旨在之。御出京可畏入云々。及夜陰間明日可出京旨申遣了。長瑜阿闍梨死去。十九歲。
廿一日。晴。今日例日間出京略之了。其由內々申遣管領也。自今曉心痛氣出來以外。仍准胝護摩用手代了。
廿二日。晴。不動護摩結願如常。心痛餘氣未散間。結願一時行之了。
廿三日。晴。就心痛事自管領以安富筑後申入也。既得減間。明旦可出京旨申遣了。
廿四日。晴。早旦出京。於小野邊親秀法橋使者參逢間相尋處。書狀進之。輿內ニテ披見之處。御產氣分出來。仍今曉寅刻御出產所之由。自二階堂方申入云々。披此狀仰天無申計云々。今月雖相當產月定可爲來月歟之由人人申間。令油斷了。自路次符以下幷御祈等山上山下千卷讀經事等被仰遣寺務代了。巳初歟京着之處。御產今曉寅末。平安。姬君降誕云々。仍早速之間。御驗者不及御加持云々。近比易產珍重々々。但非若公之條。諸人無念歟。自今夕御陀羅尼事如先々申付了。放生會近々間御產所出入殊可得其意旨申付了。御陀羅尼幷御加持快圓律師相兼可參旨加下知也。自昨日廿三日。理性院僧正爲御臺御祈參住。快圓律師爲伴僧間先召渡了。於伴僧者圓辨僧都可參勤旨同仰付了。管領來臨。山門重事書幷自山門閇籠衆中遣山門雜掌方狀一通持參之。事書幷書狀子細同前也。獻秀法師幷爲種男兩人事渡賜衆徒手可致其沙汰云々。此二通持參。未初刻歟參室町殿。御對面。管領申旨等具申入了。所詮於獻秀事ハ內々逐電由被聞食也。然者可爲其分歟。於爲種飯尾肥前守者可被下國之由被仰出了。次諸大名以前種々申入キ。只今ハ管領一人申入。又御載許儀被仰出了。所詮畠山。武衞。山名。一色。赤松等可召仰旨ハ。面々山訴事連々被申了。管領又受身種種歎申間。本訴大略御載許事今日被治定了。就其ハ最初如被申入於張本人者面々トシテ必可沙汰進也。然者載書狀此子細慥可申入云々。可爲告文狀之條可然云々。仍此面々ニ此趣爲申付。畠山方ヘハ遊佐。武衞ハ甲斐。山名山口。一色ハ延永。赤松ハ上原入道等早々可參申門跡旨以慶圓法眼申遣了。自畠山方遊佐所勞之間。遊佐息勘解由左衞門尉幷大方入道兩人召進之間。具申付了。甲斐。山口。延永。上原等參間各仰含。早々可調進云々。面面書狀大略及夜陰到來間。今日ハ逗留了。明旦可參申入旨。內々得時宜了。御意得云々。自去六月令始行御產御祈卷數御撫物以下早早可調進由。仰遣妙法院僧正方了。結願時同可致其沙汰旨申付了。卷數々十枝幷撫物帶五。鏡一。單一。以上七到來了。仍以親秀法橋渡遣二階堂山城守方也。畏請取申入之由返答了。自御室以寺家懷緣威儀師承。今度御產每事無爲珍重。乍去非若君之條無念此事。御祈事別而申入間。心中同前察申入也。次此間勤修御祈卷數不嫌善惡日。御產お限ニ令結願進之條。古來儀之間。今日可進之由存。如何御沙汰哉云々。御返事。誠今度御產殊無爲珍重。非男子降誕之條無念。天下諸人心中定同前歟。殊御意奉察候。次御祈御卷數事。今日可被進之條誠宜存候。此沙汰之儀又其分由申了。自此門跡進卷數尊法等事。藥師護摩。准胝護摩。炎魔天供。呵利帝供。愛染供。不動供。

廿五日。晴。早旦辰半。參室町殿。面々書狀進之。具被御覽了。次獻秀法師昨日逐電由被仰了。然此法師事落着不便ニ思食間。越前國ヘ下向ニ就テ路次以下事內々被仰付甲斐處。故障申入了。子細お御尋處。此仰等定不可有其隱歟。然者山訴猶不可休因緣之間。不可然由存云々。此申狀又過分也。兎モ角モ如仰可令奉行條甲斐カ身ニハ可相應歟。仍於此儀者相違了。所詮管領分國丹波ヘ可下遣。於路次等事者無其怖畏樣。管領能々可申付云々。獻秀法師下國次第如仰召寄右馬助管領弟。令申處。管領御返事趣。丹波ヘ下向事可存知。但此儀一向表裏御沙汰之樣定山門可推量申入歟。只流罪之儀ハ一途也。凡ハ近國也。分國也。旁雖不可宜候。被仰出事間不可申是非候。トテモ流罪儀ニテ暫ハ不可被召返者。中々遠國可然間。分國ハ何モ同前ニ候ヘ共。四國旁宜存。萬一就近國重山訴申儀候者。其時又可被渡遠國條事儀不可然存云々。此由又參申入處。誠此儀宜云々。仍四國治定了。飯尾肥前守爲種尾張國ヘ下國。强非流罪儀歟。先此分被定。今日則可成御教書云々。此仰旨以右馬助申遣管領也。武衛來臨。山訴無爲御成敗先珍重々々。申初歸寺了。自今河民部大輔方注進到來。今河播磨入道下國事ニ付テ國時儀申計也。非殊儀。同名尾崎伊與守不參陣。結句同名名和三郎可屬播磨入道手等申云々。此狀未及披露。

廿六日。自曉天大雨降。

廿七日。雨。南方有變異歟。星座位不審事在之。

廿八日。晴。土岐大膳大夫來。少一獻在之。舍弟孫三郎同道。折紙隨身。自駿河又注進到來。同名播磨入道罷下以後國物忩。狩野。富士以下三浦。進藤等罷出。國中所々放火。剩近日可指寄府中云々。遠江。三河勢早々可有御合力云々。

廿九日。晴。江州蒲生入道參洛。今日對面了。勝鬘院引導。

晦日。晴。未半出京。就駿河事俄可出京旨。以赤松播磨蒙仰了。參室町殿。御對面。駿河合力勢事。遠江。三河兩國先不可有子細哉之由申入間。尾張國事可略之由可申武衞云々。狩野。富士。興津等重可被召上之由被仰出間。申遣管領了。其身所勞云々。息共間可罷上云々。　今河播磨入道方へ自管領以奉書申旨等同被仰出了。仍以安富筑後申遣赤松播磨。奉書同前。

八月

一日。雨。今日自方々御憑可拜見申入旨。昨夕被仰間參申了。重寶驚目了。就河野加賀入道事(管領被官人也。)管領申入旨等今日重具申了。時宜與昨日同前也。　八朔御禮如常。御屛風以下進之。慶圓法眼持參申入了。二日分御牛一頭今日進之。牛衣當年始副進了。

二日。雨。

三日。晴。彼岸恒例舍利講如常。式妙法院僧正。

四日。晴。自管領使者參申。重山門事書案寫進了。只同篇申狀也。於赤松播磨守事者管領頻申入間。重訴訟可略之云々。坐禪以下山徒御免事堅申入計也。

五日。

六日。雨。早旦出京。管領來臨。山訴猶申入次第坐禪院以下御免事早々御載許尤可然由。畠山以下諸大名申入旨。今日可然樣御申可畏入云々。　何樣可申入旨返答了。但此子細載書狀早々可被進。備上覽可申入旨申處。立歸可認進云々。予不及待其狀參申。　先八朔御返重寶祝着由申。　次ニハ管領來申山徒御免御載許早々可然由一同申入旨披露處。御載許不可有子細云々。　次河野加賀入道事。管領私儀ニテ白狀以後猶告文等究明不可有〔後〕難事歟。頭人等飜牛玉裏以罸狀可申由可申付云々。此條則管領來間。面々申了。畏入云々。蒲生入道事。今日又申入了。太田打事無誤次第以對狀申間。備上覽了。告文幷書狀被召置了。來九日可有御對面云々。酉初歸寺。

七日。晴。

八日。陰。愛染護摩結番。藥師造立遲々間。今日不及開眼。供計修之了。自申初大雨降。終夜大雨。

九日。晴。早旦出京。管領來臨。就河野加賀入道事。頭人兩人(波多野入道。津掃部。)飜牛玉裏申意見了。其子細ハ祇園神主代僧去々月比歟被殺害了。仍彼僧若黨召捕究問處。河野加賀入道妻(神主僧猶子松壽丸母也。)作語間殺害由白狀了。仍此白狀旨ニ任テ河野入道妻ヲ可有御罪科歟處。夫入道罷成代官種々陳望申了。其上妻カ罪可懸夫段又無子細歟。次加賀入道若黨號酒部云云。此者殺害人同類白狀處。此酒部已逐電了。然者下人罪必可懸主人條又式目法也。旁不可遁歟之由頻被仰出間。白狀計ニテ御罪科可爲何樣哉。次若黨逐電事。主人不存知者又可爲不便事歟間。兩條尤可有御究明之由。管領歎申ニ付テ。被尋頭人處。以告文申狀兩條如管領申。雖爲白狀御究明尤可在之。且式目ニモ白狀計ニテ無證據幷證人者不可罪過旨在之由申入了。仍此告文今日備上覽處。可有御究明云々。此由申遣管領方了。自申初少雨降。今日山名金吾入道一跡與奪子息彈正少弼持豐事內々被仰出旨在之。山名祝着畏入由申入。仍當持豐身御判二通拜領。一通國(但馬。備後。安藝。伊賀。)四ケ國守護職。一通新本知行所々事。奉行飯尾大和守。此御判兩通持參門跡間。以親秀法橋遣山名方。祝着萬々云々。此御判以前先父子同道參御所。折紙御太刀進之云々。歸路ニ兩人同道門跡ニ來。少弼三千疋隨身了。誠存生之間與奪四ヶ國守護職以下悉無爲相續。珍重。祝着非推察限事歟。今日將軍大將御辭退。辭表儀嚴重。被任至德例云々。勅使雅永朝臣云々。蒲生下野入道幷子息太郎御免。今夜懸御目了。太郎御臺奉公事申入處。不可有子細由被仰出。仍御臺御方ヘモ父子折紙持參申了。申次事立阿彌ニ被仰付了。　變異御祈。自今夕愛染護摩勤仕。手代妙法院。御臺御祈藥師供同修之。手代同前。

十日。晴。御連歌在之。愚頭也。折五合。折繪也。幷千疋進之了。發句二句書之。以赤松播磨守進之處。奧一句宜云々。

千代のかけあふけはたかし松の秋

花千草露は〔た〕こもれぬさかり哉

此發句今日申了。依御計也。　脇句將軍被遊。

錦おをるかすゝき糸萩

明日又御歌御會也。雖然今日所用在ハ可歸寺旨被仰間。御連歌終及晩頭入寺了。戌半歟。　撰歌事。可談合雅世卿幷堯孝僧都之由蒙仰了。仰旨年來御有增也。等持寺殿以來代代御佳例也。旁御庶幾勿論。雖然神道嚴重之間御思慮繁多云々。

十一日。晴。自酉初降雨。

十二日。晴。　雅世卿來。撰歌事將軍仰旨內々去十日在之由承。且祝着。又可申談由密々被仰出云々。仍去十日仰旨且申了。孝〔堯カ〕孝僧都自以前來間。兩人召置談合了。雅世卿申狀先此仰晝夜朝暮念願間。祝着餘身。且神慮至歟畏入也。於御怖畏者。先例於公方者更不〔若イ苦カ〕告御事也。構私曲不法儀仕時ハ。撰者其失候「之」條少々在之歟。尙々畏入云々。堯孝僧都申旨大略同前。代々撰歌天下安全時代尤御沙汰事

間。殊珍重。其内壽永撰歌事若不快ト可申
歟。是ハ不忠逆臣等悉御治罪之間。還而安泰
靜謐基珍重儀候歟。其外玉葉集事撰歌間廿
ケ年許歟。雖然遂奏覽間無子細。但此集計事
ハ不快先例トモ可申歟。其外ハ悉目出時代
也。次自來十六日入九月節間。其以前可有御
談合事云々。九月中遂奏覽。先例少々〔候〕樣
存間。更以不苦由存。猶可勘申入云々。此兩
人申詞以吉日可申由返答了。自將軍狩野
僧（號吉祥寺。）召給了。就狩野事若猶緩怠事在之者
可有御退治。其時ハ彼在所號安部山切所也。
才學定在之歟可相尋云々。仍委細相尋處。無
殊儀。只兵糧難得山中也。以之可有御料簡。
方々口ヲ可被止之條。自何可然御料簡云々。
此僧以赤松播磨狀申大溪法橋也。
十三日。小雨。
十四日。晴。八幡社頭神人（左衞門尉。）閇籠訴社務云
云。非殊儀。被成御敎書卽時落居云々。仍今
日御輿飾及申時未無其沙汰云々。申初小
動云々。
十五日。晴。早旦出京。仍不動護摩開白以下行
法後夜ニ悉修之了。巳始歟參室町殿。撰歌
事雅世卿幷堯孝僧都等申詞具令披露了。然
者可思食立。以吉日可有御奏聞云々。但猶神
慮無覺束間兩神住吉玉津島神前ニシテ可取
御鬮。一向可被任御鬮云々。此鬮事予書之。
與兩人（住吉御鬮雅世卿。玉津島堯孝。）可令取之云々。召寄兩
人（雅世卿。堯孝。）此仰旨申付了。予申。於玉津島者洛
中ニ勸請之間無子細。住吉事何ニ御座哉不
分明。若無其儀者可爲如何哉由申處。將軍仰
云。神祇官可宜歟。可相談伯三位云々。仍以
飛鳥井中納言相談伯三位處。神祇官尤可然。
於北廳住吉神服用意之間旁宜云々。向住吉
社頭方可取御鬮由。伯三位申云々。此定申定

了。鬮ハ各三度鬮ニ用意也。仍不ノ鬮三。可鬮三。已上一所分鬮ノ數六也。兩社十二書之。付續飯封之。上ニハ予カ名字書之與之了。山名彈正少弼方ヘ先夜引物盆香呂古。三重遣之了。使者親秀法橋。今日新造御會所泉殿。將軍御移徙云々。參時可拜見申由仰。郎將軍御同道。悉御座敷拜見驚目了。盡善盡美。言詞難覃。北山殿以來多御會所等一見處。超過先々了。酉初歸寺。撰者雅世卿。開闔堯孝僧都。先内々爲將軍御計今日被治定、了。兩人祝着畏申也。

十六日。雨。六條放生會依雨大行道東西廻廊下。舞樓門下云々。一會凡無爲云々。今度產穢少々不審事在之。雖然禰宜注進分產穢廿一ヶ日。觸穢三ヶ日云々。今度大略任此申狀歟。

十七日。晴。自飛鳥井中納言方以狀申。撰歌御鬮兩神住吉。玉津島。如御所願之間。珍重々々。此旨早々可申入旨被仰下間。馳申入云々。堯孝僧都申狀。大略同前。御鬮下樣住吉可鬮二不鬮一。玉津島可鬮三令下給。珍重無申限云々。仍今日吉日之間。以飛鳥井中納言撰歌事御奏聞仙洞云々。土岐大膳大夫來。本尊一幅隨身。龍眠筆。千手院云々。慶松丸ニ馬一疋。愛如意丸ニ打刀賜之了。昨日十七日

十八日。晴。自管領以書狀申。神輿悉御歸座。珍重之由云々。山名書狀同前。

十九日。晴。巳刻歟降雨。不幾屬晴。早旦出京。若公同道。午初參室町殿。撰歌事御治定。御鬮奇特殊勝之由申了。就其明後日廿一日。撰者事可爲綸旨之由雖被仰定候。御治世院御坐之時。以綸旨被行公事先例無之歟。若雖在之其例不快事モヤト無心元存。所詮先規之樣猶可被尋仰歟之由飛鳥井中納言申入旨內

內申處。申狀尤也。可相尋之由仰也。則飛鳥井中納言ニ申了。鹿苑院弟小童兵衞佐息二人在之。一人下河原門跡。一人實相院附弟事可有御口入。兩人共可爲御猶子之儀。此由以日野中納言可申下河原宮云々。實相院事自此門跡可申云々。以日野中納言此由申下河原宮了。召寄成讃法眼申實相院也。伊勢守護御暇事申處。早々可罷下云々。此由申遣了。

廿日。晴。伊勢守護來。明旦可罷下云々。

廿一日。晴。於室町殿蹴鞠御會在之云々。撰歌撰者宣下可爲今日處。綸旨院宣之間依被經御沙汰也。於理性院栗幷一獻在之。理性院召請當年始也。

廿二日。晴。不動護摩結願了。亥初歟小動。

廿三日。雨。終日雨降。

廿四日。雨。自昨日終日終夜及今日雨降了。自申終天晴。北野祭禮依閇門事式日延引。今日在之云々。

廿五日。晴。今日撰歌撰者以綸旨宣下云々。戌初當西方星光指東。其體異也。若彗星歟。驚入者也。宗一撿挍來。

廿六日。晴。彗星猶出現如夜前。

廿七日。晴。自日野中納言音信。去廿五日夜彗星出現驚入云々。御祈事可申沙汰由申遣了。七月以來勤修山訴御祈今曉結願。自分六字護摩。愛染供。不動供。卷數三枝其外當寺各各勤仕分載同一紙以書狀遣日野中納言方了。土岐刑部少輔入道息五郎來。對面了。自執柄御吹擧也。彗星今夜出現如昨夜。

廿八日。晴。自將軍御書到來。彗星出現事驚思食。乍去貞治七年以來至應永十ヶ度出現。雖然非殊儀歟。就其御祈事可有御談合。明日可出京云々。折三合拜領了。請文如常申入了。

御禮每度可令披露給書進之也。御書收莒了。
天陰彗星不見。
廿九日。晴。早旦出京。公方樣渡御南禪寺云々。
仍相待還御參申入了。御對面如常。九州事珍
重無申限旨種々申了。眞實天下大慶案堵歟。
武田伊豆守注進被召出間加一見了。手負數
十人名字幷疵員悉注進之也。八月十六日夜
亥刻少貳城筑前國ニ嶽云々沒落了。數百人
打取了。少貳小法師幷大友掃部頭定打取歟。
夜中之間不分明。重可注進云々。大內注進ハ
武田注進以後進之云々。大略同前也。備後勢。
安藝勢。岩見。大內四手同時ニ責入。卽時ニ
落居。就寶鏡寺地事被仰管領子細在之。山
門事等爲申可有來臨之由申遣了。管領來之
間兩條申了。彗星御祈事。自來月十旬比於
殿中大法可勤仕旨被仰出間。不顧涯分可令
存知之旨申了。自來月十日ハ於殿中聖護院
准后御祈勤仕。是ハ先々九月御沙汰御祈也。
仍非彗星御祈之由被仰也。予頻彗星御祈先
可被修條宜旨申處。恒年御祈今更可闕條。
又不可然歟云々。仰又其謂歟。彗星御祈可被
申御室旨申意見了。彗星御祈召寄日野黃
門申談了。予可勤仕尊法大法准大法間可注
進之。被入見參可被請時宜旨申了。次仁和寺
一品宮於御本坊修法一壇可被勤修旨。內々
申入了。得其意可被申沙汰旨同申了。供料員
數等且自彼門跡任被申旨。同可被申入歟之
由申了。次諸寺諸社御祈事。此間每度之儀樣
可存歟。且又無供勤行之間。尤以不便歟。雖
然悉可被下行條。又可爲大儀歟。所詮愚意趣
ハ。先於諸社之內兩宮以下八幡日吉春日北
野等此等簡要社ニハ別而被仰付。被備鄭重
法味。可被致懇祈之條。自何可宜歟。諸寺事。
四ヶ大寺其外東寺以下御祈被加御詞。可被

仰付歟。此等次第能々可被申沙汰。猶以書狀重可申旨申了。　九州事自武田伊豆守注進此門跡へモ在之。歸寺後一見了。子細同前。但不委細也。大內雜掌安富來。申儀又同前也。　秉燭以後入寺。　自瑠玖國着岸物共內就所用可申入旨直蒙仰間。內々申入處。如申請拜領了。段子四端。繻子四端。以上八端。代四千疋計歟。沈俵二。一俵上三十斤。代三千疋。一俵。二十斤下。代千疋。以上此分悉遣代。於糺井方召渡了。　天陰彗星不見。

九月

一日。晴。　愛染護摩開白。入堂。　於松尾山松茸賞翫。若公同道。　一獻事西方院西南院申沙汰了。　彗星出現。光以下如先夜。

二日。晴。　自日野中納言方以狀申。　彗星御祈事伺申入處。仁和寺宮准大法。此外八幡護摩一壇寶相院僧正可被勤仕。於北野社地藏院僧正護摩一壇可被勤仕分先御治定。且珍重珍重。　彗星出現如昨。

三日。晴。　自今曉聖天供始行。秋季分。　早旦自室町殿御書在之。仙洞御窮屈御樣。醫師三位申分。御脉樣如法六惜（借）御坐。驚思食云々。　彗星出現如昨。　長尾御千屋修理始之。兩年預快圓。定與。奉行之了。用脚自納所下行之。

四日。晴。　寶池院入寺。　爲彗星御祈自來十日於石（清脫カ）水八幡宮護摩一壇令勤仕。　異變消除之儀可令致懇祈之由。　日野中納言以奉書申入云云。非辭退可申入之間。　既領掌申入云々。仍尊法等事等談合。愛染護摩可相應之旨意見。念誦伴僧三人可被召具由同意見候了。　彗星出現如昨日。

五日。晴。　早旦自將軍御書拜領。　筑前國秋月城去月十九日沒落。　少貳父子三人頸近日可進上之由。自安藝武田方注進昨夕到來。　御祝着此事。定又可悅喜歟之間。早々被告仰云々。

珍重々々無比類候。（云々イ）眞實武運可及萬代吉瑞。祝着之餘感涙數千行云々。今度御祈去年以來愛染護摩毎日三時修之了。懇心通冥歟。彌隨喜祝着千萬也。就九州事自山名方申賜。注進備後國人江田云々。秋月城八月十九日犬橋（備後守護也（代イ））。最前ニ城中ヘ切入。一城切落。仍方々同時責入。卽時落居云々。此事ハ二嶽城事也。秋月城八月十九日事ハ。先度粉骨トテ犬橋勢ヲハ安間見物了云々。　自管領書狀到來。九州事落居珍重云々。少貳父子三人頸近日可參洛云々。

六日。雨。　七日。晴。　彗星出現。

八日。陰。　愛染護摩結願了。　今夜田樂三番無相違。　九州事珍重之由。僧俗參賀如例云云。　愛染不斷護摩始行。秋季分也。文具大幔代以下自納所下行如常。今日入堂處。長尾南北坂ニ青蠅充滿也。

九日。晴。　歡喜天供結願。　自明日爲長星御祈於本坊護摩一壇可勤仕旨。日野中納言奉書到來了。　修八字文殊護摩可致懇祈之旨遣請文了。　神事毎事無爲。雖天陰不及降雨。還幸以後小雨灑。及夜陰雨降事終夜。　自駿河守護方注進兩度到來了。　狩野介城湯島城云云今月三日責落了。奥城計ニ罷成。定退治不可有程歟云々。

十日。雨。　彗星御祈八字文殊護摩始行。　總寺御祈諸院各々御祈以折紙申遣日野黄門方了。自午初雨止了。（醍醐寺）　彗星御祈。不動供。愛染供。仁王講。　山下　不動供。愛染供。　山上　五大虛空藏護摩宗観僧正。不動護摩賢珍僧正。愛染王護摩房仲僧正。佛眼護摩賢快僧正。五大虛空藏護摩隆濟僧都。　書厚杉原遣之奉行日野黄門方了。奉書理性院僧正。　自今日彗星御祈事。　准大法（五大虛空藏）。仁和寺一品宮於本坊御勤修。愛染〔王〕護摩寶池院前大僧正於石清水八幡宮西廊勤修之。念誦伴僧三人云々。供料二千疋云々。十一面護摩地藏院前大僧正於北野社勤仕之。念誦伴僧在之云云。口數不分明。供料同前歟。護持僧中各於本坊護摩一壇可修之之旨。以日野中納言奉書相觸云々。各尊法相尋可注之。供料無之。諸寺諸社御祈追可注之。奉行同前云々。外典御祈。三萬六千神御祭在方卿。天地災變御祭有盛卿。自今日於室町殿一字金輪法聖護院准后勤仕之。非彗星御祈。四季恒例准大法云々。伴僧。早旦辰初。出京。巳半參室町殿。御對面。九州事珍重之子細具申了。自駿河昨日九日。兩度注進備上覽了。仍御感內書被下之。駿河守護。今河民部大輔。今河右衞門佐入道。同下野守。同治部少輔入道。以上四通戌初刻飯尾大和守持來醍醐了。仍今夜渡遣今河使也。

十一日。晴。御歌御會在之。不參不可有苦由去九日以立阿被仰間。懷紙計進之了。

十二日。晴。早旦自室町殿御書拜領。駿河國事悉落居之由。自遠江國注進到來。昨日武衞申入間。珍重之間定可令祝着歟之間被告仰云云。誠國堺一大事處。早速落居。眞實々々非尋常儀。只神慮所致也。御運可及萬代條勿論。珍重之由申入了。十日御連歌延引。今日在之。耳所勞心痛儀等依不快不參。其子細內々申入了。今河民部大輔注進到來之間。以書狀進之了。御返事在之。

十三日。晴。夜前稻守土民當所者一人小野者一人狼食之。小野者八十六計云々。卽時死云云。當所者十四五小者云々。無爲云々。去年モ今月比如此歟。希代事也。

十四日。晴。自山名方音信。少貳滿貞頸今朝於裏築地外方被御覽。大名進御太刀云々。仁和寺一品宮自去十日爲彗星御祈。於本坊被行五大虛空藏准大法。護摩壇新宮。伴僧十二口之內僧正二人。實禪僧正。禪信僧正云々。扈從禪信僧正云々。供料。

十五日。晴。仁王經開白日次來廿一日治定由。自日野中納言方申賜了。富樫刑部大輔今日初出仕云々來。三千疋隨身。今日仁王寺(和カ)一品宮五大虛空藏法修中爲御加持御參室町殿。伴僧十二口悉被引率云々。御加持在所震殿東。號御鬢所。將軍御坐御簾中。阿闍梨簾外云々。疊一枚敷之爲阿闍梨座。伴僧悉板ニ候云々。

十六日。晴。今夜子剋地動。小動。水神動云々。

十七日。晴。

十八日。晴。早旦出京。參室町殿。少貳頸參洛珍重之由申入了。河野加賀入道訴人。祇園社神主僧若黨當者籠者也。於河野者以前已湯起請取之了。訴人籠者男ヲモ召出可取湯起請之由。可申遣管領之由被仰出間。召寄安富筑後守。以慶圓法眼仰旨申遣了。晩頭入寺。例心痛興盛了。

十九日。晴。今曉卯剋畠山左衞門督入道死去。六十二歲云々。自去十七日蟲腹發。今曉又發。仍死去云々。自酉終大雨降。畠山事驚入由以慶圓法眼申入室町殿。御力落之由種種仰云々。子息尾張守方等同申遣了。今夜地震丑剋歟。天王動。吉動之由在方卿勘進在之。但天陰間以傍通宿以井宿勘申也。有盛卿注進。其夜陰間。現通宿雖(不脫カ)分明。聊以陰雲隙伺見處。其夜宿。

廿日。晴。今曉寅剋歟仙洞御不豫俄御大事。御吐氣及兩三度。其後半身御中風。既御難儀出來歟之處。被聞食潤體圓。聊御脉出來。雖然以外。今日中不可有御過歟之由。醫師三位法眼申也。今曉自將軍仙洞御惱以外御坐之間。只今寅刻忩御院參之由。可申遣醍醐之由。以菊阿被仰下親秀法橋方之間。馳申入也。驚歎無極。愚身一昨夜ヨリ風氣以外式之間。不參申入旨具申入了。

廿一日。晴。八幡御祈愛染護摩今曉結願。阿闍梨寶池院。直被參申室町殿。御加持申之云云。仁王寺和カ一品宮五大虛空藏法結願。同時御參。地藏院僧正北野參籠十一面護摩同結願。同參云々。御加持有無不知之。聖護院准后自去十日勤仕一字金輪准大法今曉同結願。道場室町殿震殿。伴僧。護摩壇良讃僧正云云。自今夕於室町殿御所仁王經法勤修。伴僧廿口。護摩壇賢快僧正。十二天供賢珍僧正。聖天供寶清僧正。神供兼壇行事。隆濟僧都。讃幷唄從。宗濟僧都。開白儀。脂燭殿上五人。各衣冠。爲清朝臣。持泰朝臣。益長朝臣。資益。雅親。大行事慶壽法印。鈍色指貫裳袈裟。伴僧以下參催之了。但今度大行事於事無沙汰以外也。百首題明豊持來了。加御人數之條眉目至也。可詠進旨申入了。寶池院同前。自去十日彗星御祈八字文殊護摩先結願了。卷數付進日野黃門處。此結願未被仰出間。披露難儀云々。雖然自今日大法參勤之間。不可被混餘由申間披露云々。

廿二日。晴。後夜時寅刻如常。伴僧悉着小袈裟。阿闍梨一人平袈裟。三衣箱隨身之。今度每參堂隨身之儀兼申定了。先々儀開白時隨身。其以來三衣箱置道場儀用來也。有存旨同時ニ隨身可謂如法儀歟。後夜略發願等全不違常途。日中相續每事如初夜時。但五悔用切音計相違。初夜時如昨日。但脂燭布衣三人參申了。爲清朝臣。資益。持泰朝臣。今朝依仰參申。夜前開白儀御丁聞次第等種々御雜談在之。申初日野中納言來。又可參申入之由仰云々。參申處。仙洞御不豫御體猶同前。如今者珍事。今朝ハ聊不御本心御式ニテ御狂咲計也。若當時流布野狐等所行歟之由近習輩不審申入之由聞食及云々。但醫師三位申入分ハ神祟御坐在歟。其御脉相交云々。若左樣御儀歟云々。就其御祈事連々被申入處。于今御故障也。只今以日野中納言重御祈事可有申御沙汰也。然者阿闍梨事誰人可然哉云々。相應院宮等宜歟之由申入處。尤之由御同心。則被申彼宮了。可爲准大法云々。管領來。開白珍重云々。隨而被任永德御例。百首御人數事被仰下。面目至。次四品事同宣下被召下。過分餘身云々。自去十日彗星御祈八字文殊護摩雖令結願。御撫物猶殘置。以供手代理性院僧正可延修之由申付了。御臺御祈愛染不動兩供。弘豪弘永兩法印爲手代可修之旨同申付了。將軍御撫物渡遣理性院僧正方。御臺御撫物渡遣弘豪法印方了。彗星旣消滅歟事相尋在方卿處。今月十九日光芒微薄。分明不見候。同廿日廿一日不見候〔之〕間。消滅候哉云々。

廿三日。晴。後夜日中相續之儀如昨日。仙洞御不豫事內々尋申入處。今日聊見直申御體云々。初夜時如昨日。但脂燭五人皆參。結番事頻雖申。面々押參上者重不及仰。

廿四日。晴。後夜日中相續如昨日。今日撰歌事始延引了。依仙洞御不豫也。和歌所近年爲尹卿以來爲之相續之間。仙洞叡慮於和歌所者爲之元來管領上者。不能左右歟。撰者雅世卿罷向彼亭爲之。可撰之由勅定也。大略此儀必定歟。雖然雅世卿聊申所存歟。撰者事被仰下上者。於和歌所者可搆私亭之條勿論歟。爲之朝臣既乍管領和歌所。撰者事一向見所又可爲初例歟。旁和歌所お任古今後撰等例。可被搆禁中歟尤宜存云々。此由内々達上聞處。仙洞御不豫御少減時可被申入云々。今日參御前。次此事等被仰了。初夜時如昨日。脂燭五人皆參。仙洞樣御不豫聊御少減御體云々。但一端事也。始終御本復更不可叶云云。珍事々々。有盛卿來。自去廿二日又變異。歲星犯木星。女主御愼。其外不快云々。至今曉出現云々。

廿五日。晴。後夜時依心痛氣用手代。賢快僧正勤仕。護摩壇隆濟僧都勤仕。三十未滿也。尤可有斟酌歟之處。勤仕器用無之。已報恩院當院主一流事間申付了。初夜時如昨日。脂燭五人皆參。

廿六日。晴。後夜日中相續如昨日。修中御加持今日申入。申次日野中納言。御臺御加持同前。折五合檜色云云。御所樣へ進之。御臺御方同五合進之了。初夜時如昨日。脂燭五人皆參。山名直綴着用御免事被仰出旨申遣了。祝着畏入旨申入也。結願事後夜旁可然旨申定了。仙洞御不豫以外之間。存遠慮故實也。自今日於仙洞相應院宮如法佛眼准大法勤仕。伴僧十口。護摩壇。

廿七日。晴。後夜日中用手代了。如昨日。心痛氣更發故也。後夜時間地動。金翅鳥云々。少動也。將軍渡御壇所。初夜時如昨日。管領來。

廿八日。晴。後夜日中相續。結願之儀如常。卷數兼用意之。伴僧悉着平袈裟。御加持發願用五大願了。卷數御撫物以行事慶壽法印進之。裝束不着之。重衣也。御臺御撫物卷數不動護摩愛染供。二枝進之了。共日野中納言取進之也。自今日四季秋季。六字護摩可始行云々。御撫物供料千疋自日野中納言方送賜之了。目所勞。心痛以下未快間。與奪寶池院。此由内々申遣奉行日野黄門方了。巳初歸寺。
廿九日。晴。自將軍御書拜領。大法修中無爲粉骨無勿體云々。就中大友城沒落之由注進到來。當大法結願翌日此注進到來。御祝着云云。仰旨眉目之由申入了。夜風雨。今度仁王經法賞顯濟法眼少僧都事申入了。
晦日。晴。於拜殿仁王講修之。經衆十口。導師弘豪法印。聊夢想事在之。仍修之了。布施厚紙十帖。(一イ)代十疋。導師二帖。廳務下行了。

十月

一日。雨。愛染護摩開白如常。自今日聖天供本尊御修法時像。於山上隆圓法印爲手代勤仕之。供料自廳務方下行。二百疋。入堂用代官了。
二日。晴。亥子。
三日。晴。大内雜掌安富掃部頭參申。大友自武後府乘船。不知行方罷成之由。昨日注進到來之間。致披露了。爲得御意申入云々。超濟僧正年忌佛事料少分遣妙法院了。
四日。晴。若公出京。被參室町殿也。少雨灑。
五日。晴。北野千部經開白如常云々。御張輿力者青。任例召進之了。
六日。晴。鹿鳴如秋。萬里小路大納言來。自室町殿歲末年始計可參申入旨被仰出。計會無極云々。
七日。雨。隆圓法印爲手代勤修聖天供結願了。
八日。晴。愛染王護摩結願。藥師三體造立供養開眼供養法等如常。爲五社法樂仁王經讀誦。導師弘豪法印。經衆五人。布施自納所下行。
九日。晴。山名右衞門督入道直綴御免。今日吉日之間令着用出仕云々。爲祝着太刀千疋遣之了。使者慶圓法眼。執行永聰日數暇過之間出仕。養父永秀法橋中陰以後也。永聰事非永秀法橋親類。異姓他人也。永聰ハ山科三位敎遠卿息也。仍自初參爲坊官召仕了。凡執行坊官事先例勿論也。性海宮僧正座主時慶緣威儀師令昇進坊官也。時座主宮一人等ニテ房官召仕時ハ執行必居坊官先例也。予最初此事欲有其沙汰之處。故鹿苑院准后爲御計。當時廳務一黨計先可爲坊官之由御計之間。于今闇了。南都傳奏事被仰日野中納言云云。此間萬里少路大納言奉行也。

十日。晴。御帶加持申之。御使伊勢兵庫。懷妊仁體阿古上﨟云々。日野一品重光卿息女。當年廿三歲云々。御帶二筋。絹布兩種。同書易產陀羅尼。以散杖書之。如常書了。取五古藥師咒。准胝咒。六字明。慈救咒。大威德咒。呵利帝咒。各廿一反許誦之加持。今度易產タラニ次ニ以散杖產生安穩男子降誕ト書之。今案也。目所勞雖斟酌已持來之間加持申了。自今日藥師供。准胝供。不動愛染供等爲御產御祈令始行了。室町殿御連歌御會在之云々。

十一日。晴。室町殿御歌御會如常云々。雖不參於懷紙任例進候了。但御會延引之由經長申入也。

十二日。雨。

十三日。晴。畠山尾張守方へ故禪門佛事用脚千疋遣之。使者長全上座。崇壽院長老來臨。仙洞樣大少御痢不通。仍御腰以下御腫以外云々。

十四日。晴。北野御經結願云々。自赤松播磨守方以使者明石左京亮へ申。自御所樣被仰今河民部大輔重代鎧幷太刀未彌五郎方ニ所持云々。明日吉日間可被渡遣。以管領可被仰付彌五郎之條可宜歟。又以赤松播磨守等可被仰歟云々。次御目少御減候者一兩日之間可有御出京。被仰談事候云々。御返事。今河民部大輔重代鎧太刀明日可被渡下之條尤珍重。就其可被仰管領歟。又可被仰赤松播磨守歟事。雖何候可有何子細哉。但彌五郎事每事管領申入哉。然者以管領可被仰付之條猶可宜歟。次目所勞事雖少減候。未本復候。兩三日間出京難叶樣得其意可披露云々。

十五日。晴。四月八日以來令勤修九州御祈。大友。少貳御治罸事。今曉結願。愛染王護摩卷數付日野中納言進之了。去月十日以來勤修彗星御祈今日進卷數候處。猶可延引云々。將軍御祈八字文殊。御臺御祈不動護摩。愛染王供也。子初刻雷鳴降雨。恒例不動護摩開白。入堂用手代了。御產御撫物二階堂山城守。松田對馬守兩人持參。賴全御撫物請取之。西南院僧都申次。不及對面。依目所勞也。御撫物(絹單)。其外帶一筋計也。

十六日。晴。寶清僧正參申。畠山祈禱事自昨日始行云々。於本坊修之云々。

十七日。晴。　十八日。晴。　十九日。晴。

廿日。晴。申刻仙洞崩御。(御歲五十七。)

廿一日。晴。自室町殿以住心院僧正被仰。此間御蒙氣以外也。但醫師三位法眼并桂音申入分。御脉モ更無煩御座。仍又御食事モ如日來。剩猶聞食倍樣也。雖然御主仰分御食事モ更不甲斐々々。御蒙氣モ又無極云々。仍併御邪氣歟云々。然者御祈旁可在歟。可然樣可有意見云々。御返答御祈事彼是尤宜存也。於常御座所小法一壇先可被行歟。阿闍梨事可爲時宜。乍去聖護院准后參勤。尤可然存云云。

廿二日。晴。不動護摩結願了。室町殿聊御邪氣歟之由昨日仰之間。自今夕五壇護摩各於住坊勤修。其外供等悉皆十壇分始行了。不動勤仕。降寶池院。軍宗觀僧正。(理性院)大房仲僧正。(金剛王院)金(妙法院)賢快僧正。延命供房助法印。六字供隆濟僧都。藥師供弘豪法印。如意輪供隆圓法印。准胝供隆增法印。以上十壇折紙入見參了。

廿三日。晴。可出京之旨被仰間。押目所勞出京。參室町殿。御對面。條々仰子細在之。就舊院御事諒闇勿論歟。舊院御遺勅勅書拜見之處。凡催感涙了。勅書趣後光嚴院御一流不斷絕之樣能々可有申御沙汰云々。仍諒闇事可有其沙汰條尤御本意。一向憑思食云々。又一通勅書。御追號事可爲小松院云々。以上兩條也。此上ハ雖不能左右。後光嚴院御一流可爲萬歲繼帝者。此子孫不慮儀不可出來處。旣依無王子伏見殿宮(當今御事)。爲御猶子被繼帝位了。然者强後光嚴院御一流任舊院御遺勅雖令申沙汰。當今御爲還而神慮無覺束樣存〔候〕。如何如何。予御返答。仰誠非無其謂候。但當今已爲舊院御猶子如此御座候。御讓國御重恩ト云。御猶子ト云。御遺勅嚴重ト云。旁諒闇儀無豫儀存〔候〕。且室町殿樣御爲自何可然存候。其謂ハ觀應年中光嚴院光明院幷時國主。(崇光院)。以上御三人南方へ奉取。長御子孫可被斷王位御望之由及御告文云々。其後爲武家御計。後光嚴院安居院芝ニ御座お聞出。奉付御位了。其以來公武御契約異他也。仍故鹿苑院御代ニ伏見殿御文書悉被申請。被進舊院了。此御計モ偏ニ後光嚴院御一流お爲被仰申御計略也。殊又舊院被殘御執安御遺勅之處。萬一於相違者御亡魂御恨モ非無御怖畏歟由申處。將軍御同心也。雖然何樣後光嚴院御一流崇光院御流就神慮聊御遠慮事。如仰申關白幷前攝政加料簡可被申意見之旨可申遣云々。　就山門事管領幷山名兩人方へ仰旨在之。可申遣之由申了。　自來廿五日御祈事。於常御座所小法一壇聖護院准后等參勤可宜之由計申了。然者可爲其分云々。可然本尊可借進云々。幷御室邊へも可申云々。

繪所光國知行在所管領被官人香西違亂子細庭中申入了。可申遣管領云々。伊勢國號杉谷山寺。今度就狼藉申狀守護令破却了。於衆徒者何樣ニモ可致罪科。伽藍破却不可然歟。連連可令造營之由可申遣守護人云々。條々則申遣了。管領來之間山門事幷來廿七日舊院泉涌寺御幸之時。室町殿可有御供奉。面々諸大名可參候之旨等具申了。山名方へ以山口申遣了。　近日雜說有之之間。面々門跡へ來聚不可然歟之由申間。山名來事斟酌云々。自廿五日御祈不動小法可然之由聖護院返答領掌。　諒闇事仰旨申兩家了。於御返事以日野中納言可被申之由申了。　關白へハ召經康令申了。前攝政へ以狀申。使者長全上座。但今日及夜陰。明日例日之間。明後日廿五日。可參申旨申付了。　御本尊事明後日可進〔之〕由申了。酉終歸寺。

廿四日。晴。初雪。就諒闇事尋申一條前攝政。昨日返報今日到來了。返狀案。

度々預御狀候。恐悅存候。抑法皇晏駕事如仰驚歎無極候。五十餘年明主。云御藝能。云御才學。末代難有之樣存候。就其諒闇有無事以御使被仰出。執柄且愚存之趣取調可被申之由被仰〔候〕ける。仍引勘先規可爲諒陰之條相叶理致之由申入候了。時宜之趣會以不存知候へ共。就多分例申意見。不存私曲許候。諒闇事遺勅之由承及候。云事理云先例。無豫儀之樣存〔候〕。一紙注進候分無何懸御目候。此上用捨ハ可爲時宜候。就被尋下先例非可存私之間。此分申入候了。先規之樣又一紙注獻候。事〔々〕期面拜候也。恐惶謹言。

十月廿三日　兼良

端書。

且諒闇事異朝之本文孝行之至極候歟。奉爲當今可爲御冥加歟。明王以孝治天下之謂候也。

一父帝崩御之時諒闇。神武天皇以來每度無異論。

一雖非父帝就讓國之恩諒闇例。天智天皇（天武兄。）崩御之時天武帝諒闇。淳和天皇（仁明叔父。）崩御之時仁明天皇諒闇。後白河院（後鳥羽院祖帝。）崩御之時後鳥羽院諒闇等是也。

一依御猶子之儀諒闇例。仁明天皇以淳和擬父帝諒闇。後鳥羽院以後白河擬父帝諒闇是也。

一爲無服之親雖無猶子讓國之寄。依相繼帝位諒闇例。稱德天皇崩御之時光仁帝諒闇是也。

一實父御現存之中。爲御養父諒闇例又有之。仁明天皇在位承和七年五月八日淳和崩御諒闇。（是爲擬父也。）同九年七月十五日實父嵯峨帝崩御。又爲諒闇。

一雖異姓他人繼帝位之時諒闇。異朝例連綿。唐堯虞舜夏禹等聖躅也。

已上自前攝政注賜分也。　自室町殿就被尋申自前攝政御申詞。

諒闇有無事引勘先蹤之處。天武天皇幷仁明天皇。後鳥羽院等。雖非父帝。或就猶子或就讓國。皆被行諒闇了。且又稱德天皇崩御之時。光仁爲無服之親。雖無猶子之寄無諒闇之儀。猶以被行諒闇。況於今度之儀者。云御猶子云讓國之恩。旁可爲亮陰歟。就中仁明天皇爲擬父淳和被行諒闇。又爲御養父嵯峨帝同爲諒闇。然間當今縱雖爲崇光院御一流分。就御猶子讓國之恩可爲諒闇之條。不背先規。相叶理致〔候〕乎。　小松院御號事。先例皆以有其寄之號所用來也。此御號當時無由緒之上。爲光孝天皇御一號之間。雖難被用之。旣爲遺詔之上者。摸後深草御號被加後字可被宥用乎。

已上前攝政御申詞。

廿二日自關白就談合一條前攝政御異見。

當今就御實父爲崇光院御一流可有御相續哉。又就御猶子可爲舊院御一流哉間事。爲凡慮更難定申者哉。但繼體天皇者爲應神五世孫令開帝運給。皇極帝又爲敏達曾孫登天位又一代中絶者光仁天皇。後堀川院等是也。然則當今爲崇光院四世御孫。可有御相續條凡無異論哉。此上事猶有其疑者任神慮及御鬮之外更無治術歟。 且若可被任當今睿慮歟如何。

以上前攝政。關白御意見御鬮歟。仍被仰付本官三人。於神祇官被取御鬮之處。舊院御一流分治定。仍諒闇之儀必定云々。前攝政內々御意見。當今御踐祚以來爲舊院御子行來也。今更如此及其沙汰之條定有子細歟之間。繼體例等ヲ以崇光院御一流可有何子細哉。猶不審疑在之者。御卜御鬮等申入了。御鬮之儀聊爾歟云々。

廿五日。晴。以日野中納言自室町殿被尋仰題目。今度舊院泉涌寺御幸來廿七日也。以明德後圓融院崩御泉涌寺御幸時。故鹿苑院御供奉也。以其御例且御懇志之間。旁可有御供奉之處。此間聊御風氣御不食興盛也。仍醫師比寒中數刻御步儀供奉不可然之由頻申入間。內內被訪執柄意見處。此御幸御供奉事丞相强非可有御供奉之儀。明德之度事別段御懇志歟。御窮屈時分御略尤可然云々。但猶可爲何樣哉。不殘心底可申意見云々。予對謁日野黄門。申入云。此御供奉事執柄如被申入。丞相必無御供奉之儀條勿論也。故鹿苑院御供奉事被表一段御懇志子細歟。凡御息災時分ナラハ御供奉尤珍重歟。旣如醫師不可然之由申處ニ。押御供奉候テハ萬一被損御事儀出來候テハ。旁不可然。所詮御供奉モ御懇志ヲ爲被表也。然者爲天下萬人被全御身。舊院遺勅事等如被仰置御成敗候テ。今度御供奉御略之條旁宜存也。御中陰之間連々御參泉涌寺御燒香等ハ珍重存云々。日野黄門同心甘心申了。自酉半降雨。　於室町殿小御所御臺御方。聖護院准后不動小法始行。伴僧。　脂燭雲客略之云々。

廿六日。雨。

廿七日。晴。菩提寺へ召請。時食。長老以下僧四人幷理性院僧正。金剛王院。妙法院等相伴。申半大地震。傍通房宿也。天王吉動歟。但重可尋記。　在方卿地動注進。

今月廿七日未時大地震。月行亢宿。金翅鳥所動。

天地瑞祥志云。月行亢宿地震者金翅鳥所動。

天文要錄云。地動(震イ)國兵起。

又云。十一月地動(震イ)洪水起。百日之内有兵革。以下略之了。

永享五年十月廿七日　正二位在方

南禪寺松首座來。内々申遣山名方事在之。

舊院御幸泉涌寺供奉公卿。

廿八日。晴。今日神輿又動座。大宮客人兩社云云。

廿九日。晴。就諒闇禁中御裝束事自甘露寺辨忠長方奉書到來。

倚廬御几張 以下料口三寸 竹可召進候由。可有御下知醍醐寺之旨被仰下候也。可得御意候。恐々謹言。

十月廿七日　忠長

大納言法印御坊

請文以理性院僧正奉書申了。竹員數不載之條不審遣了。　忠長御教書又一通。

諒闇御裝束御簾料蘆廿荷。來月六日以前可召進之由。可有御下知天王寺旨被仰下候也。可得御意候。恐々謹言。

十月廿七日　　　忠長

大納言法印御坊

禮紙。

追申。

倚廬御帳臺以下料竹卅本。來月六日以前可被召進之由。同可得御意候。

請文同理性院僧正書遣之了。

此蘆事申遣天王寺處。鷺島庄内野田役云々。仍重令下知野田給主之由。惣目代妙法院僧正申也。竹事不審也。任明德四年後圓融院御例申云々。然者其時天王寺別當故常住院准后良瑜也。竹ハ若為門跡役出之分歟。然者可為重役如何。

十一月

一日。晴。愛染護摩開白如常。入堂用手代了。自室町殿御祈事。内々自女中以住心院僧正被仰談事在之。自去廿五日始行聖護院准后勤仕不動小法明日二日。結願也。猶御祈相續可然之由此門跡意見由西雲庵入江殿尼衆。申入也。尤之由思食也。隨而藥師不動兩壇不斷護摩可然歟云々。猶委可申入云々。意見分於藥師者不斷護摩。不動ハ三時。若此定可然歟。藥師近日尤可相應之旨存也。但可為時宜歟之由可申入旨申了。　住心院僧正相語云。去廿五日夜光物室町殿觀音殿ノ上ニ飛廻云々。又同廿六日歟。北築地腹ニ傍件光物在之云云。次廿八九日歟之間。常御座所棟ヨリ北軒邊ヘコロヒ落體ニテ失了。如此三ヶ度云々。則在方卿ニ若人魂歟之由御尋處。非其儀。占文趣御病事等見云々。其外野狐御所中徘徊以外興盛云々。希代事歟。住心院僧正出京以後以狀申。戌終。御祈事先自明日不斷陀羅尼可被始行之由被仰出云々。自今日申時拜殿談義釋論第九云々。讀師實淸僧正。

二日。晴。聖護院准后不動小法今曉結願也。自今夕不斷陀羅尼。火界呪。時始コトニ先尊勝タラニ七反。次火界咒ニテ一時了也。至來四日酉時自此門跡召進也。宗濟僧都以下九人參。晝夜各二時修之。

三日。晴。早旦出京。參室町殿。以前山名。管領等就山門使節圓明以下御罪科事申旨在之。今度之儀一向山名一身計略樣歟。杉生。金輪院。月輪院等事ハ山名內々致料簡間。參御方可致忠節旨以告文申入云々。此儀但不審事等在之歟。重管領。山名奉書ヲ杉生。金輪院等方ヘ遣申處。山名方ヘ如請文者大略可隨仰旨申入云々。管領ヘ返狀。月輪院申入旨一味同心間。圓明事不可捨樣申入歟。尤不審不審。杉生。金輪院請文未到來由管領申也。申初參室町殿。此間御窮屈。仍諸大名雖參申不及御對面云々。仍申入計之由申候處。可有御對面之旨仰云々。神輿又御動座事。去地震不快事御祈可被修之條旁可宜歟事等申入了。酉終入寺。自今夕六字護摩始行。冬季分。奉行日野中納言。供料千疋。每季中ノ月以吉日可修之由日野中納言申也。自此方可申驚云云。仍經長寺主可致奉行旨以西南院僧都申付了。

四日。晴。於室町殿御祈猶可被修之由內々申意見了。仍以住心院僧正自女中向條々申入了。御室。聖護院准后各於本坊小法一壇可被修由尤可然歟。於御所中藥師不動護摩若修法歟可被仰付歟。阿闍梨事護持僧中當時或指

合或若年也。無其器用歟。然者禪信僧（正脱カ）良讃
僧正等可然云々。　彌若丸。乙賀丸得度。戒
和尚寶池院。兩度各別被行之也。
五日。晴。就御祈事夜中ニ住心院僧正來。雖爲
例日昨日申定間重爲不審也。
六日。晴。主上渡御倚廬殿。卯刻云々。諒闇儀被
始之。以内裏二臺爲倚廬殿云々。御簾蘆廿荷
幷口三寸竹卅本自天王寺執進之。口三寸竹
二十本自醍醐寺進之了。天王寺蘆廿荷事自
野田村進之了。於竹三十本寺家沙汰之了。明
德例同前云々。
七日。晴。仁和寺於御本坊自今夕爲室町殿御祈
小法御勤仕。禪信僧正於室町殿藥師不斷護
摩修之。門弟召具晝夜不斷修之云々。聖護院
本坊御祈事先被閣云々。
八日。晴。愛染護摩結願。藥師造立三體。供如每
月。
九日。晴。
十日。晴。六字護摩結願。卷數御撫物以日野中
納言進之了。自今夕六字護摩二七ヶ日修之。
同御祈此延引事内々申請了。山訴時節旁如
此御祈可然間申入了。五壇法可被始行之條
尤宜之由意見申處。只今供料御秘計難叶。可
被如何。尤可被行之條可然云々。自來十四
日就山訴御祈事別而一壇可始行。同當寺可
勤修云々。此御祈護持僧以下被觸仰云々。
十一日。晴。
十二日。晴。日野中納言爲御使來申。御祈事尤
可被行御心中候。就其先五壇可然候哉。但六
字法尤可相應云々。然者六字法ヲ可被行歟。
併可在御意見云々。御返答。御祈事尤珍重候。
就其五壇法六字法前後事。愚意趣ハ先五壇
法有度候。其後六字法尤宜哉。但可爲時宜。
就中阿闍梨事五壇法參勤師迹當門下ニハ理

性院。金剛王院。妙法院等候。雖何依仰可召進候。但妙法院僧正來廿日入壇事。其時分候者難叶哉。可有計申沙汰。次六字法阿闍梨事若御事闕候者。寶池院一壇事連々有增歟。就闕如可被仰條御公平哉。兩條可爲時宜云々。
畠山尾張守今日初出仕。懸御目祝着之由以使者申賜也。
十三日。晴。
十四日。晴。畠山尾張守來。五千疋。幷繪二幅。盆隨身。兩種故入道年來所持云々。
十五日。晴。不動護摩始行如常。
十六日。晴。早旦出京。參室町殿。御祈五壇法可被始行條尤可宜之由申意見了。出京時管領來臨。山門へ御勢發向事不可然之由種々申入也。內々管領申旨達上聞了。自武衞以織田筑後入道此事同前申也。
十七日。晴。
十八日。晴。日野中納言爲御使來臨。五壇法可被修之。仍供料事御料所備後矢野庄御年貢三萬疋可致其沙汰之由可仰遣山名方云々。次阿闍梨事中壇以下可談合云々。門下僧正指合時分也。宗觀僧正一人可召進之旨申入了。賢快僧正來。廿日入壇事在之。仍難參勤。內々可得其意云々。中壇如此間聖護院准后可宜歟。降良讃僧正。軍宗觀僧正。寶意僧正此間參勤事也。今一人事可爲何仁哉云々。日野中納言申云。忠意僧正若王寺內々望申入也。如何云々。予申。於師迹者雖無其例。當時儀大略其分歟。仍可有何子細哉云々。定可爲此儀歟。日次事來廿日云々。
十九日。晴。明旦灌頂五色香參。於御堂用意。五色加持事予沙汰之。繕事圓辨僧都。賴全阿闍梨二人致其沙汰了。香參事寶池院前ニテ沙汰之。閼伽水加持作法書與圓辨僧都也。今度壇行事也。
廿日。快晴。賢快僧正入壇。重受。年四十六。色衆十口。誦經〔導師〕金剛寳淸僧正。敎授寳池院。別座。護摩同。散花隆倩僧都。讃快助。三昧耶戒未半刻。酉末事終。夜時以初夜鐘爲定。今度强初夜不引上例式定也。
廿一日。晴。後夜時以晨朝鐘爲定。辰末還列如常。新阿闍梨入公卿座。今度布施取堂童子等略之了。長濟僧都入壇。年廿七。三昧耶戒如昨日。散花覺深律師。讃憲瑜阿闍梨。敎授妙法院僧正。昨日受者。色衆十口。十弟子二人。一﨟戒體箱。二、三衣箱。自餘法具兼置之如常。昨日儀如此。委細別記之。大阿闍梨於壁代後十弟子二人入壁代內。一﨟取居箱置平座。大阿左。二、取香呂箱大阿右置之。直歸。先壁代正面上之。次大阿前西。次色衆前東。上之了。退出時一﨟戒體箱。二、如意取之。各經本路退出。誦經導師弘豪法印。香呂箱兼置之。從僧不召具。堂達快助出大床。自正面間諷誦文渡之。導師右方磬臺方ニ依テ出之了。昨日堂達憲瑜不出大床。依導師左方渡諷誦了。此進退相違間。今日寳池院諷諫。
廿二日。雨。後夜晨朝鐘定也。還列辰末。每事如昨日。巳末天晴。兩日傳法儀每事無爲。後朝一獻於金剛輪院在之。自管領使者若槻入道參申了。山門發向事可申止之由申事也。後淨覺寺正忌理趣三昧如常。自今日於室町殿五壇法始行。道場御臺御方云々。中壇聖護院。降良讃僧正。軍宗觀僧正。大忠意僧正。金實意僧正。降大金悉中壇門弟也。脂燭在之云々。
廿三日。晴。
廿四日。晴。早旦出京。室町殿御會所泉殿云々。廿一日御移住御禮。御室以下諸門跡執柄以下俗中如例群參云々。各折紙進之云々。予遲參。二千疋折紙進之了。御室。聖護院。青蓮院二千疋云々。自餘千疋云々。但實相院。寶池院計參云々。　餘護持僧不參云々。　妙法院宮。相應院宮等參云々。　畠山續目案堵今日書出云々。予内々申入也。　六字護摩後二七ヶ日今曉結願。　卷數結線等以日野中納言進之了。

廿五日。風雨。早旦自室町殿御書在之。予中風氣事能々可養性旨蒙仰了。　今日渡御畠山亭云云。今度初申入了。

廿六日。晴。　早旦出京。　就山門發向事管領載書狀申入旨在之。先内々此狀入見參了。猶申入旨候。可參申入歟之由。以三條宰相中將申入處。早々可參申云々。仍參申。管領申旨申處。明日山名以下既可進發事治定。　只今御延引旁御難儀云々。此申狀内々又御述懷也。此旨申管領處。此上者無力。　重申事可加斟酌云云。

廿七日。陰。少雨。爲山門發向山名以下今日罷立了。自濱寄手山名。土岐美濃守。以上兩人。山名陣立於檜岡見物。驚目了。　三百騎計歟。　野臥二三千人也。悉以美麗無申計。山名ハ三井寺ニ陣取定ト云々。土岐美濃守勢百二三十騎。野臥一二千人計歟。美麗同前。　自西坂寄手土岐大膳大夫。佐々木。小笠原。信乃守護也。其外山法師玉琳。上林。西勝。十乘。蒲生下野入道等云々。　自北口武衞也。　越前國勢可發向云云。　内裏幷舊院御所警固畠山尾張守。將軍御所警固管領云々。　洛中警固侍所。一色。細河讃岐守。同治部少輔。同淡路守。上杉五郎。富樫等云々。　歸寺便路ニ山名勢進發等見物了。

廿八日。晴。自山名陣音信。

廿九日。雪。自今日御臺御方不斷タラニ當番一七ヶ日。三番ニ令結番了。一番衆十八人。

卅日。晴。自將軍御書三條宰相中將持來。武衞所勞危急。遺跡事ニ付テ當時奉公左衞門佐事以外無正體間不可叶。其弟僧在之云々。若器用歟。可被仰付。定自武衞可申歟。其由可申遣云々。自武衞方以兩使織田筑後入道。飯尾美濃守申。所勞既危急。待時式候間。續目案堵事申入處。可申此門跡之由被仰出候。達上聞事兩奉行飯尾加賀守。同大和守候。只今切角時節候。平御出京可畏入云々。返答御危急事自何驚入候。隨而相續仁體事左衞門佐雖不能左右。時宜以外不快。一家總領職事不可叶器用之由連々被仰候。仍相國寺僧瑞鳳藏主左衞門佐兄也。此仁事如被聞食及者可然歟之由先日內々仰旨候。就左樣事可申此門跡之由被仰出歟。先此仁體事早々甲斐以下者ニ可被談合歟。何樣ヤカテ可出京由申了。酉半出京。降雨以外。戌半京着。甲斐飯尾美作守參申。以外內々被仰出器用仁體事可爲上意。殊又畏入。然者命中案堵御判拜領心安可存置云々。仍以三條宰相中將此由申入了。然者實名官途事早々被仰出。案堵御判今夜吉日間可被下歟旨申了。三條宰相卽披露云々。仍來申旨。此分不可有子細。早々可被成案堵御判。仍官途實名等事先々樣相尋彼方。且可計申之由可仰付云々。此由仰含甲斐處。官途每度初度治部大輔。於實名事者可被計下云々。仍召寄爲清朝臣實名事仰付了。次御字何ヲ可被下哉。彼家ニハ每度上御字義ヲ被下歟。今度ハ下御字可被下條可畏入之由甲斐申趣申處。任先例上御字ヲ可被下云々。其子細申付爲清。實名三載折紙進之。義勝義鄕義昌。以三條宰相中將進之處。義鄕御點也。今夜以飯尾加賀守續目案堵相當義鄕被成下了。祝着云々。今朝卯刻。山名幷土岐勢於唐崎邊合戰。土岐勢内當座ニテ四人被打。土岐治部少輔兩所ニ蒙疵云々。手負數十人云々。山名勢内兩人打死。其内寶壽坊山徒歟。被打云々。手負同前云々。山門方ニモ數輩被打云々。

十二月

一日。晴。參室町殿。武衞續目案堵以下畏申入之由申了。次土岐大膳大夫東坂口ニ陳取了。然自山名方以折紙。片岡右京亮ト云者ヲ案内者トシテ可責入由申間。今曉寅刻。彼者ヲ召具野瀨口マテ罷出處。既夜明了。仍片岡申樣ハ今夜相圖已相違了。先本陣ヘ可歸由申間打歸了。所詮此者申狀以外胸臆事等多之。可如何哉之由申入旨申處。此者事總而胡亂者歟之由思食事在之。誠難信用歟。能々可相計云々。退出以後以飯尾加賀守又可參申入云々。仍參申處。片岡事既逐電。希代事由山名注進在之。可一見云々。管領來。山門事等種々申旨在之。酉半入寺。尊勝院僧正光經改名。智經。入滅。四十九歟。斯波兵衞佐義淳死去。子刻。年卅七云々。

二日。晴。

三日。晴。自今日寶池院參籠八幡宮。將軍御代官也。於本坊阿彌陀院。愛染護摩勤修。每日社參用意。此分治定了。御產御祈藥師護摩。准胝護摩。焰魔天供。訶利帝供等重勤修之。

四日。晴。雪。五日。晴。

六日。大雪。自管領以若槻入道申談旨在之。圓明以下使節御免事。付赤松種々懇望申入間。以無爲廉先當年可被閣事可申入。可有如何哉云々。予返答。堂社無爲計略無之者。年內事旁可被閣珍重事也。可被申入歟云々。自日野中納言狀到來。就舊院御所事幷撰歌初事等御談合有度事共候。雖寒中兩三日間可罷出云々。舊院盡七日御佛事於彼御所被行。曼茶羅供阿闍梨賢珍僧正。色衆十二口。十弟子四人。持幡童。(中童子。)着座公卿。
七日。晴。日野中納言御使舊院(古松院。)御具足於禁裏御用物ハ可被進禁裏。其外物共ヲハ卅三間等堂社ニ可被寄之間。爲有御撿知可被召寄室町殿之條可爲何樣哉云々。予御返事。舊院御遺物等爲有御撿知可被召寄室町殿之條。可有何子細哉之由存云々。　明日爲出京愛染護摩運時結願了。
八日。晴。　早旦出京。參室町殿。就山門御勢發向事條々被仰旨在之。　富士大宮司御免事不可有子細由被仰出間。召寄信西堂欲申付處。罷出醍醐云々。仍入寺以後且以西南院申付。明旦委可申旨在之由申遣了。　管領來。山門事談合子細在之。　以日野中納言退出以後被仰。來十八日爲勝定院殿御佛事於等持寺可被行曼茶羅供。阿闍梨事雖爲寒中可勤仕之條御本意云々。仍無左右領掌申入了。可爲庭儀云々。
九日。雪。　十日。晴。　十一日。(自曉天大雪。)
十二日。晴。　山門事落居。圓明(兼宗)可隱居。於兼珍(乘蓮)可降參申入。如元無爲ニ御免可畏入之由一山以事書歎申入也。此子細昨日自管領申賜。事書案。山門申詞。
今度被成下于三塔御敎書分者。依總山一味之訴訟。兼宗一人可有御對治之間。可滿山遠見之由被仰出者歟。彌爲三千輕蔑之御下知者也。仍一山堅固之約諾無餘儀之旨爲被知食。三院谷々學頭悉捧判形之起請文。此上者有御發向者佛閣社頭可成灰燼之段勿論也。爰兼宗歎吾山滅亡。恐申上意之御憤者歟。雖然退一身者滿山之訴訟被處于無之間。共可捨身命也。但獻秀與力之族。盛覺以下之山徒。今般放覺大師之門徒上者。永被止歸山之儀。於兼宗坊舍所帶同宿被官者如元可被仰付付于兼珍之由預申御沙汰者。被挑上意之間。兼宗蟄居不可有子細之旨。滿山衆議之趣縮于一紙而已。

永享五年十一月　　日

寶池院八幡參籠結願。直北野社參。其後被參室町殿。御加持云々。此參籠幷北野社參事將軍御夢想云々。仍爲御代官參籠幷北野社參之由將軍御物語也。

十三日。晴。

十四日。雪。自今日御八講。勝定院殿御佛事。一座證義大乘院。興福寺別當。

十五日少雨。曼供習禮於灌頂沙汰之了。庭讃一反誦之。第二反頭出計。散花誦之。次堂達作法〔幷〕金等計也。不動護摩開白如常。山門中堂閇籠今日退散。神輿御歸座云々。大友中務大輔持直又豐後國へ歸入。國者共如元引入了云々。大友式部入道同歸國云々。大友左京亮則沒落豐前國云々。左京亮ハ式部入道息也。父子敵對歟。

十六日。大雪。

十七日。晴。早旦出京。自今夕將軍御座勝定院。明日御佛事御燒（香脫カ）爲云々。御經摺寫。一部。御佛事料千疋進之了。寶池院同前云々。今夕參勝定院。內々可申入由仰也。明日曼供道莊嚴自今夕沙汰之。壇行事報恩院僧都。召具隆增法印。圓辨僧都。預承仕以下沙汰之也。

十八日。晴。早辰末先內々罷向等持寺。休所方丈。每事長老沙汰之。車八葉。牛飼七人。力者廿一人。各勤六人。大童子二人。宗濟僧都同重衣。乘車。於長老坊着裝束。香袍。文蓮唐草。衲袈裟。

皆水精念珠。五古持之。 自長老坊乘手輿。廻南至東門。腰輿兼儲門內。駕輿丁八人。各退紅白袴。爲笠持。裝束繩今度モ略之了。駕輿丁當寺職掌也。自門內乘腰輿。委記在別。持幡童愛如意。辰秀。裹頭衆十餘相隨了。 布衣侍各一人。雜色各四本召具之了。 扈從宗濟僧都。力者各勤從僧一人。大童子召具之。十弟子四人於門內參會了。午初刻始行。奉行甘露寺右大辨忠長。着座公卿五人。三條大納言。西園寺大納言。洞院大納言。日野中納言。三條宰相中將。 庭綱所奉行誦經物幄屋搆之了。御誦經勅使。度者使在之。度者爲之朝臣。御誦經使持康朝臣。 申終事終了。一會無爲歟。但例違失少々在之。深雪間還列堂上一行。就相應院宮弟子事以日野中納言內々意見御尋事在之。大概申了。今日被仰付侍所內々奉取云々。希代不慮儀歟。此仁惡行以外云々。

自御室夜前以日野中納言被申云々。自等持寺直參室町殿。着重衣。宗濟僧都。同前。乘車尻。大乘院以下參會。御講無爲參賀云々。今夜一宿京門跡。擬方違了。 當季聖天供開白。用手代了。隆圓法印。

十九日。晴。參室町殿。內々可參申入旨仰也。今日入寺。

廿日。晴雪。當季不斷護摩不動。始行了。支具如常自納所下行。 爲歲末御祈於室町殿不動准大法聖護院准后勤仕。護摩壇良讃僧正。伴僧十口云々。

廿一日。晴。自駿河守護摩(衍カ)使節參洛。 矢部修理亮云々。今度公方へ御禮初申入歟。萬疋馬太刀云々。此門跡へ五千疋進之了。

廿二日。晴。日野中納言爲御使來。相應院弟子宮可爲遠流歟之由被尋仰旨在之。愚意分具申了。 東寺々務事地藏院辭退。今度可爲何仁哉可計申入由。同仰旨日野黄門申也。寺務事禪信僧正先度依不慮儀不遂拜堂。于今失面目了。不便至極歟。若可被仰付哉。弘繼僧正理運條勿論也。　大内雜掌安富掃部參申。就大友歸國事一昨日廿日。到來。仍以奉行令披露云々。此門跡ヘ狀大内狀。持參了。
廿三日。晴。　廿四日。晴。
廿五日。晴。出京參室町殿。九州事可爲御大儀歟之由申了。伊與。安藝。石見勢先早々可罷立之由被仰付云々。　安藝武田伊豆守今度九州合戰時。不請御意打歸之條不可然云々。仍去々月以來罷上雖歎申無御承引。仍管領内々申入間執申了。　明日可有御對面歟時宜也。　管領。山名入夜來。三條宰相中將同來臨。被仰付大谷甲斐内者也。事在之。彼狀隨身可披露云々。仍領掌預置了。
廿六日。晴。　爲歲末御禮參申。重衣。五古持之。御加持申之。御臺御方同前。寶池院同道。松橋僧都召具。重衣。歸路參内。下姿間罷向長橋。内々申入退出了。　管領爲歲末禮來。畠山同前。及晚入寺。武田安藝今日懸御目云々。　山名御道服申請間。内々申入處無子細今日被下了。向可着絹直綴之由御免也。　曾禰庄契約赤松内者了。三萬疋不謂干水請切了。使者慶圓法眼。
廿七日。晴。室町殿歲末御祈今曉結願云々。年中長日御祈卷數幷鳥頭和布等任例年儀公武進之了。　明日例日。廿九日室町殿御德日故也。　山門御祈。彗星御祈。兩種于今勤修及數旬了。同結願卷數進之了。　室町殿御卷數鳥頭和布等任近例以一色左京大夫進之了。今日煤拂等如常。　御撫物明年中分申出了。恒例也。　室町殿御撫物一。御臺御撫物一。以上三自分到來。京門跡幷六條八幡宮長日

護摩御撫物等又在之。年中長日御祈載折紙
相副卷數進之了。
廿八日。雨。
廿九日。陰。經祐法眼參申。一昨日參洛云々。自
夏始越中國太海鄕歟在國仕也。歲末入堂如
常。
永享六甲寅年
內裏　御歲十六亥御年
御本命星　巨門星　御當年星　火曜
室町殿　御歲四十一戌御年
御本命星　祿存星　御當年星　日曜
御臺　御歲廿三辰御年
御本命星　廉貞星　御當年星　日曜
正月
一日。晴。後夜念誦如常。次愛染護摩一座。後
夜。修之。日中欲相續處。旣晨朝鐘突之間。拜
殿出仕。先粥沙汰之。兒以下早參輩少々盃賜
之了。宗濟僧都。顯濟僧都。房官兩三。中童
子。大童子等〔各〕繪直垂。乘手輿。予香衣着
之。房官以下同重衣。尻切役豪勝寺主。御簾役
宗濟僧都。拜殿理趣三昧せイ〳〵如常。供養
法弘甚法印。理性院僧正。禪那院僧正。金剛王
院僧正。妙法院僧正等出仕。此等ハ金堂供僧
也。近年金堂供僧極官數輩着座事不聞其例。
寺家光美歟。寺僧等悉重衣。每年儀。調聲定
與。讃超深僧都。次灌頂院理趣三昧共行出座
了。次於灌頂院北八間獻盃在之。僧正以下幷
廳務法橋盃賜之。近年佳儀也。次歸金剛輪
院。愛染護摩日中初夜相續。次於時所馱都。
不動。毗沙門。三座修之了。次金院毗沙門
講出座。次時食。講衆僧正以下少々祗候。陪
膳顯濟僧都。當年歡喜天供供物。自京都令
用意進之處。以外遲引。及未刻到來了。自件
時分開白幷日中相續了。不法無極。無力儀

歟。次節供儀如常。陪膳長全上座。手長圓秀都維那。於手長侍不及等身衣。着重衣了。御前着座人數如去年。兒九人。賀千。馬寶。慶松。慶千代。愛如意。愛福。益賀。尊藥叉。榮千代。僧正四人。理性院。禪那院。金剛王院。妙法院。宗濟僧都。長濟僧都。隆濟僧都。顯濟僧都等也。此等陪膳房官侍相交沙汰之。　次讀經。仁王經一部諸神法施。秘鍵一卷祇園社法樂。大佛頂タラニ。金剛般若經。梵網。十住等。次拜殿例時出仕。次入堂。及昏薫歸坊。次舍利講式。次上人。一座修正儀行之。次地藏供。聲明始。書始。聖教披覽始。以上三ヶ條依爲衰日略之了。恒例愛染護自晦日開白始行了。年々儀。且報恩院沙汰樣如此。口傳歟。凡一年中儀今日簡要歟。勤行等殊可致丁鄭儀歟。仍不得寸隙沙汰來。可謂數十年歟。　經祐法眼。慶圓法眼。快弁法橋參申。　元日節會平座云々。内弁等無之。獻盃儀計云々。諸卿着凶服云々。　清瀧宮。長尾。御影堂。五社神供任近年例申付了。兩所御神樂同前。山上清瀧宮御供并仁王講。如去年申付了。山務法印奉行了。下行兩社御供山科年貢内佳儀也。御影堂同前。御神樂用脚自理性院下知了。自今日壇所行法等。圓弁僧都令參仕沙汰之。承仕等同祗候事等。自舊冬申付了。

二日。晴。後夜念誦如昨日。次歡喜天供。後夜日中相續。次愛染護摩三座相續了。拜殿出仕。嚴寒以外。聊又風氣無心元間旁略之了。次時所供養三座相續如昨。次時食陪膳愛如意丸。次開經藏聖教披覽始了。報恩院筆草紙秘抄第一寶聖尊。年々佳例也。次舍利講如昨。次節供如昨。恒例扇各賜之。次聲明始。先寶菩提讃。次一傳讃。次乞戒。次大阿闍梨。已上每年儀。次書始。諸神御名等。次要文等書之。次入堂。

自長尾始之。於御影堂入逢鐘聞之間。拜殿例時出仕。調聲憲瑜。出仕衆大略如昨。次地藏供。次讀經。次五社參詣。秘鍵法施。五社御供朔日計供之云々。將軍御出初。渡御管領。如例年云々。珍重々々。

三日。晴。後夜念誦歡喜天供。愛染護摩三座相續。次時所供養法不駄。等如昨日。今曉拜殿出仕。依嚴寒無術略之了。次時食。次節供。引合又如例年。次入堂。次拜殿例時出仕。次舍利講今日結願了。次地藏供毗沙門供等如常。次讀經。

四日。晴。勤行入堂如昨日。惣寺風呂始。二番後沐浴。最初可入條本儀也。雖然時食以前數座勤行不得隙。其上自今日拜殿修正以申貝始行之間。寺僧等早々沐浴了。事尤宜歟。且不便之間每事如此來者也。宗弁上座參申。銀劒持參。恒例也。　自聖護院准后賀札到來。每年儀也。

五日。陰。雪花時々散亂。寒嵐又如徹骨。聖天供運時。來七日予德日也。明日爲結願也。朔日開白。歡喜天供事。予廿九歲以來既及卅年。于今不闕怠。併冥助至歟。祝着々々。自來八日壇所參住結番。出世房官侍承仕等事。以西南院僧都各相觸了。經乘。經長等參申了。久世入道來。太刀賜之。今日將軍渡御畠山亭。恒年儀也。

六日。晴。歡喜天供結願了。　入堂以下如昨日。松木中納言。中山宰相。北畠中將。菅少納言等來。各獻太刀。恒例。　堯孝僧都來。太刀賜之。糯子一端同賜之。去年八朔返也。　自飛鳥井中納言方。室町殿月次初題進之。可爲來十三日云々。初春松云々。今日長尾修正如常。昨(明イ)日後夜時愛染一座今日修之。昨(明イ)日結願一時殘之了。

七日。快晴。愛染護摩結願。入堂。時食後出京。輿。袖白。力者單直垂。西方院僧都。輿。長全上座。胤盛上座供奉。各乘馬。大童子二人。繪直垂。於京都祝着之儀如年々。三條新黄門來臨。一重太刀獻之。遊佐來。二千疋持參。一重太刀賜之。自畠山使者ヲ以祝言申之。今日節會白馬。依諒闇中一向略云云。自前攝政一條。賜賀札。關白息舊冬除目ニ昇進。轉任大納言。今日以狀賀申執柄也。

八日。陰。於灌頂院仁王講修之。導師弘豪法印。早旦辰半。參室町殿。車。八葉。力者衣十餘人。直垂六人。牛飼七人。遣手着狩衣。勝童。大童子二人。無單已。御房丸。藥叉王丸。寳池院同車。扈從宗濟僧都。乘車尻。予香薄。鈍色同裳。小指貫着之。寳池院香鈍色。表袴。宗濟僧都鈍色小袈裟。白。房官三人。後車。俊榮。經長。俊慶。鈍色指貫。裳袈裟着之。中間直垂。各三四人召具之。今日參賀。雖爲護持僧計。以外歷々也。房官裝束指貫等每度下品。剩上絬也。向後兼能々可仰付歟。年始儀不可有凌爾儀也。不幾御對面。申次永豐朝臣。直垂。尤可爲狩衣歟。室町殿御小直衣着御也。一番常住院准后。鈍色。申御加持。高聲。二番予御加持。心念。以五古奉加持。年始聊加印明事在之。意巧也。百反計。次揩念珠。暫祈念。五古置檜扇上。三番聖護院准后御加持。微音歟。四番實相院。五、隨心院。實相院近年一座宣旨拜領。其以來超越隨心院等也。此儀古來沙汰在之歟。但近年諸人不及異儀。六、淨土寺。七、寳池院。八、地藏院。九、竹內。已上各御加持申之。十、圓滿院。十八歲。十一、山。岡崎。十五歲。十二花頂。十三、已上三人依爲未灌頂不及御加持。次參御臺。御加持儀同前。御撫物小袖。被出之。申次堀河局云々。　次參內。申次藤大納言。御出座。凶服着御也。黒色。御引直衣歟御袍歟之間不分明。若御引直歟。然者面ハ綾ニテ裏可在之。而奉見分平絹黒色單歟。但追可相尋。各御加持以後退出。予實池院同車間。相待了。自東陣乘車歸坊了。　自室町殿五重盃香合。以伊勢守拜領。祝着云々。過分每年儀也。一重太刀賜伊勢守。實池院三重十帖拜領。眉目々々。鹿苑院殿御代每度如此。　時食於法身院沙汰之。波多野。二階堂參申。各直垂。太刀賜之。上杉八條。同四郞來。各太刀賜之。甲斐參千疋持參。一重太刀賜之。治部大輔來月四日十日之間可出仕申入。可爲何樣哉申之。可然之由返答了。　隨心院來臨。　申終參壇所。車。予重衣。宗濟僧都單衣。慶千代丸兩人乘車尻供奉。以經長寺主重寶拜領。祝着之由以立阿申入云々。　壇所勤行等開白。先馱都供養法。不動供長日分二座修之。次藥師造立三體。開眼。幷藥師供一座修之。次毗沙門供一座。　次御撫物到來。自伊勢守方。進之。御臺御撫物同前。次不動護摩開白。一座修之。　聖天蘿蔔酒自今日七ヶ日。可供之由申付了。次北斗供開白。次地藏供一座修之。　自今日壇所參住人數。報恩院僧都。賴全。仙忠。房官三人。俊榮上座。長全上座。　經長寺主。侍二人。快弁法橋。長範寺主。智阿。承仕常蓮。　自今夜入江殿ニ御座姬君御陀羅尼進之。　付壇所進之也。賴全阿闍梨參。重衣。後七日法寺務僧正禪信勤之。今度阿闍梨坊事。日比〔ノ〕道場假屋ノ如。爲山國沙汰可用意之條。尤可宜哉之旨。舊冬內々令意見了。仍以書狀申遣日野中納言方之處。山國奉行四辻宰相中將季保卿臨期難叶。可如何仕哉之由頻周章申入之間。重申入事令略了。自宿坊每日可參眞言院用意云々。太元法理性院僧正勤仕。道場記錄所如近年云々。先々小御所道場也。勝光院殿御代以來。小御所道場被止了。小御所爲御會所御室禮。細々行幸之間。道場不可然云云。此儀如何。當時太元道場體記錄所狹少之間。以山國材木搆出。不可說無申計。爲法爲御願旁不可然歟。自申初降雨。終夜雨脚不止。後七日太元定違亂歟。　自醍醐奉隨身令安置壇所本尊事。如年々舍利袋累代。歡喜天像同金。隨身。万タラ元來京都門跡ニ在之。仍爲圓弁僧都沙汰。自朔日奉移壇所。祖師菩提寺僧正建立万タラ也。大師尊師モ奉圖之也。壇所二間ニ立二壇。此內東寄一壇聖天供料。同奉安尊也。自今日蘿蔔酒一七日供之。

九日。風雨。

十日。晴。僧俗群參如例。先俗中御對面云々。關白。前攝政。九條前關白。右府近衛。內府大炊御門以下不殘云々。僧中仁和寺一品宮。上乘院宮師弟。妙法院宮。相應院宮。大乘院以下參云々。壇所來臨僧俗。九條前關白。衣冠。關白。烏帽子直衣。前攝政。同。久我前右府。衣冠。內府大炊御門。衣冠。藤大納言。直垂。萬里少路大納言。同。日野中納言。同。法性寺二位。同。鷹司兵衞督。同。爲淸朝臣同。明豊。衣冠。大外記師世。束帶。季長。直垂。關白大納言殿來臨。狩衣。大乘院。裘袋。檀那院僧正。鈍色。釋仙院僧正。同。安居院僧正。衣。積善院僧正。同。若王子僧正。同。住心院僧正。同。寺岡崎法印。同。山名右衞門督入道。千疋隨身。一重太刀以長全上座遣之了。一昨日重寶拜領。祝着爲申入參御前。申次赤松播磨守。實相院。寶池院同道。聖護院准后遲參之間。內內被申入處。聊御指合不及御對面。御入御悅喜云々。來臨壇所。暫談話。若公被參申入。親秀法橋供奉。　赤松今朝來。門跡云云。仍以親秀法橋太刀送遣之。　明日御相伴事。一色左京大夫不例。朔日出仕後。不能出頭之由申間。以赤松播磨守申入處。如去年可然之由被仰出云々。仍管領。畠山。山名。赤松方へ申遣了。　自今夕北斗法始行。日次在方卿勘進之。伴僧賢紹（松橋）僧都。隆濟（水本）僧都。覺深律師。快助阿闍梨。賴全阿闍梨。（神供。壇行事。）仙忠阿闍梨。承仕常蓮。供料二千疋。例式也。　將軍御參內始。戌初御出。　藥師寺僧正來。榼等隨身。太刀獻之。恒例儀也。　一色左京大夫使者羽太參申。太刀賜之。　自畠山方明日渡御ニ付テ。白炭以下種々物送賜之了。近年佳儀祝着。遊佐同進之也。　愛如意丸參壇所。山口遠江守參申入。本尊（月湖觀音。）持參。　御產御祈自今日又藥師。准胝兩壇護摩勤修。自朔日以供修之了。藥師護摩禪那院僧正。准胝護摩聖源僧都。炎摩天供。（蠟燭供。）觀心院法印。呵利帝供。盛祐法印。

十一日。晴。御評定始如例式云々。珍重々々。早旦自壇所出。今日渡御數代佳例也。于今不相替。祝着々々。予鹿苑院殿以來及當御代卅九年也。其內應永卅五年正月十一日渡御。故勝定院殿御不例（御蚑觸。）間。俄被略了。則其正月十八日薨逝。去年（永享五。）予依不例被延引。同二月廿一日渡御。祝着。以上兩度之外入御無闕怠。　申終將軍渡御。御車（八葉。）番頭六人。御牛飼十餘人歟。御小直衣。三條新中納言實雅卿參御車。御劒同持之歟。近習武家少々供奉。御下車之時分。予於小御所參向申了。着裘袋。若公半尻同道。實池院同前。獻盃之儀先年定也。三獻將軍御始。三獻度予參御酌。則又以御酌賜之。年々佳儀。祝着千萬々々。次實池院。次若公。次實雅卿。次管領。山名。畠山。赤松。次慶松丸（赤松）。次慶千代丸（富樫）。次愛如

意。廳務息。次養(辰イ)賀丸。祭主二位通直息。次辰壽丸。教賢法橋息。次
理性院僧正。金剛王院僧正。妙法院僧正。以
上各以御酌拜領了。門跡眉目。年始旁祝着。
筆舌難盡々々。　四獻御盃予始之。五獻盃寶
池院。六獻若公始之。七獻將軍。八獻又予始
之。西方院宗濟僧都。報恩院隆濟僧都。西南院顯濟僧都。梅津宰相法
印慶壽。大溪廳務法眼豪意。大藏〔卿〕法眼經祐。
若狹法眼慶圓等被召出。於御前賜酒。每年
儀也。御引物三獻度進之。御屛風一雙。繪唐船。
兼立置御座敷。練貫十重。平裹。居廣蓋。盆。堆紅。文鳥双。
金襴一端。赤地。高檀紙。(上脫カ)已五色。年々大略如
此。　五重引合十帖。寶池院進物分。　白太(刀脫カ)
一腰。若公進物分。以上。　還御以後。以慶
圓法眼進之了。御祝着之由仰云々。　三條黄
門二重段子一端。太刀一腰。管領以下大名二
重太刀。恒年式也。各以使者遣之。　畠山尾

張守今日於門跡御相伴始。祝着云々。二千疋
以遊佐勘解由左衞門進之。　戌終還御。若公
御同車被同道申。眉目至。此事々々。今夜此
御所ニ可被留申云々。　予同早々參壇所。北
斗法初夜時始行之。　禪僧長老參賀云々。
關白。同大納言被參云々。昨日御引物五重。盆。段子。
被送進爲御禮云々。　大納言方へ御馬白太刀
被送遣。同御禮云々。　於金剛輪院仁王講修
之。近年例式儀也。　於法身院門跡。兩社仁
王講行之。今日渡御祈禱也。
十二日。晴。　青蓮院來臨壇所。今日參賀恒年儀
云々。　自御前二折拜領。御使高橋云々。太
刀賜之了。山名少弼。同上總守來。各太刀一
腰遣之。管領來。太刀遣之。　大內雜掌安富掃部參
申入。菊池入道元朝治罰御敎書事。舊冬以來
申入處。可有御思案之由被仰出。此事簡要云
云。次安藝。石見。伊與三ヶ國御勢合力事。早

早可進發由。可被仰付條畏入云々。不及披露
也。定以奉行申入歟。且其由內々物語申也。
十三日。晴。 寶池院爲十一日渡御御禮。今朝重
雖被參。御對面遲々間。先任佳例入寺可然。
何樣此旨予可申入由申了。仍入寺。 將軍御
月次如例年。出題雅世卿。御人數。僧中實相
院僧正。予。重衣。 着小指貫。堯孝僧都。俗中
按察大納言公保卿。中納言雅世卿。新中納言
實雅卿。爲之朝臣。雅永朝臣。雅賓。（管領）持之朝臣
以下數輩。山名常熙入道。（赤松）性具入道。公家數
輩各狩衣。 武家各裏打直垂。入道同（紺地）常熙入
道。着絹直綴。 將軍御小直衣着給。御詠計
（二イ）三反詠之。 自餘悉一反也。 先僧中懷紙講
之。後俗中也。講師雅永朝臣。讀師雅世卿。披
講了五獻在之。將軍御沙汰歟。僧俗各御太刀
進之。予同前。 去年以來御太刀云々。 自伊
勢守護音信。千疋到來。太刀一腰遣之了。 腫
物悉平愈云々。珍重々々。 御參宮事。來月
廿二日御治定由。今日被仰出云々。御室。聖
護院准后。關白。實相院。寶池院。予等可有御
同道之由御治定。 地藏院附弟事。日比契約
久我前右府舍弟未及入室。當年既廿一歲也。
于今如牛飼童居家門間。 於今ハ附弟出家儀
不可叶歟。且不可然由。兄右府舊冬此門跡ヘ
來。種々述懷間。其由今日具申入處。尤歟。然
者可元服條。爲朝用公平歟。但可爲前右府計
云々。次地藏院附弟事ハ德大寺弟。當年十二
歲ニ罷成可被入室。其由可申遣云々。仍以經
祐法眼。申遣地藏院了。前右府方ヘハ以慶圓
法眼申遣也。
十四日。晴。 自申終天陰。赤松彌五郎來。太刀一
腰遣之。 大乘院侍從法眼來。 同若公又被參
申。御臺樣御所御方ヘ被召請申。（年始イ）千秋御祝着
之儀云々。申樂在之。爲見物若公參事被仰出

云々。若公及深更被退出。以外沈醉。　伊勢守護方へ返狀遣之。太刀一腰遣之。　自久我前右府使者參申。昨日御使畏悅。　地藏院契約仁體事。俗體ニ可成歟之由雖被仰出。不存寄候。何樣黑衣體可然間。可然相定云々。太元法每事無爲云々。理性院僧正參申入也。後七日法定同前歟。一昨日寶淸僧正參申入。相語云。後七日伴僧自西京小屋出仕。大略步行體歟。伴僧出仕不同。御時一兩座終兩三人參事等候キ。所詮以外左道式云々。昨日自此壇所。水本僧都以下少々丁聞。阿闍梨車力者五六人云々。其外板輿五六丁。外伴僧乘物トヲホシキ物無之云々。寶淸僧正申狀符合歟。貧道輩爲不失先途。寺務拜任後。七日法等勤仕時者。如此風情勿論歟。不便々々。但於醍醐邊者。未如此儀不觸耳。如何。　香水加持發願聲振欲令丁聞處。更不聞。若心念歟云々。予談云。廣澤輩此發願聲振若不覺悟歟。故菩提院守融僧正去應永十七年歟八年歟間。後七日法勤仕時。香水加持聲振。如御加持發願致其沙汰間。故快玄僧正。于時法印伴僧中之間。香水加持發願聲振。醍醐方沙汰樣不如此由申處。サテハ其聲振別ニ候ケル。所詮不存知。何樣〔候〕哉云々。仍快玄大概令沙汰處。其以來守融僧正改沙汰之由。其時分快玄僧正門跡へ參申入次物語申キ。然者當寺務モ若不分明歟。心念ニ沙汰スル樣。曾不可在歟。不審事也。　自御臺若公御引物三重十帖被送進之。祝着々々。　宗濟僧都自今日參住。

十五日。朝雪。晴。　自今日不動護摩用手代了。長濟僧都勤仕之。自昨夕可始行旨仰含也。　垸飯酉初歟。山名少弼出仕申了。小雪降。

十六日。　爲御產御祈。山上准胝堂參籠。准胝護摩。炎魔天供兩壇修之。隆瑜僧都勤仕。支具廳務下行了。自今日恒例炎摩天供。自行。手代事申付觀心院法印了。五靈以下參詣事。申付快弁法橋處。令無沙汰遲々。旣及酉半了。仍延引。太刀以下又無用意云々。自御室以寺務僧正參賀。次條々承。來月廿二日將軍御參宮御治定。日出。仍可有御同道之由。去年以來御約足。只今又內々御沙汰云云。旁先祝着。就其長途事。板輿風情可有何子細哉之間。其分候。但可爲何樣哉。然者直綴體可相應歟。次當日參宮之儀鈍色歟事。乘物手輿歟四方輿歟事。大童子兩人。白張。力者衣袴歟事。供奉輩僧綱一人。前駈二人。後騎一人歟事。前駈後騎長途總畝之間事云々。以上四ヶ條注折紙御談合。予返答。長途儀板輿御直綴御體。誠當時之儀宜哉。故鹿苑院殿兵庫御下向時。靑蓮院一品親王連々御同道候き。每度板輿直綴御體候き。今度之儀。又可爲同前哉。次當日御行粧事。只今承旨尤可然哉。自是減少ハ何ト御沙汰候ヘキ。御乘物〔事〕。手輿猶可宜歟。鹿苑院殿每度御手輿候。前駈後騎總畝間事。若總可然歟云々。禪信僧正條々合點候了。關白來臨。來月御參宮御同道事祝着。長途事等內々談合。予申云。路次板輿御道服體相應歟。數日長途之儀。執柄御出行。（如イ）又南都御下向御沙汰候者。不可事行候。其上將軍御板輿御體候間。御行粧還而可爲何樣哉云々。執柄元來御用意支度又如此云々。仍將軍御板輿可申請云々。其儀誠宜哉之由申了。次當日儀如何之由尋申處。關白參宮先例無之。今度初例歟。仍如公卿勅使。乘馬束帶。地下殿上前駈一兩人。隨身少々。公卿一人可召具歟云々。此儀誠宜候樣存旨申了。仍被治定歟。將軍御對面之間。御板輿事直被申云々。執柄御歸後。御板輿被送進云々。聖天供自今曉始行了。壇所中近年例式也。今日最吉日之間。御加持ニ參申了。御臺御方同前。北斗修中凡參御加持事恒例也。洞院前內府入道來臨。重衣香袈裟。予單衣體對謁了。左道歟。富樫來。太刀可遣之由申付了。御臺樣御祈當月分。金剛王院僧正當番。自此門跡分。參住。愛染護摩始行。念誦伴僧三人。隆奝。賴全。定與。道場月次壇所。北斗道場內東寄以大幔搆隔了。去年聖護院當月參住。同此御祈住心院僧正當番。於此壇所勤修了。但道場雜人會合南向四間云々。今度ハ不然也。

十七日。晴。北斗法結願。後夜一時隆濟僧都手代了。予舊冬以來持病心痛連々更發之間。後夜時悉用手代了。隆濟僧都今日入寺。地藏院僧正附弟德大寺弟。十二歲云々。御定畏入云々。仍被參禮。御指合時分云々。不及御對面。今日御的皆中云々。珍重々々。將軍御的皆中云云。萬春珍重々々。歡喜天供自今曉用手代了。隆奝勤之。京極佐渡入道來。壇所中。御臺御祈不動護摩每日三時。自今日始行。此間ハ以供修之了。護摩一七ヶ日分也。

十八日。少雪。將軍渡御鹿苑院。自御前混布三間ニ及長也。其外折二合又拜領。度々恩惠過分。祝着々々。三級打如恒例。自去十六日。古今傳受事。內々堯孝僧都參申。文字讀今日事終。二ヶ日之間也。義讀可爲明後日廿日。之由申入也。隱密々々。外聞不可說々々。先年爲將ユキ爲忠孫子云々。一反傳受了。猶就不審。聊丁聞事申談了。堯孝僧都曾祖父頓阿ハ。就爲世卿傳受口傳委細云々。爲世卿ハ祖父爲家卿ニ傳受口傳云々。仍當時二條方古今口傳堯孝僧都相殘歟。爲聞口傳也。及六旬歌道稽古。外聞嘲無所避。爲之如何々々。御臺來廿二日春日社御參詣。可有內侍原坊一乘院坊官。御一宿。延年事。如先々可沙汰旨可被申付寺門由。大乘院へ可申遣由。以立阿被仰間。召寄淸俊法眼仰含了。

十九日。晴。將軍渡御相國寺云々。還御ニ可有渡御壇所之由。以立阿被仰了。還御以後。又以立阿只今ハ不可有渡御云々。先々每度少引物進之了。以立阿內々仰旨。御引物可略之條尤可然歟。立阿私意見樣ニテ可申入之由仰云々。　六條八幡宮參詣。代官慶圓法眼。御神樂等可爲如先々由申付了。　實相院以使者被申。御參宮御同道事。雖畏入大儀之間。秘計難事行。仍辭退事內々可申談赤松播磨守云々。予意見可爲賢慮云々。　自三條中納言方。小折五合榼二荷送賜了。祝着。　將軍乘燭渡御壇所。種々御雜談。唐船歸朝若可爲二三月間歟。然者九州亂國時分。不慮子細モ出來時。旁不可然歟。可然樣可有意見之由。今朝以正藏主被仰處。周防伊與邊海賊ニ被仰付。歸朝時分ヲ相計。小豆嶋邊ニ漕浮テ九州儀ヲ歸朝ノ船ニ可告知之條可宜歟。但猶案內存知ノ大名方へ。可有御尋之由申云云。此條尤可然意見歟。猶明日山名ヲ召寄壇所。歸朝船無爲儀可談合云々。次正藏主ヲ召寄。大內六條家唐人宿ニ可成條可爲何樣哉。可見知旨可申付云々。　禁中和歌所番衆事。晝ハ撰者雅世卿方ヨリ人ヲ置テ令警固。夜ハ內裏御番衆卿相雲客。可警固由。雅世卿。兼鄉卿兩人同明日召寄壇所可仰付云々。　等持寺僧永玖。昨朝相國寺へ渡御時。等持長老事書載一卷庭中申入云々。就此事內々可究明之條。可然之由被仰出也。　來月廿二日御參宮時。御室可被同道申事御治定。仍如御約束萬疋今日被〔申〕助成申由。將軍御物語。

廿日。晴。飛鳥井雅世卿。日野兼郷卿兩人來。和歌所番次昨夜如仰申付了。次日比仙洞御番衆。於今者可加內裏御番衆之由。可申付日野中納言之由同仰也。仍此子細申了。山名入道來。唐船歸朝警固事。如被仰令申了。山名申旨。伊與。周防等海賊ニ被仰付。歸朝時分可被警固條尤宜存也。次備後海賊村上ト申者候。同可申付云々。次嶋津庶子號イシウ院ト。舊冬以來上僧事在之。何樣可仰遣彼方。且此由等可有御披露歟云々。　正藏主來。大內家見知事申付了。等持僧庭中申狀究明事。召伯藏主申付了。次長老輿ニ火付僧讃書記事。去十六日歟追放云々。楚忽沙汰不可然。相尋重可召置之由。內々上意旨。同申付了。　昨日萬疋御禮ノ爲御室御參。此子細以守遍菩提院僧都具承了。　寺務僧正禪信。來。折桧等隨身。　清俊法眼辰半。參洛。延年事。自大乘院被申付寺門處。兩三日之間可沙汰立事更以難叶。可如何仕哉。猿樂事可申付條。可爲何樣哉云々。相副經乘上座ヲ清俊法眼。以立阿申入處。中樂事無益云云。然者三月中於此御所延年ヲ令沙汰。女中ニ可被見申。其由重可申遣大乘院云々。予申。然者以傳奏奉書可申遣之條可宜旨申了。不可有子細云々。仍日野中納言奉書事申。則下遣南都了。　讃書記既召置之由。自等持寺以伯藏主申入間。以經乘此由內々申入了。次永玖僧庭中申詞給。早々可究明由申處。今月ハ先可閣。來月早々可沙汰云々。次讃書記事不可失之由。可申付等持寺都官由。　同仰云云。仍此子細以經乘申遣都官方了。讃書記預由。都官折紙ヲ責出了。　自大乘院狀到來。延年事餘無念也。所詮御臺御下向五日六日御延引可畏入由寺門申云々。　自今日於金剛輪院。愛染不斷護摩始行。支具自廳務方下行。護摩人數十二人如常。

廿一日。雨。

廿二日。晴。歡喜天供結願了。御臺春日御社參。供奉濟々。於宇治畠山一獻沙汰之。辰時地動。以傍通勘之處。龍神動。不快歟。內々相尋在方卿處。占文如此。載左。現圖尾宿云云。傍通現圖同尾宿歟。在方卿占文。

今月廿二日辰時大地震有音。（月在尾宿。龍神所動。二月節。）天地瑞祥志云。地動有聲國有兵。天文要錄云。地震兵戰起。飢饉。又云。二月地動旱魃。四十日之內兵起。又云。火曜直日宮室有愼。

永享六年正月廿二日　正三位賀茂朝臣在方

大內六條家可被點唐人宿。不可有子細歟。內內可見知之由。被仰付正藏主處。今日罷向了。不可有子細由歸參申入也。來三月中於此御所。（室町殿。）興福寺學侶方衆等可致延年風流之由。一昨日（廿日。）被仰出處。請文今日到來。兩通供目代淸祐云々。此內一通ハ今日御臺樣春日御參詣。於御宿坊可致其沙汰歟之由申入也。一通ハ來三月中。延年事畏入之由請文也。自大乘院相副狀被申了。則以赤松播磨守懸御目了。旁神妙御悅喜由。能々可申遣之旨。重以播磨守被仰出也。

廿三日。陰。就唐船警固事。可被成御敎書方々ヘ。自山名方注折紙進之間。則以正藏主申入處。又以正藏主被仰。此折紙人數方ヘ御敎書事。早々可申遣管領方云々。仍以宗弁上座申遣管領了。可申付奉行之由返答。折紙人數交名山名禪門持參。上松浦。下松浦。（肥田。但馬。）千葉。大內。嶋津奧州。同伊集院孫三郞。菊池。以上七人。唐船方奉行飯尾大和守。同加賀守被定置云々。今日兩人參申壇所了。御臺樣自南都御下向。（戌半歟。）去夜於御宿坊延年如形致其沙汰云々。畠山來臨壇所。昨今宇治御雜掌無爲。祝着云々。
廿四日。晴。等持寺へ渡御。還御以後直入御壇所。來廿八日可有蹴鞠御會。關白。前攝政。聖護院准后。大乘院等。爲見物可參申入之由。內々被仰出也。一續可有御張行云々。　御臺御祈不動護摩一七ヶ日今日結願了。　自今夕又以供修之。
廿五日。晴。早旦禪僧長老六人歟　御召請　時點心。御引物等被遣之。每年儀云々。　關白。前攝政等來臨。大乘院。一乘院入來。爲御禮御臺春日御社參。參洛云々。御連歌午半歟在之。御人數如常。關白。前攝政。聖護院准后。實相院。予。三條大納言。山名。石橋。赤松。京極加賀。細河阿波。赤松播磨守。承祐。元阿。蜷河等也。武家各裏打。　將軍御小直衣。關白。前攝政同前。公保卿狩衣。予。聖護院等重衣。役送雲客狩衣。　御發句將軍。脇關白。第三予。

春ふるも梅につもれは深雪哉　關白
みとりわかたつ松そ木たかき　予
鶯の千とせをいまとさひつりて

御連歌四折。一句御付之後。將軍入御。其後以赤松播磨守。今日青蓮院へ渡御之間。御早出也。面々ニ酒能々たひ候へと仰云々。　酉終渡御青蓮院。執柄同御參會。每年儀云々。以飯尾大和守被仰。唐船警固事。御敎書管領內狀猶何可然哉。可令談合管領云々。大和守申。自青蓮院還御時分。此御左右可披露仕。早々可被仰下云々。　仍自管領內者安富紀四郞ヲ召進間。以彼具仰旨申遣之。此御左右自其直飯尾大和守方へ可被申遣之由申了。安富四郞立歸申。猶御敎書可然哉。仍此由如被仰下申遣飯尾大和守云々。
廿六日。晴。以赤松播磨守被仰。　來廿八日御鞠見物御人數。何方へ爲此門跡仰遣候哉云々。

御返事。先日廿四日渡御此壇所時。内々仰趣。關白。前攝政。聖護院。大乘院。此面々方へハ被仰出分ニテハ不申遣候。内々何樣御沙汰候可被意得之由申了。此内大乘院事ハ。昨日可有下向之由被申間。時宜分ニテ申遣了。此分可有披露歟云々。重又以播磨守被仰。前攝政事ハ前關白九條。ニ思食違被仰候ける。所詮九條前關白事。去年以來御約束子細候間。御見物事可被申候。次關白。聖護院。大乘院。此面々方へ爲門跡可申遣云々。其後又以播磨守被仰出。前攝政事。以前粗此次第被觸耳上者。同可有御見物由可申云々。以上五人云云。仍以書狀此趣五方へ申遣間。各祝着之由返答。此由以親秀法橋。申遣赤松播磨守了。則可披露云々。自伏見殿賀札賜之。御使庭田宰相。仍令對謁了。禮節等可爲何樣哉之間不獻返報。巨細以詞祝言等。御使祝着子細等申了。彼御狀案。

三陽喜氣之候。一天泰平之春。日新御慶不可有盡期。幸甚々々。就中御門跡彌繁昌。可被任賢慮之條。非祝詞之限候。千喜萬悅。期參會時也。恐々謹言。

正月廿六日　道歡

三寶院殿

以飯尾大和守被仰。唐船歸朝事。二三月之間。若可着岸歟。仍早々警固事等可被仰付。嶋津事非唐船警固簡要之由。正藏主渡唐仁體トシテ案内存知申入上。大内安富又同前申狀云々。又鹿苑院殿御代唐船警固事。嶋津ハ不仰出歟云々。然者嶋津事。陸奥守惣領。伊集院孫三郎庶子。兩人方へハ共以可被略云云。此由内々爲御意得被申云々。住心院僧正來。上﨟御方三條。自昨日又例野狐氣以外興盛。仍只今御加持申入了。聊今ハ靜謐體云云。

廿七日。晴。

廿八日。快晴。管領來。壇所中不幾。每事御無爲。珍重々々。　赤松入道來。同前。千疋隨身。管領物語。今日以外御馳走云々。　以赤松播磨守可參申入由被仰。單衣體參申了。今日御會御座敷樣御談合。　御鞠庭北向新造御會所前也。東西四間々半歟。南二間也。其北頬前關(白脱カ)。九條。前攝政。一條。南頬關白。二條。左大將。鷹司。先朝程以魚類御膳可有御相伴。　此時御座敷樣次第可如此歟。　將軍西聊北寄ニ可有御座云々。此御座敷次第珍重由申了。次御膳以後御鞠也。其時分門跡黨可參申入云々。此外三條大納言公保卿。飛鳥井中納言雅世卿。三條中納言實雅卿等東南寄臂折着座云々。　午終前關白以下被參申了。先壇所ヘ來臨。被相待時剋了。未半計歟。以日野中納言可參申入之由承間。予。聖護院准后。大乘院前大僧正。以上僧中三人參申了。各重衣生大口也。御座敷樣如前。予南頬一番ニ着座。內々將軍仰也。次關白。次聖護院准后。次大乘院。　北頬前關白。次前攝政。次左大將。東方三條大納言。同中納言。藤宰相入道北末祗候。　獻盃樣。　初獻頬仰間。予執盃了。面々以前沙汰後來之由仰也。其後將軍聞食。次前關白。次聖護院准后。次關白。次前攝政。左大將等也。　次御鞠被始之。御人數八人。三條大納言。飛鳥井中納言。三條中納言。松木中納言。中山宰相。雅永朝臣。雅親。賀茂季久也。各狩衣。　御鞠殊勝出來。次飛鳥井中納言。三條大納言改狩衣着直垂。可參申由御下知。　次參御座敷。兩人。次當座三十首。當季戀雜也。　當座探題。但卷頭立春霞。將軍三首。予二首。前關白以下各二首。左大將一首。雅世卿三首歟。　御歌人數。三條大納言。同中納言。雅永朝臣。雅親等也。大略引筆不去座詠進云々。次披講。將軍御詠三反。以下一反。讀師雅世卿。講師雅永朝臣。次御連歌五十韻。執筆前攝政。御發句將軍。

萬春なれてあそはん今日の友

脇句前關白。御思差也。

みとりのわかき松そ木たかき

第三關白。同思さし。

吹おさめかすまぬ風ののとかにて

第四以下同思差ニテ面一巡了。其後早歌。弘阿彌。八十八歳云々。其外山名內者垣屋以下五人歟助音被召。殊勝無申計。大飲。諸人沈醉以外。都々若公御歌時分御召請。御酌被申了。當年九歳。進退神妙。頗催老涙〔了〕。亥終子初歟面々退出了。今日少折紙各進之。三千疋。左大將二千疋也。聖護院。大乘院。予同三千疋也。折五合繪。進之。壇所中佳例也。

廿九日。晴。以赤松播磨守。盆一枚。堆紅。香箱。練貫五重拜領了。名利之儀無比類云々。過分祝着。言詞難覃歟。聖護院准后。大乘院同前。前關白。關白。前攝政。左大將。盆。香合。御劒。御馬。引合等云々。酉初歟渡御聖護院。予爲御相伴參申了。重衣。輿。袖白。房官兩人親秀法橋。經長寺主。召具之。單衣。乘輿體。戌初歟還御。予直參壇所。可參御前之由。赤松播磨守ヲ以仰之間。直參申了。壇所中無爲。殊當月ハ殊月也。無爲珍重之由蒙仰了。明曉可罷出旨申入了。明日御德日之間。御撫物卷數六枝。北斗修法。同護摩廿座。同供百座。不動護摩廿座。同供百座。藥師供廿座。以上六壇分也。此外每日地藏供一座。毗沙門供一座。歡喜天供一七ケ日。以上三壇勤修卷數不進之也。藥師像三十體造立。每日一體宛開眼。供養行法一座同修之。施主御息災安穩。殿中內外無爲懇祈致之者也。此外毎日仁王經一部讀誦。諸神法施奉仰擁護也。　今朝嶋折一合。又折五合。千疋御臺御方へ進之了。毎年佳例也。　將軍御撫物卷數六枝。以伊勢守進之了。使者親秀法橋。自聖護院引物二重香合。十帖。村秀寺主使者也。

卅日。晴。　曉天自壇所退出了。　御臺御撫物卷數二枝。不動護摩七ヶ日廿一座、同供百座。　以親秀法橋進之了。　赤松方へ二重太刀一腰遣之了。使者親秀法橋。一昨日禮也。　辰初刻姸和來。二千疋太刀隨身。　辰半歟歸寺。　以飯尾大和守被仰。唐船來朝時警固事。四國海賊共幷備後海賊等。各罷向小豆嶋邊。壹岐對馬者共不致狼藉樣。能々令警固。可令着岸由。管領幷山名兩人方へ可仰遣云々。今日御德日間。明旦可申遣旨御返事申入了。　一重太刀賜大和守了。　北畠少將來。伊勢國司。

二月

一日。雨。　唐船警固事。以長全上座。申遣管領。山名兩人方了。委細狀副之了。彼返報。則以飯尾大和守可懸御目由申付了。　愛染護摩開白。恒例。又愛染護摩開白。今月中臨時御祈當番也。毎日護摩一座。供二座也。入堂。　惣寺修二月始行。自未初天晴。

二日。晴。

三日。風雨。自今日於室町殿不動大法始行。阿闍梨聖護院准后。伴僧十六口。　護摩壇忠意僧正。十二天壇行海法印。聖天壇略之云々。供料萬疋云々。脂燭雲客五人。

四日。晴。　早旦出京。參室町殿。就山門事。管領。山名。赤松三人方へ内々被仰旨在之。隱密間以續飯付狀相尋了。各請文在之。管領請文及深更到來間。今日不及入見參。　酉初新造御厩御祝。其後直渡御斯波治部大輔亭云々。

治部大輔今朝初出仕。乘馬。直垂出仕。御禮御劍。白。御鎧一兩。馬置鞍。弓征矢進之。案堵御禮。五萬疋太刀進之云々。今日同宿所へ初申入。種々重寶等進之。治部大輔來臨。京門跡。三千疋。（葉）茶壺。九重ト號名物。入茶（茶入カ）隨身。參室町殿。留守之間。不及對面。今日公方樣渡御間。先急罷歸云々。就來月延年假屋以下見知事。寺官兩人自興福寺參洛了。其由申入處。伊勢下總守於奉行ニ被定了。仍引付寺官南庭樣。幷衆會所遠近假屋樣等具申談云々。自門跡相副慶圓法眼遣了。

五日。晴。昨日三人。管領。山名。赤松。狀副愚狀以三條中納言進之了。使者經長。則可披露云々。巳半歸寺了。自御室使者守遍僧都來。對謁了。就御參宮條々談合。扈從僧綱可用手輿。先例在之云々。

六日。晴。連歌始。玄阿。萬阿。春阿參申了。戌終歟地震。傍通分觜宿。天王動歟。其後現圖分相尋在方卿處。斗宿天王動云々。

七日。雨。自御室使者守遍僧都來。不及對面。以宗濟僧都委細問答了。來廿一日御參宮時。扈從僧綱先日ハ可爲四方輿。手輿ハ准步儀間。前駈後騎等旣召具間。可爲何樣哉由雖令申。正應年中御室高雄へ御出記被披見處。扈從手輿。前駈後騎等歷々供奉也。然者今度參宮手輿尤可然云々。就參宮事。條々相尋內造宮使宗直處。注進如此。一重服之仁體御精進屋へ御出以前。御出方御奉行事。不可有子細候。一來廿一日御進發候者。重服仁體十八日晚景より可有御退出候。一御潔齋事。上下共ニ御精進屋へ御出候者。其期より可被守御神事候。彼岸舍利講如常。式金剛王院僧正。四ヶ法用。一重杉原遣佛地院僧正方了。

八日。晴。愛染護摩結願。彼岸舍利講如昨。式弘豪法印。二ヶ法用。寅末自京都狀到來。御產所へ子刻御出云々。御加持仁體早々可罷出云々。仍理性院僧正罷出了。後夜ニ供養法等三座勤之。

九日。晴。予辰初出京。早旦親秀法橋參申入。今曉寅刻御產。平安。若公御降誕云々。珍重珍重。祝着歎喜。先催感淚了。冥助至。併鎭守大師加護勿論歟。法流未來曾安堵了。巳半歟先參室町殿。僧俗群參以外。俗中關白。前攝政以下。旣御對面云々。僧中未無御對面。予參內々御尋云々。仍參上由念申入了。其後赤松播磨守罷出。予一人可參申入之旨。則參申入於常御所御對面。珍重之由申入了。其後御室。聖護院准后。實相院。寶池院。隨心院。竹內等御對面。自餘遲參歟。千疋太刀各進之。御室同前。日野中納言請取之。 御臺御方へ同珍重由申入計也。申次伊勢守云々。次御產所〔へ〕參。僧俗不相殘參申了。仁和寺一品宮。四方輿。大童子二人香直垂。守遍僧都供奉。板輿體也。房官一人重衣。直綴着用。房官一人在之。一品宮當年七十三歲云々。御老屈體傷敷存者也。御產所波多野入道宿所狹少在所也。俗中關白。前攝政以下不相殘參申入歟。諸門跡一品宮以下又同前。予車。寶池院同車。賢紹僧都召具之。房官二人。宗弁。經長。大童子一人。給直垂。 若公へ馬太刀進之。僧俗大略同前歟。自早旦御加持在之。理性院僧正參申了。自今夜々陀羅尼御產所之間令結番進之。賢紹僧都。俊仲僧都重衣。同祗候御產所。依仰時々御加持申之。今夜タラニ理性院僧正參勤申了。 自明日佛眼法。任例可勤仕之由仰旨。伊勢守申入之間。定可爲御產所歟之由相尋處。御產所如被御覽及更無在所候。

其上毎事被任鹿苑院殿御例候。彼御時モ佛眼法於御本坊被勤修歟云々。件時ハ帶加持光濟僧正申入了。仍佛眼法同勤修了。誠本坊歟。但分明記紛失了。 酉初以赤松播磨守內內承。來廿二日御參宮事。祭主以下申入旨。七ヶ日以後更不可有其苦云々。但五七夜等御祝ニ可御出御產所間。若左樣ニ在之者。廿二日御參宮不可叶云々。 然者神宮御參詣事間。御產所ノ御祝ニ御出被略之。來廿二日可有御參宮歟。可被任意見云々。予申入旨。若公御降誕事始。每度御祝御出御佳例也。今度御誕生併又神慮也。然上ハ於御參宮ハ。先被進御代官被延引。 御產所ノ御祝ニ可有御出條。自何珍重事也。凡非御不審限由申了。仍御延引云々。則御室關白等方ヘ。御延引由申遣了。今度面々御同道御約束故也。 酉初又以播磨守御尋。自來九日聖廟御參籠事ハ。不可叶間御延引也。但千句事ハ。於御所中可有御沙汰條。可爲何樣哉云々。予申入旨。御千句事。御法樂間。於穢所御沙汰不可然由存云云。仍又被略云々。 酉半入寺了。 入寺以前斯波治部大輔來。御產無爲。若公御降誕。珍重々々。金造太刀隨身。自管領以使者賀賜了。山名同前。畠山尾張守來。同前。

十日。晴。 將軍御所不動大法今曉結願。非晴儀云々。 斯波治部大輔早旦來入。三千疋太刀隨身。當寺ヘ未參故云々。舍弟左衞門佐千疋太刀。甲斐二千疋太刀。織田千疋太刀。各持參之了。 藥師寺僧正來。今朝參室町殿云云。 尊勝院來。同前。一重太刀引合遣之了。當年引物未遣故也。 去年十月十日以來勤修御產御祈卷數相副目六。遣二階堂方了。但明日十一日。可渡遣旨。申遣親秀法橋也。 御產御祈事折紙厚杉原。 十月十日。開白。 藥師供。

准胝供。不動供。愛染供。藥師護摩。准胝護摩。焰魔天供。訶利帝供。准胝堂參籠。准胝護摩。炎魔天供。同參籠。准胝護摩。炎魔天供。六字護摩。已上御勤仕。准胝供。宗觀僧正。如意輪供。賢珍僧正。延命供。房仲僧正。藥師供。賢快僧正。藥師護摩。□□□□。六字供。隆濟僧都。各卷數付遣之。二階堂山城守了。於本坊金剛輪院南向六間。佛眼法始行。伴僧八口。供料三千疋。於御產所可被修歟之處。御產所以外狹少。更無道場在所。其上鹿苑院殿御降誕時。於御本坊被修之歟之由。奉行二階堂山城守幷伊勢守申入間。任其儀了。當門跡記錄紛失間。不分明。傳說分只今申儀符合歟。伴僧弘永法印。長濟僧都。定瑜律師。賴全。仙忠。快助。弘玄。全賀。承仕明隨。明圓。

十一日。晴。早旦出京。午刻若公御湯加持在之。重衣五古持之。作法如常。於御湯在所加持在之。二字加持以杓沙汰之。先護身法。去垢明等如常。次二字觀。同加持。次五種眞言加持祈念之。若公生氣方水別ニ棚上置之。乍置棚加持之如前。次暫於閑處御湯間祈念。御湯以後。二階堂來示此由。其時退出。將軍渡御三杓令浴初給云々。予直參將軍御所。奉待還御。內々時宜也。還御以後御對面。今度若公御降誕事ニ付テ。裏松亭參賀輩。僧俗悉可有御切諫之由被仰間。御祝着之時分不可然。再三申了。雖然無御承引儀也。御臺御方へ參申了。若公御猶子珍重之由申入了。千疋隨身。聖護院同道。寶池院幷若公同被參。折紙同前。今日御湯加持珍重々々。以二階堂馬一疋太刀拜領了。眉目々々。自今日於御產所。不斷尊勝タラニ令結番令滿之。內々御所望也。夜御おひへ連續云々。爲御加持自去九日理性院僧正參住。近所ニ宿坊點之。　西初入寺了。
十二日。晴。自今曉腹中以外傷。腦亂無申計。醫師清阿召處。及夜陰參申了。蟲所爲云々。木香湯持參服之。自三位法眼方吳須萸湯進之。服之聊腹中傷少減了。仍佛眼法初夜時用手代了。禪那院僧正勤仕。自十日同御祈准胝護摩。并炎魔天供等同用手代了。自將軍御書到來。明日可罷出云々。不例子細申入了。
十三日。晴。雨。若公御護刀加持事。松田對馬守持參之。仍於時所壇上奉加持之。先護身法。次五大尊眞言ヲ以加持之。次不動種子三形尊形等觀之。次開眼供養。次五大尊咒。大精進咒等。各百反計加持之。觀念等別在之。次對謁松田對馬守。大刀賜之了。
十四日。晴。暴風以外。自午末京中炎上。自六角西洞院火出來。西ハ高倉ヲ限。下ハ六條ヲ限テ十二町歟。東西ハ六町歟炎上了。猛風最中也。諸人面ヲ不向式云々。因幡堂燒失。於本尊者奉取出云々。十二神少々取出云々。萬壽寺燒失。大内宿所等凡其數及數千云々。希代事也。
十五日。晴。小雪。涅槃會如常。自京都捧物一向被止之云々。仍不足間。俄予馳走入立了。報恩之儀非無庶幾。但當座纏頭以外儀也キ。予出分每年五百疋勿論也。其上事也。　自山名方音信。一昨日自山門以公文所事書お付置管領。其子細ハ。去年ハ大宮神輿一所御歸座也。今六社神輿十三日悉歸座申入了。若公御降誕珍重之間。今時節一山殊開喜悦眉由申入云云。次江州若州山門領無爲樣。早々可有御下知云々。　童子經令書寫進若公。　若公夜御おひへ以外也。別而可致祈念之由。以伊勢守被仰之由。亥半刻自寶池院被申。明日理性院僧正可召進之由申了。

十六日。晴。爲若公御祈。自今夕於本坊金剛童子小法。聖護院准后勤仕。當御代御佳例〔云云〕。延命法於京門跡寶池院僧正勤仕。伴僧六口也。予與奪也。佛眼法相並難勤修故也。爲若公御祈。山上山下本堂一日中千卷讀經申付了。下行等自納所遣之云々。於當院（金剛輪）院。自今日千反タラニ誦之。同御祈也。若公御加持夜前寶池院被參云々。亥半計マテ祇候云々。夜前ハ御おひへの儀無之云々。珍重々々。就關東五山事。以正藏主被仰出旨在之。其子細ハ關東五山事。如元自京都可被成御敎書之由。鎌倉殿被申入也。仍可被仰付歟之處。猶御思案間。于今被閣了。但於今者。無盡期歟之間。可被成御敎書。就其ハ京都西堂中就望申入可被仰付歟。將又關東西堂中ヲ可被仰付歟云々。予申入旨。關東五山事。羽田入道參洛時。條々申入内。一ヶ條候歟。雖然于今被閣了。只今如被仰出可被成御敎書者。先關東西堂内可宜歟由存樣也云々。雖窮屈最中。御使間令對謁了。若公御祈炎摩天供結願了。爲若公御祈。自今日於此院（金剛輪）。千反タラニ始行。可爲三ヶ日分申付了。同御祈。山上山下本堂千卷讀經始行之。下行物自納所沙汰之。奉行賴全。

十七日。雨。於室町殿御所。聖護院准后不動小法勤仕云々。於本坊金剛童子法者用手代云云。内々時宜云々。自酉終天晴。

十八日。晴。於當院（金剛輪）。千反タラニ今日滿了。若公御祈也。自山名方音信。不例相訪。療養養性事等種々意見。難有懇志也。

十九日。晴。若公御祈佛眼法。今日可爲結願由。在方卿幷有重勘進。二階堂山城守執進間。其由存處。猶不審子細在之。先日ハ結願可爲廿三日云々。然者二七ヶ日歟如何由就不審。今日結願事申了。二階堂申狀於事楚爾間。一昨日以使者明日結願必定歟之由相尋處。所詮明日ハ九廻也。可爲來廿一日云々。若不相尋者。今日可結願條勿論也。珍事々々。今夜千本邊又燒失云々。

廿日。晴。

廿一日。晴。若公御祈佛眼法今曉御撫物卷數。以親秀法橋付進二階堂了。准胝護摩。焰魔天供卷數二枝同進之。自今夕爲若公御祈。藥師護摩始行。御撫物去十九日申出之。自二階堂方若公御撫物一御單納之。渡申御產所之間。可致懇祈云々。愛染供開白。每日三座可修之由申付了。　呵利帝一幅。十五童子一幅。以上二幅新圖可供養云々。仍奉開眼供養進之了。　自駿河守護方年始禮云々。書狀幷二千疋到來。三角護入唐綿（錦カ）護袋進若公御方。

廿二日。晴。太子講如年々。捧物當年諸人無沙汰。大略入立了。於無沙汰輩知行分可召改旨申付了。　自二階堂方以折紙。送進親秀法橋方。馬一疋置鞍。太刀一腰。佛眼法結願珍重御祝儀云々。　土岐孫三郎來。今朝懸御目。卽可被下御暇事可申入云々。仍以親秀法橋。內々申次ニ此由申了。　自管領以安富筑後守申。先度被尋仰兩條。兵庫事。關東町野子可被召仕歟事。載書狀申入了。兵庫事。可被仰一衆中土藏方。由尤可宜歟。但兵庫御下向等事。可申沙汰條。一衆中事。定可爲無故實歟。然者爲御料所分。雖爲何仁。於用脚等者被仰付一衆中。以兵庫年貢可被返付歟云々。町野子息可被召仕事。普代問注所也。定日記等可所持歟。但別而可被召仕條。相似京都無人。且又御無用心云々。　次去十三日　御臺樣幷上﨟御方。御兩所以猶子儀。一大事ニ可存申入由被仰出了。面目祝着。更以言詞難申述。畏申入旨可然樣御披露可畏入。鹿苑院殿御代以來。御秘藏御太刀拜領仕了。旁無身所置。過分祝着云々。

廿三日。晴。若公御祈延命法。今曉結願云々。此間寶池院爲若公御加持七ヶ日被參申也。以伊勢八郎左衞門尉。御劒被送進云々。以日野中納言使者本庄。申。自室町殿被仰出。因幡堂修造事。公武僧俗勸進事。爲公方可被仰付之條如何。乃至南都僧綱學侶衆徒以下可被仰。此條若不可然歟如何云々。此御意見分一紙可注賜。以其可致披露云々。愚意分載狀申入了。

就因幡堂修造事。委細被仰出旨承。僧侶奉加事。爲公方可被仰出之條。可有何子細哉。委曲猶令申御使也。謹言。

二月廿三日　判

日野中納言殿

以長全上座愚存旨申了。此堂勸進事。爲公方可被仰出公武僧中條。可有何子細哉。乍去可然勸進仁體ヲ被定置。奉加帳御判以下嚴重ニ被仰付。其外造畢之間。一國反錢等可被寄置之條。早速造功之儀。猶可然モヤト存也。但可然樣可被申入條。尤本意之由申了。自執柄以書狀承。就因幡堂造營事。以日野中納言。御尋子細同前也。執柄意見趣。公武僧俗勸進事。爲公方可被仰付之條。不珍候歟。尤珍重之由申入了。此門跡意見何樣候哉。同樣可申入條宜存云々。返答。如申遣日野中納言方令申了。若公御祈。聖護院勤仕金剛童子法。今曉結願云々。被用手代云々。自日野中納言方申。日野一位入道此間知行分。悉可致管領之由。以三條中納言御書拜領了。祝着畏入云々。日野一位入道今度若公御誕生爲賀。罷向裏松亭人數云々。仍知行分被沒取歟。此類僧俗及三四十人云々。　自御室今日又以書狀承。先日若公御誕生珍重餘賀遣裏松中納言了。就此事時宜以外之由。日野中納言申間。計會無申計云々。一向芳言憑入云々。就此事及兩度承了。　室町殿御所不斷護摩。自今日爲此門跡。阿闍梨召進了。六人晝夜二時勤仕之。　金剛王院僧正。中性院法印。隆圓法印。快圓律師。自東寺二人。重賢法印。實相寺。（實名不知之。）參勤了。承仕二人（小淨衣）。常蓮。明圓。於阿闍梨各着重衣也。

廿四日。晴。

廿五日。陰。　早旦出京。參室町殿。申次赤松播磨守。女中御邪氣。山名息女。自身口馳種々不思儀共申旨御物語。　誠奇特。　既怨念仁體露顯。且珍重歟。　兵庫事。可被仰付赤松播磨守歟。但猶可相尋管領之由被仰出。其子細ハ唐船粮米。幷公方樣渡御煩以下事ハ。爲洛中土藏約可致其沙汰之儀無子細云々。　但諸土藏者共同不置代官。　於兵庫者。　只今沙汰之儀。定後々無足怖畏可相殘歟。然者尤不便ニ思食也。如何云々。　次管領內者。（イハラ木。）裏松中納言靑侍一名字者在之。　彼所ヘ今月十六日歟七日歟之間。管領內イハラ木罷向云々。此條管領若令存知歟。又彼者私ニ罷向歟。近日裏松邊ヘ經廻者共御切諫處。　如此相振舞條。外聞一向相似管領許容歟。　不可然。　但實否如何云々。　次唐人宿事。此間大內宿所被定置處。不慮儀出來也。何在所可宜哉。可申意見云々。此三ヶ條召寄安富紀四郎。申遣管領了。　今日每年法樂千句仕。　明後日（廿七日。）可申入云々。　以三條新黃門被仰出。若公自御產所還御後。御座何所可然候哉。內々可申意見云々。　次唐人來朝時宿。何所可然候哉。　同可申入云々。已上兩條也。御返答。若公御座所事。管領。伊勢守兩人亭之間可宜哉由存也。次唐人宿事。何樣如先度相尋大名。一具可申入云々。　次小倉宮得度事。以御書被尋仰之間。定可爲近日歟之由申入了。　戒師事。海門和尚歟之由被申間。　宜爲貴計之由申遣旨申入了。　御對面以後。參御臺御方。御加持申入。次參御産所。若公御加持申之。　自未初降雨。　酉初歸寺。　畠山尾張守當國山城守護職辭退事申入了。　融淸法印方へ内々御尋事在之。自門跡内々相尋分可宜云々。一彼房階隱間。鹿苑院殿御代何比令沙汰候哉事。一八幡造營用脚。鹿苑院殿以來御寄進年月事。等持寺殿。　寶篋院殿田中先祖宿坊へ申入事在之哉事。已上三ヶ條。

廿六日。晴。

廿七日。晴。　花漸開初也。當年依餘寒遲々歟。

廿八日。晴。　若公御祈藥師護摩結願。　御撫物卷數進之。此御祈爲門跡内々申入也。仍不及供料沙汰也。　若公御ウフキヌ二一ハ白。一ハ青。　伊勢兵庫持參。納藍箱。　西南院僧都重衣。請取之。於時所居御衣机。　奉加持之。結界。　次愛染不動二明王印明結誦。次秘印等。　結界降三世。次取五古。藥師眞言。白衣眞言。不動。愛染。六字。呵利帝等眞言各百反計誦之了。　次解界護身等。次返渡伊勢兵庫。　其後予出對。　太刀一腰賜之了。予着香重衣。今日若公着給云々。千秋萬歲。初度珍重々々。天氣快晴。殊以祝着。

廿九日。陰。　渡御三條新黄門亭云々。　仍折五合繪。　柳三荷遣之了。　室町殿不斷護摩不動。自廿三日阿闍梨六人召進了。　今日酉時結願云云。於不斷護摩者。先被閣之。於不斷タラニ者。限來四日猶在之云々。　今日渡御三條黄門亭。大名六人各萬疋折紙隨身云々。

卅日。陰。小雨。今月中臨時御祈事。今日將軍御德日間。不及結願。來二日令結願。卷數可進由。今朝內々談合日野黃門了。彼卿返答。昨今御卷數少々到來了。不同可有何子細哉云々。

三月

一日。晴。愛染王護摩開白如常。　入堂用代官了。

二日。晴。入堂。歸路ニ於雲開(關イ)庵花賞翫。和漢等在之。但沙汰續儀也。

三日。晴。若公今日御方違畠山亭。申刻。將軍幷御臺渡御云々。御引物以下馳走云々。種々重寶御三所ヘ進之。今夜陀羅尼御加持仁體等。參畠山亭云々。

四日。雨。若公自畠山亭。入御伊勢守亭。暫可有御座此所云々。

五日。晴。早旦出京。若公自御產所入御伊勢亭。珍重之由僧俗參賀處。日次不快。仍不及御對面。各退出云々。予內々以赤松播磨守尋申入處。今日ハ日次不宜。於若王寺可有御見參云云。　申終歟渡御若王子。予可參會申入旨。一昨日以赤松播磨守狀。申遣兵部卿法橋方了。仍未半歟罷出若王寺了。將軍入御。最前予一人。先可有御對面云々。仍參申御前。若公御座伊勢亭事等御物語。次就延年事。條々申入了。定日來十五日云々。　一兩門跡裹頭事。先例北山行幸時。已以如然云々。然者今度其儀可然歟云々。　一裹頭大衆中雜人多相交間。不可然之由。自南都申入也。時宜又尤云々。於此事者。爲衆徒堅可禁制。爲公方者。可被仰付門役者云々。　大衆員數於可注進申入云々。　一南都諸院家裹頭事。自以前被治定了。　一京都諸大名等可召具人員數等。兼可相定由可申管領。山名兩人云々。　一兩門跡裹頭時左右每度相論也。今度儀可爲何樣哉申處。大乘院元來上首也。不可及依先例由被仰。此由可申遣兩門跡云々。申終酉初歟一獻始。先短冊一首。人々被賦之。題無之。可爲感（盛イ）花云々。其後連歌一折在之。御發句將軍。脇常熙（山名）入道。第三予。四句性具（赤松）入道。五句聖護院准后。以外大飮。戌終歟還御。予直入寺。輿。袖白。力者直垂。大童子一人。繪直垂。親秀法橋。經長寺主直綴。乘馬。今日御相伴人數。予。聖護院准后。三條中納言。管領。山名。赤松。已上六人。御陪膳兒二人。直垂。其外近習者共相交沙汰之了。雲客無之。

六日。晴。　七日。晴。

八日。晴。　愛染護摩結願如常。　自今曉蟲腹又更發。雖然等閑。仍結願時二座相續無相違。入堂用代官了。波多野入道來。御產所無爲珍重祝着。若君御座伊勢宿所事。相叶鹿苑院殿御佳例條彌珍重。照禪入道亭ニ御七歲マテ御座云々。太刀賜之。又持參了。等持院院主來臨。對謁。自午終蟲腹以外興盛。吐氣頻也。心神頗如無。終日同前。

九日。晴。醫師三位參申。脉樣不苦。積聚以外。蟲又大事云々。雖然於療養者不可有殊儀云云。木香湯。三稜丸今日可進云々。行法三座以種々料簡無爲沙汰了。自餘用手代了。今日食事同前不通也。寶池院來臨。就來十五日延年事兩條。一兩門跡裏頭立庭上處。大床上ニ雜人祇候。不可然歟事。一公卿雲客等。着狩衣少々可祇候大床邊條尤可宜歟事。日野中納言可申入旨申了。

十日。晴。

十一日。晴。日野中納言自將軍爲御使來臨。不例樣殊無御心元被思食云々。種々被仰。醫師桂音僧爲時宜召具了。脉樣三位申同前。但左心中風以外云々。一大事蟲能々可有御養性云々。大乘院來臨。今日參洛云々。土佐將監入道召寄。影像寫之了。

十二日。風雨。　十三日。晴。　十四日。晴。

十五日。晴。不動護摩始行。用手代了。長濟僧都。時所行法手代觀心院法印勤之了。　自今日若公御祈。護持僧中始行之。御撫物被渡之。予分自先日長日分申出間通用之。不動護摩修之。手代觀心院法印。　今夜於室町殿。南都學侶六方衆徒等延年風流申入之。近比見物云々。予依歡樂不及見物。無念。　爲若公御祈。地藏院僧正愛染法勤仕。伴僧六口。道場則彼御座所伊勢亭也。當御代御佳例云々。件度先師聖快僧正御祈奉仕歟。　四季六字護摩始行。寶池院爲手代被修之。供料千疋。

十六日。晴。御臺樣一品御慶賀云々。珍重々々。僧俗明日可參賀云々。　桂音來。脈樣彌無力。可令用心云々。心細事無申計。但非仰天限。

十七日。晴。自今日醫師板坂云々。良藥二種服之。晝夜各別也。晝藥ハ芫花散云々。夜ハ八珍湯云々。自昨日腹中傷聊少減了。　地震。傍通心宿。天王動歟。

十八日。晴。午初刻將軍渡御。　歡樂體無御心元思食間。爲被御覽云々。雖爲不可思儀體懸御目了。予落涙外無他事。諸大名。管領。治部大輔。畠山以下不殘來間。各押窮屈對謁了。將軍當年初入御間。三獻如形申入了。寶池院對向被申了。畠山。治部大輔。斯波畠山阿波守御前〔二〕祗候云々。管領。赤松。一色等ハ還御以後來了。

十九日。晴。戌半歟六角堂炎上。六角亭燒失。南北七町。東西四町燒失云々。炎上間。長坂邊ニ灯爐樣ナル物二。始中終有ケル。後ニハ一ニナリテ。炎上終テ後失了云々。希代歟。

廿日。晴。三位法眼醫師。爲御使參申了。脉樣同前。但蟲氣聊減云々。　一昨日渡御爲御禮。御小袖十重。盆。堆紅。繪三幅。本尊布袋。盆香合。以上五色以理性院僧正進之處。御對面云云。眉目至。不例樣祈禱等可沙汰事等種々被仰出云々。　關白來臨。對謁申了。內府以下不及能對面。　自南都學侶中。予不例祈禱卷數一合送進。不存寄芳志也。

廿一日。晴。御影供執事賢快僧正。寺務僧正禪信遂拜堂節。綱所等召具。涯分行粧云々。

此間諸五山雨御祈勤仕云々。

廿二日。晴。若公御祈不動護摩結願。卷數以日野中納言進之了。地藏院勤仕愛染法結願〔云云〕。　今日初時食少分沙汰之了。　自公方樣諸社神馬被引進候。予祈禱爲云々。眉目過分至。眞實々々。言詞難及。無身所置云々。淸瀧宮神馬栗毛。　執行拜領之。諸社神馬赤松播磨守奉行云々。

廿三日。晴。今夜雨降終夜。

廿四日。晴。□想發句於北□阿人數分明覺□けん草さかり□於當院始行□爲所勞樣□只落涙千行□□御影堂尊師□〔以下破損〕

四月

一日。晴。愛染護摩。用手代。賴全。

二日。晴。自今日三位法眼良藥可服之由被仰出。仍法眼良藥二種持參。海桐皮湯。神授丸。

三日。晴。今日灸治。背二ヶ所。二百。胃管五十一。令堪忍了。　公方樣淸和院御參籠。　當寺々務與奪寶池院。仍今日官符到來。周枝宿禰官符持參京門跡。直垂體云々。任先規馬一疋一重賜之云々。新寺務入寺。但不及入堂。
四日。晴。　五日。晴。　炙治。背。
六日。晴。　七日。晴。　炙治。
八日。陰。小雨。　山上清瀧宮修造事。公方樣御立願。
御願書今日到來。爲清朝臣草。　奉籠神殿。山上　山務法印
鈍色甲袈裟啓白了。嚴重儀。年來只此愁欝
也。於今每事滿足心中。又御立願過分。忝以
筆舌難申述歟。御願書奉納時分ヨリ小雨降。
今夜終夜大雨。旁神御納受。奇瑞々々。隨喜
隨喜。
九日。雨。　公方樣自清和院御出。御參籠中無事。
珍重々々。聖護院准后以下少々被參賀云々。
寶池院同前云々。　炙治。　藥師不斷今曉結
願。開白去月廿八日。
十日。晴。　治部大輔來臨。少減珍重云々。
十一日。晴。　十二日。晴。　炙治。
十三日。雨。　自公方樣。以三條黃門。少減珍重
由。種々被仰出。眉目々々。　土岐大膳大夫
下國。　日吉祭禮云々。
十四日。晴。　畠山來臨。赤松來臨。各對謁。　賀
茂祭。
十五日。雨。　公方樣渡御。此大雨中長途遙々光
儀。時宜趣。言詞更難覃。眉目過分此事々々。
只落涙千行。顏色體聊被御覽。直御悅喜之由
再三被仰。忝不知手足舞踏。暫御座還御。洪
水之間。四條橋へ御廻云々。仍萬壽坂越ニ還
御云々。管領。畠山。治部大輔。畠山阿波守。
細河讚岐守等供奉。　不動護摩用手代。長濟僧都。
寶池院爲御禮出京。
十六日。雨。　自巳半天晴。
十七日。晴。　御還宮法會如常。午半歟。新寺務出
仕。其儀又例式也。扈從僧綱內御簾役隆濟僧
都云々。兒公達出世房官侍中童子大童子等
供奉。寺務手輿。力者前行。鐘樓南邊ニテ下

興云々。役僧等身衣指貫經長。尻切役。寺務自北妻戸令入給時。僧正以下動座。寺務座大文。予准后以前用小文帖了。此儀無其謂。仍今度令意見了。寺務座元來大文歟。宗助僧正寺務時用小文云々。其以來自然無沙汰歟。山上座主座古物大文也。予所見及勿論々々。東寺々務食堂帖大文也。　供養法宗観僧正。理性院。　鈍色小袈裟云々。調聲宗我阿闍梨。讃覺深僧都四智心略。漢語。秘讃妙音天。　誦之云々。　申初歟　法事了。天氣以下周備。珍重々々。傳供伽陀快助阿サリ。讃源意僧都云々。　一色來。對謁了。大炊御門内府來臨。窮屈時分間。不及對面。　今夜申樂三番無爲云々。予自分二千疋。折三合。榼等賜観世大夫了。

十八日。雨。　神事申樂延引。依雨也。

十九日。雨。　自未終天晴。　昨日神事申樂。　今日在之。　今日時食初沙汰之。　祝着々々。　以三位法眼珍重由被仰出。眉目至也。　日野中納言來。對謁。資任來。同前。　顯雅朝臣伊勢來。同前。細河淡路來。同。

廿日。晴。　寶池院八幡參詣。　自今日御產御祈始行。御撫物五被申出云々。　波多野入道來。對謁。太刀持參。　自公方樣以三條中納言。昨日時食珍重。今日定同前。彌氣力出來歟。目出思食由被仰出。時宜趣眉目。忝無申計云々。村秀寺主來。去十七日懸公方御目云々。折紙持參。太刀賜之。延永參申。同前。　土佐將監入道祖師影内。龍智。惠果。尊師圖畫持參。今河民部大輔使節朝比奈近江守。　今日懸御目了。重代鎧幷太刀號ヤク王。　於粉井所請取了。公方御藏。　去年以來民部大輔舍弟彌五郎令隨身參洛處。爲公方被召出。被返下民部大輔也。

廿一日。晴。　畠山來臨。不例減氣珍重云々。折紙隨身。三千疋。　上杉五郎來。同前。折紙。二千疋。　三位法眼來。自公方樣御事付被仰出。祝着々々。一色左京大夫今夜亥刻。死去云々。去年以來邪氣興盛。風氣相添云々。近年異他申通了。旁力落周章。不便々々。當年卅四云々。　自興福寺使者。不例減氣珍重云々。

廿二日。小雨。大乘院參洛。不例少減爲被賀云云。千疋隨身。物語云。一乘院門跡退出。不知行方云々。今度儀强非公方御沙汰歟。今度延年時。裹頭故障作病云々。就左樣事違時宜時節。坊人等條々不儀子細書列及上訴云々。仍如此歟云々。　妙法院宮此四五日以前逐電云々。實事歟。不審々々。

廿三日。晴。今日剃髮。祝着々々。　御臺聖廟御參籠云々。　京極來。對面。同加賀入道。細河阿波入道。各不例減。珍重云々。各對面了。山名少弼來臨。對面。折三合自赤松方送賜。

廿四日。晴。自午終降雨。

廿五日。雨。或晴或降。天氣不定。　御臺樣北野御參籠。御折五合綸。千疋進之。若公爲代官被參申了。　飯尾肥前守。同大和守。松田對馬守。飯尾加賀守以(下カ)來奉行九人來。對面了。久我前内府來臨。對謁。檀那院僧正同前。山名上總守來。同前。自山名金吾方。予不例減氣珍重。仍爲逐宿願。太刀一腰去年自公方拜領。可奉納神殿云々。神馬一疋栗毛。御神樂料千疋。以書狀送遣西南院方。使者タウラト云々。太刀弘豪法印僧名。於神前啓白。神馬執行請取之。御神樂料御子禰宜以下請取之。奏神樂了。抑太刀奉納神殿事。可爲何樣哉之由。以理性院僧正寺務代。相尋弘甚法印。弘豪法印等處。弘豪法印先例不分明。但以春日社例思案處。奉納神殿可有何子細哉云々。此意見以外不足々々。予相尋儀兩條也。一ニハ當宮御殿造替等時。内陣令憚鐵氣給儀。別而故實在之。仍無左右此太刀奉納儀如何。但先規在之歟。一二八八幡。北野。六條。三條。篠村八幡宮等奉納御劒御鎧等。代々被送進之事。數ヶ度歟。雖然每度於神前啓白計。正シク不能奉納。御師住坊ニ安置之。此儀盜人紛失等儀於爲怖畏歟云云。八幡等大社猶以如此。萬一奉納後。及盜人狼藉者。還而難儀出來因緣歟。長尾社神殿御帳。此四五年以前盜人潛入奉取之了。何樣遠慮又可在之歟云々。此兩條事。不及分明返答間。不審猶不休。仍可奉納歟事。可任神圖之由。重申付寺務代了。　東洞院禪尼。光照院御寮等來臨。對面〔了〕。

廿六日。雨。　自未初天晴。管領來臨。減氣珍重云云。對面了。　御劒奉納御圖事。於神前今日令取之處。不可奉納御圖御下由。理性院僧正參申入了。　富樫大輔來。對面。不例減珍重云々。折紙二千疋。隨身。

廿七日。晴。　花頂來。不例減氣珍重云々。對面了。　津。二階堂兩人同對面。　一色左京大夫事。今日公方樣ヘ申入了。不便之由被仰出。以三位法眼不例追日減氣。自何御悅喜珍重之由種々仰。眉目々々。　一色左京大夫事。年來申通事間。定不便存歟。御周章云々。定光來。對謁了。　畠山阿州來。折紙千疋。　赤松。三千疋。各不例減氣珍重云々。以花頂。定光兩人。折紙入立永紹方了。

廿八日。晴。　自公方以日野中納言。不例減自何珍重御大慶由。種々被仰出了。眉目祝着難盡筆端。　其次來月中御祈事。內々愚存分申入。一伊勢。八幡。賀茂。春日。日吉。北野。於此六社顯密御祈。尤珍重簡要存事。　一來月御祈雖行。自餘御祈先五壇法當時相應可宜事。　一於女中御方。不斷護摩來月中被相續可被行歟事。以內々尋申旨。可被申沙汰候哉。　旁御祈可然存。三合歳也。殊可有御愼歟云々。何樣今日重。同明日可披露由申入也。　富士彌五郎十二歳云々。來。對謁了。當富士大宮司能登守孫子也。去年以來在京。

廿九日。陰。自曉天雖陰。雨不降。新寺務山上入堂始。西坂少々被用手輿云々。於水本坊少饗應云々。慶松。慶千代。宗濟僧都等供奉云々。未末刻歟下山。酉初ヨリ雨下。於山上淸瀧宮御供奉備。山務隆圓法印奉行云々。　關白。聖護院准后來臨。各折紙被隨身。聖護院嶋折被相副了。少一獻在之。寶池院對合。　斯波治部大輔來。折紙二千疋。隨身。不例減氣珍重云云。甲斐同參申了。　山名六郎伯耆守護。來。折紙千疋。隨身。同前。　日野烏丸資任來。折紙隨身。同前。　小早河息少童十三歳。來。伯父僧同道。　自日野中納言以使者本庄。申。昨日御祈絛々。今日披露處。御悅喜云々。仍於六ヶ所社各顯密御祈。自來四日被仰付云々。　女中不斷護摩。自來七日可被行云々。　五壇有無事未分明。　弘繼僧正來。藥師像持參。隨分秘藏云々。思恭筆云々。今度爲予祈禱。於此像前二百座勤行沙汰之云々。　終夜大雨降。甘雨云々。　大乘院來臨。

五月

一日。雨。愛染護摩用手代。長濟。自申初天晴。於御臺御方。不斷タラニ自來四日可被始行由。自實意僧正方。以書狀申送顯濟僧都。陀羅尼人數五人云々。實相院。隨心院。地藏院。花頂。予。　於室町殿御所御祈。自來四日云云。兼七日也。　於若君御方御祈同前云々。

二日。陰。坪(埒カ)和來。對謁。折紙千疋。持參。　細河讚州來臨。折紙千疋。隨身。　依一色左京大夫事。禁獄者少々御免云々。

三日。晴。管領來臨。不例減氣珍重云々。就駿河事。內々上意趣被申事在之。狩野事。興津事也。愚存旨具申了。今度駿河守護申請。次於阿部山狩野知行。事者。爲御料所可被下御判。就其狩野治罸事可廻料簡云々。興津事。當身御判可拜領云々。此事可爲何樣哉。可被下御判條。聊可爲楚（卒カ）爾歟云々。管領意見樣。於御判者不可然。狩野事。不可入立阿部山由。可被成御敎書歟云々。上意御同心云々。予申入旨。狩野事。可有御免者。只今御免可然歟。不然如守護申請可有御沙汰歟。只ムサ〳〵トシテ可被置條。不可然歟。所詮今河右衞門佐入道。同下野守以下。幸駿河ニ在國事候ヘハ。兩樣不殘心底可申入旨。以罸狀可申旨。可被仰下歟云々。狩野事非何篇。如今御下知候者。定可罷成亂國歟云々。管領同心。 唐船着岸壹岐嶋之由。自管領方以書狀申。亥末刻。珍重之旨令返狀了。 內造宮使參。祓幷折紙等持參。

四日。少雨。日野中納言爲御使來。就御祈事。條條被仰談子細在之。愚存趣。具令申彼卿了。於御所中。五壇法以下兩三ヶ條先可有御沙汰歟。其外阿闍梨仁體被定仰。尊法事。各對阿闍梨被仰談者可宜歟。於此坊勤仕御祈。時宜無子細者。雖爲病中。以手代可勤修尊法條條。追可注進申入事等。可任時宜旨申了。次唐船歸朝由被仰出。自何又珍重。且各祝着之旨申了。 次愚身兩三日間食事被尋仰。日日相進樣候間。祝着仕旨申了。 大覺寺殿光臨。長髮未無力體。可入見參條。還而其恐繁多間。斟酌非自由之儀旨。 以理性院僧正申了。 南都尊勝院來。折樒等隨身。 於室町殿御祈可爲今日由。先日其沙汰之處。依爲御臺御德日。又來七日必定云々。此條不甘心。其故者。設雖爲施主御德日。於開白先規連綿。

於結願者尤憚之者也。況御臺御德日更非憚限歟。近日御祈雖爲一日。早速可被始行條。尤可宜歟。兼不及御談合間。不申入意見。延引儀今日日野黄門物語。初觸耳了。　諸社御祈自今日始行延引歟。但不分明也。但來七日延引云々。　於室町殿。條々御祈可被行處。御用脚闕乏。仍御無沙汰由。日野中納言物語之間。殊無勿體存者也。仍相談日野黄門。以經祐法眼內々入魂管領。爲諸大名今度御祈供料可有其沙汰條。尤相叶先例。又當時之儀可宜。早々可被相觸歟云々。

五日。晴。鹿苑院殿御佛事。　一晝夜不斷光明眞言。自辰時始行之。如年々。

六日。晴。　鹿苑院殿御佛事如常。　理趣三昧初段延供養法。　土岐五郎來。折紙（五百疋）。隨身。　織田參。折紙持參。（千疋）。

七日。雨。　自今日於室町殿。　金剛童子法聖護院准后勤仕。（恒例云云。）　於若公御方。（伊勢亭。）寶池院僧正不動法勤仕。伴僧六口。　伊勢。八幡。賀茂。春日。日吉。北野。於此六ヶ社。自今日御祈在之。或付社家勤之。或顯密御祈。不同云々。伊勢御祈一向社家勤之云々。　八幡宮淸意法印。（號上乘院。寺。岡崎。）　賀茂社房宗僧正。（號理觀院。花頂門弟。）　春日社興福寺別當僧正（大乘院。）參籠云々。　日吉社北野社地藏院僧正參籠云々。護摩修法間。追可尋注。　供料員數同前。　於御臺御方不斷護摩被修之。聖護院門下勤仕云々。　自申初天快晴。

八日。晴。　四月九日以來。爲予祈禱勤修三壇（藥師。不動。愛染。）護摩今曉結願。阿闍梨此間結願。恒例愛染護摩結願。手代也。　渡唐船共悉（五艘）。無爲着岸赤間關由。自是渡遣代官僧注進到來了。此外唐船五艘相副着岸云々。　但山名舟一艘着岸遲々。

十日。晴。

十一日。晴。四條唐人善德寶（今度通事。寄合舟。）一昨日九日。自赤間關先參洛云々。仍參申了。今度渡唐儀。委細物語申入。於唐朝賞翫儀。言語道斷儀云々。將軍御威德希代。且凡慮難及。奇特奇特。

十二日。晴。今度所勞平愈後沐浴始。吉日事在方卿勘進申入也。時刻午時云々。醫師三位法眼自今朝參申了。內々將軍仰云々。又自將軍。以三位今日沐浴珍重子細。種々被賀仰出。眉目々々。以日野中納言。兩條仰旨在之。唐朝牒使御對面儀可爲何樣哉。鹿苑院殿御時御對面次第ハ。誠事外御賞翫。且又不可然歟。又踈儀如何。旁大事思食云々。可申意見云々。次一乘院前門主進退事。爲門徒中數ヶ條非據共訟申入間。彼僧正振舞又無御甘心儀。仍强不及御扶助之儀。被任門人訴訟了。然彼僧正或可羅齋鎌倉邊之由風聞。或不可思儀進退其企等達上聞間。且御憐愍餘。一乘院末院大和慈恩寺ニ可令居住。於活計分者。以門跡領內可令割分由。可有御下知之由御治定處。彼僧正此四五日。自鷹司家門罷出。不知行方云々。仍相懸家門方へ被相尋間。昨日被尋出。被預置日野中納言亭了。所詮此進退事。雖爲何樣。於今不可有御綺事歟。將又一乘院前門主。興福寺前別當ナト被申仁體。關東邊乞食流浪儀。奉爲京都。若不可然儀。且傍難可在之歟。如何。同可申入意見云々。予申入旨。唐使御對面儀。如被仰出。故鹿苑院殿御沙汰事過タル樣。其時分內內道將入道等申候し。愚眼所及。又同前候キ。但今度御音信。唐朝歡喜無比類。仍又日本人數百人賞翫儀。超過前々云々。如此之處。於此方唐使以下御賞翫之儀。御無沙汰之儀候者。自今已後。日本人渡唐時儀。若無沙汰之儀モヤト存樣候。然者爲本朝御興隆。立大事渡唐不可有其曲歟之間。以折中儀。唐使御對面儀ハ先可宜候歟。其折中儀。鹿苑院殿御代。最初應永九年時。公卿十人。殿上人十人。各染裝束着用候しか。當陽明前閤其時內府候歟。幷菊亭公行公于時左大臣。兩人ハ惣門マテ參向。樂人奏一曲。鹿苑院殿四脚門マテ御出御。法服。海老色。御平袈裟。白地金襴。予扈從。相兼三衣役。于時僧正着香染。上童一人召具供奉了。唐朝書唐人捧頭上前行。北山殿寢殿庇間敷滿廣席。母屋出衣以下。盡善盡美。被莊嚴候キ。高机於立母屋前。其上被置唐書。先御燒香。次三拜。以後跪テ唐書お御拜見候キ。此儀式ハ不甘心申入候キ。諸人又同前儀候ける歟。今度ハ寢殿ニ被立机。被安置書計ニテ。御拜以下儀。一向御略可宜哉。但猶能々可被仰談諸人歟。次唐人宿事。仁和寺。法住寺御治定云云。此在所若唐人意ニ不相叶儀モヤト存候。唐人モ定賣買ヲ本ト可仕歟。然者每日可出京仕。內野ヲ遙々可罷通條。第一路次怖畏モ可在之歟。萬一唐人一人モ不慮儀ニ可罷逢條。日本瑕瑾不可過之哉。次末々唐凡黨等。每日酒肉賣買儀。於法住寺不可得其便歟。然者唐人等周章可爲勿論候歟。唐朝王爲被歸聞。第一疎荒御賞翫儀ニモヤト存候。仍此子細內々申遣赤松方候キ。同心儀候者。可申談管領之由申旨。內々申入了。次一乘院前門主事。委細仰旨。御憐愍御成敗。不限彼一身。萬人承及可畏存歟。此上者。一向可被止御綺條。一途存候。關東邊雖徘徊候。可爲狂人同前歟。不可有巨難旨申入了。　土岐來。折紙三千疋。隨身。　沐浴珍重由申。理性院僧正太刀持參之。　醫師三位法眼二千疋賜之了。理性院馬一疋太刀遣之。妙法院僧正千疋太刀遣之。廳務法眼馬太刀遣之。經祐法眼千疋太刀。慶圓法眼千疋太刀。各遣之云々。沐浴珍重禮歟。神妙。

十三日。晴。　十壇六字護摩自來十五日可令始行。御撫物十。弓矢十。太刀十腰。今日吉日間申出了。奉行日野中納言。御臺御撫物十。自伊勢守方送進了。　自管領使者來。安富紀四郎就茨木（イハラキ）事。書狀ニテ申旨在之。仍此狀以經祐法眼。遣三條黃門方。內々可得時宜旨申了。　自天王寺今度御不例減氣珍重之由申入。榼三荷。二千疋進之了。惣目代事。妙法院僧正去月辭退。未被定間。廳務法眼執次申入了。且內々御下知也。

十四日。晴。　十壇六字護摩供料五千疋到來。昨日請取之由經祐法眼申入也。奉行日野中納言云々。　自山名方申。渡唐公方樣御舟。去月四月。廿七日自壹岐嶋着合嶋（アイ）。私舟。山名。今月一日着合嶋。自餘八艘舟。去月以來既着岸赤間關。合嶋與赤間關之間。十八里云々。一二艘舟。定近日可着赤間歟。珍重々々。　一條前攝政入御。鷹司左大將來臨。不例減氣爲被賀云々。　大炊御門內大臣來臨。折紙隨身。申終夕立雷鳴。但此邊如形。

十五日。晴。雷鳴如昨日。　實相院來臨。折紙隨身。少一獻如常。寶池院對合。　於御所自〔去七日勤修金剛童子小法。伴僧八口。今曉結願云云。聖護院准后勤仕〕。　於若公御方。寶池院僧正不動小法伴僧六口。同結願。　伊勢。八幡。賀茂等六ヶ社御祈同結願云々。　自今日於室町殿。　寶池院僧正六字法勤仕。　伴僧六口如常。　壇所公卿座云々。　脂燭殿上等又如常云云。供料三千疋歟。奉行日野中納言。　自今日於御臺御方。不斷護摩。不動。當番。門弟以下召進之。金剛王院僧正。中性院法印。弘永法印東寺。隆憲僧都同。杲經僧都。快圓律師。承仕常運。壇所殿上東端三ヶ間云々。支具幷朝夕儀等下行。奉行親秀法橋。　自今日於本坊。灌頂院。爲將軍御祈十壇六字護摩始行。依施主御所望也。十壇六字護摩先例追可尋注。供料五千疋。一昨日十三日。爲日野中納言奉行下行之由。經祐法眼申入也。供料事。内々申遣日野黃門方子細在之。今度六字護摩以私力内々可致其沙汰支度也。於供料者。不可有御下行。可被得其意云々。日野中納言重申。今度御祈ハ別而被仰出間。供料可有御下行云々。自門跡重申入旨。雖爲精砕儀。於本坊致其沙汰。木具等已用意了。然者半分五千疋可被下行歟。如此申入旨。近日惣用闕如。今度御祈用脚。諸大名致沙汰之間。偏公平簡要歟云々。日野同心。仍半減也。　十壇六字護摩阿闍梨交名。

今度人數闕乏。不可說々々。　理性院僧正。觀心院法印。房助。　弘甚法印。弘豪法印。隆圓法印。大納言　隆瑜僧都。圓弁僧都。聖源僧都。長濟僧都。　俊增僧都。　承仕十人。小淨衣。　阿闍梨初夜時重衣。後夜單衣歟。結線少々。自結線也。連壇間神分。金。振鈴。後鈴等可合歟之由申付了。道場灌頂院廊。十八間也。傍北壁建壇。本尊面向南了。今度觀心方也。六字曼荼羅不足間。借用御室處。六字明王借給。仍不懸之。菩提院僧都二幅借進。内一幅曼荼羅也。自寶清僧正方曼荼羅二幅秘計進。　此内一幅眞光院僧正本尊云々。自慈尊院僧正方二幅借進。黒六字同前。不立所用也。仍二幅闕如間。俄書種子用之了。閼伽棚三脚立之。少々用池桶置傍也。佛供長櫃少々也。　悉無之。　壇以下道場方料理事。圓弁。賴全兩人沙汰之。　　自今日恒例不動護摩用手代。賴全律師。

十六日。雨。恒例炎摩天供用手代。禪那院僧正勤仕。勸修寺宮來臨。折紙隨身。大乘院來臨。爲御祈春社參籠。(日脫カ)昨曉結願。昨夕參洛。欲參室町殿處。既渡御畠山亭間。今朝參申入。御對面云々。春日參籠供料千疋拜領由被相語也。今度儀同前歟。日吉社御祈事。未被仰付由。奉行日野中納言申也。自餘五ヶ所御祈。各於其社嚴重云々。

十七日。雨。寶池院母儀數日御病惱。聊平愈處。自一昨日十四日。風氣以外。今日酉刻歟。既難儀出來云々。此以前申半歟。自壇所寶池院退出。手代金剛王院僧正云々。

十八日。夕立。少雷。風呂在之。曹溪和尚來臨。勸修寺中納言馬太刀進之。不例減氣珍重云々。

十九日。晴。寶池院御母儀佛事料千疋。以慶圓法眼進之。

廿日。晴。淨存撿挍來。祝言一句申入也。後白河御一後云々。千疋賜之。眞光院僧正來。折紙隨身。蒲生入道參申入。折紙隨身。一色故左京大夫佛事料千疋。以長全上座遣五三方。南禪寺塔頭。寶池院籠居在所松橋京都坊治定云々。

廿一日。晴。將軍兵庫御下向。曉天云々。御臺樣同御下向云々。唐船既着室云々。酉半歟少雷鳴。惣撿挍淨存。弟子淨宗。令同道參申。內々時宜云々。音曲三句申之。梅染帷一賜之。弟子三百疋賜之了。御旅天之間御祈事。昨日自日野黃門方申賜之間。自今夕愛染護摩始行。手代房助法印。

廿二日。晴。於室町殿寶池院勤仕六字法今曉結願。十壇六字護摩同結願。御撫物卷數等納長櫃二合。曉天進兵庫。理性院奉書也。御卷數御修法分二枝。一枝御臺樣。御撫物二。同前。十壇護摩御撫物廿。十御臺樣。御卷數廿枝。同。結線折櫃廿一合。修法分一合計也。弓。征矢。太刀各十分。直返渡伊勢守方了。兵庫下向力者虎法師。當寺職掌五人相副下遣了。　自今夕十壇炎摩天供始行。同御祈。御撫物同廿申出。伊勢守渡之云云。十壇阿闍梨事。房仲僧正。房助法印。弘永法印。盛祐法印。隆圓法印。圓弁僧都。聖源僧都。宗濟僧都。長濟僧都。賴全律師。　道場灌頂院廊北向。八間。連壇儀如常。供料六字護摩時萬疋下行。以此餘殘令沙汰了。此由内々入魂奉行日野黄門方了。珍重之由返答。准胝護摩同御祈同始行。房仲僧正手代。　於御臺御方。自去十五日當番勤仕不動不斷護摩昨曉卯時。可結願之由。一昨日廿日。住心院僧正申送金剛王院僧正方云々。其後又篇相替。廿二日酉時。結願如常治定旨申送云々。仍今日暇次第ニ少々歸寺輩在之。申半歟。又自住心院僧正方以狀申。今日御臺御德日。明日例日之間。廿四日酉時可結願云々。今度阿闍梨闕如之間。嵯峨。東寺。當寺三方門弟馳催召進之處。此儀出來間。俄馳走。纏頭無申計云々。仍新衆少々相加了。如此篇之儀出來。迷惑外無他事。且爲御願珍事々々。　自今日五壇法始行。道場室町殿寢殿南向如常。雖爲御留守。可始行之由仰云々。　中壇。聖護院准后。降。良讃僧正。寺　軍。宗觀僧正。醍　大。房宗僧正。寺新衆。　金。忠意僧正。寺　大略如一門五壇。此内東寺一人相加計也。山門一人モ不參。時宜云々。如何。不斷タラニ。不斷護摩。此兩種御臺御方ニテ御祈也。猶相續云々。

廿三日。晴。

廿四日。晴。　自遊佐方内々申入。　唐船廿一日出播磨室津處。風雨ニ依テ。又室津ヘ漕渡。廿二日曉着和田御崎。昨日例日間。今朝可被入兵庫云々。　廿二日唐船ヘ折以下榼等被遣將軍御所云云。唐人畏申入云々。　在方卿來申。　女中御方様御邪氣。近日猶御興盛。珍事云々。御祈不可有由斷之由申付了。上杉中務少輔來。太刀折紙隨身。五百疋。二本松來。臘燭箱。折紙五百疋。持參。

廿五日。晴。將軍自兵庫還御酉終。云々。夕立少雷鳴。酉刻。今河右衞門佐入道。同下總守音信。今度不例減珍重云々。各千疋到來了。

廿六日。晴。尊勝院來。折紙隨身。

廿七日。晴。兵庫御下向御旅中間。御祈愛染護摩。昨日御德日之間。今曉結願。卷數付進日野中納言了。御臺御祈愛染供。卷數同前。兵庫還御珍重儀。僧俗群參云々。五壇修中御加持今日在之云々。

廿八日。晴。當寺ニテ御旅中御祈今日結願云云。仍卷數遣理性院五壇々所。可遣奉行之由。申宗濟僧都了。自將軍以日野中納言被仰出。今度兵庫御下向。唐船入嶋內儀等。近比御見物。被驚御目了。予事連々被思食立。無御同道之條。尙々御無念。隨而不例彌本復。剩平生ヨリモ猶脉體調。殊勝由。三位法眼申入之條。返々珍重々々。御祝着云々。次唐人來月朔可入洛。同三日可有御對面歟之由思食也。隨御對面次第一向被任意見。可被治定云々。予申入旨。先日御小直衣等可有何子細候哉由申入了。雖然重仰ニ付テ。猶廻愚案處。自漢朝勅使天書ヲ持參申事候間。慇懃御沙汰。更ニ道理ニモ先規ニモ不可違之由存候。應永十六年ニ勝定院殿御對面時ハ。御小直衣候歟。今度御冠御直衣ニテ。公卿殿上束帶之儀尤宜哉。次引率公卿事。是又候者旁珍重歟。鹿苑院殿御時。最初應永九年幷十一年ハ。兩人惣門マテ參向候キ。若今度ハ四脚前マテ可被參向歟。於樂人者。惣門マテ參會宜存樣候。次御禮樣。階下ヘ御降儀。於道理者雖不相違。只今ハ先堂上ニテ。大床邊歟御參會。若宜モヤト存候。所詮短慮意見申入條。且其憚千萬。令添削可有披露歟。次御所中莊嚴儀。母屋出衣。四尺屏風幷廣席等事。一向御略ハ可宜歟。無用樣存候。次守門官人事。同前候歟。可令披露云々。　立阿御切諌次第。日野中納言物語。御道理至極歟。　自仁和寺一品宮御狀到來。使者長尾。廳務。折三合。榼五荷賜了。今度所勞減氣珍重云々。
藥師寺僧正來。折紙隨身。

廿九日。晴。丑初刻地動兩度。此邊ハ小動也。京邊以外大地動云々。在方卿勘進注左。　今月廿八日子時大地震。有音。月行畢宿。六月節。　占文云。月行畢宿者。天王所動。天子吉。大臣受福。天地瑞祥志云。地震。四海有兵喪。　內經云。地動。天下疾疫起。　京房妖占云。地震。萬物盡傷。國不安。　又云。六月地動。七十五日內兵起。　永享六年五月廿九日　正三位在方

卅日。晴。五壇法結願。臨時五壇也。　准胝護摩幷十壇炎魔天供結願。今朝卷數御撫物。以日野中納言進之。卷數十一枝。御撫物同前。御臺御卷數同前。

六月

一日。晴。一日百座愛染供十壇。於灌頂院修之。卷數任例進之了。阿闍梨十人。　恒例愛染護摩開白。自身。入堂用手代了。自餘勤行讀經以下如日比。今日自身悉令沙汰了。　唐人入洛酉終云々。昨日兵庫ヲ罷出。一宿瀨河云々。內官三人。外官二人云々。今日直可着。被定置宿大宮猪熊道場。處。唐使申狀。不懸御目以前。先可罷着宿條。唐朝法不然。若來五日可懸御目者。猶可被點下中宿云々。仍六條法花堂昨日俄用意落着云々。

二日。晴。西大寺長老來臨。折紙隨身。中風氣云々。

起居以外不合期體也。自申終大雨下。酉末晴。目日野中納言以使者申。來五日唐使御對面御次第如此。前攝政注進被進之分御治定也。就之相違事候者可申入云々。愚意同前由申入了。此御次第主人自初令立曲彔前給。少揖云々。此條聊不足存計也。雖然不及申也。予申。以通士猶事樣可有御尋條可宜歟云々。

三日。晴。辰半雨降。巳初天晴。醫師三位法眼御劒御馬。自公方樣拜領云々。今度予不例減氣神妙仰歟云々。仍畏入之由以書狀內々申遣三條中納言方也。以日野中納言。明後日五日。唐人可有御對面條々。先度申入旨大略御治定云々。就其昨夕如意見。管領。赤松兩人召具通士。今度御對面次第。降下階下給事。今度不可有之。次天書御拜事。又不可有其儀。伶人參向惣門。引率公卿出向四脚門外。可致其禮等事具申處。唐使內外官兩人幷通士等召具參申入旨。先王鹿苑院殿御事也。御時。惣門マテ御出。天書御拜等。殊慇懃御沙汰也。今可被略條周章仕。第一唐使等歸國時。定此子細唐皇帝聞食可被罪科歟。せめて天書於一拜ニテモ御沙汰者可畏入。自餘ハ兎モ角可爲御意云々。所詮如此申入之間。御拜事可爲何樣哉。先日愚身意見ニハ。天書御拜事。神慮難測由申キ。唐使ハ只今如此申入。可爲何樣哉云々。予申旨。先日天書御拜神慮可爲何樣哉之由申入候し事ハ。唐朝皇帝意得ハ。鹿苑院殿以來。偏日本王ニテ御座候ト深存申歟。仍自唐朝進印ニモ。日本國王之印トヱリ付進置候間。然者御拜御斟酌尤珍重申了。只今就此御尋廻愚案處。此方上意曾以非其儀候歟。自異朝候天書候者。日本大臣以下燒香一拜ハ有限禮儀候歟。根本御禮不相違候上者。神慮可有何事哉之由存候間。若可有御拜歟。不可有苦之由存候。但猶關白。前攝政等意見可被尋聞食哉云々。此儀日野黃門同心云々。今河民部大輔音信。不例減氣珍重云々。二千疋進之了。

四日。風雨。靜雲院作善如年々。　自昨朝辰時。一晝夜不斷光明眞言今日至卯時。　巳初刻理趣三昧初段延經供養在之。唱導理性院僧正。佛事用脚千疋。牛飼庄役。西南院沙汰也。

五日。天快晴。唐使御對面。將軍御冠直衣云々。唐使引率公卿兩人三條前右府。大炊御門前內大臣。　參向四脚門。伶人參向惣門。公卿殿上人中門外東上南面烈立。天書御拜事。今度有沙汰。二拜御沙汰云云。御披覽事。臨期在之。唐使頻申入云々。乍立御披見云々。鹿苑院殿御披見時ハ御蹲踞。今度依關白意見。母屋庇被室禮。仍母屋東迫北立曲彔一脚。主人御座。母屋西曲彔二脚。庇曲彔三脚被立之。唐使着彼云々。內官三人。外官二人。唐使臨階下時分。將軍令出大床給。天書御禮云々。唐人捧天書。置御前高机。次御燒香二拜。次御披覽云々。次令着曲彔給。茶禮在之云々。此儀鹿苑院殿御代。最初應永九年時在之由。正藏主申入間。御沙汰云々。其時予參扈從。一會之儀雖拜見。茶禮之儀。分明ニ不覺悟。今度御茶給仕何者沙汰哉。追可尋記。內官建盞ヲ取違進云々。唐禮歟。　次進物官人等自身取出之。　進置御前云云。唐櫃數六十合云々。一々取出積置御前如山云々。四脚。惣門警固强無之云々。路次辻々事被仰付諸大名云々。今日唐人一獻斯波治部大輔云々。　公卿殿上人參上。　唐使參上。公卿。三條前右大臣。大炊御門前內大臣。中御門大納言。按察大納言。三條大納言。殿大納言。飛鳥井中納言。中御門中納言。日野中納言。

三條中納言。中山宰相中將。源宰相。　殿上人。雅永朝臣。爲清朝臣。爲之朝臣。持康朝臣。持俊朝臣。永豐朝臣。明豐。資任。雅親。資益。

六日。晴。唐使參上珍重儀。僧俗參賀群參云々。

七日。晴。祇園會如常。將軍御見物。渡御京極亭云々。

八日。雨。自申初刻天晴。愛染護摩結願時用手代了。自昨日蟲氣聊指出間。爲謹愼也。三位法眼來。無殊事。脉冷氣云々。自公方樣被仰付赤松播磨守。虫氣出來何樣哉云々。委細申入了。日野中納言承。召寄經長寺主。又御尋云々。同篇御返申入了。　三條中納言爲御使來臨。今度來朝唐人內。可然醫師在之云々。脉樣等令對面可相尋之條尤可然。　若同心申儀者。可被仰付管領云々。仰旨尤畏入由申入了。三條折紙(二千疋)。隨身。少一獻在之。

九日。晴。今曉(卯刻歟)。裏松中納言義資卿爲盜人被殺害了。青侍一人同道云々。希代々々。深雨降出時節云々。　日野中納言爲御使來。條々仰旨在之。　一今度渡唐瑞書記硫黃二十萬斤。爲公方物被渡了。而任雅意。以外無正體事共繁多。仍於彼舟具足者。被點置兵庫藏了。追何在所ヘモ可被寄歟云々。　一此二十萬斤內五萬斤。山名方ヘ瑞書記渡遣了。子細於御尋瑞書記處。自山名方拜領由申入間遣了云々。又此子細於御尋山名處。曾以無其儀旨。種々申入間。瑞書記虛言之段。不能左右歟。瑞書記猶非虛言由。證狀在之旨申云々。一山名入道去六日出仕申入了。(如イ)此間脚氣所勞以外由連々申入了。可然御意得處。出仕事。以正藏主頻申入間。一事兩樣申狀御不審千萬。其上雖不伺上意可出仕申條。可有何子細哉云々。　一經祐法眼所勞聊少減之由被聞食及。御心安。殊御悦喜由被仰出之。面目至。過分無申計旨申入了。一義資卿事。希代橫死。併天罸由。日野物語也。盗人勿論歟。小袖鏡臺風情物奪取云々。條々御返事具申入了。　瑞書記不法事。方々及其沙汰歟。以外事。山名硫黃拜領實否御究明事。山名定可畏申入哉。　同脚氣所勞以外之由乍申入。頻出仕懇望。誠一事兩樣。且於中途若相違儀哉。不然者尙々無正體樣存候。　經祐法眼歡樂減氣事被仰出。忝畏入。過分無申計。併門跡眉目由。能々可令披露云々。　日野中納言唐人醫師參上マテ令祗候。　御脉樣如申入歸參時可被披露云々。仍猶逗留了。　管領來入。唐人醫師召具云々。仍對面了。先管領ニ對謁。次醫師幷通士一人管領引導了。予對謁唐醫。單衣體也。唐醫暫休息。無左右不取脉。乘馬之間如此云々。次取脉。卓ノ上ニヤハラカナル物ヲ可敷云々。仍(如イ)可然用意。其後左手ヲヤハラカナル物ノ上ニ居テ。醫師手ヲハ卓ノ上ニ居テ取之了。右同前。申詞唐醫ニ仰テ令書付了。

看診得左手脉。微緩。帶洪數。獨肝部盛主。病原因怒氣起。後至痰氣虛熱。右手三部脉。俱微弱無力。主肺氣缺。淸脾胃弱。飮食少味。

當用加味六君子湯。

唐醫如此注之。則良藥調合事頻申。雖然重可申〔遣〕之由返答了。冷麪干飯等於閑處勸之了。　管領對謁。少一獻。歸京旣及晩間。直可參申御所。且唐醫申入旨爲披露云々。仍二獻計也。管領三千疋折紙隨身。今度所勞減氣珍重賀禮云々。茨木二千疋折紙同進之。　御帶加持事又被仰出。未雖爲養性最中。不及申是非勤仕了。伊勢兵庫守持參如常。御加持之儀又同前。向天男子降誕祠任佳例了。西南院僧都請取之。内々重賀往反。

十日。大雨。

十一日。晴。今朝唐使雷（ルイ）内官。千戸李善ヲ使トシテ種々物送進之。不存寄祝着々々。通事周肇已上一座官人。目六別在之。二座官人使趙諒。通事葛大益。進物目六別在。三座官人使校尉陳敬。進物目六別在之。 御產御撫物二階堂山城守持參。重賀請取之。上奉行西南院僧都。自今日御產御祈又五壇始行。花水供。藥師。准胝。不動。愛染。呵利帝也。御撫物帶五筋到來。其外護持僧中御祈御撫物帶同一筋。已上六筋歟。

十二日。雨。

十三日。晴。以日野中納言被仰出。藤宰相入道不思儀虚說ヲ奉對公方申入間。昨夕被遠流九州邊。子細等具被仰出了。所詮裏松中納言今度橫死事。内々爲公方被仰付御沙汰之樣ニ御物語之由。近習以下群集ノ中ニシテ雜談云々。此事藤宰相入道ニ御物語無跡形事也。仍以兩使日野黃門。赤松播磨。御尋處。不申由頻申云云。雖然藤宰相入道雜談時。承人數及數十人。悉申旨申入上者。非御不審限間。不可及告文由仰云々。希代虚言。元來胡亂不思儀者也。定申條勿論歟。 管領方へ引物三重。白太刀。馬一疋。以長全遣之了。 唐使官人三號船。王内子云々。重色々送賜了。

十四日。晴。祇園會如常云々。公方樣無御見物云々。秘鍵法施如常。

十五日。晴。管領來臨。唐朝へ御返牒御位署事。愚身意見尤被思食也。只今被改鹿苑院殿御沙汰之條。一向彼御非虚ヲ可相當被仰顯異朝歟。旁如本日本國王ト可被遊遣云々。予自最初此等義申入了。於王字不可有御憚候哉。

既執政御事。覇王勿論御座候歟。國主ノ主字ナトハ聊可有子細事歟。此仰尤珍重之由申入了。今日自唐朝所渡具足一見了。公方樣昨日被御覽云々。及夜陰今日到來了。車六兩ニ積來。初(ハ)驚目處。披見後以外興醒了。此內予具足小皮子一有無體也。自餘一向代官。或ハ他誂物云々。不可說々々。少々以代所望抑留者共在之。不動護摩開白。自身。

十六日。朝雷。自酉初大雨降如車軸。雷鳴又消肝了。晚鐘時分天晴。

十七日。晴。(タイ)兩社御神樂奉獻之。以新渡用脚下行了。昨日雷山上閼伽井大杉上落懸由。隆圓法印注進申入也。大杉梢三分一計割偃云々。其外無殊事。珍重々々。此間爲御產御祈。俊增僧都參籠准胝堂。以外消肝キ云々　自管領以使者。安富筑後守。唐人官人等訴訟申入事三ケ條在之。一賊船事。自今以後堅御停止。第一唐朝大慶也。爲賊船用心。不斷置警固之條。唐朝煩。萬民歎此事云々。一賊船ニ被取唐人共。都鄙ニ散在歟。被召集悉可被歸唐之條。可畏入云々。一來八月中早々可歸唐仕。(如イ)可然可被仰付云々。此由赤松入道同道仕令披露處。悉可有御下知也。就其賊船事ハ。壹岐對馬者共。專致其沙汰歟。此兩島大略少貳被官歟。然者可被仰付少貳事也。但少貳事。既去年以來被成治罸御敎書。被差向御勢事也。然只今又此御敎書可被成遣之條。御所存外之由被仰出候間。赤松入道相共。依此御敎書不可有御免之儀事候間。不可有苦之由存候。可被成御敎書於少貳方之由。再三雖申入候。同篇御返事。所詮此子細可申談門跡之由被仰出候。可爲何樣候哉云々。予對謁了。重事奏者等定可申謬歟。愚意趣如上意。被成治罸御敎書。只今モ既被差向御勢事候。

此御教書事ハ。可有如何哉。上意尤之由存候。所詮對馬一國事ハ。少貳内者宗家者共知行仕歟。彼等中ヘ可被成御教書條可宜哉。但上意幷面々可爲御料簡候。壹岐事。何者知行哉。不分明候。若下松浦者共過半知行候歟。然者是モ少貳方者候歟。御教書可爲同前歟之由申了。晩頭雷鳴。雨降。雖然非昨日様。

十八日。晴。日野中納言爲御使來臨。仰旨。明日唐人可有御召請。就其御禮之様可爲何様哉。先唐使參申入時。於寢殿邊被出向。御禮後。御會所ヘ可被入歟。又於御會所廣椽邊可被迎歟。又御曲彔前ニテ可有御禮歟。此三重之様如何云々。次鹿苑院殿御代ニ。唐人御召請御禮之様。且如何云々。予御返事。明日唐使參上。先以珍重。就其御禮之様。愚存分ハ御曲彔傍邊ニ御立。唐使内ヘ參時。聊御禮有テ。可令着御曲彔給之條宜哉。官人退出時。御送有無事。隨時可有御沙汰歟。或ハ御座敷内。或廣椽邊御出可事足哉。鹿苑院殿御代少々拜見仕申候分。大略廣椽邊ニテ御迎請。御送又同前様覺悟仕候。此時分無沙汰不記置候間。毎事不分明候。仍只今儀ハ。就當時御進退。愚意趣申入云々。次明日役送事。何者勤仕哉。若唐人候者。聊不足之様存候。且此方ヘ御召請事候。若如近習沙汰可宜哉。此條ハ非御尋儀。内々物語申入分之由申了。

十九日。晴。唐使參室町殿云々。申初刻。將軍御直垂如常云々。先於南向御會所御點心。其後於北御會所種々御一獻。及昏薫唐人退出云云。御陪膳唐人等勤仕之。如鹿苑院殿御時歟。北御會所ニテ。唐使參以前先御一獻在之。新造以後。未無御一獻儀。仍御沙汰。諸大名折紙持參。各御引物拜領云々。日野中納言早旦爲御使來臨。昨日予內々雜談。役送事物語申入處。是マテ申入御悅喜。就之役送唐人不可然歟之由ハ。定異國者ナリ。何樣心中ヲカ存申入候歟。御無用心儀歟。將又就自餘事不可然旨在之哉。委細重尋申。唐人參以前可歸參申入云々。予申入。就役送事被尋仰候。唐人沙汰申入事。且無便樣存候。又ハ雖可有何條事候。異國者可存申入所。餘御無用心樣候間。旁申入き。乍去鹿苑院殿御代。旣唐人役送申入上者。只今雖唐人勤仕申。可有何條儀哉之由申入了。

廿日。晴。長谷寺登廊五ヶ所夜灯事。自今夜可燃初之由。可有御下知之旨申大乘院門跡了。二季灯油料二千疋下行了。長谷寺一和尙幷執行等請取之云々。灯爐鐵。五ヶ。以前旣申付南都鐵物師了。千疋ニテ請取之了。醫師三位法眼來。來廿五日出京事。可相談之由。內々時宜云々。仍脉樣不可有子細。可罷出之旨申了。

廿一日。晴。先日三條中納言來臨二千疋隨身。禮物。今日吉日間。以長全遣了。段金一端。三重。白太刀一腰。引合也。一色五郞來。一昨日十九日。出仕申入云々。二千疋隨身。妙法院山門。新門主。德大寺舍弟爲公方樣御猶子入室。十一歲云々。得度戒和尙檀那院僧正良昭。唄師安居院僧正仲承云々。

廿二日。晴。不動護摩結願。自身勤仕。

廿三日。晴。明後日出京。極暑興盛時分。猶無御心元被思食也。延引可然歟之由。日野中納言仰旨。以慶壽法師申送之間。時宜之趣御懇被仰出。尙々畏入可令延引之由申入了。賢快僧正所勞危急之間。加任事申入處。日野黃門聞違法務事申入了。仍不可有子細之由仰云云。旁祝着々々。明日可被宣下云々。　爲來月造作方遣（違カ）理性院了。僧正留守也。宗濟僧都每事取沙汰候了。今夜一宿。粥以後歸坊。造作當西方間。秋季中無方違儀者不可叶之由。在方卿計申入也。

廿四日。晴。今日御臺渡御聖護院門跡。初度也。折五合。綸。五色。三十籠。以親秀法橋進了。二條家門ヘ來廿七日渡御云々。種々物共御所望間。申付長全今日進之了。先日光臨時馬引獻了。現馬難出現間。以代今日同進之了。日野烏丸折紙代千疋。到來間。則以彼進之由長全申也。義資卿家以下知行分所々等悉拜領。祝着之由烏丸資任申也。 渡唐船山名ト寄合。 當寺造營ノ爲ニ可渡遣之條。 時宜如何。次硫黃事。御免許無子細者。遣人於嶋津方可召寄。 次舟事。 小泉丸定今度可爲無主歟。可申請之條如何。此三ヶ條先內々以三條中納言達上聞處。何モ不可有子細云々。硫黃事ハ今度堅御禁制事也。雖然當寺造營云々。旁不可有子細云々。此由以經長寺主。自三條黃門申賜候了。祝着千萬々々。 賢快僧正東寺寺務直任。宣下到來了。 唐使官人一號船。二號船。三號船。三人種々物送進使者引物。今日以智阿遣之。安寧通事相副了。 千戸練貫二端。太刀一腰。革袋。自餘練貫一端。太刀一腰同前。已上五人。醫師唐人方ヘ銚子提一具。太刀一腰同。遣之了。

廿五日。晴。 去四月廿五日曉夢想發句。今日於北野致其沙汰了。昨日內々得時宜處。不可有子細云々。御脇爲公方樣被遊。祝着。歡喜不知手足舞踏。連歌一獻料千疋。以慶圓法眼遣之。 公文所奉行云々。今日公方樣御法樂云云。仍其人數波多野入道。濱名。三河。杉原以下相加了。旁祝着。慶圓法眼依面々意見相加云々。如何。

夢想發句　梅もかなともに雪見ん菊さかり
御脇將軍　草に千秋の花やかさねん
廿六日。晴。玄阿早旦來。昨日法樂珍重々々。懷紙今日以慶圓法眼。可備上覽之由。申遣赤松播磨守方了。淸書玄阿。　自申初大雨降。懷紙今日以播磨守(赤松)備上覽了。　賢快僧正入滅。四十六。
廿七日。少雨。將軍渡御執柄家門云々。御一讀(續イ)在之云々。山上淸瀧宮造營用脚三萬疋。且御下行。奉行飯尾大和守。祝着々々。　昨日丑刻大雨時分。三條八幡宮榎木顚倒云々。相尋在方卿。重可申入云々。
廿八日。少雨。唐使一官人號雷(ルイ)内官ト方へ五色百籠。榼十荷遣之了。内々得時宜。赤松播磨守昨日伺申入也。不可有子細云々。官人方へ以智阿遣之。通事安寧相副了。
廿九日。晴。今日唐人參御所。猿樂在之云々。

前攝政若公阿賀御所。御入寺。　唐使官人二號船。三號船。兩人方へ。五色各五十籠。榼各十荷遣之了。使者通事安寧。智阿兩人也。　廿六日丑刻。三條八幡宮榎木顚倒事。在方卿占申。口舌病事也。子午辰戌年御愼云々。四十(日脱カ)之内戊己。此兩日殊可有御愼云々。仍自七月三日。四日。十三日。十四日。廿三日。廿四。八月四日。五(日)。十四日。十五(日)。京都出世令結番參詣。仁王經可讀誦由。申付圓弁僧都了。灯明以下料自納所可下行旨。同申付了。

七月

一日。晴。愛染護摩開白如常。　入堂用代官了。千反タラニ等如常。毗沙門講同前。
二日。晴。　三日。晴。
四日。晴。日野中納言爲御使來臨。　土用以後殘暑以外。養性可然云々。次何比可有出京哉云云。　次明日五日。唐人在所へ申入間。任鹿苑院殿御例可令成給。就其御乘物。御車。御梁橋。御板輿。此等内可爲何哉。 次下御在所事。門外門内可被寄御乘物於堂上。此等内何宜哉。 次山門邊事ニ付テ。例式雜説在之。簡要令同心關東。致用害搆云々。比與第一也。雖然被觸御耳之間。一端被仰云々。 條條御返事。 一殘暑時分養性事被仰出。致涯分其沙汰。殊畏入。屬凉氣可罷出由。可得御意云々。 一明日渡御館驛事。先以珍重存候。御乘物事。御車尤宜存候。不然者如被仰出。如鹿苑院殿御沙汰。御梁橋又一途歟。猶猶御車宜存云々。 一下御在所事。門内勿論存候。可被寄御車於堂上候哉。設唐人雖參向申入。此下御儀宜存候。萬一官人不參向申入者。彌又可宜歟之由申入了。 一山門邊事。雜説不可説存候。此儀五月比申者候き。不可説題目候間。申者乘阿。加切諫了。關東同心山門儀。曾不可有之由存也。仍關東邊此儀ニ付テ無其沙汰由。今河民部大輔狀。以日野黄門備上覽之由申了。 今日渡御妙法院門跡。自是直可參申入由。被仰出旨。日(野脱カ)黄門物語。妙法院新門主事。去月廿一日入室云々。德大寺舍弟。當年十一歲云々。將軍御猶子儀云々。前門主宮仁和寺邊徘徊。不可説體云々。不便不便。 爲瘦療治召寄久阿彌了。瘦ノ上ヲ三十一灸治。其後廻付藥。灸跡ニハ蚫皮ヲ香藥ヲ脚ニテ付了。 五百疋賜之。長全奉行。

五日。晴。 將軍渡御唐人在所。 御車云々。 御直垂。被寄御車於堂上。唐(人脱カ)參向庭上云々。 申半刻計渡御。子初刻還御云々。火曲以下種々藝能唐(人脱カ)沙汰云々。一獻唐人一向用意。魚鳥類云云。三條中納言參御車云々。諸大名大略參云云。

六日。晴。 竪義無爲。竪者弘鎮。所作神妙云々。

少助成三百疋賜之了。
七日。晴。
八日。小雨。夕立。愛染護摩結願。
九日。夕立。御產氣分出來。自昨夕令出御產所赤松伊豆守亭給之由。自京門跡被示送。仍山上山下本堂ニシテ千卷讀經始行。其外於山上本堂。タラニ等可誦之加下知了。
十日。小(少カ)夕立。寶池院入寺。今朝參室町殿。御對面。明日又可被參申之由仰云々。今度籠居之後。今日初被參也。御產氣分事。寶池院物語分。未無其儀。爲用意兼令出給云々。此仁體異樣無極云々。臨其期雖申。無左右不可被出候歟間。以故實儀兼出申云々。今日於此門跡。タラニ同音。御產御祈。　三條中納言使者ヲ以テ申。先日執申入雲龍院前住春江事。云執申入事。云僧徒事。出頭旁不可有子細之由仰云々。祝着畏入旨。以狀申遣彼卿方。

十一日。晴。日野中納言爲御使來臨。條々仰。
一山門事。西坂キラ、坂。ヲ堀切。搆釘(クギ)拔之由被聞食及也。言語道斷振舞。山僧式彌存外思食。仍山門領江州邊所々悉可被押置云々。就之圓明一人知行分可被押歟。又杉生一人知行分可被押置。御料簡子細被仰出了。
一六條八幡宮。三條八幡宮等木。顚倒之由被聞食了。今朝又北野社木顚倒之由注進。御祈謝之儀可在之歟云々。
一近日御所中邪氣興盛。以外事共也。仍洞院前内府息女怨念咒咀之儀也。然者此仁體雖爲姬君御袋。被着黑衣。可被置栂尾邊條。可爲何樣哉。醫師三位法眼申入分ハ。此仁體程隔タル在所ニ可被置申條可宜云々。如何。
一去比法性寺大路邊へ白蝶降下云々。豐年瑞之由。諸人申入旨。三位法眼申入之間。先規若如此事在之歟之由。御尋大外記業忠處。兩度例注進之。最初天曆年中黃蝶自天降下。聖代豐饒天下安全云々。後度ハ文治年中降下。天下安泰豐饒之由申入也。兩度共黃蝶歟。今度白蝶云々。先例ハ雖爲御祝着。當時之儀旁御恐怖云々。 一馬借近日少々可有御沙汰事。如何。 一來十九日可參申入之由。內々竇池院物語也。但殘暑以外。定路次窮屈勿論歟。可相待涼氣時分云云。 條々御返事。 一山門領可被押置事。去年諸大名意見。御勢發向之時分。一同此儀申候し。只今又同前哉。 圓明。 杉生撰拔御沙汰之儀。如何之由存候。 一六條八幡宮木顚倒事。只今初存知候。三條八幡木事ハ社家注進勿論也。在方卿勘文口舌病事之由申候。辰戌子午御歳愼之由。北野社木顚倒事初承。旁御祈謝宜存候。 一御所中邪氣興盛驚存。雖然御祈可爲簡要。早々可被仰付哉。但盆以後可被始行候歟。先小法等宜哉。 一法性寺大路白蝶降下事。天曆文治佳躅上者。尤珍重存也。 一馬借事ハ。先暫可被閣之條。旁宜存。雖何時可有何子細哉。 其上彼等事ハ隨時可進退候歟。自然罷立御用事モ可在歟。 一來十九日出京事。御懇被仰出畏入。殘暑如今者可略仕。重可申入旨申了。 山口遠江守參申入。 渡唐船事ニ付テ條々申。大略落居云々。珍重。次物語申。此一兩日事歟。於建仁寺白晝僧ヲ一人召取。(號寺首座。) 並岡邊ニテ切首云云。近比不思儀云々。仍此本人僧同建仁寺昌首座ト云々。爲公方被召取究問之間。相語者共悉白狀云々。京極內者。上杉四郎內者。細河刑部少輔內者等云々。 昨日又於相國寺喝食ヲ僧カ殺害。此喝食ハ山名親類云々。

十二日。晴。日野中納言又來臨。今日暇ヲ申入。日野墓所ヘ罷之處。就便路。御事付條々仰旨之由申。 一昨日內々被仰出。杉生一人坊領ヲ被除。自餘ハ悉可被押置事。御遠慮之由被思食。猶廻愚案可申入云々。一山門事。關東邊雜說聞食合。能々被仰談諸大名。可有御沙汰條宜云々。此條誠可然歟。乍去延引追儀如何。巨細可申入云々。御返事。一被除杉生一人坊領。自餘山門領可被押置事。猶不可然之由存。其謂ハ一身坊領被閣事畏申入。進退相替篇候者。尤可爲神妙。萬一無其儀者。此御沙汰還而不可有御遠慮儀歟。但猶可爲時宜。一就關東雜說事。山門邊儀ヲモ能能被聞食合可有御沙汰歟事。非殊儀。關東雜說若事實候者。天下重事之間。旁諸國御用心等可爲各別候哉間。能々可被聞食合歟之由。申入計也。簡要關東山門事。重事不可過之間。可被仰談諸大名之條。尤宜存之由具可有披露云々。

十三日。晴。若公御方御祈護持方。千手供今日結願。卷數進之了。金院御厨司所立柱上棟沙汰之。馬少々到來。理性院以下也。新大工初出仕。十五歲。故國弘末子。此間清水寺大工養置云云。此間番匠百十人云々。今日廿六人參外云云。自大乘院灯爐送賜候了。盂蘭盆經書寫供養如常。經譽賜之了。

十四日。晴。早旦參詣菩提寺墓所。理趣經共行窮屈間。不叶。八幡宮安居神木六本內。艮方木昨日十三日。艮方へ折テ顚倒之間。押直立處猶見苦間。重以自餘木立替了。前代未聞儀也。先例仍不分明由。融清法印注進之。公方ヘハ未及注進云々。

十五日。晴。盆供如常。導師弘豪法印云々。予不及出座。不動護摩開白。

十六日。晴。日野中納言爲御使來臨。今日唐人又參申。申樂於多武峰如合沙汰被仰付了。見物サセラレ度時宜。可參申入云々。山門事。唐人歸唐以後。必々一途可有御沙汰云云。自今日於御所中御祈。依唐人參延引云云。

十七日。晴。建仁寺幸首座召取。僧昌首座幷於相國寺喝食殺害僧。已上兩人。裸形ニテ雜車ニ載セ。手足ヲ兩方ヘシハリツケテ。物ニ腰ヲカケサセテ。自一條大路ヲ被渡云々。相國寺僧ハ相國寺々内ヲ渡シテ。大衆見物之。其間ハ建仁寺僧ハ惣門内ニ置之云々。又建仁寺僧ヲハ建仁寺々内ヲ渡テ。鳴鐘。大衆集會テ見物之。次於六條河原被切首云々。前代未聞事共也。此僧惡行。此御沙汰猶可謂不足歟之由。諸方沙汰之云々。　神泉園御舍利御奉納。奉行日野中納言。理性院僧正去十六日以來。若公御方御祈勤仕。祗候伊勢守亭。仍俄此僧正參向及寅剋云々。兼テ參向仁體。金剛王院僧正。寶嚴院僧正兩人之由。爲門跡仰付了。且奉行方ヘモ被仰了。然奉納日俄今日之由。及酉半奉行觸申入間。兩人參依遲々也。不及降雨。無念々々。

十八日。晴。九州莒崎社頭炎上。神體同前。於炎上例者文永中兩度。弘安年中一ヶ度。已上三ヶ度。於神體炎上者今度初例云々。以外重事由。八幡田中法印融淸先內々注進之。自莒崎定近日重社官等企參洛可申入歟。其時委細注進可捧之云々。炎上事。去月十六日歟云云。大內軍勢亂入社中。少貳方者遁籠間爲相尋云々。火事自何處出來哉。不存知旨只今參洛者申入云々。

十九日。晴。自今日於室町殿。聖護院准后小法勤仕。臨時御祈也。先日予意見分歟。　良讃僧正於御臺御方護摩勤仕之。　爲室町殿御祈。於此坊愛染王護摩勤修。日野中納言內々示給旨在之。仍修之。强非仰分歟。不及供料

沙汰。若公聞食初云々。自駿河國注進（關東）雜說事。武田右馬助甲斐沒落事。兩條狀。以日野中納言今日備
上覽了。
廿日。晴。今河申入駿河國安部山御判。今日自
管領以安富筑後守送賜了。仍彼使者（今河）朝比奈
近江守ヲ召寄。早々可渡遣之由。仰付西南院
也。但今日及夜陰。明日例日也。明後日（廿二日）。可
渡遣歟之由。內々申付了。日野中納言來
臨。御使也。昨日今河注進狀被見管領了。仍
此兩條旁隱密可然由被仰出云々。就此事等
條々仰在之。
廿一日。晴。今日重神泉園御舍利奉納。金剛王
院僧正房仲。幷寶清僧正等參向。於日野亭御
舍利請取之云々。今日又不及降雨。無念無
念。
廿二日。晴。朝比奈近江守參申入間。安部山御
判幷施行渡遣了。
廿三日。晴。
廿四日。晴。地藏參詣如去年云々。近年以外零
落歟。自今夕水天供可始行旨。日野中納言
奉書到來了。用手代。（房仲僧正。）本尊等累代尊奉
出之了。壇料理賴全律師七壇水天供云々。寶
池院地藏院同人數云々。護持僧中被相觸歟。
先々强不限護持僧被催之了。當時一切ニ雜
雜御祈以下。一向不離護持僧之條。且如何。
且可謂不便歟。八幡北野參籠等事。於涯分者
又大儀也。如此簡要御祈事ハ。可致其沙汰條
勿論歟。如祈雨者。少々護持僧外尤可宜歟。
何樣追奉行黃門ニ可令入魂也。寶池院此間
持病間。用手代云々。仰付隆濟僧都處。此間
服藥云々。仍申付隆增法印云々。
廿五日。晴。寶池院帶加持女中。今夜子刻御產
平安。若公降誕。珍重々々。今度帶加持寶池
院初度也。旁拳手處。剩男子降誕。併護法鎮

守善神冥助也。准胝堂參籠只今當番山務法印隆圓也。殊感仰了。今夜亥初刻御產氣分出來之由問。〔自〕寶池院書狀到來間。於金剛輪院御堂千反始行之。藥師。准胝。炎摩天。呵利帝等阿闍梨召寄。各修花水供。及數刻致懇祈。委細以快助阿闍梨仰付了。宗濟僧都令奉行。面々觸催了。
廿六日。晴。陰雲出來。雨氣漸相迫天氣也。水天供彌致精祈。御產御祈悉結願。卷數撫物可渡奉行之由。仰遣親秀法橋了。若公誕生珍重御禮。僧俗群參。千疋太刀。若公へ馬太刀進之了。自餘同前云々。僧俗不及御對面云云。渡唐使者僧永頊都寺來。山口遠江守弟。對面。渡唐可爲來八月中旬比之由。其沙汰之由申了。條々以西南院問答了。
廿七日。晴。
廿八日。晴。當北方雷鳴。京都少雨灑云々。此邊不少雨。水天供第五日也。今若公御湯加持午刻云々。寶池院參勤。御馬太刀被拜領云云。眉目歟。自今夕爲同御祈。於本坊佛眼法勤修。伴僧六口歟。供料三千疋云々。
廿九日。晴。自日野中納言方書狀到來。祈雨事。重猶可致懇祈旨。可令下知當寺云々。次明日重神泉園ニ御舍利可被奉納。如何。若不可有子細儀者。奉納仁體可召進云々。來月中臨時御祈當番也。可令存知云々。御舍利奉納事。既及兩度召進了。雖然不及法驗。若自身可罷向仁體ニ可被仰付歟云々。三條八幡宮へ自今若公神馬被引獻之。
八月
一日。晴。八朔儀如常。內裏樣御憑幷室町殿御憑恒例儀也。愛染護摩開白如恒。入堂用代官了。祈雨事。重可致懇祈旨。以三條中納言被仰出間。七壇水天供重始行。阿闍梨。理性院僧正。禪那院僧正。報恩院僧都。弘甚法印。隆圓法印。隆增法印。隆瑜僧都。以折紙内内觸仰了。奉行理性院僧正。於山上雨乞如常。本宮參詣幷於雨乞嶽。タラニ理趣經等。一山衆罷出云々。

二日。晴。

三日。晴。自半更雨降。　今日出京。晨朝鐘時分出門了。　今度所勞以後初出京。日出以前京着。則參室町殿。重衣。輿。袖白。　力者單直垂。大童子二人。染直垂。宗濟僧都乘輿供奉。宗弁上座。經長寺主供奉。申次三條中納言。折紙五千疋進之。只今出御南禪寺云々。御對面。珍重之由種々被仰。眉目至。其後參御臺御方。申次西雲庵。折紙五千疋進之了。次參若公御方。伊勢守亭。　若公御對面。初度也。　御加持申之。二千疋進之。歸坊處。山名禪門來。千疋隨身。出京珍重之由申之。其後管領。畠山。治部大輔。赤松。京極。一色以下大名悉來臨。各折紙隨身。員數不同。自餘輩各太刀隨身了。自室町殿以三條中納言御引物拜領。練貫十重。盆。香合。引合。盆香合共以重寶也。祝着祝着。自御臺樣同前。過分。祝着萬々。以三條中納言蒙仰。今日出京。千秋萬歲。珍重々々。明旦ハ定可歸寺歟。然者暫ハ又爲養性不可出京歟。晩頭重可參申入條御本意。其時分可賜人云々。仰旨畏入之由申入了。晩頭重參事可存知之由申了。酉半刻計可參申入之由御使到來。則馳參了。御對面。種々事共被仰了。山門事。狩野。三浦以下歎申入事等也。退出歸路ニ今若公御產所赤松伊豆守亭。參申入了。女房出逢。鄉成朝臣妹歟。御產無爲以下珍重旨申了。　今夕御參内云々。　三條中納言及夜陰來。千疋折以下隨身。少一獻在之。盆硯等隨身。各重寶。祝着々々。　自若公御方。以伊勢

守五重。盆。香合拜領了。事始千秋萬歲。祝着
祝着。日野中納言。飯尾肥前守同道來。西
大寺光明眞言用脚御支配事。於予前可致其
沙汰云々。仍及深更對合支配了。千貫也。公
家二條。一條。陽明。以下不相殘。武家同前也。門跡除
御室其外悉支配了。今日御使來臨禮。三
重。盆。香合。以宗濟僧都。三條中納言方へ遣
之了。

四日。晴。巳欲歸寺處。日野黄門爲御使來臨。對
謁處。年中ハ闔萬事可致養性。別而御用事出
來時ハ。其由可被仰云々。次光明眞言用脚千
貫御支配。夜前分治定云々。淸書可見予之由
仰云々。其後歸寺了。昨日爲禮三條中納言
方へ三重。白太刀遣之了。使者宗弁。管領へ
馬一疋。太刀遣之。使者兵部卿法橋。

五日。晴。於室町殿唐人猿樂。火曲以下藝能致
之云々。爲見物若公可出京之由被仰出間。午
初刻出京。關白。聖護院。實相院。下河原弟
子。實池院等可有見物由內々仰云々。曉天
雷鳴。大雨降。

六日。晴。三條大納言來臨。千疋隨身。中山宰相中
將。松木中納言等來臨。各太刀隨身。中終
歟大雨降。雨於今者無不足歟之由。土民等
申。剩猶降雨難儀云々。仍以理性院奉書其由
申遣日野黄門方之處。可伺申入云々。今夕返
報到來。明日七日。可結願。

八日。晴。愛染護摩結願。藥師三體造立供養
如常。

九日。晴。今若公御着衣始云々。自今日彼若公
御祈。御產所中可勤修由。二階堂申云々。仍
御撫物到來。愛染王供始行了。

十日。晴。御厨司所竈塗之祝。臨時毗沙門講始
行。今日甲寅日之間愚案也。予今度病中以後
法會共行始也。式供養法理性院僧正。

十一日。晴。　十二日。晴。
十三日。晴。　正藏主來。御使云々。崇壽院同道。就駿河清見寺事。守護幷今河右衞門佐方へ。爲門跡可遣書狀旨被仰出云々。寺家扶助事也。以親秀法橋。書狀ぉ遣正藏主了。次東寺御舍利御奉請可爲何樣哉之由。御不審之間。鹿苑院殿御例候上者。可有何子細哉之由申入了。
十四日。晴。　彼岸初日舍利講如常。四ヶ法用。式禪那院僧正。伽陀快助。唄弘豪法印。散花快圓。梵音賴全。錫杖宗我。
十五日。晴。　八幡放生會神行如常。無爲之由田中法印注進在之。管領侍所等下向云々。自酉初降雨。不動護摩開白如常。舍利講如昨。二ヶ法用。入堂用手輿。　自大乘院音信。筒井昨曉發向越智城處。筒井方打負引退云々。筒井伯父五郎被打由風聞。但非實說云々。　東寺御舍利御奉請可爲明後日之由。自正藏主方申賜了。
十六日。晴。　六條八幡宮放生會無爲云々。社務依重服不被出仕。舊例光濟僧正時代歟。依服氣出仕不叶。仍爲代官松橋出仕云々。今度自社家此儀注進云々。雖然代官出仕事被停止歟。　醫師三位爲御使來。漸涼氣也。灸治尤可然思食云々。三位相語云。去夕自大和注進。筒井爲苅田發向越智在所處。於難所悉打之云々。　自大乘院及晩陰書狀到來。筒井幷伯父五郎發向越智知行在所處。難所へ入スマシ悉打之。筒井勢甲千二三百。野伏三四千人云々。片岡依痛手同自害云々。越智勢甲八百計。野伏二萬人計云々。筒井今度發向之儀。以外短慮楚忽之由。大和國中沙汰云々。去々年歟自公方被相副御勢時。尙以如所存不致其沙汰。況筒井一手國民等勢不足事云々。珍事珍事。
十七日。晴。自正藏主方申。東寺御舍利御奉納事旁可被略。門跡御舍利可遣云々。筒井事驚入之由。以親秀法橋。申遣赤松播磨守方。以御機嫌可令披露旨申遣也。
十八日。晴。御舍利奉請使者中浦藏主云々。正藏主同宿。以遍智院相承代々奉請東寺御舍利内。三粒渡進之了。美濃國。大乘院參洛云々。內內上意歟。
十九日。晴。唐人官人五人方へ還禮物遣之。一號船太刀一腰。扇三(十脫カ)本。三裹。銚子提三具。打枝一。高檀紙一束。已上五色。二號太刀一腰。扇二裹。廿本。銚子提二具。三號四號五號同前。使者作阿。通事安寧。號唐阿。
廿日。晴。彼岸結願了。如例式小捧物出之。
廿一日。小雨。唐人今日兵庫下向。三條黃門爲御使來臨。近日女中御邪氣興盛。御祈事可有御沙汰。不斷陀羅尼等可宜歟。可計申入云云。次今若(公脫カ)自明後日廿三日。可有御座 南向御方。如何云々。來廿七日早々可有入御云々。條條仰畏入。御祈事。不斷タラニ先宜候。自明後日廿三日。可申付。次今若公南向御方ニ御座。尤珍重。又來廿七日早々渡御。自何祝着之由申了。
廿二日。晴。不動護摩結願。
廿三日。小雨。今若公御祈愛染供結願。卷數御撫物進之。二階堂披露云々。今若公御移住南向御方云々。唐朝御返牒。今日被調之云云。就此事自管領以使者安富筑後守申趣。御返牒年號事可爲何樣哉之由。奉行飯尾大和守伺申入之處。日本年號勿論之由被仰出。仍可爲其分候處。以前永享四。被遣唐朝御書。被書載唐年號了。此事御所樣未被知食歟。可達上聞。所詮今度日本年號可被書載條。可有如何哉由。諸人申入也。鹿苑院々主賓山和尚意見ニハ。支干計ニテ。一向可被略年號歟云々。此條モ又不可然歟。簡要意見之趣承可申入云々。予返答。此事ハ誠重事歟。愚案難及。乍去永享四年御書ニ。被載唐朝年號上者。只今又難被改歟。其故ハ。以前唐朝御音信初度之間。爲不被違彼國所存。被載大唐年號。今ハ又彼國心落音信同心申入間。雖有何樣御沙汰。可有何子細哉之由思食。被改之樣存申入者。一向日本ノ表裏之樣ニヤ。唐朝萬人可意得申候歟。所詮今度ハ先如元唐朝年號被遊之。後ニハ此儀不可叶子細お。具別而以書被仰遣。并唐使官人等ニモ。神國之間一向隨唐朝儀ハ難叶。只以隣國好可申通條御本望之由。若可被仰遣歟云々。今日灸治沙汰之。内々依時宜也。自今日於室町殿。聖護院准后不動延命小法勤仕。伴僧八口。脂燭殿上每夜在之云々。理性院僧正於御臺御方。大威德護摩勤仕之。六角京極爲山門領(領脱カ)押使下向江州云々。

廿四日。小雨。自管領又以安富筑後守申。昨日御意見之趣。内々今朝以奉行披露處。日本年號可被書載條。不能左右事也。但猶此門跡意見可相尋云々。仍昨日同篇儀申了。住心院僧正來。景嵩和尚來臨。崇壽院今日退了。可移住大智院由被仰出。面目至也。次愚身定可悦喜歟旨被仰間。勿論由正藏主申入了。以狀正藏主方へ可畏申入條旁宜云々。仍書遣了。

廿五日。小雨。　廿六日。小雨。

廿七日。雨。早旦三條黄門來臨。黑木御所掃除等聊遲々歟。御引物少々未到事等在之。擧(拳イ)手了。辰末經祐法眼參。南挺一。四十八兩云々。代六千三百疋云々。持參。繪四幅。明鐵鬼和尚筆。賛空山和尚云々。三千疋云々。兩種到來案堵了。自餘元來周備。

已末公方樣渡御。御板輿如常。近習十餘人供奉。予於小御所北奉待。懸御目。其後入御會所。不幾予退出。於北臺屋西南院部屋。休息　未初刻御臺樣入御。御張輿。御力者供奉。女房達十人云々。此內上﨟五人。自餘中﨟歟。男衆供奉九人云々。參會女中西向。日野儀同後室。廣照院御寮。西雲庵。慈福院一色母。等也。西向。御寮。西雲三人早旦來。御座敷樣等具談合了。　手長兒房官相交沙汰之。大略房官七八人沙汰之了。於聖護院如此云々。女房又取傳之云々。　御引物等委細注文在別。　御所樣。御練貫十重。盆一枚。段子三端。色々。盆一枚。繪四幅。明鐵鬼和尚筆。高檀紙。以上。　盆一枚。香合一。練貫五重。引合十帖。以上寶池院ヨリ進上之。練貫三重。太刀一腰。白。以上若公進上之。御臺樣。御練貫十重。盆。金。香呂。金。兩種金卅兩二分云々。盆。堆紅。香合。剔紅。人形。以上。

盆。堆紅。香合。練貫五重。已上寶池院ヨリ御臺樣へ。　盆。桂漿。段子一端。御小袖織物等。三重。已上若公ヨリ御臺樣へ。　自林還御之時一獻又在之。此時御引物。御所樣。綾白。五重。盆堆紅。一枚。南挺一。四十八兩。引合。已上。御臺樣。御小袖二重唐織物。一重十六替織物。二重繪縫物等。五重。盆。小堆朱。金襴一端。紺地。食籠。剔紅。引合。以上。中半歟。栗林へ入御。一獻等如前。予參申。御臺樣御對面。初度也。仍五千疋折紙進之。御所樣同折紙五千疋同前進之。　御臺御盃予賜之。予盃御所樣聞食了。御酌西向禪尼。日野儀同後室。予早速退出了。其後寶池院參。　御所樣御盃賜之云々。若公元來着座。於林理性院僧正御引物進之。御所樣。五重。練貫。盆。香合。御臺樣。五重。練貫。盆。香合。　宗濟僧都折紙千疋。各御兩所へ進之。　凡林儀一向理性院僧正申沙汰分也。但黑木御所幷一獻助成了。

其後於扇間三獻在之。予。實池院。地藏院。三條中納言。管領着座。女中ハ於會所猶御一獻在之云々。三獻以後還御。酉終歟。　御相伴引物等委細日記在別。　今度造作以下用脚二千五百餘入了。　自方々到來折紙。治部大輔千疋。臘燭。百廷。　土岐大膳大夫二千疋。日野千疋。同西向千疋。大乘院千疋。西雲庵千疋。甲斐千疋。富樫二千疋。

廿八日。晴。今日御所樣御德日之間。不及參禮。其上予出京無養性之間。不可然。不可參申入由。再三蒙仰間斟酌。實池院爲代官可被參申之由申了。仍昨夕出京歟。但今日參儀可有斟酌旨申了。　御引物經長寺主爲奉行。悉今日先進之。但三條黃門意見ニ依テ。雖爲御德日無子細者可進之由申付了。

廿九日。晴。晩頭小雨。一昨日御禮。今日實池院被參申云々。御引物方々今日進之云々。　御所樣渡御村秀坊岩坊ト號。云々。　日吉神輿六社奉入中堂。山僧等又閉籠云々。廿七日事歟。不分明。篇西坂。廿七日燒之云々。神輿又御動座事。今度山門領重被仰付守護人被押領。仍致嗷訴云々。　田中法印來。千疋持參。

卅日。晴。　經祐法眼今日參申室町殿。　懸御目云云。自去比不例連々被懸上意被尋下。畏入儀爲申入云々。二千疋。太刀一腰進上之云々。三條黃門同道云々。　室町殿御祈不動延命法延(行イ)引云々。御臺御祈大威德護摩同前。來月二日結願云々。　長尾上野入道來。三千疋。太刀一腰持參。

九月

一日。晴。愛染護摩開白。　入堂手代。　百座愛染供開白。尊勝タラニ等如常。

二日。晴。　自將軍以御書先日渡御之儀。種々被仰出。眉目。　按察大納言。三條中山宰相中將。北畠中將等來。先日參賀云々。自畠山以遊佐勘解由左衞門尉。先日渡御珍重由申。何樣可參申云々。次遊佐河内入道知行飛驒國一村本所案堵計會云々。將軍御所不動延命法。聖護院准后勤仕。今曉結願云々。伴僧八口。輪灯燒之。壽命經讀經在之云々。供料。　理性院僧正勤仕御臺御祈大威德護摩。同結願了。　自今日將軍御祈秋季六字護摩。寶池院手代。仍於京門跡勤修之。供料千疋。奉行日野中納言。

三日。晴。就榊原事。自土岐大膳大夫方注進到來。使者僧也。

四日。雨。理性院僧正召請。但依雨延引。就寶池院既入寺。上天漸屬晴。俄又屈請。於栗林一獻在之。黑木御所一昨日欲壞之處。彼僧正抑留。今日料云々。松木中納言參會。栗未盛。其興不少。

五日。晴。今日又理性院坊ヘ召請。任佳例時食用意。昨日八時刻遲々間。於栗林一獻計也。寶池院昨晩出京。六字護摩。聖天供等修中云云。　自御室御音信。先日渡御珍重。就其御身上事御計會云々。　大乘院依仰。參洛之由音信。　東北院法印來。先日渡御珍重之由。榼白壁等隨身。　大乘院入來。及晩間一宿。種々雜談。今度參洛仰非殊儀云々。大和邊事猶御尋事等在之云々。

七日。晴。

八日。晴。愛染護摩結願。　入堂。　今夜神事無爲如常。寺務出仕夜儀之間。單衣體歟。前々又如此。兒大口略之。若公同道。田樂本座。年年如此。　日吉神輿七社已御登山云々。但不分明。大宮神輿未奉上之由風聞キ。如何。

九日。晴。　祭禮。申半歟神幸。酉末神事悉了。無爲珍重々々。寺務初。每事無殊障碍之條冥助歟。祝着々々。寺務出京云々。　於室町殿御所。聖護院准后准大法勤仕。一字金輪法護摩壇仲順僧正。理覺(性イ)院。伴僧十口歟云々。於御臺御方。良讃僧正護摩勤仕。臨時御祈也。尊法不分明。追可注。田樂法師四人入夜參申。一聲申之。兩三年佳儀也。若公御出。兒若公達等御相伴。及大飮歟。田樂四人中ヘ五百疋賜之了。每年佳例之間。不顧乏少。不可說々々。

十日。晴。時雨時々灑。天氣如十月。寒嵐又同前。此四五日每朝霜降。江州邊降雪云々。希代。土民等云。白山神輿御登山故云々。

十一日。晴。

十二日。晴。自管領使者若槻入道。參申入。就山門事密々可申入云々。仍對面了。今度兩佐々木被下遣江州。山門領悉被押領。陸地幷湖上通路被止之處。六角方海津邊舟通路猶不停止。少少往反之由達上聞之間。重御下知樣。舟通路以下堅爲地下人可止。然者山門領年貢三分一可被下土民等中云々。其左右未申入。次此後御沙汰之樣。可爲何樣哉之由。諸大名方樣內々意見御尋在之。赤松入道申入旨。爲山門無歎申入旨者。其期可爲何日哉。仍爲公方事子細被仰遣。圓明一人事ニ一山可及滅亡之條。不可然之由。具可被仰出歟云々。此由披露之處。山法師等所存以外過分也。爲公方如此被仰出者。彌山僧等載勝。無窮事等猶可申入歟之間。無益思食云々。仍此仰旨申赤松入道處。仰又尤云々。所詮門跡予。御意見之樣。又山上邊事。如何料簡之儀モ御座候哉。管領可參申入處。上意之趣。其ハ聊外聞可在之歟。先內々以使者申入。隨門跡御返事。管領可參申入云々。予御返事。山門事重事候。山上邊事更以無才學候。如被仰出。只今爲公方可被仰出山門事。御略先宜候歟。乍去如赤松入道申入。始終落着可有如何哉。又大事覺候。愚存之旨ハ。江州邊山門領押領。通路以下事嚴密被仰付。十月十一月邊。山上坂本邊樣內々被聞合。管領私故實ニテ。圓明事。深達上意處。山門同心扶持之間。旣可及一山滅亡歟。不可然。先圓明一人事罷出坂本。自餘使節等速罷上。可歎申入之條。一向管領懸生涯可執申入之由。可有御入魂歟云々。

十三日。雨。

十四日。晴。就禁裏御不豫事。自來十七日於本坊一壇令勤修。可抽精祈之由。明豐奉書到來。請文顯濟僧都書遣之。修愛染王護摩可致懇祈云々。結願可爲來廿四日云々。七社神輿悉御動座云々。

十五日。晴。不動護摩開白如常。入堂。春日武家御師職事。家經等持寺(殿脫カ)以來理運由。七月十六日管領執申入之間。以狀申三條黃門方候處。明日可披露云々。南都藥師寺最勝會。曆應二年始行以後。至德四年再興。其以來斷絕。當年可修之由。別當隆雅僧正申入間。同申遣彼卿方了。田中融淸法印京都ニ搆宿坊成申度旨。同前明日可披露云々。

十六日。晴。自御室御使禪信僧正來。非殊事。八朔御禮物任恒例儀進室町殿處。返賜了。于今周章。老後失面目。計會非一。可如何哉。此事內々以去尼公（一色母）。申入處。不能是非御返事云云。便宜時ハ可然樣云々。先度裏松方ヘ遣使者僧俗御憑悉被返遣云々。予返答。以彼尼公被申之條。尤宜存候。愚身養性最中之間。一向不及出京。萬一罷出事〔候〕者。不可有如在云々。炎摩天供開白。今月今日始行恒例也。春日社御師職事。管領執申入書狀。去月十六日到來。理性院僧正執續之。今日以書狀此子細可披露旨。申遣三條黃門方處。則披露。不可有子細云々。但御師職若不被改事歟。所詮以奉行飯尾肥前守可申入云々。藥師寺僧正申最勝會當年可始行事。田中法印申入事。兩條同披露云々。

十七日。雨。室町殿御祈准大法一字金輪。結願云々。自今日於禁裏。實相院僧正不動准大法勤仕云々。護摩壇通助僧正云々。伴僧十口歟。脂燭雲客供料員數等追可記之。禁裏御祈愛染王護摩勤修。金剛王院僧正手代。藥師供禪那院僧正手代。室町殿御祈六字護摩。理性院僧正手代勤仕。若公幷御臺御祈不動供。手代出世者結番勤仕。支具料各自納所下行之。奉行快助阿闍梨。菩提寺時食請用。時以後風呂在之。近年佳儀也。長濟僧都自今日千日護摩不動。始行云々。山上清瀧宮大勸進覺藏今日入寺。於菩提寺對面了。委細條條理性院ニ可申旨仰含了。今日則登山。宿坊事可爲慈心院之由申付了。今夜可一宿山上云々。禁裏御祈藏人弁明豐奉書。

禁裏御不豫事候。自來十七日別而可被致(令イ)御祈禱精誠給之由。被仰下候。可得御意候。恐々謹言。

九月十四日　明豐

中納言僧都御房

十八日。晴。房濟護摩次第四度。傳受。自今夕當季不斷護摩愛染。始行。支具自廳務方下行。大幔同前。自管領條々。江州事。土一揆。山上小法師原等既可令蜂起。仝現行之由。兩奉行注進。六角勢纔五六十騎計云々。定不可有正體歟。御合力御勢早々可被仰付之由。同申入間。此子細相談赤松入道處。如然現行上者。御合力事。早々可有申御沙汰之條可宜云云。仍美濃守護伊勢守護兩人合力事。依仰申遣云々。次大和事。畠山ニ楢原ハン田可合力由。被仰付處。赤松入道意見。江州和州兩方事。一度御沙汰之條。可爲何樣候哉由申間。被延引云々。

十九日。晴。今曉後小松院夢中ニ奉見之。青色御小直衣。同色御指貫。予廣縁ニ徘徊之處。自內御出廣縁邊。予蹲踞之處。同御蹲踞之體ニテ。御料所預申條御祝着之由被仰。予夢中ニ去事候。自室町殿內々承事候間。以其趣御返答申入キ。（後脫カ）小松院御俗形不得其意。若御執心相殘歟。御色等以外青面御體キ。覺藏罷下條々申旨。第一拜殿前廣縁無益ト存。仍カケ造以外大儀也。廣縁若被略之者。懸造石藏等今一重ハ可略之間。莫太可爲御公平由申入間。予返答。神社ハ有增無減儀也。凡慮難計歟。可任御鬮之由申了。尤之由同心。則御鬮事申付了。

廿日。晴。聖護院准后來臨。少一獻在之。種々雜談無殊儀。其後久不及面談。積欝餘來臨云云。彼准后物語。去十一日曉。後夜時ト日中時ト之間。自北未申ヘ光物飛渡。室町殿御修法（准大法。一字金輪。）之間。大床承仕共見之仰天云々。頭ノ大サハ飯銅勢分計。其色赤。尾ヨリ光出テ。其體未見以前ハ。月出カト思處。此光物也云々。其翌日（十二日。）在方卿申樣。夜前ノ光物ハ流星云々。以外不快事。殊兵革御愼也。其飛行方ニ兵革專在之之由申。然者未申方〔歟〕云々。予初令存知之。希代變異也。聖護院物語。今度禁中御祈道場事。幷壇所等事。有其沙汰云々。道場可爲清涼殿歟之由。有其沙汰之處。諒闇御裝束也。可被撤之條如何。且又息災御祈不可然歟云々。此儀日野中納言等申入歟。仍關白幷前攝政兩家門ヘ御尋處。自兩家被申趣。禁中悉可爲諒闇御裝束。然今清涼殿一殿諒闇御裝束ハ暫略儀也。然者清涼殿雖爲諒闇御裝束。於彼殿御修法之儀。可有何子細哉之由。兩家同前〔ニ〕被申入也。雖然若室町殿清涼殿事御不許歟。於泉殿被行之。泉殿北則壇所云々。阿伽棚東向立之。御庭以外狹少。駈仕出入難叶間。自北向運之云々。事煩歟。伴僧十口云々。山上拜殿廣緣御圖。自山務進之。披見處。廣緣可略之云云。珍重。仍此由仰含覺藏使者了。覺藏爲材木秘計下向尼崎云々。

廿一日。晴。

廿二日。晴。山上清瀧宮事始拜殿。日次。土用以後十月中可爲何樣哉之由。相尋在方卿處。日次勘進了。在方卿返狀。

山上清瀧宮御造營日次事。載風記注進之候。十月中神社造營事。先規多候間。任所在勘進仕之由。可有御披露候哉。恐惶謹言。

九月廿二日　在方

清瀧宮造營雜事日。立木屋。十月一日甲辰。時卯巳。木作始。七日庚戌。時辰申。立柱上棟日。拜殿。廿一日甲子。時卯午。立柱次第先西。次東。次南。次北。九月廿二日。正三位在方。

恒例不動護摩結願。炎摩天供同前。圓光御國忌如常云々。

廿三日。雨。自將軍御書到來。自去十七日御湯治。御心神不快。乍去初ハ諸人如此之由。醫師申間御案堵云々。次禁裏樣御不豫御痢病。未無御減之間驚思食。御祈事。別而可抽懇祈云云。請文如常進之了。今朝就所用。長全上座遣三條黄門方。御所ニ祗候間。參御所云云。於御所日野中納言對長全申旨。以使者今明欲申處。幸長全參會間。乍自由且申入也。此間變異連々出現。去十一日曉。同十七日。同十九日。三ケ度候。仍御祈事内々申入處。未無御左右候。但此門跡ニハ雖不被仰出候。

自來廿六日一壇勤修旁珍重。此變異不快以外云々。去十一日出現流星云々。然者十七十九日同流星歟。頭ノ大如飯銅。長一丈計。其色赤。自尾事外ニ光ヲ出ス樣也云々。神輿近日可有入洛之由風聞云々。流星事。委細尋在方卿處。去十二日曉計云々。其以後兩度變異云々。

廿四日。晴。禁裏御不豫御祈愛染護摩幷藥師供結願。卷數二枝以西南院奉書遣藏人弁明豐方。狀案。

禁裏御不豫御祈愛染王護摩幷藥師供今曉結願之間。御卷數二枝被進之候。殊被致精祈之趣。可有御披露候由也。恐々謹言。

九月廿四日　顯濟

左少弁殿

明豐請文。

禁裏御不豫同篇候。御祈禱事可令延行給。結願日重可申入之旨。可得御意候。恐々謹言。

九月廿四日　明豐

西南院僧都御房

禮紙。

追申。

御卷數且給預候了。可得御意候。

自今夕禁裏御祈愛染護摩。藥師供以下重修之。於禁裏御祈參勤事。以日野中納言奉書申實池院。先領掌歟。明日可申左右云々。丑半奉書到來。自明後日廿六日。可有御參勤云々。

廿五日。夕立。黃昏雷鳴。愛染不斷護摩今日雖爲例日。恒例事上。吉日之間。酉時結願了。護摩衆以下召請。時食幷風呂番。在之。

廿六日。夕立。早旦雷鳴。融淸法印田中於室町殿御所御一獻進之。御引物御小袖十重。此内綾五重。盆金香呂。盆金襴。上品。盆香合。盆繪。四幅。太刀國行。一腰。刀。國俊。太刀。白。以上。御臺樣御方。御小袖十重。此内織物以下五重。盆。砂金十兩。盆金襴。以上。一獻料萬五千疋用意。但五千餘疋渡奉行云々。可申入八幡坊支度處。不慮災難出來間。内々此趣治定了。三條黄門一向申沙汰候。内々執申入也。　寶池院於禁中御修法依爲來月。室町殿壇所當番被閣之。被仰地藏院云々。　自今日爲變異御祈。愛染護摩勤仕。奉行日野中納言。若公御臺御祈同相副修之。結願日卷數可進上云々。若公不動供。御臺藥師供修之。

廿七日。晴。　廿八日。晴。

廿九日。晴。　自去十七日將軍御祈六字護摩卷數。幷若公御臺御祈等卷數。以上三枝。以書狀遣日野中納言方了。　自山名方音信。夜前亥刻計。自管領以使者被申樣。來月朔日神輿入洛必定由。自山門以事書申入候了。内々可有用意之由被仰出云々。　自今日於禁中。爲御不豫御祈。地藏院藥師小法勤仕。增益。黄色淨衣等借用間。借遣之了。伴僧八口云々。供料三千疋歟。　重服五ヶ月中。於禁中修法勤仕例先例可尋。但百ヶ日中重服阿闍梨修法勤仕。一兩度例在之歟。　一ヶ度ハ此阿闍梨師匠聖快僧正。母重服百ヶ日中。於北山殿月次壇所。北斗法勤仕了。今一ヶ度寺門其例在之歟。

十月

一日。晴。愛染護摩開白恒□代。　山上清瀧宮拜殿□取立之。覺藏悉皆奉行□坊一圓ニ打開。爲宿坊於用□□被仰付嚴重。祝着々々。　覺藏來申。拜殿中□本事尼崎和泉境方々雖相尋。近日不可出來□申之。大略明春可到來歟。□立柱年中不可叶歟。可如何中可然用木十二本徒ニ候雖去事以別儀彼木度可被立御用條。御因縁尤珍重存返答申於凡人所山木切取事。大□不思□事也。社頭事猶斟酌來也。雖然今度儀可爲各別歟。神慮定不可有子細歟之由存也。相談山務法印可切之由。加下知了。　神輿入洛。今日延引歟云云。　江州事。六角如所存致其沙汰。山門領笠原木浦以下五ヶ所。去廿七日燒拂。山徒數輩打取之。山法師散々事云々。仍兵主以下山門領。無殘所。應守護下知。野伏以下召出云云。伊勢美濃勢合力。先可依一左右之由。六角申間。兩人於途中相待左右云々。江州北方事。京極沙汰之同前云々。　自今日室町殿月次壇所寶池院參住。

二日。晴。江州九州事。且珍重之由。昨日內々申遣三條中納言方處。今日披露之處。委細申入御本意云々。　自將軍御書拜領。以前委細申入御悅喜。幷江州九州事等且御祝着云々。　自管領就山門邊事。以使者安富筑後守。條々申事等在之。內々上意云々。　一神輿入洛。來四五日間必定由申入間。方々御手宛。松崎山名。中賀茂赤松小笠原。藪里畠山。此等手ハ神輿供奉衆徒等取籠。悉可打取之由被仰付。內裏治部大輔。細河一家者共可警固申入之由被定。御所ハ管領。一色兩人可祗候由被仰出。就其三井寺濱邊事。被仰付土岐。次ニハ今路事山徒使節等乘馬ニテ可供奉間。　自今路河原へ可罷出之由評定云々。　然者今路ニモ一勢可被置候處。其仁體無之間。未定候云々。　一神輿入洛時。當所幷山科邊土民等。罷出便宜所。東口へ落行山徒等候者打留。具足等ヲモハキ取候ヘキ由。御下知可然云々。　予返答。神輿入洛。來四五日必定之由承了。方々御手宛珍重候。　三井寺濱等爲御用心。土岐勢可被置事。誠宜候哉。但今路御勢等不足事者。濱邊事ハ雖被仰付三井寺。可有何子細候哉。乍去此樣お三井寺へ被尋仰。隨彼申樣可被仰付歟。　當所并山科邊土民等。罷出便宜所。可致相應奉公之由事。可申付候。　又自駿河内々今河右衞門佐入道注進趣。　以此使者便宜申了。　狩野介事。　爲關東可致合力之由。被相觸事等也。

三日。晴。　神輿明日寅卯刻。必定可奉振之由。管領并赤松播磨守申旨。自經長申也。仍山科地下人等事加下知了。　明日御帶加持。

四日。晴。　今曉神輿入洛延引云々。　雖然河原邊各陣取。自半夜軍勢充滿云々。　自將軍御書拜領。今日神輿入洛大略延引歟。次先度内々申入山徒舟入海事。必定之由聞食。大略月輪院同宿七十餘人入海云々。此御書増圓寺主持參了。神輿今日未刻坂中邊マテ奉下。亥刻計歟。奉振捨修學院邊云々。大宮神輿一社云云。此儀依不分明。諸人不知之云々。住京山徒等北白河邊へ罷向云々。

五日。晴。自將軍以赤松播磨守。被仰遣實池院壇所。　神輿入洛。　昨夜西阪本邊マテ奉下云云。其後供奉衆徒奉捨神輿。悉登山云々。前代未聞振樣。不可説被思食之由。且可被申遣醍醐云々。仍自壇所以經祐法眼此旨承了。神輿不越河者。非奉振儀之由。其沙汰候由。同被仰出了。　自今日北野御經如常云々。夕經御丁聞云々。　自酉初降雨。　昨夜御下山神輿客人神輿一社云々。非大宮神輿云々。

六日。雨。客人神輿如一昨日。未不動堂與修學院之間。砂河原ト云所ニ御座。巫女一人。宮仕一人奉祗候計云々。以外々々。不越河原間。爲公方ハ依非奉振儀。如先例神輿御沙汰無之歟。爲山門ハ又奉振心中間。不及奉歸座。客人神輿落居如何。神輿前方轅一方分折云々。此則神慮無御同心故歟云々。仍此在所ニ奉振捨云々。但此轅折事不分明。正奉見者來間。具相尋處。奉居御輿前方ノクラ懸ノ脚折間。御輿モ前方ヘ傾云々。此儀治定歟。今度石山御榊云々。同奉振也。　雖不越河。神輿奉入祇園社先例事。　文永六年正月十日卯時。天台大衆奉振弃神輿四基。十禪師。八王子。客人。石山。賀茂河原切堤邊。　北野ニ二基奉振中御門室町幷烏丸邊。今日自院被召聖憲法印。日野(吉カ)神輿先任例可奉入祇園社之由。被仰座主僧正。仍今夕奉入之。但於北野神輿者。奉歸入本社。應安元年八月廿九日。日吉神輿入洛。其中八王子。十禪師神輿二基奉振置鴨河原。九月一日八王子。十禪師神輿爲武家奉入祇園社云云。兩ヶ先例自條□沙汰了。此儀雖爲洛外。任例□(神カ)輿奉入祇園社也。今度又可被准彼例歟云々。予奉同心了。内々以使者經祐法眼。申遣管領了。　文永六年度ハ奉振川合社東云々。件度モ奉入祇園社云々。　保安四年七月十八日。山門大衆奉舁七社神輿。欲參公門。仍武士等於垂(サカリ)松邊相禦之間。神人等弃神輿分散。山僧數百人楯籠祇園院内。可企放火云々。仍令越前守忠盛。右衛門尉爲義等被追却之間。相互合戰。神殿之内有中矢之輩。殞命之者二人云々。廿一日。日吉神輿自川□□送赤山明神社。西坂下。洛下神民巫□依宣旨參向云々。九月二日。本院令獻新造神輿七基於日吉給云々。　今度客人神輿奉入赤山社事。此例歟。所詮神輿不越河原者。非奉振儀云々。先例如此云々。仍今度モ非奉振分歟。但諸家意見不同。　多分儀不越河者非奉振儀云々。
七日。晴。神輿入洛事爲申入。僧俗如例群參室町殿云々。予以經祐法眼申遣三條黄門。今度神輿入洛之儀髣髴樣候歟。奉爲公方旁珍重云々。就其不越河原者。依爲洛外。神輿御請取之儀無之由。世俗申習歟。雖然又先例雖不越河。神輿御請取之儀。其例候哉。然者雖何篇候。神輿被侵雨露。御體無勿體候歟。以御敬神早々可被加御下知之條。尤珍重存。且先例之樣御尋諸家。可有御沙汰歟云々。此旨以便宜可被披露之條。本望云々。申遣管領趣。大都同前。可然早々可有申沙汰歟云々。自御所樣御返事。委細申入御悅喜此事。誠今度神輿入洛。思外早々落居。御自愛。就中神輿事。先例保安。之條。可被奉入赤山之由。以管領被仰付座主云々。自管領返事仰畏入。誠神輿入洛。先早々落居。且珍重。但始終之儀尙々無心元存。就其神輿事。五日夜被仰出之間。可被奉移赤山社之由。申入座主御方之處。高野蓮養近所事候間。爲管領此由可被申付之條。可然候歟。爲座主加下知之處。不請山門儀者。可奉入事難儀由。赤山社ヨリ申入云々。仍申付蓮養處。畏入之由返事仕。雖然今日七日。マテハ未奉入(候イ)云々。重可申付候。就中近日旁御出京目出存云々。自去廿九日於禁中。地藏院勤修藥師法今曉結願云々。方方御祈未及結願。
八日。晴。愛染護摩結願。藥師三體造立供養等如每月。自室町殿。以三條中納言條々被仰出。又御書在之。一今度神輿入洛事。昨日委細申御悅喜。於客人神輿者。任保安例。可奉移赤山社之由。被加御下知了。雖然昨日マテハ未不奉入云々。定今日ナト可奉移歟。猶能(可脫カ)能被仰付候云々。　莒崎社今度回祿時。シルシ松以下悉燒失之處。當年件松傍ヨリ小松一本生出畢。靈瑞珍重之由。社家注進狀被相副御書箱。奇特珍重之由仰也。杉生降參申。昨日七日。出京仕了。今日可有御對面之由。管領申間。其儀候。先山門邊事。如此成行間。御自愛云々。今度於江州浦。山徒等取乘沒落舟入海事。併神慮之由御祝着處。於九州菊池入道元朝父子弓矢。子ハ參御方致忠節者也。然父入道爲子治罸罷向之處。大船一艘入海。數十人沒死了。其外陸地合戰。父入道散々打負。不知行方之由注進申入間。旁以御祝着千萬云々。禁裏御不豫大略御減氣。雖然猶連連御發間。無由斷御祈。殊可致懇祈云々。以上仰旨也。條々具又珍重之由等申入之(了イ)。請文同進之。於請文ハ毎度不納箱。如勅書請文申入也。　自管領及夜中以書狀申。杉生今日懸御目了。且珍重。圓明同宿四五人降參申。杉生則召具云々。

九日。晴。

十日。晴。公方樣渡御高雄云々。御雜掌一色申沙汰云々。

十一日。晴。　十二日。晴。

十三日。晴。以日野中納言狀申。變異連續御祈事。重可有御祈念云々(候イ)。自明後日十五日。可有御始行。當寺輩同可有御下知云々。次自九月廿六日勤仕變異御祈。來十九日可結願云々。請文如常。非奉書。直狀也。　自明後日十五日。變異御祈。修佛眼護摩。可致懇祈之由申遣了。所詮日野使者書狀取違了。此門跡へ先々表書理性院僧正御房云々。今日ハ中納言僧都云云。內々相尋使者處。此門跡へ云々。仍返報已書遣後。使者又立歸。以前狀ハ地藏院へ候。此狀ハ此門跡へトテ進候。表書如先々。當御祈事等後狀ニ在之。仍以前請文ニ下知子細不書遣。愛如意部屋へ召請。
十四日。晴。
十五日。快晴如春天。不動護摩開白。恒例。佛眼護摩開白。變異御祈。入堂。於室町殿御所。自今日不動小法寳池院勤仕。道場震殿如常。脂燭殿上人五人。各布衣云々。伴僧八口。扈從松橋僧都。壇行事同前。供料三千疋歟。自今日於今若公御方。理性院僧正不動護摩勤仕。念誦伴僧二人云々。阿闍梨伴僧着淨衣。近來每度儀歟。念誦伴僧召具事。又近來儀也。於御臺御方。積善院僧正良讃。護摩參勤云々。尊法不知之。以上護摩供料各二千疋云々。在方卿來。連續變異次第等具申入也。九月十一日曉。寅。流星自東方南へ飛渡。其勢分鞠程ニテ。長三丈許。飛時有聲。其光ハ松明ヲ二三十燒カ如ク也。近年ハ不見及樣候云々。流星トハ天ノ使ニテ候。重事ニハ如此大ナル流星ニテ候。流星ト申候ハ。自天降樣ニ飛候。飛星ト申候ハ。下ヨリ上へ飛上ル樣候。奔(ホン)星ト申候ハ。横ニ直ニ飛渡也。何モ天使ニテ候。今度ハ奔星ニテ候。在方其時分爲拜北斗。庭上ニ候時分ニテ。能々拜見仕候云々。去月二星合。當月又二星合(七日八日)。當月七八日星合ハ。太白南斗ノ第五ノ星ヲ犯候。以外重變也云々。如此連續無勿體云々。當年外典御祈曾不被行之。在方天曹地府御祭一度勤仕計云云。六月三萬六千神御祭モ遂不被行キト云云。此御祈ハ專兵革ノ御祈云々。北野御經一萬部今日結願云々。
十六日。晴。今夜月蝕御祈隨心院勤仕云々。蝕一向不現。晴天無極。但卯末刻西方月廻ニ微雲徘徊。月體不分明キ。雖然時々出現。蝕現不ハ可見也。及天明不現。若暦面相違歟。御祈法驗歟。旁不審々々。蝕ハ丑六刻。復末寅四刻也。月蝕ハ大略一時計ハ下也。山門訴訟條目今日進之云々。飯尾肥前守承。以經祐法眼。可令一見之由被仰出了。天王寺別當事。可被補山門上綱之由。一ヶ條ニ申入了。

十七日。晴。雲開庵(闕イ)時請用。今度變異在方卿勘進。今月(九月事也)十二日丙戌。曉天寅時。大奔星自北方行南方。其色赤白。長數丈。天地瑞祥志云。奔星皎然白。奔行名大滑。所下有流血。又云。兵起。石申云。奔星如火光。其下兵起。人民流散。又云。色赤爲兵。傳讃星經云。流奔飛三者天使也。自上而降曰流星。自下而昇曰飛星。大者曰奔星。天文志曰。天之貴使也。星大者使大。星小者使小。聲(永享六)隆々者怒之象也。所墜之鄕有兵失地。九月十四日　正三位在方。今月八日昏戌時。大白犯斗第五星。相去五寸所。天文要錄云。太白在斗者。其國更政。太白犯斗。常愼之。郗萠曰。金星犯斗。大臣愼之。又云。宮室火事。又云。大白犯斗。天府兵起。永享六年十月十三日　正三位在方。

十八日。晴。

十九日。晴。去月廿六日以來。變異御祈愛染護摩今曉結願。卷數付日野中納言進之了。若公御方幷御臺御祈各不動供。卷數進之。同披露云々。自十五日重令勤修變異御祈佛眼護摩結願事。兼ハ可爲廿二日云々。只今卷數(衍カ)ニ返報ニ。可延行。結願日次重可申入云々。去十六日山訴條目內。天王寺別當職。任先例可被補山門上綱之由申入。若自京邊根ヲサシテ申入事候哉。萬一觸耳事在之者。密々可申入云々。以飯尾肥前被仰出云々。經祐法眼參申也。

廿日。晴。

廿一日。晴。山上拜殿木作始也。馬事殊引獻之了。寺務馬同前。公方御馬今日ハ先不申入也。祝着々々。年來願望。於今者滿足。公方樣御恩山岳。碎身猶難報謝哉。晝夜只流感淚。御運長久御祈申入外無他事々々。鎮守善神モ定可被垂哀愍扶助歟。大勸進覺藏昨日登山。御帶加持伊勢兵庫守持參。妊者年十九歲。小弁云云。當月ハ七□月。正月令相當御產月云々。帶加持作法如常。灑水後三度。以五種言。台大日。藥師。准胝。六字。呵利帝。次易產タラニ。絹布ノ二筋帶以散杖書之。奥又更加一句也。書了又以前眞言其外釋迦。愛染。佛眼。不動等言ヲ以テ加持。五古。產生平安。男子降誕之由。能々祈念摺念珠。御帶ヲ返渡伊勢兵庫。如前西南院僧都渡之。其後對面獻太刀了。長濟僧都諸尊法第二重傳受。諸佛之內二尊。阿閦。阿彌陀。

廿二日。晴。於室町殿御所。寶池院勤仕不動小法今曉結願云々。修中殊無爲。杉生以下山徒等降參申入條。吉事連續。珍重々々。伴僧八口。脂燭雲客每夜參候云々。變異御祈。自去十五日勤修佛眼延引(行イ)。結願可爲來月四日云々。日沒以後降雨。新玉津嶋三十首御法樂。題自飛鳥井中納言方。事付堯孝僧都進之了。今度武家輩十人被加云々。長濟僧都諸尊法傳受。

廿三日。晴。玉津嶋御法樂人數交名。自堯孝僧都注進之。伏見宮。關白。前攝政。左大臣殿。前右大臣。玉河殿。常盤井殿。四條大納言入道。小倉大納言入道。按察大納言。三條大納言。中御門中納言。日野中納言。三條中納言殿。法性寺二位入道。中山宰相中將。中院前宰相中將入道。雅永朝臣。爲之朝臣。持康朝臣。雅親。爲季。細河持之朝臣。山名常煕。斯波義鄉。畠山阿波守義忠。細川右馬助持賢。同下野守持春。赤松沙彌性具。京極加賀沙彌道統。赤松伊與守義雅。赤松播磨守滿政。上乘院宮。御參。愚事也。聖護院准后。實相院殿。寶池院殿。堯孝。來月廿一日以前可詠進云々。題者飛鳥井中納言雅世卿。

廿四日。晴。申初刻。御陵枯木燒出テ。傍ノ大杉ニ火移テ既燒之間。此木ヲ不切顚者。彌大木共ニ可火付之由申間。早々可切之由仰付了。枯木ヨリ火出事。地下小者共狸ヲフスフルトテ。木ホラヘ火ヲ入ル丶。其ヨリ火出云々。自今以後堅可制禁之旨申付了。希代事也。御陵火付小者共究明。悉逐電云々。其內此門跡祗候小承仕一人相加了。其外兒出世者召仕小者共也。

廿五日。晴。伊勢內宮ノ內建國寺禪院云。內宮一切經ヲ被安置彼寺了。雖然彼寺無緣之間。僧衆寺住難叶式也。仍寺領事連々申入處。幸勝定院殿御寄進在所高柳ト云在所在之云々。目安如此。所詮嚴密ニ仰守護方。可去渡云云。御使正藏主也。　天神講歸路寺僧等參御陵。理趣三昧行之。及晚頭爲予代官西方院僧都參詣。理趣經法樂之由申付了。

廿六日。晴。卯末刻地震。以傍通勘之。氐宿。火神動。不快歟。現通分相尋。重可注記。今日出世兩人□參詣御陵。　理趣經法樂事加下□

廿七日。晴。

廿八日。雨。自駿河注進到來。關東野心既現行云々。今河金吾入道。同下野守。葛原等注進同前。以長全遣管領了。自駿河守護方管領ヘハ昨日注進云々。及夜陰今日持參之由。今河雜掌申也。雖然此門跡ヘ注進狀三通。其外葛山今河方ヘ注進狀。表書庵原云々。幷善得寺坊主注進狀。彼是五通遣之了。

廿九日。晴。管領來臨。關東野心現形事。駿河ヨリ注進。先驚思食。就其ハ何樣御沙汰可然儀在之者。加談合可申入之由。可被仰今河方條

如何。次狩野興津等事。今時分若御免可然事モヤト思食也。萬一左樣ニモ存候者。爲守護以無爲之儀可執申入歟。但此兩條先愚身何樣存候哉。且可被任意見云々。予申入分。關東ヨリ一勢可越駿河之由注進ニ付テ。御手當等モ何樣ニ御沙汰可宜旨。關東國堺事候間。サスカ料簡才學ハ可在歟。御尋モ可有何子細候哉。關東儀現形トハ申候ヘ共。勢一騎モハタラカサル事候歟。旁猶具重可注申入條可然候哉。次狩野。興津御免。只今時分可然候歟事。愚案及サル事候。此仰旨ヲ具可申下之間。宜ハ今河所存タルヘキ事候歟ト存候。仍兩條片時モ早々可被仰遣候。自管領委細以書狀可被申下條可然。自是モ仰旨具以狀可申下之由申了。次テニ山門邊事。管領ニ令雜談了。圓明以下中堂ニ閇籠仕。御勢坂本ヘ入候者。中堂ニ火ヲ懸。可自害企候ナル。然ニ只今坂本ヲ可打取御下知。可爲何樣候哉。今分ハ大略如上意可落居候歟。今コソ又一段御思案モ御遠慮モ在ルヘク候ヘト存〔候〕。如何云々。管領モ同心也。内々可披露云々。其ハ指出タル樣候。可加斟酌候。只管領ノ意見尤可然候由申了。猶可達上聞體キ。千萬斟酌々々。

晦日。晴。去廿八日内裏祗候女房產無爲。姫宮降誕云々。御帶加持聖護院准后勤仕云々。

十一月

一日。晴。清瀧宮。長尾兩社御神樂奉備之了。神樂用脚任例廳務下行之。愛染護摩開白如常。入堂。

二日。晴。自管領以使者安富筑後守。申。先日參上時申落旨云々。仍令對謁了。安富申。先日可申入處。失念仕了。武田刑部大輔入道事。甲斐國人跡部以下者共。大略意ヲ通。雖何時罷下候者。可致忠節之由連々申候哉。仍關東事。既現行候上者。刑部大輔ヲ可被下遣甲州事。可爲何樣哉云々。予御返事。甲斐國事。爲駿河國自何簡要國候哉。甲斐國者共。實心中左樣ニ候者尤可然。但關東事現行之由。自駿河注進ハ雖勿論候。猶不實樣存。所詮今一兩度モ定關東事可注進申入哉。現行無御不審時節可被下遣之條。猶可宜存候。關東事。何樣雖□候。爲京都ハ猶可被誘仰條珍重候歟。何樣猶可被延引候歟。但一大事不可過(之イ)候歟。諸大名意見可被尋聞食哉之由可申入云々。

三日。晴。管領入來。就關東雜說現行事。可遣狀於上杉安房守方之由。如御意見可書遣之由被仰出。就其條々可召仰羽田入道上杉雜掌也。之由被仰出趣。內々可申談之旨被仰出云々。只今先被仰出趣ハ。一今春篠河方ヘ被下遣長老事ニ付テ。關東ニ雜說在之云々。此長老下向事非殊儀。自關東佐竹可被退治之由風聞之間。萬一楚忽沙汰候者。相搆爲篠河可被致合力。關東ヘ事子細ハ追可被仰旨。被仰遣計也。其外事一事被仰出儀無之。定不可有其隱歟。一只今駿河邊ヘ勢仕可在之由。雜說ナカラ自駿河致注進了。此條又何事哉。如風聞說者。武田右馬助ヲ駿河守護許容ニ依テ。富士下方ヘ可入一勢云々。實事ナラハ以外儀也。其故ハ京都上意ニ違ユル問注所等ヲハ。別而關東ニ被扶持置。武田右馬助事ハ。去年自關東內々被申旨在之間。京都御分國內不可叶由被仰付。駿河邊事。既被拂之了。當年又立歸。駿河邊徘徊事ハ。公方曾不被知食事也。每事任雅意被致其沙汰體。殊以不可然。御所存[外]候也。于今御堪忍頗御退屈云々。先此分於可被仰遣。此外又何事ヲカ被仰遣可宜哉。且可申意見云々。予御返事。條々只今仰旨ハ。何モ有ノマヽ儀ニテ尤宜存候。此外只今可被仰遣題目不存寄候。先此分可被仰付羽田入道哉。佐竹事ハ。當御代ニ故畠山當職時。爲關東楚忽不可有御退治。別而京都御扶持事。追又可申談旨申遣安房守方了。關東只今勢仕旁物忩事歟。次安房守都鄙無爲儀。連々申沙汰哉。何樣次ニ可被感仰條。彌可畏存歟。次關東雜説幷駿河國樣等。能々爲被尋聞食。今河下野守可被召上條。可宜之由存。如何。若管領モ可然被存者。內々可被得時宜旨申了。　夜前丑剋計。畠山阿波守宿所燒失[云々]。　今朝圓明父子幷月輪院等坂本坊自燒云々。管領物語也。　杉生。行仙。眞野。西場。(均イ)□(蓮均イ)生場發向坂本。　大宮以下致警固云々。　坂本儀注進未分明歟云々。　但今日入坂本儀不定歟云々。　自今日冬季六字護摩開白。手代理性院僧正。御撫物。將軍。若公。御臺御三所分申出了。

四日。晴。自坂本杉生以下注進。雖罷入坂本。無殊儀。珍重々々。　及晩頭。又杉生同宿以下□自山上大勢發向。馬借以下相加テ合戰處。杉生打負兄弟打死了。其外廿五人被打了。手負數十人云々。希代事也。杉生打死先神妙歟。不便々々。

五日。晴。

六日。晴。三條中納言爲御使來臨。條々仰在之。一杉生今度楚忽ニ罷越坂本。無正體罷成條。御所存外。且杉生此間心中存私曲故。蒙神罰歟云々。　一重近日坂本へ可有御勢仕。於今者中堂設雖令回錄。無力次第。時剋到來歟。一上﨟局此間邪氣興盛以外。　大略難儀可出來體。不便思食也。何樣ニカ御祈等可有御沙汰候哉云々。　予御返事。條々仰承。　一杉生事。如被仰出。今度儀以外無正體歟。　乍去當其身落一命事候間。神妙候歟。一重御勢仕事被仰出候。中堂無爲。尙々念願此事。一上﨟御邪氣驚存。御祈簡要ト存。早々可被仰付歟云々。

七日。晴。自將軍御書拜領。上﨟不例以外。御祈事被憑思食云々。仍自今日藥師護摩自身行之。理性院僧正以下門弟。山上山下者共。各一壇勤仕事申付了。上﨟御撫物三條ヘ申。三分被渡了。一ハ藥師護摩壇。一ハ理性院。一ハ山上ヘ遣之了。 昨夜坂本一時戌末。計燒失。不審處。金輪院坊自燒云々。

八日。晴。愛染護摩結願了。 武田刑部大輔入道來。甲州ヘ密々可下遣僧。其子細ハ。萬一關東雜說現行時者。 定甲州ヘ可罷下由可被仰付歟。其時若甲州跡部以下者共心中。非如日比者。公私不可有正體歟。左樣次第猶可尋決之由申付了。 自畠山以遊佐勘解由左衞門申。阪本發向事被仰出。當方ハ可爲北手由被仰。以外難義。且甲斐。三方カ後ニ可取陣事所存外也。仍內々可罷向南手由可申入心(中イ)事也云々。南手ハ山名。赤松云々。遊佐入道事召上可罷立之由。同可申入云々。

九日。晴。治部大輔來臨。非殊儀。久不參云々。來十二日坂本發向事。先被延引云々。

十日。晴。冬季六字護摩結願了。卷數以日野中納言進之。若君御方。御臺御祈不動供卷數各一枝。同以日黃門進之了。使者經長寺主。於三條黃門亭。爲上﨟祈禱理性院僧正不動護摩勤仕。念誦伴僧三人云々。聖護院門弟賴賀法印號五智院。同參住云々。尊法不知之。 邪氣御祈也。

十一日。晴。 十二日。雨。

十三日。晴。 十四日。晴。

十五日。晴。 自去七日上﨟御祈藥師護摩結願。

卷數進之。自餘門弟中。御祈以折紙遣三條黃門方了。不動護摩開白。恒例。入堂用手代了。千反タラニ等如常。自畠山方。以齋藤因幡入道。坂本發向事條々申旨在之。腫物ハ減氣云々。

十六日。晴。淸瀧宮談義。自今日酉始行。讀師寳淸僧正。釋論去年終。自今日菩提心論也。朔日延引了。於室町殿。地藏院一字金輪法始行。伴僧八口云々。弘永法印伴僧事。依所望遣了。

十七日。晴。

十八日。晴。自日野中納言以奉書申。又變異出現。自來廿日御祈可勤仕。當寺々僧等御祈事如先々。同可申付云々。

十九日。晴。山門發向軍勢今朝罷立。畠山自身不罷立。舍弟以下發向。山名自身不立。子息少弼罷立云々。赤松自身不立。舍弟伊與守以下悉罷立云々。土岐大膳大夫。同美濃守。細河讃岐守。京極。其外斯波治部大輔勢越前。甲斐罷出。一色代官三方入道若狹勢召具罷出云々。此兩人自八月初比北口ニ陣取云々。此外山徒等罷向也。自管領使者。若槻入道。今日旣山責御勢發向間。計會仕。中堂以下堂社無爲樣。猶々可廻籌策料簡旨。仰遣金輪院坐禪院月輪院等方云々。

廿日。晴。爲變異御祈愛染護摩始行。若公幷御臺御祈同供始行。御撫物通用長日了。坂本發向諸軍勢。今日可責入坂本處。自管領方一左右之間。可相待由申間。先斟酌云々。此儀昨日內々管領申料簡子細歟。

廿一日。晴。

廿二日。晴。自將軍御書拜領。九州事。今度於筑後菊地合戰ニ打負。引退肥後國。依之大內方聊六借敷樣注進到來。無御心元思食云々。變異又連續。御祈事別而可致其沙汰云々。
廿三日。晴。醫師三位法眼爲御使來。昨日御晝時被尋申候處。寒中御氣力無相違由申入處。自昨日御風氣之由。只今聞食。何樣哉。寒中別而令養性。護摩以下行法。一向可用手代云々。
廿四日。晴。自御所樣被仰付西雲庵。御ヤき拜領〔候〕了。忝餘身了。自今夕又變異御祈佛眼護摩重始行之。日野中納言奉行。
廿五日。晴。御勢山名。土岐大膳大夫。土岐美濃守等今日可打入坂本云々。今曉旣罷立云々。昨日以兩奉行被仰出云々。軍勢責入坂本處。馬借下僧等同心。降下坂口。野伏合戰在之。甲斐手者共少々損云々。土岐大膳大夫一番勢云々。俄被仰出旨申云々。彼勢內一人モ手負無之云々。坂本大略燒拂云々。醫師三位法眼來。御使云々。脉樣風氣悉令散云々。祝着々々。
廿六日。晴。今日モ於甲斐手矢軍在之云々。自餘不然云々。甲斐手者傍輩云云。侍主從二人打死。手負七十餘人云々。昨日野伏合戰。八王子坂上事云々。
廿七日。晴。安置摩訶迦羅天於御厨司所了。去十五日造立。自身開眼供養等沙汰之。每事任神愷記了。遍智院僧正每月晦日此天供沙汰之云々。予又任彼行跡。于今每晦此天供勤仕。大略用手代者也。山上淸瀧宮拜殿立柱。自將軍御馬一疋鴾毛。被引進了。其外無之。山下社頭立柱時ハ。將軍幷御方御所。管領以下數輩在之。今度一向尠酌了。每事大勸進覺藏沙汰也。予馬五疋引獻之。寺務二疋。其外不同歟。東寺二疋。山上山下各三疋云云。
廿八日。陰。寶池院入寺。就伊勢守護事。內々御尋子細在之也。今河下野守自駿河參洛。對謁了。一狩野介興津以下御免事。尤可然云云。一關東野心。安房守依申止雖令延引。關東御心中ハ只同前云々。去月下野守參洛事。以管領被仰出了。仍參洛子細申遣管領了。

廿九日。晴。心痛氣聊指出了。雖然早速平愈了。其後風疹(カサホロシ)(シム)以外興盛。心神不快間。以長全狀內內申遣三位方。良藥等事申了。

晦日。晴。昨日風疹事。長全聞達。蚊觸由申遣云云。仍此由三位達上聞處。久阿召具早々可參之由被仰付三位云々。仍三位來之間。風疹事。サテハ申違ケリ。無正體無申計云々。公方樣御仰天。久阿三位等早々被仰付。畏入。但風疹自昨夜悉減之由申了。中風序云々。

十二月

一日。晴。愛染護摩開白如常。入堂用手代了。經祐法眼參申。昨夕以三位被仰出。長全無正體申條。不思儀被思食也。藥違等事モ自今以後如此ニテハ可在歟。爲向後堅可切諫云々。

二日。晴。赤松播磨守爲御使來。御書在之。就山門事諸大名申請旨在之。其子細ハ。只今中堂以下可燒失條。公方樣御爲。天下爲。旁無勿體存者也。於圓明一人事者。速令沒落。金輪院。月輪院。坐禪院。乘蓮。此四人ハ京都ヘ可參申入旨歎申入也。以此分御免可畏入云々。仍不可有子細由被仰出了。就此事。明日管領定此門跡ヘ可參歟。一ヶ條被仰出旨在之。此儀上意尤之由相存ハ。具可仰聞管領云々。愚意旨具申入了。播磨守來時分。既半更歟。其後不幾。當寺後夜鐘鳴了。

三日。晴。管領來。今河下野守先來了。下野守申入條々。又兼被仰出旨等。具於門跡可相尋之由被仰出云々。仍召出下野守。管領相共事子

細尋了。　一狩野介與津以下御免。關東雜說ニ付テモ。又國爲モ可然歟之由。內々上意也。如何云々。　一關東野心雜說事。先延引云々。就其今度現行時。駿河國御合力御勢何樣ニ被仰付可然哉云々。　一駿河國事。以外ウスイナル樣ニ聞食及也。大事國堺ナルニ。如此ニテハ如何ト思食。何樣哉云々。　下野守申旨。一狩野興津以下御免事ハ。關東ノ爲モ。國爲モ。旁可宜存候。仍以前右衞門佐入道相共ニ執申入了。誠御免治定候者。矢部朝比奈名字者共內。少々被召上於京都。狩野與津三浦以下者ニ被召合。向後不可有別心。可致無二忠節旨。罸文おサセラれ候者。旁可然存云々。　一關東御野心事。去比ハ既現行之由風聞。仍富士下方邊ヘモ。自伊豆申送旨等候キト云々。就其駿河御合力御勢仕事。兼テハ何トモ難申入樣候。伊豆勢駿河國堺ヘ可罷入事ハ不可有程歟。二三里之間候。自駿河府。富士下方伊豆堺邊マテハ十六里計路間。自駿河府打立勢ハ可遲々歟。マシテ他國遠江三河邊御勢合力事。風渡ノ御用ニハ不可立候歟。乍去又可依被仰付樣歟云々。　一駿河國ウスキノ由事。狩野以下者共。朝暮國ニ候者。共ニ根ヲサシ候間。國雜說等不休候。乍去只今隨逐仕內者共。民部大輔ヲ輕シメ候テ。國儀如然候ニテハ。努力々々無之云云。　此由具可披露之由。管領返答了。少一獻在之。　次就山門事。管領內々申旨在之。仍昨夜以播磨守被仰出旨。具又申了。

四日。晴。　五日。晴。

六日。晴。　自管領書狀到來。安富筑後守持參。今日山門使節可參申入。就暫延引一ヶ條事。昨日一色。赤松。管領罷向三條黃門令申處。自此門跡御書拜領候者。可致披露云々。仍此御書事。早々可申出旨。一色。赤松同前申云々。予返答。書狀事雖爲安事。面々大名令列參被申事。以此門跡吹擧可披露由。　三條黃門申條。時宜不可然歟。所詮猶重可被申談旨申了。　山門使節金輪院。月輪院。坐禪院。乘蓮四人。自雲母坂(午刻計)。參洛云々。　冬季不斷護摩(不動)。始行了。

七日。晴。　初雪如形。山門使節未及御對面。御問答子細在之。其條目。御勢退散以前。中堂以下閇籠開之。圓明同令沒落。神輿悉御歸座在之者。可有御對面云々。

八日。晴。　愛染護摩結願了。　藥師三體造立。開眼供養等如每月。

九日。晴。　變異御祈兩度分。來十三日可結願之由。日野中納言申賜也。又變異在。重自十三日可令始行云々。

十日。晴。

十一日。晴。　諸大名山名。畠山。一色。赤松於管領亭會合。山門使節可有御對面之由。以右馬助(管領弟)。再三申入間。第三度時御領狀。明日(十二日)。可有御對面云々。　山上普門院雜舍上棟。就正月壇所幷八日出仕事等。以三條黃門內々申旨在之。八日出仕珍重々々。正月壇所猶餘寒可爲興盛歟。寶池院參住可宜。愚身ハ三月可參住云々。

十二日。晴。　山門使節金輪院。月輪院。坐禪院。乘(蓮脫カ)坊。以上四人今日御對面云々。坂本御勢陣開可爲明日(十三日)。云々。自今日土用。

十三日。晴。　變異御祈。自廿日分愛染護摩。自廿四日重又變異出現御祈佛眼各結願了。　若公幷御臺御祈各供卷數進之。恒例以親秀法橋。渡日野中納言方了。　自今夕又爲變異御祈。八字文殊護摩始行。支具廳務下行了。　坂(本脫カ)諸軍勢。今日陣開。坂本尻拂土岐美濃勢云々。

爰馬借下僧等數千人迯懸間。美濃勢廿餘人手負在之。以外難儀。土岐大膳大夫ニ番勢ニテ。栗津邊マテ雖引出。爲合力一勢殘置處。彼勢馳加致合力間。美濃勢無爲云々。伊勢勢十餘人手負在之。其内少々死去者在之歟云云。　雲母坂勢。畠山陣開勢歸路。將軍被立御輿御見物云々。　實池院入寺。　自曉天東風頻吹。少雨灑。

十四日。晴。　自今日御八講勝定院御佛事。始行。　一座證義大乘院。　自今夕五壇法始行。中壇聖護院准后。降良讃僧正。軍宗觀僧正。大仲順僧正。金忠意僧正。

十五日。雨。　不動護摩開白。常住院門跡事。可附屬實相院云々。其子細。去々年被仰出實相院處。聊難儀旨被申了。依被閣處。只今自實相院。以正藏主被申入。子細去々年被仰出間。領狀申入了。今一左右可被申入旨被仰出間。于今御左右待申入心中也。常住院准后中風以外。命中此一御左右心安承置度由被申云云。此事自公方以三條黃門被仰樣。去々年實相院凡難儀樣ニ被申間。其後ハ不及是非御沙汰候キ。今一左右可被仰趣。曾不被仰出樣御覺悟處。御不審千萬。具可申入云々。予御返事。如被仰出。去々年此門室相續事。一門跡サヘ猶持カネタル式也。彼貧困門跡相並執務事。更以難事行。可然樣可致披露云云。仍〔其〕子細計申入了。　時宜又尤樣ニ候し。仍其旨實相院ニモ申計キ。其外事ハ不申樣覺悟仕候。　此子細卽時ニ聖護院准后ニモ物語仕了。定覺悟候歟云々。

十六日。晴。　管領來臨。駿河狩野介興津以下。相憑關東。本間ト大森ト兩人方ヘ。狩野三浦進藤以下。以連署申遣使者僧於伊豆國。駿河守護被官者行逢。不事問召取。罷歸駿河了。仍彼連署狀以下寫之。去十四日到來了。此事可達上聞條。可爲何樣哉之由。旁不可然旨。種種談合子細在之。爲此云々。　圓明今日自中堂罷出逐電云々。

十七日。雨。今日巳刻末歟。乘蓮。兼珍於廬山寺宿坊自害了。此事曾不存知處。自御所樣以三條黄門被仰出。自滅儀神慮至奇特不思儀被思食云々。明日彼使節四人金輪院。月輪院。坐禪院。乘蓮。案堵御判お可被下治定處。尙々此振舞非只事。併神罸ト思食云々。仍不思儀子細公方御罸依無所遁。如此罷成歟之由申入了。三條黄門召寄。經長申了。酉終歟。　自今夕將軍御座勝定院云々。

十八日。雨。自午初天晴。　御八講結願。　山門使節金輪院以下三人。今日坊領等案堵御判拜領云々。

十九日。晴。大乘院來臨。今日南都下向云々。自明後日於禁中御修法可被勤仕之旨。日野中納言申入實池院云々。不動小法治定了。自實相院使者成讃法眼來。

廿日。晴。實池院入寺。　自去十三日變異御祈。八字文殊護摩今曉結願。卷數以日野黄門進之了。若公御臺同供卷數各一枝。同前。

廿一日。雨。五壇法結願。後夜云々。　今日玉津嶋法樂三十首各卷頭計一首可被披講云々。關白。　三條中納言以下公武御歌人數悉參云云。僧中聖護院。實相院。實池院云々。　自今夕於禁中。御修法不動小法。伴僧八口。中性院法印。松橋僧都。報恩院僧都。壇行事。　超源僧都。圓弁僧都。兼演僧都。弘典律師。弘鎭阿闍梨。承仕二人。　大幔五幅三方ニ引廻之。道場清涼殿南向。壇所殿上。供料三千疋。脂燭雲客。自今日於室町殿。聖護院准后歳末修法准大法歟。供料五千疋云々。伴僧。　常住院門跡事。聖護院准后任鹿苑院殿御書可被管領之由。以飯尾加賀守被仰出云々。仍御禮被申之。折紙五千疋進之由。今日以理性院僧正歸寺便宜。被申送了。

廿二日。晴。少雨時々灑。今曉卯初夢。自嵯峨大覺寺。御舍利此門跡被奉渡之。樂人數輩奏樂前行。樂人爲體白帷ヲ上ニ着之。淨衣儀歟云云。白杖ヲツク。經會所東緣。無左右自時所北向欲奉入間。時所ヲ一見處。小童四五人列居シテ食事體在之。仍予御舍利ヲハ經藏北蟲拂在所へ可奉入之由。令下知樂人等之間。樂人等出東脇戸。蟲拂在所へ奏樂前行了。御舍利體ヲハ正不奉拜見也。次奉渡御舍利。子細注一紙。納文箱。蒔繪。上方ハ青貝也。開之一見處。入綿(錦カ)袋。小卷物樣ナル物在之。於內者不及披見キ。併靈夢歟。祝着。隨喜々々。去月未歟。夢中ニ定家卿來云。愚身御舍利五粒所持。內二粒奉進門跡云々。今曉又御舍利感得。靈夢相續。歡喜々々。

廿三日。雪。寒嵐以外如徹骨。　在方卿　新曆持參。對謁了。新曆今日吉日間。向辰巳方始中終一見。祝着々々。　禁裏御祈不動法修中五ヶ日。來廿五日可結願之由。奉行頭弁申入云云。先例五ヶ日結願五壇法其例在之歟。如然來六日御神樂。廿七日御神事上者。早々可被結願之由。以經長申了。　就狩野。三浦以下關東內通事。彼等狀案五通自駿河寫進了。件案文幷今河狀。以經長可致披露之由。申遣管領了。

廿四日。晴。賓任新亭へ將軍渡御。御張輿。御力者召進云々。　八月三日折節用脚五千疋。泊小里公用二萬疋內幷御臺樣へ五千疋。以上萬疋經長持參云々。自駿河注進。昨日經長持參管領處。公方樣渡御物忩。今朝以安富筑後守進之間。慥預置云々。
廿五日。大雪。內裏不動法修中五ヶ日運時。今曉結願云々。修中五ヶ日例五壇法在之。自三條黃門糸引百到來。以書狀悅遣了。等持院主來臨。白小袖一隨身。上杉中務大輔□質物事申間。香合二。各剔紅。人形借遣之了。以經祐法眼遣了。
廿六日。晴。武田刑部大輔入道來。自跡部方注進持參。以經祐法眼卽遣管領方了。伊勢建國寺領事。守護申趣。以經祐法眼申遣正藏主方處。雖爲神領。既此間守護知行上者。神物上分沙汰事。不可依寺領歟。可致披露條。定守護難澁樣可思食歟。如何云々。予返事。然者正藏主狀ニ載テ。此子細お(糺カ)承遣守護方。重可申付云々。泉殿御移住御□折紙二千疋去年十一月廿二日。無沙汰云々。奉行飯尾大和守致催促云々。

廿七日。晴。畠山左馬助來。尾張守代官之由申。歲末禮參云々。年中御祈卷數。鳥頭和布以下。今日吉曜間進之。以伊勢守。公方幷御臺御方若公御方等進之了。今日歲末禮參　僧俗群集如先々云々。將軍御參內。萬疋被進云々。御一獻在之。御粥事云々。其後渡御細河讃岐守亭。直爲貢馬御覽。入御管領云云。終日方々渡御云々。跡部甲州狀自武田刑部大輔入道方進之間。以經長遣管領處。管領出仕間。預置安富筑後守。慥可披露旨申云々。
廿八日。晴。自仁和寺一品宮御音信。御出頭事。以內緣一色母尼。連々被申入處。不可有子細。來月十日御參賀。如例年可有御沙汰由被仰。御祝着。定可令悅喜歟之間。早々馳申云々。明日惣寺風呂。節分旁忩劇間。引越今日在之。自日野黃門方。來年正月御祈始。近年大法也。而者今自然御無沙汰小法歟。仍伺申入處。可申談此門跡云々。
廿九日。晴。節分御星。當年星。造立進之。室町殿樣。同若公御方。上樣等。今夜方違。任近例罷向西南院部屋了。惣寺布薩明日引上今日勤修云々。如何。來年正月御祈始大法事。誠嚴重可然哉。殊御重厄。旁宜旨今日申了。使者經長寺主。　自治部大輔方使者。歲末禮參事。方々御出。曾不得寸隙間。不參之由云々。諸大名方卷數鳥頭和布。以使者方々遣之了。書狀當年略之了。　松木中納言。中山宰相。北畠中將持康朝臣。益長。安察大納言公保卿等來臨。各對謁了。伊勢北畠中將顯雅朝臣來。仁木兵部大輔。京極佐土以下來。對面。越後守護上杉五郎來。
卅日。晴。□沐浴園用意事申付□入堂用代官□都。勸修寺宮直叙法印事內々執申入處。無相違宣下云々。其外僧官二人桂光院直叙法眼。今一人常少僧都各昨日一。宣下云々。

永享七乙卯年

〔內裏御十七〕

正月

一日。晴。後夜念誦如常。但天明以後致其沙汰了。次駄都供一座修之。於愛染護摩者。昨晚開白。近年恒例也。次歡喜天供開白。兩座相續。次愛染護摩修之。兩座相續。次毗沙門講出座。式理性院僧正。伽陀宗我。次時食。慶松。慶千代參。各賜盃了。念誦以後粥如常。陪膳愛如意丸。此時愛如意丸賜盃。時食陪膳同前。毗沙門講。次理性院僧正。禪那院僧正。宗濟僧都。隆濟僧都。長濟僧都。顯濟僧都等各賜盃。次時所行法不動供。台藏。藥師供。地藏供。毗沙門供。舍利講一座等修之。次節供。着座如常。兒九人。僧正二人。宗濟僧都以下四人。以上六人歟。陪膳長全上座。手長圓秀寺主。陪膳等身衣指貫。自餘房官侍重衣。次讀經仁王經一部。諸社法施。大佛頂タラニ一反。兩社法樂。金剛般若經一卷。諸神法樂。梵網。十住一反誦之。兩社等法施。秘鍵一卷祇園法施。天下萬民安泰祈禱。次入堂。步行。力者遲參。仍追歸了。經舜。豪勝。中童子一人。大童子藤王一人供奉。宗濟僧都追參申了。次護摩愛染。一座修之。次聲明始。賓菩薩。一傳。乞戒禮佛頌計誦之了。大阿闍梨聲明依窮屈略之了。乞戒始中終先々沙汰。是又同前。聖教披覽初今日延引了。元日內弁萬里少路大納言時房卿云々。將軍御所垸飯以下每事無爲云々。千秋萬年。珍重々々。

二日。晴。後夜念誦。次歡喜天供二座相續。次愛染護摩兩座相續等如昨日。次時食。次時所行法。駄都。不動。藥師。地藏。毗沙門供。舍利講等修之。次節供如昨。但恒例扇各賜之。仍房官侍以下召出之了。入堂窮屈間。用代官房助法印。了。今朝番匠事始如常。檜皮大工等出仕。各賜祿。廳務奉行如年々歟。次讀經如昨。次護摩初夜時修之。以外窮屈之間。仁王經一部不及讀誦。早々令休息了。

三日。晴。後夜念誦以下勤行仝如昨。恒例引合在之。仍節供聊忩了。入堂用代官。

四日。陰。後夜念誦以下行法如昨。護摩三座相續了。靜雲院佛事如常。供養法理性院僧正。風呂在之。自聖護院准后嘉章到來。年年佳儀也。自今日淸瀧宮修正。三ヶ日開白。

五日。晴。後夜念誦以下勤行每事如昨。北畠中將顯雅朝臣來。太刀獻之。安察大納言公保卿。松木中納言宗繼卿。中山宰相羽林。北畠中將持泰朝臣。益長等來臨。各太刀獻之。

武田刑部大輔入道來。舊冬晦日在國御暇事。不可有子細之由被仰出。赤松播磨申沙汰。則懸御目云々。太刀賜之。　松橋僧都。親秀法橋。經乘上座。經長寺主。長祐寺主。孝俊寺主等參申。各賜盃。　入堂用手代了。觀心院法印。弘喜。弘典等參申。　自山名金吾禪門方賀札到來。開經藏。聖教披覽始。今日最吉日也。秘抄第一寶生尊如恒年。報筆。　歌始祝言詠之。　五社入堂。　直綴七帖袈裟。　聊此體參詣伺神慮處。無相違間。　當年初此體ニテ參詣了。　聖天供又同前。前々單衣五帖袈裟也。當年初直綴七帖用之了。

六日。晴。　長日行法三座沙汰入之。　明後日料用意爲也。清瀧宮修正結願。長尾修正今日一日修之。　如恒年。入堂用手代。

七日。快晴。　聖天供結願。愛染護摩同前。　時所行法等一事不闕之。悉令沙汰之了。次入堂。清瀧宮計。於二天前。堵婆。三昧堂。御影堂。長尾等法施獻之了。座主職辭退以來。拜殿座大略高座半疊於壇北ニ敷之。　今日宗濟僧都勤之。次出京如常。乘輿。袖白。　力者單直垂十餘人。大童子二人。各直垂。　藤王繪。　藥叉王染。宗濟僧都供奉。　乘輿。板。　長全。經舜。胤盛等供奉。於法身院門跡祝着之儀如年々。斯波治部大輔來臨。　直垂。千疋。太刀一腰隨身。　祝着祝着。　山名金吾入道來臨。　綾小袖一重隨身。爲着用云々。　三條黃門來臨。入夜。　綾一重。太刀一腰送獻之。使者親秀法橋。　出京以前飯尾肥前守。同大和守來。各直垂。　於醍醐對面了。

八日。晴。　早旦辰末。參賀。予裘袋。乘輿。四方。力者衣着十二人。小頸二人。大童子二人。　藥叉王着狩衣白張。如常。藤王着繪直垂。臨期無用之儀歟。退紅二人。一人笠。一人雨皮。扈從宗濟僧都。乘輿。四方。力者直垂歟。大童子一人召具之。笠持等也。　前駈一人。經長寺主。乘馬。懸總。直垂中間五六輩歟。笠持等也。不分明。輿前々行了。　御後增圓寺主。大略行粧同前歟。次扈從僧綱也。　寳池院乘車。力者八人。牛飼六人歟。小頸力者四人。退紅二人。扈從松橋僧都。乘車尻。寳池院香鈍色表袴。從僧一人。俊慶。乘輿體ニテ參會云々。辰終御對面。申次永豐朝臣。日野中納言祗候。予就一薦最前參申。先申祝言。　次御加持申之。　次聖護院准后。次實相院僧正等。任薦次各參申御加持。但未灌頂輩不及御加持。　次參女中。被出御撫物。各御加持申之退出。次參若公御方。被出御撫物。御加持申之。次予一人可懸御目之由。堀河局指南間參申了。御顏色以下不混俗。去年八月三日初懸御目了。今日拜見處尙々端嚴。殊勝驚目令悅目了。千秋萬歲萬歲。予今日可令參內處。以外窮屈間。令略直移住壇所了。於壇所時食沙汰之。自今日壇所參住幷本尊隨身儀等。先大師御筆不動一幅。東寄奉懸北墻了。前建壇。大幔西南東三方壁折引之。二間西壁隨心。万タラ幷累代舍利袋奉懸之。次東ノ北ニ寄壇一面建之。奉案聖天了。　參住出世等。水本僧都隆濟。賴全律師。快助律師。弘喜僧都。兩人不參。弘玄阿闍梨。　房官。長全上座。經舜上座。經長寺主。　侍。長範寺主。智阿。　承仕。常蓮。　自今日聖天蘿蔔酒七ヶ日可奉供由申付了。　御撫物以伊勢守申出了。公方樣幷若公御方。今若公。上樣也。若公御兩所不動供。上樣愛染王供令結番修之。　公方樣御祈壇所中如常。不動護摩。同百座供。北斗供百座。　藥師造立每日一體。奉開眼供養。　歡喜天供等也。以伊勢守御引物練貫五重。盆。文蓮。香合堆紅。文カウ龍。拜領了。

祝着千萬々々。山名金吾禪門方へ二重。太刀。昨日爲禮遣之了。使者長全。飯尾肥前。同大和守各梅染一重太刀遣之。使者幸秀法橋。伊勢守方へ二重太刀遣之。長全奉行。練貫一重。北絹一。遣三位法眼方了。於灌頂院仁王講如去年沙汰之。奉行賴全律師。雜用廳務下行。藥師經讀誦如常。仁王經讀誦。後七日法。寺務僧正弘繼勤仕之。太元法如常。

九日。晴。壇所勤行如昨。

十日。晴。歡喜天供開白。隆濟僧都手代勤之。支具慶圓法眼下行。僧俗群參如年々。御室一品宮。去年二月以來聊無御出頭儀キ。當年無爲今日御參賀。祝着々々。御對面先俗中次僧中。壇所來入。關白。(烏帽子直垂。)前攝政。(冠直衣。)左大將(鷹司)。(衣冠。)殿大納言。(狩衣。)大炊御門內大臣。(冠直衣。)今少路中納言。(狩衣。)萬里少路大納言。(直垂。)日野中納言。(直垂。)此外數輩。聖護院准后。實相院僧正。寶池院僧正。此三人ハ一昨日八日。御引物拜領御禮參云々。興福寺別當。(大乘院。)予今日面々同道。參御前。一昨日重寶祝着子細申入了。赤松播磨守申次。兼內々申了。小倉宮幷山門使節等事。內々仰旨在之。小倉宮事來月〔以〕慈尊院僧正可申入旨申入了。南都尊勝院管領對面事申間。相副經長寺主遣了。自今以後可蒙扶助旨同申遣了。明日御相伴事。以赤松播磨守伺申入處。管領。畠山。赤松如去年可申。山名內々故障云々。然者治部大輔可申由被仰了。仍以親秀法橋。宗弁等。方々申遣之。管領へハ經長遣之了。自今夕北斗法始行。伴僧。(賢紹。隆濟。兼演。快助。弘玄。經譽。)治部大輔方へ。馬太刀一昨日爲禮遣之了。將軍渡御壇所。都々若公供奉。今日參禮。仍被召具。數刻御座。種々御雜談。還御酉半計歟。

直渡御伊勢守亭。亥半刻計還御。御參內。殿上人三人。諸大夫二人供奉歟。

十一日。天快晴。早旦自壇所欲罷向法身院門跡處。赤松播磨守爲御使潤體圓百粒。同綿。如小袖用之物也。寒中着用。養性專一之由仰。祝着過分此事此事。言詞不及。子細申入了。其以後罷出。　申半歟御評定初。酉半天陰。渡御門跡。御車。御小直衣。三條中納言參御車。狩衣。入御後(殿脫カ)參御前。千秋萬歲。代々御佳例。等持寺以來不相替。祝着之旨申了。御相伴大名。管領。畠山。斯波治部大輔。赤松入道。以上四人。御陪膳兒慶松。慶千代。愛如意。辰賀。末輩近習少少相交沙汰之。獻盃如常。御引物三獻度進之。御屛風兼置御座敷。御小袖練貫。十重。盆桂漿。文花鳥。金襴。萠黃歟。三條二重。緞子。太刀云々。諸大名二重太刀。近習太刀計。年々儀歟。每事寶池院沙汰間。一向近年事不存知也。戌初刻歟還御。每事快然。祝着々々。　北斗初夜時勤修。　子初刻ヨリ風雨以外。　今日渡御着香衣。

十二日。晴。風。昨日御禮可參申入處。自半更例心痛更發之間。寶池院一人被參申入了。　予自天明心痛取直之間。晝程可參申入之由。以赤松播磨守申入處。今日ハ風以外也。猶能々令養性。明日可參申入云々。　申終歟渡御治部大輔亭。　十日渡御壇所御禮。盆香合。小高檀紙。以赤松播磨守進之。御祝着云々。

十三日。晴。　御歌御會酉初。將軍御小直衣。予着香衣。寶相院僧正。以上門跡二人。安察大納言公保卿。飛鳥井中納言雅世卿。三條中納言實雅卿。雅永朝臣。爲之朝臣。雅親。各狩衣。管領持之朝臣。山名常凞入道。畠山阿波守義忠。赤松性具入道。斯波治部大輔義鄉。當年初。細川右馬助持賢。細川下野守持春。赤松伊與守義雅。赤松播磨守滿政。文臺役。堯孝僧都。　讀師雅世卿。講師雅永朝臣。御會所被撤疊。各祗候坂(板カ)。疊上ニ八將軍御座。中央。南脇予。次實相院僧正計也。　三條上﨟自去十一日邪氣又興盛。以外難儀云云。其由御會以前御物語。仕(御イ)仰天。予壇所中旁計會無極。御祈事。自明日可被始行。召住心院僧正可仰談云々。仍召寄實意僧正仰談了。　六字護摩理覺院僧正。　不動護摩賴賀法印。以上聖護院門弟。　藥師不斷護摩。爲此門跡可申付旨申入了。住心院僧正此由申入處。御意得云々。供料事明日可仰付云々。自御前折五合拜領了。祝着過分。同綿三又拜領了。時宜趣忝千萬々々。　北斗法初夜時始行。　自土岐大膳大夫方年始御禮申之。

十四日。晴。　未明ニ以經長。上﨟御樣尋三條黃門方。　於同篇內聊見直體也云々。　且珍重珍重。　將軍渡御壇所。早旦。上﨟聊少減體。御祝着。尙々祈禱事可致其沙汰云々。　還御以後。以赤松播磨守被仰出。奧御座敷未拜見申。仍廿六日可參申入。相伴ニ八聖護院准后一人可宜。爲此門跡可申遣云々。眉目至。祝着萬々。子細申入了。　赤松入道來。千疋隨身。　自今夕於三條黃門亭。爲上﨟御祈三壇始行。六字護摩仲順僧正。現覺院供料千疋。　不動護摩賴賀法印。五智院供料同。　藥師不斷護摩。此門下輩勤仕之。供料二千疋。重賢法印。　自今日御產御祈。　藥師護摩。禪那院。准胝護摩。金剛王院。　炎摩天供。觀心院。呵利帝供。聖源僧都。　始行。道場金剛輪院御堂。

十五日。晴。　垸飯。以外及晚陰。

十六日。晴。　北斗法運時結願了。參御加持。申次赤松播磨守。聖護院准后參。來廿六日儀畏申入云々。同御對面。　御臺御方御加持同申入了。申次西雲庵。　將軍渡御壇所。三條上﨟令減氣由被仰了。　歡喜天供今曉結願。手代隆濟僧都。　北斗法後夜時。一向隆濟僧都手代。

自昨日番替出世々間。以外無沙汰。宗濟僧都自十四日參住。俊增僧都。弘典律師兩人昨日參申了。世間者俊慶寺主一人。俊榮上座。經乘上座不參。侍澄榮不具故障云々。於俊榮者。不申是非不參。仍令突鼻了。給恩舟井事。爲料所分仰付親秀法橋了。　祇園社。平野。北野。五靈參詣事。快弁法橋爲代官參了。祇園社少神樂獻之。五靈太刀一腰奉獻之。年々儀如此。　於女中御方眞讀大般若在之。相國寺僧百人參申云々。兩三年如此云々。　出世無人之間。快圓律師召寄了。

十七日。晴。將軍渡御壇所。就山門使節事。仰旨在之。　但今日ハ先不可被仰出管領歟之由申入處。御同心。仍令略了。　御的酉初。皆中云云。珍重々々。　圓滿院來臨。千疋隨身。融清法印來。同前。

十八日。晴。將軍渡御壇所。自駿河注進。管領披露之由御物語。就其信濃小笠原早々可被下國之條。尤宜思食。但就關東雜説。近日可被下國條如何。此子細爲門跡內々可相談管領由被仰出了。仍以親秀法橋。此由令申管領處。小笠原下國尤可然存。關東雜説時分被下國事。曾無其苦之由存云々。明日八幡參詣神事中間。不對面使者。以安富筑後守申云々。管領返事趣。以赤松播磨守令申處。御意得云々。明日管領自八幡被歸後可申歟之由御意得云々。　明日管領月次懷紙。書載二字實名。遣之。使者經長寺主。　二番衆房官俊慶一人之間。自今日豪勝寺主召寄了。

十九日。雨。愛染王不斷護摩始行。　道場金剛輪院御堂。　將軍渡御壇所。山門使節明日爲年始御禮可參申入云々。就之聊仰旨在之。

廿日。晴。管領來臨。來月月次題持參。春曙。初花。旅戀。將軍渡御。今度自關東方々へ内書六通歟。正文岩堀入道（當時禪僧衣着之）。去年以來罷下關東處。無左右此使節勤仕由。罷上白狀。以管領申入了。仍赤松播磨守召寄。事子細相尋申入旨。具御物語。比興事歟。六通悉三河國人等也。他國一人モ無之。山門使節懸御目云々。今日無爲珍重々々。將軍渡御赤松亭。　自今夕大法聖護院准后勤仕。不動法。伴僧十六口。護摩壇實意僧正。十二天壇信勝法印云々。脂燭五人。衣冠（開白計歟）。供料萬疋云云。　聖護院准后來臨壇所。能タラニ兩人在之。如五壇法。加陀羅尼伴僧十六口。護摩師伴僧外云々。

廿一日。晴。

廿二日。晴。　越後守護代長尾上野入道。依有被仰出子細。參申壇所。先御書在之。御書案。

以面可申候へとも。既罷出候〔之〕間進狀候。抑今夜長尾上野入道可召進候。委細可被仰談候。此者事在國之間。凡無沙汰なる樣存候間。今度上洛より無二者候けると存候。何樣被思食候哉。さ候間。此題目をも御談合候へと存候。乍去御所存之趣可奉御返事也。恐惶敬白。

正月廿二日　御名字

御腰文也。御使高橋彥左衞門云々。不能請文。委曲直申入故也。　將軍渡御壇所。今日十惡日之間。明日可召給上野入道可仰含旨被仰出了。小笠原事同前。可召仰遊佐。筒井事同前。　自今日三番衆參候。　武田刑部大輔入道可被下遣駿河邊。關東雜說時分。若可惡歟。如何。可仰談管領云々。仍召寄安富筑後守此由申遣了。　立歸管領御返事。　武田刑部大輔入道可被下遣駿河邊事。　關東現形必儀定。重可致注進歟。其以後可宜云々。

廿三日。晴。長尾入道今夜可召給云々。　仍御書日付以今日分被遊改。拜領了。將軍御重厄御祈。自分愛染護摩。准胝供。如意輪供。藥師供。不動供。以上五壇分。寶池院藥師護摩。炎魔天供。宗觀僧正太元供。房仲僧正延命供。

廿四日。晴。將軍渡御壇所。長尾入道夜前物詣云々。仍不參歟。今日御德日。明日可參申入云々。武田刑部入道下國駿河邊事。管領申入旨披露處。尤由仰云々。次筒井可沙汰付旨。遊佐申入旨。同披露了。

廿五日。晴。小雪。禪長老數輩御崛請。例年儀云々。御連歌自未半計被始。予依可爲無養性不參。執柄前攝政入御。實相院同入來。二月壇所番事重申了。日野中納言來。御重厄御祈年中大都定申了。內々依時宜也。正月大法。恒年儀。不動大法。二月小法。三月小法。四月准大法。五月大法。六月五壇法。恒例。七月准大法。八月小法。九月准大法。恒例。聖護院勤仕。十月小法。十一月小法。十二月大法。恒例。聖護院勤仕。長尾上野入道依仰參申壇所。條々仰旨申含了。門跡へ御書頻所望申入間。遣之了。子初刻計歟參申了。

廿六日。晴。將軍渡御壇所。夜前長尾上野入道ニ仰含樣御尋間。具申入了。所詮無口者歟。不及委細御返事キ。申終新造御會所方々拜見申了。聖護院同道。三條黃門先達。所々御座敷莊嚴唐物御莊。言詞難及。淨土莊嚴モ是ニハスキシト存計也。御厩三間。八十三歲ニ成御馬一疋在之。去年上杉安房守進之云云。希代年齡也。方々一見後。於奥御會所御一獻在之。御前着座。聖護院准后。予。三條黃門計也。初獻將軍聞食了。第二獻予。第三獻聖護院准后。第四獻將軍。第五獻將軍御酌ニテ新盃拜領了。同御酌ニテ聖護院。次將軍聞食。予御酌給之。種々祝言申入了。又將軍御酌ニテ三條黄門拜領了。予長座定可令窮屈歟。仍數獻儀御略之由被仰出。仍罷出了。予五千疋。聖護院同前持參了。御引物以赤松播磨守拜領之。練貫五重。盆堆紅。香合。剔紅。盆桂漿。緞子。綸子三端。引合也。重寶過分過分。迷惑祝着此事也。播磨守一重太刀獻之了。　信濃守護小笠原依仰來。就關東野(心脱カ)現形事。條々被仰含子細在之。　自來四日。北野御參籠。於十ヶ所可被滿一萬句。發句題可爲如去々年由。今日被仰出。此子細少々自此門跡可申遣云々。十ヶ所人數事。將軍。關白。聖護院准后。寶池院僧正。三條中納言。管領。山名。治部大輔。赤松。社家法師等一手。以上。自二月四日至六日。三ヶ日之間。於一所可滿千句云々。仍四日三百韻。五日四百韻。六日三百韻云々。但可爲所意歟。簡要三ヶ日中千句也云々。寶池院參籠所政所北向。聖護院參籠同南向。自餘未分明。

廿七日。晴。亥時地震。有音。傍通危宿。龍神所動。正月地動。九十日内兵起云々。自餘占文如常。　但小動間。不及注進云々。

廿八日。晴。一昨日廿六日御引物拜領。幷明旦自壇所退出事等爲申入。旁可參御前之由。以赤松播磨守申處。自御寺還御ニ可令成壇所給。無養性儀無益之由被仰出。重可參申入之由申處。然者可參云々。仍聖護院准后。青蓮院等同道。自壇所參申入了。御對面。一昨日儀。生前思出。結句重寶過分至極之由申入了。小雨灑。自御寺還御ニ渡御壇所。　今日伏見宮御召請。御連歌云々。關白御相伴。

廿九日。晴。早旦渡御壇所。信濃小笠原廿六日壇所へ來。内々依仰也。就關東事被仰出旨等。具仰含了。其御返事樣。又委御尋申入了。大

井トアシタト弓矢落居。旁可然存候。サク郡信州也。ニ此大井モアシタモ搆要害候。サク郡ヲトヲリテウスイタウケヘモ。又上野國ヘモ可罷通之間。以越後勢大井ヲ御合力候テ。アシタヲ御退治可然。大井ト小笠原ト一所ニ罷成候者。信州事ハ可有何程候哉。左樣ニ候者。關東邊事モ又一方ハ可罷立御用由存云云。此由申入處。越後勢合力事。以赤松播磨可被仰付長尾云々。　巳半自壇所退出。聖護院今日渡御事爲申入參云々。來臨壇所。寶池院爲御相伴可參聖護院之由。　昨日渡御壇所時被仰出了。仍被參申。眉目至歟。　壇所中御祈。公方樣幷若公御兩所。御臺等御撫物卷數。以伊勢守進之了。四十二御重厄御祈卷數。愛染護摩。如意輪供。准胝供。藥師供。不動供。以日野黃門進之了。

二月

一日。晴。卯刻小弁局御產無爲。若公降誕。珍重珍重。仍御祈等悉結願了。卷數撫物以二階堂進之。使者兵部卿法橋。此若公卯年卯日初卯。卯刻御降誕。希代々々。　爲御加持理性院僧正罷出。夜タラニ山上衆罷出了。山下修二月中間。人數指合故也。　愛染護摩開白恆例。如常。　入堂用手代了。

二日。雨。

三日。晴。自將軍早旦以三位法眼。入寺以後氣力如何。無御心元被思食云々。無殊儀。仰畏入之由申入了。

四日。晴。若公御降誕御禮。僧俗群參如例云々。將軍ヘハ折紙千疋。進之。若公御方ヘ太刀進之。公家門跡大略如此歟。　寶池院僧正參禮。予依病體不參。折紙計進之了。　今朝巳刻。山門使節三人。金輪院弁澄法印。六十九。月輪院圓明。兼覺。十七。兼宗法印二男也。於兼覺者。御所中小侍所被召取云々。兩人於管領召取之。三人卽時於悲田院內被誅云々。仍北野御參籠被延引了。　今夜山門惣持院炎上云云。當御代御願也。仍最前令成灰燼歟云々。

五日。晴。小雪。自將軍御書到來。一ヶ條被仰出蒲生入道。事在之。花袋被下都々若公。自今日實相院今月御重厄御祈今月分。當時壇所。不動小法勤仕。伴僧八口。供料三千疋云々。

六日。晴。小雪。小雨天如昨。　山門根本中堂昨日午剋。炎上。大宮權現神輿。同四日奉振入中堂。奉成灰燼了。圓明兼宗末子今度被誅弟云々。以下十八人自害云々。自山名金吾禪門方。以書狀告示了。天下凶事重事何事可過之哉。驚歎周章外無他事々々。但大宮神輿無其儀云々。自將軍爲赤松播磨守御使被仰出。　昨日中堂炎上儀。當時之儀御周章。乍去又時刻到來歟。無力云々。予御返事。其事候。天下重事不可過之哉。但於今者無力次第候歟。中堂御本尊以下被召寄。山門日記者等具被尋仰。簡要中堂早々御建立珍重存云々。播磨守申。中堂承仕參申入分。常灯奉取出云々。何在所ニ可安置哉之由伺申入間。御尋寺家處。本願堂トテ山上候。本尊同御洗木同大師御作云々。此承仕申入分。圓明同宿存知分計三十餘人自害。其外不見知者數輩云々。　中堂靈寶五瓶三火舍。釋尊御道具。三國傳來云々。於靈山釋尊御說法時御打磬。前唐院法文聖敎一帖モ不殘燒失云々。　天魔所行天下凶事。只押愁淚計也。於今ハ無力無力。　一中堂炎上先例事。　承平五年三月六日申剋。比叡山中堂食堂以下數ヶ所燒亡。佛像法具等僅取出云々。已上師世注進。　一諸堂燒失事。康保三年月日元所見。延曆寺講堂以下諸院燒亡。　天祿元年四月廿日天台惣持院燒亡。元久元年十月日天台講堂以下火事。文永元年三月廿三日延暦寺火事。同八年四月十五日西堂火事。正慶元年四月十三日曉叡山法華堂以下火事。已上同師世注進。

七日。晴。自公方醫師三位法眼ヲ以。昨日赤松播磨守顔色以外窮屈體ニ見及申入間。無御心元。仍仍（衍カ）胤能法眼お被召下云々。胤能法眼申分。窮屈以外也。若養性無沙汰事在之者。定可爲難儀云々。

八日。晴。猛風以外。愛染護摩結願了。實池院入來。内々時宜趣被示了。養性以下事也。藥師三體造立供養如常。大智院來臨。

九日。晴。猛風如昨日。醫師板坂自公方召給了。脉無殊儀。瘦農血出事ハ不可然云々。以赤松播磨守。以奉書申遣長全方也。（山門）前唐院聖教一箱以下悉取出。無爲々々。珍重々々。華原磬。泗濱石等雖燒失。無相違云々。

十日。晴。今日天氣穩也。公方樣渡御三條中納言亭。折五合給之略。遣之了。今若公御祈佛眼法開白事。在方卿日次明日。結願十七日云云。此注進今日到來之間。臨期開白不叶。可爲明日之由返答了。道場灌頂院北向。伴僧八口。弘永法印。快圓僧都。定與律師。賴全律師。壇行事。快助律師。神供。憲瑜律師。弘玄阿闍梨。隆賀阿闍梨。以上以折紙。今日内々觸遣了。悉領狀。治部大輔來臨。對謁了。

十一日。晴。實池院入寺。無殊事云々。今若公御祈佛眼法開白。手代報恩院僧都。道場伴僧如前注。大曼五幅用之。醫師胤能法眼來。爲公方被仰付云々。

十二日。晴。實相院勤仕不動小法。今曉結願云云。

十三日。晴。

十四日。晴。後髮際雜熱出現之間。久阿お召寄相尋處。在所六借敷存云々。仍廻ニ藥お付

了。非殊物歟。去月中旬比ヨリ在之。廿日計ニ及歟。　寶池院入寺。
十五日。雨。不動護摩開白。自身修之。自明日禪那院僧正可爲手代之由申付了。　涅槃會如常。捧物自廳務方下行之。五百疋云々。　自餘捧物年行事仙惠(忠イ)奉行之。式涅槃會理性院。舍利講弘永法印。羅漢講隆濟僧都。遺跡講弘豪法印。
十六日。雨。
十七日。晴。　今若公御祈佛眼修法結願了。　童子經今日書寫。仰付隆增法印進之。卷數御撫物同相副進之。三角袋同進了。使者親秀法橋。渡遣二階堂了云々。　佛眼法供料三千疋。自今夕延命法開白。道場同所。手替同報恩院僧都。伴僧六口。定與律師。憲瑜律師。　賴全律師。快助律師。　弘玄阿闍梨。　隆賀、、、。承仕。明隨。明圓。　大幔五幅。供料三千疋。淨衣黄色。
十八日。晴。
十九日。晴。醫師胤能法眼爲御使來。今日灸治可有沙汰云々。自兼用意之間。ヤウカウ各五十灸治了。　腹胃官十一匝也。　今日彼岸初日。舍利講如常。窮屈之間。不及共行。　及晩降雨。
廿日。大雨。風。　終日以外。
廿一日。晴。今日又灸治。ヤウカウ各五十。　今日於將軍御所。越中樂福來施藝能。寶池院見物事被仰出云々。眉目々々。　中性院成淳新僧正。一昨日極官宣下到來了。　内々執申入了。　今夜於金剛輪院道場。印可儀如形遂其節了。道場仰付長濟僧都了。祖師八祖外。尊師計也。仍九祖也。佛供汁菓子。佛布施各燈明等如常。大壇ニ敷絹。壇面ニ張滿了。佛布施二。兩壇儀供養法聊有用意。予着香衣了。及其時刻自後戸入内。阿闍梨左方脇机西半疊ニ着座了。
廿二日。晴。中性院僧正圓心大威德料紙等持參。昨夜布施云々。新僧正則出京。明旦參室町殿。極官畏申入云々。寶池院入寺。明日可參申室町殿。予窮屈體具可申入由。昨日内内御約束云々。自二階堂方。佛眼法御結願珍重。殊更斗馬一疋月毛。置鞍引給了。祝着祝着。但馬散々物也。慶圓法眼參申了。今度窮屈以後初度也。
廿三日。晴。若公御祈延命法結願了。卷數御撫物以二階堂進之了。今若公御祈自今夕愛染護摩開白。手代金剛王院僧正。自室町殿茄子付物被送下了。自越前態被召上云々。上意忝眞實々々。不知手足舞踏。只落涙千萬行計也。亥初刻到來了。以之明日時食能々可沙汰云々。經祐法眼參申了。初度。
廿四日。晴。自去十七日若公伊勢亭。御祈今日結願云々。理性院僧正入寺。今日灸治。丹波老僧去年灸點入ハウクロ相殘間。令沙汰了。
廿五日。晴。彼岸舍利講結願了。捧物如形令沙汰了。卒都婆自分八十四本造進了。今日灸治如昨日。胤能法眼來。非公方御使之儀。天神堂舞樂定如恒年歟。
廿六日。晴。聊風氣。仍灸治令略了。
廿七日。雨。自將軍昆若折拜領了。灸治事等御尋間。委細申了。
廿八日。晴。胤能法眼來。非公方仰。風氣未散。少風氣也。不苦。今日灸治不可有子細之由申間。ヤウカウ灸治了。顯濟僧都印可遂其節了。道場金剛輪院御堂。道場方事。長濟僧都奉行。承仕明隨。布施一重十帖進之了。松木中納言來臨。對謁。萬里少路大納言來臨。灸治時分之間。不及對合。其由以長全上座問答。

廿九日。晴。寒嵐以外。花大略吹落了。寶池院入寺。就外典祈禱等事。條々被申旨在之。今日則出京。今若公御祈愛染護摩結願。卷數御撫物進之。使者親秀法橋。渡二階堂云々。於御撫物者卽申出。長日御祈爲始行也。愛染護摩供料千疋。支具物以延命法供料內下行之。賴全奉行。

卅日。雨。將軍御重厄御祈卷數五枝。以日野黃門進之了。

三月

一日。晴。愛染護摩用手代了。禪那院僧正勤仕之。今若公夜タラニ事。去月以赤松播磨守。自三方梶井。靑蓮院。山。妙法院可申條如何之由。伺申入處。可然樣可相計云々。仍御產所中卅ヶ日。爲此門跡召進了。自今日各十日。自三方可被迎之由申了。

二日。晴。就小倉宮事。諸大名意見狀。及晩頭自管領進之。爲門跡可致披露之由。被仰出云云。仍以經長寺主遣赤松播磨守方。可令披露之由申處。旣渡御若王寺。明日可致披露云云。

三日。陰晴不定。雨脚不止。自晩陰一向降雨。今日渡御靑蓮院門跡云々。御臺同渡御。以外大儀云々。去年以來經營歟。昨日諸大名申詞。今朝播磨守披露云々。

四日。晴。自管領召寄經祐法眼申旨。小倉宮可被移住勸修寺事。尤可然由被思食。次此間御知行田中庄事ハ。飛鳥井中納言爲本領連々歎申入之間。可被返付。所詮此間御代官執進員數分ハ。爲公方可被進。此由爲此門跡可申入小倉宮之由。被仰出云々。予返事。被仰出旨何樣可申遣小倉宮。所詮重事候歟。可被移住勸修寺事。次田中庄此間御代官執進分。爲公方可被仰付旨。自管領一紙注給。以其可申遣小倉宮條。旁宜存旨申了。大智院々主來臨。俊榮事平ニ可免之由。自管領口入狀遣彼院主方也。難儀由返事了。小倉御返事條々。取詮。簡要可任時宜。田中庄半分事。鹿苑院殿。勝定院殿。當御代相續御書在之。雖然曾不可申異儀云々。此由理性院僧正經祐法眼罷向管領歎申處。留守間。舍弟右馬助ニ具申置云々。

五日。晴。自今日於室町殿。聖護院准后小法勤仕。當年結番〔御所〕御祈地藏院僧正當番處。俄故障。其闕歟。

六日。晴。胤能法眼來。内々召寄了。脉樣只同前。無增氣之條。珍重々々。賴豐申。脾臟脉度數事。聊風歟。今日灸治先可閣之由。昨日參申入了。仍其子細相尋胤能法眼處。脾臟度數非風氣。積習故云々。

七日。晴。

八日。晴。愛染護摩結願。一向手代用之了。禪那院僧正勤仕。支具安食庄役。每月下行之。藥師三體造立供養。自身開眼供養法等修之了。灸治ヤウカウ卅一各沙汰之了。自將軍廿昆布拜領了。忝千萬々々。大智院々主來臨。内々仰云々。今日罷向。予體具可申入云々。

九日。晴。今日鞍馬寺花御覽。御臺同御出云々。御一獻管領申沙汰。以外結搆大儀云々。折嶋以下繪。一獻盡善盡美云々。

十日。雨。西向禪尼。西壽庵兩人來臨。内々仰云云。予窮屈式邊々申間。御不審千萬。能々令見知可申入云々。今若公自桃井御產所。御移住一色五郞亭了。午刻云々。千秋萬歲。珍重珍重。今河民部大輔可參洛之由。同名下野守申也。今月中云々。小倉宮可被移住勸修寺事。上意之間。不及申入是非。畏入之由。

慈尊院僧正。二松大藏卿法橋兩人參申入間。以西南院長全兩人問答了。

十一日。晴。甲斐跡部參洛。爲熊野參詣云々。仍以赤松播磨守此由內々可達上聞旨申遣了。但猶可仰談武田入道由。申遣經祐法眼了。

十二日。晴。六字護摩(春季分)。今日結願了。卷數結線等。以日野中納言進之了。就小倉宮事。自管領伺申入子細條々。以若槻入道申。理性院僧正。長全〔兩〕人出逢申次了。

十三日。晴。經祐法眼參申。飯尾大和守申云々。駿河守護近日可參洛之由。被聞食及。只今參洛不被得御意。早々下遣飛脚。不可參洛之由可仰遣云々。予御返事。仰旨以今河下野守可申遣候。但國拜領以後ハ參洛初度候歟。然自途中被追返樣ニ候ヘハ。外聞實儀定可周章仕歟。既路次マテ罷出候者。先此分ニテ被閣樣ニ可申沙汰歟。參洛候テ施面目罷下候者。一段民部大輔威勢モ可出來歟云々。時宜御同心云々。仍途中マテ罷出者。可參洛之由可申遣旨。被仰付今河下野守云々。

十四日。晴。

十五日。雨。八幡御社參。幷北野御參籠以下延引云々。產流女御所中出入故云々。仍俄延引歟。不動護摩手代聖源僧都。自今日爲逆修。長日一座阿彌陀供始行。開白理性院僧正。本尊繪像(菩提寺千日護摩本尊)。開眼了。予臨終佛ニ定了。

十六日。晴。小倉宮事。勸修寺門跡ニ御移住事。幷東山西山可然安閑在所點給。着大衣。心安可令送一期云々。此條々管領伺申處。雖何可被任御意云々。月捧各三千疋。諸國支配分。自管領兩通書進之候。一通ハ小倉宮ヘ可進。一通ハ此門跡ニ置候テ。無沙汰國事可蒙仰云々。

十七日。晴。自小倉宮使者佐比入道來。先日條條管領伺申入哉。仍御左右旁爲承進使者云云。理性院僧正出對。先日條々。自管領方昨夕左右到來之間。只今已此僧正欲參申處。御使本意。條々御左右事。一被着御大衣。東山西山安閑在所ニ御座御本望。勸修寺事。天下護持お致御祈等異他申入門跡事也。然ニ彼門跡ニ男女居住。旁御所存之外云々。此條雖何御在所候。可被任御意。御大衣事又同前。東山西山安閑御在所。隨御左右可被計進云々。一御告文幷鹿苑院殿御書御一見了。一御月捧事ハ。國々ニ月々ヲ令分配。嚴密ニ仰付云々。此條々以理性院僧正申含佐比入道了。鹿苑院殿御書等四通同渡遣了。

十八日。晴。管領爲御使來。甲斐跡部參洛之由被聞食了。此次御對面アテ。甲州邊事モ委細被聞食度條如何。若先召寄此門跡。彼心中樣等具相尋。隨其樣可有御對面歟。又管領先令對面。事次第可尋決歟。所詮可被任意見云云。予御返答。跡部御對面事。今度熊野參詣モ關東ヨリ種々雖被留。大略令隱密罷立了云々。仍武田刑部大輔入道方ヘ罷出モ。以外隱密儀云々。然者可懸御目事。若難儀ニモヤ存申候ハムスラン。此者ハ無二京奉公ト存候哉。愚意之旨ハ。先此子細お跡部ニ。內々以武田被裏問。被任彼申狀。御對面有無可有御治定歟云々。管領同心。可披露云々。今日七條道場臨時跳御丁聞。自是直可參申入云云。飯尾大和守爲御使來。法勝寺五大堂爲造營。三千貫可有御寄進。何樣御沙汰可然哉。且先度就此造營。公平有無等。爲門跡申入樣御覺悟如何。次先被造營度在所。法勝寺ニ在之由。先度申入候歟。何在所候哉云々。條々具可申云々。予御返事。御造營先珍重。

公平有無事。先度鹿色兩樣ニ見候歟。勿論〔候〕。次先可被造營在所事ハ。愛染堂號圓堂。上葺破損以外由承及候。此在所異他子細候歟。早々御造營珍重々々。高野聖一宿事。自仰付執行了。今日一人云々。

十九日。晴。高野聖今日モ一人云々。

廿日。晴。東寺寺務明日拜堂云々。慈尊院僧正。馬代千疋遣之了。高野聖一宿物。今日自大溪法眼方渡遣執行方云々。五大堂法勝寺。修造奉行ニ。南禪寺都聞お可被相副法勝寺僧條。如何之由。飯尾大和時宜之由。以經祐法眼申間。尤可宜之由申入了。

廿一日。晴。公方樣自今日天明時分。北野御參籠。於十ヶ所三ヶ日之間ニ可被滿一萬句云云。十ヶ所御人數。公方樣。關白。聖護院准后。寶池院前大僧正。三條中納言實雅卿。細河右京大夫。斯波治部大輔。山名右衞門佐入道。依所勞子息彈正少弼參云々。赤松左京大夫入道。北野社僧等一手。今日北野一切經會如此間云々。今日ハ三百韻云々。發句人數兼得時宜了。今日東寺寺務拜堂如形云々。前駈有職二人計云々。鼻廣役并三衣箱役等勤之云々。扈從僧綱一人云々。酉初云々。今日聖二人云々。

廿二日。陰。今日於北野神前舞樂云々。鹿苑院殿第二度御參籠時。舞樂在之。其時鹿苑院殿御所作。堂上數輩祗候云々。今度ハ唯地下計云々。不動護摩結願。跡部事。先日御返事以後時宜如何之由。以長全相尋管領了。重伺申入。可申入云々。

廿三日。雨。折五合。繪。千疋進御參籠所了。

廿四日。晴。北野舞樂廿二日延引。今日在之。寶池院見物事被仰出云々。就小倉宮東山邊御在所事。管領伺申入處。相談此門跡。管領可相計云々。但又自小倉宮方モ。可然在所相

尋可被申由云々。使者若槻入道。理性院罷出
申次了。次跡部申事。爲門跡可申武田入道云
云。今日高野聖三人云々。北野御參籠所
へ御折五合。綸。千疋進之。經長寺主持參了。
廿五日。晴。寳池院入寺。
廿六日。雨。雷鳴。自胤能法眼方。東引丸夏加減分半
劑。大藥器進之。經祐法眼持參了。不淨在所
幷鳥獸伺見樣所不思寄云々。自御所樣醫
師板坂召給了。脉樣等可相尋云々。則脉樣參
北野御參籠所可申入旨。以赤松播磨守被仰
付之。都々若公出京。被參御臺。御折小。五
合。大三合各綸。進之了。
廿七日。天快晴。今朝將軍自北野御出。御靈御參詣。
其後還御御所。向八幡御社參云々。六條八幡
宮御參詣如常云々。胤能法眼自八幡直召給。
脉樣等具可申入云々。將軍御事付。聖廟御參
籠間。予平愈事御祈念云々。八幡御出之處。
蜘蛛御淨衣ノ上ニ下云々。併予早速平愈奇
瑞ト被悦思食云々。仰旨落淚千萬行計也。
自今日於將軍御所。寳池院前大僧正佛眼准
大法勤仕。伴僧十口。護摩壇成淳僧正。十口外。大
幔五幅。閼伽棚一脚。長櫃一合。承仕三人。壇
行事賢紹僧都。扈從宗濟僧都。神供兼行之。
脂燭雲客五人歟。但不分明。供料事不及申
入。予一向爲手代分。御重厄臨時御祈勤修之
間。每事令沙汰了。武田刑部大輔入道來。
御對面事内々申入處。生前面目可爲此事。但
關東聞へ聊六借敷存事共在之。今度參詣熊
野モ御照覽候へ。非別儀。全身シテ始終可罷
立御用心中故云々。此由載狀可進之由申付
了。
廿八日。陰。武田刑部入道跡部申入事。載書狀
進了。
廿九日。晴。武田入道狀以管領備上覽了。申入

處尤之由上意。御劍一腰被下。又御腰物一。金装束。太刀一腰被下。武田入道定跡部ニ何樣物出度心中候はん。仍爲御助成被下云々。面白(目)至歟。

晦日。晴。以理性院僧正。内々申談三(條脱カ)黄門在之。不可有子細。可致披露云々。且祝着。自公方褥子拜領。自大智院傳給了。上意至過分。祝着餘身了。今朝傳經祐法眼。自甲斐方進。以狹少不立用也。每月御重厄御祈卷數自分五枝。以日野黄門進之了。甲斐國跡部ニ。自公方御劍今日被下了。御祈料所等事。以慶圓法眼幸秀法橋。以兩使申遣飯尾肥前守方旨在之。

四月

一日。晴。恒例愛染王護摩。手代禪那院僧正。飯尾肥前守。飯尾左衞門大輔參申。所勞事爲承云々。本願僧正佛事既及闕如間。俄申付廳務下行了。酉初始行歟。希代。無珍事也。日比者鄕役云々。

二日。晴。管領來臨。當職可辭申入事。可如何哉。宜樣一向可計給云々。予返事。窮屈時分不及出京。先可被申談三條黄門云々。一昨日内々申入千貫用脚事。以久世卿可出遣相國寺。仍可被仰付云々。三條黄門以書狀申遣理性院了。僧正早々可罷出云々。祝着千萬千萬。理性院僧正及夜陰歸寺。上意嚴密子細等具相語了。祝着々々。

三日。晴。寶池院勤仕佛眼准大法。今曉結願云云。

四日。晴。　五日。晴。

六日。晴。　七日。晴。

八日。晴。佛生會如常。灌頂一身沙汰候了。愛染護摩結願。

九日。

十日。晴。今月臨時御祈。金剛童子准大法實相院。伴僧十口云々。
十一日。晴。　十二日。晴。
十三日。晴。　十四日。晴。
十五日。晴　不動護摩用手代了。　自今日百日毗沙門供始行。
十六日。雨。舞御覽依雨延引。
十七日。快晴。舞御覽在之。一獻以下二千餘〔貫〕御頬云々。御遷宮如常。寺務重服之間。傳供御出仕。供養法宗濟僧都。初度。調聲有紹。初度。申樂如例式。
十八日。晴。申樂如常。
十九日。晴。　廿日。　廿一日。晴。
廿二日。晴。自今日清和院御參籠。
廿三日。晴。折五合。繪。千疋進清和院。使者經祐法眼。　自今日隆春僧都爲代官一七日參籠箕面寺。

明治廿八年三月醍醐三寶院藏本ヲ寫ス
〔以宮内省圖書寮本謄寫以京都帝國大學印本校合畢〕

大和田五月
藤倉喜代丸
三宅松之允　校
尾崎明憲

昭和三年一月二十五日発行
平成十四年五月二十五日訂正三版第九刷発行

続群書類従・補遺 一
満済准后日記(下)

定価五、〇〇〇円(税別)

編纂者 塙保己一補・太田藤四郎
発行者 太田史
東京都豊島区南大塚二—三五—七
印刷所 株式会社平文社
発行所 続群書類従完成会
東京都豊島区北大塚一—一四—六
電話 〇三(三九一五)五六二一
振替 〇〇一二〇-三-六二六〇七

ISBN4-7971-0111-3

続群書類従部立一覧

1輯上（神祇部）	15輯下（和歌部）	29輯下（雑　部）
1輯下（　〃　）	16輯上（　〃　）	30輯上（　〃　）
2輯上（　〃　）	16輯下（　〃　）	30輯下（　〃　）
2輯下（　〃　）	17輯上（和歌・連歌）	31輯上（　〃　）
3輯上（　〃　）	17輯下（連歌部）	31輯下（　〃　）
3輯下（　〃　）	18輯上（物語部）	32輯上（　〃　）
4輯上（帝王・補任）	18輯下（物語・日記・紀行）	32輯下（　〃　）
4輯下（補任部）	19輯上（管絃部）	33輯上（　〃　）
5輯上（系図部）	19輯中（蹴鞠・鷹）	33輯下（　〃　）
5輯下（　〃　）	19輯下（遊戯・飲食）	34輯（拾遺部）
6輯上（　〃　）	20輯上（合戦部）	35輯（　〃　）
6輯下（　〃　）	20輯下（　〃　）	36輯（　〃　）
7輯上（　〃　）	21輯上（　〃　）	37輯（　〃　）
7輯下（　〃　）	21輯下（　〃　）	補遺1満済上
8輯上（伝　部）	22輯上（　〃　）	補遺1満済下
8輯下（　〃　）	22輯下（　〃　）	補遺2看聞上
9輯上（　〃　）	23輯上（　〃　）	補遺2看聞下
9輯下（　〃　）	23輯下（武家部）	補遺3お湯殿1
10輯上（官職・律令・公事）	24輯上（　〃　）	補遺3お湯殿2
10輯下（公事部）	24輯下（　〃　）	補遺3お湯殿3
11輯上（　〃　）	25輯上（　〃　）	補遺3お湯殿4
11輯下（公事・装束）	25輯下（釈家部）	補遺3お湯殿5
12輯上（文筆部）	26輯上（　〃　）	補遺3お湯殿6
12輯下（　〃　）	26輯下（　〃　）	補遺3お湯殿7
13輯上（　〃　）	27輯上（　〃　）	補遺3お湯殿8
13輯下（文筆・消息）	27輯下（　〃　）	補遺3お湯殿9
14輯上（和歌部）	28輯上（　〃　）	補遺3お湯殿10
14輯下（　〃　）	28輯下（　〃　）	補遺3お湯殿11
15輯上（　〃　）	29輯上（雑　部）	